FACHBUCHREIHE
für wirtschaftliche Bildung

Kaufmännische Betriebslehre

Kurzausgabe

34. Auflage

Verfasst von Lehrern der wirtschaftswissenschaftlichen Fachrichtung

Lektorat: Jürgen Müller, 79112 Freiburg i. Br.

VERLAG EUROPA-LEHRMITTEL
Nourney, Vollmer GmbH & Co. KG
Düsselberger Straße 23
42781 Haan-Gruiten

Europa-Nr.: 90246

Mitarbeiter des Arbeitskreises:

Felsch, Stefan	Studienrat	Freiburg i. Br.
Frühbauer, Raimund	Oberstudiendirektor	Wangen i. A.
Krohn, Johannes	Studienrat	Freiburg i. Br.
Kurtenbach, Stefan	Studiendirektor	Bad Saulgau
Müller, Jürgen	Studiendirektor	Freiburg i. Br.
Rupp, Martin	Oberstudienrat	Reutlingen

Leitung des Arbeitskreises und Lektorat:

Jürgen Müller, Im Kapellenacker 4a, 79112 Freiburg i. Br.

Bildbearbeitung:

Verlag Europa-Lehrmittel, 42781 Haan-Gruiten

ISBN 978-3-8085-9128-4

34. Auflage 2016

Druck 5 4 3 2 1

Alle Drucke derselben Auflage sind parallel einsetzbar, da sie bis auf die Behebung von Druckfehlern untereinander unverändert sind.

http://www.europa-lehrmittel.de

Umschlagfoto: Christine Bird – Fotolia.com

Satz und Umschlaggestaltung: Satz+Layout Werkstatt Kluth GmbH, 50374 Erftstadt

Umschlagkonzept: tiff.any GmbH, 10999 Berlin

Druck: Konrad Triltsch Print und digitale Medien GmbH, 97199 Ochsenfurt-Hohestadt

Vorwort

»Kaufmännische Betriebslehre – Kurzausgabe« ist ein in Unterricht und Praxis vielfach bewährtes, betriebswirtschaftliches Fachbuch. Es richtet sich an

- **Schülerinnen und Schüler an Fachschulen und Berufskollegs**
- **Schülerinnen und Schüler in kaufmännischen Berufsfeldern**
- **Schülerinnen und Schüler in Ausbildungs-, Umschulungs- und Weiterbildungslehrgängen**
- **Dozenten und Teilnehmer von Fort- und Weiterbildungen in Unternehmen, Verbänden und sonstigen Institutionen**

Die vorliegende **34. Auflage** des Buches bietet die Breite der **betriebswirtschaftlichen und rechtskundlichen Lehrinhalte.**

Die »Kaufmännische Betriebslehre – Kurzausgabe« wurde **vollständig überarbeitet und neu gestaltet.** Der Leser erhält durch die **übersichtliche und strukturierte Gestaltung** mit dieser Auflage eine verbesserte Darstellung der Inhalte.

Das Buch erhält durch eine **straffe und einprägsame Darstellung** der einzelnen Stoffgebiete eine in sich **geschlossene Form.** Für den Lernenden ist es übersichtlich und erleichtert somit das strukturierte und eigenständige Lernen.

Zahlreiche **fallbezogene und praxisorientierte Beispiele** im Text sowie **mehrfarbige Darstellungen und Tabellen** veranschaulichen schwierige Sachverhalte.

Handlungsorientierte **Aufgaben und Probleme** sind am Ende der einzelnen Sachthemen zusammengefasst. Sie bieten Material für Wiederholungen und Hausaufgaben sowie zur Prüfungsvorbereitung.

Ausführliche Inhalts- und Stichwortverzeichnisse erleichtern das Auffinden von Kapiteln, Abschnitten, Fachbegriffen und Erläuterungen.

Jedes Hauptkapitel endet mit einer **zusammenfassenden Übersicht** zur kompakten Darstellung des Erlernten.

Die **»Kaufmännische Betriebslehre – Kurzausgabe«** enthält die **gesetzlichen Rahmenbedingungen** und die **statistischen Daten** bis zum **Frühjahr 2016**.

Ein **Löser** zu den Aufgaben und Problemen ist im Verlagsprogramm erhältlich **(Europa-Nummer 91406).**

Ihr Feedback ist uns wichtig.
Ihre Anmerkungen, Hinweise und Verbesserungsvorschläge zu diesem Buch nehmen wir gerne auf – schreiben Sie uns unter lektorat@europa-lehrmittel.de.

Rottenburg, April 2016 **Die Verfasser**

Bildnachweis

Der Arbeitskreis dankt folgenden Unternehmen und Institutionen für die Überlassung von Bildmaterial:

ASKUS Consult GmbH, Freiburg

BdB Bundesverband der Deutschen Binnenschifffahrt e.V., Duisburg

Claas Saulgau GmbH, Bad Saulgau

Deutsche Telekom AG, Darmstadt

Deutsche Bahn AG, Berlin

Daimler AG, Stuttgart

Frankfurter Allgemeine Zeitung, Frankfurt

Gardena AG, Ulm

GIF – Gesellschaft für Ingenieurprojekte Freiburg GmbH, Freiburg

Hamburg Südamerikanische Dampfschifffahrts-Gesellschaft KG, Hamburg

Hapag-Lloyd AG, Hamburg

Markus Frey, Solingen

Werbeagentur Mohanty, Berlin

Wirtschaftswoche, Düsseldorf

Inhaltsverzeichnis

4.1 – 4.4 + 4.7

Gesetze und Verordnungen

ADSp	Allgemeine Deutsche Spediteur-Bedingungen
AEUV	Vertrag über die Arbeitsweise der Europäischen Union
AGG	Allgemeines Gleichbehandlungsgesetz
AktG	Aktiengesetz
AltTZG	Altersteilzeitgesetz
AO	Abgabenordnung
ArbGG	Arbeitsgerichtsgesetz
ArbnErfG	Gesetz über Arbeitnehmererfindungen
ArbSchG	Gesetz über die Durchführung von Maßnahmen des Arbeitsschutzes zur Verbesserung der Sicherheit und des Gesundheitsschutzes der Beschäftigten bei der Arbeit (Arbeitsschutzgesetz)
ArbStättV	Verordnung über Arbeitsstätten
ArbZG	Arbeitszeitgesetz
AWG	Außenwirtschaftsgesetz
AWV	Außenwirtschaftsverordnung
BBankG	Gesetz über die Deutsche Bundesbank (Bundesbankgesetz)
BBiG	Berufsbildungsgesetz
BDSG	Bundesdatenschutzgesetz
BEEG	Gesetz zum Elterngeld und zur Elternzeit
BetrAVG	Gesetz zur Verbesserung der betrieblichen Altersversorgung
BetrVG	Betriebsverfassungsgesetz
BewG	Bewertungsgesetz
BGB	Bürgerliches Gesetzbuch
BImSchG	Gesetz zum Schutz vor schädlichen Umwelteinwirkungen durch Luftverunreinigung, Geräusche, Erschütterungen und ähnliche Vorgänge (Bundes-Immissionsschutzgesetz)
BKGG	Bundeskindergeldgesetz
BörsG	Börsengesetz
BUrlG	Mindesturlaubsgesetz für Arbeitnehmer (Bundesurlaubsgesetz)
DepotG	Gesetz über die Verwahrung und Anschaffung von Wertpapieren (Depotgesetz)
DesignG	Designgesetz
DrittelbG	Gesetz über die Drittelbeteiligung der Arbeitnehmer im Aufsichtsrat (Drittelbeteiligungsgesetz)
EBRG	Gesetz über Europäische Betriebsräte
EGV	EG-Vertrag
EntgFG	Gesetz über die Zahlung des Arbeitsentgelts an Feiertagen und im Krankheitsfall (Entgeltfortzahlungsgesetz)
ErbStG	Erbschaftsteuer- und Schenkungsteuergesetz
EStG	Einkommensteuergesetz
FGO	Finanzgerichtsordnung
FVG	Gesetz über die Finanzverwaltung (Finanzverwaltungsgesetz)
GBO	Grundbuchordnung
GebrMG	Gebrauchsmustergesetz
GefStoffV	Verordnung zum Schutz vor Gefahrstoffen
GenG	Gesetz betreffend die Erwerbs- und Wirtschaftsgenossenschaften (Genossenschaftsgesetz)

GewO	Gewerbeordnung
GewStG	Gewerbesteuergesetz
GG	Grundgesetz für die Bundesrepublik Deutschland
GmbHG	Gesetz betreffend die Gesellschaften mit beschränkter Haftung (GmbH-Gesetz)
GrEStG	Grunderwerbsteuergesetz
GrStG	Grundsteuergesetz
GüKG	Güterkraftverkehrsgesetz
GVG	Gerichtsverfassungsgesetz
GWB	Gesetz gegen Wettbewerbsbeschränkungen
HGB	Handelsgesetzbuch
IHKG	Gesetz zur vorläufigen Regelung des Rechts der Industrie- und Handelskammern
ImmoWertV	Verordnung über Grundsätze für die Ermittlung des Verkehrswertes von Grundstücken (Immobilienwertermittlungsverordnung)
InsO	Insolvenzordnung
JArbSchG	Gesetz zum Schutze der arbeitenden Jugend (Jugendarbeitsschutzgesetz)
KAGB	Kapitalanlagegesetzbuch
KrWG	Gesetz zur Förderung der Kreislaufwirtschaft und Sicherung der umweltverträglichen Bewirtschaftung von Abfällen
KSchG	Kündigungsschutzgesetz
KStG	Körperschaftsteuergesetz
KWG	Gesetz über das Kreditwesen
LFBG	Lebensmittel-, Bedarfsgegenstände- und Futtermittelgesetzbuch (Lebensmittel- und Futtermittelgesetzbuch)
MarkenG	Gesetz über den Schutz von Marken und sonstigen Kennzeichen (Markengesetz)
MicroBilG	Kleinstkapitalgesellschaften – Bilanzrechtsänderungsgesetz
MitbestG	Gesetz über die Mitbestimmung der Arbeitnehmer (Mitbestimmungsgesetz)
Montan-MitbestG	Gesetz über die Mitbestimmung der Arbeitnehmer in den Aufsichtsräten und Vorständen der Unternehmen des Bergbaus und der Eisen und Stahl erzeugenden Industrie (Montan-Mitbestimmungsgesetz)
MÜK	Montrealer Übereinkommen
MuSchG	Gesetz zum Schutze der erwerbstätigen Mutter (Mutterschutzgesetz)
NachwG	Gesetz über den Nachweis der für ein Arbeitsverhältnis geltenden wesentlichen Bedingungen (Nachweisgesetz)
PAngV	Preisangabenverordnung
PartGG	Gesetz über Partnerschaftsgesellschaften Angehöriger Freier Berufe (Partnerschaftsgesellschaftsgesetz)
PatG	Patentgesetz
PfandBG	Pfandbriefgesetz
ProdHaftG	Gesetz über die Haftung für fehlerhafte Produkte (Produkthaftungsgesetz)
PublG	Gesetz über die Rechnungslegung von bestimmten Unternehmen und Konzernen (Publizitätsgesetz)

ROG	Raumordnungsgesetz
RVO	Reichsversicherungsordnung
ScheckG	Scheckgesetz
SGB	Sozialgesetzbuch
SGG	Sozialgerichtsgesetz
SigG	Gesetz über Rahmenbedingungen für elektronische Signaturen (Signaturgesetz)
SolZG	Solidaritätszuschlagsgesetz
StabG	Gesetz zur Förderung der Stabilität und des Wachstums der Wirtschaft (Stabilitätsgesetz)
StGB	Strafgesetzbuch
StPO	Strafprozessordnung
TVG	Tarifvertragsgesetz
UmweltHG	Umwelthaftungsgesetz
UStG	Umsatzsteuergesetz
UWG	Gesetz gegen den unlauteren Wettbewerb
5.VermBG	Fünftes Gesetz zur Förderung der Vermögensbildung der Arbeitnehmer
VerpackV	Verordnung über die Vermeidung und Verwertung von Verpackungsabfällen (Verpackungsverordnung)
VVG	Gesetz über den Versicherungsvertrag (Versicherungsvertragsgesetz)
VwVfG	Verwaltungsverfahrensgesetz
WG	Wechselgesetz
WHG	Gesetz zur Ordnung des Wasserhaushalts (Wasserhaushaltsgesetz)
WoPG	Wohnungsbau-Prämiengesetz
ZAG	Gesetz über die Beaufsichtigung von Zahlungsdiensten
ZK	Zollkodex der Gemeinschaften
ZollV	Zollverordnung
ZollVG	Zollverwaltungsgesetz
ZPO	Zivilprozessordnung

1 Grundlagen des Wirtschaftens

1.1 Notwendigkeit des Wirtschaftens

1.1.1 Bedürfnisse, Bedarf, Nachfrage

Bedürfnisse sind **unbegrenzt, unterschiedlich, wandelbar,** von verschiedenen Bedingungen abhängig und im Einzelnen mehr oder minder dringlich.

Nach der Dringlichkeit der Bedürfnisse unterscheidet man:

Bedürfnisse, nach der Dringlichkeit unterschieden	
Existenzbedürfnisse	**Kultur- und Luxusbedürfnisse**
Ihre Befriedigung ist notwendig zur Erhaltung des Lebens.	Ihre Befriedigung erhöht den Lebensstandard und steigert das Lebensgefühl.
Beispiele	**Beispiele**
Bedürfnisse nach ausreichender Nahrung, Kleidung, Wohnung und Grundbildung, reiner Luft, sauberem Trinkwasser und lebenswerter Umwelt	Bedürfnisse nach verfeinertem Essen, anspruchsvoller Kleidung, gehobener Bildung, sozialer Geltung, Kunstgenuss und vielfältigen Möglichkeiten der Urlaubs- und Freizeitgestaltung

Es ist Wunsch und Ziel des Menschen, seine Bedürfnisse zu befriedigen. In welchem Maße die Menschen ihre Bedürfnisse befriedigen können, hängt ab von ihrer Leistungsfähigkeit, ihrer Leistungsbereitschaft und den verfügbaren Mitteln (Einkommen und Vermögen).

Bedarf im wirtschaftlichen Sinne ist nur der Teil der Bedürfnisse, den der Mensch mit den ihm zur Verfügung stehenden Mitteln (Kaufkraft) befriedigen will und kann.

Nachfrage am Markt entsteht, **wenn der Mensch am Markt auftritt,** um seinen Bedarf zu decken.

Vom Bedürfnis zur Nachfrage

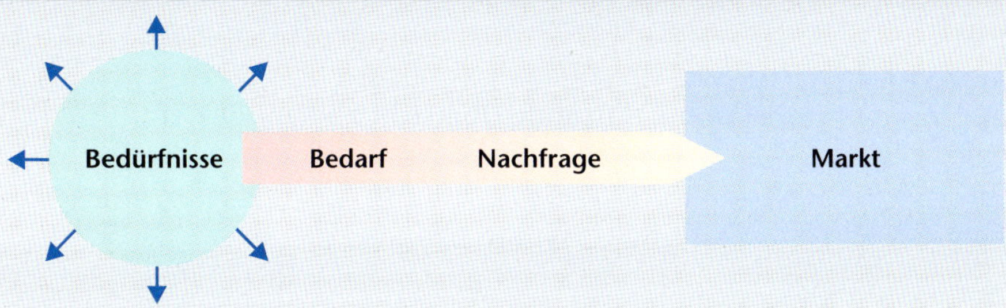

1.1.2 Güter

Güter sind diejenigen Mittel, die zur **Befriedigung der menschlichen Bedürfnisse** dienen.

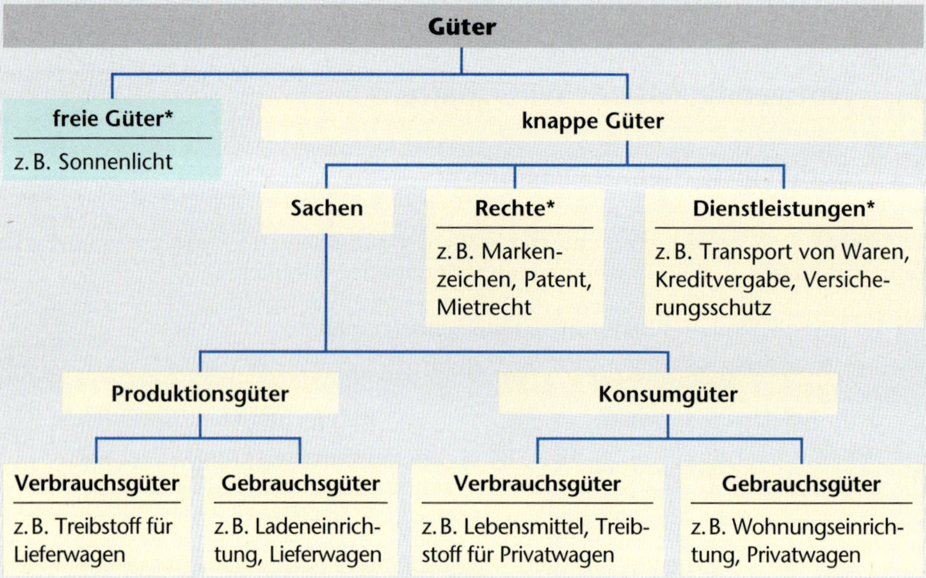

* Auch freie Güter, Rechte und Dienstleistungen können sowohl Produktions- als auch Konsumgüter sein.

Die **knappen Güter** sind **Gegenstand des Wirtschaftens.** Man nennt sie deshalb **Wirtschaftsgüter.**

1.1.3 Ökonomisches Prinzip

ökonomisches Prinzip	
Maximalprinzip **gegebene Mittel → maximaler Ertrag**	**Minimalprinzip** **minimaler Aufwand ← gegebener Ertrag**
Beispiel: Bei der Textilherstellung soll aus einer Stoffbahn eine maximale Anzahl von T-Shirts hergestellt werden.	**Beispiel:** Für die geplante Produktion von 100 T-Shirts soll so wenig Stoff wie nötig aus einer Stoffbahn verwendet werden.

Das Handeln nach dem ökonomischen Prinzip ist Leitsatz für alle Unternehmen und Haushalte.

Zusammenfassende Übersicht zu Kapitel 1.1: Notwendigkeit des Wirtschaftens

▶ Aufgaben und Probleme

1. Ordnen Sie die Bedürfnisse nach folgenden Gütern entsprechend ihrer Dringlichkeit als Existenz-, Kultur- oder Luxusbedürfnisse. Begründen Sie Ihre Entscheidungen.
   a) Auto eines Schülers
   b) Auto eines Handelsvertreters
   c) Zigaretten
   d) Schönheitsoperation
   e) Theaterbesuch
2. Mit welchen Mitteln versuchen Industrie und Handel, Bedürfnisse in Bedarf und anschließende Nachfrage umzuwandeln?
3. Sonnenlicht und Atemluft werden als Beispiele für freie Güter genannt. Prüfen Sie, unter welchen Umständen diese Beispiele nicht zutreffen.
4. Suchen Sie nach Beispielen dafür, dass das gleiche Gut sowohl als Konsumgut als auch als Produktionsgut verwendet werden kann.
5. Erläutern und unterscheiden Sie die Begriffe »Gebrauchsgut« und »Verbrauchsgut«.
6. Begründen Sie, welche der folgenden wirtschaftlichen Vorgänge zum Handeln nach dem Maximalprinzip oder dem Minimalprinzip gehören:
   a) Für den geplanten Urlaub in Spanien stehen Ihnen 1.500 EUR zur Verfügung.
   b) Für den Bau eines Einfamilienhauses stehen 180.000 EUR Eigenkapital und 290.000 EUR Fremdkapital zur Verfügung.
   c) Ein Wohnhaus ist zum Verkauf ausgeschrieben. Als »Verhandlungsbasis« ist ein Preis von 380.000 EUR genannt.
7. Erläutern Sie, warum in der Wirtschaft in der Regel das ökonomische Prinzip angewandt werden sollte.

1.2 Betriebe als Orte der Leistungserstellung und Leistungsverwertung

Betriebe* sind Wirtschaftseinheiten, die der **Leistungserstellung** und **Leistungsverwertung** dienen.

Betriebe dienen der	
Leistungserstellung (Produktion)	**Leistungsverwertung (Absatz)**
Durch den planmäßigen Einsatz von Arbeit und sachlichen Mitteln werden Wirtschaftsgüter erzeugt, die mittelbar oder unmittelbar der Bedarfsdeckung dienen.	Die in den einzelnen Produktionsstufen erstellten Leistungen werden über den Absatzmarkt an andere Betriebe oder Haushalte abgesetzt.

1.2.1 Private und öffentliche Betriebe

▶ Private Betriebe

In der Marktwirtschaft wird die Güterproduktion hauptsächlich in privaten Betrieben durchgeführt. Sie bestimmen ihre Produktionspläne selbst und orientieren sich dabei über die Preise an der Nachfrage am Markt.

* Im allgemeinen Sprachgebrauch werden die Begriffe Betrieb, Unternehmen und Unternehmung oftmals gleichgestellt.

Das **Gewinnstreben** ist charakteristisches Merkmal für die **erwerbswirtschaftliche Zielsetzung** der **privaten Unternehmen.**

▶ Öffentliche Betriebe

In der sozialen Marktwirtschaft sollten sich die öffentlichen Betriebe nur in solchen Bereichen wirtschaftlich betätigen, in denen private Betriebe nicht für ein ausreichend gesichertes Güterangebot zu erträglichen Preisen sorgen, z. B. bei der Versorgung der Bevölkerung mit Wasser, Energie und Verkehrsleistungen.

Staatliche und kommunale Behörden verkaufen ihre Leistungen in der Regel nicht zu einem Marktpreis, sondern sie erheben dafür Gebühren und Beiträge.

Die öffentlichen Gemeinwesen können auch selbst oder durch Beteiligung Träger von Wirtschaftsunternehmen sein.

Beispiel: Größere Gemeinden betreiben gemeindeeigene Wasserwerke.

Gemeinwirtschaftliche Betriebe arbeiten nach dem **Versorgungsprinzip.** Sie streben, soweit kein Gewinn erzielt werden kann, nach **Kostendeckung** bzw. **Verlustminimierung.**

1.2.2 Leistungserstellung in verschiedenen Wirtschaftszweigen

Der Prozess der Leistungserstellung kann in der Produktion von Sach- und/oder von Dienstleistungen bestehen.

Art der Leistungserstellung	Wirtschaftszweig
Produktion von Sachleistungen	
1. Rohstoff- und Energiegewinnung	Land- und Forstwirtschaft, Bergbau, Energiewirtschaft
2. Rohstoffbe- und -verarbeitung	verarbeitende Industrie, Warenhandwerk
Produktion von Dienstleistungen	
1. Sammlung und Verteilung (Distribution) von Wirtschaftsgütern	Handel, Absatzhelfer (Handelsvertreter, Makler, Kommissionäre)
2. Beförderung von Personen, Wirtschaftsgütern und Nachrichten	Verkehrswirtschaft (Postdienste, Telekommunikationsdienste, Eisenbahnverkehr, Kraftverkehr, Luftverkehr, Schiffsverkehr, Logistikunternehmen, Speditionen, Reisebüros)
3. Zahlungs-, Kredit- und Kapitalverkehr	Geld- und Kreditwirtschaft (Banken, Sparkassen)
4. Versicherungsschutz	Versicherungswirtschaft (Individual- und Sozialversicherungen)
5. sonstige Dienstleistungen	Beratungsunternehmen, Hotels und Restaurants, Reparaturbetriebe, Reinigungsbetriebe, Bildungsvermittlung, Gesundheitsdienste, soziale Dienste, DV-Beratung und -Betreuung

1.2.3 Betriebswirtschaftliche Produktionsfaktoren

Produktionsfaktoren sind die **Mittel und Kräfte,** mit denen **Sachgüter und Dienstleistungen erstellt** werden.

▶ Elementarfaktoren

	Erklärung	Beispiele
Arbeitsleistung	hauptsächlich ausführende Arbeit	Bedienung einer Maschine, Montage, Abwicklung eines Kundenauftrages
Betriebsmittel	Anlagen und alle Einrichtungen, die die technische Voraussetzung zur betrieblichen Leistungserstellung bilden	– Grundstücke, Gebäude – Maschinen, Anlagen, Werkzeuge – Anlagen zur Energieversorgung – Lagereinrichtungen – Einrichtungen zur Abfallentsorgung – Sozialeinrichtungen (Kantine, Kindergarten) – Ausbildungswerkstatt
Werkstoffe und Waren	Güter, die verarbeitet oder unverarbeitet in den Wertschöpfungsprozess eingehen:	
	– Rohstoffe (Hauptbestandteile des Erzeugnisses),	Holz bei der Möbelherstellung
	– Hilfsstoffe (Nebenbestandteile des Erzeugnisses),	Leim, Lack bei der Möbelherstellung
	– Betriebsstoffe (werden zur Durchführung des Fertigungsprozesses benötigt),	Strom, Diesel, Schmiermittel zum Betreiben der Maschinen
	– bezogene Fertigteile, – Waren.	Beschläge, Schlösser bei der Möbelherstellung, Accessoires beim Möbelverkauf
Rechte	behördliche Betriebsgenehmigungen sowie gewerbliche Schutz- und Nutzungsrechte	Konzessionen, Patente, Lizenzen, Gebrauchs- und Geschmacksmuster sowie Markenzeichen

▶ Dispositiver Faktor

Der dispositive Faktor **leitet** das Unternehmen. Er ist auf die **zielsetzende, planende, organisierende, kontrollierende, rechenschaftslegende und repräsentierende Tätigkeit im Unternehmen** ausgerichtet (Kapitel 3.7).

Zusammenfassende Übersicht zu Kapitel 1.2: Betriebe als Orte der Leistungserstellung und Leistungsverwertung

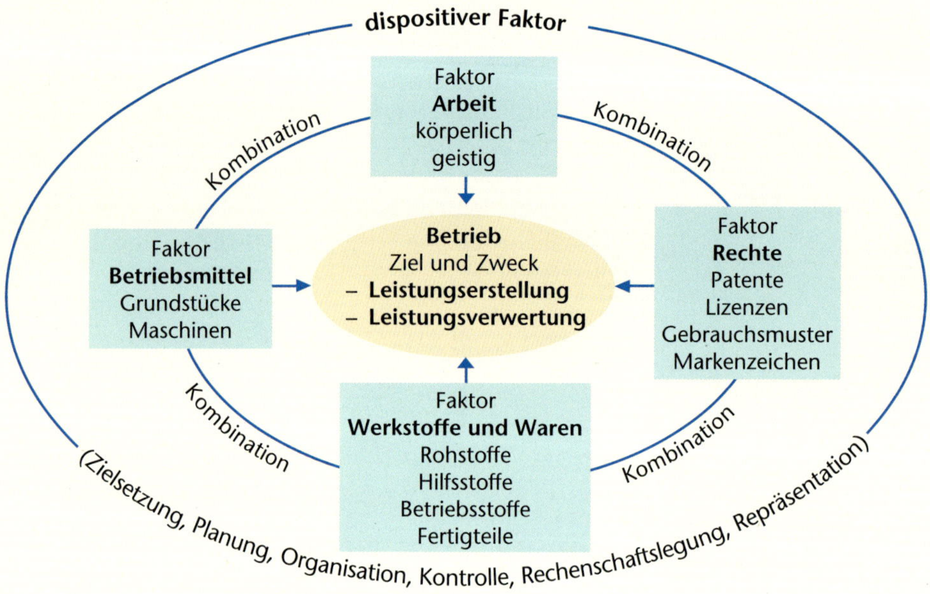

▶ Aufgaben und Probleme

1. Erläutern Sie, warum die Befolgung des erwerbwirtschaftlichen Prinzips eine gewisse Garantie für die optimale Bedarfsdeckung in der Gesamtwirtschaft bietet.
2. Ordnen Sie die angegebenen Kosten nach folgendem Muster dem jeweiligen Faktoreinsatz zu:

Kostenart	entstanden durch Einsatz des Produktionsfaktors
a) Energiekosten	....
b) Miete für Lagerhalle	....
c) Sozialkosten	....
d) Instandhaltungskosten	....
e) Fuhrparkkosten	....
f) Rohstoffverbrauch	....

3. Erklären Sie, warum Roh- und Hilfsstoffe zu den Werkstoffen, Vorrichtungen zur Lagerung von Rohstoffen aber zu den Betriebsmitteln gehören.
4. Erörtern Sie, welchen Einfluss Klima, Bildung und Lebenseinstellung der Menschen auf die Wirtschaftsverhältnisse eines Landes haben.
5. Was müsste geschehen, um die Verknappung und damit Verteuerung des Betriebsstoffes Energie in den Betrieben aufzufangen?
6. Worin besteht die Leistungserstellung

   a) eines Industriebetriebes, b) eines Handelsbetriebes?

2 Rechtliche Rahmenbedingungen des Wirtschaftens

2.1 Rechtssubjekte

Rechtssubjekte sind Rechtspersonen. Das können natürliche und juristische Personen sein.

2.1.1 Natürliche und juristische Personen

a) **Natürliche Personen.** Das sind alle Menschen.

b) **Juristische Personen.** Das sind Vereinigungen, die von der Rechtsordnung als eigenständige Personen behandelt werden.

Merkmale der juristischen Personen (JP):

1. JP handeln durch Organe, die sich aus natürlichen Personen zusammensetzen.
2. JP tragen einen rechtlich geschützten Namen, unter dem sie klagen und verklagt werden können.
3. JP haften mit dem eigenen Vermögen.
4. Der Bestand der JP ist grundsätzlich von der Mitgliederbewegung unabhängig.

2.1.2 Rechtsfähigkeit und Geschäftsfähigkeit

Rechtsfähigkeit

Rechtsfähigkeit ist die **Fähigkeit** von Personen, **Träger von Rechten und Pflichten zu sein.**

Jede natürliche Person ist von der Geburt bis zum Tode rechtsfähig. *BGB § 1*

Beispiele: Ein zweijähriges Kind wird durch Erbfolge Eigentümer eines Hauses mit allen Rechten und Pflichten; jeder Jugendliche hat das Recht auf Schulbildung.

Jede juristische Person ist von der Gründung bis zur Auflösung rechtsfähig, eine Aktiengesellschaft z. B. von der Eintragung ins Handelsregister bis zur Löschung. *§§ 21–89*

Beispiel: Die Volkswagen AG hat einen rechtlich geschützten Namen, unter dem sie klagen und verklagt werden kann. Sie haftet mit ihrem eigenen Vermögen (Grundstücke, Fuhrpark usw.).

Geschäftsfähigkeit

Geschäftsfähigkeit ist die **Fähigkeit, rechtsgeschäftliche Willenserklärungen abzugeben und entgegenzunehmen.**

Diese Willenserklärungen begründen, ändern und heben Rechtsverhältnisse auf.

Beispiele: Vertragsantrag, Vertragsannahme, Mieterhöhung, Kündigung

▶ **Geschäftsunfähigkeit**

Geschäftsunfähig sind Personen bis zum vollendeten 7. Lebensjahr und dauernd Geisteskranke. *§ 104*

Die Willenserklärung eines Geschäftsunfähigen ist nichtig (Mangel der Geschäftsfähigkeit). *§ 105*

Beispiel: Ein fünfjähriges Kind darf sein Kickboard nicht rechtsgültig verschenken. Die Eltern können die Rückgabe verlangen.

Für **Geschäftsunfähige** handelt in der Regel nur der gesetzliche Vertreter (Eltern, Vormund).

Geschäftsunfähige können aber als Boten (Übermittlung einer fremden Willenserklärung) handeln.

BGB § 105a Ein **volljähriger Geschäftsunfähiger** kann ein Geschäft des täglichen Lebens, das mit geringwertigen Mitteln bewirkt werden kann, tätigen.

§ 106 ▶ **Beschränkte Geschäftsfähigkeit**

Beschränkt geschäftsfähig sind Personen vom vollendeten 7. bis zum vollendeten 18. Lebensjahr.

§ 107 **Die Willenserklärung eines beschränkt Geschäftsfähigen bedarf** in der Regel der **Zustimmung des gesetzlichen Vertreters.**

Beispiel: Ein 16-jähriger Schüler muss sich den Kauf eines Mofas genehmigen lassen.

§ 108 Eine vorher erteilte Zustimmung heißt »Einwilligung«, eine nachträglich erteilte Zustimmung »Genehmigung«. Ein von einem beschränkt Geschäftsfähigen ohne Einwilligung des gesetzlichen Vertreters abgeschlossenes Rechtsgeschäft ist bis zur Genehmigung schwebend unwirksam. *§ 1643* Durch die nachträgliche Zustimmung wird es voll wirksam. Bei Kredit- und Ratengeschäften ist die Genehmigung des Vormundschaftsgerichtes erforderlich.

▶ **Unbeschränkte Geschäftsfähigkeit**

Personen, die das 18. Lebensjahr vollendet haben, sind unbeschränkt geschäftsfähig, außer sie gehören zu den Geschäftsunfähigen.

Die Willenserklärungen eines unbeschränkt Geschäftsfähigen sind voll rechtswirksam.

Beispiel: Eine 19-Jährige kann einen Kaufvertrag rechtswirksam abschließen.

Eine **juristische Person** ist von ihrer Gründung bis zur Auflösung unbeschränkt geschäftsfähig. Für sie handeln die im Gesetz und in der Satzung dafür bestimmten **Organe.**

Beispiel: Für einen eingetragenen Verein handelt der Vorstand.

Zusammenfassende Übersicht zu Kapitel 2.1: Rechtssubjekte

Rechtssubjekte

- natürliche Personen
- juristische Personen

Rechtsfähigkeit
- natürliche Person
- juristische Person

Geschäftsfähigkeit
- geschäftsunfähig
- beschränkt geschäftsfähig
- unbeschränkt geschäftsfähig

▶ Aufgaben und Probleme

1. Welche der folgenden Personen oder Institutionen sind juristische Personen?
   a) Sportclub Forchheim e.V.
   b) Richter beim Landgericht
   c) Stadtsparkasse Mannheim
   d) Bundesrepublik Deutschland
2. Die 17-jährige Hildegard Gut absolviert eine Ausbildung zur Kauffrau im Groß- und Außenhandel.
   a) Von der Ausbildungsvergütung stehen ihr monatlich 300 EUR als Taschengeld zur Verfügung. Eines Tages schließt sie mit einem Media-Center einen Kaufvertrag über eine Stereo-Kompakt-Anlage im Wert von 1.900 EUR ab. Wie ist die Rechtslage?
   b) Ein Onkel hat ihr für diesen Zweck 2.000 EUR geschenkt. Wie ist die Rechtslage?
   c) Unter welchen Voraussetzungen könnte sie nach Beendigung des Ausbildungsverhältnisses den Betrieb wechseln?
   d) Unter welchen Voraussetzungen könnte sie das Großhandelsgeschäft des kranken Vaters übernehmen?
3. Wie ist die Rechtslage in folgenden Fällen?
   a) Die 15-jährige Christine hat von ihrem Patenonkel als Geschenk ein Fahrrad erhalten. Da die Eltern seit einiger Zeit mit dem Onkel Streit haben, verlangen sie von Christine, das Fahrrad zurückzugeben.
   b) Der 6-jährige Jörg kauft ohne Wissen der Eltern von seinen Ersparnissen im benachbarten Spielwarengeschäft einen Spielzeugpanzer. Da die Ellern damit nicht einverstanden sind, wollen sie das Spielzeug zurückbringen,
   c) Die 17-jährige Mitarbeiterin eines Reinigungsunternehmens kündigt ihrem Arbeitgeber. Der Vater will die Kündigung rückgängig machen.

2.2 Rechtsobjekte

2.2.1 Sachen und Rechte

■ Sachen

bewegliche Sachen (Mobilien)	unbewegliche Sachen (Immobilien)
Beispiele: Buch, Maschine	**Beispiele:** Grundstücke, Gebäude

Tiere sind nach dem BGB keine Sachen. Die Vorschriften für Sachen sind aber auch für sie anzuwenden. Dabei müssen jedoch die besonderen Schutzbestimmungen für Tiere als Lebewesen beachtet werden. *BGB § 90a*

■ Rechte

Neben Sachen können auch Rechte Gegenstand des Rechtsverkehrs sein.

Beispiele: Patent, Gebrauchsmuster, Konzession, Geschäftswert

2.2.2 Eigentum und Besitz

Der **Eigentümer** hat die **rechtliche Herrschaft** über einen Gegenstand.

BGB § 903 Ihm gehört der Gegenstand. Er kann ihn verkaufen, verschenken oder vermieten.

Der **Besitzer** hat die **tatsächliche Gewalt** über einen Gegenstand.

§ 854 Er hat den Gegenstand. Der Besitzer eines Autos kann damit fahren, der Besitzer einer Wohnung kann darin leben.

§ 872 Im Allgemeinen ist der Eigentümer einer Sache auch ihr Besitzer. Vermietet der Hauseigentümer jedoch eine Wohnung, so bleibt er Eigentümer, der Mieter wird Besitzer. Verleiht jemand ein Buch, so bleibt er Eigentümer, der Entleiher wird Besitzer. Der Besitzer
§ 985 muss dem Eigentümer die Sache unbeschädigt zurückgeben. Der Eigentümer hat gegenüber dem Besitzer einen Herausgabeanspruch.

Diebe sind widerrechtliche Besitzer der gestohlenen Sache.

Eigentumsübertragung (Übereignung)

	Eigentumsübertragung	
	bewegliche Sachen	**Veräußerer** ↔ **Erwerber**
§ 929	1. Gegenstand ist beim Veräußerer	Einigung ↔ + Übergabe → **Beispiel:** Der Buchhändler übergibt dem Käufer das gekaufte Buch. Buchhändler und Käufer sind sich einig über die beabsichtigte Eigentumsübertragung.
§ 931	2. Gegenstand ist bei einem Dritten	Einigung ↔ + Abtretung des Herausgabeanspruchs → **Beispiel:** Ein Lieferant verkauft Ware, die er in einem Lagerhaus eingelagert hat. Mit der Einigung und der Übergabe des Orderlagerscheines geht das Eigentum auf den Erwerber über.
§ 929, S. 2	3. Gegenstand ist beim Erwerber	Einigung ↔ **Beispiel:** Kauf einer auf Probe überlassenen vollautomatischen Kaffeemaschine.
§ 930	4. Veräußerer soll Besitzer bleiben	Einigung ↔ + Besitzkonstitut → **Beispiel:** Kauf von Wertpapieren bei der Bank und Verwahrung in deren Depot.
	unbewegliche Sachen (Grundstücke)	Einigung (Auflassung) ↔ + Eintragung im Grundbuch

Gutgläubiger Eigentumserwerb

Verkauft jemand eine Ware, die ihm gar nicht gehört, so erwirbt der Käufer dennoch das Eigentum, wenn er im »guten Glauben« ist. Gutgläubig ist, wer den Veräußerer nach den Umständen für den Eigentümer halten darf. *BGB § 932*

Beispiel: Ein Textileinzelhändler verkauft im Laden ein Kleid, für das sich der Kleiderfabrikant das Eigentum noch vorbehalten hat, zum normalen Preis an eine Kundin. Die Kundin ist gutgläubig. Sie wird aus Gründen der Rechtssicherheit Eigentümerin des Kleides.

Gutgläubiger Erwerb ist **nicht möglich** an gestohlenen, verloren gegangenen oder anderweitig abhanden gekommenen Sachen. Der Eigentümer kann von jedem späteren Erwerber die Herausgabe seines Eigentums ohne Erstattung eines Entgelts verlangen. Auf Geld und Inhaberpapiere findet diese Bestimmung keine Anwendung. *§ 935*

Zusammenfassende Übersicht zu Kapitel 2.2: Rechtsobjekte

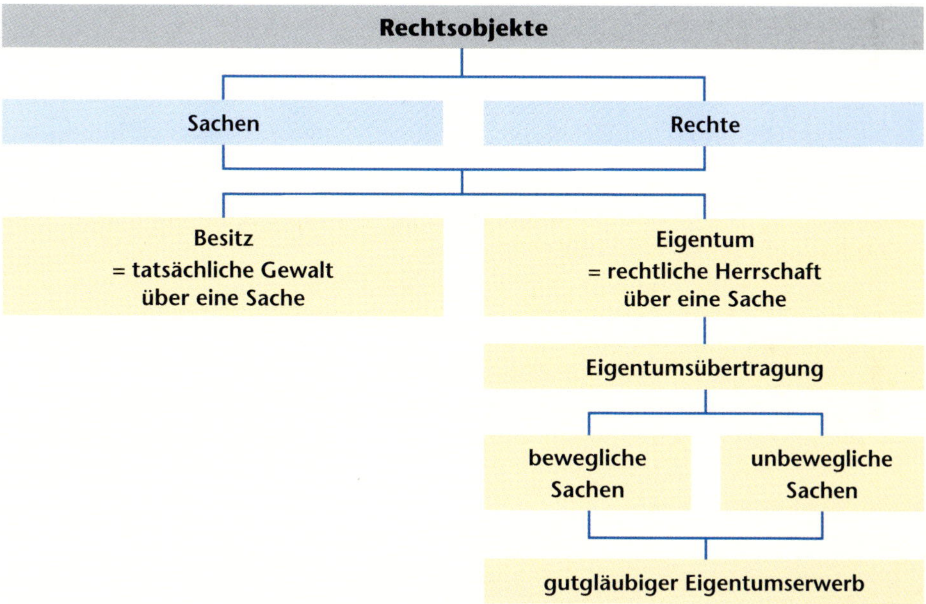

▶ Aufgaben und Probleme

1. Stellen Sie fest, um welche Art von Rechtsobjekt es sich handelt:
   a) Wohnhaus, b) Forderung, c) Pferd, d) Lizenz.
2. Kurt Fröhlich und Ulrich Seitz unterhalten sich. Kurt meint: »Ein Tier muss im Rechtsverkehr wie ein Mensch behandelt werden, denn beide sind Lebewesen.« »Aber Tiere kann man doch kaufen und verkaufen wie eine Ware oder ein Patent«, entgegnet ihm Ulrich. Nehmen Sie Stellung zu diesen Aussagen. Beachten Sie dabei die §§ 90–103 BGB.
3. Wie ist die jeweilige Rechtslage?
   a) Es wird Ihnen Ihr eigenes oder ein entliehenes Fahrrad entwendet. Sie haben den Dieb auf frischer Tat ertappt bzw. nach zwei Tagen entdeckt.

b) Der Mieter eines Lagerhauses gibt den Raum nicht frei, obwohl der Vermieter rechtzeitig gekündigt hat.

c) Der Mieter nimmt ohne Erlaubnis des Vermieters bauliche Veränderungen vor.

4. Wann und wo geht in folgenden Fällen das Eigentum an einer Ware auf den Käufer über?

   a) Der Käufer kauft die Ware im Laden und nimmt sie mit (Handkauf).

   b) Der Verkäufer sendet die Ware dem Käufer am gleichen Ort zu (Platzkauf),

   c) Verkäufer und Käufer wohnen an verschiedenen Orten und der Verkäufer sendet die Ware mithilfe eines Paketdienstleisters (Versendungskauf).

5. Wann werden Sie in folgenden Fällen Eigentümer (Begründung)?

   a) Sie schließen am 15. Oktober im Computer-Shop einen Kaufvertrag über einen PC mit Zubehör. Sie bezahlen sofort mit EC-Cash. Die Anlage wird erst am 30. Oktober geliefert.

   b) Sie kaufen am 1. Juni im Fahrradgeschäft ein Rennrad für 1.000 EUR und nehmen es sofort mit. Die Zahlung soll innerhalb eines Monats erfolgen.

6. Sie kaufen von einer Bekannten ein Surfbrett. Es stellt sich heraus, dass das Surfbrett durch ein Sportgeschäft vermietet wurde. Wie ist die Rechtslage?

7. Sie verhandeln mit Frau Weber über den Erwerb eines Grundstücks. Mit Schreiben vom 20. Juni erklärt sich Frau Weber mit dem Verkauf einverstanden. Die Grundstücksauflassung erfolgt am 15. Juli in Anwesenheit beider Vertragspartner vor dem Notar. Gleichzeitig wird die Eintragung der Grundstücksübereignung im Grundbuch beantragt. Am 10. August erfolgt die Umschreibung.

   a) Wann fand der rechtswirksame Abschluss des Kaufvertrages statt?

   b) Welche Rechte haben Sie dadurch erworben?

   c) Wann wurden Sie Eigentümer des Grundstücks?

   d) Welche Rechtsstellung haben Sie als Eigentümer des Grundstücks erlangt?

2.3 Rechtsgeschäfte

Rechtsgeschäfte sind Geschäfte, aus denen sich **Rechtsfolgen ergeben.** Sie **entstehen durch Willenserklärungen.**

Beispiele: Abschluss eines Mietvertrages, Kündigung des Mietvertrages durch den Mieter

Willenserklärungen können mündlich, schriftlich oder durch schlüssiges Handeln abgegeben werden.

Beispiele:

1. Der Verkäufer in einem Ladengeschäft nennt dem Kunden den Preis eines Artikels.
2. Der Sachbearbeiter im Einkauf schickt ein Angebotsformular an den Lieferanten.
3. Handheben bei einer Versteigerung, Einsteigen in einen Bus.

2.3.1 Arten und Zustandekommen der Rechtsgeschäfte

Einseitiges Rechtsgeschäft

Es entsteht durch die Willenserklärung **einer Person.**

empfangsbedürftige Willenserklärung	nicht empfangsbedürftige Willenserklärung
Eine **empfangsbedürftige** Willenserklärung muss in den Herrschaftsbereich des Empfängers gelangen, um rechtswirksam zu werden.	Eine **nicht empfangsbedürftige** Willenserklärung wird bereits mit ihrer Abgabe rechtswirksam.
Beispiel: Eine Kündigung muss zum Kündigungstermin im Briefkasten angekommen sein.	Beispiel: Ein formgerechtes Testament ist bereits mit der Erstellung gültig.

Mehrseitiges Rechtsgeschäft

Es entsteht durch die Willenserklärungen mehrerer Personen.

▶ Verpflichtungsgeschäfte

Durch Verpflichtungsgeschäfte (Verträge) werden dem Vertragspartner Verpflichtungen zur Rechtsänderung auferlegt.

Beispiel: Der Verkäufer hat sich durch den Kaufvertrag verpflichtet, dem Käufer die Kaufsache zu übergeben und ihm das Eigentum daran zu übertragen.

Verträge kommen durch übereinstimmende **Willenserklärungen** von **zwei oder mehr Personen zustande.**

Die zuerst abgegebene Willenserklärung heißt **Antrag.** Er kann von jedem Partner ausgehen. Die zustimmende Willenserklärung heißt **Annahme.** Ein Vertrag ist mit der Annahme des Antrages abgeschlossen.

Beispiel: Bei der Vermietung einer Wohnung kann der Vermieter durch Angabe der Mietbedingungen die Wohnung »antragen«. Mit der Annahme dieses Antrages durch den Mieter ist der Mietvertrag abgeschlossen. Der Mieter kann aber auch dem Vermieter gegenüber den Mietantrag stellen. Dann wird durch die Annahme des Antrages seitens des Vermieters der Mietvertrag abgeschlossen.

Je nachdem, ob sich aus einem Vertrag Leistungsverpflichtungen nur für eine der Parteien oder für beide ergeben, spricht man von einseitig verpflichtenden Verträgen (Bürgschaft, Schenkung) und mehrseitig verpflichtenden Verträgen (Kauf-, Miet-, Pacht-, Gesellschaftsvertrag).

▶ Verfügungsgeschäfte

Durch das **Verfügungsgeschäft** werden unmittelbare Rechtsänderungen an Sachen oder Rechten bewirkt (Eigentumsübertragungen). Es kommt durch **Willenserklärungen** (Einigung) und **Handlungen** (Übergabe, Grundbucheintragung) zustande. Da ein Verfügungsgeschäft grundsätzlich der Erfüllung von Verträgen dient, werden sie auch **Erfüllungsgeschäfte** genannt.

2.3.2 Form der Rechtsgeschäfte

▶ Formfreiheit

Formfreiheit bedeutet, dass ein Rechtsgeschäft in jeder beliebigen Form abgeschlossen werden kann. Willenserklärungen können also mündlich, schriftlich oder durch schlüssige (konkludente) Handlungen abgegeben werden. Die Form ist grundsätzlich für die Gültigkeit des Rechtsgeschäftes unerheblich.

Beispiele: Anfrage mittels Telefongespräch, Brief, Fax, E-Mail oder online

Eine **E-Mail** als Willenserklärung hat nur in den Fällen volle rechtsgeschäftliche Wirkung, in denen auch eine mündliche Willenserklärung ausreichen würde.

BGB § 925

▶ Formzwang

Formzwang bedeutet, dass ein Rechtsgeschäft in der gesetzlich vorgeschriebenen oder vertraglich vereinbarten Form vorgenommen werden muss. Vorteile: erhöhte Sicherheit, leichte Beweisbarkeit, Schutz vor Übereilung und Leichtfertigkeit.

Folgende Formen sind möglich:

	Form	Erklärung	Beispiele
§ 126 § 766 § 566 § 2231	**schriftlich**	Die Urkunde muss von dem Aussteller eigenhändig durch Namensunterschrift unterzeichnet werden. Wird über einen Vertrag nur eine Urkunde ausgestellt, müssen beide Parteien unterzeichnen. Werden über einen Vertrag mehrere Urkunden ausgestellt, so genügt es, wenn jede Partei die Urkunde unterzeichnet, die für die andere Partei bestimmt ist.	– Bürgschaftserklärungen – Wohnungsmietverträge über länger als ein Jahr – Privattestamente müssen eigenhändig geschrieben und unterschrieben sein.
126a SigG § 2	**elektronisch**	Die elektronische Form ersetzt die Schriftform, wenn das elektronische Dokument mit einer qualifizierten elektronischen Signatur versehen und der Name des Ausstellers hinzugefügt wird.	elektronische Steuererklärung

2.3.3 Nichtigkeit und Anfechtbarkeit von Rechtsgeschäften

Nichtigkeit von Willenserklärungen und Rechtsgeschäften

BGB § 142

Die **Nichtigkeit von Rechtsgeschäften** hat zur **Folge,** dass die Vertragspartner so gestellt werden müssen, als hätte das **Rechtsgeschäft nie stattgefunden.**

	Willenserklärungen und Rechtsgeschäfte	Beispiele
§ 105 (1)	Willenserklärungen von Geschäftsunfähigen	Ein 6-jähriges Kind kann sein Kickboard nicht rechtswirksam seiner Freundin schenken. Die Eltern können die Herausgabe verlangen.
§ 105 (2)	Willenserklärungen, die im Zustand der Bewusstlosigkeit oder vorübergehender Störung der Geistestätigkeit abgegeben wurden	Jemand verschenkt »im Rausch« seine Armbanduhr.
§ 117	Rechtsgeschäfte, die zum Schein abgeschlossen wurden	Der Käufer eines Hauses lässt beim Notar in den Kaufvertrag nicht die tatsächlich verabredete Kaufsumme von 450.000 EUR eintragen, sondern nur 300.000 EUR, um die Grunderwerbsteuer zu vermindern. Der Scheinvertrag über 300.000 EUR ist nichtig.
§ 118	Rechtsgeschäfte, die nicht ernsthaft beabsichtigt waren und bei denen der Antragende davon ausgeht, dass jeder andere dies nicht missversteht	A sagt während einer Wanderung zu B: »Ich habe so großen Durst, ich würde jetzt 100 EUR für 1 Flasche Wasser bezahlen.«
§ 134	Rechtsgeschäfte, die gegen ein gesetzliches Verbot verstoßen	Ein Kaufvertrag über Rauschgift ist nichtig, da der Drogenhandel verboten ist.

Willenserklärungen und Rechtsgeschäfte	Beispiele	
Rechtsgeschäfte, die gegen die guten Sitten verstoßen	A verlangt von B, der sich in einer finanziellen Notlage befindet, für ein Darlehen 40 % Zinsen. Der Darlehensvertrag ist nichtig (Wucher).	*BGB § 138*
Rechtsgeschäfte, die gegen die gesetzlichen oder rechtsgeschäftlich bestimmten Formvorschriften verstoßen	Ein mündlich abgeschlossener Grundstückskauf ist nichtig, weil er notariell beurkundet werden muss.	*§ 125*

Anfechtbarkeit von Rechtsgeschäften

Gültig zustande gekommene Rechtsgeschäfte werden **durch Anfechtung** mit rückwirkender Kraft **von Anfang an nichtig.**

▶ Gründe für die Anfechtbarkeit von Rechtsgeschäften

1. unbewusstes Abweichen des Willens von der Erklärung (Irrtum),
2. arglistige Täuschung und widerrechtliche Drohung. *§ 123*

▶ Arten des Irrtums *§ 119*

1. **Inhaltsirrtum:** Irrtum über die Bedeutung der Willenserklärung.

   Beispiel: Statt eines Leasingvertrages für einen Pkw wird ein Kaufvertrag unterschrieben.
2. **Erklärungsirrtum:** Irrtum bei der Äußerung des Willens durch Versprechen oder Verschreiben.

   Beispiel: Bei einem Angebot wird durch Verschreiben als Preis 15 EUR statt 51 EUR angegeben.
3. **Übermittlungsirrtum:** Irrtum bei der Übermittlung des fremden Willens durch einen Dritten.

   Beispiel: Der Bote einer Autowerkstatt wird beauftragt, eine Auspuffanlage für den Autotyp A4 im Zentrallager zu kaufen. Versehentlich verlangt er dort aber eine Auspuffanlage für den Typ A6.
4. **Eigenschaftsirrtum:** Irrtum bei der Willensbildung aufgrund einer falschen Vorstellung der Person oder der Sache.

   Beispiel: Ein Geschäftsmann stellt einen Kassierer ein und erfährt nachträglich, dass dieser wegen Unterschlagung vorbestraft ist.

2.3.4 Vertragsarten im Überblick

Vertragsart	Vertragsgegenstand	Pflichten der Vertragspartner	Beispiel	
Kaufvertrag	Erwerb eines Gegenstandes gegen Entgelt	**Verkäufer:** Übergabe des Gegenstandes und Verschaffung des Eigentums. **Käufer:** Annahme des Gegenstandes und Bezahlung des Kaufpreises.	Eine Familie kauft ein Auto.	*§§ 433–458*
Werkvertrag	Herstellung eines Werkes gegen Entgelt	**Unternehmer:** Zustandebringen eines bestimmten Arbeitserfolges. **Besteller:** Annahme des Werkes, Bezahlung der vereinbarten Vergütung.	Jemand bestellt einen Maßanzug.	*§§ 631–651*

	Vertragsart	Vertragsgegenstand	Pflichten der Vertragspartner	Beispiel
BGB §§ 535–580	**Mietvertrag**	Überlassung von Sachen zum Gebrauch gegen Entgelt	**Vermieter:** Übergabe der Sache im vertragsgemäßen Zustand. **Mieter:** Bezahlung der Miete, Rückgabe derselben Sache.	Ein Auszubildender mietet ein Zimmer.
§§ 581–597	**Pachtvertrag**	Überlassung von Sachen und Rechten zum Gebrauch und Fruchtgenuss gegen Entgelt	**Verpächter:** Übergabe der Sache im vertragsgemäßen Zustand. **Pächter:** Bezahlung der Pacht, Rückgabe derselben Sache.	Ein Koch übernimmt eine Gastwirtschaft.
§§ 598–606	**Leihvertrag**	Überlassung von Sachen zum Gebrauch ohne Entgelt	**Verleiher:** Überlassung der Sache im vertragsgemäßen Zustand. **Entleiher:** Rückgabe derselben Sache.	Ein Schüler erhält von seiner Schule kostenlos die Lehrbücher.
§§ 488–498	**Darlehensvertrag**	Unentgeltliche oder entgeltliche Überlassung eines vereinbarten Geldbetrags	**Darlehensgeber:** Überlassung des Darlehensbetrages. **Darlehensnehmer:** Rückzahlung des Darlehens und Zahlung der geschuldeten Zinsen.	Ein Kaufmann nimmt bei der Bank einen Kredit auf.
§§ 607–610	**Sachdarlehensvertrag**	Unentgeltliche oder entgeltliche Überlassung von vertretbaren Sachen	**Darlehensgeber:** Überlassung einer vereinbarten vertretbaren Sache. **Darlehensnehmer:** Rückerstattung von Sachen gleicher Art, Güte und Menge und Zahlung des vereinbarten Darlehensentgelts.	Ein Autofahrer erhält von seinem Nachbarn 5 Liter Benzin und gibt später den wieder aufgefüllten Ersatzkanister zurück.

Zusammenfassende Übersicht zu Kapitel 2.3: Rechtsgeschäfte

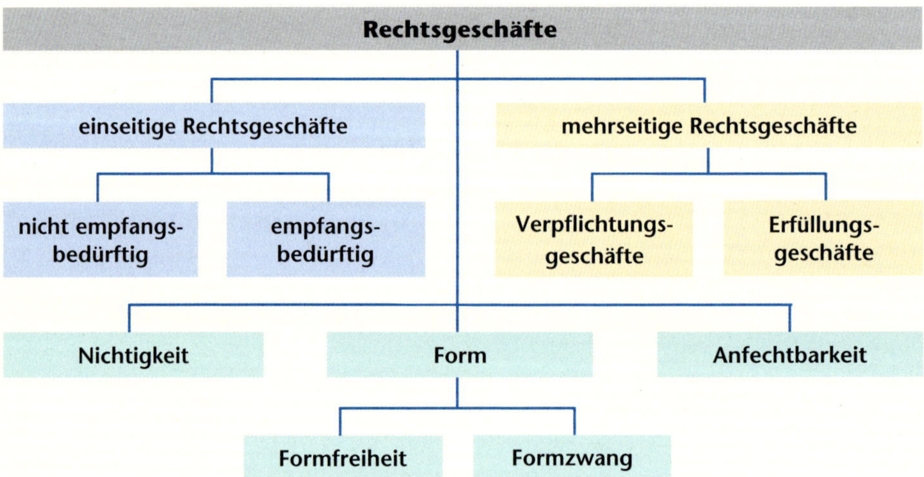

Arten von mehrseitigen Rechtsgeschäften

- Kaufvertrag
- Dienstvertrag
- Leihvertrag
- Pachtvertrag
- Mietvertrag
- Darlehensvertrag
- Sachdarlehensvertrag

▶ Aufgaben und Probleme

1. Warum kann Formfreiheit nicht für alle Rechtsgeschäfte gelten?
2. Entscheiden und begründen Sie, ob in folgenden Fällen eine rechtsgeschäftliche Willenserklärung vorliegt:
   a) Herr Birk legt einige Lebensmittel auf das Kassenband des Supermarktes.
   b) Die Groß KG schickt eine Anfrage wegen einer Maschine an die Maschinenfabrik Schneider GmbH.
   c) Herr Luib steigt in die Straßenbahn ein.
3. Ein Mieter kündigt den Mietvertrag. Wie ist die jeweilige Rechtslage?
   a) Er lässt das Kündigungsschreiben auf seinem Schreibtisch liegen.
   b) Er übergibt das Schreiben rechtzeitig persönlich dem Vermieter.
   c) Er wirft das Kündigungsschreiben rechtzeitig in den Briefkasten des Vermieters, weil sich dieser zurzeit im Urlaub befindet.
4. Begründen Sie, ob folgende Rechtsgeschäfte gültig sind:
   a) ein maschinenschriftlich abgefasstes und eigenhändig unterschriebenes Testament,
   b) ein mündlich abgeschlossener Vertrag über den Kauf eines Gebrauchtwagens,
   c) ein schriftlich abgefasster Vertrag über den Kauf eines Hauses,
   d) ein mündlich abgeschlossener Vertrag über die Vermietung eines Wohnhauses für die Dauer von fünf Jahren (vgl. § 550 BGB).
5. Welche Vertragsarten liegen vor?
   a) Jemand »leiht« bei der Bank 10.000 EUR.
   b) Jemand »leiht« ein Auto und zahlt 0,60 EUR je gefahrenem Kilometer.
   c) Jemand »leiht« ein Buch von einem Freund.
   d) Eine Hausfrau »leiht« bei der Nachbarin 20 EUR zur Bezahlung des Zeitungsgeldes.
6. Der 18-jährige Kurt Braun beabsichtigt, einen Gebrauchtwagen zu kaufen. Da er den Kaufpreis nicht in voller Höhe aufbringen kann, will er einen Kredit aufnehmen. Bei der Besichtigung des Wagens stellt er fest, dass er noch einige Reparaturen ausführen lassen muss. Außerdem weiß er, dass auch Kosten für die Versteuerung und Versicherung des Autos entstehen werden. Nennen Sie die Verträge, die Kurt Braun in diesem Zusammenhang abschließen muss.
7. Wie ist die Rechtslage in folgenden Fällen?
   a) Ein Waffenschieber schließt einen Kaufvertrag über die Lieferung von Maschinenpistolen ab.

b) Die Jungunternehmerin Carola Unseld erhält von der Computech AG ein schriftliches Angebot über einen PC neuester Technik zum Preis von 3.400 EUR. Da ihr das Angebot außerordentlich günstig erscheint, bestellt sie sofort. Kurz darauf erhält sie eine Mitteilung von der Computech AG, dass sich der Sachbearbeiter beim Ausfüllen des Angebotsformulars vertippt habe und der Preis des PC 4.300 EUR betrage.

c) Der Vorstand eines Kegelclubs hat vor vier Wochen für eine Wochenend-Ausflugsfahrt einen Reisebus bestellt. Der Wetterbericht kündigt am Freitag vor dem Ausflug nasskaltes, regnerisches Wetter an. Der Vorstand möchte deshalb die Bestellung wegen Irrtums anfechten.

8. Die Auszubildende Petra hat vor Kurzem ihre Führerscheinprüfung bestanden und sucht nun einen Gebrauchtwagen. In der Zeitung liest sie folgende Anzeige: VW Polo Bj, 2009, viel Zubehör, 2.000 EUR, Tel. 0621 258591. Sie vereinbart einen Besichtigungstermin. Da der Wagen nicht ganz ihren Erwartungen entspricht, bietet Petra nur 1.800 EUR. Der Verkäufer will den Wagen aber nicht unter 2.000 EUR verkaufen. Nach einigem Hin und Her ist der Verkäufer bereit, den Wagen für 1.900 EUR zu veräußern. Petra zahlt daraufhin den Kaufpreis.

a) Beschreiben Sie, durch welche Willenserklärungen der Kaufvertrag zustandegekommen ist.

b) Bei der nächstfälligen Inspektion stellt sich heraus, dass der Kilometerzähler zurückgedreht worden war. Petra ist nun der Meinung, der Kaufvertrag sei nichtig und sie würde ohne Weiteres ihr Geld zurückbekommen. Begründen Sie, ob Petra Recht hat.

c) Um ihrem Verlangen Nachdruck zu verleihen, droht Petra dem Verkäufer, vor Gericht zu gehen, wenn sie nicht sofort den Kaufpreis erstattet bekomme. Dieser antwortet, dass er sich nicht drohen lasse; außerdem verstoße die Drohung gegen das Gesetz. Beurteilen Sie die Meinung des Verkäufers.

2.4 Vertragsfreiheit und Allgemeine Geschäftsbedingungen

Vertragsfreiheit

Die Vertragsfreiheit ist ein wesentliches Merkmal unserer Rechtsordnung und kann bestehen aus:

Abschlussfreiheit	Inhaltsfreiheit	Formfreiheit
Geschäftsfähige Personen können ihre Vertragspartner frei wählen.	Verträge können inhaltlich frei gestaltet werden.	Rechtsgeschäfte können in jeder beliebigen Form abgeschlossen werden.
Beispiel: Niemand wird daran gehindert, ein Auto bei einem Händler zu kaufen, der das gewünschte Fabrikat führt.	**Beispiel:** Der Kunde kann beim Autokauf Sonderausstattung und Zahlungsweise nach seinem Wunsch mit dem Händler vereinbaren.	**Beispiel:** Der Kaufvertrag über ein Auto kann mündlich abgeschlossen werden. Meistens wird jedoch wegen der besseren Beweiskraft bei Streitigkeiten die Schriftform gewählt.

BGB und HGB bauen weitgehend auf den Grundsatz der Vertragsfreiheit auf, d.h., viele Regelungen sind **nachgiebiges Recht** und können von den Vertragspartnern abgeändert werden.

Die Vertragsfreiheit hat dort ihre Grenzen, wo der Einzelne bzw. die Allgemeinheit schutzbedürftig ist. Deshalb enthält unsere Rechtsordnung Regelungen, die **zwingendes Recht** sind und durch die Vertragspartner nicht abgeändert werden können.

Allgemeine Geschäftsbedingungen (AGB) und Verbraucherschutz

Die Möglichkeit, Verträge inhaltlich frei zu gestalten, kann durch Allgemeine Geschäftsbedingungen eingeschränkt werden.

Unter **Allgemeinen Geschäftsbedingungen (AGB)** versteht man **Vertragsbedingungen**, die **für eine Vielzahl von Verträgen vorformuliert** und auf der Vertragsurkunde (Angebots-, Bestellformular) oder auf einem besonderen Blatt abgedruckt werden**.** *BGB § 305*

Sie sollen, ohne im Einzelnen ausgehandelt zu sein, Vertragsbestandteil werden.

Gründe für das Vorhandensein von Allgemeinen Geschäftsbedingungen (AGB) bei Vertragsabschluss

- Zeit- und Kostenersparnis
- Begrenzung des individuellen Vertragsrisikos
- Erhöhung der allgemeinen Rechtssicherheit

Allgemeine Regelungen der Allgemeinen Geschäftsbedingungen *§ 305b § 307*

- AGB gelten für alle geschlossenen Verträge.
- Individuelle Vertragsabsprachen haben Vorrang vor den AGB.
- Unangemessene Benachteiligungen sind unwirksam.

Verbotene Klauseln in den Allgemeinen Geschäftsbedingungen zum besonderen Schutz des Verbrauchers *§§ 308 f.*

- kurzfristige Preiserhöhungen innerhalb von 4 Monaten nach Vertragsabschluss
- Ausschluss oder Einschränkung von Rechten bei Leistungsstörungen
- Verkürzung gesetzlicher Gewährleistungspflichten
- unangemessene lange Lieferzeit

Durch die gesetzliche Regelung der AGB soll eine Benachteiligung des wirtschaftlich Schwächeren durch vorformulierte Bedingungen verhindert werden.

Zum besonderen Schutz der Verbraucher legte das Gesetz fest, dass AGB nur dann Vertragsbestandteil werden, wenn der Unternehmer ausdrücklich auf die AGB hinweist bzw. diese deutlich sichtbar am Ort des Vertragsabschlusses aushängen und die andere Vertragspartei damit einverstanden ist.

Zusammenfassende Übersicht zu Kapitel 2.4: Vertragsfreiheit und Allgemeine Geschäftsbedingungen

Vertragsfreiheit

Abschlussfreiheit	**Inhaltsfreiheit**	**Formfreiheit**

nachgiebiges Recht: Rechtsvorschriften können abgeändert werden.	**zwingendes Recht:** Rechtsvorschriften können nicht abgeändert werden.

↓

Allgemeine Geschäftsbedingungen

erlaubte Klauseln	**verbotene Klauseln**

▶ Aufgaben und Probleme

1. Erläutern Sie den Begriff der Vertragsfreiheit in der Bundesrepublik Deutschland.
2. In welchen Bereichen schränkt der Staat die Vertragsfreiheit ein?
3. Begründen Sie, warum unser Wirtschaftsleben nicht ohne Vertragsfreiheit denkbar ist.
4. Warum gelten die Bestimmungen der AGB-Paragrafen im Regelfall nur gegenüber Verbrauchern?
5. Entscheiden Sie, ob folgende Klauseln in den AGB eines Händlers gegenüber Verbrauchern Gültigkeit haben:
   a) Mängel an der Ware können nur innerhalb von 14 Tagen geltend gemacht werden.
   b) Vereinbarte Preise gelten nur bei Lieferung innerhalb von zwei Monaten nach Vertragsabschluss.
   c) Rücktritt vom Kaufvertrag wird als Gewährleistungsanspruch ausgeschlossen.
6. Was kann ein Händler gegenüber einem Verbraucher unternehmen, um Bestimmungen, die in AGBs unwirksam wären, rechtswirksam zu vereinbaren?
7. Die Pauli GmbH, Sanitär- und Heizungsfachbetrieb, legt einem Angebot an Erika Faber – eine private Bauherrin – über die Lieferung von Material zur Sanitärinstallation ihre Allgemeinen Geschäftsbedingungen bei. Frau Faber bestellt zu den Bedingungen des Angebotes.
   a) Prüfen Sie mithilfe des Gesetzes, ob die AGB Vertragsbestandteil geworden sind.
   b) In den AGB stehen u. a. folgende Klauseln:
      – »Bei Nachbesserung im Rahmen von Gewährleistungsansprüchen übernimmt der Kunde die Wege- und Arbeitskosten.«
      – »Reklamationen sind nur innerhalb von 30 Tagen möglich.«

      Begründen Sie anhand des Gesetzes, ob diese Klauseln wirksam sind.

2.5 Zustandekommen des Kaufvertrages

2.5.1 Anfrage

Die **Anfrage** dient der **Einholung eines Angebotes.** Durch sie soll festgestellt werden, **ob und zu welchen Preisen und Bedingungen** ein Produkt oder eine Dienstleistung **von den Lieferanten bezogen** werden kann.

Art, Inhalt und Form der Anfrage

Art	**allgemeine Anfrage** auf das gesamte Lieferprogramm eines Lieferanten ausgerichtet	**spezielle Anfrage** auf ein bestimmtes Produkt oder eine Dienstleistung ausgerichtet
Inhalt	– genaue Bezeichnung des Produktes – voraussichtliche Bezugsmenge – gewünschte Lieferungs- und Zahlungsbedingungen – Angaben über Verpackungs- und Versandwünsche	
Form	Die Anfrage ist formfrei.	

Rechtliche Wirkung der Anfrage

Die Anfrage ist unverbindlich; der Anfragende wird durch die Anfrage rechtlich nicht verpflichtet. Daher ist es möglich, gleichzeitig an mehrere Lieferanten Anfragen zu richten, um die optimale Bezugsquelle zu ermitteln.

Ausschreibung

Eine besondere Art der Anfrage ist die **Ausschreibung (Invitation to Tender).** Mit einer Ausschreibung wird eine bestimmte Lieferantengruppe öffentlich aufgefordert, ein Lieferungs- und Leistungsangebot innerhalb einer bestimmten Frist abzugeben.

Beispiel: internationale Ausschreibung einer Reederei über den Bau eines Containerschiffes

2.5.2 Angebot

Merkmal und Inhalt des Angebots

Das **Angebot** ist eine an **eine bestimmte Person** gerichtete **Willenserklärung,** ein Produkt oder eine Dienstleistung **zu den angegebenen Bedingungen liefern** zu wollen.

Zu diesen Bedingungen gehören Angaben über die Art, Beschaffenheit und Güte, die Menge, den Preis des Gutes, die Lieferungs- und Zahlungsbedingungen, den Erfüllungsort und den Gerichtsstand.

Anpreisungen von Waren, die nicht an eine bestimmte Person, sondern an die Allgemeinheit gerichtet sind, gelten nicht als Angebot im rechtlichen Sinn. Sie sollen lediglich die Kunden anregen, ihrerseits einen Kaufantrag abzugeben, der jedoch noch der Annahme durch den Verkäufer bedarf.

Solche Anpreisungen finden sich beispielsweise in Zeitungsanzeigen, Prospekten, Katalogen, Plakaten oder auch in Schaufensterauslagen. Daher hat der Kunde keinen Anspruch auf Aushändigung des Ausstellungsstücks. Auch das Aufstellen von Waren im Selbstbedienungsladen gilt noch nicht als Angebot. Hier macht der Käufer durch das Vorlegen der Ware an die Kasse einen Kaufantrag.

Form des Angebots

Für das Angebot gelten **keine Formvorschriften.** Es kann abgegeben werden

- **unter Anwesenden:** mündlich, schriftlich oder durch schlüssiges Handeln;
- **unter Abwesenden:** schriftlich (durch Brief, online oder mittels Telefax) oder bildhaft (in Prospekten, Katalogen oder im Internet).

Mündliche oder telefonische Angebote werden häufig schriftlich bestätigt. Damit sollen Irrtümer durch Verhören, Versprechen und Übermittlungsfehler ausgeschlossen werden. Außerdem sind bei Rechtsstreitigkeiten schriftliche Unterlagen vorhanden.

Rechtliche Wirkung des Angebots

Wer einer **bestimmten Person ein Angebot ohne Einschränkung** abgibt, ist an dieses **Angebot gebunden.**

▶ Einschränkungen der Bindung an das Angebot

	Einschränkung	Merkmal	Beispiele
BGB § 147 (1)	**gesetzliche Bindungsfrist unter Anwesenden**	Das Angebot wird sofort mit der Abgabe wirksam und bindet den Anbietenden, solange die Unterredung dauert.	Angebot – im Verkaufsraum – im Telefongespräch
§§ 147 (2), 130	**gesetzliche Bindungsfrist unter Abwesenden**	Das Angebot wird erst wirksam, wenn es dem Abwesenden zugeht und bindet den Anbietenden nur solange, bis der Eingang der Antwort unter regelmäßigen Umständen erwartet werden darf.	– Brief (ca. 1 Woche) – Telefax (ca. 3 Tage) – E-Mail (unverzüglich)
§ 148	**vertragliche Bindungsfrist**	Der Anbietende kann für die Annahme des Angebots eine Frist bestimmen.	– »gültig bis 25. Mai 20..«
§ 145	**Freizeichnung**	Der Anbietende kann die Bindung an das Angebot durch Freizeichnungsklauseln einschränken oder ganz ausschließen.	– »solange der Vorrat reicht« – »Preis freibleibend« – »freibleibend«

§§ 146 ff.

▶ Erlöschen der Bindung an das Angebot

Die Bindung an das Angebot erlischt, wenn es **vom Empfänger abgelehnt, geändert** oder **nicht rechtzeitig angenommen** wird.

▶ Widerruf des Angebots

Da ein Angebot erst wirksam wird, wenn es dem Empfänger zugegangen ist, kann es bis zum Eintreffen beim Kunden widerrufen werden. Der Widerruf muss spätestens gleichzeitig mit dem Angebot beim Kunden eingehen.

Angebotsvergleich (Kapitel 6.2)

2.5.3 Bestellung (Auftrag)

Die **Bestellung** (Auftrag) ist die **Willenserklärung des Käufers,** ein Produkt oder eine Dienstleistung **zu den angegebenen Bedingungen kaufen zu wollen.**

Inhalt und Form der Bestellung

Inhalt	Angaben über die Art, Beschaffenheit und Güte, die Menge, den Preis des Gutes oder die Dienstleistung, die Lieferungs- und Zahlungsbedingungen, den Erfüllungsort und Gerichtsstand.
Form	Die Bestellung ist **formfrei.**

Rechtliche Wirkung der Bestellung

Wie der Anbietende an sein Angebot, so ist der **Besteller an** seine **Bestellung gebunden.**

Die Bindung wird erst wirksam, wenn die Bestellung dem Empfänger zugegangen ist (empfangsbedürftige Willenserklärung). Ein Widerruf muss daher spätestens gleichzeitig mit der Bestellung beim Lieferanten eingehen.

Durch eine Bestellung, die auf ein verbindliches Angebot folgt, kommt ein Vertrag zustande.

2.5.4 Bestellungsannahme (Auftragsbestätigung)

Die **Bestellungsannahme (Auftragsbestätigung)** ist eine **Willenserklärung des Verkäufers,** mit der er sich bereit erklärt, die bestellten Produkte oder Dienstleistungen **zu den angegebenen Bedingungen zu liefern.**

Die Bestellungsannahme ist **formfrei.**

Durch eine Bestellungsannahme, die auf eine verbindliche Bestellung folgt, kommt ein Vertrag zustande. Es ist jedoch üblich, auch einen mündlichen oder telefonischen Vertragsabschluss schriftlich zu bestätigen.

2.5.5 Kaufvertrag

Zustandekommen des Kaufvertrages

Der Kaufvertrag dient dem Austausch von Gütern und Dienstleistungen zwischen Verkäufer und Käufer. Wie alle Verträge kommt er durch die Übereinstimmung der Willenserklärungen der beiden Vertragspartner zustande: 1. Antrag und 2. Annahme.

Ein **Kaufvertrag** kommt zustande durch
- **1. Angebot des Verkäufers** (Antrag) und **2. Bestellung des Käufers** (Annahme)

  oder durch
- **1. Bestellung des Käufers** (Antrag) und **2. Bestellungsannahme des Verkäufers** (Annahme).

Für das Zustandekommen des Kaufvertrages ergeben sich mehrere Möglichkeiten:

a) Der **Verkäufer macht ein Angebot.** Der **Käufer bestellt rechtzeitig** und **ohne Änderungen.**

b) Der **Verkäufer macht ein Angebot.** Der **Käufer bestellt zu spät** oder **mit Änderungen.** Dadurch macht der Käufer einen neuen Antrag. Der Kaufvertrag kommt erst durch die Annahme des neuen Antrags zustande (schriftliche Bestätigung oder sofortige Lieferung).

c) Der **Verkäufer macht ein freibleibendes Angebot.** Der **Käufer bestellt**. Der Vertrag kommt zustande, wenn der Verkäufer den Auftrag bestätigt oder sofort liefert.

d) Der **Käufer bestellt** ohne vorhergehendes Angebot. Der **Verkäufer nimmt** die **Bestellung an,** indem er die Bestellung bestätigt oder sofort liefert.

e) **Der Käufer bestellt.** Der **Verkäufer lehnt die Bestellung ab** und **macht** ein **Gegenangebot.** Der Käufer bestellt zu den Bedingungen des Gegenangebotes.

Pflichten der Vertragspartner

Der Abschluss des Kaufvertrages stellt ein **Verpflichtungsgeschäft** dar (Kapitel 2.3.1).

BGB § 433

Pflichten des Verkäufers	**Pflichten des Käufers**
– Übergabe des Kaufgegenstandes (mangelfrei und rechtzeitig)	– Annahme des Kaufgegenstandes
– Eigentumsübertragung	– Zahlung des Kaufpreises (rechtzeitig)
– Annahme des Kaufpreises	

Erfüllung des Kaufvertrages

Das durch den Abschluss des Kaufvertrages entstandene Schuldverhältnis erlischt, wenn das sogenannte Erfüllungsgeschäft abgeschlossen ist:

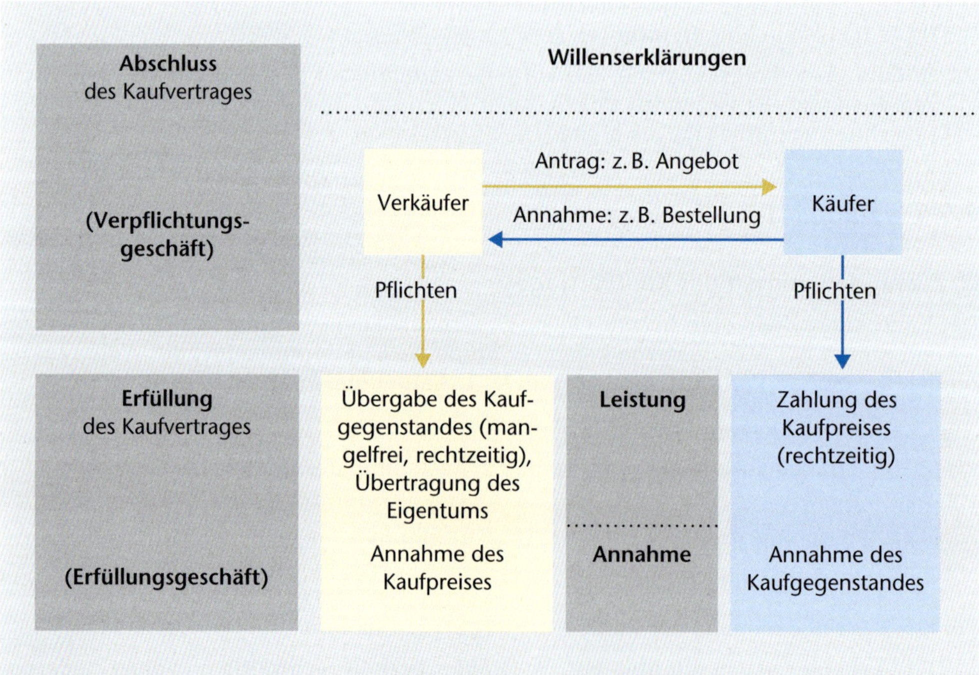

Zusammenfassende Übersicht zu Kapitel 2.5: Zustandekommen des Kaufvertrages

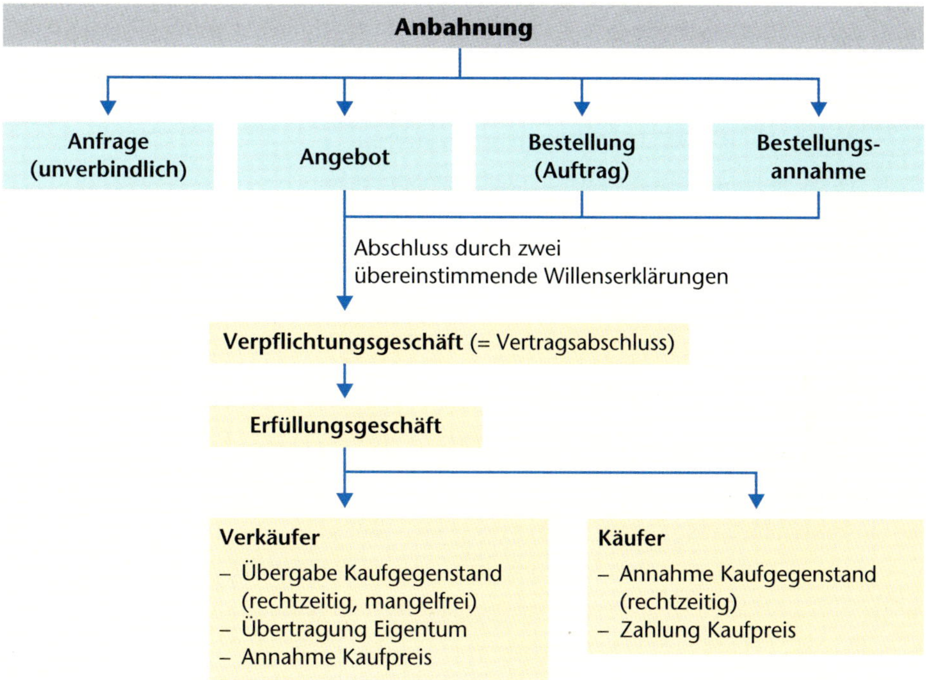

▶ Aufgaben und Probleme

1. Warum gibt ein Kaufmann seinen Kunden häufig freibleibende Angebote ab?
2. Wie kann sich der Händler verhalten, der kurz nach Absendung seines brieflichen Angebotes erfährt, dass der Einkaufspreis für die angebotene Ware gestiegen ist?
3. Der Bürofachhändler Karl Lang e. K., Mainz, macht dem Kunden Fritz Kaiser, Kassel, ein schriftliches Angebot über Fotokopierpapier zu 4,50 EUR je 500 Blatt-Packung, bei Abnahme von mindestens 100 Packungen zu 4,00 EUR. Der Brief wird am 20. Mai zur Post gegeben.
   a) Kaiser antwortet auf das Angebot überhaupt nicht. Welche rechtliche Wirkung ergibt sich daraus?
   b) Da am 30. Mai keine Bestellung vorliegt, verkauft Lang die Ware anderweitig. Am 31. Mai trifft von Kaiser eine Bestellung ein. Wie ist die Rechtslage?
   c) Aus dem Poststempel und dem Briefdatum ergibt sich, dass Kaiser seinen Bestellbrief am 23. Mai, abends, zur Post gegeben hatte. Die Zustellung ist offensichtlich durch die Post verzögert worden. Wie wird sich Lang verhalten?
   d) Angenommen, am 22. Mai bestellt Kaiser 60 Packungen zu 3,00 EUR je Packung. Wie stellt sich Lang dazu?
   e) Lang, dessen Angebot am 20. Mai abgesandt wurde, kann noch am selben Tag die Ware günstiger an einen anderen Kunden verkaufen. Was kann er unternehmen, um den für ihn günstigeren Verkauf vornehmen zu können?

4. In der Verkaufsabteilung der Techno AG geht eine Bestellung ein, die sich auf ein bereits vor längerer Zeit abgegebenes Angebot bezieht. Der Auszubildende Marc Gruber veranlasst ohne Rücksprache mit seinem Vorgesetzten die Lieferung.
   a) Der Vorgesetzte des Auszubildenden ist, sobald er von diesem Vorgang erfährt, sehr verärgert. Er hätte die Bestellung abgelehnt. Welche Gründe sind dafür denkbar?
   b) Angenommen, der Kunde der Techno AG hätte seine Bestellung widerrufen wollen. Welche Ursachen könnten hierfür infrage kommen? Erläutern Sie außerdem die Möglichkeiten und Grenzen des Widerrufs.
   c) Wieso kam im obigen Fall ein rechtswirksamer Kaufvertrag zustande, obwohl keine Bestellungsannahme erfolgte?
   d) Bilden Sie Beispiele, in denen eine Bestellungsannahme für das Zustandekommen des Kaufvertrages erforderlich ist.
5. In welchem Falle gilt die Bestellung beim Vertragsabschluss
   a) als Antrag, b) als Annahme?
6. Begründen Sie, weshalb der Kaufvertrag ein zweiseitig verpflichtendes Rechtsgeschäft ist.
7. Stellen Sie dar, unter welchen Voraussetzungen ein Kaufvertrag ordnungsgemäß erfüllt ist.
8. Sie kaufen im Fachgeschäft einen Motorroller. Stellen Sie dar, welche Vorgänge dabei
   a) zum Vertragsabschluss führen, b) zur Vertragserfüllung gehören.
9. In welchen Fällen ist ein Kaufvertrag zustande gekommen? Begründen Sie Ihre Aussage.
   a) Schriftliche Bestellung auf ein mündlich erteiltes Angebot,
   b) Bestellung per Telefax auf ein freibleibendes Angebot,
   c) Bestellung auf ein unverbindliches Angebot,
   d) Bestellung und Bestellungsannahme,
   e) Annahme eines befristeten Angebotes nach Ablauf der Angebotsfrist.

2.6 Inhalt des Kaufvertrages

Der Kaufvertrag enthält Vereinbarungen über:

- Art, Beschaffenheit und Güte der Ware,
- Menge der Ware,
- Preis der Ware,
- Verpackung der Ware,
- Versand der Ware,
- Lieferzeit,
- Zahlungsbedingungen,
- Erfüllungsort,
- Gerichtsstand,
- Eigentumsübertragung.

Fehlen solche Vereinbarungen und lässt sich auch nicht aus den Umständen und der Natur des einzelnen Geschäfts ein entsprechender Sinn erkennen, so treten an ihre Stelle die jeweiligen gesetzlichen Bestimmungen des BGB bzw. des HGB.

Art, Beschaffenheit und Güte der Ware

Die **Art des Kaufgegenstandes** ist durch seinen handelsüblichen Namen gekennzeichnet.

Die **Beschaffenheit** und **Güte** können z. B. festgelegt werden durch:

Augenschein (Besicht)	Diese Möglichkeit der Qualitätsfestlegung bietet sich vor allem im Ladengeschäft, auf Messen und bei Vertreterbesuchen.
Muster und Proben	Stoffe, Tapeten, Leder, Getreide, Baumwolle, Spielzeug, Lebens- und Genussmittel, Wein, Kosmetikartikel
Abbildungen und Beschreibungen	Sie erläutern das Design und die Beschaffenheit, z. B. bei Maschinen und Werkzeugen, Computern, Konfektionskleidung. Häufig wird die Warenqualität mit einer Katalog- oder Bestellnummer gekennzeichnet.
Herstellermarken und Typenbezeichnungen	Sie gewährleisten, dass die Ware von einem bestimmten Unternehmen stammt und eine gleichbleibende oder verbesserte Qualität aufweist, z. B. Marke: Dallmayr Kaffee – Typenbezeichnung: Prodomo, gemahlen, vakuumverpackt Marke: Bosch – Typenbezeichnung: Kettensäge AKE 40 S
Gütezeichen	Siehe Kapitel 8.2
Güteklassen	Werden von Handelsorganisationen (Fachverbände, Börse), vom Staat oder von der EU festgelegt. Sie bezeichnen die zu Handelsklassen, Typen oder Standards zusammengefassten Qualitäten einer Ware.
Herkunft der Waren (Provenienz)	Bezeichnet das Anbaugebiet, z. B. bei Wein, Südfrüchten, Getreide, Baumwolle, Kaffee oder den Verschiffungshafen, z. B. bei Santoskaffee.
Gehalt	Er gibt die Teile Alkohol in Spirituosen, Fett in Käse, Edelmetall in Legierungen an.

Menge der Ware

Sie kann angegeben sein in metrischen Maßeinheiten (m, m^2, kg, l) oder in handelsüblichen Bezeichnungen (Stück, Sack, Kiste, Ballen, Palette).

Preis der Ware

▶ Preisangaben

- **Nettopreise.** Der Anbieter erlaubt keinerlei Preisabzüge. Die Vertragsklauseln lauten z. B. »Zahlbar netto Kasse« oder »Zahlbar ohne jeden Abzug«.
- **Bruttopreise.** Der Anbieter erlaubt, dass vom Rechnungsbetrag je nach der vertraglichen Vereinbarung prozentuale Abzüge vorgenommen werden.

▶ Preisnachlässe

Art des Preisnachlasses	Merkmale	Beispiele
Rabatt	sofort gewährter Preisnachlass aus unterschiedlichen Anlässen	Mengenrabatt, Treuerabatt, Messerabatt
Skonto (Barzahlungsrabatt)	Sofortzahlungsrabatt	Bei Zahlung innerhalb von 14 Tagen wird 2 % Skonto gewährt.
Bonus (nachträglicher Rabatt)	nachträglich gewährter Rabatt, i. d. R. ab einem bestimmten Jahresumsatz	Ab einem Jahresumsatz von 200.000 EUR wird eine Gutschrift von 5 % gewährt.

Verpackung der Ware

Ein vereinbarter Preis kann sich beziehen

- auf das **Reingewicht einschließlich Verpackung.** Die Verpackungskosten sind im Preis inbegriffen.
- auf das **Reingewicht ausschließlich Verpackung.** Die Verpackung wird meist dem Käufer zu Selbstkosten berechnet. Bei der Rückgabe können ihm die Verpackungskosten ganz oder teilweise gutgeschrieben werden.
- auf das **Rohgewicht einschließlich Verpackung (brutto für netto).** Der Preis wird vom Rohgewicht berechnet, d.h., das Verpackungsgewicht wird wie das Warengewicht behandelt.

Das Gewicht der Transportverpackung heißt **Tara (Verpackungsgewicht).**

Arten der Verpackung		
Art	**Erklärung**	**Beispiele**
VerpackV § 3 (1) Ziff. 4 **Transportverpackung**	Schützt die Ware vor Transportschäden auf dem Weg vom Hersteller zum Handel oder Verbraucher.	Kartons, Kisten, Container, Fässer, Säcke, geschäumte Schalen, Schrumpffolien
§ 3 (1) Ziff. 2 **Verkaufsverpackung**	Serviceverpackung für den Endverbraucher – als Verkaufseinheit oder – zur Übergabe der Ware.	Tube für Zahncreme, Schachtel und Blister bei Pralinen, Flaschen für Getränke oder Parfüms
§ 3 (1) Ziff. 3 **Umverpackung**	Zusätzliche Verpackungen zur Verkaufsverpackung – zur Warenabgabe oder – zum Diebstahlschutz oder – überwiegend zur Werbung.	Schachtel um Zahncremetube, Geschenkpapier um Pralinenverpackung, Schweißfolie um mehrere Flaschen

BGB § 448 **Gesetzliche Regelung:** Die Verpackungskosten sind Kosten der Abnahme. Sie sind vom Käufer zu tragen.

Versand der Ware

a) Versandart. Die Ware kann persönlich, durch Boten, mit eigenem Fahrzeug oder durch Vermittlung eines Transportunternehmens überbracht oder abgeholt werden.

b) Versandkosten. Aus den Lieferungsbedingungen geht hervor, wer diese Kosten zu tragen hat.

Beispiele:

1. Der Käufer trägt alle Versandkosten: ab Lager, ab Werk.
2. Der Verkäufer trägt alle Versandkosten: frei Haus, frei Lager, frei Werk.
3. Käufer und Verkäufer teilen sich die Kosten: z. B. trägt der Verkäufer die Kosten bis zum Versandunternehmen (ab hier, unfrei) oder der Verkäufer trägt alle Kosten bis zum Bestimmungsort (frachtfrei).

§ 448 **Gesetzliche Regelung:** Ist nichts vereinbart und besteht kein besonderer Handelsbrauch, so sind

- die Kosten der Übergabe, insbesondere die Kosten des Messens und Wiegens vom Verkäufer,

- die Kosten der Abnahme und der Versendung nach einem anderen Ort als dem Erfüllungsort vom Käufer zu tragen.

Lieferzeit

Für die Lieferung kann ein bestimmter Termin oder eine Frist gesetzt sein. Möglicherweise lässt sich die Lieferzeit auch aus den Umständen der Lieferung entnehmen, z. B. bei der Lieferung von Saisonartikeln.

Gesetzliche Regelung: Ist eine Zeit für die Lieferung weder bestimmt noch aus den Umständen zu entnehmen, so kann der Lieferant sofort liefern, der Käufer sofortige Lieferung verlangen. *BGB § 271*

Zahlungsbedingungen

Sie bestimmen die Art und Weise sowie die Kosten und den Zeitpunkt der Zahlung.

a) Art und Weise der Zahlung. Im Kaufvertrag kann bare, halbbare, bargeldlose Zahlung oder Wechselzahlung vereinbart werden. Zahlungen können vereinbarungsgemäß in einem Betrag oder in Raten geleistet werden.

b) Kosten der Zahlung. Die Kosten der Zahlung des Rechnungsbetrags hat der Schuldner zu tragen. Er darf sie daher nicht vom Rechnungsbetrag abziehen.

c) Zeitpunkt der Zahlung. Die Zahlung kann erfolgen:

vor der Lieferung	bei der Lieferung	nach der Lieferung
Anzahlung und Vorauszahlung	**Barkauf**	**Ziel- oder Kreditkauf**
Sie wird häufig zur Finanzierung großer Aufträge und von unbekannten oder unsicheren Kunden verlangt.	Barzahlung ist vor allem noch im Einzelhandel üblich.	Die Gewährung von Zahlungszielen setzt die Finanzierungsbereitschaft des Verkäufers sowie die Kreditwürdigkeit des Käufers voraus.
»Zahlung bei Bestellung« »Anzahlung«, z. B. je die Hälfte bei Bestellung und Lieferung	»gegen bar« »gegen Kasse« »gegen Nachnahme«	»auf Abzahlung« oder »zahlbar in 4 Monatsraten« »zahlbar in 1 Monat oder bar unter Abzug von 2 % Skonto«

Teilzahlungskauf: Die Zahlung ist in Teilbeträgen zu verschiedenen Zeitpunkten vor, bei oder nach der Lieferung zu bewirken. Ein Teilzahlungskauf muss schriftlich abgeschlossen werden; der Käufer hat innerhalb einer Woche ein Widerrufsrecht. *§§ 491 ff.*

Gesetzliche Regelung: Ist über den Zeitpunkt der Zahlung nichts vereinbart und auch aus den Umständen nichts zu entnehmen, so kann der Verkäufer sofortige Zahlung verlangen. *§ 271*

Ist der Leistungstag ein Samstag, Sonntag oder gesetzlicher Feiertag, so braucht der Schuldner erst am nächsten Werktag zu leisten. Für die rechtzeitige Bezahlung einer Geldforderung kommt es nicht auf die Rechtzeitigkeit der Zahlung, sondern auf die Rechtzeitigkeit des Geldeingangs beim Gläubiger an. *§ 193*

d) Zahlungsbedingungen im Außenhandel (Kapitel 9.6.8).

Erfüllungsort

BGB § 269

▶ Bedeutung des Erfüllungsortes

Der **Erfüllungsort** regelt den Ort,

- an dem Käufer und Verkäufer ihre Leistung erbringen müssen **(Leistungsort),**
- an dem die Gefahr (Risiko) übergeht **(Ort des Gefahrübergangs),**
- an dem geklagt wird **(Gerichtsstand).**

§ 448 Wenn nichts vertraglich vereinbart wurde, regelt der Erfüllungsort auch die Übernahme der Beförderungskosten. Diese sind vom Käufer zu übernehmen.

Bis zum Erfüllungsort muss der **Verkäufer** als Warenschuldner für alle Schäden aufkommen, die beim Transport der Waren entstehen. Er hat auch eventuelle Lieferungsverzögerungen zu verantworten. Entsprechend hat der **Käufer** als Geldschuldner die Risiken im Zusammenhang mit der Übermittlung des Geldes zu tragen.

▶ Arten des Erfüllungsortes

Art	Beschreibung	Beispiel
natürlicher Erfüllungsort	Der Erfüllungsort ergibt sich aus der Natur (Art) des Schuldverhältnisses.	Beton für den Hausbau muss zur Baustelle geliefert werden.
vertraglicher Erfüllungsort	Der Erfüllungsort wird vertraglich vereinbart.	»Erfüllungsort für beide Teile ist Köln.«
§ 269 **gesetzlicher Erfüllungsort**	Die Leistung ist dort zu erbringen, wo der Schuldner seinen Wohnsitz bzw. seinen Geschäftssitz hat	
	Der Verkäufer (Warenschuldner) muss die Ware an seinem Ort bereitstellen. **Warenschulden sind Holschulen.**	Ein Möbelhersteller in Düsseldorf verkauft Büromöbel an einen Möbelhändler in Stuttgart. Der Hersteller muss die Möbel an seinem Geschäftssitz in Düsseldorf zur Abholung bereitstellen.
§ 270	Der Erfüllungsort für die Zahlung ist der Geschäftssitz des Käufers (Geldschuldner), jedoch muss der Käufer seine Leistung an den Ort des Gläubigers übermitteln. **Geldschulden sind Bringschulden.**	Der Erfüllungsort für die Geldschuld ist zwar der Geschäftssitz des Händlers in Stuttgart, er trägt jedoch das Übermittlungsrisiko, bis das Geld pünktlich beim Vertragspartner in Düsseldorf eingegangen ist.
	Bei einem Versendungskauf geht die Gefahr auf den Käufer über, sobald der Verkäufer die Ware dem Transportunternehmen übergeben hat. Transportiert der Verkäufer die Ware selbst zum Käufer, dann trägt er die Gefahr bis zur Übergabe an den Käufer. Die Warenschuld wird in diesem Fall zu einer Bringschuld.	Werden im obigen Fall die Möbel mit einer Spedition geliefert, so gehen Transport- und Terminrisiko auf den Händler über, wenn die Möbel in Stuttgart an das Transportunternehmen übergeben werden.

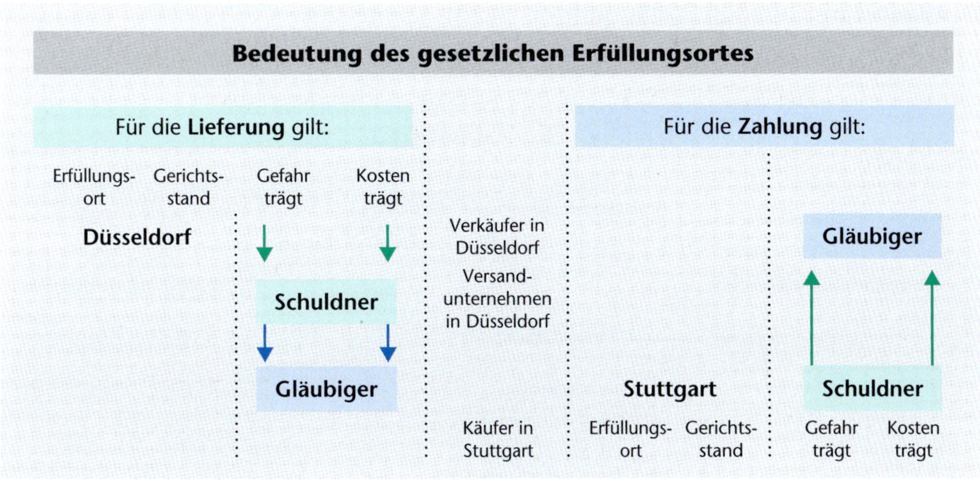

Eigentumsvorbehalt

Der **Eigentumsvorbehalt** ist eine **Vereinbarung** zwischen dem Verkäufer und Käufer, wonach der **Käufer zunächst nur Besitzer** werden soll (Übergabe), während **der Verkäufer bis zur Bezahlung des Kaufpreises Eigentümer** bleibt.

Die Vorbehaltsklausel lautet: »Die Ware bleibt bis zur vollständigen Bezahlung des Kaufpreises mein Eigentum.«

Der Verkäufer kann deshalb bei Pfändung (Kapitel 2.9.4) die Freigabe und im Insolvenzverfahren (Kapitel 3.8.4) die Aussonderung verlangen. Kommt der Käufer seiner Vertragsverpflichtung nicht nach, dann kann der Verkäufer sein Eigentum erst dann zurückverlangen, wenn er vom Vertrag zurückgetreten ist. Dies setzt wiederum voraus, dass eine gesetzte Nachfrist mit Ablehnungsandrohung erfolglos verstrichen ist.

Der Eigentumsvorbehalt muss, wenn er wirksam sein soll, beim Abschluss des Kaufvertrages ausdrücklich vereinbart sein.

Der **Eigentumsvorbehalt erlischt,** wenn der Kaufpreis vollständig bezahlt ist. Er **wird unwirksam,** wenn der Gegenstand

- an einen gutgläubigen Dritten weiterveräußert oder verpfändet wird.
- verarbeitet wird.
- mit einer Sache fest verbunden wird.
- verbraucht wird.
- vernichtet wird.

Vom **verlängerten Eigentumsvorbehalt** spricht man, wenn beim Weiterverkauf die entstehende Forderung abgetreten, bei der Verarbeitung der hergestellte Gegenstand zur Sicherung übereignet wird.

Beispiel: Ein Hersteller von Fenstern liefert mit Eigentumsvorbehalt an einen Bauunternehmer Fenster für ein Wohnhaus. Im Vertrag wird vereinbart, dass beim Einbau der Fenster die Forderungen des Bauunternehmers gegenüber dem Wohnhauseigentümer an den Fensterhersteller abgetreten werden.

Ein **erweiterter Eigentumsvorbehalt** liegt vor, wenn sich die Vorbehaltsrechte auch auf andere vom selben Lieferanten an den Käufer gelieferte Waren beziehen sollen.

Beispiel: Eine Brauerei vereinbart mit einem Getränkehändler, dass alle Getränke im Eigentum der Brauerei bleiben, solange sie noch Forderungen an den Getränkehändler hat.

■ **Allgemeine Geschäftsbedingungen (AGB)** (Kapitel 2.4)

Zusammenfassende Übersicht zu Kapitel 2.6: Inhalt des Kaufvertrages

Inhalt des Kaufvertrages

Vereinbarungen über		ohne Vereinbarung
Art der Ware	handelsüblicher Name	handelsüblicher Name
Beschaffenheit und Güte	Augenschein Muster und Proben Abbildungen und Beschreibungen Herstellermarken und Typenbezeichnungen Gütezeichen Güteklassen Provenienz Jahrgang Gehalt Qualitätsgewicht Farbe	Ware mittlerer Art und Güte
Menge der Ware	metrische Maßeinheiten handelsübliche Bezeichnungen	
Preis der Ware	Nettopreise Bruttopreise	
Preisnachlässe	Rabatt Bonus Skonto	
Verpackung	Transportverpackung Verkaufsverpackung Umverpackung	Verpackungskosten sind vom Käufer zu tragen
Versand	Versandart Versandkosten	Käufer trägt Kosten der Übergabe, Verkäufer trägt Kosten der Abnahme und Versendung
Lieferzeit	Liefertermin oder Lieferfrist	sofortige Lieferung
Zahlungsbedingungen	Art und Weise der Zahlung Kosten der Zahlung Zeitpunkt der Zahlung	Verkäufer trägt Kosten sofortige Zahlung
Erfüllungsort	vertraglicher Erfüllungsort gesetzlicher Erfüllungsort	Wohnsitz des Schuldners
Gerichtsstand	vertraglicher Gerichtsstand gesetzlicher Gerichtsstand	allgemeiner bzw. besonderer Gerichtsstand

▶ Aufgaben und Probleme

1. Zwei Kaufleute schließen einen Kaufvertrag ohne besondere Angabe von Vertragsinhalten. Wie ist der Vertrag zu erfüllen bezüglich
   a) Warenqualität,
   b) Verpackungskosten,
   c) Versandkosten,
   d) Lieferzeit,
   e) Zahlungszeitpunkt?
2. Hans Meyer kauft von einer Ware 400 kg (Reingewicht) zu 180 EUR für 100 kg. Die Verpackung wiegt 10 kg, ihr Selbstkostenwert beträgt 24 EUR. Über welche Beträge lautet die Rechnung, wenn vereinbart ist
   a) Preis vom Reingewicht einschließlich Verpackung,
   b) Preis vom Reingewicht ausschließlich Verpackung,
   c) brutto für netto?
3. Ein Großhändler liefert mit Rechnung vom 15. September einem Einzelhändler vertragsgemäß 50 Spankörbe Pflaumen zu je 10 kg. Preis 120 EUR je 100 kg brutto für netto. Zahlungsbedingung: in 10 Tagen 3 % Skonto, in einem Monat netto Kasse.
   a) Der Kunde zahlt am 25. September mit Überweisung 582 EUR. Prüfen Sie, ob die Höhe der Zahlung den Zahlungsbedingungen entspricht.
   b) Wie ist der Sachverhalt, wenn der Kunde von der Rechnung 30 EUR abzieht, da Stichproben ergeben haben, dass die Körbe bei 10 kg Gesamtgewicht nur 9,5 kg Pflaumen enthielten?
4. Welche Beförderungsklausel in einem Angebot ist für den Käufer am günstigsten?
   a) ab Lager,
   b) frei Waggon,
   c) frachtfrei,
   d) ab Bahnhof hier,
   e) unfrei.
5. In einem Kaufvertrag wird die Versandbedingung »unfrei« vereinbart. Welche der folgenden Aussagen ist (sind) richtig?
   a) Der Verkäufer übernimmt alle Versandkosten.
   b) Der Käufer trägt die Versandkosten ab Versandbahnhof.
   c) Der Verkäufer trägt die Anfuhrkosten zum Versandbahnhof.
   d) Der Käufer trägt nur die Zufuhrkosten ab Empfangsbahnhof.
   e) Der Käufer muss alle Versandkosten tragen.
6. Auf eine Bestellung vom 1. April erfolgt die Lieferung am 15. April. Wann ist bei den verschiedenen Zahlungsbedingungen der Rechnungsbetrag fällig (Bild, Seite 41)?
7. Beim Transport vom Verkäufer in Frankfurt zum Käufer in Osnabrück kommt die Ware abhanden. Der Käufer verweigert die Zahlung des Kaufpreises mit der Begründung, dass im Kaufvertrag die Lieferung »frei Osnabrück« vereinbart war und demzufolge der Verkäufer für das Abhandenkommen hafte. Wie ist die Rechtslage?

8. Welche Bedeutung hat die Klausel »Erfüllungsort und Gerichtsstand für beide Teile ist der Geschäftssitz des Lieferanten«?
   a) Der Lieferant trägt die Gefahr der Verschlechterung der Ware auf dem Weg zum Käufer.
   b) Die Ware ist zum Ort des Käufers zu liefern.
   c) Die Ware ist am Ort des Lieferanten dem Käufer persönlich auszuhändigen.
   d) Die Gefahr geht am Ort des Lieferanten auf den Käufer über.
   e) Die Geldschulden werden Holschulden.
9. Welche Bedeutung hat der Vermerk auf der Rechnung: »Ich sende Ihnen für Ihre Rechnung und auf Ihre Gefahr«?
10. Welche Aussage über den gesetzlichen Erfüllungsort ist richtig?
   a) Der gesetzliche Erfüllungsort des Lieferanten und des Kunden stimmen überein.
   b) Der gesetzliche Erfüllungsort wird vom Verkäufer bestimmt.
   c) Der gesetzliche Erfüllungsort ist der Ort, an dem der jeweilige Schuldner seinen Wohn- bzw. Geschäftssitz hat.
   d) Der gesetzliche Erfüllungsort kann nur vom Schuldner bestimmt werden.
   e) Der gesetzliche Erfüllungsort gilt auch dann, wenn ein vertraglicher Erfüllungsort vereinbart wurde.
11. Warum ist auch beim Verkauf unter Eigentumsvorbehalt die Zuverlässigkeit des Käufers zu überprüfen?

2.7 Arten des Kaufs

Nach der rechtlichen Stellung der Vertragspartner und der Bestimmung des jeweiligen Vertragsinhaltes sind verschiedene Arten des Kaufs zu unterscheiden.

2.7.1 Unterscheidung nach Vertragspartnern

Die Partner des Kaufvertrages sind der Käufer und der Verkäufer. Sie können ihrer rechtlichen Stellung nach **Unternehmen (Kaufleute)** oder **Verbraucher (Nichtkaufleute)** sein.

BGB §§ 13 f. Unter einem **Verbraucher** versteht man hierbei eine natürliche Person, die ein Rechtsgeschäft für private Zwecke abschließt. Demgegenüber versteht man unter einem **Unternehmen** eine natürliche oder juristische Person, die beim Abschluss eines Rechtsgeschäftes gewerblich oder selbstständig beruflich tätig handelt.

Nach der **rechtlichen Stellung** des Vertragspartners und dem **Zweck des Vertragsabschlusses** sind demnach zu unterschieden:

	Verkäufer ist / Käufer ist	ein Unternehmen	ein Verbraucher
§§ 433–479	**ein Verbraucher**	Verbrauchsgüterkauf (einseitiger Handelskauf)	bürgerlicher Kauf (Privatkauf)
HGB §§ 343, 345 §§ 373–382	**ein Unternehmen**	zweiseitiger Handelskauf	sonstiger einseitiger Handelskauf

2.7.2 Unterscheidung nach Vertragsinhalten

Nach der Bestimmung von Art, Beschaffenheit und Güte der Ware

Kaufart	Erklärung	Beispiele	
Gattungskauf	Der Kaufgegenstand ist eine vertretbare Sache. Vertretbare Sachen sind bewegliche Sachen, die in mehreren gleichen Ausfertigungen hergestellt werden und wegen ihrer Gleichartigkeit durch andere Stücke der gleichen Gattung ersetzt werden können.	Kauf von Baumwolle, eines Kunstdruckes, von Serienmöbeln	
Stückkauf	Der Kaufgegenstand ist eine nicht vertretbare, also einmalige Sache, die in dieser Form nicht wieder beschafft werden kann.	Kauf eines Originalgemäldes, eines antiken Bauernschrankes	
Kauf nach Probe (Kauf nach Muster)	Er ist ein Kauf aufgrund früher bezogener Waren (»wie gehabt«) oder nach einer vom Verkäufer übergebenen Probe. Die zu liefernde Ware muss der Probe entsprechen.	Kauf von Kaffee, Tee, Tabak, Stahl, Metallen, Textilrohstoffen, Tapeten	
Kauf auf Probe	Er ist ein Kauf mit Rückgaberecht innerhalb einer vereinbarten Frist, falls der Gegenstand nicht den Erwartungen des Käufers entspricht. Die Ware wird »auf Probe« oder »zur Ansicht« überlassen.	Kauf eines Kopiergeräts, eines Schreibtischstuhls, eines Musikinstruments	*BGB §§ 454 f.*
Kauf mit Umtauschrecht	Der Käufer kann verlangen, dass anstelle der gekauften eine andere Ware gleichen Wertes geliefert wird, wenn die Ware nachträglich nicht zusagen sollte.	Kauf eines Geschenkartikels mit Umtauschmöglichkeit	
Bestimmungskauf (Spezifikationskauf)	Hier erfolgt ein Abschluss über eine genau festgelegte Gesamtmenge einer Gattungsware. Der Käufer hat aber das Recht, innerhalb einer festgesetzten Frist die zu liefernden Waren nach Maß, Form oder Farbe näher zu bestimmen (»je nach Käufers Wahl«).	Ein Textilgroßhändler kauft 10.000 Paar Strumpfhosen. Die Größen und Farben der Strumpfhosen werden nachträglich bestimmt.	*HGB § 375*

Nach der Bestimmung der Lieferzeit

Kaufart	Erklärung	Beispiele	
Terminkauf	Die Lieferung hat zu einem vereinbarten späteren Termin oder innerhalb einer vereinbarten Frist zu erfolgen.	»Lieferung Ende August« »Lieferung innerhalb von zwei Monaten«	
Fixkauf	Die Lieferung hat an oder bis zu einem genau bestimmten Zeitpunkt zu erfolgen. Der Vertrag steht und fällt mit der Beachtung der Fixklausel.	»Lieferung am 20. Mai fix« »Lieferung bis 20. Dezember fest«	*§ 376*
Kauf auf Abruf	Der Zeitpunkt der Lieferung ist in das Ermessen des Käufers gestellt. Er ruft die Ware ab.	Ein Bauherr kauft Möbel, die er erst nach der Fertigstellung des Hauses anliefern lässt.	

Nach dem Erfüllungsort

Kaufart	Erklärung	Beispiele
Fernkauf	Verkäufer und Käufer befinden sich an verschiedenen Orten; als Erfüllungsort ist ein anderer als der Ort des Verkäufers vereinbart.	Der Großhändler in Nürnberg vereinbart mit einem Würzburger Kunden dessen Niederlassung in Aschaffenburg als Erfüllungsort.
Platzkauf	Beide Vertragspartner befinden sich am selben Ort.	Ein Großhändler in Hamburg beliefert mehrere Einzelhändler in Hamburg.
Handkauf	Verkäufer und Käufer befinden sich am gleichen Ort; die Ware wird im Geschäft des Verkäufers gekauft und dort ausgehändigt.	Ein Einzelhändler kauft Ware direkt im Cash-and-Carry-Großhandel.

Zusammenfassende Übersicht zu Kapitel 2.7: Arten des Kaufs

Arten des Kaufs	
Vertragspartner	– zweiseitiger Handelskauf – bürgerlicher Kauf – Verbrauchsgüterkauf – sonstiger einseitiger Handelskauf
Art, Beschaffenheit und Güte der Ware	– Gattungskauf – Stückkauf – Kauf nach Probe – Kauf auf Probe – Kauf mit Umtauschrecht – Bestimmungskauf
Lieferzeit	– Sofortkauf – Kauf auf Abruf – Fixkauf – Terminkauf
Zahlungszeit	– Kauf gegen Vorauszahlung – Barkauf – Ziel- oder Kreditkauf – Teilzahlungskauf
Erfüllungsort	– Versendungskauf – Handkauf – Platzkauf – Fernkauf

▶ Aufgaben und Probleme

1. Welche grundsätzliche Bedeutung hat die Unterscheidung zwischen bürgerlichem Kauf und Handelskauf?
2. Stellen Sie bei folgenden Fällen fest, ob ein bürgerlicher Kauf, ein Verbrauchsgüterkauf oder ein zweiseitiger Handelskauf vorliegt:
   a) Ein Schüler verkauft seinen MP3-Player an einen Mitschüler.
   b) Ein Geschäftsmann kauft für sich in der Apotheke Beruhigungspillen.
   c) Ein Händler kauft in einem Schreibwarengeschäft einige Kartons Briefumschläge.
   d) Eine Bank kauft aus Privatbesitz eine Münzsammlung auf.

3. In welchen Fällen handelt es sich um einen zweiseitigen Handelskauf?
   a) Ein Angestellter verkauft einem Kollegen einen gebrauchten Fotoapparat.
   b) Eine Unternehmerin kauft für den privaten Weinkeller bei einer Winzergenossenschaft 500 Flaschen Wein.
   c) Die staatliche Berufsschule kauft bei einem Elektrogeschäft einen DVD-Player.
   d) Ein Lebensmittel-Filialist kauft bei der Großbäckerei GmbH Holzofenbrot.
   e) Eine Auszubildende kauft in einem Fachgeschäft einen Hosenanzug.
4. Um welche Arten des Kaufs handelt es sich in folgenden Fällen?
   a) Privatmann A hat mit Kunsthändlerin B einen Kaufvertrag über ein Picasso-Gemälde abgeschlossen.
   b) Ein Lebensmittelgroßhändler hat mit der Campina AG einen Kaufvertrag über 500 kg Süßrahmbutter, lieferbar in Teilmengen, abgeschlossen.
   c) Eine Elektrogroßhandlung hat mit einem Leuchtmittelhersteller einen Kaufvertrag über 10.000 Stück Energiesparlampen abgeschlossen mit dem Zusatz, dass bis zum 15. des nächsten Monats die verschiedenen Wattstärken angegeben werden.
   d) Um einen günstigen Mengenrabatt zu erhalten, kauft die Elektrogroßhandlung 200 Gefrierschränke, kann aber nur 50 Stück lagern.
   e) Eine Großkellerei verschickt an ihre Privatkunden kostenlose Probeflaschen des neuesten Jahrgangs; einige Kunden bestellen.
   f) Der Teppichhändler Munz e.K. legt einer Kundin einen Berberteppich für eine Woche ins Wohnzimmer, damit diese beurteilen kann, ob der Teppich in das Zimmer passt.
5. Unterscheiden Sie den Kauf auf Probe vom Kauf nach Probe.
6. Welche Vorteile bietet der Spezifikationskauf für Käufer und Verkäufer?
7. Wodurch unterscheiden sich der Kauf auf Abruf und der Spezifikationskauf?
8. Zwei Berufsschüler unterhalten sich vor der bevorstehenden Klassenarbeit über den Kaufvertrag. Nehmen Sie Stellung zu folgenden Äußerungen und begründen Sie Ihre Antworten:
   a) Ein Angebot kann nur widerrufen werden, wenn der Widerruf spätestens einen Tag nach dem Angebot beim Käufer eintrifft.
   b) Kaufverträge sind nur gültig, wenn sie schriftlich abgeschlossen werden.
   c) Wenn im Kaufvertrag keine Vereinbarung über die Beförderungskosten getroffen wird, sind diese vom Käufer und vom Verkäufer je zur Hälfte zu tragen.
   d) Wer Ware auf Probe kauft, muss diese behalten und bezahlen, wenn er sie in Gebrauch genommen hat.

2.8 Störungen bei der Erfüllung des Kaufvertrages

2.8.1 Mangelhafte Lieferung (Schlechtleistung)

Der Verkäufer ist **verpflichtet,** die verkaufte Sache **frei von Sach- und Rechtsmängeln** zu liefern **(Gewährleistungspflicht).** *BGB § 433*

Arten der Mängel

	Rechtsmängel	
	Art des Mangels	**Beispiel**
BGB § 433	Dritte können gegenüber dem Käufer der Sache Rechte geltend machen.	Bezogene Sweatshirts werden mit einem Markenzeichen verkauft, ohne dass der Markeninhaber eine Lizenz erteilt hatte.

	Sachmängel	
	Art des Mangels	**Beispiel**
§ 434 (1)	Abweichung von der vereinbarten Beschaffenheit	Eine digitale Kamera leistet nur eine Auflösung von 14 Megapixel, obwohl 16,05 Megapixel vereinbart waren.
§ 434 (1) S. 2 Nr. 1	keine Eignung für die vertraglich vorausgesetzte Verwendung	Ein Gastronom kauft 200 Dessertteller aus spülmaschinenfestem Glas. Nach mehrmaligem Waschen in der Geschirrspülmaschine beginnt das Glas trübe zu werden.
§ 434 (1) S. 2 Nr. 2	Keine Eignung für die Verwendung, die bei solchen Sachen gewöhnlich sind.	Lebensmittel sind verdorben.
§ 434 (1) S. 2 Nr. 3	Abweichung der Werbeaussage von der tatsächlichen Eigenschaft	Das viel gepriesene 5-Liter-Auto verbraucht tatsächlich 8 Liter Benzin auf 100 km.
§ 434 (1) S. 3	Die Kennzeichnung der Ware auf der Verpackung oder auf der Ware selbst weicht von der tatsächlichen Eigenschaft ab.	Lachs wird auf der Folie als fangfrischer kanadischer Fluss-Wildlachs gekennzeichnet. In Wirklichkeit stellt sich heraus, dass er in Norwegen im Meer gezüchtet wurde.
§ 434 (2) S. 1	fehlerhafte Montage durch den Verkäufer	Eine Geschirrspülmaschine wird vereinbarungsgemäß geliefert, aber falsch montiert.
§ 434 (2) S. 2	fehlerhafte Montageanleitung	Aufgrund einer fehlerhaften Montageanleitung kann eine Schrankwand nicht aufgebaut werden.
§ 434 (3)	Minderlieferung	Lieferung von 36 Kisten statt 30 Kisten Mineralwasser.
§ 434 (3)	Falschlieferung	Statt Äpfel werden Birnen geliefert.

Erkennbarkeit des Mangels	
Art des Mangels	**Beispiel**
offene Mängel	Beule an einem Auto
versteckte Mängel	Wein mit Korkgeschmack
arglistig verschwiegene Mängel	Ein Unfallauto wird als »unfallfrei« gekauft.

Pflichten des Käufers

▶ Zweiseitiger Handelskauf

Zur Sicherung von Gewährleistungsansprüchen hat der Käufer beim zweiseitigen Handelskauf folgende Pflichten:

HGB § 377
a) Prüfungspflicht. Eingegangene Waren sind **unverzüglich** auf Güte, Menge und Art zu untersuchen.

Unverzüglich heißt ohne schuldhaftes Zögern. Wenn z. B. beim Eingang der Ware das Lagerpersonal mit dringenden Inventurarbeiten beschäftigt ist, so reicht es noch, wenn die Ware unmittelbar nach der Beendigung dieser Arbeiten untersucht wird. Nimmt der Käufer **bei der Übergabe** offensichtlich mangelhafte Ware an, so muss er sich die Rechte aus der **Mängelrüge** sofort (Tatbestandsaufnahme) vorbehalten. *BGB § 121*

b) Rügepflicht. Offene Mängel sind **unverzüglich nach der Prüfung** zu rügen, versteckte Mängel **unverzüglich nach der Entdeckung,** jedoch innerhalb der Gewährleistungsfrist. Diese beträgt gesetzlich zwei Jahre vom Zeitpunkt der Ablieferung an, kann aber vertraglich verlängert werden (Garantie). *§ 438*

Der Käufer muss die Mängel in der Güte, Menge und Art genau bezeichnen.

Wird ein Mangel in der Art oder Güte nicht gerügt, dann muss der Kaufmann die gelieferte Ware behalten und den vereinbarten Kaufpreis bezahlen.

Hat der Verkäufer den **Mangel arglistig verschwiegen,** dann verjährt der Mangel erst nach drei Jahren. Die Frist beginnt am Ende des Jahres, in dem der Mangel entdeckt wurde. Der Mangel muss aber innerhalb von 30 Jahren entdeckt werden, um einen Anspruch geltend zu machen. *§§ 438 (3), 195, 199 (3) Nr. 2*

c) Aufbewahrungspflicht. Beim Platzkauf kann die beanstandete Ware sofort zurückgeschickt werden, beim Versendungskauf dagegen muss sie dem Verkäufer zunächst zur Verfügung gestellt werden. Bis zu dessen Entscheidung muss sie der Käufer zulasten des Verkäufers ordnungsgemäß aufbewahren. *HGB § 379*

▶ Verbrauchsgüterkauf und bürgerlicher Kauf

Beim Verbrauchsgüterkauf und **beim bürgerlichen Kauf** muss **nicht unverzüglich geprüft werden.** Eine Rüge kann bei offenen und versteckten Mängeln innerhalb der Gewährleistungsfrist vorgenommen werden.

Tritt innerhalb von sechs Monaten seit Gefahrübergang der Sache ein Sachmangel auf, so gilt die Vermutung, dass die Sache mangelhaft war **(Rückwirkungsvermutung).** Der Verkäufer muss nachweisen, dass das Gut zum Zeitpunkt des Gefahrübergangs in Ordnung war **(Grundsatz der Beweislastumkehr).** Reklamiert der Käufer nach sechs Monaten den Mangel, so trägt er die Beweislast, dass der Mangel bereits beim Gefahrübergang vorhanden war. *BGB § 476*

Beispiel: Bei einem neuen Pkw tritt innerhalb von vier Monaten nach dem Kauf ein Motorschaden auf. Bei üblichem Gebrauch und sorgfältiger Behandlung gilt dieser Schaden als Mangel beim Gefahrübergang.

■ Rechte des Käufers bei Mängeln

Wenn eine Sache mangelhaft verkauft wurde, dann hat der Käufer zunächst das Recht der Nacherfüllung. Verstreicht die festgesetzte **angemessene Nachfrist zur Nacherfüllung,** so kann der Käufer vom Vertrag zurücktreten oder Schadensersatz bzw. Ersatz vergeblicher Aufwendungen geltend machen.

▶ Nacherfüllung

Dabei kommt dem Käufer das Wahlrecht zu, entweder die Beseitigung des Mangels (Nachbesserung) durch Reparatur oder die Lieferung einer mangelfreien Sache (Ersatzlieferung) zu verlangen. *§§ 476, 439*

Der Verkäufer kann die vom Käufer gewählte Form der **Nacherfüllung verweigern,** wenn sie mit unverhältnismäßig hohen Kosten verbunden ist. *§ 439 (3)*

Beispiel: Ein Kunde verlangt die Reparatur eines fehlerhaften neuen Weckers, den er für 10 EUR gekauft hatte. Die Reparatur würde dem Verkäufer Kosten verursachen. Der Händler kann daher die Nachbesserung des Weckers ablehnen und eine Ersatzlieferung vornehmen.

Aufwendungen, die zum Zwecke der Nacherfüllung notwendig sind, wie Transport-, Wege-, Arbeits- und Materialkosten, hat der Verkäufer zu tragen.

BGB § 440 Im Normalfall gilt eine Nachbesserung nach dem **erfolglosen zweiten Versuch** als fehlgeschlagen.

Beispiel: Nach dem erfolglosen zweiten Versuch, eine neu gelieferte Waschmaschine zu reparieren, kann der Käufer eine neue Waschmaschine verlangen.

▶ **Rücktritt vom Kaufvertrag**

§§ 323, 326, 437, 440, 441 Der Kaufgegenstand ist zurückzugeben und der etwa schon bezahlte Kaufpreis ist zurückzuzahlen.

Beispiel: Die Nacherfüllung bei einem iPod ist fehlgeschlagen, der Käufer gibt das Gerät an den Verkäufer zurück und verlangt die Erstattung des Kaufpreises.

▶ **Minderung des Kaufpreises**

§ 441 Der Kaufvertrag bleibt bestehen. Der Käufer kann jedoch eine Herabsetzung des Kaufpreises verlangen.

Beispiel: Die Nacherfüllung bei einem Herrenanzug mit kaum auffälligen Webfehlern ist fehlgeschlagen. Der Käufer will aber den Herrenanzug unbedingt behalten und verlangt deshalb eine angemessene Kaufpreisminderung.

§ 437 S. 1 Nr. 3 ▶ **Schadensersatz**

Folgende Arten des Schadensersatzes sind möglich:

§ 241 (2) § 280 (2) § 286 a) **Schadensersatz neben der Erfüllung (kleiner Schadensersatz).** Der Käufer hat Anspruch auf die Erfüllung des Vertrages und den Ersatz der Kosten.

Beispiel: Reparaturkostenerstattung für die Eigenleistung des Käufers, um den Mangel zu beseitigen.

§§ 280–283 § 325 §§ 346 ff. b) **Schadensersatz statt Erfüllung (großer Schadensersatz).** Der Käufer kann vom Kaufvertrag zurücktreten und Schadensersatz verlangen. Bereits erbrachte Teilleistungen müssen vom Käufer zurückgegeben werden.

Beispiel: Eine defekte Maschine wird am 18.01.20.. geliefert. Zweimal wurde der Lieferant vergeblich aufgefordert, eine Nachbesserung durchzuführen. Infolge der defekten Maschine entsteht ein mehrtägiger Produktionsausfall. Der Kunde kann vom Kaufvertrag zurücktreten und vom Lieferanten Schadensersatz für den Produktionsausfall verlangen.

§ 284 ▶ **Ersatz vergeblicher Aufwendungen**

Anstelle des großen Schadensersatzes kann der Käufer den Ersatz der Aufwendungen verlangen, die er im Vertrauen auf den Erhalt der Leistung gemacht hat.

Beispiel: Zur Montage einer Maschine wurde ein Fundament gegossen. Zwei Reparaturversuche an der Maschine sind fehlgeschlagen und damit ist die Nacherfüllung gescheitert. Die Kosten für das Fundament hat der Verkäufer der Maschine zu übernehmen.

Unternehmerrückgriff

Musste ein Unternehmer als Letztverkäufer die verkaufte Sache wegen eines Mangels vom Verbraucher wieder zurücknehmen oder den Kaufpreis mindern, so kann er die gleichen Rechte gegenüber seinem Lieferanten geltend machen **(Unternehmerrückgriff).**

Produkthaftung

ProdHaftG § 1 (1) **Produkthaftung** bedeutet, dass der **Hersteller für Schäden haftet,** die durch **Fehler des Produktes an Personen oder Sachen** – nicht an dem Produkt selbst – **verursacht werden.**

Beispiel: Ein Autofahrer fährt gegen einen Zaun, weil die Bremsen einen Konstruktionsfehler aufweisen. Für den am Zaun entstandenen Schaden haften der Hersteller des Pkw und der Zulieferer der Bremsen.

Neben dem eigentlichen Hersteller haften alle, die Waren in den Verkehr bringen, welche durch Fehler zu Schäden führen können. So haftet z. B. auch der Großhändler oder Importeur gegenüber seinem Kunden, sofern er den Hersteller nicht binnen vier Wochen benennen kann. Die Selbstbeteiligung des Geschädigten beträgt 500 EUR. *ProdHaftG § 4*

Zusammenfassende Übersicht zu Kapitel 2.8.1: Mangelhafte Lieferung (Schlechtleistung)

Mangelhafte Lieferung

Mängelarten

Rechtsmangel	Sachmangel	hinsichtlich der Erkennbarkeit
	– Qualitätsmangel – Quantitätsmangel – Artmangel	– offen – versteckt – arglistig verschwiegen

Pflichten des Käufers

zweiseitiger Handelskauf	Verbrauchsgüterkauf, bürgerlicher Kauf
Prüfpflicht (unverzüglich)	keine unverzügliche Prüfpflicht
Rügepflicht → unverzüglich nach Entdeckung (innerhalb Gewährleistungsfrist)	Rügepflicht → innerhalb Gewährleistungsfrist
Aufbewahrungspflicht	

Rechte des Käufers

vorrangig	nachrangig
Nacherfüllung (angemessene Frist) → Ersatzlieferung → Nachbesserung	**Rücktritt vom Vertrag**
	Minderung des Kaufpreises
	Schadensersatz neben Erfüllung / statt Erfüllung
	Ersatz vergeblicher Aufwendungen

2.8.2 Lieferungsverzug (Nicht-Rechtzeitig-Lieferung)

Der Kaufvertrag verpflichtet den Lieferanten, rechtzeitig zu liefern.

Lieferungsverzug liegt vor, wenn der Verkäufer **trotz Mahnung schuldhaft nicht** oder **nicht rechtzeitig liefert** und die **Leistung noch möglich ist.**

Voraussetzungen des Lieferungsverzuges (Nicht-Rechtzeitig-Lieferung)

BGB § 286 § 242 § 271

▶ **Nichtlieferung trotz Fälligkeit**

Wird im Kaufvertrag keine Lieferzeit vereinbart, dann ist die Leistung so zu bewirken, wie es Treu und Glauben mit Rücksicht auf die Verkehrssitte erfordern. Die Lieferung kann auch sofort verlangt werden.

Beispiel: »Lieferung innerhalb von 14 Tagen nach Bestellungseingang«

§ 286 (1) ▶ **Mahnung**

Die Mahnung ist die Aufforderung, die Lieferung zu bewirken. Es ist keine bestimmte Form vorgeschrieben.

§ 286 (2) Die Mahnung ist nicht erforderlich, wenn die Lieferzeit kalendermäßig bestimmbar ist.

Beispiel: »Lieferung am 18. August 20..«

§ 286 (4) § 276 ▶ **Verschulden (Verantwortlichkeit des Schuldners)**

Der Lieferant handelt in seinem Verantwortungsbereich schuldhaft, wenn er vorsätzlich oder fahrlässig nicht rechtzeitig liefert. Der Schuldner kommt nicht in Verzug, wenn er die verspätete Lieferung nicht zu verantworten hat.

Beispiel: Verschulden liegt vor, wenn der Liefertermin ignoriert wurde. Kein Verschulden liegt vor, wenn die Lagerhalle des Lieferanten durch Blitzschlag vollständig zerstört wurde.

Rechte des Käufers beim Lieferungsverzug

Kommt der Lieferant in Verzug, dann kann der Käufer wahlweise beanspruchen:

a) **Erfüllung des Vertrages,** d. h. Lieferung der Ware.

   Beispiel: Eine Kühlanlage kann von keinem anderen Hersteller bezogen werden, deshalb besteht der Käufer auf Lieferung.

§§ 280, 286 b) **Erfüllung und Schadensersatz** wegen Verzögerung.

   Beispiel: Durch die verspätete Lieferung einer Maschine kann die Fertigung nicht aufgenommen werden. Der Lieferant muss liefern und den entstandenen Schaden ersetzen.

Nach einer angemessenen Nachfrist sind auch möglich:

§ 323 (1) c) **Rücktritt vom Vertrag** und/oder

   Beispiel: Eine Sendung Stahl kann bei einem anderen Lieferanten inzwischen preisgünstiger beschafft werden.

§ 281 d) **Schadensersatz** statt der Leistung.

   Beispiel: Der Käufer muss die Ware kurzfristig bei einem anderen Lieferanten zu einem höheren Preis beschaffen.

Ermittlung des Schadens

▶ **Schadensersatz**

§ 251 Der Lieferant hat den Käufer so zu stellen, als ob er seine Leistungspflicht erfüllt hätte. Die Entschädigung erfolgt meistens in Geld.

Der Schadensersatz beim Lieferungsverzug kann ermittelt werden:

a) **Nach dem konkreten Schaden.** Der Käufer nimmt für die nicht gelieferte Ware einen Deckungskauf vor. Der Schaden ergibt sich aus dem Mehrpreis zuzüglich der Kosten.

b) **Nach dem abstrakten Schaden.** Der zu ersetzende Schaden umfasst auch den entgangenen Gewinn. Als solcher gilt der Gewinn, der unter normalen Umständen erwartet werden konnte.

▶ **Vertragsstrafe**

Da die Ermittlung der Schadenshöhe, insbesondere des entgangenen Gewinns, Schwierigkeiten bereiten kann, vereinbaren die Vertragsparteien häufig eine Vertragsstrafe (**Konventionalstrafe).** *BGB § 339*

Haftung beim Lieferungsverzug

Die Haftung des Lieferanten erweitert sich auf den Zufall, denn bei rechtzeitiger Lieferung hätte der Zufall nicht wirksam werden können. *§ 287*

Zusammenfassende Übersicht zu Kapitel 2.8.2: Lieferungsverzug (Nicht-Rechtzeitig-Lieferung)

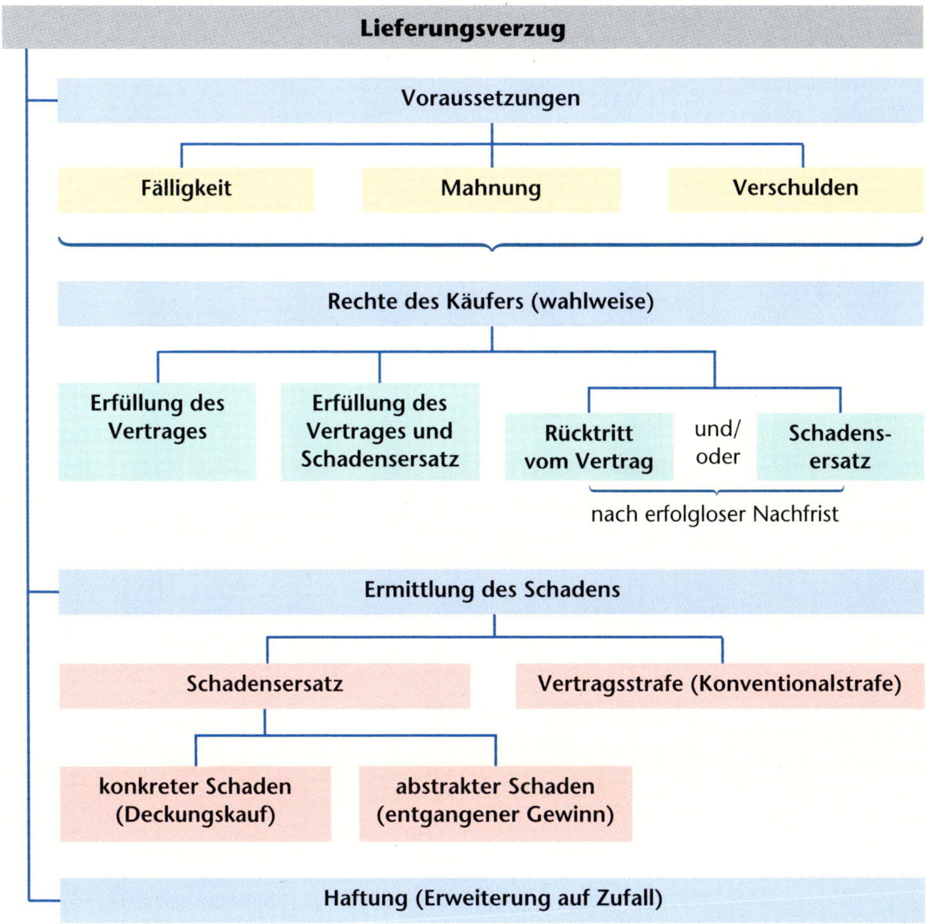

2.8.3 Zahlungsverzug (Nicht-Rechtzeitig-Zahlung)

Der Kaufvertrag verpflichtet den Käufer, den Kaufpreis fristgerecht zu zahlen.

Zahlungsverzug liegt vor, wenn der Käufer trotz Mahnung den vereinbarten Kaufpreis **schuldhaft nicht** oder **nicht rechtzeitig bezahlt.**

Voraussetzungen des Zahlungsverzuges (Nicht-Rechtzeitig-Zahlung)

Es gelten dieselben Voraussetzungen wie beim Lieferungsverzug.

▶ Nichtzahlung trotz Fälligkeit

BGB §§ 242, 271, 286 Die Zahlung ist fällig,

- mit Zugang der Rechnung, wenn kein Termin vereinbart ist,
- wenn der vereinbarte Zahlungstermin erreicht ist.

▶ Mahnung

§ 286 (1) Die Mahnung ist die Aufforderung, die Rechnung zu bezahlen. Es ist keine bestimmte Form vorgeschrieben.

§ 286 (2) Die Mahnung ist nicht erforderlich, wenn

- der Zahlungstermin kalendermäßig bestimmt ist (»zahlbar spätestens am 10. April 20.. «).
- der Zahlungstermin kalendermäßig berechnet werden kann (»zahlbar 10 Tage nach Rechnungsdatum«).
- wenn 30 Tage nach Zugang der Rechnung verstrichen sind (Rechnungszugang 1. März; Zahlungsverzug ab 31. März).
- der Schuldner erklärt, dass er die Rechnung nicht bezahlen wird.

Die Mahnung ist erforderlich, wenn kein Zahlungstermin bestimmt oder berechenbar ist und der Schuldner vor Ablauf der 30 Tage nach Rechnungseingang in Verzug gesetzt werden soll.

▶ Verschulden (Verantwortlichkeit des Schuldners)

§ 286 (4) Der Schuldner handelt in seinem Verantwortungsbereich schuldhaft, wenn er vorsätzlich oder fahrlässig nicht rechtzeitig zahlt. Der Schuldner kommt nicht in Verzug, wenn er die verspätete Zahlung nicht zu verantworten hat.

Beispiel: Wegen eines unverschuldeten Unfalls liegt der Schuldner auf der Intensivstation eines Krankenhauses und kann deshalb nicht bezahlen.

Rechte des Gläubigers aus dem Zahlungsverzug

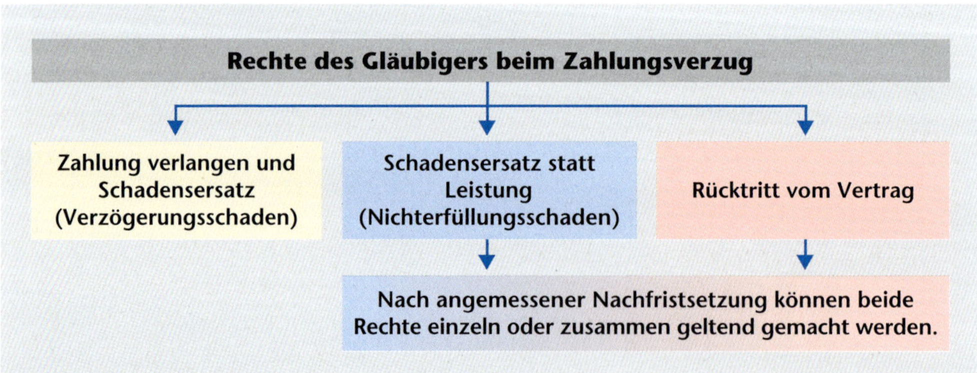

Der Gläubiger kann neben einem sonstigen Schaden **Verzugszinsen** geltend machen. *BGB § 288*

Der Zinssatz liegt in der Regel 5 % über dem Basiszinssatz der Deutschen Bundesbank (Stand: Januar 2016: –0,83 %), bzw. 8 % über dem Basiszinssatz bei Rechtsgeschäften, bei denen ein Verbraucher nicht beteiligt ist.

Ein höherer Zinssatz kann vertraglich vereinbart werden.

2.8.4 Annahmeverzug (Nicht-Rechtzeitig-Annahme)

Durch den Kaufvertrag sind **beide Vertragsteile verpflichtet, die Leistung des anderen bei Fälligkeit anzunehmen.**

Annahmeverzug liegt vor, wenn der **Käufer die Ware** oder der **Verkäufer die Zahlung nicht** oder **nicht rechtzeitig annimmt.**

Voraussetzungen	Wirkungen	Rechte des Schuldners
– Die **Leistung** ist **fällig.** – Die **Leistung** ist tatsächlich **angeboten** worden. Der Annahmeverzug setzt **kein Verschulden** voraus.	– Die **Gefahr** des zufälligen Untergangs geht mit dem Eintritt des Verzuges auf den Gläubiger über. – Die **Haftung** des Schuldners wird eingeschränkt. Sie erstreckt sich nur noch auf grobe Fahrlässigkeit und Vorsatz. Für leichte Fahrlässigkeit haftet er nicht.	Der Schuldner kann – die **Ware zwischenlagern** und auf Annahme klagen. – sich **von der Leistungspflicht befreien** · durch sichere Einlagerung an jedem geeigneten Ort, wenn der Schuldner ein Kaufmann ist, · durch Selbsthilfeverkauf*, · durch Versteigerung. – **Schadensersatz** wegen Nichterfüllung **verlangen.**

* **Selbsthilfeverkauf** ist möglich bei Waren mit einem Börsen- oder Marktpreis. Eine **Versteigerung** ist mit Fristsetzung für die Annahme der Ware dem Käufer anzudrohen. Bei Gefahr des Verderbs der Ware kann die Androhung unterbleiben **(Notverkauf).** Käufer und Verkäufer können mitbieten.

Zusammenfassende Übersicht zu Kapitel 2.8.4: Annahmeverzug (Nicht-Rechtzeitig-Annahme)

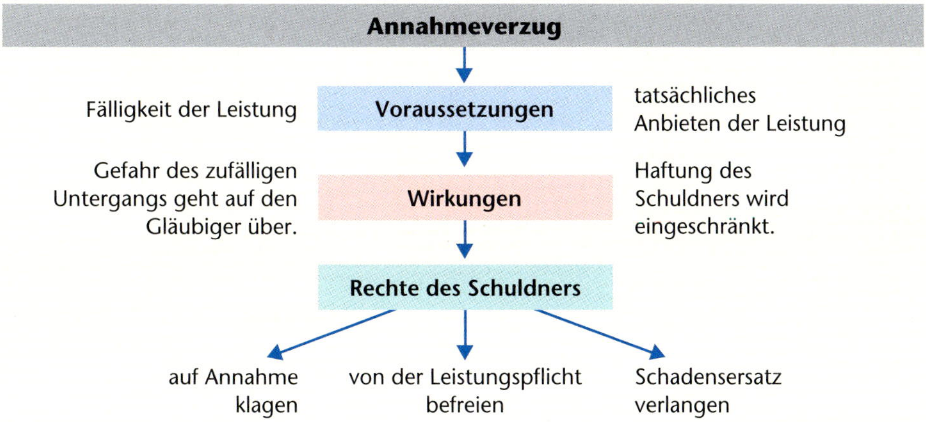

Zusammenfassende Übersicht zu Kapitel 2.8: Störungen bei der Erfüllung des Kaufvertrages

Pflichten aus dem Kaufvertrag	Lieferung der Ware durch den **Verkäufer**		Bezahlung des Kaufpreises durch den **Käufer**	Annahme der Ware durch den **Käufer**
	mangelfrei	rechtzeitig		
Störungen	**Mangelhafte Lieferung (Schlecht-leistung)**	**Lieferungs-verzug (Nicht-Rechtzeitig-Lieferung)**	**Zahlungs-verzug (Nicht-Rechtzeitig-Zahlung)**	**Annahme-verzug (Nicht-Rechtzeitig-Annahme)**
gesetzliche Regelung	BGB §§ 433 ff.; HGB §§ 377 ff.	BGB §§ 286 ff.; §§ 323 ff.	BGB §§ 286 ff.; §§ 323 ff.	BGB §§ 293 ff.; HGB §§ 373 ff.
Voraus-setzungen	– Sachmangel – Rechtsmangel	– Fälligkeit – Mahnung, wenn kein bestimmter Liefertermin vereinbart ist – Verantwort-lichkeit des Schuldners	– Fälligkeit – Mahnung, wenn kein bestimmter Zahlungster-min verein-bart ist, oder – 30 Tage nach Zugang der Rechnung – Verantwort-lichkeit des Schuldners	– Fälligkeit – tatsächliches Anbieten der Ware (Annahmever-zug setzt kein Verschulden voraus)
Rechte des Vertrags-partners nach seiner Wahl	Durch Mängelrüge (Reklamation) sichert sich der Käufer folgende Gewährleistungs-ansprüche: – Nacherfüllung in Form von Nachbesserung oder Ersatzliefe-rung – Rücktritt vom Vertrag – Preisminderung – Schadensersatz neben oder statt der Erfüllung – Ersatz vergeb-licher Aufwen-dungen	– Lieferung – Lieferung und Scha-densersatz wegen Ver-zögerung – Rücktritt vom Vertrag (nach ange-messener Nachfrist) und/oder – Schadens-ersatz wegen Nichterfül-lung (nach angemesse-ner Nach-frist)	– Zahlung – Zahlung und Schadens-ersatz wegen Verzögerung – Rücktritt vom Vertrag (nach angemessener Nachfrist) und/oder – Schadens-ersatz wegen Nichterfül-lung (nach angemessener Nachfrist)	– Einlagerung der Ware – Versteigerung oder Verkauf zum Markt-bzw. Börsen-preis (Selbst-hilfeverkauf) – Klage auf Abnahme

▶ Aufgaben und Probleme

1. Begründen Sie rechtlich und wirtschaftlich, welche Gewährleistungsansprüche Sie in folgenden Fällen geltend machen würden:
   a) Ein Reifenhändler liefert runderneuerte Reifen als fabrikneu. Nach einiger Zeit löst sich eine Reifendecke und es entsteht ein Verkehrsunfall, bei dem das Fahrzeug stark beschädigt wird.
   b) Ein gelieferter Mantelstoff hat grobe Webfehler, sodass er für die Weiterverarbeitung nicht mehr verwendet werden kann. Ein anderer Lieferant könnte schnell und preisgünstig liefern.
   c) Die für die Werkskantine gelieferten Kochtöpfe weisen starke Kratzer auf.
2. Die Metallwerke Eberle KG, Cottbus, haben vor 10 Tagen auf ihre Bestellung vom ... von der Stahlhandel GmbH, Görlitz, eine Lieferung von 10 t Qualitätsstahl Gruppe St 50 erhalten. Eine inzwischen durchgeführte Gussprobe ergab, dass der gelieferte Stahl von geringerer Härte und Elastizität ist als das mit dem Angebot überreichte Muster. Er ist für die zu fertigenden Gussstücke nicht verwendbar. Ein schadhaftes Gussstück und ein Gutachten ihres Chemikers, in dem die Qualitätsabweichung festgestellt ist, werden mitgeschickt. Das ungeeignete Material wird zur Verfügung gestellt. Wie ist die Rechtslage?
3. Welches Recht würden Sie beim Lieferungsverzug in Anspruch nehmen, wenn
   a) inzwischen eine Preissenkung bei der bestellten Ware eingetreten ist,
   b) die Ware eine Sonderanfertigung für Sie ist,
   c) die Ware ein Saisonartikel ist,
   d) die Ware nach Ablauf der Nachfrist anderweitig beschafft werden musste?
4. Die Fensterbau GmbH in Rostock bestellte am 5. Mai 20.. entsprechend einem Angebot bei der Metallbau Roller KG, Warnemünde, Metallfensterrahmen, die für die Renovierung einer Schule verwendet werden sollen. Dem Auftraggeber gegenüber hat sich die Fensterbau GmbH verpflichtet, die Fenster während der Sommerferien einzusetzen. Eine mögliche Konventionalstrafe wurde festgelegt. Deshalb wurde der 20. Juni als spätester Liefertermin für die Fensterrahmen vereinbart. Am 25. Juni sind die Fensterrahmen immer noch nicht geliefert.
   a) Begründen Sie, ob sich die Metallbau Roller KG in Lieferungsverzug befindet.
   b) Welche Rechte stehen der Fensterbau GmbH beim Lieferungsverzug zu?
   c) Begründen Sie, von welchem Recht im vorliegenden Fall Gebrauch gemacht werden sollte.
5. Entscheiden Sie, ob bei folgenden Zahlungsbedingungen eine Mahnung erforderlich ist, um den Schuldner in Verzug zu setzen:
   a) »Zahlbar innerhalb von 14 Tagen ab Rechnungsdatum.«
   b) »Zahlbar bis spätestens 31. Oktober 20..«
   c) »Handwerkerrechnung, deshalb sofort zahlbar.«
6. Der Möbelhersteller Beier KG in Heidelberg lieferte an den Einzelhändler Fröhlich GmbH in Frankfurt Sitzgarnituren im Wert von 68.000 EUR. In den Zahlungsbedingungen wurde vereinbart: »Zahlbar netto bis spätestens 20. November 20..« Die Rechnungsstellung erfolgte am 18. Oktober 20..
   a) Wie kann die Beier KG ihre Außenstände überwachen?
   b) Prüfen Sie, ob sich die Fröhlich GmbH am 22. November 20.. in Zahlungsverzug befindet.

c) Welche Rechte kann die Beier KG geltend machen, falls Zahlungsverzug eingetreten ist?

7. Die Hiebler & Stoll KG, Wuppertal, hat sich auf den Innenausbau von Repräsentationsräumen spezialisiert. Am 2. Mai 20.. wird an die Gemeinschaftspraxis Dr. Rist und Dr. Weber, Solingen, eine maßgefertigte Einbauschrankwand termingerecht geliefert, Auftragswert 28.000 EUR. Dr. Rist verweigert die Annahme mit dem Hinweis, sein Kollege sei vor 10 Tagen bei einem Autounfall ums Leben gekommen. Er selbst beabsichtige einen Ortswechsel und sei deswegen an der Lieferung nicht mehr interessiert.

   a) Liegt in diesem Fall Annahmeverzug vor (Begründung)?

   b) Welche Rechte stehen der Hiebler & Stoll KG im Falle eines Annahmeverzugs zu?

   c) Welches Recht würden Sie im vorliegenden Fall beanspruchen (Begründung)?

   d) Stoll schlägt vor, von dem Vertrag zurückzutreten und Dr. Rist auf Abnahme zu verklagen. Wie beurteilen Sie diesen Vorschlag?

   e) Hiebler möchte einen Selbsthilfeverkauf durchführen lassen. Prüfen Sie, ob ein Selbsthilfeverkauf in diesem Fall sinnvoll ist (Begründung).

2.9 Mahn- und Klageverfahren

2.9.1 Außergerichtliches Mahnverfahren

Das **außergerichtliche Mahnverfahren** bezweckt, den Schuldner zur Erfüllung seiner Leistungen zu veranlassen, ohne dass der Gläubiger sich dabei gerichtlicher Hilfe bedient. Der Gläubiger beschreitet gewöhnlich folgenden Weg:

Erinnerung an Fälligkeit der Zahlung → Mahnbrief mit Hinweis auf die Fälligkeit der Schuld und Aufforderung zur Zahlung → Ankündigung des Einzugs durch Nachnahme oder durch ein Inkassoinstitut → letzte Mahnung unter Androhung gerichtlicher Maßnahmen.

2.9.2 Gerichtliches Mahnverfahren

Das gerichtliche Mahnverfahren bezweckt, dem Gläubiger einer Geldforderung einen Vollstreckungsbescheid zu verschaffen.

Antrag auf Erlass eines Mahnbescheides

▶ Zuständigkeit

ZPO § 692

Der Antrag auf Erlass eines Mahnbescheides ist ohne Rücksicht auf den Streitwert bei dem Amtsgericht zu stellen, in dessen Bezirk der Antragsteller (Gläubiger) seinen Wohnsitz bzw. seine geschäftliche Niederlassung hat. Die Bundesländer bieten zwischenzeitlich die Möglichkeit, einen automatisierten Mahnantrag online auszufüllen. Auf der Webseite »www.mahngerichte.de« wird das Verfahren leicht verständlich erläutert.

▶ Antrag

§ 690 (5) § 696

Der Antrag auf Erlass eines Mahnbescheides wird mithilfe eines Formularsatzes (auch online) gestellt.

Schon der Antrag auf Erlass eines Mahnbescheides muss die Bezeichnung des Gerichtes des Schuldners enthalten, das für ein späteres Verfahren sachlich zuständig wäre. Außerdem kann der Gläubiger bereits im Antrag die Durchführung eines Streitverfahrens für den Fall beantragen, dass der Schuldner Widerspruch einlegen sollte.

Mahnbescheid

Der **Mahnbescheid** ist eine **Mahnung durch das Gericht.**

Der Schuldner wird aufgefordert, die Schuld samt Kosten und Zinsen binnen einer Frist von zwei Wochen zu bezahlen oder beim Amtsgericht Widerspruch zu erheben. *ZPO § 692*

Der Schuldner kann sich folgendermaßen verhalten: *§ 693*

a) **Er zahlt** an den Gläubiger (nicht an das Gericht). Das Verfahren ist beendet.

b) **Er erhebt Widerspruch** bei dem Gericht, das den Mahnbescheid erlassen hat. Der Gläubiger kann ein Streitverfahren beantragen. *§ 694*

c) **Er unternimmt nichts.** Binnen sechs Monaten kann der Gläubiger nach Ablauf der Widerspruchsfrist den Antrag stellen, den Vollstreckungsbescheid zu erlassen.

Vollstreckungsbescheid

Auf der Grundlage des Mahnbescheides erlässt das Gericht den Vollstreckungsbescheid (vollstreckbarer Titel).

Der **Vollstreckungsbescheid** gestattet dem Gläubiger, gegen den Schuldner die **Zwangsvollstreckung zu betreiben.**

Der Schuldner kann sich wie folgt verhalten:

a) **Er zahlt.** Das Verfahren ist beendet.

b) **Er erhebt Einspruch** gegen den Vollstreckungsbescheid innerhalb der gesetzlichen Frist von zwei Wochen. Das Gericht gibt den Rechtsstreit an das im Mahnbescheid bezeichnete Gericht des Schuldners ab. *§ 700*

c) **Er unternimmt nichts.** Der Gerichtsvollzieher pfändet und kann nach Ablauf der Einspruchsfrist die gepfändeten Gegenstände versteigern.

2.9.3 Klageverfahren

Befürchtet der Gläubiger, dass das gerichtliche Mahnverfahren nicht zum Ziel führt, dann sollte er sofort Klage erheben. Das Klageverfahren wird auch bei Widerspruch gegen einen Mahnbescheid oder bei Einspruch gegen einen Vollstreckungsbescheid eingeleitet.

Örtlich zuständig für die Erhebung der Klage ist das Gericht, in dessen Bezirk der Schuldner seinen Wohnsitz oder seine Geschäftsniederlassung hat. Vertraglich kann für Kaufleute ein anderer Gerichtsstand vereinbart werden. *GVG §§ 12 f. § 38*

Sachlich zuständig ist bei einem Streitwert bis zu 5.000 EUR das Amtsgericht, in anderen Fällen das Landgericht (Zivilkammern oder Kammern für Handelssachen). *§ 23 § 71*

2.9.4 Zwangsvollstreckung

Die Zwangsvollstreckung ist ein Verfahren zur **zwangsweisen Eintreibung einer Geldforderung** mithilfe eines Gerichtsvollziehers oder des Gerichts. *ZPO § 753 § 704*

Die Voraussetzung dafür ist ein **vollstreckbarer Titel** (Urteil, Vollstreckungsbescheid, vollstreckbare Urkunde).

Zwangsvollstreckung in das bewegliche Vermögen

ZPO §§ 803 ff. Sie erfolgt durch Pfändung und Verwertung des Pfandstückes. Zum beweglichen Vermögen zählen körperliche Sachen sowie Forderungen und Rechte.

Nicht pfändbar sind (u. a.)

- ein **unpfändbarer Grundbetrag** vom Nettoverdienst,
- *§ 811* die dem persönlichen Gebrauch oder dem Haushalt dienenden Sachen (Kleidung, Betten, Haus- und Küchengeräte),
- die für den Haushalt erforderlichen Nahrungsmittel und Heizmaterialien für vier Wochen oder der zu ihrer Beschaffung notwendige Geldbetrag,
- die zur Fortsetzung der Erwerbstätigkeit notwendigen Dinge (PC, Auto bei Handelsvertreter).
- *§ 850a* Altersrenten, Bezüge aus Unterstützungskassen (Witwen-, Waisen- und Krankengeld), Erziehungsbeihilfen, Kindergeld, Arbeitslosengeld.

Wertvolle Gegenstände, die ihrem Gebrauch nach unpfändbar sind, können gegen geringwertige eingetauscht werden (Austauschpfändung bei Pelzmänteln). Die gepfändeten Sachen sind vom Gerichtsvollzieher öffentlich zu versteigern.

Zwangsvollstreckung in das unbewegliche Vermögen

§§ 866 ff. Die Zwangsvollstreckung in ein Grundstück kann auf folgende Weise vorgenommen werden:

a) **Eintragung einer Sicherungshypothek** in das Grundbuch.

b) **Zwangsversteigerung.** Aus dem Erlös werden die Gläubiger befriedigt.

c) **Zwangsverwaltung.** Der Grundstückseigentümer behält sein Eigentumsrecht. Ein vom Gericht bestellter Verwalter führt die Erträge an die Gläubiger ab, bis die Schuld getilgt ist.

Eidesstattliche Versicherung (EV)

§ 807 Durch sie versichert der Schuldner eidesstattlich die Vollständigkeit eines von ihm aufgestellten Vermögensverzeichnisses. Der Schuldner ist zu ihrer Abgabe verpflichtet, wenn die Pfändung fruchtlos verlaufen ist und der Gläubiger den Antrag auf Abgabe der eidesstattlichen Versicherung gestellt hatte.

Verhaftung

§§ 901 ff. Erscheint der Schuldner nicht zum Termin der Abgabe einer eidesstattlichen Versicherung, oder verweigert er die Abgabe einer eidesstattlichen Versicherung, so kann der Erlass eines Haftbefehls beantragt werden.

Zusammenfassende Übersicht zu Kapitel 2.9: Mahn- und Klageverfahren

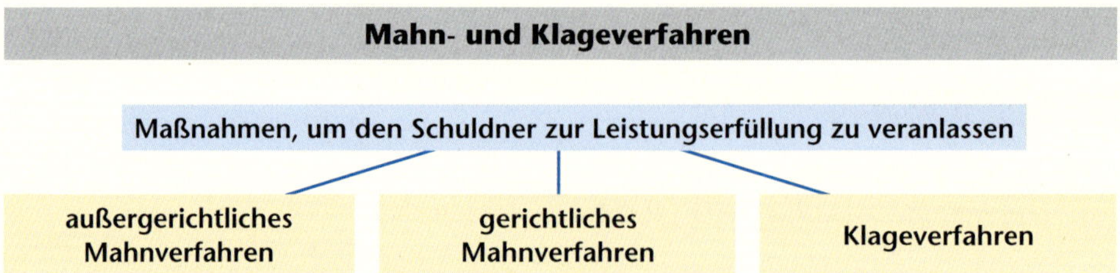

▶ Aufgaben und Probleme

1. In welchen Schritten vollzieht sich üblicherweise das außergerichtliche Mahnverfahren?
2. Nennen Sie Gründe, warum ein gut funktionierendes außergerichtliches Mahnverfahren für das Unternehmen wichtig ist.
3. Die Holl GmbH, Mannheim, schuldet der Eisenmann GmbH KG, Ludwigshafen, 17.000 EUR aus einem Kaufvertrag, in dem über Erfüllungsort und Gerichtsstand nichts vereinbart wurde. Welches Gericht (Gerichtsort, Gerichtsart) ist zuständig
   a) für die Beantragung des Mahnbescheides,
   b) für die Einreichung der Klage?
   c) Welche Vorzüge hat das gerichtliche Mahnverfahren gegenüber dem Klageverfahren?
   d) Was könnte einen Gläubiger veranlassen, einen Schuldner sofort zu verklagen, statt zunächst einmal einen Mahnbescheid zu beantragen?
4. Warum sieht der Gesetzgeber vor, dass gewisse Gegenstände aus dem Eigentum des Schuldners sowie Mindestbeträge seines Arbeitseinkommens nicht pfändbar sind?

2.10 Verjährung

Unter **Verjährung** versteht man den **Ablauf** einer gesetzlich festgelegten Frist, innerhalb derer ein **Anspruch** gerichtlich durchgesetzt werden kann.

Ein Anspruch ist das Recht, ein Tun oder Unterlassen zu verlangen. Der Anspruch bleibt zwar weiterhin bestehen, aber mit der Verjährung des Anspruchs erwirbt der Schuldner die »**Einrede der Verjährung**« (das Leistungsverweigerungsrecht).

Hat der Schuldner eine verjährte Forderung erfüllt, so kann er das Geleistete nicht zurückfordern. Ist zur Sicherung des Anspruchs ein Pfandrecht bestellt, so kann sich der Gläubiger auch nach der Verjährung aus dem Pfandgegenstand befriedigen.

Der Zeitpunkt der Verjährung hängt vom Zeitpunkt der Entstehung des Anspruchs und von der jeweiligen Verjährungsfrist ab.

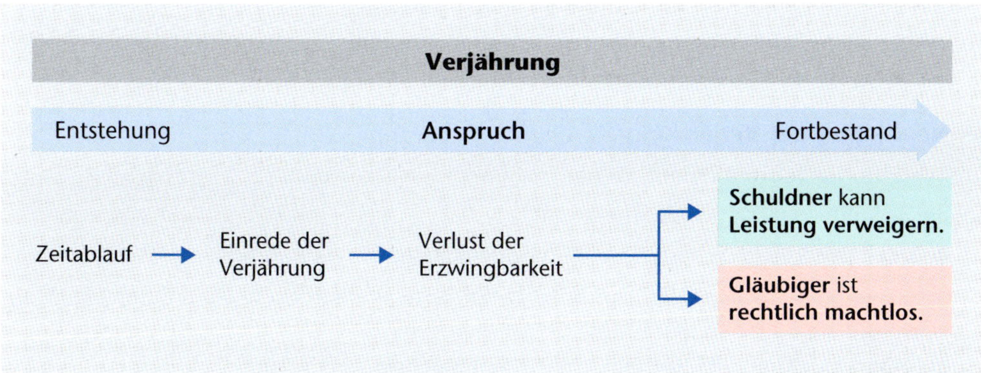

Beginn der Verjährung

Die regelmäßige Verjährungsfrist beginnt am Ende des Jahres, in dem der Anspruch entstanden ist. Bei Ansprüchen, die nicht der regelmäßigen Verjährungsfrist unterliegen, beginnt die Verjährung mit der Entstehung des Anspruchs.

Dauer der Verjährung

	Verjährung	
BGB § 195	**regelmäßige Verjährung** Forderungen von Privatleuten und Gewerbetreibenden	3 Jahre
§ 196	Ansprüche auf bestimmte Rechte an einem Grundstück.	10 Jahre
§ 197	Herausgeben von Eigentum, vollstreckbare Ansprüche	30 Jahre
§§ 438, 634a	**verkürzte Verjährungsansprüche**: Mängelrügen aus Kauf- und Werkvertrag	z. B. 2 Jahre

Hemmung der Verjährung

§ 195 Bei der Hemmung wird die Verjährungsfrist um die Zeitspanne der Hemmung verlängert.

Die Verjährung wird u. a. gehemmt,

a) bei Verhandlungen zwischen Schuldner und Gläubiger, ob der Anspruch berechtigt ist. Die Verjährung tritt frühestens drei Monate nach dem Ende der Verhandlungen ein.

§ 196 b) durch Rechtsverfolgung wie

- Erhebung der Klage auf Leistung oder Erlass des Vollstreckungsurteils,
- *§ 197* Zustellung des Mahnbescheids,
- Anmeldung des Anspruchs im Insolvenzverfahren.

§§ 438, 634a Die Hemmung endet sechs Monate nach der rechtskräftigen Entscheidung oder nach einer anderen Beendigung des eingeleiteten Verfahrens.

c) solange der Schuldner vorübergehend berechtigt ist, die Leistung zu verweigern.

d) solange der Gläubiger durch höhere Gewalt während der letzten sechs Monate der Verjährungsfrist daran gehindert ist, seine Rechte geltend zu machen.

Neubeginn der Verjährung

Die Verjährung beginnt erneut, wenn

a) der Schuldner seine Schuld anerkennt.

Beispiel: Der Schuldner leistet eine Abschlagszahlung.

b) der Gläubiger eine gerichtliche oder behördliche Vollstreckungshandlung beantragt oder vornehmen lässt.

Beispiel: Der Gläubiger beantragt, einen Mahnbescheid zu erlassen.

Zusammenfassende Übersicht zu Kapitel 2.10: Verjährung

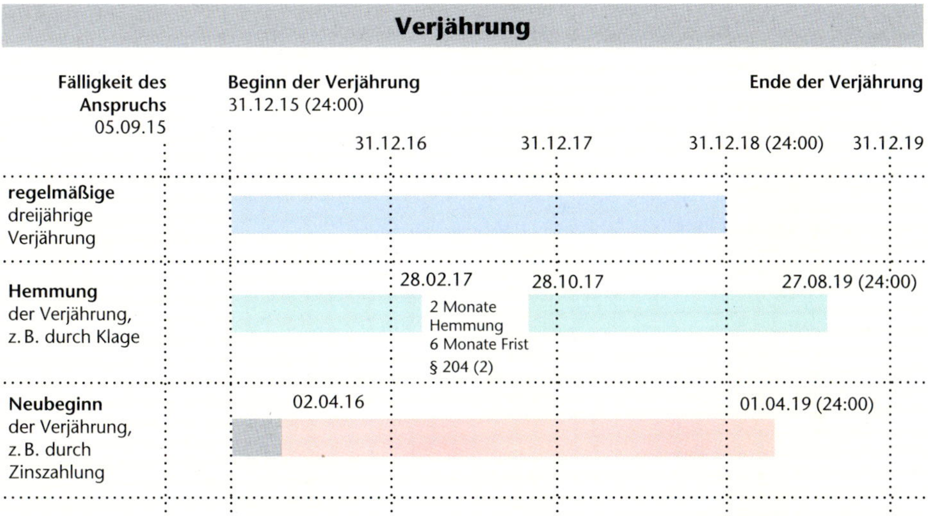

▶ Aufgaben und Probleme

1. Wann verjähren die Forderungen in folgenden Fällen?
   a) Herr Braun hat am 15. Mai 2015 von seinem Geschäftskollegen ein Mountain-Bike für 350 EUR gekauft.
   b) Frau Kaiser hat ein neues Fahrrad in dem Fahrradgeschäft ihres Wohnortes für 880 EUR gekauft. Die Rechnung war am 15. Dezember 2015 fällig.
   c) Die Fahrradhandlung hat bei einem Hersteller Fahrräder für 12.680 EUR gekauft. Die Rechnung war am 25. Mai 2015 fällig.
   d) Der Hersteller aus Fall c) beantragt einen Mahnbescheid gegen die Fahrradhandlung. Dieser wird am 11. Januar 2016 zugestellt.
2. Der Einzelhändler Späth e. K. hat nach langer Zeit der Großhandel Schöller KG, eine Schuld in Höhe von 2.500 EUR beglichen, die, wie er hinterher bemerkt, bereits verjährt war. Jetzt will er diesen Betrag mit einer neuen Verbindlichkeit gegenüber der Großhandel Schöller KG aufrechnen. Begründen Sie die Rechtslage?
3. Heiner Faud schuldet der Kfz-Werkstatt Anton Knauer e. K. für eine am 22.09.2015 durchgeführte Reparatur 850 EUR. Die Rechnung ging ihm am 02.10.2015 zu.
   a) Wann ist die Forderung von Anton Knauer e. K. verjährt?
   b) Am 20.12.2015 erhält Faud, der die Rechnung noch nicht bezahlt hat, eine Mahnung von Knauer. Er reagiert nicht und antwortet erst auf die zweite Mahnung vom 04.02.2016, dass die Forderung verjährt sei und er nicht zahle. Knauer entgegnet, mit der ersten Mahnung habe die Verjährung neu zu laufen begonnen. Begründen Sie, ob Faud das Recht hat, die Zahlung zu verweigern.
   c) Wann würde die Verjährungsfrist enden, wenn Knoll statt der ersten Mahnung einen Mahnbescheid geschickt hätte und das Verfahren am 20.03.2016 durch Urteil beendet worden wäre?

3 Das Unternehmen

3.1 Wirtschaftliche Entscheidungen bei der Gründung

3.1.1 Wahl des Geschäftszweiges und der Betriebsgröße

Vorkenntnisse und Geschäftskontakte. Der Gründer ist im Allgemeinen in einem bestimmten Geschäftszweig ausgebildet. Die dort gewonnenen Fachkenntnisse, Erfahrungen und Beziehungen will er nun im eigenen Unternehmen nutzen.

Lücken in der Bedürfnisbefriedigung. Es ist zu untersuchen, inwieweit bereits vorhandene Bedürfnisse nicht ausreichend befriedigt werden und schlummernde Bedürfnisse noch geweckt werden können. Ein wichtiges Mittel dazu ist die Marktforschung.

Ertragsaussichten. Ohne Gewinnaussicht besteht kein Anreiz für den Einsatz von Arbeitskraft und Kapital. Eine möglichst genaue Rentabilitätsprüfung ist notwendig, aber schwierig.

Kapitalkraft. Die Wahl der Art und Größe eines Betriebes hängt von der Höhe des Kapitals ab, das bereitgestellt werden kann.

3.1.2 Wahl des Standortes

Der **optimale Standort** für das Unternehmen ergibt sich dort, wo standortbedingte Vorteile die standortbedingten Nachteile übertreffen.

Bei der Wahl des Standortes können mehrere **Standortmerkmale** eine Rolle spielen.

Standortmerkmale		
Merkmale	**Bezeichnung des Standorts**	**Beispiele**
naturgegebene Verhältnisse		
Bindung an das Vorkommen von Bodenschätzen, Energiequellen	rohstoff- und betriebsstofforientierter Standort	Bergwerke, Kiesgruben, Hüttenwerk, Zuckerfabriken
	energieorientierter Standort	Roheisen-, Aluminiumgewinnung, Mühlen, Sägewerke
klimatische und landschaftliche Vorzüge	freizeitorientierter Standort	Unternehmen am Bodensee
Verkehrswege		
Bindung an Verkehrsnetze auf Schienen, Straße und Wasser sowie im Luftverkehr	verkehrsorientierter Standort	Großmühlen, Kohlekraftwerke, Raffinerien, Stahlwerke
Absatzmöglichkeiten		
Bindung an Absatzmöglichkeiten	abnehmerorientierter Standort	Zulieferindustrie
	konsumorientierter Standort	Brauereien
menschliche Arbeitskräfte		
Bindung an die Arbeitnehmer	arbeitsorientierter Standort	feinmechanische, optische Industrie
	lohnorientierter Standort	Unternehmensaussiedlung nach Rumänien

Standortmerkmale		
Merkmale	**Bezeichnung des Standorts**	**Beispiele**
gesamtwirtschaftliche und politische Gegebenheiten		
Bindung an die Gewährung von Subventionen durch EU, Bund, Länder und Gemeinden	gesamtwirtschaftlich orientierter Standort	Betriebsansiedlung in strukturschwachen Gebieten
	umweltorientierter Standort	Betriebsaussiedlung aus Ballungsräumen wegen Umweltgefährdung

3.1.3 Kapitalbedarf und Kapitalverwendung

Kapitalbedarf

Die Höhe des zu beschaffenden Kapitals wird durch verschiedene Faktoren bestimmt:

- **Wirtschaftszweig.** Eine Maschinenfabrik braucht mehr Kapital als ein Lebensmittelfachgeschäft.
- **Größe.** Ein Kaufhaus braucht mehr Kapital als ein kleines Ladengeschäft. Häufig ist eine bestimmte Größe schon durch den Zweck des Unternehmens gegeben.
- **technische Ausrüstung.** Die Fertigung von Autos verlangt einen hohen Kapitaleinsatz, weil sie weitgehend automatisiert ist.
- **Umschlagshäufigkeit.** Für einen jährlichen Wareneinsatz von 1.200.000 EUR braucht man bei 12-maligem Umschlag 100.000 EUR Kapital, bei 2-maligem Umschlag dagegen 600.000 EUR.
- **eigene Kreditgewährung.** Je länger das Zahlungsziel, desto höher der Kapitalbedarf. Längere Zahlungsfristen haben die gleiche Wirkung wie eine längere Lagerdauer.
- **Lieferantenkredite.** Je länger das Zahlungsziel, desto niedriger der Kapitalbedarf.

Das erforderliche Kapital kann als Eigen- und/oder Fremdkapital beschafft werden (Kapitel 10.2).

Kapitalverwendung

Die Art der Verwendung des Kapitals wird durch den Wirtschaftszweig bestimmt. Daraus ergeben sich die Unterschiede im Vermögensaufbau der Wirtschaftszweige.

So besitzen Industrieunternehmen einen hohen Bestand an Anlagevermögen, weil sie kapitalintensive Maschinen- und Fertigungsparks besitzen.

Der Handel zeichnet sich durch hohes Umlaufvermögen aus, weil bei ihm die Waren im Mittelpunkt stehen.

Dienstleistungsunternehmen wie die Banken haben häufig ein Verhältnis von 80 % Umlaufvermögen zu 20 % Anlagevermögen.

Unzweckmäßige Kapitalverwendung kann ein Unternehmen dauernd belasten. Investiert z.B. ein Unternehmen bei der Gründung unverhältnismäßig viel Kapital in den Anlagen, so können ihm Mittel fehlen für die Bereitstellung von Gütern und die Gewährung von Zahlungszielen.

**Zusammenfassende Übersicht zu Kapitel 3.1:
Wirtschaftliche Entscheidungen bei der Gründung**

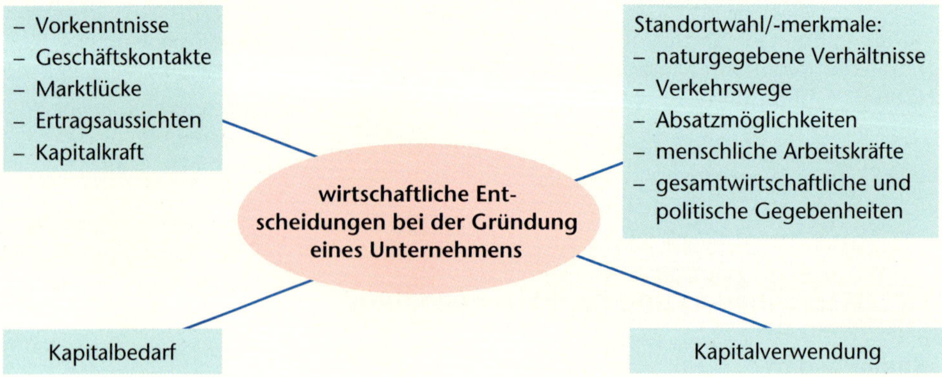

▶ Aufgaben und Probleme

1. Nennen Sie die Gesichtspunkte, die vor der Gründung eines Unternehmens geklärt sein müssen.
2. Die Bedeutung von Standortfaktoren kann sich im Laufe der Jahre verändern. Frühere Standortvorteile können zu Standortnachteilen führen. Zeigen Sie diese Entwicklung am Beispiel eines Unternehmens aus Ihrer Umgebung.
3. Anfang 2000 produzierten die deutschen Automobilhersteller an über 90 Auslandsstandorten in 39 Ländern auf allen fünf Kontinenten. Damit lief jedes dritte Kraftfahrzeug, das von deutschen Herstellern produziert wurde, außerhalb von Deutschland vom Band. Bei den Nutzfahrzeugen entfielen sogar über die Hälfte des gesamten Produktionsvolumens deutscher Hersteller auf Fertigungsstätten außerhalb Deutschlands.

   Heutzutage werden ausländische Standorte wieder aufgelöst und die Unternehmen produzieren vermehrt in Deutschland.

   Beschreiben Sie die Gründe, die für die Standortverlegung ins Ausland und zurück aus dem Ausland maßgeblich gewesen sein könnten.
4. Die Stadt Biberach, mit etwa 31.000 Einwohnern ca. 45 Kilometer südlich von Ulm gelegen, weist im Norden ihrer Gemarkung ein neues Gewerbegebiet mit etwa fünf Quadratkilometern Fläche aus. Machen Sie Vorschläge, mit welchen Maßnahmen die Stadt Biberach die Gewerbeansiedlung fördern kann und welche Rolle das Bundesland bzw. der Bund dabei spielen können.

3.2 Rechtliche Rahmenbedingungen für die Gründung

3.2.1 Gewerbefreiheit

Nach dem Grundgesetz und der Gewerbeordnung kann **grundsätzlich jedermann ein Gewerbe betreiben.** Die Gewerbefreiheit ermöglicht den freien Wettbewerb und damit preisgünstige Bedarfsdeckung.

Um die Öffentlichkeit vor möglichen negativen Folgen der Gewerbefreiheit zu schützen, muss diese in gewisser Weise beschränkt werden. Grundsätzlich können Gewerbebetriebe nur an Standorten errichtet werden, die in den Flächennutzungsplänen der Gemeinde als Mischgebiete, Gewerbegebiete oder Industriegebiete ausgewiesen sind. Darüber hinaus gibt es genehmigungspflichtige Tätigkeiten, bei denen die Ausübung des Gewerbes von der Erfüllung bestimmter Voraussetzungen abhängig ist. *GG Art. 12 GewO §§ 1, 30–36*

Beispiele:

1. Im Einzelhandel ist ein Sachkundenachweis erforderlich beim Handel mit frei verkäuflichen Arzneimitteln, Milch, Hackfleisch.
2. Wer eine Gaststätte betreiben will, muss an einem Unterrichtsverfahren bei einer zuständigen Industrie- und Handelskammer teilnehmen.
3. Die Gründung von Handwerksbetrieben setzt die Eintragung in die Handwerksrolle voraus. Die Eintragung ist in aller Regel davon abhängig, ob der Inhaber die Meisterprüfung des Handwerkszweiges besitzt.

Die Errichtung und der Betrieb von Anlagen, die wegen ihrer Gefährlichkeit einer besonderen Überwachung bedürfen, können von einer behördlichen Erlaubnis abhängig gemacht werden.

Beispiele: Dampfkessel, Druckbehälter, Aufzugsanlagen

Die Bundesregierung kann verordnen, dass diese Anlagen vor Inbetriebnahme und regelmäßig wiederkehrend technisch geprüft werden müssen. Aufsichtsbehörde ist das Gewerbeaufsichtsamt.

Zur Überwachung der Einschränkung der Gewerbefreiheit muss ein Unternehmen bei der Gründung folgende Punkte beachten:

a) Die Eröffnung eines Geschäftsbetriebes muss der zuständigen Ortsbehörde unverzüglich gemeldet werden. *§§ 14 f.*

b) Für Kaufleute verlangt das HGB die Anmeldung beim Amtsgericht zur Eintragung in das Handelsregister (Kapitel 3.2.4). *HGB § 12*

c) Nach der Abgabenordnung ist jeder neu eröffnete Gewerbebetrieb dem Finanzamt zu melden. *AO § 138*

d) Das Sozialgesetzbuch verlangt die Anmeldung zur zuständigen Berufsgenossenschaft. *SGB VII §§ 121, 192*

e) Die Gründung eines Unternehmens muss der zuständigen Industrie- und Handelskammer bzw. Handwerkskammer gemeldet werden.

3.2.2 Kaufmannseigenschaft

Wer ein Unternehmen gründet, kann die Kaufmannseigenschaft erwerben. Sie ist im Handelsgesetzbuch, dem speziellen Gesetz für Kaufleute, geregelt.

Nach dem **Erwerb der Kaufmannseigenschaft** unterscheidet das Gesetz:

Istkaufmann

Das ist eine **Person, die ein Handelsgewerbe betreibt.** Als Handelsgewerbe versteht das Gesetz solche Gewerbebetriebe, die nach Art und Umfang einen in kaufmännischer Weise eingerichteten Geschäftsbetrieb erfordern. *HGB § 1*

Beispiele: Großhandels-, Einzelhandels-, Industriebetriebe, Kreditinstitute, Versicherungsbetriebe

Kriterien für einen in kaufmännischer Weise eingerichteten Geschäftsbetrieb	Anhaltspunkte (Beispiele)
Art der Geschäftstätigkeit	Vielfalt der Erzeugnisse und Leistungen und der Geschäftsbeziehungen, Inanspruchnahme und Gewährung von Fremdfinanzierungen, umfangreiche Werbung, größere Lagerhaltung
Umfang der Geschäftstätigkeit	Umsatzvolumen (nicht Bilanzgewinn), Anlage- und Umlaufvermögen, Zahl und Funktion der Beschäftigten
Umsatz	Produktion 300.000 EUR, Großhandel 300.000 EUR, Einzelhandel 250.000 EUR, Dienstleistungen 175.000 EUR, Handelsvertreterprovision 120.000 EUR, Speisegaststätten 300.000 EUR, Hotels 250.000 EUR
Anzahl der Beschäftigten	mehr als 5 Beschäftigte
Betriebsvermögen	ab ca. 100.000 EUR
Kredithöhe	über 50.000 EUR

Mitglieder freier Berufe, z. B. Ärzte, Rechtsanwälte, Wirtschaftsprüfer, Steuerberater, betreiben kein Handelsgewerbe. Sie sind deshalb **keine Kaufleute.**

Kannkaufmann

Das ist eine **Person,** die die **Kaufmannseigenschaft durch Eintragung der Firma** des Unternehmens ins Handelsregister erworben hat.

HGB § 2

a) **Wenn diese Person ein gewerbliches Unternehmen betreibt,** dessen Gewerbebetrieb einen in kaufmännischer Weise eingerichteten Geschäftsbetrieb nicht erfordert, gilt es als Handelsgewerbe, wenn die Firma des Unternehmens in das Handelsregister eingetragen ist.

   Beispiele: Kleingewerbetreibende, Handwerker, Kioskbetreiber ohne kaufmännischen Geschäftsbetrieb

§ 3

b) **Wenn diese Person ein land- oder forstwirtschaftliches Unternehmen betreibt,** das nach Art und Umfang einen in kaufmännischer Weise eingerichteten Geschäftsbetrieb erfordert, gilt es als Handelsgewerbe, wenn die Firma des Unternehmens in das Handelsregister eingetragen ist.

   Beispiele: großer Schweinemastbetrieb, Waldbauer betreibt ein Sägewerk

Die Inhaber solcher Unternehmen sind berechtigt, aber nicht verpflichtet, die Eintragung ins Handelsregister herbeizuführen. Sie erlangen durch die Eintragung die Kaufmannseigenschaft.

Formkaufmann

§ 6 Dazu gehören alle **Kapitalgesellschaften, die Genossenschaften** und die **Versicherungsvereine auf Gegenseitigkeit.** Es spielt keine Rolle, ob sie einen gewerblichen Charakter haben oder nicht, ob sie einen kaufmännischen Geschäftsbetrieb erfordern oder nicht. Die Rechtsform wird erst durch die Handelsregistereintragung begründet.

Kaufmannseigenschaft		
Istkaufmann	**Kannkaufmann**	**Formkaufmann**
Kaufmann kraft **kaufmännisch eingerichteten Geschäftsbetriebes**	Kaufmann kraft **Eintragung ins Handelsregister**	Kaufmann kraft **Rechtsform**
Eintragung verpflichtend § 1 HGB	Eintragung freiwillig §§ 2 f. HGB	Eintragung verpflichtend AG, GmbH, Genossenschaft § 6 HGB

Umfang der Vorschriften:	**Alle Rechte und Pflichten des HGB**
Beispiele für Rechte:	– Führung einer Firma (§§ 18, 19 HGB; §§ 4, 279 AktG; § 4 GmbHG; § 3 GenG)
	– Ernennung von Prokuristen (§ 48 HGB)
	– Gründung einer OHG oder KG (§§ 105, 161 HGB)
	– mündliche Erteilung einer Bürgschaftserklärung, eines Schuldversprechens oder Schuldanerkenntnisses (§ 350 HGB)
	– Festsetzung eines vom Kalenderjahr abweichenden Geschäftsjahres (§ 242 HGB)
Beispiele für Pflichten:	– Eintragung ins Handelsregister (§ 29 HGB)
	– Führung von Handelsbüchern (§ 238 HGB)
	– Übernahme von nur selbstschuldnerischen Bürgschaften (§ 349 HGB)

Die Eintragung von Istkaufleuten in das Handelsregister hat rechtsbezeugende **(deklaratorische)** Wirkung.

Kann- und Formkaufleute werden erst durch die Eintragung Kaufleute. Die Eintragung hat hier rechtserzeugende **(konstitutive)** Wirkung.

3.2.3 Firma

Die **Firma*** ist der **Name eines Kaufmanns,** unter dem er seine Handelsgeschäfte betreibt, die Unterschrift abgibt, klagt und verklagt werden kann. *HGB § 17*

Man muss unterscheiden zwischen dem bürgerlichen Namen eines Kaufmanns, unter dem er seine Privatangelegenheiten erledigt, und dem kaufmännischen Namen der Firma. Beide weichen insbesondere dann voneinander ab, wenn der Inhaber wechselt (Erbschaft, Kauf oder Verpachtung), die bisherige Firma aber beibehalten wird, um den eingeführten Namen zu erhalten.

* Im allgemeinen Sprachgebrauch wird das Wort Firma, abweichend vom Handelsrecht, anstelle von Unternehmung, Unternehmen und Betrieb gebraucht.

Beispiel: Das Unternehmen Fritz Reusch OHG wird von dem Kaufmann Rolf Kramer erworben und unter der bisherigen Firma weitergeführt. Kramer kann die Handelsbriefe unter der Firma Fritz Reusch OHG oder Rolf Kramer unterschreiben.

Arten der Firma

Die Wahl der Firma hängt wesentlich von der Rechtsform des Unternehmens ab (Kapitel 3.3–3.6). Man unterscheidet:

Art der Firma	Erklärung	Beispiele
Personenfirma	Sie enthält einen oder mehrere Personennamen.	»Karl Berg e. K.«, »Berg & Grün KG«, »Berg & Co. OHG«
Sachfirma	Sie ist von dem Gegenstand des Unternehmens abgeleitet.	»Actebis Computerhandel GmbH«, »allfrisch Warenhandel KG«
Fantasiefirma	Sie enthält eine werbewirksame, häufig von Markenzeichen abgeleitete Bezeichnung.	»SüBaMi GmbH«, »Coca Cola GmbH«
gemischte Firma	Sie enthält sowohl Personennamen als auch den Gegenstand des Unternehmens.	»Krautleder-Brauerei-Aktiengesellschaft«, »Franz Böning Eisen- und Metallhandel e. K.«

Firmengrundsätze

HGB § 18

▶ Firmenwahrheit und Firmenklarheit

Die Firmenwahrheit besagt, dass bei der Gründung eines Unternehmens die Firma keine Angaben enthalten darf, die in die Irre führen können.

Beispiel: Uwe Berg darf bei der Gründung seines Einzelunternehmens keine Gesellschaftsbezeichnung hinzufügen.

Bei Sachfirmen muss der Gegenstand des Unternehmens erkennbar sein.

Beispiele: Malereinkaufsgenossenschaft eG, Sportstättenbau GmbH

Die Firmenklarheit besagt, dass die Firma keinen Anlass zu einer Täuschung über die Art und den Umfang des Unternehmens bieten darf.

Beispiel: Der auf regionaler Ebene arbeitende Ratenkredit-Vermittler Olaf Prenzel will sein Finanzierungsinstitut unter der Firma »Interkontinentale Finanzierungsgesellschaft mbH« ins Handelsregister eintragen lassen.

§ 30

▶ Ausschließlichkeit der Firma (Firmenmonopol)

Eine ins Handelsregister eingetragene Firma kann ausschließlich von einem Unternehmen geführt werden. Jede neue Firma muss sich von allen an demselben Ort bereits bestehenden und in das Handelsregister eingetragenen Firmen deutlich unterscheiden.

Beispiel: Der Sohn des Kaufhausinhabers Gustav Zeller heißt Gustav Markus Zeller. Gründet er am Geschäftsort seines Vaters ein Einzelunternehmen, so kann er firmieren mit »Markus Zeller e. K.«; »Gustav Zeller jun. e. K.«; »Gustav Zeller e. K., Fachgeschäft für Unterhaltungselektronik«.

§§ 21 f.

▶ Firmenbeständigkeit

Wenn der Inhaber wechselt (Erbschaft, Kauf oder Verpachtung), kann die bisherige Firma beibehalten werden.

Voraussetzung für die Weiterführung der Firma ist die ausdrückliche Einwilligung des bisherigen Inhabers oder dessen Erben und die genaue Beibehaltung der bisherigen Firma. Ein Zusatz, der das Nachfolgeverhältnis ausdrückt, ist möglich.

Beispiel: Fritz Fröhlich verkauft altershalber sein Modegeschäft an Karl Mut. Karl Mut kann die bisherige Firma Fritz Fröhlich unverändert weiterführen, wenn Herr Fröhlich einwilligt. Er kann aber auch »Fritz Fröhlich Nachfolger e. K.« sowie »Fritz Fröhlich, Inhaber Karl Mut e. K.« oder »Karl Mut e. K., vormals Fritz Fröhlich« firmieren.

Wird die bisherige Firma weitergeführt, haftet der neue Inhaber allerdings auch für alle bestehenden Schulden des früheren Inhabers. Der Ausschluss dieser Haftung ist möglich, muss aber im Handelsregister eingetragen oder den Gläubigern unmittelbar mitgeteilt werden. *HGB §§ 25–27*

Eine Veräußerung der Firma ohne den Geschäftsbetrieb ist verboten. *§ 23*

Öffentlichkeit der Firma

Jeder Kaufmann ist verpflichtet, seine Firma und spätere Änderungen zur Eintragung in das Handelsregister anzumelden (Kapitel 3.2.4). Die Eintragungen werden veröffentlicht. *§§ 21, 23*

Firmenschutz

Die Firma eines Unternehmens ist geschützt.

a) Wer an demselben Ort eine gleichlautende Firma gebraucht, kann von der bereits bestehenden Firma verklagt werden. Das Registergericht ist von Amts wegen verpflichtet, auf die Unterlassung des Gebrauchs der gleichen Firma zu bestehen. *§ 37*

b) Wer eine Firma in der Weise benutzt, dass Verwechslungen mit einem bereits bestehenden Unternehmen am selben oder an einem anderen Ort möglich sind, kann nach dem Gesetz gegen den unlauteren Wettbewerb vom geschädigten Unternehmen auf Unterlassung und Schadensersatz verklagt werden. *UWG § 3*

3.2.4 Anmeldung des Unternehmens zum Handelsregister

Das **Handelsregister** ist ein **amtliches Verzeichnis der Kaufleute eines Amtsgerichtsbezirks oder mehrerer Amtsgerichtsbezirke,** das vom Registergericht eines Amtsgerichts elektronisch geführt wird. *HGB § 8*

Das Handelsregister unterrichtet die Öffentlichkeit über wichtige Tatbestände eines Unternehmens (Firma, Inhaber, Haftung, Geschäftssitz, Prokura) und schafft klare Rechtsverhältnisse.

Das Handelsregister ist über die Internetseite des Unternehmensregisters zugänglich (www.unternehmensregister.de). *§ 8b (2)*

Eintragungspflicht

Die Anmeldung muss durch den Inhaber des Unternehmens elektronisch in öffentlich beglaubigter Form eingereicht werden. *§ 12*

Zuständig für die Eintragung in das Handelsregister ist das Amtsgericht, in dessen Bezirk das Unternehmen seinen Sitz hat.

Wirkung der Eintragung ins Handelsregister	
rechtserklärend (deklaratorisch)	**rechtsbegründend (konstitutiv)**
Die Rechtswirkung ist schon vor der Eintragung eingetreten, sie wird durch die Eintragung bestätigt. Gültig für – die Kaufmannseigenschaft des Istkaufmanns, § 1 HGB – die Rechtsstellung des Prokuristen, § 53 HGB – die Rechtsform der Personengesellschaften	Die Rechtswirkung tritt erst durch die Eintragung ein. Gültig für – den Firmenschutz aller eingetragenen Unternehmen, § 30 (1) HGB – die Kaufmannseigenschaft eines Kannkaufmanns, § 2 HGB – die Rechtsform der Kapitalgesellschaften, § 6 HGB – die beschränkte Haftung von Kommanditisten, § 172 HGB

Gliederung und Inhalt des Handelsregisters

In der **Abteilung A** (HRA) werden Einzelunternehmen und Personengesellschaften, in der **Abteilung B** (HRB) Kapitalgesellschaften eingetragen.

Öffentlichkeit des Handelsregisters und Veröffentlichung der Eintragungen

HGB § 9 **a) Öffentlichkeit.** Jedermann kann

- das Handelsregister sowie die eingereichten Daten einsehen,
- von den Eintragungen und den zum Handelsregister eingereichten Daten eine Abschrift fordern.

§ 10 **b) Veröffentlichung.** Das Gericht macht die vollständige Eintragung in das Handelsregister in einem bestimmten Informations- und Kommunikationssystem in der zeitlichen Folge ihrer Eintragung, nach Tagen geordnet, bekannt.

Beispiel: elektronischer Bundesanzeiger im Internet (www.bundesanzeiger.de)

Öffentlichkeitswirkung

Das Handelsregister schützt weitgehend den gutgläubigen Dritten. Die Eintragungen genießen öffentlichen Glauben.

§ 15 (2) Eingetragene und bekannt gemachte Tatsachen muss ein Dritter grundsätzlich gegen sich gelten lassen.

§ 15 (1) Nicht eingetragene und bekannt gemachte eintragungspflichtige Tatsachen können einem gutgläubigen Dritten nicht entgegengesetzt werden (negative Publizität).

Beispiel: Dem Angestellten Marischler wurde die Prokura entzogen. Der Widerruf der Prokura war ins Handelsregister eingetragen und bekannt gegeben worden. Marischler kauft für das Unternehmen einen Pkw. Der Autohändler hat nur Anspruch gegen Marischler. Das Unternehmen ist nicht verpflichtet.

Wäre der Widerruf nicht eingetragen und bekannt gemacht worden, so wäre das Unternehmen dem Autohändler verpflichtet. Es sei denn, der Widerruf der Prokura wäre dem Autohändler mitgeteilt worden.

§ 15 (3) Auf unrichtig bekannt gemachte Tatsachen kann sich ein gutgläubiger Dritter berufen.

Löschung von Eintragungen

Eintragungen werden auf Antrag oder von Amts wegen gelöscht.

Zusammenfassende Übersicht zu Kapitel 3.2: Rechtliche Rahmenbedingungen für die Gründung

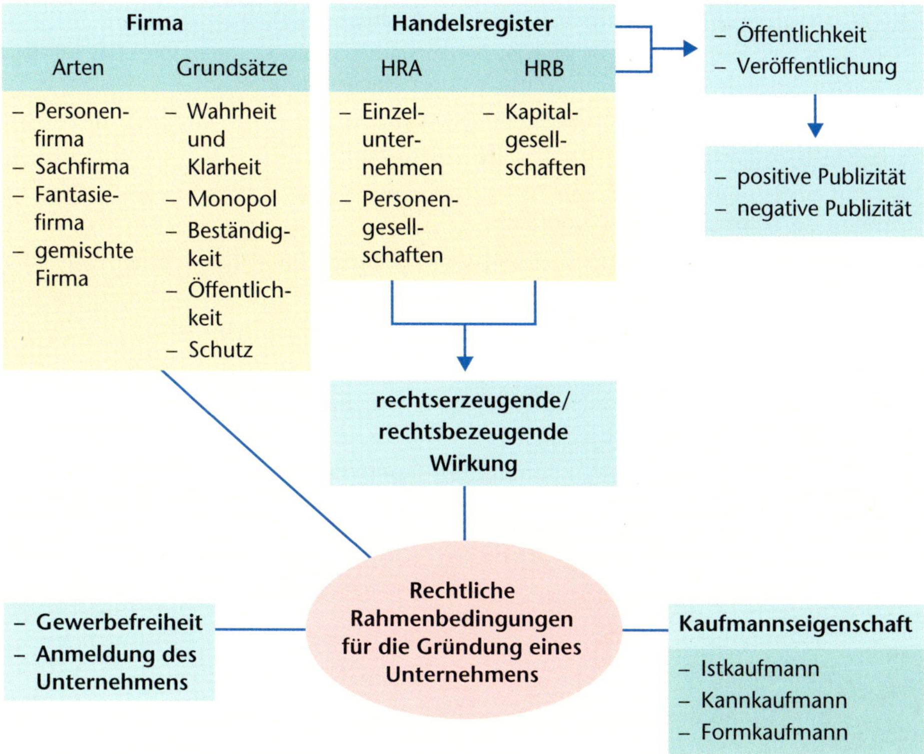

▶ Aufgaben und Probleme

1. Erläutern Sie anhand von Beispielen, warum der Grundsatz der Gewerbefreiheit nicht uneingeschränkt gelten kann.
2. Nennen Sie Argumente, warum die Gründung
   a) einer Gastwirtschaft genehmigungspflichtig ist,
   b) einer Drogerie einen Sachkundenachweis erfordert.
3. Begründen Sie, ob folgende Personen oder Unternehmen die Kaufmannseigenschaft besitzen:
   a) Vorstandsmitglied einer Aktiengesellschaft,
   b) Elektroinstallateur mit fünf Verkaufsfilialen,
   c) Prokurist einer Großbank,
   d) Inhaber eines Zeitungskiosks,
   e) zwei Landwirte, die gemeinsam eine Hühnerfarm betreiben,
   f) Inhaber einer Autovermietung mit 35 Fahrzeugen,
   g) Forschungsgesellschaft m.b.H.

4. Ein Abschlusszeugnis der Industrie- und Handelskammer enthält die Berufsbezeichnung »Industriekaufmann«. Beurteilen Sie diese Bezeichnung nach § 1 HGB.
5. Welche Wirkung hat der Erwerb der Kaufmannseigenschaft auf das vorgeschriebene Verhalten beim Eingang einer Lieferung (vgl. § 377 HGB)?
6. Das Reiseunternehmen »Neckermann und Reisen GmbH« existiert seit vielen Jahren am Ort. Der Kaufmann Werner Neckermann eröffnet am selben Ort ein Reisebüro unter dem Namen »Reisebüro Werner Neckermann e. K.«.

   Begründen Sie, ob diese Unternehmen am selben Ort so firmieren dürfen.
7. Ein Großhändler, der das Kaufhaus Gustav Zeller e. K. belieferte, hat noch Forderungen gegenüber Kaufmann Zeller. Das Kaufhaus wird vom Erwerber Erich Groß unter der alten Firma weitergeführt.
   a) Wovon hängt die Möglichkeit der Weiterführung einer Firma beim Wechsel des Inhabers ab?
   b) Wie wirkt sich die Betriebsveräußerung auf die Sicherheit der Forderungen des Großhändlers aus?
   c) Auf welche Weise können Sie erfahren, wer für die bestehenden Schulden des Kaufhauses haftet?
8. Prüfen Sie, welche der folgenden Eintragungen ins Handelsregister
   a) rechtsbezeugende,
   b) rechtserzeugende Wirkung haben.
      - Eintragung der Bauunternehmen Julia Schmidt e. Kfr.
      - Eintragung der Münstertäler Fleischwaren AG
      - Eintragung der Papiergroßhandlung Seboth KG
      - Eintragung des Geflügelhofs Landgold-Hähnchen GmbH
9. Erläutern Sie, warum Industrie- und Handelskammern empfehlen, vor der Eintragung ins Handelsregister, die vorgesehene Firmierung durch die Kammer prüfen zu lassen?
10. Das Amtsgericht Essen veröffentlicht in regelmäßigen Abständen Informationen unter der Überschrift »Handelsregister«. Folgender Auszug liegt vor:

    Neueintragungen: HRB 12407 – 14. April 20..: **Rexing Fördertechnik GmbH, Essen** (45307, Kleine Schönscheidtstr. 12). Gegenstand des Unternehmens ist die industrielle Fertigung und der Vertrieb von fördertechnischen Anlagen, insbesondere Transportanlagen und Maschinen. Stammkapital: 185.000 EUR. Geschäftsführerin ist Sylvia Rexing, Kauffrau, Essen.

    Veränderungen: HRB 5537 – 17. April 20..: **Speeck Rohrleitungsbau und Tiefbau GmbH, Essen** (45141, Manderscheidtstr. 92b). Heinrich Speeck ist nicht mehr Geschäftsführer. Dipl.-Kaufmann Thomas Speeck, Datteln, ist zum Geschäftsführer bestellt.

    Löschungen: HRB 5448 – 11. April 20..: **Gomolinski Bedachungs-Gesellschaft mit beschränkter Haftung, Essen.** Die Liquidation ist beendet. Die Gesellschaft ist gelöscht.

    Stellen Sie dar, aus welchen Gründen das Amtsgericht solche Informationen regelmäßig veröffentlicht und für welche Personengruppen diese Informationen von Wert sein können.

3.3 Unternehmensformen

Die **Unternehmensform** ist die **rechtliche Verfassung (Rechtsform) des Unternehmens.** Durch sie wird die Rechtsbeziehung des Unternehmens im Innen- und Außenverhältnis geregelt.

Die Entscheidung für eine Unternehmensform hängt grundlegend von der Betriebsgröße, der Möglichkeit der Kapitalbeschaffung, der Haftung der Unternehmer und von steuerlichen Überlegungen ab.

Das **Einzelunternehmen** wird von einer Person, dem Unternehmer, gegründet.

Ein **Gesellschaftsunternehmen** wird in aller Regel durch Vertrag von zwei oder mehr Personen zur Erreichung eines gemeinsamen Zwecks gegründet. *BGB § 705*

Die **Gründe,** die im Wirtschaftsleben **zur Bildung einer Gesellschaft** führen, sind vielfältig:

a) Erhöhung des Eigenkapitals,

b) Ergänzung der Arbeitskraft und Verteilung der Arbeitslast,

c) Ausschaltung der gegenseitigen Konkurrenz,

d) Verteilung des Unternehmerrisikos,

e) Begrenzung der Haftung auf das Gesellschaftsvermögen,

f) Erhöhung der Kreditwürdigkeit durch Erweiterung der Haftung,

g) steuerliche Vorteile,

h) persönliche Gründe (Alter, Krankheit, Erbfall).

Wenn die Gesellschafter den Gläubigern persönlich haften, spricht man von einer **Personengesellschaft.**

Wenn nur das Gesellschaftsvermögen der juristischen Person den Gläubigern persönlich haftet, spricht man von einer **Kapitalgesellschaft.**

Haftung bedeutet in diesem Zusammenhang, dass die Gesellschafter bzw. die Gesellschaft Außenstehenden (Dritten) gegenüber für die Verbindlichkeiten der Gesellschaft mit ihrem Vermögen einstehen müssen.

Im Einzelnen ergeben sich folgende weitere Unterschiede:

Merkmale	Personengesellschaft	Kapitalgesellschaft
Rechtspersönlichkeit	natürliche Person	juristische Person
Gesellschaftsvermögen	Gesamthandvermögen der Gesellschafter	eigenes Vermögen der juristischen Person
Haftung	Gesellschaftsvermögen und Privatvermögen der Gesellschafter	Gesellschaftsvermögen
Geschäftsführungsbefugnis/ Vertretungsmacht	in der Regel durch Gesellschafter	in der Regel besondere Leitungsorgane
Bestehen des Unternehmens	grundsätzlich vom Gesellschafterbestand abhängig	grundsätzlich vom Gesellschafterbestand unabhängig
Besteuerung des Gewinns	einkommensteuerpflichtig	körperschaftsteuerpflichtig

Nicht bei allen Gesellschaftsformen treten diese Unterschiede eindeutig hervor. Es gibt Kapitalgesellschaften mit Merkmalen der Personengesellschaften (KGaA) und umgekehrt (GmbH & Co. KG).

Zusammenfassende Übersicht zu Kapitel 3.3: Unternehmensformen

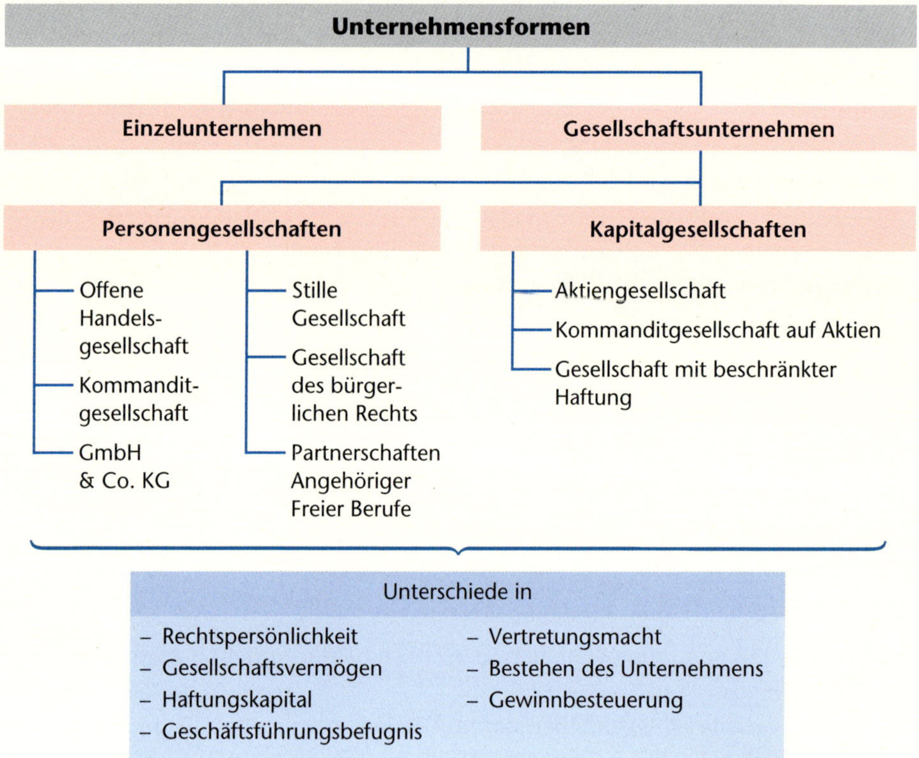

3.4 Einzelunternehmen

Das **Einzelunternehmen** ist ein **Gewerbebetrieb,** dessen **Eigenkapital** von **einer Person aufgebracht** wird. Sie **leitet** das **Unternehmen verantwortlich.** Sie **haftet** mit ihrem **gesamten Vermögen** und **trägt** das **Risiko alleine.**

▶ Firma

HGB §§ 18, 19 (1), Z. 1

Sie muss zur Kennzeichnung des Kaufmanns geeignet sein und Unterscheidungskraft besitzen. Bei Einzelkaufleuten muss die Bezeichnung »eingetragener Kaufmann«, »eingetragene Kauffrau« oder eine allgemein verständliche Abkürzung dieser Bezeichnung, insbesondere »e. K.«, »e. Kfm.« oder »e. Kfr.« enthalten sein.

Beispiel: Der Geschäftsmann Jens Uwe Lück, der eine Kfz-Zubehörgroßhandlung gegründet hat, kann als Firma wählen: Jens Uwe Lück e. K.; Jens Lück, eingetragener Kaufmann; Lück e. K., Kfz-Zubehör; Kaefzet-Lück e. K., Teile World.

▶ Haftung

Der Unternehmer muss gegenüber Außenstehenden (Dritten) für die Verbindlichkeiten mit seinem Vermögen einstehen.

▶ **Kapitalaufbringung**

Das Eigenkapital wird von einer Person, dem Unternehmer, aufgebracht. Der Umfang der Mittel, die eingesetzt werden können, sind deshalb in der Regel begrenzt.

Vorteile	Nachteile
Der Unternehmer kann frei und rasch entscheiden.	Das Risiko trägt der Unternehmer allein.
Meinungsverschiedenheiten in der Geschäftsführung, wie sie bei Gesellschaftsunternehmen vorkommen können, sind ausgeschlossen.	Er haftet den Gläubigern mit seinem gesamten Vermögen, also auch mit seinem Privatvermögen.
Über den Gewinn verfügt der Unternehmer allein.	Die Kapitalkraft ist begrenzt.

3.5 Personengesellschaften

3.5.1 Offene Handelsgesellschaft (OHG)

Die **offene Handelsgesellschaft** ist die vertragliche Vereinigung von zwei oder mehr Personen zum **Betrieb eines Handelsgewerbes** unter **gemeinschaftlicher Firma** mit **unbeschränkter Haftung aller Gesellschafter.** *HGB § 105 (2)*

Firma

Die Firma der OHG kann eine Personen-, Sach-, Fantasiefirma oder gemischte Firma sein. Darüber hinaus muss die Bezeichnung »offene Handelsgesellschaft« oder eine allgemein verständliche Abkürzung dieser Bezeichnung in der Firma enthalten sein (OHG, offene HG, oHg). *§ 19 (1), Z. 2*

Beispiel: Karl Berg, Fritz Grün und Willi Müller, die eine Maschinenbau-OHG gründen, können firmieren: Berg, Grün & Müller OHG; Maschinenbau OHG; Kafriwima OHG.

Wenn in einer offenen Handelsgesellschaft keine natürliche Person persönlich haftet, muss die Firma eine Bezeichnung enthalten, welche die Haftungsbeschränkung kennzeichnet. *§ 19 (2)*

Beispiele: GmbH & Co. OHG, AG & Co. OHG

Gründung

▶ **Form**

Der Gesellschaftsvertrag ist formfrei. Schriftform ist jedoch üblich. Werden in die Gesellschaft Grundstücke eingebracht, ist eine notarielle Beurkundung notwendig. *BGB § 311b*

▶ **Beginn der Gesellschaft**

Im Innenverhältnis bestimmt der Gesellschaftsvertrag den Beginn. Im Außenverhältnis beginnt die Gesellschaft, sobald ein Gesellschafter Geschäfte in ihrem Namen tätigt, spätestens jedoch, wenn die Gesellschaft in das Handelsregister eingetragen ist. Bei Kannkaufleuten beginnt die OHG frühestens mit dem Registereintrag, weil dieser rechtsbegründende Wirkung hat. *HGB § 123*

▶ **Anmeldung beim Handelsregister**

Sie muss von sämtlichen Gesellschaftern der OHG vorgenommen werden. Die Anmeldung hat zu enthalten: *§ 106*

- Name, Vorname, Geburtsdatum und Wohnort jedes Gesellschafters,
- Firma und Ort der geschäftlichen Niederlassung,
- Zeitpunkt des Beginns der Gesellschaft.

Rechtsverhältnisse der Gesellschafter untereinander (Innenverhältnis)

HGB § 706 Die Pflichten und Rechte der Gesellschafter untereinander ergeben sich aus dem Gesellschaftsvertrag. In Ergänzung dazu gilt das Gesetz.

▶ Pflichten

a) Leistung der Kapitaleinlage. Jeder Gesellschafter ist verpflichtet, die im Gesellschaftsvertrag vereinbarte Kapitaleinlage zu leisten. Sie kann in bar, in Sachwerten und Rechtswerten eingebracht werden.

Beispiele: Grundstücke, Maschinen, Einrichtungsgegenstände, Wertpapiere, Patente usw.

BGB §§ 718 f. Eine Mindesthöhe ist nicht vorgeschrieben. Das persönliche Eigentum der Gesellschafter wird gemeinschaftliches Vermögen der Gesellschafter (Gesamthandvermögen). Ein einzelner Gesellschafter kann über seinen Kapitalanteil nicht mehr verfügen.

HGB § 114 (2) **b) Geschäftsführung.** Jeder Gesellschafter hat die Pflicht, die Geschäfte der Gesellschaft zu führen und Dienste persönlich zu leisten. Die Geschäftsführungsbefugnis ist die **interne Verwaltungsbefugnis.** Geschäftsführung umfasst alle Aktivitäten, außer rechtsgeschäftliches Handeln.

Beispiele: innerorganisatorische Befugnisse wie Geschäftsräume öffnen, Briefe öffnen; Vorüberlegungen, ob ein Rechtsgeschäft geschlossen werden soll

§ 112 f. **c) Wettbewerbsverbot**. Einem Gesellschafter ist es verboten, ohne Einwilligung der anderen Gesellschafter im Handelsgewerbe der eigenen Gesellschaft Geschäfte auf eigene Rechnung zu machen. Er darf sich auch nicht an einer anderen gleichartigen Gesellschaft als persönlich haftender Gesellschafter beteiligen.

§ 121 (3) **d) Verlustbeteiligung**. Der Verlust wird nach Köpfen verteilt und vom Kapitalanteil abgezogen.

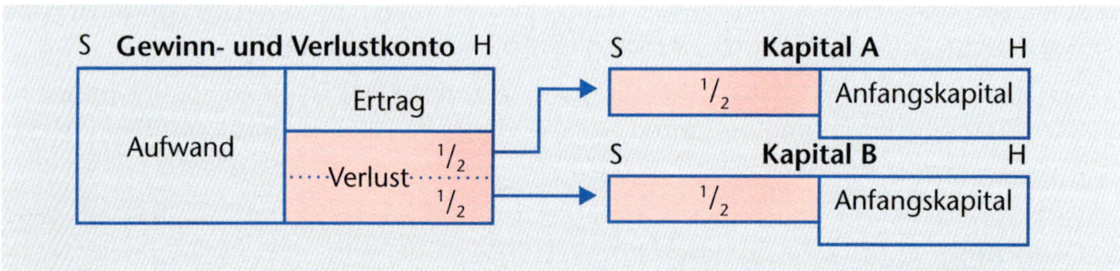

▶ Rechte

§§ 114 f. § 116 **a) Geschäftsführung.** Gesetzlich ist jeder Gesellschafter allein zur Geschäftsführung berechtigt. Er ist also zur Vornahme aller Handlungen berechtigt, die der Betrieb des Handelsgewerbes der Gesellschaft gewöhnlich mit sich bringt. Es besteht der Grundsatz der Einzelgeschäftsführungsbefugnis. Vertraglich kann die Befugnis zur Geschäftsführung beschränkt oder aufgehoben werden. Widerspricht ein geschäftsführender Gesellschafter der Vornahme einer Handlung, so muss diese unterbleiben.

Beispiele: Zum gewöhnlichen Betrieb gehören Entscheidungen über Wareneinkauf und -verkauf, Ausfüllen von Überweisungsträgern, Planungen zum Einstellen und Entlassen von Arbeitskräften.

§ 116 (2) Für außergewöhnliche Geschäfte ist der Gesamtbeschluss aller Gesellschafter erforderlich, also auch der nicht geschäftsführenden Gesellschafter, z. B. für die Absicht Grundstücke zu kaufen und zu verkaufen und für die Gründung von Filialbetrieben.

Zur Bestellung eines Prokuristen ist die Zustimmung aller geschäftsführenden Gesellschafter nötig. Der Widerruf der Prokura kann bereits durch einen geschäftsführenden Gesellschafter erfolgen. *HGB § 116 (3)*

Auf Antrag der übrigen Gesellschafter kann einem Gesellschafter bei grober Pflichtverletzung oder Unfähigkeit zur ordnungsmäßigen Geschäftsführung die Geschäftsführungsbefugnis durch gerichtliche Entscheidung entzogen werden. *§ 117*

b) Kontrolle. Jeder Gesellschafter kann sich jederzeit über die Geschäftslage persönlich unterrichten, die Handelsbücher und die Papiere der Gesellschaft einsehen und sich daraus eine Bilanz (Zwischenbilanz) bzw. einen Jahresabschluss anfertigen. Dies gilt auch für einen Gesellschafter, der von der Geschäftsführung ausgeschlossen ist. *§ 118*

c) Anteil am Gewinn. Gesetzlich hat jeder Gesellschafter Anspruch auf 4 % seines Kapitalanteils (Vordividende). Reicht der Jahresgewinn für 4 % nicht aus, so wird ein entsprechend niedrigerer Prozentsatz angewandt. Privatentnahmen und Einlagen eines Gesellschafters während des Geschäftsjahres sind zinsenmäßig zu berücksichtigen. Der Restgewinn wird nach Köpfen verteilt. *§ 110*

Beispiel: Verteilung des Jahresgewinns von 60.000 EUR nach HGB.

Einlage von Gesellschafter Eberhardt am 30. Juni 20.000 EUR.

Entnahme von Gesellschafter Muth mit Zustimmung von Eberhardt am 31. März 10.000 EUR und am 30. September 8.000 EUR.

	A	B	C	D	E	F
1–2	Gesellschafter	Kapital-anteil EUR	4% Vordivi-dende EUR	Kopf-anteil EUR	Gesamt-anteil EUR	Kapitalend-bestand EUR
3	Kapital Eberhardt	250.000	10.000			
4	+ Einlage	20.000	400			
5		270.000	10.400	21.390	31.790	301.790
6						
7	Kapital Muth	180.000	7.200			
8	- Entnahme	10.000	300			
9	- Entnahme	8.000	80			
10		162.000	6.820	21.390	28.210	190.210
11						
12	Eberhardt + Muth	432.000	17.220	42.780	60.000	492.000

Berechnung der Vordividende:

Anteil Eberhardt	4 % aus	250.000 EUR	Anfangskapital	10.000 EUR	
	+4 % aus	20.000 EUR	für 180 Tage	400 EUR	10.400 EUR
Anteil Muth	4 % aus	180.000 EUR	Anfangskapital	7.200 EUR	
	−4 % aus	10.000 EUR	für 270 Tage	300 EUR	
	−4 % aus	8.000 EUR	für 90 Tage	80 EUR	6.820 EUR

Im Gesellschaftsvertrag kann eine vom Gesetz abweichende Regelung für die Verteilung des Gewinns vereinbart werden.

Der Gewinnanteil wird dem Kapitalkonto eines jeden Gesellschafters gutgeschrieben. Die Auszahlung des Gewinns darf nur auf Verlangen des Gesellschafters erfolgen. *§ 120*

d) Kapitalentnahme. Jeder Gesellschafter ist berechtigt, bis zu 4 % seines zu Beginn des Geschäftsjahres vorhandenen Kapitalanteils zu entnehmen. Das gilt selbst dann, wenn die OHG Verluste hatte. *§ 122*

Größere Entnahmen sind nur mit Zustimmung der anderen Gesellschafter möglich.

e) Kündigung. Ein Gesellschafter kann auf den Schluss eines Geschäftsjahres unter Einhaltung einer Frist von mindestens 6 Monaten kündigen. *§ 132*

f) Liquidationsanteil. Wird die Gesellschaft aufgelöst, so ist der Liquidationserlös, der nach Abzug der Schulden übrig bleibt, im Verhältnis der Kapitalanteile zu verteilen.

Rechtsverhältnisse der Gesellschafter zu Dritten (Außenverhältnis)

Die Rechtsbeziehungen der Gesellschafter gegenüber Dritten sind durch das Gesetz geregelt. Abweichende Vereinbarungen müssen, soweit sie gesetzlich zulässig sind, im Handelsregister eingetragen werden.

▶ Vertretungsmacht der Gesellschafter

HGB § 125 Gesetzlich ist jeder Gesellschafter allein zur Vertretung ermächtigt. Er kann Dritten gegenüber Willenserklärungen abgeben, durch welche das Unternehmen berechtigt und verpflichtet wird (rechtsgeschäftlicher Kontakt zu Dritten). Es besteht also der Grundsatz der **Einzelvertretungsmacht.**

Vertraglich kann von diesem Grundsatz nur in folgender Weise abgewichen werden:

1. Die Gesellschafter können nur zusammen die OHG vertreten (Gesamt- oder Kollektivvertretung).
2. Die Vertretungsmacht wird nur einem oder mehreren Gesellschaftern (mit Einzel- oder Gesamtvertretungsmacht) erteilt; die übrigen Gesellschafter sind von der Vertretung ausgeschlossen.
3. Ein Gesellschafter mit Einzelvertretungsmacht kann nur mit einem Prokuristen zusammen die Gesellschaft vertreten (Kapitel 4.3.2).

§ 126 Die Vertretungsmacht erstreckt sich auf alle Rechtsgeschäfte einschließlich der Veräußerung und Belastung von Grundstücken, Erteilung und Widerruf der Prokura sowie Vertretung der Unternehmen im Prozess. Der Umfang der Vertretungsmacht **(Außenverhältnis)** ist also unbeschränkt und auch unbeschränkbar, während die Geschäftsführungsbefugnis **(Innenverhältnis)** beschränkbar ist.

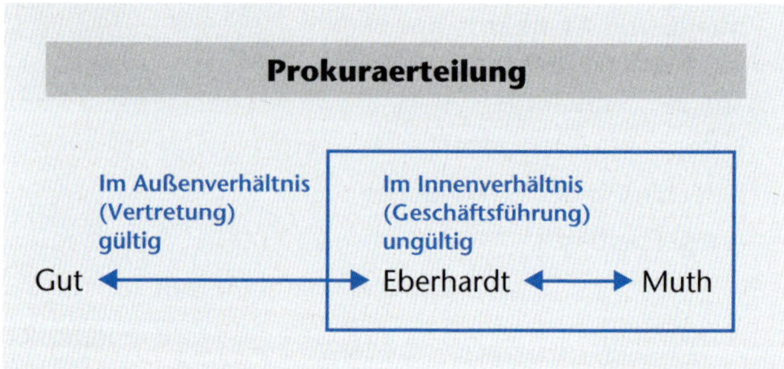

Beispiel: Der Gesellschafter Eberhardt der Eberhardt & Muth OHG erteilt dem Angestellten Gut Prokura, ohne dass ein Gesamtbeschluss der Gesellschafter vorliegt. Die Erteilung der Prokura ist nach außen hin gültig. Handlungen des Prokuristen binden das Unternehmen. Allerdings kann der Gesellschafter Muth gegen Eberhardt wegen grober Pflichtverletzung vorgehen. Entsteht durch die Handlungen des Prokuristen Gut ein Schaden, so muss ihn Eberhardt ersetzen.

§ 127 Der Entzug der Vertretungsmacht ist bei wichtigem Grund, z.B. Prokuraerteilung ohne Gesamtbeschluss, auf Antrag der übrigen Gesellschafter durch gerichtliche Entscheidung möglich.

▶ Haftung der Gesellschafter

§ 128 Für die Verbindlichkeiten der OHG haften alle Gesellschafter persönlich als Gesamtschuldner und die OHG mit dem Gesellschaftsvermögen.

Der **Gesellschafter haftet** demnach wie folgt:

a) persönlich.

- **unbeschränkt.** Der Gesellschafter haftet nicht nur mit seinem Anteil am Geschäftsvermögen, sondern auch mit seinem gesamten Privatvermögen.

  Beispiel: Bei einer Forderung eines Gläubigers, die sich an den Kapitalanteil des Gesellschafters Muth richtet, haftet Muth auch mit seinem Privatvermögen.

- **direkt (unmittelbar) und primär.** Jeder Gläubiger kann sich unmittelbar an jeden beliebigen Gesellschafter halten.

  Beispiel: Ein Gläubiger hat gegen die Eberhardt und Muth OHG eine Forderung in Höhe von 30.000 EUR. Er hat die Möglichkeit, dass er sich an die OHG, an den Gesellschafter Muth oder an den Gesellschafter Eberhardt wendet. *HGB § 129 (4)*

b) **gesamtschuldnerisch (solidarisch).** Alle Gesellschafter haften für die gesamten Schulden der Gesellschaft. Der Gläubiger kann die Leistung nach seinem Belieben von jedem Gesellschafter ganz oder zu einem Teil fordern. *BGB § 421*

Beispiel: Ein Gläubiger hat gegen die Eberhardt und Muth OHG eine Forderung in Höhe von 30.000 EUR. Der Gesellschafter Muth befriedigt die Forderung des Gläubigers. Muth hat dann einen Ausgleichsanspruch gegenüber dem Gesellschafter Eberhardt.

Ein Gesellschafter, der in eine bestehende OHG eintritt, haftet auch für die Schulden der Gesellschaft, die bei seinem Eintritt bereits bestehen. Der Ausschluss oder die Beschränkung dieser Haftung ist nur im Innenverhältnis gültig. *HGB § 130*

Wird aus einem Einzelunternehmen eine OHG, so haften die entstandene OHG und jeder neu eintretende Gesellschafter für die alten Schulden des bisherigen Unternehmens. Der eintretende Gesellschafter kann aber diese Haftung durch Eintragung in das Handelsregister oder Mitteilung an jeden einzelnen Gläubiger ausschließen. *§ 28*

Ein Gesellschafter, der aus einer OHG ausscheidet, haftet noch 5 Jahre für die bei seinem Austritt vorhandenen Verbindlichkeiten der Gesellschaft. *§ 160*

3.5.2 Kommanditgesellschaft (KG)

Die **Kommanditgesellschaft** ist die vertragliche Vereinigung von zwei oder mehr Personen zum **Betrieb eines Handelsgewerbes** unter **gemeinschaftlicher Firma. Mindestens ein Gesellschafter haftet** den Gläubigern gegenüber **unbeschränkt (Vollhafter)** und **mindestens ein Gesellschafter haftet beschränkt (Teilhafter).** *§ 161*

Die Vollhafter heißen **Komplementäre,** die Teilhafter **Kommanditisten.**

Firma

Die Firma der KG kann eine Personen-, Sach-, Fantasiefirma oder gemischte Firma sein. Darüber hinaus muss die Bezeichnung »Kommanditgesellschaft« oder eine allgemein verständliche Abkürzung dieser Bezeichnung in der Firma enthalten sein (KG, Kges). *§ 19 (1), Z. 3*

Beispiel: Karl Berg, Fritz Grün und Willi Müller, die eine Maschinenbau-KG gründen, können firmieren: Berg, Grün & Müller KG; Maschinenbau KG; Kafriwima KG.

Wenn in einer Kommanditgesellschaft keine natürliche Person persönlich haftet, muss die Firma eine Bezeichnung enthalten, welche die Haftungsbeschränkung kennzeichnet. *§ 19 (2)*

Beispiele: GmbH & Co. KG, AG & Co. KG

Gründung

Für die Form der Gründung und den Beginn der Gesellschaft gelten dieselben Vorschriften wie für die OHG. *§ 161*

Die Anmeldung zum Handelsregister ist von sämtlichen Gesellschaftern vorzunehmen, also auch von den Kommanditisten. Wegen der beschränkten Haftung ist die Höhe ihrer Einlagen einzutragen. *§ 162 § 176*

Pflichten und Rechte des Komplementärs

Für den Komplementär gelten die gleichen Bestimmungen wie für den Gesellschafter der OHG.

Pflichten und Rechte des Kommanditisten

▶ Pflichten des Kommanditisten

a) Leistung der Einlage, die vertraglich festgelegt wurde. Diese kann von der ins Handelsregister eingetragenen Einlage, der Haftsumme, abweichen.

HGB §§ 171 f. **b) Haftung** mit der Höhe seiner Einlage. Die Beschränkung der Haftung beginnt erst mit dem Zeitpunkt der Eintragung in das Handelsregister.

Für den noch nicht geleisteten Teil seiner Einlage haftet er wie ein Komplementär.

Beispiel: Im Handelsregister ist eine Kommanditeinlage in Höhe von 100.000 EUR eingetragen. Darauf wurden 40.000 EUR als Einlagen geleistet. Der Kommanditist haftet dann unmittelbar mit 60.000 EUR gegenüber den Gläubigern.

§ 173 Beim Eintritt in eine bestehende Kommanditgesellschaft haftet der Kommanditist für die vor seinem Eintritt bestehenden Verbindlichkeiten der Gesellschaft bis zur Höhe seiner Einlage.

Ist die Kommanditgesellschaft oder der neu eingetretene Kommanditist noch nicht in das Handelsregister eingetragen, so haftet der Kommanditist wie ein Vollhafter. Dies gilt nur, wenn der Kommanditist dem Geschäftsbeginn zugestimmt hat.

§§ 167 f. **c) Verlustbeteiligung** in angemessenem Verhältnis der Anteile bis zum Betrag des Kapitalanteils und der noch rückständigen Einlage.

▶ Rechte des Kommanditisten

§ 164 **a) Widerspruch.** Der Kommanditist kann nur bei Handlungen widersprechen, die nicht zu den gewöhnlichen Geschäften der Kommanditgesellschaft gehören.

Beispiel: Verkauf eines Grundstückes bei der Holzgroßhandels-KG

§ 166 **b) Kontrolle.** Der Kommanditist hat nur Anspruch auf Mitteilung des Jahresabschlusses. Er kann ihn durch Einsicht in die Dokumente der Gesellschaft nachprüfen. Das Recht der laufenden Kontrolle hat er nicht.

§ 168 (2) **c) Gewinnanteil.** Der Kommanditist erhält bis zu 4 % seines Kapitalanteils, sofern nichts anderes vereinbart ist. Der Rest ist in einem angemessenen Verhältnis zu verteilen. Um Streitigkeiten vorzubeugen, wird die Gewinnverteilung und vor allem das angemessene Verhältnis meist im Gesellschaftsvertrag festgelegt.

§ 167 **d) Gewinnverwendung.** Hat der Kommanditist die vereinbarte Einlage geleistet, so kann er am Ende des Geschäftsjahres die Auszahlung seines Gewinnanteils fordern.

Solange die vereinbarte Einlage nicht komplett geleistet ist, wird der Gewinnanteil nicht ausgeschüttet, bis diese noch ausstehende Einlage ausgeglichen ist.

§ 169 Der Kommanditist kann die Auszahlung des Gewinnanteils auch dann nicht fordern, wenn seine Einlage durch den Verlust unterschritten ist. Der Gewinnanteil wird in diesem Falle zur Auffüllung der vereinbarten Einlage verwendet. Früher erhaltene Gewinne braucht ein Kommanditist nicht zurückzuzahlen, wenn später Verluste eintreten.

Werden Gewinnanteile, die die vereinbarte Einlage übersteigen, nicht ausbezahlt, so stellen diese Verbindlichkeiten der KG, nicht aber gewinnberechtigtes Kommanditkapital dar.

§ 132 **e) Kündigung.** Der Kommanditist kann auf den Schluss eines Geschäftsjahres unter Einhaltung einer Frist von mindestens 6 Monaten kündigen, wenn der Vertrag nichts anderes vorsieht.

3.5.3 GmbH & Co. KG

Die **GmbH & Co. KG** ist eine **Kommanditgesellschaft,** bei der eine **Gesellschaft mit beschränkter Haftung** (GmbH) **Vollhafter** ist (Kapitel 3.6.3).

Bei der **typischen GmbH & Co. KG** sind die Gesellschafter der GmbH zugleich Kommanditisten der GmbH & Co. KG. Bei der **atypischen GmbH & Co. KG** sind andere Personen Kommanditisten. Diese können natürliche oder juristische Personen sein.

Beispiel für den Aufbau einer GmbH & Co. KG*

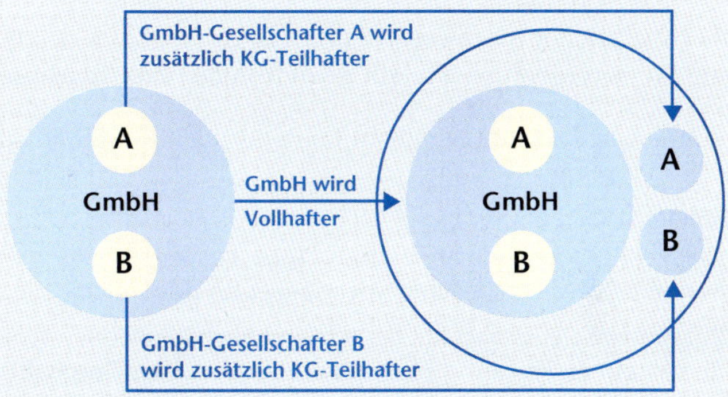

* typische GmbH & Co. KG

Firma

Die Firma kann eine Personen-, Sach-, Fantasiefirma oder gemischte Firma sein. Darüber hinaus muss die Bezeichnung »Kommanditgesellschaft« oder eine allgemein verständliche Abkürzung dieser Bezeichnung in der Firma enthalten sein (KG, Kges). Da in einer GmbH & Co. KG keine natürliche Person persönlich haftet, muss die Firma eine Bezeichnung enthalten, welche die Haftungsbeschränkung kennzeichnet. *HGB § 19 (2)*

Beispiele: Nord-Süd-Hausbau GmbH & Co. KG, Meissner + Wurst GmbH & Co. KG

Geschäftsführung und Vertretung

Bei der GmbH & Co. KG besitzt die GmbH als Komplementärin die Geschäftsführungsbefugnis und Vertretungsmacht. Ausführende Person ist der Geschäftsführer der GmbH. Im Übrigen sind die Rechtsgrundlagen die gleichen wie bei der KG.

3.5.4 Stille Gesellschaft

Die **stille Gesellschaft** ist die **vertragliche Vereinigung eines Kaufmanns** (natürliche oder juristische Person) **mit einem Kapitalgeber** (natürliche, juristische Person, Personengesellschaft oder GbR), dessen **Einlage in das Vermögen des Kaufmanns** übergeht. *§ 230*

Durch Beteiligung des stillen Gesellschafters entsteht kein echtes Gesellschaftsverhältnis, sondern ein **langfristiges Gläubigerverhältnis** mit Merkmalen einer Teilhaberschaft. Die stille Gesellschaft ist demnach eine unvollkommene Gesellschaft.

Firma

Der Name des stillen Gesellschafters erscheint nicht in der Firma. Das Gesellschaftsverhältnis ist aus der Firma nicht ersichtlich.

Rechtsstellung des stillen Gesellschafters

Die Höhe der Einlage des stillen Gesellschafters tritt nach außen nicht in Erscheinung, weil er nicht in das Handelsregister eingetragen wird.

HGB § 233 Der stille Gesellschafter nimmt an der Geschäftsführung nicht teil. Er hat das Kontrollrecht wie ein Kommanditist und ist somit berechtigt, den Jahresabschluss zu prüfen.

§ 231 Obwohl ein **Gläubigerverhältnis** vorliegt, ist der stille Gesellschafter am Gewinn und Verlust nach vertraglicher Vereinbarung beteiligt (Merkmal einer Teilhaberschaft). Die Verlustbeteiligung kann vertraglich begrenzt oder ausgeschlossen werden.

3.5.5 Gesellschaft des bürgerlichen Rechts (GbR, BGB-Gesellschaft)

BGB § 705 Die **Gesellschaft des bürgerlichen Rechts** ist die vertragliche Vereinigung von Personen. Sie verpflichten sich, **ein gemeinsames Ziel** zu erreichen.

Es können sich sowohl Nichtkaufleute als auch Kaufleute zu einer GbR zusammenschließen.

Beispiele:

1. Gelegenheitsgesellschaften von Nichtkaufleuten: Schüler machen zusammen einen Ausflug. Mehrere Personen spielen gemeinsam Lotto oder mieten ein Auto.
2. Zusammenschluss von Kaufleuten und Nichtkaufleuten: Unternehmen verbinden sich zum gemeinsamen Einkauf großer Warenmengen. Gemeinschaftliche Ausübung der Praxis durch Rechtsanwälte.
3. Kapitalgesellschaften vor ihrer Eintragung ins Handelsregister (Vorgründungsgesellschaften)

Sie endet mit der Erfüllung des beabsichtigten Zweckes.

Rechtsverhältnisse

▶ Firma

§ 706 Die GbR hat **keine Firma.** Sie wird **nicht** ins Handelsregister **eingetragen.**

▶ Beiträge

§ 718 Sie können aus Geld, Sachen, Forderungen, Rechten und Dienstleistungen bestehen. Das Vermögen, das durch die Beiträge der Gesellschafter und durch die Geschäftsführung er-
§ 719 worben wird, ist **gemeinschaftliches Vermögen** (Gesellschaftsvermögen). Der einzelne Gesellschafter kann über seinen Anteil nicht verfügen und auch keine Teilung vor der Auflösung der Gesellschaft verlangen.

▶ Geschäftsführung

§ 709 Sie steht den Gesellschaftern gemeinschaftlich zu. In diesem Falle ist für jedes Geschäft die Zustimmung aller Gesellschafter erforderlich. Meist wird jedoch die Geschäftsführung einem einzelnen Gesellschafter übertragen.

▶ Vertretung

§ 714 Sie ist nur mit Vollmacht der Gesellschafter möglich. Ist einem einzelnen Gesellschafter die Geschäftsführung übertragen, so ist er im Zweifel auch allein vertretungsbefugt.

▶ Haftung

§ 427 Die Gesellschafter haften für eingegangene Verpflichtungen sowohl persönlich als auch als Gesamtschuldner.

▶ Gewinn und Verlust

§ 722 Falls vertraglich nichts anderes geregelt ist, sind die Anteile am Gewinn und Verlust für jeden Gesellschafter gleich, ohne Rücksicht auf die Art und auf den Umfang seines Beitrages.

3.5.6 Partnerschaftsgesellschaften Angehöriger Freier Berufe

Die **Partnerschaft** ist eine Gesellschaft, in der sich Angehörige Freier Berufe zur **Ausübung** ihrer **Berufe zusammenschließen.** Sie übt kein Handelsgewerbe aus. *PartGG § 1 (1), S. 3*

Angehörige einer Partnerschaft können nur natürliche freiberuflich tätige Personen sein.

Beispiele: Ärzte, Heilpraktiker, Krankengymnasten, Hebammen, Heilmasseure, Diplompsychologen, Mitglieder der Rechtsanwaltskammern, Wirtschaftsprüfer, Steuerberater, Ingenieure, Architekten, hauptberufliche Sachverständige, Journalisten, Dolmetscher

Der Gesellschaftsvertrag bedarf der Schriftform. Die Partnerschaftsgesellschaft muss zur Eintragung in ein spezielles Partnerschaftsregister angemeldet werden. Die Partnerschaft entsteht im Verhältnis zu Dritten mit ihrer Eintragung. *§ 3 (1) §§ 4 ff. § 7 (1)*

Freiberufler üben kein Handelsgewerbe aus. Sie sind deshalb keine Kaufleute im handelsrechtlichen Sinne. Sie werden auch nicht zu Kaufleuten, wenn sie zur gemeinsamen Ausübung ihres Berufes eine Partnerschaftsgesellschaft gründen. *§ 1 (1), S. 2*

Zusammenfassende Übersicht zu den Kapiteln 3.4 und 3.5:
– Einzelunternehmen
– Personengesellschaften

Einzelunternehmen

Haftung | Kapitalaufbringung | Risiko | Entscheidungen | Gewinn

alleine

Offene Handelsgesellschaft (OHG)

OHG-Gesellschafter

Innenverhältnis

Pflichten
- Kapitaleinlage
- Geschäftsführung
- Wettbewerbsenthaltung
- Verlustbeteiligung

Rechte
- Geschäftsführung
- Kontrolle
- Ersatz von Aufwendungen
- Anteil am Gewinn
- Kapitalentnahme
- Kündigung
- Liquidationsanteil

Außenverhältnis

Grundsatz: Einzelvertretungsmacht

Haftung:
- persönlich
  - unbeschränkt
  - direkt und primär
- gesamtschuldnerisch

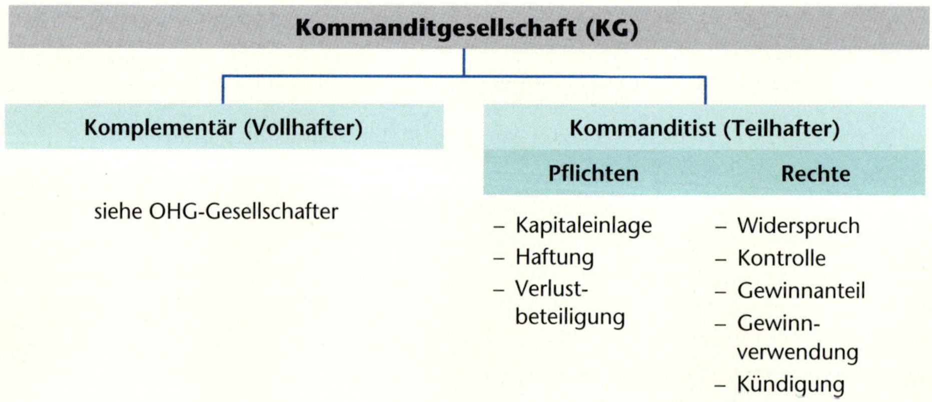
Kommanditgesellschaft (KG)
Komplementär (Vollhafter)
siehe OHG-Gesellschafter
Kommanditist (Teilhafter)
Pflichten
Rechte
– Kapitaleinlage
– Haftung
– Verlust-beteiligung
– Widerspruch
– Kontrolle
– Gewinnanteil
– Gewinn-verwendung
– Kündigung

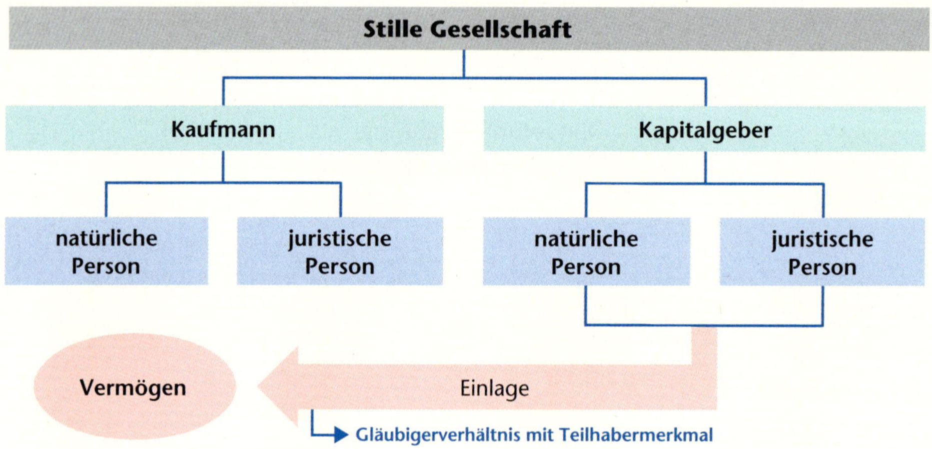
Stille Gesellschaft
Kaufmann
Kapitalgeber
natürliche Person
juristische Person
natürliche Person
juristische Person
Vermögen
Einlage
Gläubigerverhältnis mit Teilhabermerkmal

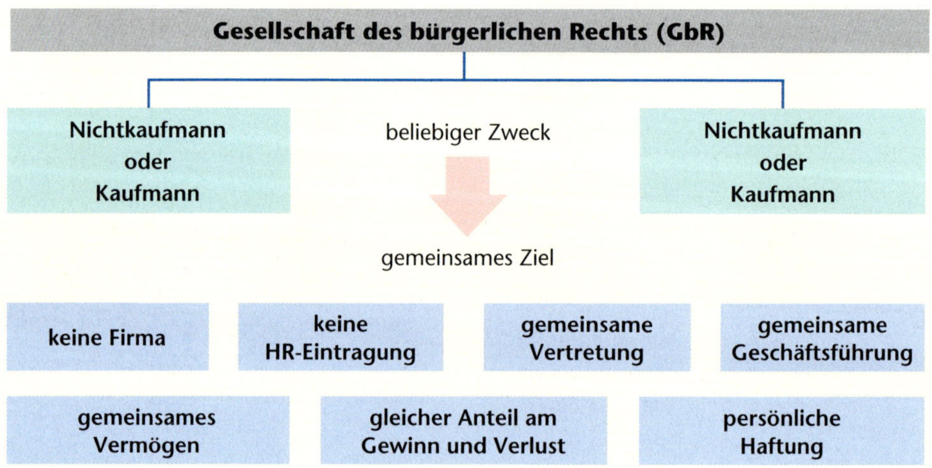
Gesellschaft des bürgerlichen Rechts (GbR)
Nichtkaufmann oder Kaufmann
beliebiger Zweck
gemeinsames Ziel
Nichtkaufmann oder Kaufmann
keine Firma
keine HR-Eintragung
gemeinsame Vertretung
gemeinsame Geschäftsführung
gemeinsames Vermögen
gleicher Anteil am Gewinn und Verlust
persönliche Haftung

▶ Aufgaben und Probleme

1. Herr Friedrich Leone entwickelte ein Übungsgerät für den Freizeitsport, mit dessen Hilfe man wie ein Känguru hüpfen kann. Er möchte dieses Gerät herstellen und vertreiben und gründet zu diesem Zweck ein Einzelunternehmen. Erläutern Sie,

   a) warum Herr Leone die Rechtsform des Einzelunternehmens wählt,

   b) welche Probleme Herr Leone als Einzelunternehmer haben kann,

   c) wie er auf eine rasche Absatzausweitung bzw. auf Konjunkturschwächen reagieren kann,

   d) wie Friedrich Leone firmieren kann.

2. Am 7. März 1997 wurde in das Handelsregister Ludwigsburg die Fielmann AG & Co. OHG eingetragen. Erläutern Sie diese Rechtsform.

3. Dem Gesellschafter Sautter wurde die Geschäftsführungsbefugnis durch seine beiden anderen Gesellschafter Reitter und Moll entzogen. Trotzdem kauft Sautter für die OHG einen neuen Geschäftswagen und schließt einen Kreditvertrag über 25.000 EUR ab. Beurteilen Sie die Rechtslage.

4. Warum werden die Kapitalanteile der Gesellschafter einer OHG nicht im Handelsregister eingetragen?

5. Der Kaufmann Andreas Weinert gründete ein Unternehmen für Geschäftsausstattungen und hat dieses Unternehmen in den vergangenen Jahren stetig vergrößern und ausbauen können.

   Für eine Betriebserweiterung im Jahre 02 soll das Einzelunternehmen in eine OHG umgewandelt werden. Als Gesellschafter bieten sich sein technischer Mitarbeiter Wolfgang Pschorr und sein Sohn Alexander Weinert an, der soeben sein Ingenieurstudium beendet hat.

   Die Bezeichnung »Geschäftsausstattungen Andreas Weinert« soll in die neue Firma aufgenommen werden.

   Herr Weinert sen. bringt sein Unternehmen (Gebäude, sonstiges Anlagevermögen, Umlaufvermögen) im Wert von 400.000 EUR ein, Pschorr leistet eine Bareinlage von 50.000 EUR und Alexander Weinert stellt seine Arbeitskraft zur Verfügung.

   Die OHG beginnt laut Gesellschaftsvertrag, der am 5. Dezember 01 abgeschlossen wurde, am 1. Januar 02; die Eintragung in das Handelsregister erfolgt am 10. Januar 02.

   a) Welche Form muss der Gesellschaftsvertrag für diese OHG haben? Begründen Sie Ihre Antwort.

   b) Prüfen Sie, ob die OHG die vorgesehene Firma übernehmen kann, und begründen Sie Ihre Ansicht.

   c) Der Sohn Alexander Weinert leistet keine Einlage, sondern stellt seine Arbeitskraft zur Verfügung.

      Beurteilen Sie diese Vereinbarung im Gesellschaftsvertrag

      - im Hinblick auf die Einlagepflicht des OHG-Gesellschafters,
      - in bilanztechnischer Sicht,
      - aus der Sicht der Mitgesellschafter,
      - aus der Sicht der Gläubiger.

   d) Erläutern Sie die Bedeutung der Daten 5. Dezember 01, 1. Januar 02 und 10. Januar 02 im Hinblick auf die Entstehung der OHG.

e) Führen Sie in einer übersichtlichen Tabelle die Gewinnverteilung für das Jahr 02, die Verlustverteilung für das Jahr 03 durch, und geben Sie die Entnahmen der drei Gesellschafter am Ende des Jahres 02 und 03 an.

Die Gesellschafter Andreas Weinert und Wolfgang Pschorr machen von ihrem Entnahmerecht nach HGB Gebrauch.

Im Jahr 02 erzielt die OHG einen Gewinn von 30.000 EUR. Im Jahr 03 erzielt die OHG einen Verlust von 7.500 EUR.

Die Gewinn- und Verlustverteilung ist wie folgt geregelt:

- Jeder Gesellschafter erhält zunächst 6 % seines Kapitalanteils; der Rest wird zur Hälfte an Andreas Weinert und zu je einem Viertel an Wolfgang Pschorr und Alexander Weinert verteilt.
- Außerdem hat Alexander Weinert eine Einlage in der Form zu bewirken, dass er seinen 3.000 EUR übersteigenden Anteil am Gewinn so lange nicht entnehmen darf, bis sein Kapitalkonto 25.000 EUR erreicht hat.
- Die Verlustverteilung erfolgt nach Gesetz.

6. Sachverhalt: Peter Stalder gründete ursprünglich die Peter Stalder Tennishallen e. K. Um mit anderen Tennishallen konkurrenzfähig zu bleiben, stehen umfangreiche Investitionen an. Dazu nahm er gegen Ende des Jahres 01 seine Tochter Femke als Komplementärin und Alfred Brodt als Kommanditisten in das Unternehmen auf. Der Gesellschaftsvertrag für die KG wurde am 1. Dezember 01 abgeschlossen.

Die Eintragung in das Handelsregister erfolgte am 15. Dezember 01.

Die Bilanz der KG zum 31. Dezember 01 weist folgende Beträge in EUR aus:

Aktiva	Bilanz zum 31. Dezember 01			Passiva
Anlagevermögen	1.300.000	Kapital Peter Stalder		260.000
Umlaufvermögen	180.000	Kapital Femke Stalder		350.000
		Komm. Kap. Brodt	110.000	
		ausst. Einlage	10.000	
		eingef. Komm. Kap.		100.000
		Fremdkapital		770.000
	1.480.000			1.480.000

a) Kommanditist Brodt hat bei den Vertragsverhandlungen die Aufnahme seines Namens in die Firma gefordert. Die anderen Gesellschafter lehnen dies ab. Nennen Sie je ein rechtliches und wirtschaftliches Argument.

b) Erläutern Sie die rechtliche Bedeutung des
- 1. Dezembers 01 und
- 15. Dezembers 01 für die Gesellschafter des Unternehmens.

c) Am 18. Februar 02 fordert ein Lieferant des Unternehmens einen seit einem halben Jahr fälligen Betrag über 12.000 EUR vom Kommanditisten Brodt. Dieser verweigert die Zahlung mit der Begründung, dass er zum Zeitpunkt der Entstehung der Schuld noch nicht Gesellschafter gewesen sei. Erläutern Sie die Rechtslage.

d) Femke Stalder möchte sich an einer Fitness-Center GmbH beteiligen. Für diesen Zweck will sie 20.000 EUR aus der KG herausziehen. Welcher rechtliche und wirtschaftliche Einwand ist dagegen zu erheben, wenn im Gesellschaftsvertrag darüber nichts vereinbart wurde?

e) Beurteilen Sie folgende Vorgänge:
- Brodt erwirbt bei einem Sportartikelhändler Tennisschläger im Wert von 30.000 EUR für die Sport-Shops in den Tennishallen. Er begründet dies damit, Gesellschafter des Unternehmens zu sein.

- Peter Stalder kauft fünf Ballmaschinen im Wert von 25.000 EUR. Brodt widerspricht dem Kauf mit der Begründung, man beschäftige doch einen Tennislehrer.
- Femke Stalder beabsichtigt, mit liquiden Mitteln der KG aus Spekulationsgründen 500 Aktien eines Automobilwerkes zu kaufen. Ihr Vater, Peter Stalder, dessen Geschäftsführungsrechte nicht beschränkt sind, widerspricht dem Kauf.

3.6 Kapitalgesellschaften

3.6.1 Aktiengesellschaft (AG)

Die **Aktiengesellschaft** ist eine Handelsgesellschaft mit eigener Rechtspersönlichkeit (juristische Person), deren Gesellschafter (Aktionäre) **mit Einlagen auf das in Aktien zerlegte Grundkapital beteiligt** sind. Für die Verbindlichkeiten der Gesellschaft **haftet** den Gläubigern **nur das Gesellschaftsvermögen.** *AktG §§ 1, 3*

Die Aktionäre riskieren lediglich ihren Kapitaleinsatz.

Kapitalaufbringung durch Aktienverkauf

▶ Kapital

§§ 6 f. HGB § 266

Das Eigenkapital einer AG besteht aus mehreren Teilen. Der Teil, der sich aus dem Nennwert oder den Anteilen sämtlicher Aktien zusammensetzt, nennt man **Grundkapital.** Es ist in der Bilanz als **Gezeichnetes Kapital** auszuweisen. Der Mindestnennbetrag des Grundkapitals ist 50.000 EUR.

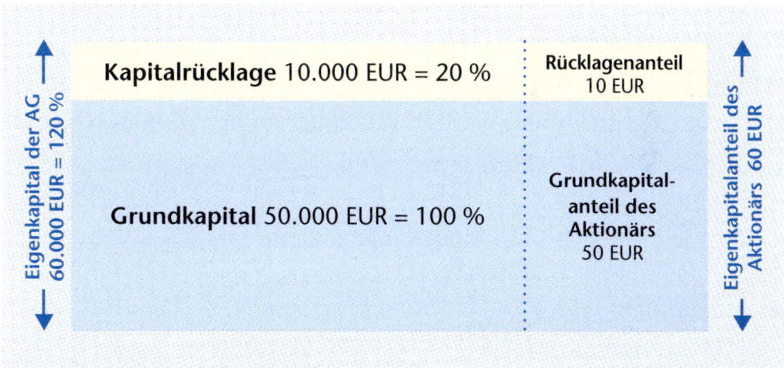

Der andere Teil besteht aus **Rücklagen.** Es gibt Kapitalrücklagen, in die das Aufgeld (Agio) bei der Ausgabe von Aktien einzustellen ist. Daneben gibt es auch Gewinnrücklagen, in die der Gewinn eingestellt wird.

▶ Wesen der Aktien und Ausgabe

Aktien sind Urkunden über die Beteiligung an einer Aktiengesellschaft. Durch den Verkauf von Aktien fließt bei der Gründung und bei einer späteren Kapitalerhöhung der AG das benötigte Kapital zu. Sie können als Nennbetragsaktien oder als Stückaktien ausgegeben werden. *AktG § 8*

Nennbetragsaktien lauten auf mindestens einen EUR, höhere Nennbeträge lauten auf volle Euro. *§ 8 (2)*

Stückaktien lauten auf keinen Nennbetrag. Die Stückaktien einer Gesellschaft sind am Grundkapital zu gleichen Anteilen beteiligt. Der auf die einzelne Aktie entfallende anteilige Betrag darf einen EUR nicht unterschreiten. *§ 8 (3)*

Beispiel: Bei einem Gezeichneten Kapital von 4 Mio. EUR und 8.000 Stückaktien beträgt der Wert einer Stückaktie 500 EUR.

HGB § 272 (2) Für einen geringeren Betrag als den Nennbetrag oder den auf die einzelne Stückaktie entfallenden anteiligen Betrag des Grundkapitals dürfen Aktien nicht ausgegeben werden (geringster Ausgabebetrag). In der Regel werden Aktien zu einem höheren Betrag als der Nennbetrag verkauft. Diese Differenz nennt man **Aufgeld (Agio).** Das Aufgeld muss in die Kapitalrücklage eingestellt werden.

Beispiel: Werden 1.000 Nennbetragsaktien zu 50 EUR für 60 EUR verkauft, dann werden 50.000 EUR in das Gezeichnete Kapital und 10.000 EUR in die Kapitalrücklage eingestellt.

Firma

AktG § 4 Die Firma der AG kann eine Personen-, Sach-, Fantasiefirma oder gemischte Firma sein. Sie muss die Bezeichnung »Aktiengesellschaft« oder eine allgemein verständliche Abkürzung dieser Bezeichnung enthalten.

Beispiele: Albert Hoffmann Aktiengesellschaft, Funner & Higher AG, Ahrens Textil Aktiengesellschaft

Gründung

Gründer und Gesellschaftsvertrag

§ 2 § 23 Die Aktiengesellschaft kann von einer oder mehreren Personen gegründet werden. Die Gründer stellen den Gesellschaftsvertrag, die **Satzung,** auf. Dieser muss notariell beurkundet werden.

Die Gründer müssen alle Aktien gegen Einlagen übernehmen.

Gründungsarten

In der Satzung ist festzulegen, ob eine Bargründung oder eine Sachgründung erfolgen soll.

§ 54 a) Bei der **Bargründung** werden die Einlagen der Aktionäre durch Einzahlungen geleistet.

§ 27 b) Bei der **Sachgründung** bringen die Aktionäre statt Bargeld Sachen und Rechte in die AG ein.

Beispiele: Grundstücke, Maschinen, Patente

Aufbau der AG

§ 29 Die AG hat drei Organe:

- den **Vorstand,** der das Unternehmen leitet,
- den **Aufsichtsrat (AR),** der die Geschäftsführung des Vorstandes überwacht, und
- die **Hauptversammlung (HV),** in der die Aktionäre ihre Interessen vertreten.

Vorstand

§§ 77 f. **a) Rechtsstellung.** Besteht der Vorstand aus mehreren Personen, so haben diese gesetzlich die Gesamtgeschäftsführungsbefugnis und die Gesamtvertretungsmacht. In der Satzung kann auch Einzelgeschäftsführungsbefugnis und Einzelvertretungsmacht festgelegt werden. Die Einzelgeschäftsführungsbefugnis wird aber dadurch beschränkt, dass bei Meinungsverschiedenheiten im Vorstand nie gegen die Mehrheit der Vorstandsmitglieder entschieden werden darf.

Die Satzung kann auch bestimmen, dass ein Vorstandsmitglied gemeinsam mit einem Prokuristen die Gesellschaft vertritt.

§ 81 Sowohl die Einzelvertretungsbefugnis als auch die Gesamtvertretungsbefugnis zusammen mit einem Prokuristen sind ins Handelsregister einzutragen.

b) Bestellung und Abberufung. Der Vorstand wird in der Regel vom AR auf höchstens fünf Jahre bestellt. Eine wiederholte Bestellung ist möglich. AR-Mitglieder können nicht gleichzeitig Vorstandsmitglieder sein. AktG §§ 84, 84 (3), 85, 105, 76 (2)

c) Zusammensetzung. Der Vorstand kann aus einer oder mehreren Personen, den Vorstandsmitgliedern oder Direktoren, bestehen. Bei Gesellschaften mit einem Grundkapital von mehr als 3 Millionen EUR hat er aus mindestens 2 Personen zu bestehen, es sei denn, die Satzung bestimmt, dass er aus einer Person besteht.

In Gesellschaften mit mehr als 2.000 Arbeitnehmern gehört dem Vorstand ein Arbeitsdirektor als gleichberechtigtes Mitglied an. Er wird vom Aufsichtsrat bestellt und bearbeitet insbesondere arbeitsrechtliche, soziale und personelle Angelegenheiten. MitbestG § 33

d) Aufgaben.

1. Der Vorstand hat unter eigener Verantwortung die Gesellschaft zu leiten. AktG § 76,
2. Er muss dem AR regelmäßig, mindestens vierteljährlich, über den Gang der Geschäfte und die Lage des Unternehmens berichten. § 90
3. Er hat jeweils für das vergangene Geschäftsjahr den Jahresabschluss sowie den Lagebericht aufzustellen und dem Abschlussprüfer vorzulegen. HGB § 264
4. Er hat die HV einzuberufen und ihr einen Vorschlag über die Verwendung des Bilanzgewinns zu unterbreiten. AktG § 121
5. Er muss bei Zahlungsunfähigkeit oder Überschuldung die Eröffnung des Insolvenzverfahrens oder die Aufstellung eines Insolvenzplanes beantragen. § 92

Bei der Durchführung seiner Aufgaben hat er die Sorgfalt eines ordentlichen und gewissenhaften Geschäftsleiters anzuwenden. § 93 § 88

e) Öffentlichkeit. Die Zusammensetzung des Vorstandes und jede Änderung müssen im Handelsregister eingetragen und veröffentlicht werden.

f) Vergütung. Neben dem festen Gehalt kann der Vorstand eine Beteiligung am Jahresgewinn **(Tantieme)** erhalten. § 81

▶ Aufsichtsrat

§ 80

a) Bestellung. Der AR wird auf vier Jahre bestellt. § 87

1. In Gesellschaften mit **weniger als 500 Arbeitnehmern** ist die Mitbestimmung der Arbeitnehmer im AR nicht zwingend vorgeschrieben. Der AR kann also ausschließlich mit Vertretern der **Anteilseigner** besetzt sein. §§ 101 f.
2. In Gesellschaften, die **mindestens 500,** aber **nicht mehr als 2.000 Arbeitnehmer** beschäftigen, wird der AR zu zwei Dritteln aus Vertretern der **Anteilseigner** und zu einem Drittel aus Vertretern der **Arbeitnehmer** gebildet. DrittelbG § 1
3. In Gesellschaften, die **mehr als 2.000 Arbeitnehmer** beschäftigen, setzt sich der AR je zur Hälfte **(paritätisch)** aus Vertretern der **Anteilseigner** und der **Arbeitnehmer** zusammen. Die Vertreter der Anteilseigner werden in beiden Fällen von der HV, die Vertreter der Arbeitnehmer von der Belegschaft gewählt. Der AR wählt aus seiner Mitte einen Vorsitzenden und einen Stellvertreter. Wird die dazu erforderliche ²⁄₃-Mehrheit nicht erreicht, so wählen die AR-Mitglieder der Kapitaleigner den Vorsitzenden. Dieser hat bei Stimmengleichheit im AR eine zweite Stimme. MitbestG § 7 § 95 AktG § 110 (3)

b) Zusammenkunft. Der Aufsichtsrat muss zwei Sitzungen im Kalenderhalbjahr abhalten. In nichtbörsennotierten Gesellschaften kann der Aufsichtsrat beschließen, dass eine Sitzung im Kalenderhalbjahr abzuhalten ist.

c) Aufgaben.

1. Der AR bestellt den Vorstand. Er überwacht seine Tätigkeit. Er beruft ihn ab, wenn ein wichtiger Grund vorliegt. §§ 84, 111

AktG § 171 (1) 2. Er hat den Jahresabschluss, den Lagebericht, den Prüfungsbericht des Abschlussprüfers und den Vorschlag des Vorstandes für die Verwendung des Bilanzgewinns zu prüfen.

§ 171 (2) 3. Er hat der HV über das Ergebnis der Prüfung schriftlich zu berichten.

§ 111 (3) 4. Er hat eine außerordentliche HV einzuberufen, wenn das Wohl der Gesellschaft es erfordert.

5. Neben den im Gesetz formulierten Aufgaben ist vor allem die Beratung des Vorstandes wichtig.

Beispiele: Beratung bei geplanten Investitionen, Unterstützung bei der Überwindung von Krisensituationen

§§ 36 f. § 40 § 106 **d) Öffentlichkeit.** Namen, Stand und Wohnort der AR-Mitglieder müssen dem Registergericht gemeldet werden. Sie werden aber nicht eingetragen, sondern nur in den Gesellschaftsblättern veröffentlicht. Das sind die in der Satzung festgelegten Publikationsmedien. Ferner ist jeder Wechsel der AR-Mitglieder unverzüglich bekanntzumachen
§ 80 und die Bekanntmachung ins Handelsregister einzureichen. Der Name des Vorsitzenden des AR ist auf den Geschäftsbriefen anzugeben.

§ 113 **e) Vergütung.** Dem AR kann eine Vergütung bezahlt werden. Sie kann in der Satzung festgesetzt oder von der HV bewilligt werden.

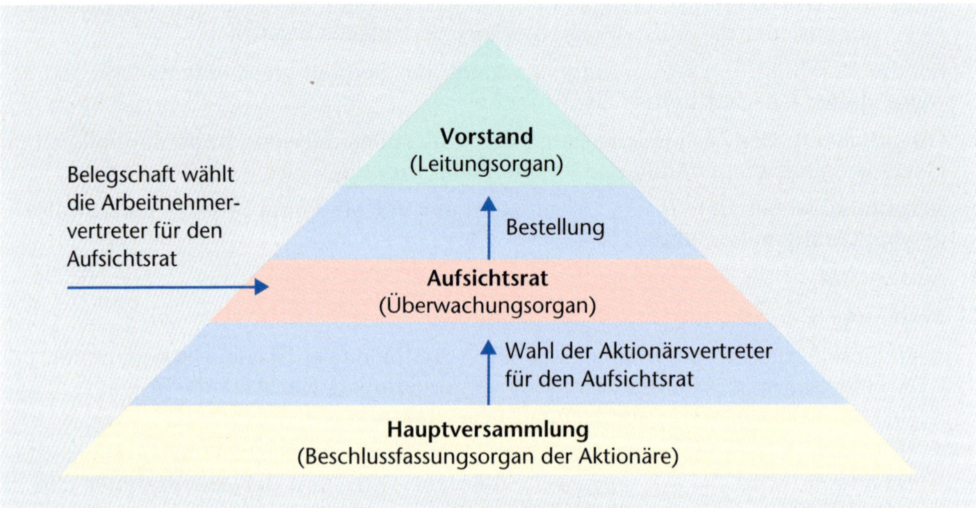

▶ Hauptversammlung

§ 118 § 119 § 131 **a) Rechtsstellung.** Die HV ist die Versammlung der Aktionäre. In ihr nehmen sie die Rechte wahr, die ihnen durch das Gesetz zustehen. Sie beschließen per Stimmrecht die im Gesetz und in der Satzung ausdrücklich bestimmten Fällen.

b) Aufgaben.

§ 132 §§ 101, 103 1. Die HV wählt die AR-Mitglieder der Anteilseigner mit einfacher Mehrheit und kann sie vor Ablauf ihrer Amtszeit mit $^3/_4$-Mehrheit abberufen.

§ 119 2. Sie beschließt über grundlegende Fragen der AG, die einer Satzungsänderung bedürfen wie Kapitalerhöhung und -herabsetzung, Verschmelzung mit einem anderen Unternehmen und Auflösung der eigenen AG.

§ 119 3. Sie wählt den Abschlussprüfer und Prüfer für Sonderprüfungen, z. B. bei der Gründung.

4. Sie beschließt über die Verwendung des festgestellten Bilanzgewinns. AktG § 119
5. Sie stellt den Jahresabschluss fest, wenn Vorstand und AR dies beschließen oder wenn der AR den Jahresabschluss des Vorstandes nicht billigt. § 173
6. Sie beschließt über die Entlastung der Vorstands- und Aufsichtsratsmitglieder. § 120

c) **Einberufung.** Die ordentliche HV muss jährlich in den ersten acht Monaten des Geschäftsjahres einberufen werden. Dabei nimmt sie den Jahresabschluss und den Lagebericht entgegen und beschließt die Verwendung des Bilanzgewinns. §§ 121, 175

Eine außerordentliche HV wird einberufen, wenn

- Aktionäre, deren Anteile zusammen mindestens fünf Prozent des Grundkapitals ausmachen, dies fordern, § 122
- der Verlust die Hälfte des Grundkapitals erreicht hat, § 92
- Kapitalerhöhungen bzw. -herabsetzungen geplant sind. § 119

d) **Abstimmung.** Das Stimmrecht wird nach Aktiennennbeträgen, bei Stückaktien nach ihrer Zahl, ausgeübt. Aktionäre, die »Aktienpakete« besitzen (Großaktionäre), haben also einen entscheidenden Einfluss in der HV. Die Satzung kann allerdings das Stimmrecht durch Festsetzung von Höchstbeträgen beschränken. Die Unterwanderung einer AG durch Großaktionäre soll auch öffentlich bekannt werden. Sobald ein Großaktionär 25 % des Kapitals einer AG erworben hat, muss er dies der AG mitteilen. Diese hat den Tatbestand in den Gesellschaftsblättern zu veröffentlichen. Unternehmen, welche die Mitteilungspflicht verletzt haben, können keine Rechte mehr geltend machen, die sie aus dem Besitz von Aktien haben. § 134 § 20

Mehrheiten	Beschlüsse	
einfache Mehrheit	»normale« Beschlüsse	§ 133
qualifizierte Mehrheit (75 % des bei der Beschlussfassung vertretenen Grundkapitals)	Beschlüsse über Satzungsänderungen	§ 179
25 % + eine Stimme **(Sperrminorität)**	Beschlüsse über Satzungsänderungen können verhindert werden.	§ 129

Der Aktionär braucht das Stimmrecht jedoch nicht persönlich auszuüben. Er kann sich durch einen Bevollmächtigten vertreten lassen. Da die Aktien sehr häufig bei einer Bank deponiert werden, liegt es nahe, dass sie den Aktionär vertritt.

Durch dieses **Depotstimmrecht** erhält die Bank eine große Machtfülle. Um diese Machtfülle einzuschränken und Missbräuche zu verhindern, verlangt das Gesetz, dass der Aktionär seine Bank zur Ausübung des Stimmrechtes schriftlich ermächtigen muss und die Bank sich an den Willen des Aktionärs halten muss. Der Bankkunde hat das Recht, seiner Bank bestimmte Weisungen für die HV zu erteilen. § 135

Bei Aktiengesellschaften, deren Aktien zum Börsenhandel zugelassen sind, müssen die Beschlüsse notariell beurkundet werden.

Pflichten und Rechte des Aktionärs § 130

▶ Pflicht des Aktionärs

Die Hauptpflicht des Aktionärs ist die übernommene Einlage zu leisten. Bei einer Bargründung sind mindestens 25 % des geringsten Ausgabebetrages der Aktien und das volle Agio einzuzahlen. § 54, §§ 36 (2), 36a

Bei Sachgründungen sind die Sacheinlagen voll einzubringen.

▶ Rechte des Aktionärs

AktG § 118 a) Recht auf Teilnahme an der HV.

§ 134 b) Stimmrecht in der HV nach Aktiennennbeträgen, bei Stückaktien nach deren Zahl.

§ 131 c) Auskunftsrecht über Angelegenheiten der Gesellschaft, soweit die Auskunft zur sachgemäßen Beurteilung des Gegenstandes der Tagesordnung erforderlich ist.

§ 243 d) Anfechtung eines Beschlusses der HV wegen Verletzung des Gesetzes oder der Satzung.

§§ 58 (4), 60 e) Recht auf Anteil am Bilanzgewinn (Dividende) nach ihren Anteilen am Grundkapital.

§ 186 f) Recht auf Bezug neuer (junger) Aktien im Verhältnis der Kapitalerhöhung zum alten Grundkapital.

Beispiel: Ein Aktionär hat 50 Aktien. Die AG erhöht das Grundkapital von 50 Mio. auf 60 Mio. EUR, also um 20 %. Somit kann der Aktionär bei diesem Bezugsverhältnis (5 : 1) zehn junge Aktien beziehen, d. h., seinen Aktienanteil gleichermaßen um 20 % erhöhen.

§ 271 (2) g) Recht auf Anteil am Liquidationserlös nach dem Anteil am Grundkapital.

Rechnungslegung

HGB § 267 In welchem Umfang Kapitalgesellschaften zur Rechnungslegung verpflichtet sind, hängt von ihrer Größe ab. Für die Zuordnung müssen mindestens zwei der drei nachstehenden Merkmale an zwei aufeinanderfolgenden Abschlussstichtagen erfüllt sein:

Zuordnung / Merkmale	kleine Kapitalgesellschaft	mittelgroße Kapitalgesellschaft	große Kapitalgesellschaft
Bilanzsumme	≤ 6,0 Mio. EUR	> 6,0 Mio. EUR ≤ 20,0 Mio. EUR	> 20,0 Mio. EUR
Umsatzerlöse	≤ 12,0 Mio. EUR	> 12,0 Mio. EUR ≤ 40,0 Mio. EUR	> 40,0 Mio. EUR
Arbeitnehmer	≤ 50 Arbeitnehmer	> 50 Arbeitnehmer ≤ 250 Arbeitnehmer	> 250 Arbeitnehmer

MicroBilG **Kleinstgesellschaften** dürfen eine verkürzte Bilanz- und GuV-Rechnung aufstellen sowie auf einen Anhang verzichten. Der Jahresabschluss muss nicht veröffentlicht werden. Diese Regelung gilt für Kapitalgesellschaften mit höchstens

- 350.000 EUR Bilanzsumme,
- 700.000 EUR Nettoumsatzerlösen oder
- einer durchschnittlichen Anzahl von bis zu zehn Mitarbeitern.

▶ Aufstellung und Feststellung des Jahresabschlusses

HGB § 264 a) Der Vorstand muss in den ersten drei Monaten des Geschäftsjahres den Jahresabschluss und den Lagebericht aufstellen und dem Abschlussprüfer vorlegen. Die Frist für kleine Gesellschaften beträgt sechs Monate. Jahresabschluss und Lagebericht unterliegen keiner Prüfungspflicht.

§§ 316 ff. b) Der von der HV gewählte Abschlussprüfer hat den Jahresabschluss, die Buchführung und den Lagebericht zu prüfen. Beim Jahresabschluss müssen die Bestimmungen des Gesetzes und der Satzung beachtet werden. Der Lagebericht ist darüber hinaus darauf zu prüfen, ob er nicht eine falsche Vorstellung von der Lage der Gesellschaft erweckt. Der Abschlussprüfer muss den schriftlichen Prüfungsbericht dem Vorstand vorlegen. AktG § 321

c) Der Vorstand hat unverzüglich nach Eingang des Prüfberichts dem AR Jahresabschluss, Lage- und Prüfungsbericht vorzulegen, außerdem einen Vorschlag über die Verwendung des Bilanzgewinns durch die HV. Wenn der AR den Jahresabschluss billigt, ist er festgestellt, d. h., er kann nicht mehr verändert werden. §§ 170–172

d) Unverzüglich nach Eingang des Berichts des AR hat der Vorstand die HV zur Entgegennahme des festgestellten Jahresabschlusses und zur Beschlussfassung über die Verwendung des Bilanzgewinns einzuberufen. § 175

▶ Verwendung des Jahresüberschusses

Für die Verwendung des Jahresüberschusses bestimmt das Gesetz die folgenden Schritte:

1. **Deckung eines Verlustvortrages.** § 150 (2)

2. **Einstellung in die gesetzliche Rücklage.** Nach Abzug des Verlustvortrages müssen vom verbleibenden Rest so lange 5 % der gesetzlichen Rücklage zugeführt werden, bis die gesetzliche Rücklage und Kapitalrücklage zusammen die gesetzlichen 10 % oder den in der Satzung bestimmten höheren Prozentsatz des Grundkapitals erreicht haben. § 150 (2)

3. **Einstellung in satzungsmäßige und andere Gewinnrücklagen.** Die HV kann über die Verwendung des Bilanzgewinns beschließen, wenn die Satzung sie hierzu ermächtigt (satzungsmäßige Gewinnrücklagen). § 58 (2)

   Wenn Vorstand und AR den Jahresabschluss feststellen, können sie einen Teil des Jahresüberschusses, höchstens jedoch die Hälfte, in andere Gewinnrücklagen einstellen. Beträge, die in die gesetzliche Rücklage einzustellen sind und ein Verlustvortrag müssen vorher vom Jahresüberschuss abgezogen werden. Die Satzung kann den Vorstand und AR zur Einstellung eines größeren Teils ermächtigen. § 58 (3)

   Die HV kann im Beschluss über die Verwendung des Bilanzgewinns (restlicher Jahresüberschuss) weitere Beträge in die Rücklage einstellen. Die Bildung von Rücklagen verhindert den Abfluss von Mitteln (Selbstfinanzierung).

   Kapital- und Gewinnrücklagen sind offene Rücklagen, weil sie aus der Bilanz ersichtlich sind. Die Bildung von Rücklagen bedeutet, dass die Gewinne im Unternehmen für Finanzierungszwecke eingestellt werden (Selbstfinanzierung).

4. **Ausschüttung von Gewinnanteilen (Dividende).** Die HV beschließt über den Betrag, der aus dem Bilanzgewinn an die Aktionäre auszuschütten ist.

   Bei Nennwertaktien wird die Dividende aus dem Nennwert gerechnet (Nominalverzinsung), die effektive Rendite ergibt sich aus dem Verhältnis des Dividendenbetrages zum Stückkurs.

   Beispiel: Die Makrota AG schüttete im Jahr 01 eine Dividende von 1,10 EUR auf eine Nennbetragsaktie im Nennbetrag von 1,00 EUR aus. Bei einem Börsenkurs von 36,43 (Tiefstkurs Jahr 01) (Kaufpreis 36,43 EUR für eine Aktie) bzw. von 52,75 EUR (Höchstkurs Jahr 01) entspricht dies einer effektiven Rendite von 3,02 % bzw. von 2,09 %.

5. **Gewinn- oder Verlustvortrag.** Bleibt ein Gewinnrest oder ein Verlust übrig, geht der Betrag als Vortrag auf neue Rechnung. § 174 (2), Z. 4

   Beispiel: Die Klamax Maschinenbau AG hat im Jahr 02 einen Jahresüberschuss von 500.000 EUR erwirtschaftet. Das Jahr 01 wurde mit einem Verlust von 50.000 EUR abgeschlossen. Es sind 50.000 Aktien im Umlauf. Gesetzliche Rücklage und Kapitalrücklage betragen zusammen weniger als 10 % des Grundkapitals. Aufsichtsrat und Vorstand möchten so viel wie möglich vom Jahresüberschuss im Unternehmen behalten (hohe Selbstfinanzierung).

Gewinnverwendung bei der Klamax Maschinenbau AG	
Jahresüberschuss – Verlustvortrag	500.000 EUR 50.000 EUR
= bereinigter Jahresüberschuss – 5 % in die gesetzliche Rücklage	450.000 EUR 22.500 EUR
= Restbetrag – 50 % für andere Gewinnrücklagen	427.500 EUR 213.750 EUR
= Restbetrag + möglicher Gewinnvortrag aus dem Vorjahr	213.750 EUR 0 EUR
= Bilanzgewinn – Beträge für andere Gewinnrücklagen	213.750 EUR 0 EUR
= Betrag für die Dividendenausschüttung – Dividende	213.750 EUR 213.500 EUR
= Gewinnvortrag für das nächste Jahr	250 EUR

▶ Offenlegung und Publizität

HGB §§ 325 f.

Dazu werden die Unterlagen beim elektronischen Bundesanzeiger eingereicht und bekannt gemacht. Der Jahresabschluss und weitere Abschlussunterlagen sind unverzüglich nach der Vorlage an die Gesellschafter offenzulegen. Dies geschieht durch Einreichung der Unterlagen beim Handelsregister (HR) und eventuell durch Bekanntmachung im **elektronischen Bundesanzeiger (eBA).** Umfang und Art der Veröffentlichung sind von der Größe der Kapitalgesellschaft abhängig.

Schutz der wirtschaftlichen Partner der AG

Die Unternehmensgröße und die Kapitalzusammenballung bei einer AG führen zu zahlreichen und weit verzweigten Bindungen und Verflechtungen mit anderen Unternehmen und wirtschaftlichen Partnern. Der gesamtwirtschaftliche Schaden, der durch den finanziellen Zusammenbruch einer AG entstehen würde, macht daher eine Reihe von Bestimmungen zum Schutze der wirtschaftlichen Partner erforderlich.

Schutz der wirtschaftlichen Partner	Bestimmungen
Aktionärsschutz	Aktionäre mit geringem Aktienbesitz haben kaum Einfluss auf den Vorstand der AG. Einflussreicher sind Großaktionäre, Aktionärsvereine und Banken, die ihre Depotstimmrechte ausüben. Die Bildung von Aufsichtsräten und das gesetzlich festgelegte Auskunftsrecht des Aktionärs zwingen den Vorstand zur Rechenschaftslegung.
Arbeitnehmerschutz	Die Arbeitnehmer sind im Aufsichtsrat der AG vertreten, bei Gesellschaften mit mehr als 2.000 Arbeitnehmern durch einen Arbeitsdirektor auch im Vorstand. Diese Aufsichtsräte und Vorstandsmitglieder sollen die Interessen der Arbeitnehmer schützen.
Gläubigerschutz	Die Haftungsbeschränkung auf das Gesellschaftsvermögen ist Ursache für Schutzbestimmungen im HGB und Aktiengesetz zu Gunsten der Gläubiger. Dazu gehören u. a. die Pflicht zur Veröffentlichung des Jahresabschlusses oder die Bildung und Verwendung von Rücklagen.

3.6.2 Kommanditgesellschaft auf Aktien (KGaA)

Die **Kommanditgesellschaft auf Aktien (KGaA)** ist eine Gesellschaft mit eigener Rechtspersönlichkeit, bei der **mindestens ein Gesellschafter** den Gesellschaftsgläubigern **unbeschränkt haftet** (persönlich haftender Gesellschafter oder Komplementär). Die anderen Gesellschafter sind mit **Einlagen auf das in Aktien zerlegte Grundkapital beteiligt.** Sie **haften nicht persönlich** für die Verbindlichkeiten der Gesellschaft (Kommanditaktionäre). *AktG § 278*

Die Komplementäre können ihre Einlagen leisten

a) als Vermögenseinlage auf das Grundkapital, wofür sie Aktien erhalten, oder *§ 281 (2)*

b) als freies Gesellschaftskapital außerhalb des Grundkapitals, oder

c) als Mischung von a) und b).

Soweit die speziellen Vorschriften über die KGaA Lücken lassen, gelten daher besonders für die Rechtsstellung der persönlich haftenden Gesellschafter die Vorschriften über die KG und im übrigen die Vorschriften über die AG sinngemäß.

■ Satzung

Die Satzung muss durch notarielle Beurkundung festgestellt werden. Alle persönlich haftenden Gesellschafter müssen sich bei der Feststellung der Satzung beteiligen. Außer ihnen müssen die Personen mitwirken, die als Kommanditaktionäre Aktien gegen Einlagen übernehmen. Die Gesellschafter, die die Satzung festgestellt haben, sind die Gründer der Gesellschaft. *§§ 278, 280*

■ Firma

Sie kann wie die Firma der AG eine Personen-, Sach-, Fantasiefirma oder gemischte Firma sein. Sie muss den Zusatz »Kommanditgesellschaft auf Aktien« oder eine allgemein verständliche Abkürzung dieser Bezeichnung enthalten. *§ 279*

Beispiele: Merck KGaA, Hauck & Aufhäuser Privatbankiers KGaA, Fresenius SE & Co. KGaA

■ Organe

▶ Vorstand

Die persönlich haftenden Gesellschafter sind Vorstand kraft Gesetzes. Er wird also nicht wie bei der AG vom Aufsichtsrat bestellt und kann deshalb auch nicht abberufen werden. Die ihm zustehende Einzelgeschäftsführungsbefugnis und Einzelvertretungsbefugnis kann ihm nur durch gerichtliche Entscheidung aus wichtigen Gründen entzogen werden. Ein Arbeitsdirektor wird nicht bestellt. *§ 278*

▶ Aufsichtsrat

Er wird von den Kommanditaktionären und von den Arbeitnehmern der KGaA gewählt. Persönlich haftende Gesellschafter können nicht Aufsichtsratsmitglieder sein. *§ 287*

▶ Hauptversammlung

Sie umfasst alle Kommanditaktionäre und beschließt nicht nur über die Gewinnverwendung, sondern auch über den Jahresabschluss. *§ 286*

3.6.3 Gesellschaft mit beschränkter Haftung (GmbH)

GmbHG § 13 Die **Gesellschaft mit beschränkter Haftung** (GmbH) ist eine Handelsgesellschaft **mit eigener Rechtspersönlichkeit.** Die Gesellschafter sind mit **Stammeinlagen am Stammkapital** der Gesellschaft beteiligt. **Für Verbindlichkeiten** der Gesellschaft **haftet** den Gläubigern **nur das Gesellschaftsvermögen.**

Gründung

§§ 1–3 Die GmbH kann zu jedem gesetzlich zulässigen Zweck durch eine oder mehrere Personen gegründet werden. Dazu muss ein notariell beurkundeter Gesellschaftsvertrag (Satzung) abgeschlossen werden. Er ist von sämtlichen Gesellschaftern zu unterzeichnen. Die Satzung muss mindestens enthalten:

1. die Firma und den Sitz der Gesellschaft,
2. den Gegenstand des Unternehmens,
3. den Betrag des Stammkapitals,
4. die Zahl und die Nennbeträge der Geschäftsanteile, die jeder Gesellschafter gegen Einlage auf das Stammkapital (Stammeinlage) übernimmt.

§ 11 Erst durch die Eintragung ins Handelsregister entsteht die GmbH als juristische Person mit Kaufmannseigenschaft. Vor der Eintragung haften die handelnden Gesellschafter persönlich und solidarisch (Vorgesellschaft, Kapitel 3.5.5).

Stammkapital, Stammeinlage, Geschäftsanteil

▶ Stammkapital

§ 5 § 42 Es ist der in der Satzung festgelegte **Gesamtbetrag aller Stammeinlagen.** Das Stammkapital ist in der Bilanz als »Gezeichnetes Kapital« auszuweisen. Es muss mindestens 25.000 EUR betragen.

▶ Geschäftsanteil

§ 14 Er ist ein Mitgliedschaftsrecht, das von der Stammeinlage abgeleitet wird. Über ihn kann eine Urkunde ausgestellt werden. Diese Urkunde ist aber kein Wertpapier, sondern nur Beweisdokument.

§ 15–17 Der Geschäftsanteil kann als Ganzes oder in Teilen durch notarielle Beurkundung veräußert oder vererbt werden. Die Veräußerung als Ganzes muss der Gesellschaft gemeldet werden, die Veräußerung von Teilen bedarf der Genehmigung der Gesellschaft.

▶ Stammeinlage

§ 3 § 5 Sie ist der von einem Gesellschafter übernommene Anteil am Stammkapital. Ein Gesellschafter kann bei der Gründung der Gesellschaft nur eine Stammeinlage übernehmen. Ihr Betrag kann für die einzelnen Gesellschafter verschieden hoch sein. Durch die Übernahme wird die Pflicht zur Leistung der Einlage (Geld- oder Sacheinlage) begründet.

Beispiel: Drei Gesellschafter Herzog, Rist und Holly gründen eine GmbH und legen in der Satzung fest, dass ein Geschäftsanteil einen Wert von 1.000 EUR hat. Bei einem Mindeststammkapital von 25.000 EUR ergeben sich 25 Geschäftsanteile. Die Verteilung von Geschäftsanteilen und Stammeinlage zeigt die folgende Aufstellung:

Gesellschafter	Geschäftsanteile	Wert der Geschäftsanteile
Herzog	5	5.000 EUR = Stammeinlage
Rist	12	12.000 EUR = Stammeinlage
Holly	8	8.000 EUR = Stammeinlage
Stammkapital		25.000 EUR

Firma

Die Firma der GmbH kann eine Personen-, Sach-, Fantasiefirma oder gemischte Firma sein. Sie muss die Bezeichnung »Gesellschaft mit beschränkter Haftung« oder eine allgemein verständliche Abkürzung dieser Bezeichnung enthalten. *GmbHG § 4*

Beispiele: Michael Hald GmbH, JK Software GmbH, Autoverwertung Wilhelm Neuss GmbH, rokado Werke GmbH

Pflichten der Gesellschafter

Jeder Gesellschafter hat vor der Anmeldung zum Eintrag ins Handelsregister die Pflicht eine Einzahlung von einem Viertel auf jeden Geschäftsanteil zu leisten. Insgesamt muss auf das Stammkapital so viel eingezahlt werden, dass mit Geld- und Sacheinlagen zusammen die Hälfte des Mindeststammkapitals, 12.500 EUR, erreicht werden. Bei nicht rechtzeitiger Einzahlung sind Verzugszinsen zu entrichten. *§ 7 (2)* *§ 20*

Rechte der Gesellschafter

▶ Gewinnanteil

Die Gesellschafter haben Anspruch auf den Jahresüberschuss im Verhältnis ihrer Geschäftsanteile. Sie können Teile des Jahresüberschusses aber auch in Gewinnrücklagen einstellen. *§ 29*

▶ Mitverwaltung

Aus der persönlichen Bindung der Gesellschafter an die GmbH ergibt sich für sie ein weitgehendes Mitverwaltungsrecht. *§§ 45 f.*

▶ Auskunftsrecht

Der Geschäftsführer hat einem Gesellschafter auf dessen Wunsch unverzüglich Auskunft über die Angelegenheiten der Gesellschaft zu geben und die Einsicht in die Bücher zu gestatten. *§ 51a*

Organe der GmbH

▶ Geschäftsführer

Geschäftsführungsbefugnis und Vertretungsbefugnis werden von einem Geschäftsführer oder mehreren Geschäftsführern ausgeübt. Die Bestellung erfolgt entweder aus dem Kreis der Gesellschafter, oder es handelt sich um eine dritte Person. In Gesellschaften, die mehr als 2.000 Arbeitnehmer beschäftigen, wird ein Arbeitsdirektor bestellt. Er kümmert sich vor allem um die Belange der Arbeitnehmer. *§§ 35 ff.* *MitbestG §§ 1, 33*

Die Art der Vertretungsmacht (Einzel- oder Gesamtvertretungsbefugnis) ist ins Handelsregister einzutragen. Die Stellung eines Geschäftsführers entspricht im Allgemeinen der des Vorstandes einer AG. Auch die Vorschriften über die Angaben auf Geschäftsbriefen gelten sinngemäß für die Geschäftsführer der GmbH. Ihre Amtszeit ist gesetzlich nicht festgelegt. *GmbHG § 10*

▶ Gesellschafterversammlung

Sie ist das beschließende Organ. Ihre Einberufung erfolgt durch eingeschriebenen Brief. Die Abhaltung der Versammlung der Gesellschafter kann unterbleiben, wenn sich sämtliche Gesellschafter mit der schriftlichen Stimmabgabe einverstanden erklären. *§§ 45 ff.*

Trifft der Gesellschaftsvertrag keine besondere Regelung, so können die Gesellschafter u. a. über folgende Punkte beschließen: *§ 46*

a) Feststellung des Jahresabschlusses und der Verwendung des Ergebnisses,

b) Einforderung von Einzahlungen auf die Stammeinlagen,

c) Bestellung, Entlastung und Abberufung von Geschäftsführern,

d) Maßregeln zur Prüfung und Überwachung von Geschäftsführern,

e) Bestellung von Prokuristen und Handlungsbevollmächtigten.

GmbHG § 47 Die Beschlussfassung erfolgt mit einfacher Mehrheit der abgegebenen Stimmen. Jeder EUR eines Geschäftsanteils gewährt eine Stimme.

▶ Aufsichtsrat (AR)

§ 52 Im GmbH-Gesetz ist die Bildung eines AR nicht vorgeschrieben; sie kann aber durch den Gesellschaftsvertrag festgelegt werden. Besteht ein AR, so ist er das Überwachungsorgan der GmbH.

DrittelbG § 1 *MitbestG § 1* Nach dem Drittelbeteiligungsgesetz ist ein AR notwendig bei Gesellschaften mit mindestens 500 Arbeitnehmern. Die Zusammensetzung des AR hängt von der Anzahl der Arbeitnehmer der GmbH ab und wird im DrittelbG und im MitbestG geregelt (siehe AG, Kapitel 3.6.1). Der AR wird von der Gesellschafterversammlung auf vier Jahre bestellt.

Die Aufgaben des AR einer GmbH sind:

1. Der AR bestellt den Vorstand. Er überwacht seine Tätigkeit. Er beruft ihn ab, wenn ein wichtiger Grund vorliegt.
2. *AktG § 171 (1)* Er hat den Jahresabschluss, den Lagebericht, den Prüfungsbericht des Abschlussprüfers und den Vorschlag des Vorstandes für die Verwendung des Bilanzgewinns zu prüfen.
3. *§ 171 (2)* Er hat der HV über das Ergebnis der Prüfung schriftlich zu berichten.
4. *§ 111 (3)* Er hat eine außerordentliche HV einzuberufen, wenn das Wohl der Gesellschaft es erfordert.
5. Neben den im Gesetz formulierten Aufgaben ist vor allem die Beratung des Vorstandes wichtig.

   Beispiele: Beratung bei geplanten Investitionen, Unterstützung bei der Überwindung von Krisensituationen

§ 116

■ Rechnungslegung und Gewinnverwendung

GmbHG § 41 (2) Die Geschäftsführer haben den Jahresabschluss zu erstellen. Dafür gelten die Regelungen des Handelsgesetzbuches für Kapitalgesellschaften.

■ Unternehmergesellschaft (UG), »Mini-GmbH«

§ 5a Diese Sonderform der GmbH verlangt offiziell den Firmenzusatz »**Unternehmergesellschaft (haftungsbeschränkt)**« oder »**UG (haftungsbeschränkt)**« und kann unter folgenden Voraussetzungen gewählt werden:

- Das Stammkapital kann zwischen 1 EUR und 24.999 EUR liegen.
- Die Handelsregisteranmeldung darf erst erfolgen, wenn das Stammkapital in voller Höhe als Bareinlage eingezahlt ist.
- Die Einbringung von Sacheinlagen ist ausgeschlossen.
- Der Jahresüberschuss (abzüglich eines Verlustvortrages aus dem Vorjahr) muss solange in Höhe eines Viertels in die gesetzliche Rücklage gestellt werden, bis Rücklagen und Stammkapital zusammen 25.000 EUR erreichen.
- Die »UG (haftungsbeschränkte)« kann sich in eine »normale« GmbH umwandeln.

Die Gründung wird durch ein Musterprotokoll beschleunigt. Dies ist immer dann möglich, wenn eine Gesellschaft mit nur einem Geschäftsführer und bis zu drei Gesellschaftern gegründet wird. Es hat den Vorteil, dass die Notarkosten dabei deutlich verringert werden können.

Zusammenfassende Übersicht zu Kapitel 3.6: Kapitalgesellschaften

Aktiengesellschaft (AG)

Grundkapital
= Nennbeträge sämtlicher Aktien
- mindestens 50.000 EUR

Nennbetragsaktien | Stückaktien

Gründung
- Gesellschaftsvertrag = Satzung
- Bar- oder Sachgründung
- Übernahme aller Aktien

Aufbau
- Vorstand = Leitungsorgan
- Aufsichtsrat = Überwachungsorgan
- Hauptversammlung = beschließendes Organ

Mitbestimmung
- bis 500 Arbeitnehmer: keine Mitbestimmung
- > 500 Arbeitnehmer: $^1/_3$ Arbeitnehmervertreter
- > 2.000 Arbeitnehmer: $^1/_2$ Arbeitnehmervertreter

Kommanditgesellschaft auf Aktien (KGaA) (Kombination aus KG und AG)

Gesellschafter
- mindestens ein Gesellschafter mit unbeschränkter Haftung
- restliche Gesellschafter: in Aktien zerlegtes Grundkapital; keine persönliche Haftung

Satzung
- notariell beurkundet
- von allen persönlich haftenden Gesellschaftern und Kommanditaktionären festgestellt

Aufbau
- Vorstand = persönlich haftender Gesellschafter
- Aufsichtsrat
- Hauptversammlung = alle Kommanditaktionäre

Gesellschaft mit beschränkter Haftung (GmbH)

Stammkapital
= Stammeinlagen der Gesellschafter
- mindestens 25.000 EUR bei GmbH
- mindestens 1 EUR bei UG

Gründung
- eine oder mehrere Personen
- Gesellschaftsvertrag = Satzung
- notarielle Beurkundung
- Eintragung ins HRB = juristische Person

Gesellschafter

Pflichten	Rechte
– Leistung der Einlage	– Gewinnanteil – Mitverwaltung – Auskunftsrecht

Aufbau
- Geschäftsführer
- Gesellschafterversammlung
- Aufsichtsrat Mitbestimmung: siehe AG

▶ Aufgaben und Probleme

1. Eine AG gibt bei der Gründung Aktien zum Kurs von 15,25 EUR mit dem kleinstmöglichen Nennbetrag zur Deckung des gesetzlich vorgeschriebenen Mindestkapitals aus. Die Aktien lauten auf den kleinstmöglichen Nennbetrag und sollen das gesetzlich vorgeschriebene Mindestkapital erfüllen.

   a) Wie hoch ist der Nennbetrag einer solchen Aktie?

   b) Grenzen Sie Kurswert und Nennbetrag in diesem Fall ab.

   c) Wie viele Aktien werden ausgegeben?

   d) Begründen Sie, ob der Nennbetrag der ausgegebenen Aktien auch 25 EUR sein darf.

   e) Wäre ein Ausgabekurs von 0,50 EUR möglich (Begründung)?

2. Vergleichen Sie die gesetzliche Geschäftsführungsbefugnis und Vertretungsbefugnis eines OHG-Gesellschafters mit der eines Vorstandsmitglieds einer AG.

3. Vorstand und Aufsichtsrat einer AG werden auf verschieden lange Zeiten bestellt. Was bezweckt der Gesetzgeber damit?

4. Der Jahresabschluss einer AG wurde durch Vorstand und Aufsichtsrat festgestellt. Folgende Werte sind der Schlussbilanz entnommen:

Gezeichnetes Kapital	32.000.000 EUR	andere Gewinnrücklagen	960.000 EUR
Kapitalrücklage	4.400.000 EUR	Verlustvortrag	112.000 EUR
gesetzliche Rücklage	560.000 EUR		

   Der Jahresüberschuss beträgt 4.100.000 EUR. Die Einstellung in die gesetzliche Rücklage erfolgt nach AktG § 150 Abs. 2; den anderen Gewinnrücklagen wollen Vorstand und Aufsichtsrat 800.000 EUR zuführen.

   a) Berechnen Sie, ob die AG 9 Cent Dividende auf eine Stückaktie von 1 EUR ausschütten kann.

   b) Stellen Sie in einer Übersicht die Positionen des Eigenkapitals dar
      - vor der Gewinnverwendung,
      - nach der teilweisen Gewinnverwendung und
      - nach der vollständigen Gewinnverwendung.

5. Begründen Sie, warum eine AG 50 Millionen EUR Rücklagen gebildet hat.

6. Sachverhalt: Die Filterwerk GmbH beschäftigt 1.280 Arbeitnehmer. Sie ist Zulieferer für Kraftfahrzeughersteller. Ein Großabnehmer errichtet in den USA eine Niederlassung. Um die günstigen Bedingungen auf diesem überseeischen Markt zu nutzen, beabsichtigt auch das Filterwerk, dort ein Zweigwerk aufzubauen. Der dafür erforderliche Finanzbedarf löst eine Diskussion aus, ob die GmbH in eine AG umgewandelt werden soll.

   Nach dem Gesellschaftsvertrag verteilt sich das Stammkapital von 100 Mio. EUR wie folgt auf die Gesellschafter:

Eva Spieß	72 Mio. EUR	Marcus Kopf	7 Mio. EUR
Kurt Knecht	20 Mio. EUR	Alfred Mohl	1 Mio. EUR

   Kurt Knecht und Marcus Kopf sind Geschäftsführer der GmbH mit Einzelvertretungsbefugnis. Für die Gesellschafter besteht nach dem Gesellschaftsvertrag unbeschränkte Nachschusspflicht.

a) Führen Sie zwei Gründe an, die in diesem Fall für eine Umwandlung in eine AG sprechen.

b) Kurt Knecht und Marcus Kopf sind gegen eine Umwandlung. Beurteilen Sie, ob sie eine Umwandlung verhindern könnten.

c) Eva Spieß garantiert den beiden Geschäftsführern, dass sie nach der Umwandlung Vorstandsmitglieder der AG werden. Erklären Sie, wer bei einer neu zu gründenden AG den Vorstand bestellt, und überprüfen Sie, ob das Versprechen von Eva Spieß durchsetzbar ist.

d) Alfred Mohl gibt zu bedenken, dass eine Umwandlung dieser GmbH in eine AG eine veränderte Offenlegungspflicht mit sich bringt. Nehmen Sie hierzu Stellung.

e) Trotz der ursprünglichen Bedenken der beiden Geschäftsführer wird am 30. März einstimmig die Umwandlung in eine AG beschlossen. Die Gesellschafter der GmbH bringen ihre Geschäftsanteile als Sachvermögen ein und erhalten Aktien zum Nennbetrag von 1,00 EUR. Die Hausbank übernimmt zusätzlich Aktien im Wert von 20 Mio. EUR zuzüglich 10 % Agio.

   Welche Gründe könnten die Hausbank veranlasst haben, sich an der AG zu beteiligen?

f) Wie hoch ist das Gezeichnete Kapital und die Kapitalrücklage?

g) Die Geschäftsentwicklung der AG verläuft ausgezeichnet. Für dringend notwendige Erweiterungsinvestitionen werden im kommenden Geschäftsjahr flüssige Mittel in Höhe von 70 Mio. EUR benötigt.

   Der Vorstand will diese Mittel durch Ausgabe weiterer Aktien aufbringen. Er legt daher der Hauptversammlung folgenden Vorschlag zur Abstimmung vor:

   - Erhöhung des Grundkapitals zum Jahresbeginn durch Ausgabe junger Aktien.
   - Ausgabekurs 5 EUR je 1-EUR-Aktie.

   Auf der Hauptversammlung sind 85 % des Grundkapitals anwesend.

   Wie viele Stimmen werden für die geplante Kapitalerhöhung benötigt?

h) Aktionär Edelmann besitzt Aktien im Gesamtnennbetrag von 29,8 Mio. EUR.

   Begründen Sie, ob Edelmann diese Kapitalerhöhung verhindern könnte.

7. Nennen Sie Merkmale der GmbH, die typisch sind für

   a) Kapitalgesellschaften, b) Personengesellschaften.

8. Die Geschwister Anke, Marion und Dr.-Ing. Volker Braun gründeten im Jahr 01 die AQUA-TERRA Gesellschaft für Umwelttechnikbedarf mbH. Dem Gesellschaftsvertrag vom 10. Juli 01 ist folgender Auszug entnommen:

   § 2 Gegenstand des Unternehmens ist, im Bereich Wasser-, Abwasser- und Abfallwirtschaft, die notwendigen Einrichtungen, Gerätschaften und technischen Anlagen anzubieten und zu vertreiben.

   § 3 Sitz des Unternehmens ist Warthausen.

   § 4 Das Stammkapital beträgt 1.900.000 EUR.

   Stammeinlagen der Gesellschafter sowie Art und Zeitpunkt der Leistung:

   Marion Braun 1,0 Mio. EUR als Bareinlage, davon sind 0,2 Mio. EUR sofort zu leisten, der Rest am 14. August 01.

   Anke Braun 0,75 Mio. EUR als Bareinlage, davon 80 % sofort, der Rest am 2. August 01.

Volker Braun 0,15 Mio. EUR durch notariell beurkundete Übertragung der Rechte an einem Patent auf die GmbH bis zum 25. Juli 01.

§ 6 Dr.-Ing. Volker Braun und Dipl.-Kaufmann Uwe Hoch werden zu Geschäftsführern bestellt.

Die Handelsregistereintragung erfolgte am 6. September 01, die Veröffentlichung der Eintragung zwei Tage später. Alle Gesellschafter erbrachten ihre Einlagen zu den genannten Terminen, Diplom-Kaufmann Hoch ist ein anerkannter Finanzierungsfachmann. In der Gründungsphase waren stets etwa 60 Mitarbeiter beschäftigt.

a) Die Gesellschafter hatten zunächst erwogen, eine KG zu gründen, entschieden sich aber dann für die Rechtsform der GmbH. Vergleichen Sie in einer Tabelle beide Unternehmensformen hinsichtlich der Formvorschrift des Gesellschaftsvertrages, Geschäftsführung, Pflicht zur Bildung eines Aufsichtsrates.

b) Die GmbH sollte nach dem Willen der Gesellschafter unter der Firma »Braun & Hoch Umwelttechnik« in das Handelsregister eingetragen werden.

   - Warum lehnt das Registergericht die Eintragung dieser Firma ab?
   - Begründen Sie, warum das Registergericht auch die Eintragung in das Handelsregister wegen mangelhafter kapitalmäßiger Voraussetzungen Ende Juli 01 verweigern musste.

c) Volker Braun kaufte am 12. August 01 ohne Rücksprache mit Hoch im Namen der GmbH drei notwendige Fertigungsmaschinen zum Preis von 120.000 EUR.

   - Bei der Auslieferung am 20. August 01 verlangte der Lieferant von der Gesellschafterin Marion Braun die volle Bezahlung des fälligen Kaufpreises. Kann der Verkäufer diese Forderung durchsetzen (Begründung)?
   - Könnte der Lieferant seinen Anspruch gegenüber Marion Braun oder gegenüber der GmbH durchsetzen, wenn der Kaufvertrag am 28. September 01 abgeschlossen und die Zahlung sofort fällig gewesen wäre (Begründung)?

d) Zum 20. September 01 wurde die Gesellschafterversammlung eingeladen. Die Tagesordnung enthielt folgende Beschlussanträge:

   - Frau Irma Bach, Leipzig, wird zur Prokuristin bestellt,
   - der Sitz des Unternehmens wird von Warthausen nach Riesa verlegt.

   Frau Anke Braun stimmt gegen beide Tagesordnungspunkte. Die Mitgesellschafter stimmen zu. Welche Wirkung hat die Ablehnung?

e) Der Geschäftsführer Hoch ist interessiert, den Geschäftsanteil von Frau Anke Braun zu erwerben.

   - Warum kann der Wert des Geschäftsanteiles vom Betrag der Stammeinlage sowohl nach oben als auch nach unten abweichen? Begründen Sie dies jeweils mit einem Argument.
   - Welcher Form bedarf die Übertragung des Geschäftsanteiles von Frau Braun auf Herrn Hoch?

3.7 Leitung des Unternehmens

Die Unternehmensleitung übt unterschiedliche Funktionen im betrieblichen Prozess aus.

a) Zielsetzung: Festlegung der Unternehmensziele,

b) Planung: vorausschauende Gestaltung der Leistungserstellung,

c) Organisation: Schaffung von Regelungssystemen,

d) Kontrolle und Revision: Überwachung und Prüfung der Zielerreichung,

e) Rechenschaftslegung: Darstellung der Leistungsergebnisse,

f) Repräsentation: Vertretung des Unternehmens gegenüber Dritten.

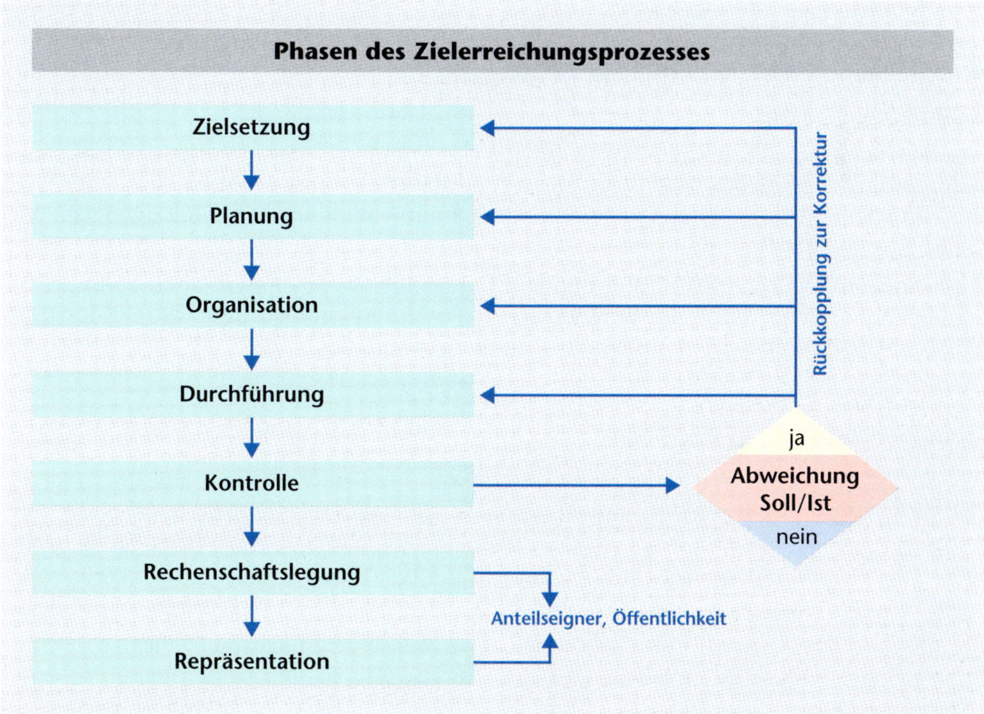

3.7.1 Zielsetzung

Unternehmensleitbild

Die Grundlage für die Unternehmensziele bilden die in vielen Unternehmen im Unternehmensleitbild formulierten Unternehmensgrundsätze.

Das **Unternehmensleitbild** ist ein **Gefüge von Normen, Werten, Verhaltens- und Arbeitsweisen** eines Unternehmens. Es enthält **Leitlinien** und **Ziele** für die Handelnden des Unternehmens.

Die Beantwortung der folgenden Fragen ist typisch für Unternehmensleitbilder:

- Wer sind wir?
- Welche Ziele haben wir?

- Wie wollen wir miteinander umgehen?
- Wie wollen wir intern kommunizieren?
- Wie wollen wir uns nach außen verhalten?
- Wie wollen wir nach außen kommunizieren?

Mit Unternehmensleitbildern sollen die folgenden Adressaten angesprochen werden:

- Mitarbeiter
- Kunden
- Lieferanten
- Anteilseigner
- Öffentlichkeit

Unternehmensziele und Zielbeziehungen

▶ Unternehmensziele

Aus dem Unternehmensleitbild lassen sich die Unternehmensziele ableiten. Aus der Unternehmenskultur erwächst die **Unternehmensidentität (Corporate Identity).** Sie zeigt sich in der Form der Selbstdarstellung gegenüber der Öffentlichkeit und in der Bildung eines Wir-Gefühls beim Personal.

Zwischen der Unternehmenskultur und den Unternehmenszielen besteht ein direkter Zusammenhang, denn durch die Entwicklung einer Unternehmenskultur soll die Realisierung der Unternehmensziele unmittelbar gefördert werden.

Ziele des Unternehmens		
Unternehmensziele	**Zielpunkte**	**Beispiele**
wirtschaftliche Ziele – Leistungsziele	– Marktanteil	Erhaltung oder Ausdehnung des Marktanteils
	– Produktions- und Absatzprogramm	Verwirklichung neuer technischer Ideen
– Erfolgsziele	– Umsatzvolumen	Verkauf in großen Stückzahlen
	– Kostenstruktur	Senkung der Fixkosten
– Finanzziele	– Zahlungsfähigkeit	Ausnutzung gewährter Skontoabzüge
	– finanzielle Struktur	Sicherung des Eigenkapitals
soziale Ziele	– gerechte Entlohnung	Einführung der Arbeitsplatzbewertungen
	– menschenwürdige Arbeitsbedingungen	Anwendung humaner Arbeitsverfahren
ökologische Ziele	– Einhaltung der Umweltschutzgesetze	Einsatz von Abgasentschwefelungsanlagen, Einbau von Katalysatoren, Staub- und Spanabsaugung
	– Entwicklung und Verwendung umweltfreundlicher Produkte, Produktions- und Verpackungsverfahren	Verwendung verrottbarer Materialien für Produkte und Verpackungen, Konstruktion problemlos recycelbarer Produkte

Aus der großen Zahl der Zielalternativen bündelt das Unternehmen sein Zielsystem.

▶ Zielbeziehungen

Da ein Unternehmen immer mehrere Ziele gleichzeitig anstrebt, kann es zu unterschiedlichen Zielbeziehungen kommen. Es lassen sich die folgenden Zielbeziehungen aufzeigen:

a) **Zielharmonie.** Das Erreichen eines Zieles unterstützt zugleich die Erreichung eines oder mehrerer anderer Ziele.

   Beispiel: Die Senkung der Kosten im Beschaffungsbereich hat zur Folge, dass der Gewinn steigt, sofern die Umsätze gleich bleiben.

b) **Zielkonflikt.** Die Erreichung eines Zieles erschwert oder macht die Erreichung eines anderen Zieles unmöglich. Diese Zielbeziehung ist in der Wirtschaft der Normalfall.

   Beispiel: Das Finanzziel, die Kosten zu senken, steht dem ökologischen Ziel, alle Umweltschutzmaßnahmen einzuhalten, entgegen.

c) **Zielneutralität.** Das Erreichen eines Zieles berührt die Zielerreichung in einem anderen Bereich nicht.

   Beispiel: Ein Unternehmen kann trotz Absatzrückgang Arbeitsplätze erhalten, solange es Gewinn erzielt.

3.7.2 Planung

Mit der Planung werden zunächst einmal Entwürfe geschaffen, die aufzeigen, wie die Unternehmensziele erreicht werden sollen. Dabei unterscheidet man den Gesamtplan und Teilpläne.

Der **Gesamtplan** bezieht sich auf das gesamte Unternehmen. Die **Teilpläne** beschränken sich auf Funktionsbereiche. Dazu gehören Absatz-, Produktions-, Beschaffungs-, Lagerbestands- und Finanzplan. Meistens geht die Planung vom Absatzplan aus. Die Planansätze im Absatzplan führen dann zwangsläufig zu entsprechenden Planansätzen in anderen Funktionsbereichen.

3.7.3 Organisation

Sind die Unternehmensziele festgesetzt und die Pläne erstellt, muss die Organisation deren Verwirklichung vorbereiten.

Die **Organisation** schafft ein **System von Regelungen zur Verwirklichung (Realisation) der Planung.**

Zu diesem Zweck werden

a) **Stellen und Abteilungen** gebildet (Aufbauorganisation),

b) **Arbeitsabläufe** festgelegt (Ablauforganisation).

Fehlen solche Regelungen, entstehen Engpässe, Zeitverluste durch Leerlauf, aber auch Verärgerungen unter den Mitarbeitern (schlechtes Betriebsklima).

organisatorischer Mangel	Beispiel
keine klare Aufgabenverteilung	Ein Angestellter zahlt einen Reisekostenvorschuss an einen Monteur aus, ohne dafür zuständig zu sein.
ungeregelte Weisungsbefugnisse	Im Streit erklärt ein Mitarbeiter dem Prokuristen: »Sie haben mir keine Anweisungen zu geben.«

organisatorischer Mangel	Beispiel
keine Festlegung des Arbeitsablaufs	Beim Ermitteln der Kosten für das Fertigungsmaterial findet man weder Lieferscheine noch Eingangsrechnungen.

Aufbauorganisation

Die **Aufbauorganisation gliedert die betriebliche Gesamtaufgabe in Teilaufgaben** und bestimmt die **Stellen** und **Abteilungen,** die diese bearbeiten sollen.

▶ Aufgabengliederung (Aufgabenanalyse)

Die Teilaufgaben werden durch eine **Aufgabenanalyse** sichtbar gemacht. Sie können nach folgenden Kriterien unterteilt werden:

Gliederungsmerkmale	Inhalt	Beispiele
Objekte	Warengruppe, Produkt oder Produktgruppe	Warengruppe: Tischlereibedarf, Zimmereibedarf Produktgruppe: Kfz, Lkw
Verrichtungen	transportieren, lagern, montieren, verpacken, Daten erfassen	Bedarfsermittlung, Bestellung, Lieferungsüberwachung
Phasen	planen, verwirklichen, kontrollieren	Einkaufsplanung, Einkaufsdurchführung, Einkaufskontrolle
Rangstufen	anordnen, ausführen	Einkaufsleiter, Einkäufer, Lagerverwalter, Lagerarbeiter

Aus den Ergebnissen der Analyse entstehen Aufgabengliederungspläne.

Beispiele:

1. Teilplan Objekte

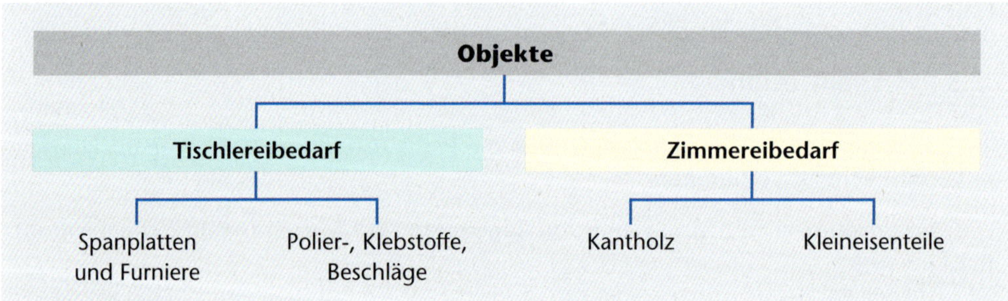

2. Teilplan Verrichtungen: Materialbeschaffung

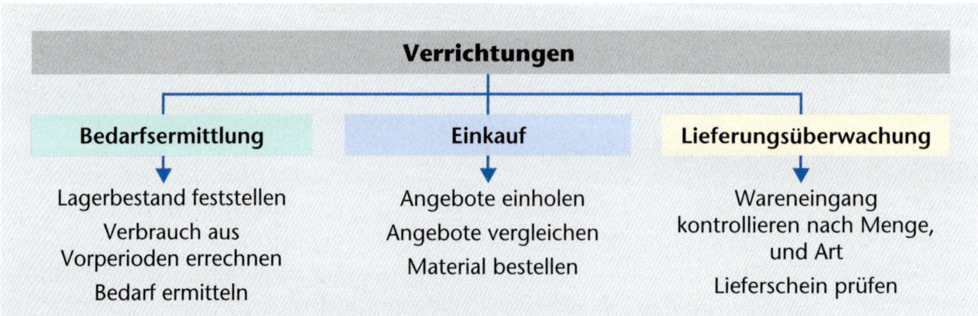

Die in solchen Aufgabengliederungsplänen dargestellten Teilaufgaben werden zum Arbeitsbereich für einen Aufgabenträger (Arbeiter, Angestellter) zusammengefasst. Es entsteht eine **Stelle.**

▶ Stellenbildung (Aufgabensynthese)

Stellen sind die **kleinsten organisatorischen Einheiten** im Unternehmen.

Die Stellenbildung kann nach dem Prinzip der **Zentralisation** oder der **Dezentralisation** erfolgen.

Bei der **Zentralisation** werden gleichartige Teilaufgaben zusammengefasst und einer Stelle zugeordnet. Die Einengung auf sich ständig wiederholende, gleichartige Aufgaben führt zur Spezialisierung.

Beispiel: In einer Großhandlung wird der Einkauf für alle Zweigniederlassungen in der Zentrale von Spezialeinkäufern für die verschiedenen Warengruppen getätigt.

Bei der **Dezentralisation** werden gleichartige Teilaufgaben auf mehrere Stellen verteilt. Das Aufgabenfeld ist dabei erweitert.

Beispiel: Der Bedarf einer Zweigniederlassung wird für mehrere Warengruppen von der Zweigniederlassung selbst eingekauft.

Organisationspläne, in denen die zu bildenden Stellen verzeichnet sind, nennt man Stellenpläne.

▶ Stellenbeschreibung und Stellenbesetzung (Kapitel Personalbeschaffung)

▶ Abteilungsbildung

Mehrere Stellen mit gleichartigen Aufgabenbereichen werden zu **Abteilungen** zusammengefasst. Ein **Organigramm** (auch: Betriebsgliederungsplan) zeigt die Abteilungen eines Unternehmens und ihre Zuordnung.

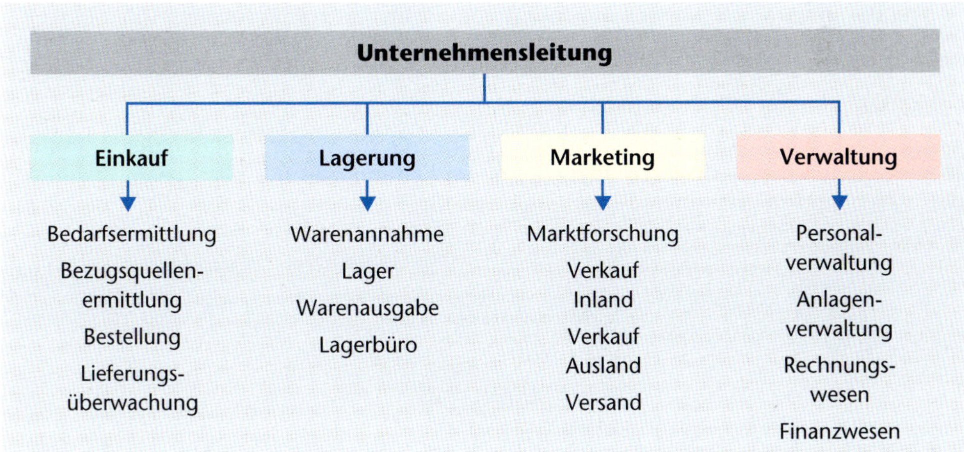

Bei größeren Unternehmen können mehrere Abteilungen zu Hauptabteilungen zusammengefasst werden.

■ Leitungssysteme (Instanzenbildung)

Besitzt ein Stelleninhaber Führungs- und Weisungsbefugnis, so erfüllt er im Gegensatz zu dem Mitarbeiter, der nur Anweisungen auszuführen hat, eine Leitungsaufgabe.

Stellen mit Leitungsaufgaben nennt man **Instanzen.**

Das System von über- und untergeordneten Stellen ergibt die Unternehmenshierarchie (Rangordnung). Gleichrangige Stellen bilden in der Betriebshierarchie eine Ebene.

▶ Einliniensystem

Alle Mitarbeiter sind in einem einheitlichen Weisungsweg eingegliedert. Jeder Mitarbeiter erhält nur von seinem unmittelbaren Vorgesetzten Anweisungen. Ebenso kann er Meldungen und Vorschläge nur bei ihm vorbringen (Instanzenweg, Dienstweg).

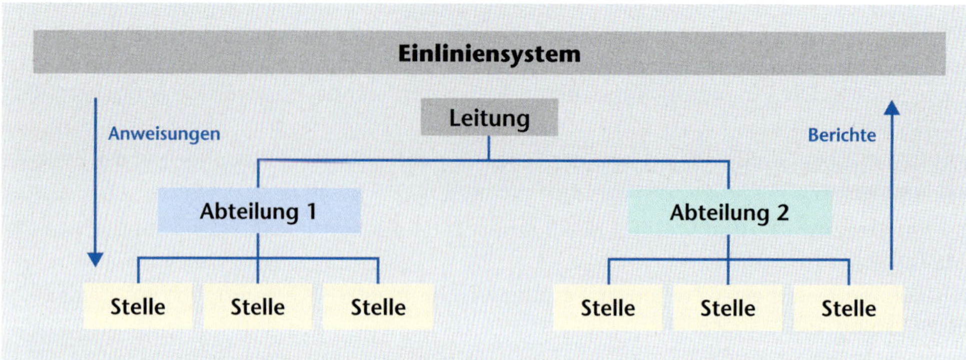

Vorteile	Nachteile
– Die Weisungsbefugnis ist klar und eindeutig.	– Der Weisungs- und Informationsweg ist oft zu lang und zu umständlich.
– Die Disziplin ist straff.	– Die Arbeitsfülle steigt mit der Rangstufe.
– Kompetenzüberschneidungen werden vermieden.	– Die obere Leitung wird stark belastet und schwerfällig.
– Die Beziehungsstruktur ist einfach und überschaubar.	– Es kommt zur personalen Abhängigkeit zwischen Vorgesetztem und Mitarbeiter.

▶ Mehrlinien- oder Funktionensystem

Die Funktionen werden in Zuständigkeiten aufgeteilt. Es werden Abteilungen mit selbstständig handelnden Leitern gebildet. Die obere Leitung gibt nur allgemeine Richtlinien und entscheidet in wichtigen Fällen, während die Routinearbeit durch die Abteilungen selbstständig erledigt wird.

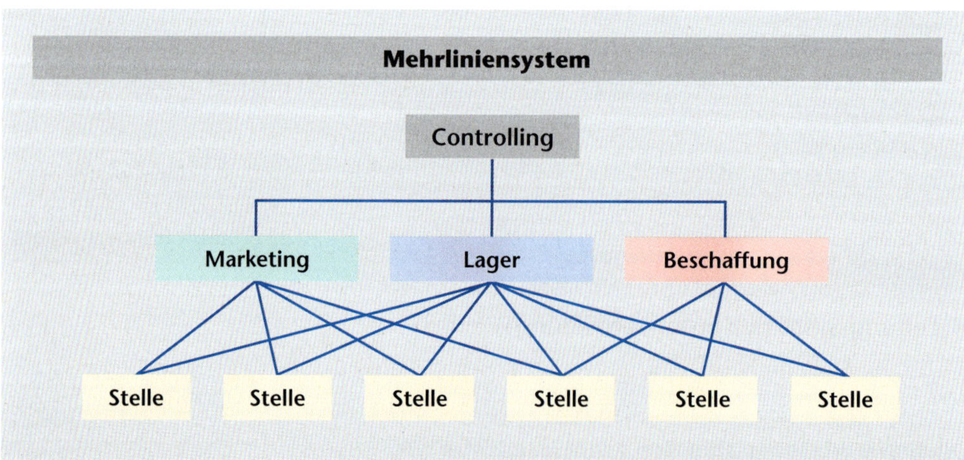

Vorteile	Nachteile
– Die obere Leitung wird entlastet. – Die Routinearbeit wird rasch nach Daueranweisungen erledigt. – Sonderfälle werden ausgegliedert und einer besonderen Arbeitskraft übertragen. – Die Abteilungsleiter und ihre Mitarbeiter entwickeln sich zu Spezialisten.	– Die Funktionsträger müssen zur regelmäßigen Berichterstattung nach oben verpflichtet werden. – Genaue Abgrenzung der Anweisungsbefugnis. – Bei den ausführenden Arbeitskräften können Unsicherheiten über die Dringlichkeit der angewiesenen Arbeiten entstehen. – Schwierigkeit der Zuordnung auftretender Fehler auf die einzelnen Funktionen. – Unstimmigkeiten zwischen Funktionsträgern. – Eine Abteilung kann in die andere »hineinregieren«.

Aus diesen Grundformen der Instanzenbildung sind **Mischformen** entwickelt worden.

▶ **Stabliniensystem**

Dabei umgibt sich die Leitung mit einem Stab von Spezialisten. Sie sind Berater, aber keine Instanzen mit Weisungsbefugnissen. Notwendige Anweisungen werden durch die Führungsspitze erteilt. Stabmitarbeiter können sein: Finanzfachmann, Betriebswirt, Jurist, Organisator, DV-Experte.

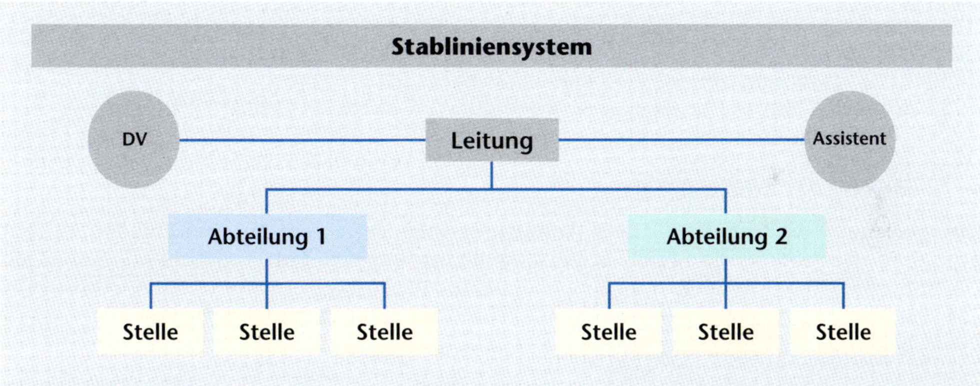

Vorteile	Nachteile
– Die obere Leitung wird entlastet. – Die Disziplin ist straff. – Es gibt weniger Fehlentscheidungen der Leitung. – Die Einarbeitung von Führungsnachwuchs wird erleichtert.	– Der Instanzenweg ist lang. – Die Leitung ist schwerfällig. – Es fallen zusätzliche Personalkosten für hochqualifizierte Mitarbeiter an. – Entscheidungen werden einseitig aus Sicht von Spezialisten getroffen.

Ablauforganisation

Die **Aufgabe** der **Ablauforganisation** ist die **rationelle Gestaltung der Arbeitsprozesse** im Unternehmen.

Unter einem **Arbeitsprozess** versteht man Vorgänge zur Erfüllung betrieblicher Teilaufgaben, die zeitlich und räumlich hinter- oder nebeneinander verlaufen.

▶ Ziele der Ablauforganisation

Ziel	Erklärung	Beispiele
optimale Durchlaufzeit	Es soll ein reibungsloser Ablauf erzielt werden, d.h., Engpässe, Staus und Leerläufe sollen vermieden oder beseitigt werden.	Sicherung des ununterbrochenen Materialflusses, der vollen Ausnutzung der Maschinen und der gleichmäßigen Beschäftigung der Arbeitskräfte
optimale Auslastung	Betriebsmittel und Arbeitskräfte sollen bestmöglich eingesetzt werden.	Eine Buchdruckerei stellt rechtzeitig einen Terminplan für den Nachdruck von Neuauflagen auf. Bei ungenügender Auslastung werden Werbedruckaufträge ausgeführt.
Qualitätssicherung	Die Güte der geleisteten Arbeit muss durch Kontrollen überwacht werden.	Fertigungskontrollen, Laboruntersuchungen der Teil- und Endprodukte
Terminsicherung	Terminpläne müssen aufgestellt und deren Einhaltung überwacht werden.	Terminplanung für die Produktion der Einzelteile, für die Montage und den Versand des Fertigerzeugnisses
optimaler Informationsfluss	Informationen müssen möglichst schnell und präzise an die zutreffenden Stellen gelangen.	Wenn im Lager der Meldebestand erreicht ist, wird automatisch ein Bestellvorschlag erstellt
Förderung der Arbeitsmotivation	Durch die Einhaltung arbeitsrechtlicher Bestimmungen und durch die Anwendung der Erkenntnisse der Arbeitswissenschaft soll ein angenehmes Betriebsklima geschaffen werden.	Einhaltung der vorgeschriebenen Pausen, Selbstverantwortung bei der Gestaltung von Arbeitsaufgaben

▶ Gliederung des Arbeitsablaufs

Das geforderte Endergebnis eines Arbeitsprozesses setzt sich aus verschiedenen Teilprozessen zusammen, die häufig in verschiedenen Prozessschritten durchlaufen werden. Die Teilprozesse werden meistens in verschiedene Prozessschritte aufgeteilt, die ihrerseits aus mehreren Arbeitsschritten bestehen.

Beispiel: Abwicklung einer Warenlieferung

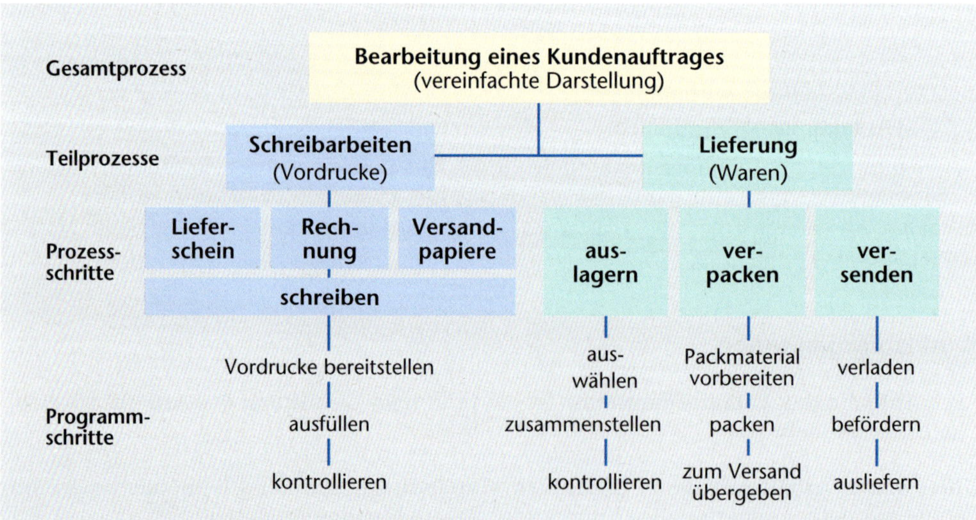

▶ Darstellungsformen für Arbeitsabläufe

Für einfache Arbeitsvorgänge, die zeitlich aufeinanderfolgende Tätigkeiten darstellen, verwendet man lineare Darstellungen in Form von **Arbeitsablaufdiagrammen,** eine **Kombination tabellarischer** und **grafischer Darstellung.**

Beispiel für eine Arbeitsablaufkarte:

Arbeitsablauf Inhalt: **Auftragsbearbeitung**

Lfd. Nr.	**Ablaufstufen**	Stellen: Poststelle	Sachbearbeiterin Versand	Sachbearbeiter Rechnungswesen	Sachbearbeiter Lager
1	Eingang Bestellschein (BS)	Tätigkeit			
2	BS an Sachbearbeiterin Versand		Transport		
3	Ablage, wenn Lieferschein (LS) fehlt		Wartezeit, Stillstand		
4	2 LS-Kopien erstellen	Tätigkeit			
5	LS-Kopien an Sachbearbeiterin Versand		Transport		
6	Kopien trennen		Tätigkeit		
7	1. Kopie an Sachbearbeiter Lager				Transport
8	Lieferung buchen				Tätigkeit
9	Kopie ablegen				Ablage
10	Zusammenfügen von BS und 2. Kopie LS		Tätigkeit		
11	Konditionen prüfen		Kontrolle		
12	LS und BS an Sachbearbeiter Rechnungswesen			Transport	
13	Rechnung schreiben, LS, BS			Tätigkeit	
14	Kontrolle von Menge, Preis, Konditionen, Adresse			Kontrolle	
15	Kopien verteilen an Sachbearbeiter(in) Versand und Lager		Transport		Transport
16	Ablage Rechnung, LS, BS			Ablage	

Symbolerklärung: ● = Tätigkeit ■ = Kontrolle ▲ = Ablage ➡ = Transport D = Wartezeit, Stillstand

3.7.4 Kontrolle und Revision

Die Leitungsorgane sorgen nicht nur für die Aufstellung und Verwirklichung von Plänen, sondern prüfen auch, ob die Ziele erreicht werden. Bei Abweichungen von den durch die Planung gegebenen Sollzahlen ist eine Korrektur notwendig. Kontrolle und Revision wirken dadurch als Rückkopplung (Feedback). Es ist die Aufgabe der Leitungsorgane, den Ursachen der Abweichung nachzugehen und Maßnahmen zu treffen, um diese künftig zu verhindern.

▶ **Kontrolle**

Kontrollen dienen der fortlaufenden Überwachung des Betriebsprozesses und sind in diesen eingebaut. Sie erstrecken sich auf die

a) Arbeitsleistungen (Anwesenheits- und Leistungskontrollen),

b) Betriebsmittel (Bestands-, Funktionskontrollen),

c) Werkstoffe und Erzeugnisse (Mengen-, Qualitätskontrollen).

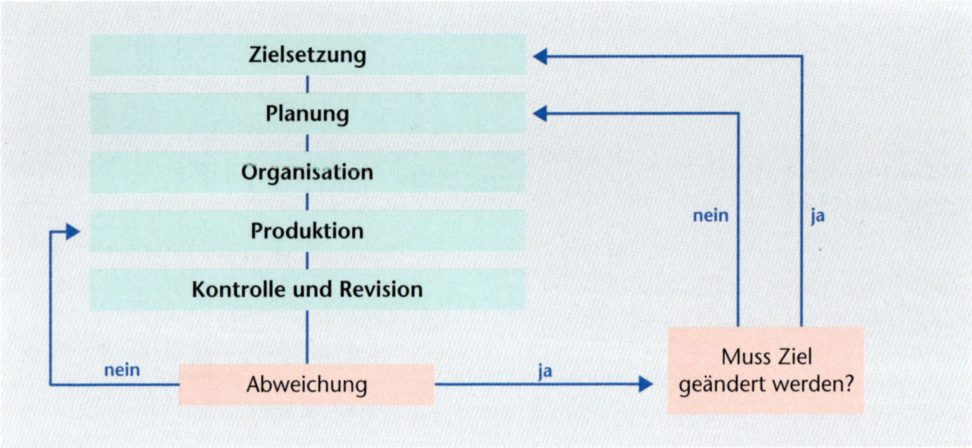

▶ **Revision**

Darunter versteht man die nachträgliche Überprüfung der

- Richtigkeit der Planungen,
- Funktionsfähigkeit der Organisation,
- Ordnungsmäßigkeit der Arbeitsdurchführung,
- Zuverlässigkeit der Rechenschaftslegung.

Sie dient nicht nur innerbetrieblichen Zwecken, sondern auch dem Schutz der außerhalb des Betriebes stehenden Personen (Aktionäre, Gläubiger).

3.7.5 Rechenschaftslegung und Repräsentation

▶ **Rechenschaftslegung**

Unter Rechenschaftslegung versteht man die Vorlage einer geordneten Zusammenstellung der Einnahmen und Ausgaben, verbunden mit der Vorlage der dazugehörigen Belege.

Die Verantwortlichkeit gegenüber der Öffentlichkeit wird deutlich in den gesetzlichen Bestimmungen zur Veröffentlichung des Jahresabschlusses.

Für den Vorstand oder Geschäftsführer von Kapitalgesellschaften und Genossenschaften besteht die Pflicht zur Rechenschaftslegung gegenüber Aufsichtsräten, Aktionären bzw. Gesellschaftern, dem Betriebsrat und der Öffentlichkeit.

▶ **Repräsentation**

Repräsentationsverpflichtungen eines Unternehmens ergeben sich gegenüber politischen und wirtschaftlichen Organisationen oder bei gesellschaftlichen Veranstaltungen.

Die Repräsentation wird in aller Regel durch die Unternehmensleitung wahrgenommen.

Zusammenfassende Übersicht zu Kapitel 3.7: Leitung des Unternehmens

Unternehmensleitung

Zielsetzung

wirtschaftliche Ziele – soziale Ziele – ökologische Ziele

Planung

Gesamtplan — Aufgliederung in → Teilpläne

Organisation

Organisation als ein System von Regeln **zur Verwirklichung (Realisation) der Planung**

Arten der Organisation:

Aufbauorganisation
- Einliniensystem
- Mehrliniensystem
- Stabliniensystem
- Spartensystem

} Darstellung im Organigramm

Ablauforganisation
- Gliederung des Arbeitsablaufs
- Arbeitsverteilung
- Erstellung von Arbeitsanweisungen

Kontrolle und Revision
- Überwachung des Betriebsprozesses
- Überprüfung der Planung
- Überprüfung der Funktionsfähigkeit der Organisation
- Überwachung der Arbeitsdurchführung

Rechenschaftslegung und Repräsentation

Adressaten

Kapitalgeber | Öffentlichkeit | Staat | Kunden | Lieferanten

▶ Aufgaben und Probleme

1. In einer Jugendgruppe werden Sie beauftragt, ein Ferienlager zu leiten. Beschreiben Sie anhand dieses Falles die Führungsaufgaben Zielsetzung, Planung und Organisation.
2. Erstellen Sie in Gruppenarbeit jeweils ein Zielsystem für folgende Unternehmen:
   a) Der Koch Joachim Klein beabsichtigt, sich selbstständig zu machen. Seine Überlegungen zielen darauf ab, ein Restaurant in Citylage zu eröffnen. Dabei will er überwiegend vegetarische Gerichte anbieten.
   b) Der IT-Fachmann Oliver Stein gründet einen Computershop in der Rechtsform eines Einzelunternehmens. Der Standort ist in der Nähe eines großen beruflichen Schulzentrums.

c) Zwei Möbelschreiner beabsichtigen, eine Möbelfertigung aufzunehmen, bei der Wohnmöbel aus natürlichen Rohstoffen (einheimisches Holz, organisches Polstermaterial) hergestellt werden sollen.

3. »Wer plant, handelt zielstrebiger. Wer nicht plant, ist ein Verschwender.«

   Suchen Sie nach Beispielen aus Ihrem Erfahrungsbereich, um diese Behauptung zu begründen.

4. Stellen Sie Beispiele der Aufgabengliederung

   a) aus dem Vertriebsbereich,

   b) aus dem Personalbereich dar.

5. Bei der Gliederung nach Rangstufen können Arbeitsschritte Ausführungs- oder Entscheidungscharakter haben. Zeigen Sie am Beispiel der Einstellung eines leitenden Angestellten,

   a) welche Entscheidungen dabei zu treffen sind,

   b) welche ausführenden Arbeiten dabei anfallen.

6. Beschreiben Sie die einzelnen Arbeitsschritte der Organisation, die bis zur Formulierung einer Stellenbeschreibung zu erledigen sind.

7. Organisatoren empfehlen die Verwendung sowohl von Funktionendiagrammen als auch von Stellenbeschreibungen. Vergleichen Sie beide Organisationsmittel.

8. a) Welche organisatorischen Vor- und Nachteile sind beim Einliniensystem mit der Anweisung »der Dienstweg ist einzuhalten« verbunden?

   b) Beurteilen Sie diese Vorschrift aus der Sicht des »Vorgesetzten« und des »Untergebenen«.

9. Gliedern Sie den Arbeitsablauf für den Gesamtprozess »Bearbeitung eingehender Warenlieferungen«. Anleitung: Teilprozesse sind die Bearbeitung des Schriftgutes (Lieferschein, Frachtbrief, Rechnung) und die Warenannahme (Auspacken, Prüfen, Einlagern).

10. Inwiefern unterscheiden sich Kontrolle und Revision hinsichtlich des Zeitpunktes und des Inhalts?

11. »Vertrauen ist gut, Kontrolle ist besser.« Beurteilen Sie diese Aussage.

12. Erläutern Sie die Rechenschaftslegung des Vorstandes einer AG gegenüber Aufsichtsrat und Hauptversammlung.

13. Auch Einzelunternehmer sind zur Rechenschaftslegung verpflichtet. Geben Sie dafür Beispiele.

14. Nennen Sie Repräsentationsaufgaben für die obere Leitungsebene.

3.8 Krise des Unternehmens

Die Krise eines Unternehmens ist an Symptomen erkennbar: Umsatzrückgang, geringer werdende Gewinne, anhaltende Verluste, Schrumpfung des Eigenkapitals, steigende Verschuldung, Zahlungsschwierigkeiten und schließlich Zahlungsunfähigkeit.

Als **Finanzkrise** eines Unternehmens bezeichnet man **vorübergehende Zahlungsschwierigkeiten (Liquiditätsengpass)** oder die **dauernde Zahlungsunfähigkeit (Insolvenz)** eines Schuldners.

Ursachen einer Krise	
innerbetriebliche Ursachen	**außerbetriebliche Ursachen**
– Mangel an Kapital – falsche Kapitalverwendung – Kapitalentzug durch überhöhte Privatentnahmen – fehlende Marktanpassung – mangelnde kaufmännische Kenntnisse – fehlerhafte Buchführung – technische Überalterung des Betriebs – Verluste durch Fehldispositionen – mangelhafte Organisation	– Abschwächung der Konjunktur – Änderung der Verbrauchergewohnheiten – Beschränkung der Kaufkraft infolge steigender Arbeitslosigkeit – Verschärfung des Wettbewerbs – Rückgang der Zahlungseingänge infolge größerer Verluste an Außenständen

Der Krise eines Unternehmens kann auf verschiedene Weise begegnet werden.

3.8.1 Sanierung

Unter **Sanierung** versteht man die Gesamtheit aller Maßnahmen **zur Gesundung** eines Unternehmens **ohne Hilfe der Gläubiger.**

Sanierung im weiteren Sinne

personell	Umbesetzung in der Unternehmensleitung, bessere Besetzung der Arbeitsplätze
organisatorisch	Rationalisierung
sachlich	Abstoßen unwirtschaftlich arbeitender Betriebsteile
finanziell	Zuführung neuen Kapitals, aber auch Rückgabe nicht mehr benötigten Kapitals oder Umwandlung von Fremdkapital in Eigenkapital

Sanierung im engeren Sinne

Hier wird das in der Bilanz ausgewiesene (nominelle) Kapital an das tatsächlich vorhandene Kapital angeglichen.

▶ Bei Einzelunternehmen und Personengesellschaften

Bei diesen wird das Eigenkapital um den Verlust gemindert (Verringerung der Einlagen).

▶ Bei Kapitalgesellschaften

Weil bei Kapitalgesellschaften das Nominalkapital durch Jahresergebnisse nicht verändert werden darf, muss der **Jahresfehlbetrag** als Abzugsbetrag beim Gezeichneten Kapital ausgewiesen werden. Ist der Verlust kleiner als das Gezeichnete Kapital, dann spricht man von **Unterbilanz.** *InsO §§ 217 ff.*

a) Reine Sanierung. Sie ist die Beseitigung einer Unterbilanz ohne Zuführung von neuen Geldmitteln. Dies geschieht durch eine ordentliche Kapitalherabsetzung **(»Kapitalschnitt«).**

A	Bilanzsituation vor der Sanierung		P
Vermögen	5	Gezeichnetes Kapital	4
		Jahresfehlbetrag	–1
		Fremdkapital	2

→

A	Bilanzsituation nach der Sanierung		P
Vermögen	5	Gezeichnetes Kapital	2
		Rücklagen	1
		Fremdkapital	2

Beispiel: Die Aktien werden um die Hälfte zusammengelegt.

b) Sanierung durch Zuführung neuer Mittel (Zuzahlungssanierung). Die Aktionäre leisten Zuzahlungen, ohne die eine wirkliche Gesundung nicht möglich ist.

HGB § 268 (3) InsO § 19

Übersteigen die Verluste schließlich das Eigenkapital, sodass die Schulden größer sind als das Vermögen, spricht man von **Überschuldung.** Eine Sanierung ist bei Kapitalgesellschaften dann nicht mehr möglich. In diesem Falle muss die Eröffnung des Insolvenzverfahrens beantragt werden.

A	Bilanzsituation bei Überschuldung		P
Vermögen	3	Gezeichnetes Kapital	4
nicht durch EK gedeckter Fehlbetrag	5	Fremdkapital	4

Sanierung in Eigenverantwortung (Schutzschirmverfahren-ESUG)

Das Schutzschirmverfahren-ESUG ist ein Sanierungsverfahren, das unter gerichtlichem Vollstreckungsschutz steht. Es kann nur bei drohender Zahlungsunfähigkeit und bei Überschuldung mit einem »normalen« Insolvenzantrag beantragt werden. Dabei muss ein Sachwalter benannt werden, der allerdings vom Unternehmen selbst frei gewählt werden kann.

Das Schutzschirmverfahren wird für maximal drei Monate gewährt, wenn die angestrebte Sanierung nicht offensichtlich aussichtslos ist. In dieser Zeit soll der Schuldner einen Insolvenzplan erarbeiten.

Am Ende des Schutzschirmverfahrens steht entweder die fristgerechte Vorlage des Insolvenzplans oder dessen Aufhebung. In beiden Fällen ist das Gericht der Entscheidungsträger über die Eröffnung des Verfahrens.

3.8.2 Insolvenzplan

Durch den **Insolvenzplan** wird der **Schuldner** von seinen **restlichen Verbindlichkeiten** gegenüber den Insolvenzgläubigern **befreit.**

Damit kann erreicht werden, dass das **insolvente Unternehmen bestehen bleibt.**

Ein Insolvenzplan kann dem Gericht sowohl durch den Schuldner als auch durch den Insolvenzverwalter vorgelegt werden. Darin werden geregelt die

- Befriedigung der Gläubiger,
- Verwertung und Verteilung der Insolvenzmasse,
- Haftung des Schuldners nach der Beendigung des Verfahrens.

Wirkungen des Insolvenzplanes

Sobald der Insolvenzplan rechtskräftig ist,

- wird ein bereits eingeleitetes Insolvenzverfahren aufgehoben. Vor der Aufhebung hat der Verwalter die unbestrittenen Masseansprüche zu befriedigen und für die bestrittenen Ansprüche Sicherheit zu leisten. *InsO § 258*
- erhält der Schuldner damit das Recht zurück, über die Insolvenzmasse frei zu verfügen. Es kann vorgesehen werden, dass der Insolvenzverwalter die Planerfüllung überwacht. *§ 259*

Gerät der Schuldner bei der Erfüllung des Insolvenzplans einem Gläubiger gegenüber in Rückstand, so wird die Stundung oder der Erlass hinfällig. Allerdings muss der Gläubiger den Schuldner mahnen und ihm mindestens eine zweiwöchige Nachfrist setzen. Danach kann der Gläubiger zur Zwangsvollstreckung schreiten.

Wird vor der vollständigen Erfüllung des Planes über das Vermögen des Schuldners ein neues Insolvenzverfahren eröffnet, so ist die Stundung oder der Erlass für alle Insolvenzgläubiger hinfällig **(Wiederauflebensklausel).** *§ 255*

3.8.3 Außergerichtlicher Vergleich

Man unterscheidet:

Stundungsvergleich (Moratorium)	Erlassvergleich (Quotenvergleich)
Die Gläubiger stunden ihre Forderungen und stimmen einem Tilgungsplan zu.	Die Gläubiger verzichten auf einen Teil ihrer Forderungen.
Vorteile	**Nachteil**
– rasche Durchführung – keine Veröffentlichung – keine Gerichtskosten	Die Gläubiger können bei einem nachfolgenden Insolvenzverfahren nur noch ihre Restforderung geltend machen.

3.8.4 Insolvenzverfahren

Mit dem Insolvenzverfahren soll vermieden werden, dass einzelne Gläubiger versuchen, durch raschen Zugriff die volle Befriedigung ihrer Forderungen zu erlangen, während andere leer ausgehen würden. Ein **Insolvenzverfahren** löscht ein Unternehmen aus (Restschuldbefreiung). Dies ist vor allem aber für die Belegschaft mit schweren Nachteilen verbunden. Bei entsprechender Unternehmensgröße kann dies auch Nachteile für die Volkswirtschaft haben. Deshalb besteht ein nachhaltiges Interesse, die Existenz eines Unternehmens zu sichern.

Das **Insolvenzverfahren** ist ein gerichtliches Verfahren zur gemeinschaftlichen Befriedigung der Gläubiger. Das **Vermögen des Schuldners wird verwertet** und der **Erlös verteilt.**

Voraussetzungen

a) **Zahlungsunfähigkeit, drohende Zahlungsunfähigkeit,** bei juristischen Personen auch **Überschuldung.** *§§ 17 ff.*

b) **Antrag** an das **Insolvenzgericht;** das ist das Amtsgericht, in dessen Bezirk der Schuldner seinen allgemeinen Gerichtsstand hat (Kapitel 2.6). *§ 3*

InsO §§ 13 ff. Der Antrag kann gestellt werden

1. vom Schuldner selbst. Dieser kann auch bereits bei drohender Zahlungsunfähigkeit einen Antrag stellen;
2. von einem Gläubiger. Dieser muss nachweisen, dass er ein rechtliches Interesse an der Eröffnung des Insolvenzverfahrens hat. Er muss seine Forderung und den Grund glaubhaft machen, z. B. durch erfolglose Zwangsvollstreckung oder Wechselprotest.

Eröffnung des Verfahrens

Das Gericht prüft, ob die Voraussetzungen zur Eröffnung des Insolvenzverfahrens vorliegen, und ernennt einen vorläufigen Insolvenzverwalter. Reicht das vorhandene Vermögen
§ 26 zur Deckung der Kosten des Verfahrens nicht aus, so wird der Antrag **mangels Masse** ab-
§ 207 gewiesen. Stellt sich dies erst im Laufe des Verfahrens heraus, wird das Verfahren eingestellt. Die Gläubiger können dann wieder Einzelvollstreckungen einleiten.

Wird das Verfahren eröffnet, so ernennt das Gericht einen **Insolvenzverwalter.** Der Eröffnungsbeschluss ist zu veröffentlichen und ins Handelsregister und zur Verhinderung gutgläubigen Erwerbs von Grundstücken ins Grundbuch einzutragen.

Mit der Eröffnung des Verfahrens werden dem Schuldner bzw. einem möglichen Drittschuldner und den Gläubigern bestimmte Auflagen erteilt oder Rechte entzogen.

Beispiele:

1. Schuldner: Das Recht der Vermögensverwaltung geht auf den Insolvenzverwalter über.
2. Drittschuldner dürfen ihre Schulden nicht mehr an den Schuldner leisten.
3. Die Gläubiger verlieren das Recht auf Zwangsvollstreckungen.

Einteilung der Gläubiger

Insolvenzgläubiger	
Absonderungsberechtigte	Sie haben ihre Forderungen durch ein Pfandrecht gesichert oder können diese aufgrund einer Abtretung oder eines Zurückbehaltungsrechts geltend machen.
Aufrechnungsberechtigte	Ihre Forderungen an den Schuldner werden mit den Forderungen des Schuldners verrechnet.
Massegläubiger	Ihre Masseverbindlichkeiten sind vorweg zu befriedigen: – Kosten des Insolvenzverfahrens, – Kosten, die durch die Handlungen des Insolvenzverwalters entstanden sind, – Verbindlichkeiten aus einem Sozialplan.
persönliche Insolvenzgläubiger	Sie haben zum Zeitpunkt der Eröffnung des Verfahrens einen begründeten Vermögensanspruch an den Schuldner.
nachrangige Insolvenzgläubiger	Sie haben Forderungen, die im Rang nach den übrigen Forderungen stehen, z. B. Zinsen für Forderungen, die nach der Eröffnung des Insolvenzverfahrens angefallen sind.
Aussonderungsberechtigte	
Dies sind **keine Insolvenzgläubiger.** Sie sind Gläubiger, die ein **dingliches oder persönliches Eigentumsrecht an Gegenständen haben,** die sich im Besitz des Schuldners befinden.	

Verwertung und Verteilung der Insolvenzmasse

InsO § 156

Im Berichtstermin hat der Insolvenzverwalter darzulegen, welche

- Aussichten bestehen, das Unternehmen zu erhalten,
- Möglichkeiten für einen Insolvenzplan bestehen,
- Auswirkungen jeweils für die Befriedigung der Gläubiger eintreten würden.

Verwertung. Auf Beschluss der Gläubigerversammlung hat der Insolvenzverwalter das zur Insolvenzmasse gehörende Vermögen zu verwerten. Die bei der Verwertung der Insolvenzmasse erzielten Barmittel können an die Gläubiger ausgezahlt werden. § 159

Verteilung. Vor der Verteilung hat der Insolvenzverwalter ein Verzeichnis der Forderungen aufzustellen. Die Summe der Forderungen und der für die Verteilung verfügbare Betrag sind öffentlich bekannt zu machen. § 188

Beispiel: Verteilung des Vermögens der Lohrer GmbH in Höhe von 190.000 EUR. Ein Insolvenzgläubiger erhält als Bruchteil $^1/_{20}$ seiner Forderung, er erhält also 500 EUR.

Der Insolvenzverwalter muss das Ergebnis den Gläubigern mitteilen. In einer abschließenden Gläubigerversammlung bestimmt das Gericht den **Schlusstermin,** in dem die Schlussrechnung des Verwalters erörtert wird. Die Schlussverteilung darf nur mit Zustimmung des Gerichts erfolgen. Sie erfolgt, wenn die Insolvenzmasse verwertet ist.

Verteilung der Insolvenzmasse

Vermögen	Schulden		Recht	
fremdes Eigentum 20.000 EUR			Aussonderung	
Insolvenzmasse 170.000 EUR	durch Pfand gesichert	30.000 EUR	→ Absonderung	volle Befriedigung
	bei Kindern	10.000 EUR	→ Aufrechnung	volle Befriedigung
	Gerichtskosten, Kosten des Insolvenzverwalters	30.000 EUR	→ Masseverbindlichkeiten	volle Befriedigung
	Käufe, Miete, Löhne und Gehälter nach Eröffnung des Verfahrens Verbindlichkeiten des Sozialplans	80.000 EUR	→ Masseverbindlichkeiten	volle Befriedigung
	gedeckt	20.000 EUR	Bruchteil $^1/_{20}$	teilweise Befriedigung
	ungedeckt	380.000 EUR	Forderungen der persönlichen Insolvenzgläubiger 400.000 EUR	teilweise Befriedigung
	nachrangige Insolvenzgläubiger	10.000 EUR	keine Befriedigung	

Beendigung des Verfahrens und die Folgen

Sobald die Schlussverteilung vollzogen ist, beschließt das Gericht die **Aufhebung** des Insolvenzverfahrens.

Die Insolvenzgläubiger können ihre restlichen Forderungen gegen den Schuldner unbeschränkt geltend machen. Aus der Eintragung in die Insolvenztabelle können die Gläubiger wie aus einem vollstreckbaren Urteil die Zwangsvollstreckung gegen den Schuldner betreiben.

Insolvenzgeld

SGB III § 183

Die Agentur für Arbeit zahlt jedem Arbeitnehmer Insolvenzgeld. Dies ist das auf die monatliche Beitragsbemessungsgrenze begrenzte Bruttoentgelt für die letzten drei Monate vor der Insolvenzeröffnung. Auf Antrag der Einzugsstelle (z. B. AOK) werden auch die für diese Zeit rückständigen Sozialversicherungsbeiträge abgeführt. Die Bundesagentur für Arbeit hat dafür als Insolvenzgläubiger einen Anspruch an die Insolvenzmasse.

3.8.5 Restschuldbefreiung

InsO §§ 286 ff.

Ist der **Schuldner eine natürliche Person,** so kann er **auf seinen Antrag** vom Insolvenzgericht **von den Restschulden befreit werden.**

Der Schuldner muss dafür eine Erklärung abgeben, dass er seine pfändbaren Forderungen für die Zeit von **sechs Jahren** nach der Eröffnung des Verfahrens an einen Treuhänder abtritt.

In dieser Zeit sind **Zwangsvollstreckungen** einzelner Insolvenzgläubiger in das Vermögen des Schuldners **nicht** zulässig. Der Schuldner ist verpflichtet, sich beispielsweise um eine angemessene Erwerbstätigkeit zu bemühen oder jeden Wechsel des Wohnsitzes oder der Arbeitsstelle anzuzeigen.

3.8.6 Bankrott

StGB § 283

Ein **Bankrott** liegt vor, wenn der **Schuldner die Insolvenz verschuldet** hat.

Er wird mit Freiheitsstrafe geahndet.

Insolvenz	**Bankrott**		
ohne Verschulden	mit Verschulden		
	Fahrlässigkeit	Vorsatz	Vorsatz und Gewinnsucht
straffrei	Freiheitsstrafe bis 2 Jahre	bis 5 Jahre	bis 10 Jahre
	Der Schuldner hat durch Spiel, Wetten oder Börsenspekulationen Bestandteile seines Vermögens beiseite geschafft.	Der Schuldner hat in der Absicht, seine Gläubiger zu benachteiligen, Vermögenswerte verheimlicht oder beiseite geschafft.	Der Schuldner hat aus Gewinnsucht oder wissentlich viele Personen in die Gefahr des Verlustes ihrer ihm anvertrauten Vermögenswerte gebracht.

3.8.7 Liquidation des Unternehmens

Die **Liquidation ist die freiwillige Auflösung eines Unternehmens.** Dabei wird das gesamte Vermögen des Unternehmens in liquide (flüssige) Mittel umgewandelt.

BGB §§ 726 ff.

Folgende Auflösungsgründe eines Unternehmens sind möglich: Arbeitsunfähigkeit oder hohes Alter des Unternehmers, Streitigkeiten der Gesellschafter oder Erben, schlechte Ertragsaussichten, Erreichung des Unternehmenszieles.

HGB §§ 131 ff.
AktG §§ 262 ff.

Die **Abwicklung** liegt meist in den Händen des Unternehmers, der bisherigen Gesellschafter, Geschäftsführer oder Vorstandsmitglieder. Es kann aber auch eine andere Person bestellt werden. Man nennt sie **Abwickler (Liquidator).**

GmbHG §§ 60 ff.
GenG §§ 78 ff.

3.8.8 Auswirkungen von Unternehmenszusammenbrüchen

Auswirkungen von Unternehmenszusammenbrüchen	
auf die Volkswirtschaft	**auf die Belegschaft**
Lieferanten können durch den Ausfall ihrer Forderungen selbst zahlungsunfähig werden (Kettenreaktion). Bund, Länder, Gemeinden und Sozialversicherungsträger verlieren Steuer- und Beitragszahler; sie können deshalb ihre öffentlichen Aufgaben nur noch in entsprechend eingeschränktem Maße erfüllen.	Durch den Zusammenbruch verlieren die Mitarbeiter ihren Arbeitsplatz. Sie haben nicht nur Schwierigkeiten, einen gleichwertigen Arbeitsplatz zu finden. Oft müssen sie auch den Wohnort wechseln. Ältere Arbeitnehmer bekommen bei schlechter Wirtschaftslage keinen Arbeitsplatz mehr und sind gezwungen, vorzeitig in Rente zu gehen.

Zusammenfassende Übersicht zu Kapitel 3.8:
Krise des Unternehmens

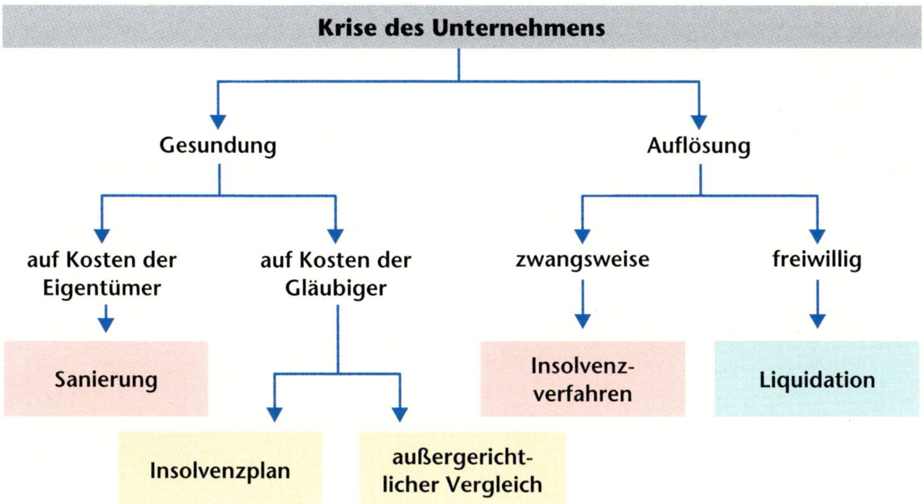

▶ Aufgaben und Probleme

1. Welche Auswirkungen hat der Zusammenbruch eines Unternehmens
   a) für die Volkswirtschaft,
   b) für die Arbeitnehmer,
   c) für die Gläubiger,
   d) für den Eigentümer?
2. Nennen Sie je zwei Gründe für die Krise des Unternehmens, bei denen der Unternehmer die Krise
   a) verschuldet hat,
   b) nicht verschuldet hat.
3. Das Vermögen der Klammer KG beträgt 500.000 EUR. Entscheiden und begründen Sie, welche Maßnahmen zu ergreifen sind, wenn die Schulden
   a) 200.000 EUR,
   b) 500.000 EUR,
   c) 900.000 EUR betragen.
4. Zu wessen Lasten kann die Sanierung eines Unternehmens gehen?
5. Die Bilanz einer AG hat folgende Positionen: Vermögen 8 Mio. EUR, Schulden 10 Mio. EUR, Gezeichnetes Kapital 3 Mio. EUR, Jahresfehlbetrag 5 Mio. EUR.
   a) Erstellen Sie die Bilanzsituation und analysieren Sie diese.
   b) Entscheiden Sie, welche Maßnahmen zu treffen sind.
   c) Angenommen, die Schulden würden nur 6 Mio. EUR betragen. Für welche Maßnahmen könnten Sie sich dann entscheiden?
6. Anton Abele hat beim zuständigen Insolvenzgericht Antrag auf Eröffnung des Insolvenzverfahrens über das Vermögen des Hans Müller e. K. gestellt.
   a) Von welchen formellen Voraussetzungen ist die Eröffnung des Insolvenzverfahrens abhängig?
   b) Was kann Hans Müller e. K. dagegen unternehmen?
7. Welche Vorteile bietet der Insolvenzplan
   a) dem Schuldner,
   b) dem Gläubiger?
8. Welchen wirtschafts- und gesellschaftspolitischen Sinn haben die gesetzlichen Vorschriften über den Insolvenzplan?
9. Der Gesetzgeber hat neben dem Insolvenzplan auch die Restschuldbefreiung eingeführt. Begründen Sie diese Maßnahme.
10. Der Gesetzgeber regelt den Bankrott im Strafgesetzbuch und nicht in der Insolvenzordnung. Begründen Sie dies.

4 Menschliche Arbeit im Betrieb

4.1 Führungsstile und Führungstechniken

4.1.1 Führungsstile

Der **Führungsstil** ist die Art und Weise, wie der **Vorgesetzte seine Mitarbeiter anhält,** im Rahmen ihrer Zuständigkeit für das Unternehmen zu arbeiten.

Idealtypische Führungsstile

Merkmale der idealtypischen Führungsstile

autoritärer Führungsstil

- Zentralisierte Aufgabenerfüllung.
- Strikte Trennung von Entscheidung, Ausführung und Kontrolle.
- Nur der Vorgesetzte entscheidet.
- Der Mitarbeiter führt nur aus und wird kontrolliert; es herrscht absolute Fremdbestimmung.
- Überlastung der oberen Leitungsebene.
- Die Abhängigkeit des Mitarbeiters vom Vorgesetzten ist groß.
- Viele Mitarbeiter werden unterfordert und eher demotiviert.

kooperativer Führungsstil

- Dezentralisierte Aufgabenerfüllung.
- Gemilderte Trennung von Entscheidung, Ausführung und Kontrolle.
- Die Mitarbeiter können mitentscheiden.
- Der Mitarbeiter kann weitgehend selbst entscheiden und sich selbst kontrollieren.
- Entlastung der oberen Leitungsebene.
- Die Abhängigkeit des Mitarbeiters vom Vorgesetzten ist gering.
- Leistungsfähige Mitarbeiter werden gefordert und eher motiviert.

Realformen der Führungsstile

In der betrieblichen Praxis findet man selten den autoritären oder den kooperativen Führungsstil in reiner, idealtypischer Form. Im alltäglichen Miteinander zwischen Vorgesetzten und Mitarbeitern haben sich vielmehr Realformen herausgebildet, die zwischen den Idealformen liegen.

Pyramide realtypischer Führungsstile

1 → 6: Der Führungsstil wird zunehmend kooperativ, 6 → 1: Der Führungsstil wird zunehmend autoritär.

4.1.2 Führungstechniken

Gesellschaftliche und wirtschaftliche Entwicklungen führen immer mehr zum kooperativen Führungsstil. Auf dieser Grundlage haben sich in der betrieblichen Praxis verschiedene **Führungstechniken** herausgebildet.

Management by Exception (Führen nach dem Ausnahmeprinzip)	**Management by Objectives** (Führen durch Zielvereinbarung)	**Management by Delegation** (Führen durch Delegieren)
Die übergeordneten Führungsorgane überlassen die Erledigung von Routinefällen den zuständigen Mitarbeitern zur eigenverantwortlichen Entscheidung. Sie behalten sich nur die eigene Entscheidung in Ausnahmefällen vor. Die Mitarbeiter erhalten Vorgabewerte.	Im Rahmen gemeinsam festgelegter Ziele wird den nachgeordneten Mitarbeitern Entscheidungsspielraum gelassen, wie sie die Ziele verwirklichen wollen. Von der oberen Leitungsebene wird nicht die Entscheidung der Mitarbeiter, sondern nur das Ergebnis ihrer Arbeit überwacht.	Die Mitarbeiter erledigen die Aufgaben eigenverantwortlich. Dies erfordert eine eindeutige Zuteilung der Aufgabe und eine klare Abgrenzung der Kompetenzen.

Zusammenfassende Übersicht zu Kapitel 4.1: Führungsstile und Führungstechniken

Führungsstile

autoritärer Führungsstil (zentrale Entscheidungen) ↔ **kooperativer Führungsstil** (dezentrale Entscheidungen)

Führungstechniken

- **Management by Exception** (Ausnahmeprinzip)
- **Management by Objectives** (Zielvereinbarungen)
- **Management by Delegation** (Delegieren)

▶ Aufgaben und Probleme

1. Nennen Sie die Vor- bzw. Nachteile des
   a) autoritären Führungsstils, b) kooperativen Führungsstils.
2. Zeichnen Sie eine Strecke, an deren Anfang der autoritäre Führungsstil und an deren Ende der kooperative Führungsstil markiert wird. Ordnen Sie auf dieser Strecke die nachfolgenden Verhaltensweisen von Vorgesetzen ein.
   a) Vorgesetzter steckt die Grenzen ab und fordert die Mitarbeiter zu Entscheidungen auf.
   b) Vorgesetzter legt Vorschläge vor und fordert zu Fragen auf.
   c) Vorgesetzter legt Probleme vor, fordert Lösungsvorschläge ein und entscheidet.
   d) Vorgesetzter trifft Entscheidungen und gibt sie weiter.
   e) Vorgesetzter legt vorläufige Entscheidungen vor, ist zu Änderungen bereit.
   f) Vorgesetzter gestattet den Mitarbeitern, innerhalb von ihm gesetzter Grenzen völlig frei zu handeln.

3. Welchen Vorteil haben die drei Führungstechniken für die Unternehmensleitung?
4. Der Filialleiter eines Computerunternehmens erhält die Zusage, einen zusätzlichen Mitarbeiter einstellen zu dürfen, wenn seine Filiale einen Jahresumsatz von 5 Mio. EUR erreichen sollte.

   Stellen Sie fest, um welche Führungstechnik es sich handelt.

4.2 Mitarbeiter und Mitarbeiterinnen

4.2.1 Auszubildende

Auszubildender ist, wer in einem Unternehmen **beschäftigt ist, um** die für eine qualifizierte berufliche Tätigkeit **notwendigen beruflichen Fertigkeiten, Kenntnisse und Fähigkeiten vermittelt zu bekommen.**

Abschluss des Berufsausbildungsvertrages

Der Berufsausbildungsvertrag wird zwischen dem Ausbildungsbetrieb und dem Auszubildenden und gegebenenfalls seinem gesetzlichen Vertreter abgeschlossen. Vor Beginn der Ausbildung müssen die wesentlichen Inhalte des Vertrages niedergeschrieben und von den Beteiligten unterzeichnet werden. Empfehlenswert ist die Verwendung von Vordrucken mit bundeseinheitlichem Rahmentext, denen ein Berufsbild beigefügt ist. Der Berufsausbildungsvertrag muss der Industrie- und Handelskammer (IHK) zur Eintragung in das Verzeichnis der Berufsausbildungsverhältnisse vorgelegt werden. Nur wer in dieses Verzeichnis eingetragen ist, wird zur Zwischen- und Abschlussprüfung der IHK zugelassen.

BBiG §§ 10 f.

§§ 34 ff.

Pflichten des Ausbildenden (Rechte des Auszubildenden)

Ausbildung	Der Auszubildende ist in allen beim Betrieb des Geschäftes vorkommenden Arbeiten zu unterweisen. Dies kann der Ausbildende entweder selbst oder durch einen Ausbilder vornehmen. Dabei sind die theoretischen Kenntnisse und praktischen Fertigkeiten zu vermitteln, die zum Erreichen des Ausbildungsziels notwendig sind. Die zeitlich und sachlich vorgegebene Gliederung der Ausbildung ist zu beachten. Die Ausbildungsmittel sind kostenlos zur Verfügung zu stellen. Der Auszubildende ist zum Besuch der Berufsschule freizustellen, zum Führen eines Ausbildungsnachweises anzuhalten. Der Ausbildende hat diesen durchzusehen und dessen Richtigkeit zu bestätigen.	*§§ 14 ff.*
Fürsorge	Dem Auszubildenden ist eine angemessene, mindestens jährlich ansteigende Vergütung zu zahlen, den vertraglich bzw. gesetzlich zustehenden Urlaub zu gewähren. Er ist bei der Sozialversicherung anzumelden und es müssen die Beiträge dafür entrichtet werden. Der Auszubildende ist charakterlich zu fördern, er darf gesundheitlich und sittlich nicht gefährdet werden.	*§ 17* *SGB IV § 28a* *BBiG § 14*
Zeugnis	Bei Beendigung der Ausbildung hat der Ausbildende ein Zeugnis über die Art, die Dauer und das Ziel der Ausbildung sowie die erworbenen Fertigkeiten und Kenntnisse (einfaches Zeugnis) auszustellen. Auf Wunsch des Auszubildenden ist es auch auf Führung, Leistung und besondere fachliche Fähigkeiten zu erweitern (qualifiziertes Zeugnis).	*§ 16*

Pflichten des Auszubildenden (Rechte des Ausbildenden)

BBiG § 13	**Bemühung**	Der Auszubildende sollte die Kenntnisse und Fertigkeiten erwerben, um das Ausbildungsziel zu erreichen. Er muss den erteilten Weisungen folgen und die übertragenen Arbeiten sorgfältig ausführen. Der Auszubildende muss die Berufsschule regelmäßig und pünktlich besuchen sowie den Ausbildungsnachweis laufend führen.
§ 13 HGB § 60	**Treue- und Verschwiegenheit**	Der Auszubildende hat die Betriebsordnung zu beachten, die Interessen des Unternehmens wahrzunehmen, über Geschäftsgeheimnisse (Bezugsquellen, Umsatz, Gehälter) Stillschweigen zu wahren. Im Geschäftszweig des Ausbildenden darf er weder ein eigenes Handelsgeschäft betreiben (Handelsverbot) noch Geschäfte für eigene oder fremde Rechnung tätigen (Wettbewerbsverbot).

Ausbildungsdauer

BBiG § 5 Sie **soll nicht mehr als drei und nicht weniger als zwei Jahre betragen.** Bei älteren oder besonders begabten Auszubildenden kann sie auf Antrag durch die IHK verkürzt werden. Eine verkürzte Ausbildungszeit ist allgemein üblich bei Auszubildenden, die das Zeugnis der Fachschul-, Fachhochschul- oder Hochschulreife besitzen.

§ 20 Die Ausbildungszeit beginnt mit einer **Probezeit,** die **mindestens einen Monat und höchstens vier Monate** dauert. Der Ausbildende und der Auszubildende haben die Möglichkeit, während der Probezeit das Ausbildungsverhältnis jederzeit und ohne Einhaltung einer Kündigungsfrist zu kündigen.

§§ 21 f. Beendigung des Ausbildungsverhältnisses

Das Ausbildungsverhältnis endet

a) mit Ablauf der Ausbildungszeit,

b) vor Ablauf der Ausbildungszeit mit Bestehen der Abschlussprüfung,

c) durch schriftliche Kündigung

   1. **von beiden Vertragspartnern** aus einem wichtigen Grund ohne Einhalten einer Kündigungsfrist **(fristlose Kündigung),** aber innerhalb von zwei Wochen nach Kenntnis der zur Kündigung berechtigenden Tatsachen,
   2. **vom Auszubildenden** mit einer **Kündigungsfrist von vier Wochen,** wenn er die Berufsausbildung aufgeben oder sich für eine andere Berufstätigkeit ausbilden lassen will. Der Kündigungsgrund ist anzugeben.

HGB § 13 Wird der Auszubildende im Anschluss an das Ausbildungsverhältnis ohne vorherige ausdrückliche Vereinbarung weiterbeschäftigt, so gilt ein Arbeitsverhältnis auf unbestimmte Zeit als begründet. Eine ausdrückliche Vereinbarung kann nur innerhalb der letzten drei Monate der Ausbildungszeit getroffen werden.

4.2.2 Kaufmännische Angestellte (Handlungsgehilfe)

§ 59 **Kaufmännischer Angestellter** ist, wer in einem **Handelsgewerbe gegen Entgelt kaufmännische Dienste leistet.**

Rechtliche Grundlage für das Angestelltenverhältnis ist der **Arbeitsvertrag** (Kapitel 4.4.1).

NachwG § 2 Der Arbeitgeber hat spätestens einen Monat nach dem vereinbarten Beginn des Arbeitsverhältnisses die wesentlichen Vertragsbedingungen schriftlich niederzulegen und dem Arbeitnehmer ein unterschriebenes Exemplar der Niederschrift auszuhändigen.

Rechte des kaufmännischen Angestellten (= Pflichten des Arbeitgebers)

Beschäftigung	Der Arbeitgeber hat den Angestellten gemäß dem Arbeitsvertrag zu beschäftigen.	
Vergütung	Sie besteht aus einem festen Gehalt, das spätestens am Ende eines jeden Monats zu zahlen ist. Die Vergütung kann noch erhöht werden durch Provisionen, Gewinnbeteiligung und Gratifikationen. Die Mindesthöhe der Vergütung bestimmt der Tarifvertrag, sie kann auch im Einzelarbeitsvertrag geregelt sein.	*HGB § 64*
Lohnfortzahlung	Der Angestellte hat Anspruch auf 100 % der Vergütung, wenn er durch eigene Krankheit seine Arbeit im Betrieb nicht ausüben kann. Der Anspruch besteht jedoch nicht länger als sechs Wochen. Ist die Verhinderung nicht auf ein persönliches Unglück, sondern auf andere unverschuldete Umstände persönlicher Art zurückzuführen, z. B. Vernehmung als Zeuge vor Gericht, Sterbefall in der Familie u. Ä., so besteht der Vergütungsanspruch wie bei jedem Arbeitnehmer ebenfalls weiter, wenn die Verhinderung verhältnismäßig kurz ist.	*EntgFG §§ 1, 3, 4* *BGB § 616*
Weiterbildung	Der Arbeitgeber hat den tariflich zustehenden Bildungsurlaub zu gewähren.	
Fürsorge	Der Arbeitgeber muss in seinem Betrieb auf die Erhaltung der Gesundheit des Angestellten achten. Er muss ihn zur Sozialversicherung anmelden und die Beträge dafür abführen. Des Weiteren ist der Arbeitgeber verpflichtet, dem Angestellten den gesetzlich oder vertraglich zustehenden Erholungsurlaub zu gewähren.	*HGB § 62* *BUrlG § 1*
Zeugnis	Der Arbeitgeber ist verpflichtet, dem Angestellten beim Ausscheiden aus dem Unternehmen ein schriftliches Zeugnis über die Art und die Dauer seiner Beschäftigung auszustellen **(einfaches Zeugnis).** Auf Wunsch des Angestellten muss das Zeugnis auch objektiv wahre Angaben über Führung und Leistung enthalten **(qualifiziertes Zeugnis).** In einem qualifizierten Arbeitszeugnis sind mindestens Angaben zu machen über Arbeitsqualität und -quantität, Arbeitssorgfalt und -einsatz sowie über das Verhalten und die Zusammenarbeit mit Kollegen und Vorgesetzten.	*BGB § 630*

Pflichten des kaufmännischen Angestellten (= Rechte des Arbeitgebers)

Dienstleistung	Die übertragenen Arbeiten sind pünktlich, gewissenhaft und den Fähigkeiten entsprechend auszuführen. Den Weisungen ist Folge zu leisten. Die Art und die Dauer der Tätigkeit richten sich nach dem Dienstvertrag.	*HGB § 59*
Weiterbildung	Die beruflichen Fähigkeiten und Fertigkeiten sollen dem neuesten Stand der Entwicklung angepasst und ergänzende Kenntnisse auf neuen Gebieten erworben werden.	
Treue und Verschwiegenheit	Die Interessen des Unternehmens sind wahrzunehmen und über Geschäftsangelegenheiten ist zu schweigen, durch deren leichtfertige, absichtliche oder gar entgeltliche Mitteilung an andere das Unternehmen oder sein Inhaber geschädigt wird.	*UWG § 17*

▶ Aufgaben und Probleme

1. Die Auszubildenden Peter und Isabel haben vor fünf Monaten bei der Waggon AG einen Berufsausbildungsvertrag als Industriekaufmann/-frau abgeschlossen. Aufgrund persönlicher Differenzen mit dem Ausbilder möchte Peter sobald wie möglich die Ausbildung bei der Roth AG fortsetzen. Der Ausbildende ist jedoch mit dem Wechsel nicht einverstanden.

   a) Beurteilen Sie, ob Peter den Ausbildungsbetrieb wechseln kann.

   b) Isabel stellt erst jetzt fest, dass ihr der Beruf Industriekauffrau nicht liegt. Sie beabsichtigt, eine Ausbildung als Diätköchin zu beginnen. Kann sie in den neuen Ausbildungsberuf wechseln? Begründen Sie Ihre Meinung.

2. Nach bestandener Abschlussprüfung hat der 19-jährige Kurt Weber bereits eine Woche in seinem Ausbildungsbetrieb weiter gearbeitet. Als er nun beim Chef um Urlaub nachsucht, blickt der ihn überrascht an und sagt: »Ja, was machen denn Sie noch in unserem Betrieb? Ihre Ausbildungszeit ist doch beendet und ich habe Sie nicht als Mitarbeiter eingestellt.«

   Wie ist die Rechtslage?

3. Karin ist Mitarbeiterin in der Personalabteilung der Alu GmbH, in der 120 Personen beschäftigt sind. Karin hat im Rahmen ihres Sachgebietes verschiedene Fragen zu klären und Aufgaben zu erfüllen.

   a) Karin soll prüfen, ob in die neu abzuschließenden Arbeitsverträge die folgende Klausel aufgenommen werden kann:

      »Bei der Kündigung durch den Betrieb ist eine Kündigungsfrist von zwei Wochen einzuhalten; die Kündigung kann zum Monatsende ausgesprochen werden. Ansonsten gelten die gesetzlichen Bestimmungen.«

   b) Ferner soll Karin prüfen, ob einzelne Angestelltenverträge in Zukunft um ein vertraglich vereinbartes Wettbewerbsverbot ergänzt werden sollten.

      - Nennen Sie Beispiele für Angestellte, denen man dies anbietet.
      - Worauf müsste bei der inhaltlichen und formalen Gestaltung dieser vertraglichen Vereinbarung geachtet werden? (drei Gesichtspunkte)

   c) Karin hat eine fristgerechte Kündigung zum Jahresende eines seit vier Jahren beschäftigten Mitarbeiters im Alter von 24 Jahren vorzubereiten. Der zu entlassende Mitarbeiter ist einer von vier in der Alu GmbH beschäftigten Lkw-Fahrern. Die Alu GmbH hat den Fuhrpark aus Kostengründen auf drei eigene Lkw abgebaut. Der Mitarbeiter gilt als nicht besonders fleißig.

      - Wann muss die Kündigung dem Mitarbeiter spätestens zugegangen sein?
      - Mit welchen Argumenten kann sich der Mitarbeiter gegen diese Kündigung wehren?

4.3 Vollmachten

4.3.1 Handlungsvollmacht

Handlungsvollmacht hat, wer zum **Betrieb eines Handelsgewerbes** oder innerhalb eines Handelsgewerbes zur **Vornahme von Rechtsgeschäften ermächtigt ist,** die **sein Handelsgewerbe gewöhnlich** mit sich bringt.

HGB § 54 (1) BGB § 164

Arten der Handlungsvollmacht

allgemeine Handlungsvollmacht	Artvollmacht	Einzelvollmacht
Sie berechtigt zur Ausführung aller gewöhnlichen Rechtsgeschäfte im üblichen Umfang, die in dem Handelsgewerbe dieses Geschäftszweiges vorkommen.	Sie berechtigt zur Vornahme einer bestimmten Art von Rechtsgeschäften, die gewöhnlich in dem Handelsgewerbe dieses Geschäftszweiges vorkommen.	Sie berechtigt zur Vornahme eines einzelnen, zu einem Handelsgewerbe gehörenden Rechtsgeschäftes.

Erteilung der Handlungsvollmacht

Kaufleute und Prokuristen haben das Recht zur Erteilung einer Handlungsvollmacht. Jeder Bevollmächtigte kann im Rahmen seiner Vollmacht Untervollmacht einräumen.

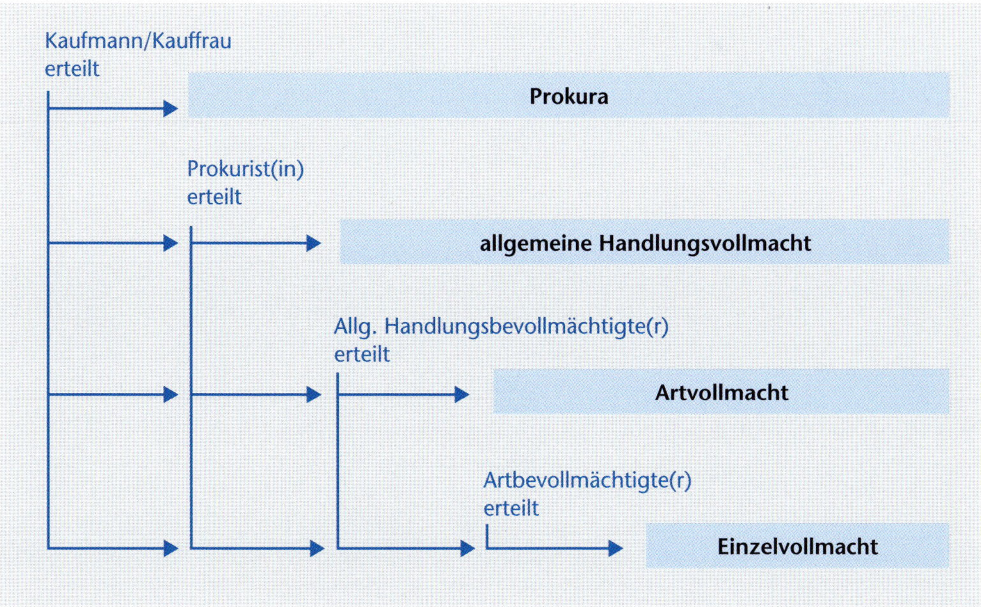

Die Erteilung der Vollmacht kann schriftlich, mündlich oder sogar stillschweigend durch Duldung bestimmter Handlungen erfolgen. Die Eintragung ins Handelsregister ist nicht erlaubt.

Wenn ein Kaufmann mehreren Personen Vollmacht erteilt, kann er jeder Person für sich allein oder mehreren zusammen das Vertretungsrecht einräumen. Im zweiten Falle **(Gesamtvollmacht)** sind die Rechtshandlungen nur gültig, wenn die Bevollmächtigten gemeinsam gehandelt oder unterschrieben haben, z. B. bei Bankangestellten (»Vier-Augen-Prinzip«).

Unterschrift des Handlungsbevollmächtigten

HGB § 57 Der Bevollmächtigte setzt zum Namen des Auftraggebers seine Unterschrift mit einem Zusatz, aus dem die Vollmacht zu ersehen ist (Bild, Seite 137).

Beendigung der Handlungsvollmacht

Die Vollmacht erlischt

- mit der Beendigung des Rechtsverhältnisses, mit dem sie verbunden ist,
- durch den Widerruf von Personen, die Vollmacht erteilen können,
- durch die freiwillige oder zwangsweise Auflösung des Geschäftes,
- bei Einzelvollmacht nach der Durchführung des Auftrages.

4.3.2 Prokura

§ 49 **Prokura** besitzt, wer von einem Kaufmann **zu allen Arten von gerichtlichen und außergerichtlichen Geschäften und Rechtshandlungen ermächtigt** ist, die der Betrieb **irgendeines Handelsgewerbes** mit sich bringen kann.

Arten der Prokura

Einzelprokura	Gesamtprokura
Eine Person ist allein vertretungsbefugt.	Mehrere Personen sind gemeinschaftlich vertretungsbefugt.

Erteilung der Prokura

§ 48 (1) Nur der Kaufmann oder sein gesetzlicher Vertreter kann Prokura erteilen. Sie muss ausdrücklich (schriftlich oder mündlich) erteilt werden, z. B. mit den Worten: »Ich erteile Ihnen mit Wirkung vom 1. Januar 20.. Prokura«. Die Prokura muss zur Eintragung ins Handelsregister angemeldet werden.

Beginn der Prokura

§§ 52 f.

im Innenverhältnis	im Außenverhältnis
mit der Erteilung	mit Eintragung und Veröffentlichung im Handelsregister

Umfang der Prokura

Die Prokura erstreckt sich auf

- **gewöhnliche Geschäfte und Rechtshandlungen,**
- **außergewöhnliche Geschäfte und Rechtshandlungen;** das sind gerichtliche und außergerichtliche Geschäfte und Rechtshandlungen.

Gesetzlich verboten ist dem Prokuristen die Vertretung bei folgenden Handlungen: Bilanz und Steuererklärungen unterschreiben, Handelsregistereintragungen anmelden, Insolvenzverfahren beantragen, Unternehmen verkaufen, Prokura erteilen, Gesellschafter aufnehmen. Im Prozess kann er für den Unternehmer keinen Eid leisten.

Der Unternehmer kann den Umfang der Prokura im Innenverhältnis beliebig einschränken. Im Außenverhältnis kann der Umfang nicht eingeschränkt werden. HGB § 50

Unterschrift des Prokuristen

Zu der Firma des Geschäftes setzt der Prokurist seine Unterschrift mit dem Zusatz ppa. (lat. »per procura« = in Ausübung der Prokura). § 51

Beendigung der Prokura

Die Prokura erlischt

- mit der Beendigung des Rechtsverhältnisses, mit dem sie verbunden ist,
- durch den Widerruf vonseiten eines Geschäftsinhabers,
- durch freiwillige oder zwangsweise Auflösung des Geschäftes.

Das Erlöschen der Prokura ist durch den Unternehmer zur Eintragung ins Handelsregister anzumelden. Gutgläubigen Dritten gegenüber gilt die Prokura so lange weiter, bis sie im Handelsregister gelöscht ist. § 53

Übersicht über die Möglichkeiten der Bevollmächtigung (Beispiele)

Übersicht über die Möglichkeiten der Bevollmächtigung

Unternehmer	Prokura	allgemeine Handlungsvollmacht	Artvollmacht	Einzelvollmacht
Grundstücke belasten Grundstücke verkaufen				
Prozesse führen Darlehen aufnehmen Wechsel unterschreiben				
Zahlungsgeschäfte erledigen Verkaufen Mitarbeiter entlassen Mitarbeiter einstellen				
Einkaufen				
Unterschriftsform Hermann König Hermann König	Hermann König KG ppa. Merkle	Hermann König KG i. V. Weigler	Hermann König KG i. A. Vollmer	Hermann König KG i. A. Rösch

Geschäfte, die ohne besondere Vollmacht möglich sind
Geschäfte, für die eine besondere Vollmacht notwendig ist

Zusammenfassende Übersicht zu Kapitel 4.3: Vollmachten

Vollmachten

Handlungsvollmacht (§§ 54 ff. HGB)	**Prokura** (§§ 48 ff. HGB)
– Einzelvollmacht – Artvollmacht – allgemeine Handlungsvollmacht	– Einzelprokura – Gesamtprokura
formfrei	Eintragung ins Handelsregister

▶ Aufgaben und Probleme

1. Der Bankangestellte Rieten, Leiter der Kreditabteilung mit der Handlungsvollmacht, Kredite bis zu 20.000 EUR zu gewähren, sichert dem Kaufmann Schäfer in einer mündlichen Verhandlung einen Kredit in Höhe von 50.000 EUR zu. Begründen Sie, ob die Bank an diese Zusicherung gebunden ist.
2. Sie sind bei der Drescher OHG, Ravensburg, beschäftigt. Dem Angestellten Hans Klose soll ab 1. September Handlungsvollmacht erteilt werden. Er soll berechtigt sein, zusammen mit einem Prokuristen zu handeln. Schreiben Sie den Brief an Klose.
3. Prokurist Hermann vom Hauptgeschäft entzieht dem Angestellten Schwarz, der Prokura für die Filiale hat, diese Vollmacht. Gleichzeitig erteilt er Frau Stein, bisher Abteilungsleiterin im Hauptgeschäft, Prokura und dem Angestellten Pietsch allgemeine Handlungsvollmacht. Begründen Sie, ob diese Handlungen rechtswirksam sind.
4. Mehrere Angestellte der Walter AG, Tübingen, fielen in den letzten Jahren durch herausragende Leistungen auf. Die Geschäftsleitung beschließt deshalb, diesen Mitarbeitern mehr Verantwortung zu übertragen. So heißt es unter anderem:
   - Herr Müller erhält für den Bereich Einkauf Vollmacht.
   - Frau Franke wird Einzelprokura erteilt, wobei jegliche Verträge, die den Rahmen von 100.000 EUR übersteigen, von der Geschäftsleitung genehmigt werden müssen.

   a) Erläutern Sie die oben genannten Vollmachten und beurteilen Sie die Ausgestaltung der Prokura.

   b) Selbst mit Prokura darf Frau Franke bestimmte Rechtshandlungen überhaupt nicht vornehmen. Geben Sie vier solcher Rechtshandlungen an.
5. Prokurist Peter Jung ist 35 Jahre alt und seit 20 Jahren bei der Pietsch KG in Augsburg tätig. Er leitet nunmehr die Abteilung Verkauf. Jung möchte sich selbstständig machen und zum 30. Juni kündigen. Begründen Sie jeweils Ihre Antwort.

   a) Wann muss Jung spätestens kündigen?

   b) Wann müsste gekündigt werden, wenn die Pietsch KG das Arbeitsverhältnis zum 30. Juni auflösen wollte?

   c) Wie hätte die Pietsch KG verhindern können, dass Jung sofort nach seinem Ausscheiden ein Konkurrenzunternehmen gründet?

d) Wann erlischt die Vollmacht von Jung?

e) Jung gewährt einem Kunden am 20. Juni einen Sonderrabatt von 30%. Ist die Pietsch KG an diese Zusage gebunden?

4.4 Ordnung und Rechtsschutz der betrieblichen Arbeit

4.4.1 Rechtliche Grundlagen des Arbeitsvertrages

Die betriebliche Arbeit wird geregelt

a) im **Individualarbeitsrecht** (Einzelarbeitsvertrag),

b) im **Kollektivarbeitsrecht** (Betriebsvereinbarungen, Tarifverträge),

c) in der **Arbeitsgesetzgebung**,

d) im **Arbeitsrecht** der **Europäischen Union.**

Sollen diese konkurrierenden Regelungen auf ein bestimmtes Arbeitsverhältnis angewendet werden, so gelten folgende Grundsätze:

1. Enthalten sie **nachgiebiges Recht,** sind sie in der angegebenen Reihenfolge maßgebend: a) → d).

   Beispiel: In einem Einzelarbeitsvertrag werden 35 Tage Urlaub vereinbart. Wenn nach Tarifvertrag diesem Arbeitnehmer 28 Tage und nach dem Bundesurlaubsgesetz mindestens 24 Tage zustehen würden, so gilt die einzelvertragliche Regelung. Erst wenn hier nichts vereinbart wurde, gilt der Tarifvertrag bzw. das Bundesurlaubsgesetz.

   Abweichende Regelungen beim nachgiebigen Recht sind nur möglich, wenn sie zugunsten des Arbeitnehmers getroffen werden.

2. **Zwingende Normen** gelten jedoch in der umgekehrten Reihenfolge: d) → a).

   Beispiel: Nach dem Mutterschutzgesetz dürfen Mütter bis acht Wochen nach der Entbindung nicht beschäftigt werden. Die Mutter darf auch durch einzelvertragliche Regelung nicht darauf verzichten.

Einzelarbeitsvertrag

In ihm verpflichtet sich der **einzelne Arbeitnehmer** dem **Arbeitgeber** gegenüber zur Leistung von Diensten gegen Entgelt. Die Regelung der Bestimmungen des Einzelarbeitsvertrags bleibt beiden Partnern überlassen. Der Arbeitnehmer darf jedoch nicht schlechter gestellt werden als im Gesetz, im Tarifvertrag oder in der Betriebsvereinbarung festgelegt ist.

Liegt dem Arbeitsverhältnis kein schriftlicher Arbeitsvertrag zugrunde, ist der Arbeitgeber verpflichtet, Mindestinhalte des Arbeitsverhältnisses in einer Niederschrift festzuhalten. Diese muss spätestens einen Monat nach dem vereinbarten Beginn des Arbeitsverhältnisses dem Arbeitnehmer ausgehändigt werden. Das Papier muss vom Arbeitgeber unterzeichnet sein. *NachwG § 2*

Betriebsvereinbarung

Betriebsvereinbarungen werden zwischen dem **Betriebsrat** und dem **Arbeitgeber** eines bestimmten Betriebes getroffen. Sie dürfen den Bestimmungen des Tarifvertrages nicht entgegenstehen, sondern sollen diese ergänzen, erläutern und den besonderen Verhältnissen des Betriebes anpassen. *BetrVG §§ 77, 88*

Betriebsvereinbarungen

regeln

- Lohn- und Arbeitsbedingungen
- Beginn und Ende der täglichen Arbeitszeit
- Pausen
- Verhalten der Arbeitnehmer im Betrieb
- Aufstellen eines Urlaubsplanes
- Zeit und Ort der Entgeltzahlung
- Errichtung von Sozialeinrichtungen
- Maßnahmen zur Verhütung von Betriebsunfällen und Gesundheitsschädigungen

Durch Betriebsvereinbarungen werden insbesondere **Betriebsordnungen** und **Dienstordnungen** aufgestellt. Sie müssen an geeigneter Stelle im Betrieb ausgehängt oder den Betriebsangehörigen bei Eintritt in den Betrieb ausgehändigt werden.

Tarifvertrag

Der **Tarifvertrag** ist ein **Kollektivarbeitsvertrag zwischen den Tarifpartnern,** in dem die Arbeitsbedingungen gewöhnlich für ganze Berufsgruppen eines Wirtschaftszweiges in freien Verhandlungen einheitlich festgelegt werden.

▶ Abschluss eines Tarifvertrages

TVG §§ 1 ff.

Tarifverträge (TV) werden zwischen den **Sozialpartnern** (Kapitel 4.4.3) geschlossen. Zur Gültigkeit des TV ist die Schriftform nötig.

▶ Arten der Tarifverträge

nach den Tarifpartnern	
Firmen- bzw. Haustarifvertrag	Er wird zwischen einem Unternehmen und einer Gewerkschaft abgeschlossen.
Verbandstarifvertrag	Er wird von einem oder mehreren Arbeitgeberverbänden mit einer oder mehreren Gewerkschaften abgeschlossen.
nach dem räumlichen Geltungsbereich	
Werkstarifvertrag	Er gilt für ein Unternehmen bzw. ein Werk.
Flächentarifvertrag	Er betrifft einen bestimmten räumlichen Geltungsbereich (Tarifgebiet) oder eine bestimmte Fläche (z. B. Nordrhein-Westfalen) und gilt immer für eine oder mehrere Branchen (Metall, Einzelhandel etc.); deshalb wird häufig auch von Branchentarifverträgen gesprochen.
nach dem Vertragsinhalt	
Rahmentarifvertrag (Manteltarifvertrag)	Er enthält Regelungen zu den allgemeinen Arbeitsbedingungen, die für längere Zeit gleich bleiben (Arbeitszeit, Altersteilzeit bis zu fünf Jahren, Mehrarbeit, Sonn- und Feiertagsarbeit, Urlaub, Kündigungsfristen, Weiterbildung u. a.) und Bestimmungen über ein Schiedsgericht zur Beilegung von Streitigkeiten.

Vergütungstarifvertrag (Entgelt-, Lohn- und Gehaltstarifvertrag)	Er regelt die Höhe der Vergütung für die Arbeitsverhältnisse in seinem Geltungsbereich.
Arbeitszeittarifvertrag	Er regelt die täglichen und wöchentlichen Arbeitszeiten der Arbeitnehmer, sofern sie nicht schon im Rahmentarifvertrag vereinbart sind.
Tarifverträge über Sonderleistungen	Sie regeln beispielsweise die Höhe des Weihnachts- und Urlaubsgeldes, die Vermögensbildung oder die betriebliche Zusatzaltersversorgung.

▶ **Zustandekommen des Tarifvertrages**

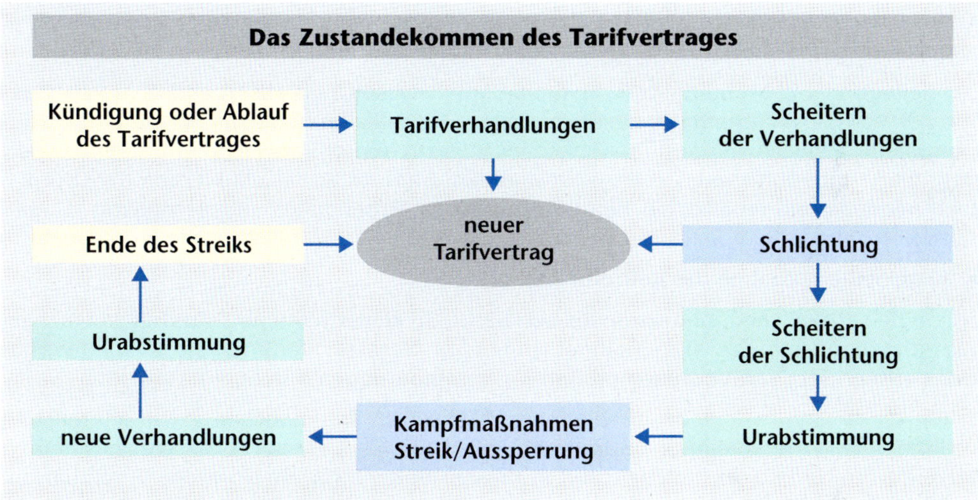

▶ **Wirkungen des Tarifvertrages**

TVG §§ 3 f.

Erfüllungspflicht	Friedenspflicht	Nachwirkung
Die Vertragsparteien sind verpflichtet, dafür zu sorgen, dass ihre Mitglieder den Vertrag verwirklichen und sich an seine Bestimmungen halten.	Während der Gültigkeit des Vertrages dürfen keine Kampfmaßnahmen (Kapitel 4.4.3) gegen die Vereinbarungen ergriffen werden; ausgenommen ist der Warnstreik.	Der Tarifvertrag endet mit Ablauf der in ihm festgesetzten Zeitdauer, durch Kündigung oder durch Abschluss eines neuen Tarifvertrages. Die Bestimmungen des alten Tarifvertrages bleiben auf jeden Fall so lange in Kraft, bis ein neuer Tarifvertrag abgeschlossen ist.

4.4.2 Mitwirkung und Mitbestimmung der Arbeitnehmer im Betrieb

■ Betriebsrat

▶ **Wahl des Betriebsrates**

In Betrieben mit mindestens fünf ständigen wahlberechtigten Arbeitnehmern, von denen drei wählbar sind, wird in geheimer und unmittelbarer Wahl ein Betriebsrat auf vier Jahre gewählt. BetrVG §§ 1, 14, 21

Wahlberechtigt sind alle Arbeitnehmer, die das 18. Lebensjahr vollendet haben. § 7

BetrVG § 8 **Wählbar** sind alle Wahlberechtigten, die mindestens ein halbes Jahr dem Betrieb angehören.

§ 9 § 38 Die **Zahl der Betriebsratsmitglieder** richtet sich nach der Zahl der Arbeitnehmer. In Betrieben mit über 200 Beschäftigten ist eine bestimmte Anzahl der Mitglieder von der Berufstätigkeit freizustellen.

§ 15 Der Betriebsrat soll sich möglichst aus Arbeitnehmern der einzelnen Bereiche und der verschiedenen Beschäftigungsarten der im Betrieb tätigen Arbeitnehmer zusammensetzen.

▶ Zusammenarbeit von Arbeitgeber und Betriebsrat

§ 74 Arbeitgeber und Betriebsrat sollen mindestens einmal im Monat zusammentreten und bei strittigen Fragen mit dem ernsten Willen zur Einigung verhandeln und Vorschläge für die Beilegung von Meinungsverschiedenheiten machen. Der Betriebsrat muss einmal in jedem
§ 43 Kalendervierteljahr in einer **Betriebsversammlung,** zu der alle Arbeitnehmer und der Arbeitgeber einzuladen sind, einen Bericht über seine Tätigkeit geben. Für einzelne Betriebsteile können auch **Abteilungsversammlungen** stattfinden.

Zur Beilegung von Meinungsverschiedenheiten zwischen Betriebsrat und dem Arbeitgeber,
§ 76 z. B. bei Verweigerung der Zustimmung zu betrieblichen Maßnahmen, wird eine **Einigungsstelle** gebildet. Sie besteht aus einem unparteiischen Vorsitzenden und aus Beisitzern, die je zur Hälfte vom Arbeitgeber und vom Betriebsrat bestellt werden. Der Spruch der Einigungsstelle ersetzt die Einigung zwischen Arbeitgeber und Betriebsrat. Gegen ihren Beschluss kann beim Arbeitsgericht Klage erhoben werden.

▶ Allgemeine Aufgaben des Betriebsrates

Er hat die betrieblichen Interessen der Beschäftigten zu vertreten und darüber zu wachen, dass die zugunsten der Arbeitnehmer geltenden Gesetze, Verordnungen, Unfallverhütungsvorschriften, Tarifverträge und Betriebsvereinbarungen durchgeführt werden.

§ 80 Er hat die Belange von schwerbehinderten Menschen, Jugendlichen sowie älteren und ausländischen Arbeitnehmern zu fördern. Außerdem hat sich der Betriebsrat mit Fragen der Frauenförderung zu befassen und in diesem Bereich für eine bessere Vereinbarkeit von Familie und Beruf zu sorgen.

▶ Rechte des Betriebsrates

§§ 81 ff.

Rechte des Betriebsrates

Information	Beratung	Mitwirkung	Mitbestimmung
Der Betriebsrat oder der Wirtschaftsausschuss kann verlangen, dass er über betriebliche Vorgänge unterrichtet wird oder ihm die erforderlichen Unterlagen unterbreitet werden.	Der Arbeitgeber muss den Betriebsrat unterrichten und sich mit ihm beraten.	Der Betriebsrat kann aus bestimmten Gründen den betrieblichen Maßnahmen widersprechen. Diese werden dadurch jedoch nicht unwirksam. Im Streitfall entscheidet die Einigungsstelle oder das Arbeitsgericht.	Betriebliche Maßnahmen werden erst mit Zustimmung des Betriebsrates wirksam.
wirtschaftliche Angelegenheiten		personelle Angelegenheiten	soziale Angelegenheiten

▶ **Wirtschaftsausschuss**

In Unternehmen mit mehr als 100 ständigen Arbeitnehmern wird ein **Wirtschaftsausschuss** gebildet, dessen Mitglieder vom Betriebsrat bestimmt werden. Er hat wirtschaftliche Angelegenheiten mit dem Unternehmer zu beraten und den Betriebsrat zu unterrichten. *BetrVG §§ 106 ff.*

▶ **Jugend- und Auszubildendenvertretung**

In Unternehmen, in denen in der Regel mindestens fünf Arbeitnehmer beschäftigt werden, die unter 18 Jahren sind oder die zu ihrer Ausbildung beschäftigt werden und das 25. Lebensjahr noch nicht vollendet haben, können **Jugend- und Auszubildendenvertretungen** für zwei Jahre gewählt werden. Voraussetzung hierfür ist allerdings, dass ein Betriebsrat besteht. Mitglieder dieser Vertretung können nicht gleichzeitig Mitglieder des Betriebsrates sein. *§ 60 ff.*

Eine wichtige Aufgabe dieser Vertretung ist die Förderung von Maßnahmen der Berufsausbildung und die Überwachung der Einhaltung von Bestimmungen zugunsten der oben genannten Personen (Jugendschutzgesetz, Tarifvertrag). Darüber hinaus soll sie die Integration junger ausländischer Arbeitnehmer im Unternehmen fördern und entsprechende Maßnahmen beim Betriebsrat beantragen.

Die Jugend- und Auszubildendenvertretung kann zu allen Sitzungen des Betriebsrates einen Vertreter entsenden. Bei Tagesordnungspunkten, die Jugendliche oder Auszubildende betreffen, hat die gesamte Jugend- und Auszubildendenvertretung Teilnahme- und Stimmrecht.

Mitbestimmung im Aufsichtsrat und Vorstand eines Unternehmens

Der Aufsichtsrat einer AG, KGaA, GmbH oder eG, die **mehr als 2.000 Arbeitnehmer beschäftigt,** muss je zur Hälfte aus Vertretern der Anteilseigner und der Arbeitnehmer gebildet werden. Mit Ausnahme der KGaA wird in diesen Unternehmen ein Arbeitsdirektor als gleichberechtigtes Mitglied des Vorstands bzw. der Geschäftsführung bestellt. *MitbestG §§ 1, 7* *§ 33*

In den AG, KGaA, GmbH oder eG, die **mindestens 500,** aber **nicht mehr 2.000 Arbeitnehmer** beschäftigen, muss ein Aufsichtsrat gebildet werden, der zu einem Drittel aus Vertretern der Arbeitnehmer besteht. *DrittelbG § 4*

In AG mit **weniger als 500 Arbeitnehmern** bestehen für Arbeitnehmer keine gesetzlichen Mitbestimmungsrechte im Aufsichtsrat.

Europäischer Betriebsrat

Ein **Europäischer Betriebsrat** muss in Unternehmen errichtet werden, die EU-weit mindestens 1.000 Arbeitnehmer beschäftigen, wovon jeweils mindestens 150 in mindestens zwei Mitgliedsstaaten beschäftigt sein müssen. Er ist von der Unternehmensleitung über die Geschäftslage sowie über eine Verlegung oder Stilllegung des Unternehmens und über Massenentlassungen zu unterrichten und anzuhören. *EBRG § 3 § 32*

4.4.3 Sozialpartnerschaft und Arbeitskämpfe

In der Bundesrepublik Deutschland herrscht das Prinzip der Tarifautonomie. Sie wird aus der im Grundgesetz verankerten Koalitionsfreiheit abgeleitet. *GG Art. 9 (3)*

Tarifautonomie ist das Recht der Sozialpartner, die **Arbeits- und Einkommensbedingungen ohne staatliche Eingriffe** in freien Tarifverhandlungen **kollektiv festzulegen.**

Arbeitgeber- und Arbeitnehmerverbände werden als **Sozialpartner** bezeichnet.

Arbeitgeberverbände

Arbeitgeberverbände dienen zur Wahrung der Interessen der Unternehmer gegenüber den Arbeitnehmern (Tarifverträge) oder gegenüber Staat und Gemeinden (Gesetzgebung).

Beispiel: Gesamtverband der metallindustriellen Arbeitgeberverbände – Gesamtmetall, Berlin

Arbeitnehmerverbände (Gewerkschaften)

Die **Gewerkschaften** sind Vereinigungen der Arbeitnehmer zur Förderung und Wahrung der Arbeits- und Wirtschaftsbedingungen.

Beispiele: Verbesserung der Lohn- und Arbeitsbedingungen (Lohnerhöhung, Arbeitszeitverkürzung, Mitbestimmung), berufliche Weiterbildung und Umschulung, Abschluss von Tarifverträgen, Rechtshilfe und Rechtsschutz für die Arbeitnehmer und Auszubildenden bei den Arbeitsgerichten

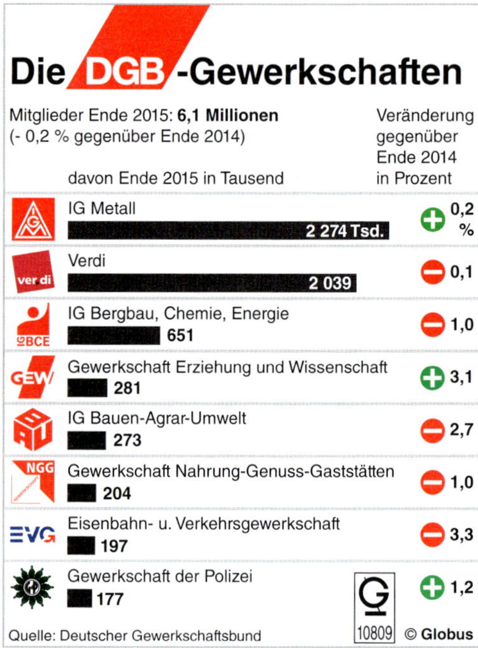

Der Beitritt zu einer Gewerkschaft ist freiwillig.

Arbeitskampf und Schlichtung

▶ Arbeitskampfrecht

Das Kampfmittel der **Arbeitnehmer** zur Erreichung arbeitsrechtlicher Ziele ist der **Streik.** Man versteht darunter die gemeinsame, planmäßige Arbeitsniederlegung der Arbeitnehmer. Ein Streik kann unter folgenden Voraussetzungen geführt werden:

- Der Tarifvertrag muss ausgelaufen bzw. die Schlichtungsverhandlungen müssen gescheitert sein. Vorher besteht Friedenspflicht.
- Bei einer **Urabstimmung** müssen sich mindestens 75 % der abstimmungsberechtigten Gewerkschaftsmitglieder eines Tarifbezirks für den Streik entscheiden. Oft muss der Hauptvorstand der Gewerkschaft den Streik beschließen bzw. den Beschluss genehmigen.
- Organisation durch die Gewerkschaft (Tarifvertragspartei).

Treffen diese Voraussetzungen nicht zu, spricht man von »wildem« Streik.

▶ Arten des Streiks

Voll- oder Flächenstreik. Alle Arbeitnehmer eines Tarifgebiets legen die Arbeit nieder.

Mini-Max-Streik (Schwerpunktstreik). Mit minimalem Aufwand (Bestreikung der Hersteller von Batterien oder Kühlern) soll eine maximale Wirkung erzielt werden (Stilllegung der ganzen Automobilbranche nebst Zulieferbetrieben).

Flexi-Streik. Dabei werden z. B. tageweise abwechselnd Betriebe des Fahrzeugbaus, dann der Metall- und Elektroindustrie und schließlich Betriebe des Mittelstandes bestreikt. Die Gewerkschaft will mit diesen Kurzstreiks verhindern, dass es zu einer »kalten Aussperrung« kommt. Zugleich will sie ihre Streikkosten so gering wie möglich halten.

Warnstreik. Kurzfristige Arbeitsniederlegung, um die Streikentschlossenheit zu demonstrieren. Dieser Streik kann auch stattfinden, solange Friedenspflicht besteht.

▶ Aussperrung

Die **Aussperrung** ist das Kampfmittel der **Arbeitgeber.** Dabei werden die Arbeitsverhältnisse aller Arbeitnehmer bestimmter Unternehmen oder aller Unternehmen einer Branche vorübergehend aufgehoben. Die Aussperrung ist rechtlich nur gültig als Kampfmittel der Arbeitgeber gegen Schwerpunktstreiks der Gewerkschaften und **nur zulässig** in einem Umfang, der sich nach dem Grundsatz der Verhältnismäßigkeit richtet **(Übermaßverbot).**

Beispiel: eintägige Aussperrung wegen eines zweistündigen Warnstreiks

Kalte Aussperrung. Arbeitgeber stellen die Arbeit ein und sperren die Arbeitnehmer ohne Bezahlung aus, da eine Weiterarbeit wegen Arbeitskämpfen in den Zuliefer- oder Abnehmerbetrieben nicht möglich ist.

Beispiel: Ein Autoproduzent sperrt seine Mitarbeiter aus, weil er keine Bleche von einem bestreikten Zulieferunternehmen mehr bekommt.

▶ Wirkung auf die Arbeitsverhältnisse

Die Arbeitsverhältnisse der streikenden und ausgesperrten Arbeitnehmer sind während des Arbeitskampfs unterbrochen. Deshalb erhalten diese keine Arbeitsentgelte. Die Gewerkschaft zahlt an ihre Mitglieder Streikunterstützung, die sich nach Beitragshöhe und Mitgliedsdauer richtet.

▶ Schlichtungswesen

Die **Schlichtung** ist nur für solche Streitigkeiten anwendbar, die nicht der Zuständigkeit der Arbeitsgerichte unterliegen. Ziel der Schlichtung ist, eine **vertragliche Grundlage zu schaffen,** um Streitigkeiten zwischen den Tarifvertragsparteien beizulegen.

Das **Ausgleichsverfahren** wird von Schlichtungsstellen durchgeführt, deren Besetzung im Tarifvertrag oder in der Betriebsvereinbarung festgelegt ist. Sie sollen angerufen werden, um Meinungsverschiedenheiten zu klären. Wird keine Einigung erzielt, so können Behörden oder anerkannte Persönlichkeiten des öffentlichen Lebens als Schlichter eingeschaltet werden.

▶ Auswirkungen von Arbeitskämpfen

- Häufig können bei einem Arbeitskampf wegen seiner Auswirkungen auf unbeteiligte Dritte negative Reaktionen der Öffentlichkeit erfolgen.
- Besondere Auswirkungen ergeben sich dadurch, dass Streik und Aussperrung hohe Kosten für die Wirtschaft verursachen.
- Spannungen ergeben sich durch die unterschiedlichen Interessenlagen von Großbetrieben einerseits und Klein- und Mittelbetrieben andererseits.
- Die Gewerkschaften müssen für die streikenden und ausgesperrten Mitglieder Streikgelder bezahlen.
- Die Unternehmen erleiden Verluste, da keine Erzeugnisse verkauft werden und Kunden sich eventuell anderweitig eindecken.
- Werden Forderungen durchgesetzt, welche die Unternehmen nicht auffangen oder als zusätzliche Kosten über die Preise abwälzen können, sinkt die internationale Wettbewerbsfähigkeit. Es besteht die Gefahr der Betriebsschließung, wenn nicht die teurer gewordenen Arbeitskräfte durch Maschinen ersetzt werden können.
- Können Unternehmen die erhöhten Arbeitskosten auf die Preise abwälzen, so wird das gewerkschaftliche Ziel, die Realeinkommen der Arbeitnehmer zu erhöhen, nicht erreicht. Dies kann zu neuen Forderungen führen.

4.4.4 Arbeitsschutzgesetze

Gesundheits- und Unfallschutz

ArbSchG §§ 3 f. Arbeitgeber sind verpflichtet, die Arbeit so zu gestalten, dass eine Gefährdung für das Leben und die Gesundheit der Beschäftigten *§ 5* möglichst vermieden wird.

§§ 10 f. Der Arbeitgeber hat die mit der Arbeit verbundene Gefährdung zu ermitteln und entsprechende Maßnahmen des Arbeitsschutzes zu ergreifen. Dazu dienen Maßnahmen der *§ 12* Ersten Hilfe, Brandbekämpfung und Evakuierung der Beschäftigten sowie arbeitsmedizinische Vorsorge und Untersuchungen.

Die Beschäftigten sind über die Sicherheit und den Gesundheitsschutz bei der Arbeit zu unterweisen.

§ 21 **Gewerbeaufsichtsämter** überwachen die Einhaltung der Bestimmungen und sorgen für die Beseitigung von Missständen.

Berufsgenossenschaften warnen durch Merkblätter, Schaubilder, Zeitschriften, Vorträge und Filme vor Gefahren. Verhütungsvorschriften verpflichten die Unternehmer zur Einführung von Schutzmaßnahmen. Die Unfallverhütungsvorschriften müssen an geeigneter Stelle im Unternehmen ausgelegt oder ausgehängt werden. Aufsichtsbeamte überwachen deren Einhaltung, unterrichten, beraten, beanstanden und fordern Abhilfe unter Fristsetzung. Gegen zuwiderhandelnde Unternehmer werden Ordnungsstrafen verhängt.

§ 13 **Sicherheitsbeauftragte** im Unternehmen haben darüber zu wachen, dass die Unfallverhütungsvorschriften eingehalten werden.

§ 11 **Betriebsärzte** und staatliche **Landesgewerbeärzte** beraten die Unternehmen bei der Verbesserung der Gesundheitsfürsorge (Gewerbehygiene). Sie widmen sich besonders der ärztlichen Berufsberatung, der Verhütung und Behandlung von Berufskrankheiten.

Arbeitszeitschutz

ArbZG § 3 **Nach dem Gesetz** gilt grundsätzlich ein **8-Stunden-Tag.** Die Arbeitszeit kann auf bis zu 10 Stunden verlängert werden. Allerdings müssen **verlängerte Arbeitszeiten** innerhalb von 6 Monaten **durch kürzere Arbeitszeiten** an anderen Tagen **ausgeglichen** werden. *§§ 10 ff.* Abweichende Regelungen können in einem Tarifvertrag oder in einer Betriebs- bzw. Dienstvereinbarung festgelegt werden.

Sonn- und Feiertagsarbeit ist dann erlaubt, wenn technische Gegebenheiten eine ununterbrochene Produktion erfordern oder ein Unternehmen sonst seine internationale Konkurrenzfähigkeit verlieren würde.

Schutz vor Benachteiligung

AGG §§ 1–20 Beschäftigte dürfen nicht aus Gründen der Rasse oder wegen der ethnischen Herkunft, des Geschlechts, der Religion oder Weltanschauung, einer Behinderung, des Alters oder der sexuellen Identität benachteiligt werden. Der Arbeitgeber hat Stellenausschreibungen und Arbeitsplätze entsprechend zu gestalten, dass es zu keiner Benachteiligung einzelner Personengruppen kommt. Andernfalls haben die Benachteiligten Anspruch auf Entschädigung und Schadensersatz.

Außerdem soll das Gleichbehandlungsgesetz die Würde von Frauen und Männern durch den **Schutz vor sexueller Belästigung** am Arbeitsplatz bewahren. Verantwortlich für den Schutz sind Arbeitgeber und Vorgesetzte. Sie haben die im Einzelfall angemessenen arbeitsrechtlichen Maßnahmen wie Abmahnung, Umsetzung, Versetzung oder Kündigung zu ergreifen.

Kündigungsschutz

Allgemeiner Schutz vor sozial ungerechtfertigter Kündigung	Besonderer Kündigungsschutz
Gilt für **alle** Arbeitnehmer, wenn – sie länger als 6 Monate in demselben Unternehmen beschäftigt sind, – in dem Unternehmen fünf (ab 1.1.2004: 10) und mehr Arbeitnehmer beschäftigt sind und · keine personenbedingte Gründe (z. B. länger andauernde Krankheit) vorliegen oder · keine verhaltensbedingte Gründe (z. B. Arbeitspflichtverletzungen) vorliegen oder · keine betriebsbedingte Gründe (z. B. Auflösung einer Abteilung) vorliegen; – bei betriebsbedingter Kündigung die Leistung, die Dauer der Betriebszugehörigkeit, das Lebensalter, die Unterhaltspflichten und die Schwerbehinderung des ausgewählten Arbeitnehmers nicht berücksichtigt wurden. Hält der Arbeitnehmer die Kündigung für sozial ungerechtfertigt, so – kann er beim Betriebsrat binnen einer Woche Einspruch erheben, – muss er beim Arbeitsgericht binnen drei Wochen Klage erheben. Entspricht das Arbeitsgericht der Klage, so gilt die Kündigung als von Anfang an unwirksam.	Gilt nur für **bestimmte** Arbeitnehmer: – **Betriebsratsmitglieder** und **Mitglieder der Jugend- und Auszubildendenvertretung** während ihrer Amtszeit und bis ein Jahr danach, Kandidaten zur Wahl des Betriebsrates, nicht gewählte Kandidaten bis sechs Monate nach der Wahl. – **Frauen** während der Schwangerschaft, sofern der Arbeitgeber von dieser Kenntnis hat oder innerhalb von zwei Wochen nach der Kündigung Kenntnis bekommt bzw. während vier Monaten nach der Entbindung. – **Eltern** während der Elternzeit. – **Schwerbehinderte Menschen** (mindestens 50 % Grad der Behinderung). Ihnen kann nur mit Zustimmung des Integrationsamtes gekündigt werden (auch bei außerordentlicher Kündigung). Die Kündigungsfrist muss mindestens vier Wochen betragen. – **Auszubildende.** (Ausnahmen: Kapitel 4.2.1)
Das **Recht zur fristlosen Entlassung** bei Pflichtverletzung bleibt vom Kündigungsschutz unberührt. Ausgenommen hiervon ist der Mutterschutz.	

KSchG §§ 1 ff.

MuSchG § 9

BEEG § 18

SGB IX §§ 85 ff.

MuSchuG § 9 (3)

Frauen-, Mutter- und Elternschutz

Die berufstätige Frau genießt durch das Arbeitsrecht einen besonderen Schutz, der ihrer körperlichen Konstitution und ihrer Aufgabe in der Familie Rechnung trägt.

MuSchuG §§ 3 ff. Werdende und stillende Mütter dürfen zu schwerer körperlicher Arbeit, zu Mehrarbeit, Akkord- und Fließbandarbeit, Nacht- und Sonntagsarbeit nicht herangezogen werden. Werdende Mütter dürfen grundsätzlich sechs Wochen vor der Entbindung, Mütter bis acht Wochen nach der Entbindung nicht beschäftigt werden. Nach der Geburt des Kindes kann BEEG §§ 15 f. die Mutter und/oder der Vater bzw. der Lebensgefährte eine Elternzeit von bis zu 36 Monaten beanspruchen.

§ 4 In dieser Zeit haben Eltern die Möglichkeit, in den ersten 14 Monaten nach der Geburt des Kindes **Elterngeld** zu beziehen.

Jugendarbeitsschutz

JArbSchG §§ 2, 5

Das **Jugendarbeitsschutzgesetz** gilt für **Beschäftigte, die noch nicht 18 Jahre alt** sind.

Kinder	**Jugendliche**
Das sind Personen, die – unter 15 Jahre alt sind und – der Vollzeitschulpflicht unterliegen.	Das sind Personen zwischen 15 und 18 Jahren.
Folge:	**Folge:**
Die Beschäftigung ist bis auf gesetzliche Ausnahmen **verboten.**	**Die Beschäftigung ist** unter Berücksichtigung von Bestimmungen **erlaubt.**

§ 8 § 15	**Arbeitszeit**	Die tägliche Arbeitszeit ohne Ruhepausen darf acht Stunden, die Wochenarbeitszeit 40 Stunden nicht überschreiten. An Samstagen und Sonntagen dürfen Jugendliche in aller Regel nicht beschäftigt werden. Es gilt für sie die 5-Tage-Woche.
§ 11	**Ruhepausen**	Sie müssen bei einer Arbeitszeit von mehr als viereinhalb bis sechs Stunden 30 Minuten, bei mehr als sechs Stunden 60 Minuten betragen.
§§ 13–18	**Freizeit**	Nach Beendigung der täglichen Arbeitszeit ist eine ununterbrochene Freizeit von mindestens 12 Stunden zu gewähren. Zwischen 20 Uhr und 6 Uhr dürfen Jugendliche nicht beschäftigt werden.
§§ 9 ff.	**Berufsschulzeit**	Die Unterrichtszeit einschließlich der Pausen wird auf die Arbeitszeit angerechnet. Beträgt die Schulzeit mehr als fünf Unterrichtsstunden, so ist einmal in der Woche der restliche Tag arbeitsfrei. Beginnt der Unterricht vor 9 Uhr, so darf der Jugendliche vorher nicht beschäftigt werden. Auch der letzte Arbeitstag, der der schriftlichen Abschlussprüfung unmittelbar vorangeht, ist frei.
§ 19	**Urlaub**	Jugendliche, die zu Beginn des Kalenderjahres noch nicht 16 Jahre alt sind, haben Anspruch auf 30 Werktage Urlaub (1 Woche = 6 Werktage); bis 17 Jahre auf 27 Werktage, bis 18 Jahre auf 25 Werktage.

	Der Urlaubsanspruch entsteht erst dann, wenn das Arbeitsverhältnis sechs Monate besteht. Der Urlaub soll zusammenhängend, bei Berufsschülern in der Zeit der Schulferien gegeben werden.	
gesundheitliche Betreuung	Vor Aufnahme der Beschäftigung und nach einjähriger Beschäftigung sind für den Jugendlichen kostenfreie ärztliche Untersuchungen vorgeschrieben. Der Arbeitgeber erhält eine Bescheinigung, dass die Untersuchung stattgefunden hat. Ohne Nachweis der ärztlichen Untersuchung darf der Ausbildungsvertrag von der IHK nicht eingetragen werden.	*JArbSchG §§ 32 f.*
Beschäftigungs-beschränkungen	Jugendliche dürfen nicht beschäftigt werden mit Arbeiten, die ihre körperlichen Kräfte übersteigen oder bei denen sie sittlichen Gefahren ausgesetzt sind. Ausdrücklich ist die Beschäftigung mit Akkord- und Fließarbeit verboten.	*§§ 22 ff.*

Schutz schwerbehinderter Menschen

Um schwerbehinderte Menschen (mindestens 50 % Grad der Behinderung) wieder in den Arbeitsprozess einzugliedern, müssen alle privaten und öffentlichen Arbeitgeber, die über mindestens 20 Arbeitsplätze verfügen, mindestens 5 % davon mit schwerbehinderten Menschen besetzen. Für jeden unbesetzten Pflichtplatz muss der Arbeitgeber eine monatliche **Ausgleichsabgabe** an das **Integrationsamt** entrichten; die Pflicht zur Einstellung wird jedoch dadurch nicht aufgehoben. *SGB IX § 71* *§ 77*

Die Arbeitgeber haben die schwerbehinderten Menschen so zu beschäftigen, dass diese ihre Fähigkeiten und Kenntnisse möglichst voll anwenden und weiterentwickeln können. Außerdem haben sie für eine behindertengerechte Einrichtung und Unterhaltung der Arbeitsstätten einschließlich der Betriebsanlagen sowie der Gestaltung der Arbeitsplätze zu sorgen. *§ 81*

Schwerbehinderte Menschen haben einen Anspruch auf einen bezahlten zusätzlichen Urlaub von fünf Arbeitstagen im Jahr. Außerdem haben sie einen Anspruch auf Teilzeitbeschäftigung, wenn die kürzere Arbeitszeit wegen der Art oder der Schwere der Behinderung notwendig ist. *§ 125*

In Unternehmen mit mindestens fünf schwerbehinderten Menschen ist eine Vertrauensperson zu wählen. Die Schwerbehindertenvertretung fördert die Eingliederung schwerbehinderter Menschen in das Unternehmen und vertritt deren Interessen. Insbesondere hat sie darüber zu wachen, dass die zugunsten schwerbehinderter Menschen geltenden Gesetze und Vereinbarungen durchgeführt werden. *§§ 94 ff.*

4.4.5 Arbeitsgerichte

Die Arbeitsgerichte gewährleisten eine sachgemäße Behandlung und einheitliche Rechtsprechung in arbeitsrechtlichen Streitigkeiten. Gegenüber den ordentlichen Gerichten ist das Verfahren wegen der kürzeren Fristen rascher und wegen der niedrigeren Gerichtskosten billiger. Bei einem Vergleich werden überhaupt keine Gerichtskosten erhoben.

Aufbau der Arbeitsgerichte

Die Arbeitsgerichtsbarkeit wird ausgeübt durch **Arbeitsgerichte, Landesarbeitsgerichte** (Berufungsinstanz) und das **Bundesarbeitsgericht** (Revisionsinstanz) in Erfurt. *ArbGG § 1*

ArbGG §§ 80–98

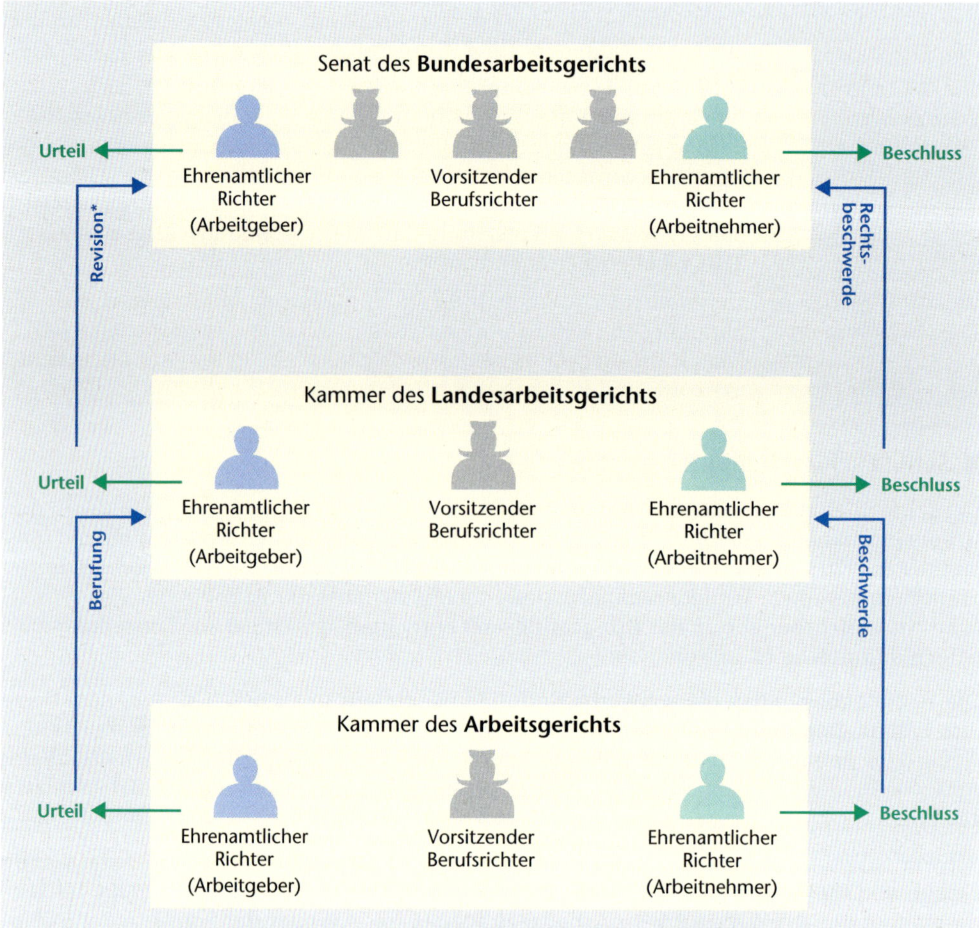

* Im Gegensatz zur Revision werden bei der Berufung nicht nur Rechtsfehler, sondern auch der Tatsachbestand geprüft. D. h., bei der Berufung kommt es zu einer erneuten Beweisaufnahme, während bei der Revision lediglich ein bestehendes Urteil auf Fehler überprüft wird.

Zuständigkeit

§ 82 ▶ **Örtliche Zuständigkeit**

Örtlich zuständig ist das Gericht, in dessen Bezirk der Beklagte seinen Wohnsitz oder Arbeitsplatz hat.

▶ **Sachliche Zuständigkeit**

§ 2 **a) Urteilsverfahren.** Das **Urteilsverfahren** wird eingeleitet, wenn **eine Partei Klage erhebt.** Gegenstand der Verhandlung und Grundlage für das Urteil sind nur die von den Parteien vorgebrachten Tatsachen und Beweise.

§ 2a **b) Beschlussverfahren.** Das **Beschlussverfahren** beginnt mit der Antragstellung beim Arbeitsgericht. Das Gericht hat **von Amts wegen** den Sachverhalt zu erforschen. Das mündliche Verfahren endet mit einem Beschluss, der schriftlich zu begründen ist.

Zusammenfassende Übersicht zu Kapitel 4.4: Ordnung und Rechtsschutz der betrieblichen Arbeit

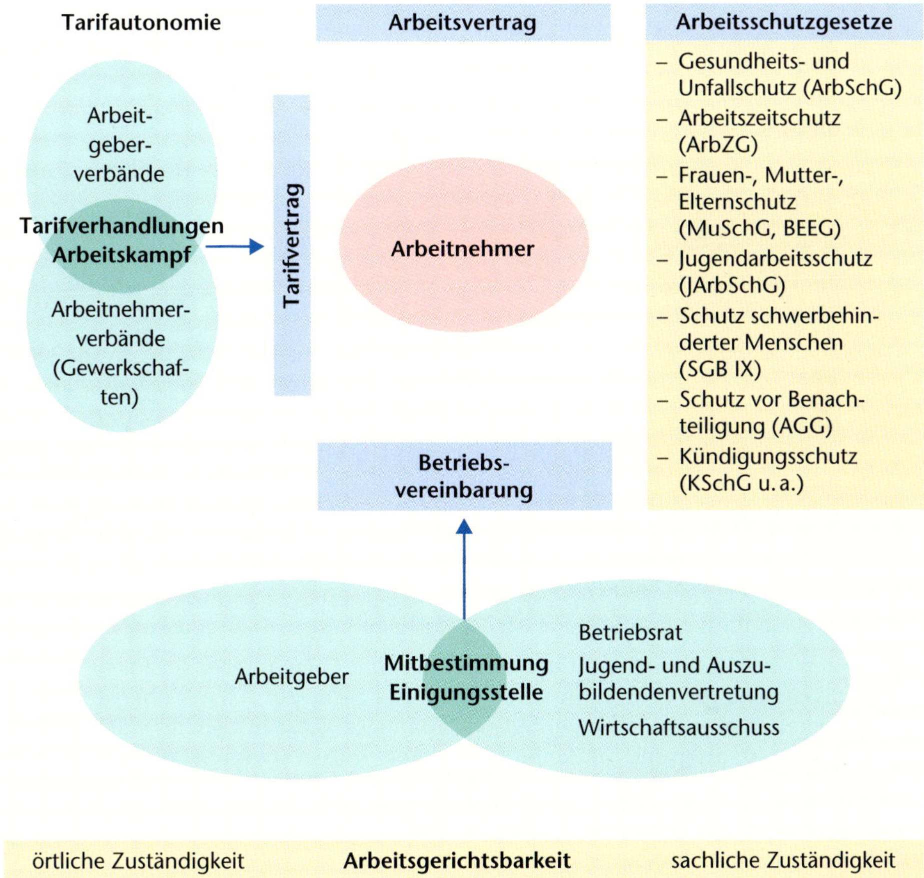

▶ Aufgaben und Probleme

1. Welche Aufgaben hat die Betriebsvereinbarung?
2. Im Wirtschaftsteil der Tageszeitung liest Katja: »Bei den Tarifverhandlungen um einen neuen Manteltarifvertrag sind die Sozialpartner noch zu keiner Einigung gekommen. Beobachter sprechen bereits von Überlegungen über einen Streik.«
   a) Erklären Sie die Begriffe Manteltarifvertrag und Sozialpartner.
   b) Außer den Manteltarifverträgen gibt es noch weitere Tarifverträge. Wie unterscheiden sich diese inhaltlich und in ihrer Geltungsdauer von Manteltarifverträgen?
   c) Im Zusammenhang mit Tarifverhandlungen fällt oft der Begriff »Tarifautonomie«. Erklären Sie diesen Begriff.
   d) Unter welchen Voraussetzungen gilt der Tarifvertrag für alle Arbeitnehmer und Arbeitgeber einer Branche?

3. Beurteilen Sie folgende Fälle:

   a) In einem Einzelarbeitsvertrag vereinbaren Arbeitgeber und Arbeitnehmer, dass der Angestellte auf den Urlaub verzichtet, dafür aber ein Gehalt erhält, das 10 % über den tarifvertraglichen Regelungen liegt.

   b) Ein Unternehmer verspricht jedem Arbeitnehmer, der nicht in der Gewerkschaft ist, einen um 50 EUR höheren Verdienst.

   c) Eine Gewerkschaft verlangt in Tarifverhandlungen eine Sonderzahlung von 150 EUR für Gewerkschaftsmitglieder.

4. Warum wird in Unternehmen mit über 200 Beschäftigten eine bestimmte Zahl von Betriebsräten von der Berufstätigkeit freigestellt?

5. Welchen Zweck hat die Bildung einer Einigungsstelle?

6. In einer Betriebsratssitzung werden Personalprobleme diskutiert. Beurteilen Sie die Rechtslage und begründen Sie Ihre Entscheidung.

   a) Herr Frohweis, 28 Jahre alt, bewirbt sich um einen Platz auf der Wahlliste zum Betriebsrat. Er ist am Wahltag vier Monate im Unternehmen beschäftigt.

   b) Als Herr Kräftig zum Betriebsrat kandidiert, kündigt ihm der Arbeitgeber, weil er befürchtet, dass Kräftig als Betriebsrat Unruhe in das Unternehmen bringen würde.

   c) Nach der Auslagerung der Buchhaltung wird dem Bilanzbuchhalter Ahlers mitgeteilt, dass er von nun an in der Abteilung Verkauf mit einem um 300 EUR geringeren Gehalt beschäftigt sei.

7. Klären Sie mithilfe des Grundgesetzes, was man unter »Koalitionsfreiheit« versteht.

8. Bereiten Sie mithilfe einer Internetrecherche zum Thema Arbeitslosigkeit eine Podiumsdiskussion vor, in der Argumente aus der Sicht der Arbeitgeber und der Gewerkschaften ausgetauscht werden. Die Podiumsdiskussion soll mit einer Situationsbeschreibung aufgrund aktueller Statistiken (http://www.destatis.de) eingeleitet werden. Bilden Sie hierzu Gruppen (Arbeitgeber und Gewerkschaften), die unterschiedliche Aufgaben lösen sollen.

   Gruppe Arbeitgeber:

   - Finden Sie heraus, welche Gründe für Arbeitslosigkeit der Arbeitgeberverband Gesamtmetall (http://www.gesamtmetall.de) anführt.
   - Stellen Sie die Maßnahmen dar, durch welche die Arbeitslosigkeit aus Sicht des Verbandes verringert werden kann.
   - Vertreten Sie die Position des Verbandes in der Podiumsdiskussion.

   Gruppe Gewerkschaften:

   - Finden Sie heraus, welche Gründe für die Arbeitslosigkeit der Deutsche Gewerkschaftsbund (http://www.dgb.de) anführt.
   - Stellen Sie die Maßnahmen dar, durch welche die Arbeitslosigkeit aus Sicht des DGB verringert werden kann.
   - Vertreten Sie die Position des DGB in der Podiumsdiskussion.

9. Nach gescheiterten Tarifverhandlungen stehen die Gewerkschaften vor der Notwendigkeit, zur Durchsetzung ihrer Forderungen eine Urabstimmung durchzuführen und einen Streik auszurufen. Für den Fall eines Streiks drohen die Arbeitgeber mit Aussperrung. Stimmen aus dem Kreis der Arbeitnehmer werden laut: »Streik ist Notwehr, Aussperrung ist Terror.«

a) Erklären Sie die Begriffe Streik, Urabstimmung und Aussperrung.

b) Nehmen Sie Stellung zu der oben wiedergegebenen Aussage der Arbeitnehmer aus der Sicht beider Tarifpartner.

10. Seit einigen Jahren bevorzugen die Gewerkschaften den Mini-Max-Streik. Erläutern Sie zwei Vorteile dieser Streikvariante.

11. Zur Beendigung eines lange währenden Arbeitskampfes wird der Arbeitsminister aufgefordert, die Lohnerhöhung endlich festzusetzen. Nehmen Sie aus rechtlicher Sicht dazu Stellung.

12. Lesen Sie folgenden Sachverhalt:

Starker Umsatzrückgang bei Breisacher Metallbau

Breisach, 05.03.2016. Die Metallbau GmbH in Breisach mit insgesamt mehr als 50 Mitarbeitern verzeichnet aufgrund der wachsenden Konkurrenz aus dem Ausland einen starken Umsatzrückgang. Die Geschäftsleitung der Metallbau GmbH versucht deswegen mit radikalen Einsparungen aus den roten Zahlen herauszukommen.

In der kaufmännischen Verwaltung sollen von den fünf Stellen zwei abgebaut werden. Die Kündigungen sollen zum 01.06.2016 ausgesprochen werden. [...]

Nach einer Vorauswahl bleiben noch vier Mitarbeiter übrig, die für eine Kündigung infrage kommen. Zwei von diesen Mitarbeitern muss gekündigt werden. Heute findet die entscheidende Sitzung statt. Sie sind Mitarbeiter in der Personalabteilung und sollen für diese Sitzung eine Empfehlung erarbeiten, welchen beiden Mitarbeitern gekündigt werden sollte.

Die folgenden Mitarbeiter – alle haben ähnliche Qualifikationen und erledigen ihre Tätigkeiten zur vollsten Zufriedenheit – stehen zur Auswahl:

Frank Ohlendorf, geboren am 15.06.1989; ledig, keine Kinder, beschäftigt seit 10.02.2014. Zusatzinformation: Herr Ohlendorf ist seit einem Motorradunfall zu 50% schwerbehindert.
Maria Funke, geboren am 12.01.1975; verheiratet, ein schulpflichtiges Kind, beschäftigt seit 13.05.2012. Zusatzinformation: Herr Funke (Ehemann) ist als Metallschlosser bei der Metallbau GmbH beschäftigt.
Anna Sandmann, geboren am 14.02.1992; ledig, ein Kind im Kindergarten, beschäftigt seit 01.02.2016. Zusatzinformation: Die Probezeit von Frau Sandmann ist am 01.05.2016 abgelaufen.
Wilhelm Heinemann, geboren am 24.01.1963; verheiratet, drei schulpflichtige Kinder, beschäftigt seit 15.08.2005. Zusatzinformation: Die Frau von Herrn Heinemann ist zurzeit arbeitslos.

Geben Sie eine Kündigungsempfehlung ab und begründen Sie diese. Beachten Sie dabei die Voraussetzungen für den allgemeinen Kündigungsschutz.

13. Bei einem Gespräch zwischen der Geschäftsleitung und dem Betriebsrat weist ein Betriebsratsmitglied darauf hin, dass bei den Kündigungen der besondere Kündigungsschutz für bestimmte Mitarbeitergruppen berücksichtigt werden muss.

a) Was versteht man unter dieser Art des Kündigungsschutzes?

b) Erläutern Sie, aus welchen Gründen bestimmte Gruppen geschützt sind.

4.5 Personalbedarf, -beschaffung und -auswahl

4.5.1 Personalbedarf

Unter dem **Personalbedarf** eines Unternehmens versteht man die **Gesamtheit an Arbeitskräften,** die zur Wahrnehmung aller Aufgaben in dem betreffenden Unternehmen benötigt werden.

Um den Personalbedarf effektiv planen zu können, muss ein Unternehmen zunächst den aktuellen Personalbestand und den zukünftigen Personalbedarf analysieren. Dabei nutzt es Personalinformationssysteme.

Personalinformationssystem

Unter einem **Personalinformationssystem** versteht man ein vorwiegend **im Personalbereich eingesetztes, computergestütztes Verwaltungssystem.**

Es unterstützt alle Aufgaben der Personalabteilung. Häufig sind Personalinformationssysteme Teil einer integrierten Unternehmenssoftware.

Im Rahmen von Personalinformationssystemen sind die Erfordernisse des **Datenschutzes** unbedingt zu beachten.

BDSG § 1

Der Begriff **Datenschutz** umschreibt den **Schutz personenbezogener Daten** vor missbräuchlicher Verwendung.

Zweck des Datenschutzes ist es, den Einzelnen davor zu schützen, dass er durch den Umgang mit seinen personenbezogenen Daten in seinem Persönlichkeitsrecht beeinträchtigt wird.

Personalstatistik

Die **Personalstatistik** ist das Ergebnis des Prozesses zur **Erfassung** und **Aufbereitung** des im Personalinformationssystem anfallenden **Zahlenmaterials.**

Die aus der Personalstatistik gewonnenen Erkenntnisse ermöglichen eine optimale Entscheidungsvorbereitung. Damit können personalpolitische Entscheidungen geplant, kontrolliert und vorbereitet werden.

Beispiel: Bei der KÜHLsys GmbH sind 72 % der Mitarbeiter über 40 Jahre alt. Die vielen Fehltage sind zum Teil altersbedingt. Die Einstellung von jungen Mitarbeitern ist dringend notwendig.

Personalbestands- und -bedarfsanalyse

Die **Personalbestandsanalyse** ist eine detaillierte Ermittlung des **gegenwärtigen** Personalbestands.

Bei der **Personalbedarfsanalyse** wird der **zukünftige** Personalbedarf ermittelt

	Personalbestandsanalyse	Personalbedarfsanalyse
quantitativ	Wie viele Mitarbeiter sind zurzeit im Unternehmen tätig?	Wie viele Mitarbeiter werden voraussichtlich benötigt?
qualitativ	Welches Wissen und welche Fähigkeiten haben die Mitarbeiter bereits?	Welche Qualifikationen brauchen die Mitarbeiter?

	Personalbestandsanalyse	Personalbedarfsanalyse
örtlich	Wo werden derzeit welche Mitarbeiter eingesetzt?	An welchen Orten sind Mitarbeiter erforderlich?
zeitlich	Welche Mitarbeiter sind gegenwärtig im Unternehmen beschäftigt?	Wann und wie lange werden Mitarbeiter benötigt?

Aus der Differenz zwischen Personalbestand und -bedarf ergibt sich die notwendige Personalbestandsveränderung.

Personalbestandsveränderungen		
	Arten	**Beispiele**
quantitativ	Neubedarf	Erhöhung der Unternehmenskapazität, Arbeitszeitverkürzungen
	Zusatzbedarf	saisonale Bedarfsschwankungen
	Ersatzbedarf	Kündigung eines Mitarbeiters, Erreichen der Altersgrenze eines Mitarbeiters, innerbetriebliche Versetzung
	Minderbedarf	Betriebseinschränkung wegen schlechter konjunktureller Lage, Personaleinsparung durch neue Produktionsverfahren
qualitativ	ungelernte Arbeitskräfte	Kräfte für Gelegenheitsarbeiten
	angelernte Arbeitskräfte	kurz eingewiesene Hilfskräfte für das Lager
	ausgebildete Arbeitskräfte	Industriekaufleute
	hochqualifizierte Arbeitskräfte	Spezialisten für Informationstechnik
örtlich	innerbetriebliche Mitarbeiter	Einsatz im Unternehmen, z. B. in der Verwaltung oder in der Fertigung
	außerbetriebliche Mitarbeiter	Einsatz außerhalb des Unternehmens, z. B. Angestellter im Außendienst
zeitlich	Stellenausbau	Errichtung eines Zweigwerkes zum 1. August
	Stellenabbau	Auslagerung der Buchführung an einen Dienstleister im nächsten Jahr
	Mitarbeiterwechsel (Fluktuation)	Kündigung durch einen Mitarbeiter zum Jahresende
	Ausfallzeit	Elternzeit

Der Arbeitgeber muss den Betriebsrat über die Personalbedarfsanalyse umfassend informieren und mit ihm die Art und den Umfang der erforderlichen Maßnahmen besprechen. Dabei kann der Betriebsrat dem Arbeitgeber Vorschläge machen. *BetrVG § 92*

4.5.2 Personalbeschaffung

Die **Personalbeschaffung** hat die Aufgabe, die vom Unternehmen **benötigten Arbeitskräfte** in qualitativer, quantitativer, örtlicher und zeitlicher Hinsicht **bereitzustellen.**

Stellenbeschreibung

Wesentliche Informationsgrundlage für die Personalbeschaffung ist die **Stellenbeschreibung.** Sie enthält Angaben über die Stelle hinsichtlich ihrer Ziele, Aufgaben, Ausstattung mit Kompetenzen und Beziehungen zu anderen Stellen. Daraus ergibt sich das Anforderungsprofil für einen Stelleninhaber. Die Stellenbeschreibung dient als Grundlage für eine Stellenausschreibung und außerdem der Information des Stelleninhabers.

Beispiel einer Stellenbeschreibung:

KÜHLsys GmbH Kühlsysteme ...then, fresh is better...	**Stellenbeschreibung**	Stelleninhaber(in): Frau Jahn Hauptabteilung: Verkauf

I. **Bezeichnung der Stelle:** Leiter(in) der Hauptabteilung Verkauf
II. **Dienstrang:** Hauptabteilungsleiter(in)
III. **Vorgesetzter:** Geschäftsführer(in)
IV. **Stellvertreter:** Leiter(in) der Abteilung Verkauf Ausland
V. **Unmittelbar untergeordnete Stellen:** Marketing, Verkauf Inland, Verkauf Ausland, Versand

VI. **Ziele der Stelle:**

Alle Maßnahmen einzuleiten, die zur Erhaltung und Erweiterung des Verkaufsumsatzes erforderlich sind.

VII. **Aufgaben, Kompetenzen:**

1. Leitung der Hauptabteilung Verkauf.
2. Beratung der Geschäftsführung in Vertriebsfragen einschließlich der Exportmöglichkeiten, Analyse der Umsatzentwicklung.
3. Kontrolle der verkaufsabhängigen Kosten.
4. Koordinierung von Umsatzplan, Werbeplan und Budget.
5. Schulung der Vertriebskräfte, Vertreterschulung.
6. Entscheidungs- und Unterschriftsbefugnisse:
   Genehmigung von Sonderpreisen und Sonderkonditionen sowie abweichender Kreditrichtlinien für einzelne Kunden, soweit im Einzelfall mit Nachlässen von über 5.000 EUR zu rechnen ist.
   Verhandlungsführung bei Aufträgen über 100.000 EUR.
   Die Position ist mit Gesamtprokura ausgestattet.

VIII. **Anforderungen:**

Fachkenntnisse (Ausbildung, Erfahrung): Abitur, Fachschule erwünscht; Kenntnisse in Englisch und mind. einer weiteren Fremdsprache; 5–7 Jahre kaufmännische Tätigkeit, dabei 4 Jahre im Vertrieb, davon 2 Jahre als Vorgesetzte(r).
Sonstige Anforderungen: Verhandlungsgeschick, Fähigkeit zur Menschenführung.

IX. **Lohn-/Gehaltsgruppe:** Gehalt nach K 5

Vorteile der Stellenbeschreibung	
Die **Stelleninhaberin**/der **Stelleninhaber** kennt die – Erwartungen, die an sie bzw. ihn gestellt werden, – Arbeitsaufgabe, – weisungsberechtigten Vorgesetzten (Übergeordneter), – weisungsgebundenen Mitarbeiter (Untergeordneter), – Stellenbewertung und sie bzw. er kann im Vergleich mit den Kollegen prüfen, ob die Vergütung angemessen ist.	Die **Unternehmensleitung** erreicht – einen Überblick über die Aufgaben der Stelle, – eine Grundlage für die Stellenbewertung (Lohn- und Gehaltsgefüge), – ein besseres Betriebsklima, – eine bessere Leistungskontrolle.

Personalbeschaffungswege

interne Personalbeschaffung	externe Personalbeschaffung
Besetzung von Stellen mit **Betriebsangehörigen** durch – **interne Stellenausschreibungen** (Aushang am »Schwarzen Brett« oder Veröffentlichung im Intranet), – **Umbesetzungen** von Mitarbeitern, – **Beförderungen** von Mitarbeitern, – **Übernahme** von eigenen Auszubildenden.	Besetzung von Stellen mit **Arbeitskräften von außen** durch – **Personalanzeigen** in Printmedien und/oder im Internet, – Vermittlung durch die Agentur für Arbeit, – **Personalleasing** (Zeitarbeitsunternehmen), – **Personalberater** bzw. Personalvermittler (Headhunter), – **Stellenbörsen** im Internet, – **Schautafeln** im Eingangsbereich des Unternehmens, – **Anschläge** am Werkstor, – **Kontaktpflege** zu Bildungseinrichtungen, zur Bundeswehr, zu Kammern, – **Recruiting-Veranstaltungen,** – **Beschäftigung von Praktikanten bzw. Diplomanden.**

▶ Erstellen einer Personalanzeige

Eine Personalanzeige will das Interesse der möglichen Bewerber wecken. Um dies zu erreichen, sollten folgende Fragen in der Personalanzeige beantwortet werden:

- Wer schreibt die Stelle aus (Beschreibung des Unternehmens)?
- Welche Anforderungen sollen Bewerberinnen und Bewerber erfüllen (fachlich, sozial)?
- Welche Aufgaben sollen übernommen werden?
- Was wird Bewerberinnen und Bewerbern angeboten?
- Wann soll die Stelle besetzt werden?
- Wo befindet sich der zukünftige Arbeitsplatz?
- Wen soll die Bewerbung ansprechen?

Reifen Roesch

Als führendes Großhandelsunternehmen für Reifen sind wir der gefragteste Partner in Deutschland. Diese Position streben wir auch in Europa an. Für dieses ehrgeizige Ziel suchen wir zum **nächstmöglichen Termin** zur Verstärkung unseres Teams in unserer Europazentrale in Ludwigsburg eine/n branchenerfahrene/n

Kaufmann/Kauffrau im Groß- und Außenhandel

Ihre Aufgaben
- internationaler Ein- und Verkauf von Reifen und Zubehör
- Erstellung der erforderlichen Fracht- und Import-/Exportpapiere
- Terminkoordination und -überwachung bei Lieferungen

Ihre Qualifikation
- abgeschlossene Ausbildung als Groß- und Außenhandelskauffrau/-mann
- erste Berufserfahrung im Einkauf und Verkauf
- Englischkenntnisse in Wort und Schrift, weitere Fremdsprachenkenntnisse (frz., span.)

Ihre Perspektive
- angenehmes Umfeld mit beruflichen und persönlichen Entfaltungsmöglichkeiten
- eine verantwortungsvolle Position in unserem Unternehmen
- ein Einkommen, das Ihrer Qualifikation angemessen ist

Interesse an einem Arbeitsplatz mit Zukunft? Dann bewerben Sie sich!

Reifen Roesch GmbH
Personalabteilung
Frau Martina Packmohr
Schwieberdinger Str. 61
71636 Ludwigsburg
E-Mail: mpackmohr@reifenroesch.de

Außerdem sollte das Layout der Personalanzeige so gestaltet sein, dass es die gewünschte Zielgruppe anspricht. Dabei sind auch die unternehmensinternen Vorgaben zu beachten, die das Unternehmen in einem einheitlichen Bild nach außen darstellt **(Corporate Identity).**

▶ Personalbeschaffungswege im Vergleich

	interne Personalbeschaffung	externe Personalbeschaffung
Vorteile	– stärkere Bindung an das Unternehmen – geringere Beschaffungskosten – Kenntnis der Qualifikation – schnellere Stellenbesetzungsmöglichkeit – Motivation der Mitarbeiter	– große Auswahl – Verhinderung von Betriebsblindheit – Zugewinn von Know-how (z. B. neue Arbeitsmethoden) – geringe Fortbildungskosten – Vermeidung des Kettenreaktionseffekts (Neubesetzung der innerbetrieblich frei gewordenen Stelle)
Nachteile	– weniger Auswahlmöglichkeiten – Enttäuschung bei nicht berücksichtigten Kollegen (Neid bzw. Demotivation) – quantitativer Bedarf wird nicht gedeckt; häufig nur Bedarfsverschiebung – Kettenreaktionseffekt	– höhere Beschaffungskosten – Risiko einer Fehlbesetzung – evtl. Schwierigkeiten bei der Integration der neuen Mitarbeiter

4.5.3 Einstellungsverfahren

Bewerbung

In einer schriftlichen Bewerbung muss der Bewerber versuchen, dem Leser ein möglichst klares und positives Bild von sich zu geben. Er sollte seine Ausbildung, seinen bisherigen beruflichen Werdegang, seine Fähigkeiten, seine Fertigkeiten und seine Kenntnisse beschreiben.

Dabei muss er sich bemühen, durch den Inhalt, aber auch durch die Sprache und die Form seiner Ausführungen die Aufmerksamkeit des Empfängers zu wecken und sein Wohlwollen zu gewinnen.

Zu einer sachlich und formal richtigen Bewertung empfiehlt es sich, dass die Unterlagen in einer Bewerbungsmappe eingereicht werden.

Diese muss enthalten:

a) das eigentliche **Bewerbungsschreiben.** Hier wird ausgeführt
   - der Bezug (auf eine Anzeige oder einen Anschlag am Schwarzen Brett),
   - ein kurzer beruflicher Werdegang,
   - der Grund der gewünschten Veränderung (Beendigung der Ausbildung, Ortswechsel, Interesse an einem beruflichen Aufstieg),
   - das Interesse an der neuen Arbeitsstelle und dem Unternehmen,
   - die Bitte um einen Vorstellungstermin.

b) einen **Lebenslauf,** der die biografischen Daten sowie die beruflichen Qualifikationen des Bewerbers enthält. Außerdem sollten in ihm Informationen über die Ausbildung und den beruflichen Werdegang sowie besondere Qualifikationen (wie Fremdsprachen oder Computerkenntnisse) und persönliche Interessen dargestellt sein.

Lebenslauf

Name:	Fromm, Hans-Peter	
Geburtsdatum:	17.03.1974	
Geburtsort:	78510 Lörrach	
Familienstand:	verheiratet	
Schulbildung:	1980 – 1984	Grundschule Lörrach-Hauingen
	1984 – 1989	Hauptschule Lörrach-Hauingen
	1989 – 1991	Berufsfachschule Wirtschaft Lörrach
Berufsausbildung:	1991 – 1994	Ausbildung zum Industriekaufmann Kellermann AG, Apparatebau, Lörrach
Berufstätigkeit:	Juli 1994 – Dezember 1997: Kellermann AG, Apparatebau, Lörrach	
	seit Januar 1998: KÜHLsys GmbH, Münsingen	
Weiterbildung:	Juli 1995 – März 1996: berufsbegleitende Abendkurse in EDV	

78190 Freiburg, 17.03.2016

Fromm

Der Lebenslauf wird meist in tabellarischer Form verfasst. In besonderen Fällen wird ein handschriftlicher und/oder ausformulierter Lebenslauf verlangt.

c) Kopien von wichtigen schulischen und betrieblichen **Zeugnissen.** Beglaubigte Kopien sind nur notwendig, wenn sie ausdrücklich verlangt werden.

d) ein **Lichtbild.** Es kann auf den Lebenslauf geklebt werden.

Manche Unternehmen fordern die Bewerber auf, eine **Online-Bewerbung** auf einer speziellen Bewerberhomepage im Internet auszufüllen. Diese Angaben können anschließend elektronisch weiterverarbeitet werden und der Bewerber erhält sofort bzw. sehr kurzfristig Mitteilung, ob seine Bewerbung weiterhin berücksichtigt wird und welche weiteren Bewerbungsunterlagen benötigt werden.

Vorstellung und Einstellungsgespräch

Um das eigentliche Gespräch sorgfältig vorzubereiten, verlangen manche Unternehmen, dass die Bewerber vorher noch einen **Personalfragebogen** ausfüllen. Hier werden in einer vom Unternehmen bestimmten Ordnung nochmals Angaben über die Person, die besuchten Schulen, Berufsausbildung, bisherige Arbeitgeber, zusätzliche Qualifikationen, Sprachkenntnisse u. Ä. erfragt.

Erst danach möchte das Unternehmen in einem **Gespräch** den guten Eindruck von dem Bewerber, der sich aus seinen Unterlagen ergab, abrunden und verstärken.

Kleinigkeiten und Äußerlichkeiten hinterlassen beim ersten Aufeinandertreffen oft einen dauernden Eindruck. Deshalb sollte der Bewerber unbedingt pünktlich sein. Er sollte auf ein gepflegtes äußeres Erscheinungsbild achten, nachlässige, aber auch zu extravagante Aufmachung vermeiden.

In einer solchen Unterhaltung ergeben sich häufig Fragen oder Gesprächsanregungen wie z. B.

- Warum wollen Sie für uns arbeiten?
- Warum wollen Sie die Stelle wechseln?
- Berichten Sie uns über Ihre persönliche Situation und Ihren Werdegang.
- Welches sind Ihre Stärken? Welches sind Ihre Schwächen?
- Was wissen Sie über unser Unternehmen?
- Welche beruflichen Ziele haben Sie?

Hierbei stehen nicht die Fachkenntnisse des Bewerbers im Vordergrund, sondern seine Persönlichkeit. Der Bewerber sollte dem Frager aufmerksam zuhören und ihn ausreden lassen, Er sollte dann die Fragen wahrheitsgemäß und in angemessener höflicher Form beantworten. Durch gezielte Fragen kann er selbst Interesse bekunden und Kenntnisse zeigen.

Personalauswahl

Die Personalauswahl hat die Aufgabe, aus den eingehenden Bewerbungen zum richtigen Zeitpunkt die richtige Anzahl **qualifizierter Mitarbeiter** auszuwählen.

Strukturierte Vorgehensweise beim Einstellungsverfahren	
1. Erstellen eines Anforderungsprofils	Das Anforderungsprofil ist Grundlage für die Ausschreibung, strukturiert die Auswertung der Bewerbungsunterlagen, ist Leitfaden für das Bewerbungsgespräch und letztendlich der zu treffenden Personalentscheidung. Ziel ist es, durch einen Vergleich zwischen den Erwartungen an die Bewerber und der tatsächlichen Bewerberqualifikation eine höchstmögliche Übereinstimmung zu erreichen.

2. Bewerbungsunterlagen auswerten	Auf der Basis der vorher festgelegten Anforderungen an den neuen Mitarbeiter und dessen zukünftige Aufgaben werden die schriftlichen Bewerbungen ausgewertet, Lebensläufe studiert und Zeugnisse interpretiert. Ziel ist es, eine Vorauswahl zu treffen, um die Anzahl der Vorstellungsgespräche in Grenzen zu halten.
3. Das Vorstellungsgespräch	In dem Vorstellungsgespräch geht es darum, im persönlichen Kontakt Eindrücke über die Persönlichkeit, die Kenntnisse und Fähigkeiten, die Vorstellungen des Bewerbers über seine berufliche Tätigkeit und Entwicklung sowie über dessen Motivation zu erhalten.
4. Auswahlverfahren	Viele Unternehmen führen neben dem Vorstellungsgespräch unterschiedliche Typen von Testverfahren durch. Diese Tests sollen im Zusammenhang mit den anderen Informationen über den Bewerber die Personalauswahl untermauern. Drei der häufigsten Verfahren sind: – **Assessment-Center.** Dies ist eine vielschichtige, gleichzeitige Beurteilung mehrerer Kandidaten (Teilnehmer) durch verschiedene Beobachter unter Einsatz unterschiedlicher Beurteilungsmethoden. – **Intelligenztests.** Hier wird versucht, die intellektuelle Leistungsfähigkeit (sprachliches und praktisch-rechnerisches Denkvermögen, Kombinations-, Abstraktions- und Vorstellungsfähigkeit) zu bestimmen. – **Persönlichkeitstests.** Sie werden eingesetzt, um Informationen über verschiedene Persönlichkeitsmerkmale erfassbar zu machen.
5. Auswahl der geeigneten Mitarbeiter/in	Für die Auswertung des Gesprächs bzw. der Auswahlverfahren sollte sich der Einstellende angemessen Zeit lassen. Je gründlicher die definierten Anforderungen mit den Auswertungen der Bewerbungsunterlagen und den Eindrücken des Vorstellungsgesprächs abgeglichen werden, desto geringer ist die Gefahr einer personellen Fehlentscheidung.

BetrVG §§ 93 ff.

Die freie Auswahl des geeigneten Mitarbeiters durch die Unternehmensführung wird durch die **Rechte des Betriebsrates** eingeschränkt. Der Betriebsrat kann seine Zustimmung zu einer Einstellung verweigern, wenn keine innerbetriebliche Ausschreibung stattgefunden hat. Der Arbeitgeber ist jedoch nicht verpflichtet, den innerbetrieblichen Bewerber vorzuziehen.

▶ Vergleich von Arbeitszeugnissen

Ein wichtiger Bestandteil der Personalauswahl ist das »richtige« Lesen und das Verstehen sowie der Vergleich von Arbeitszeugnissen (Kapitel 4.2.2) der Bewerber.

Inzwischen haben sich in qualifizierten Arbeitszeugnissen bestimmte Formulierungen durchgesetzt, die mit den klassischen Schulnoten gleichgesetzt werden können.

Formulierungen (Beispiele)	Note
– stets zu unserer vollsten Zufriedenheit erledigt – hat unseren Erwartungen in jeder Hinsicht und in besonderer Weise entsprochen – ihre Leistungen haben unsere besondere Anerkennung gefunden	sehr gut
– stets zu unserer vollen Zufriedenheit – mit den Arbeitsergebnissen waren wir stets vollauf zufrieden	gut
– zu unserer vollen Zufriedenheit – hat unseren Erwartungen voll entsprochen	befriedigend

– zu unserer Zufriedenheit – hat unseren Erwartungen entsprochen	ausreichend
– hat sich bemüht, den Anforderungen gerecht zu werden – hat im Großen und Ganzen unsere Erwartungen erfüllt	mangelhaft

4.5.4 Personalentwicklung

Die **Personalentwicklung** ist wesentliche Voraussetzung für die betriebliche Leistungsfähigkeit. Sie hat entsprechende Maßnahmen zu planen, damit alle individuellen Kenntnisse und Fertigkeiten aller Mitarbeiter entwickelt bzw. eingesetzt werden können.

Grundlage hierzu sind Personalbeurteilungen und Mitarbeitergespräche. Die Mitarbeitergespräche dienen zusätzlich zur Motivation der Mitarbeiter und zur Bewältigung von Konflikten.

Maßnahmen der Personalentwicklung

▶ **Berufsausbildung** (Kapitel 4.2.1)

▶ **Weiterbildung**

a) Fortbildung

Weiterbildungsmaßnahmen, die erforderlich werden, um die **Qualifikation von Mitarbeitern an die veränderten Anforderungen anzupassen,** nennt man **Fortbildung.**

Viele Unternehmen beschaffen sich höher qualifizierte Arbeitskräfte durch Fortbildung im Unternehmen.

Diese Fortbildungsmaßnahmen werden zum Teil in der Arbeitszeit, zum Teil aber auch in der Freizeit durchgeführt. Dadurch wird vom Mitarbeiter die Bereitschaft zur Fortbildung demonstriert und das Unternehmen kann aus diesem Kreis Mitarbeiter für Führungsfunktionen gewinnen.

b) Umschulung

Weiterbildungsmaßnahmen, die erforderlich werden, um **Mitarbeiter für eine andere Berufstätigkeit zu qualifizieren,** nennt man **Umschulung.**

Umschulung kann notwendig sein, wenn

- eine Arbeitsstelle wegen der Einschränkung oder Auslagerung einer betrieblichen Aufgabe wegfällt.
- Mitarbeiter den Anforderungen des Berufes nicht mehr genügen.

Die Umschulung kann durch Kurse außerhalb des Unternehmens erfolgen (IHK, Volkshochschule, REFA-Verband, Gewerkschaft).

Die Umschulungsförderung der Agentur für Arbeit soll Arbeitsuchenden die Teilnahme an solchen Maßnahmen ermöglichen, die den Übergang in eine andere geeignete berufliche Tätigkeit vorbereiten oder verwirklichen helfen. Gewährt werden Zuschüsse und Darlehen während der Umschulung und Einarbeitungszuschüsse.

Personalbeurteilung

Bei der Beurteilung sind folgende **Verfahren** möglich:

▶ **Freie Beurteilung**

Hier werden die allgemeine Leistungsfähigkeit und die Persönlichkeit des Beurteilten aufgrund des Gesamteindrucks in freier Formulierung beurteilt. Dieses Verfahren hat den

Nachteil, dass die Beurteilungskriterien nicht vorgegeben sind und allein der persönliche Eindruck des Beurteilers entscheidend ist.

▶ Kennzeichnungs- und Einstufungsverfahren

Dieses Verfahren versucht, die Beurteilung zu objektivieren. Dabei verwendet man Material, das sich auf Arbeitsergebnisse stützt. Die Ergebnisse werden in einem Beurteilungsbogen festgehalten.

Leistungsbeurteilung für Angestellte – Beurteilungsbogen
(bitte entsprechende Bewertungsstufe kennzeichnen)

Name: Wendt, Erika — Abteilung: Finanzbuchhaltung

Beurteilungsmerkmale	**Gewichtung**	**Bewertungsstufen** 1 entspricht selten (der Erwartung)	2 entspricht i. Allg. (der Erwartung)	3 entspricht voll (der Erwartung)	4 liegt über (der Erwartung)	5 liegt weit über (der Erwartung)
1. Anwendung von Kenntnissen Beweglichkeit im Denken, Erkennen des Wesentlichen, gezeigte Selbstständigkeit	1	2	②	3	4	5
2. Arbeitseinsatz Eigeninitiative, Ausdauer, Zuverlässigkeit	1	1	2	3	④	5
3. Quantität der Arbeit Umfang bzw. Menge der erzielten Arbeitsergebnisse	1	1	②	3	4	5
4. Arbeitsqualität Arbeitsgenauigkeit und Fehlerfreiheit des Arbeitsergebnisses	2	2	4	6	⑧	10
5. Zusammenarbeit Zusammenarbeit mit Mitarbeitern, Vorgesetzten und Untergebenen	2	2	4	⑥	8	10

Datum: 21. März 2016
Beurteilter: E. Wendt

Summe der Punkte (max. 35 P.): 22
Datum: 18. März 2016
Abteilungsleiter: Schmieder

Der **Vorteil** hierbei ist, dass der Beurteiler für alle Mitarbeiter genau vorgegebene Beurteilungskriterien hat (Checkliste), mit denen er den Beurteilten einstufen oder benoten muss. Solche Beurteilungskriterien sind u. a. Vorbildung, berufliche Ausbildung, fachliche Kenntnisse und Erfahrungen, Aufgabenerfüllung, Durchsetzungsvermögen, Zuverlässigkeit, Fähigkeit zur Führung von Mitarbeitern, Verhandlungsgeschick, Bereitschaft zur Fortbildung, Verhalten gegenüber Vorgesetzten und Mitarbeitern. Dadurch wird die Beurteilung nachprüfbar.

Der **Nachteil** ist, dass es generell anerkannte Merkmale nicht gibt und dass sich das gleiche Beurteilungsschema nicht für alle Leitungsebenen eignet.

Bei Beurteilungen können folgende **Fehler** auftreten:

- Vorurteile bezüglich eines Bewertungsmerkmals werden auf alle anderen Merkmale übertragen (ein unpünktlicher Mitarbeiter kann nicht gut sein).

– Wenn der Bewerter unsicher ist und sich wegen seines Urteils nicht zur Rechenschaft ziehen lassen will, besteht die Neigung zu einem nachsichtigen oder geschönten Urteil.

Da der Arbeitnehmer das Recht hat, eine Erörterung seiner Leistungsbeurteilung zu verlangen, wird sich daraus ein **Beurteilungsgespräch** ergeben. In ihm werden die Ergebnisse besprochen und ausgewertet.

Mitarbeitergespräche

Durch Gespräche können sich der Mitarbeiter und der Vorgesetzte ein Bild von den Erwartungen machen, die an sie gestellt werden. Über gegenseitiges **Feedback** erfahren sie, wie sie wahrgenommen werden und wie ihr Verhalten bewertet wird. Hierdurch erhalten beide Seiten die Möglichkeit, ihr Auftreten und ihr Verhalten zu überdenken und ggf. anzupassen.

Mitarbeitergespräche sollten in regelmäßigen Abständen (z. B. einmal im Jahr) oder bei Bedarf geführt werden. Als Gründe für ein Mitarbeitergespräch kommen u. a. infrage:
- Ende der Probezeit,
- Lob und Kritik,
- Rückkehr nach Arbeitsunfähigkeit bzw. Krankheit,
- Personalbeurteilung,
- Festlegen von Zielvereinbarungen,
- Konflikte,
- Kündigung.

Am Ende eines Mitarbeitergespräches sollte eine **Zielvereinbarung** stehen, in der beispielsweise vereinbart werden kann:
- Fortbildungsmaßnahmen des Mitarbeiters im nächsten Jahr,
- Projekte, die innerhalb des nächsten Vierteljahres fertiggestellt werden sollen,

Die Zielvereinbarung dient der Orientierung und Motivation des Mitarbeiters. Sie ist u. a. ein wichtiger Bestandteil des **Management by Objectives.** (Kapitel 4.1.2)

Zusammenfassende Übersicht zu Kapitel 4.5: Personalbedarf, -beschaffung und -auswahl

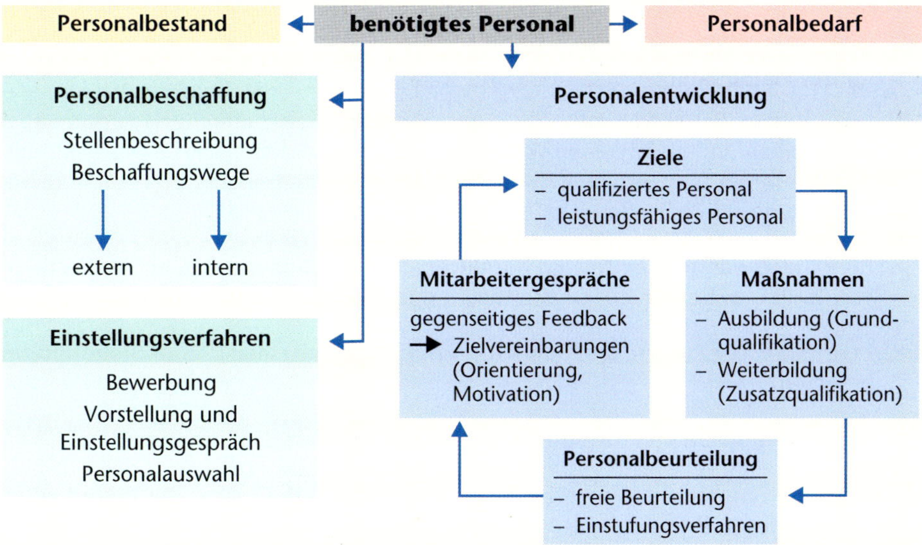

▶ Aufgaben und Probleme

1. Recherchieren Sie im Internet nach Beispielen für Personalinformationssysteme und präsentieren Sie Ihre Ergebnisse.

2. Warum ist es für das Unternehmen sehr wichtig, den Personalbedarf langfristig zu planen?

3. Im neuen Tarifvertrag wird die Arbeitszeit verkürzt. Erläutern Sie die Auswirkungen auf den Personalbedarf.

4. Visualisieren Sie die Vorgehensweise bei der quantitativen bzw. qualitativen Personalbedarfsanalyse in einem Unternehmen.

5. Ermitteln Sie den Personalbedarf für das Rechnungswesen eines Unternehmens zum 01.07. nach folgenden Daten: Bestand 21 Mitarbeiterinnen und Mitarbeiter; dieser soll auf 25 Arbeitskräfte aufgestockt werden. Zwei Auszubildende sollen zum 01.07. übernommen werden; drei Mitarbeiter gehen zum 30.06. in den Ruhestand; es liegen von zwei Sachbearbeiterinnen ärztliche Atteste vor, dass diese schwanger sind und voraussichtlich ab Anfang Juli in den Mutterschutz gehen werden; drei Mitarbeiterinnen kommen Ende Juni aus der Elternzeit zurück. Alle genannten Mitarbeiterinnen und Mitarbeiter haben gleichwertige Qualifikationen.

   Wie viele Mitarbeiterinnen und Mitarbeiter werden zusätzlich zum 01.07. gebraucht?

6. Entwerfen Sie die Stellenbeschreibung für den Leiter der Organisationsabteilung nach folgenden Angaben: Der Stelleninhaber ist dem Leiter der Hauptabteilung Kaufmännische Verwaltung unterstellt. Ihm unterstehen die Leiter der Abteilungen Aufbau- und Ablauforganisation und zwei Sekretärinnen. Der Abteilungsleiter Aufbauorganisation vertritt ihn.

   Der Stelleninhaber erarbeitet mit allen zuständigen Stellen eine mittelfristige Planung der Aufbau- und Ablauforganisation. Er erlässt Organisationsrichtlinien. Gemeinsam mit der DV-Abteilung arbeitet er Projekte aus, die auf DV-Anlagen übernommen werden sollen.

   Zielsetzung der Stelle ist eine zweckmäßige Organisations- und Informationsstruktur des Unternehmens in Aufbau und Ablauf.

   Der Inhaber der Stelle sollte eine wirtschaftswissenschaftliche Hochschulausbildung haben und außerdem praktische Erfahrung auf dem Gebiet Organisation und Datenverarbeitung besitzen. Wesentliche Eigenschaften sind Kooperationsfähigkeit und der Wille, im Team zu arbeiten.

7. Begründen Sie, warum sowohl die Besetzung von Stellen als auch die Festlegung von Stellvertretungen auf Dauer anzulegen sind.

8. Begründen Sie, weshalb sich ein Unternehmen entschließt, eine Stelle intern zu besetzen.

9. Welche Probleme könnte eine interne Stellenbesetzung mit sich bringen?

10. Die Offenburger Motorenwerke GmbH ist Weltmarktführer bei der Produktion von Motoren für Industrieanlagen. Sie entwickelt und fertigt u. a. Motoren für die Steuerung von Industrierobotern.

Zum Sommer 20.. sollen in der Zentrale in Offenburg zwei Industriekaufleute (Auszubildende) eingestellt werden. Die Ausbildung dauert drei Jahre, wobei eine Verkürzung der Ausbildung auf 2 oder 2,5 Jahre möglich ist.

Die Auszubildenden sollen während ihrer Berufsausbildung Kenntnisse in der Material-, Produktions-, Absatz- und Personalwirtschaft sowie im Finanz- und Rechnungswesen erwerben. Hinzu kommen Fähigkeiten im Umgang mit Computerprogrammen sowie in Präsentationstechniken und Rhetorik.

Die Auszubildenden müssen neben einem guten Deutsch auch gute Englischkenntnisse vorweisen können. Außerdem sollten die Bewerber mindestens einen mittleren Bildungsabschluss besitzen.

Sie sind Mitarbeiter in der Personalabteilung der Offenburger Motorenwerke GmbH. Entwerfen Sie eine Personalanzeige. Überlegen Sie sich hierfür zunächst, welche Informationen in die Anzeige aufgenommen werden müssen. Gestalten Sie die Ausschreibung anschließend entsprechend Ihrer Zielgruppe.

11. Die IT-Consult GmbH entwickelt Softwarelösungen für mittelständische Unternehmen. Für das nächste Geschäftsjahr ist in verschiedenen Abteilungen eine Kapazitätsausweitung geplant. Die Personalbedarfsplanung hat ergeben, dass folgende Arbeitskräfte beschafft werden müssen: ein Softwareentwickler, zwei Fachinformatiker zur Programmierung, eine kaufmännische Angestellte für die Lohn- und Gehaltsabrechnung, vier Informatikkaufleute.

    Alle offenen Stellen werden ins Internet gestellt. Der Softwareentwickler und die Fachinformatiker werden zusätzlich mithilfe einer Stellenanzeige in der regionalen Presse gesucht.

    a) Erläutern Sie Gründe, warum für die gesuchten Arbeitskräfte unterschiedliche Personalbeschaffungswege beschritten werden.

    b) Erläutern Sie Gründe, warum ein Unternehmen versucht, eine offene Stelle extern zu besetzen.

    c) Entwerfen Sie eine Stellenbeschreibung für kaufmännische Angestellte im Bereich Lohn- und Gehaltsabrechnung.

    d) Für die Softwareentwicklerstelle gehen mehrere Bewerbungen ein. Nennen Sie Unterlagen, die bei der Personalauswahl vorliegen müssen.

    e) Bei der IT-Consult GmbH bewirbt sich auch Herr Mark Müller. Seine Bewerbungsunterlagen enthalten folgendes Zeugnis:

> Herr Mark Müller, geboren am 8. September 1974 in Ulm, trat am 1. April 2005 in unsere Dienste. Herr Müller wurde zunächst im Bereich Vertrieb eingesetzt. Er war hier verantwortlich für das Gebiet Österreich/Schweiz. Am 01.12.2005 versetzten wir ihn in unsere Rechnungsabteilung. Ihm oblagen neben der Abrechnung der Zählerstandskarten unserer Kopiergeräte die Abrechnung der Großkunden und das Erstellen von Statistiken.
>
> Herr Müller bemühte sich, die ihm gestellten Aufgaben sorgfältig zu erledigen. Bei unterschiedlichen Aufgaben genügte er den Anforderungen fast immer. Sein Verhalten gegenüber Vorgesetzten, Mitarbeitern und Kunden war im Wesentlichen einwandfrei.
>
> Herr Müller scheidet mit dem heutigen Tag aus unserem Unternehmen aus.
>
> Ulm, den 31.03.2016
>
> Unterschrift

- Nennen Sie die Aussagen des Arbeitszeugnisses, die Sie für negativ halten.
- Bewerten Sie das Zeugnis mit einer Note zwischen 1 und 5.
- Begründen Sie die Note, die Sie vergeben haben.

12. Manchen Menschen sind Anerkennung und Verständnis wichtiger als eine Gehaltserhöhung. Erläutern Sie diese These.

13. Welche Maßnahme fällt unter die berufliche Fortbildung?

    a) Die Teilnahme an Kursen zur Vorbereitung auf die Wiederholungsprüfung im Ausbildungsberuf.

    b) Die Teilnahme an Abendkursen zur Erlangung des Realschulabschlusses.

    c) Die Teilnahme an Maßnahmen zur Umschulung für einen neuen Arbeitsplatz.

    d) Die Teilnahme an Maßnahmen zum Wiedereintritt weiblicher Arbeitsuchender in das Berufsleben.

14. Warum ist es sinnvoll, dass die Agentur für Arbeit für Umschulungsmaßnahmen Zuschüsse gewährt?

15. Welche Vor- und Nachteile haben

    a) die freie Beurteilung,

    b) das Einstufungsverfahren?

16. a) Ordnen Sie die Beurteilungskriterien des Einstufungsverfahrens in der Reihenfolge, wie sie Ihnen am wichtigsten erscheinen.

    b) Bei welchen Anlässen erscheint Ihnen eine Beurteilung besonders wichtig? Begründen Sie Ihre Entscheidung.

17. Welche Vor- und Nachteile ergeben sich, wenn der Beurteiler mit dem Mitarbeiter die Ergebnisse der Leistungsbeurteilung besprechen muss?

18. Recherchieren Sie im Internet nach einem Leitfaden für Mitarbeitergespräche und stellen Sie diesen Ihren Mitschülern vor.

4.6 Entlohnung der betrieblichen Arbeit

Der **Arbeitnehmer** erhält für seine Arbeitsleistung im Unternehmen als Gegenleistung Gehalt oder Lohn und soziale Leistungen. Sie sind für ihn Einkommen, für das Unternehmen dagegen Kosten.

4.6.1 Arbeitsbewertung

Die richtige Ermittlung des Arbeitswertes und des Leistungsgrades ist Voraussetzung für eine leistungsgerechte Entlohnung.

Bewertung der objektiven Arbeitsschwierigkeit (Arbeitswert)

Die Summe der Anforderungen, welche eine Arbeitsaufgabe an den Mitarbeiter stellt, ergibt die **Arbeitsschwierigkeit.** Die Aufgabenbewertung versucht, die Arbeitsschwierigkeit unabhängig von der Person, welche die Arbeit ausführt, zu messen oder zu schätzen (Arbeitswert).

In der Praxis haben sich folgende Verfahren herausgebildet:

summarisches Verfahren	analytisches Verfahren
Die Arbeitsaufgabe wird als Ganzes bewertet und dem Schwierigkeitsgrad der Arbeit ein entsprechender Arbeitswert zugeordnet, der bestimmten Lohngruppen entspricht.	Die Arbeitsaufgabe wird nach bestimmten Anforderungsmerkmalen analysiert. Diese werden mit Punkten bewertet und zu Merkmalsgruppen zusammengefasst. Die Summe der Punktzahlen gibt den Schwierigkeitsgrad an und wird als »Arbeitswert« bezeichnet.

Bewertung der subjektiven Arbeitsleistung (Leistungsgrad)

Soweit bei der Erledigung eines Auftrages die Zeiten von der Maschine bestimmt werden, kann der Mensch nur die Nebenzeiten durch seine Leistung beeinflussen. Die Zeitstudien ergeben demnach durch Gegenüberstellung der Istleistung und der Bezugsleistung den **Leistungsgrad.**

$$\text{Leistungsgrad} = \frac{\text{Istleistung}}{\text{Bezugsleistung}} \cdot 100$$

a) Die **Istleistung** ist die Zeit, die eine bestimmte Arbeitskraft für eine Arbeitsverrichtung benötigt.

b) Die **Bezugsleistung** kann entweder

- die **durchschnittliche Zeit,** die verschiedene Arbeitskräfte für eine Arbeitsverrichtung benötigen oder
- die REFA-**Normalleistung** sein. Darunter versteht man eine Bewegungsführung, deren Einzelbewegungen, Bewegungsfolgen und ihre Koordinierung dem Beobachter besonders harmonisch, natürlich und ausgeglichen erscheinen. Diese Normalleistung kann erfahrungsgemäß von jedem in erforderlichem Maße geeigneten, geübten und voll eingearbeiteten Arbeitnehmer auf Dauer erbracht werden. Der Leistungsgrad 100% ist die Normalleistung.

Beispiel: Die Bezugsleistung sei 24 Stück/h. Ein Arbeitnehmer fertigt 20 Stück/h. Sein Leistungsgrad beträgt 83 1/3 %.

4.6.2 Entgeltsysteme

Entgeltsysteme		
Zeitlohn	**Akkordlohn**	**Prämienlohn**
– Stundenlohn – Taglohn – Wochenlohn – Monatslohn	– Stückgeldakkord – Stückzeitakkord – Gruppenakkord	– Leistungsprämie – Mengenprämie – Gruppenprämie

Auch soziale Gesichtspunkte werden bei der Bemessung der Entgelte berücksichtigt. Der **Soziallohn** richtet sich nach den Lebensbedingungen des Arbeitsnehmers (Alter, Familienstand) sowie der Dauer der Betriebszugehörigkeit.

Zeitlohn

Maßstab für die Berechnung der Lohnhöhe ist beim Zeitlohn die Zeit, die der Mitarbeiter im Unternehmen anwesend war.

Lohnsatz je Zeiteinheit · Anzahl der Zeiteinheiten = Bruttoverdienst

Beispiel: 14,40 EUR/Std. · 37,5 Std. = 540 EUR

Man unterscheidet nach dem Berechnungszeitraum Stunden-, Wochen-, Tage- und Monatslöhne. Die Anwesenheitszeit im Unternehmen wird in der Regel mit **Arbeitszeiterfassungsgeräten** festgehalten.

Vorteile	Nachteile
– Die Lohnberechnung ist einfach. – Die Qualität kann durch ruhiges Arbeiten gesteigert werden. – Die Leistung kann auf längere Dauer aufrechterhalten werden. – Bei gefährlichen und verantwortungsvollen Arbeiten verhindert der Zeitlohn schädliche Hast und Hetze. – Dem Arbeitnehmer ist ein festes Einkommen gesichert.	– Der Anreiz zur Beschleunigung des Arbeitstempos fehlt. – Notwendige Arbeitskontrollen sind für beide Teile unangenehm und verursachen Kosten. – Das Unternehmen ist vom Arbeitswillen des Einzelnen oder der ganzen Belegschaft stark abhängig. – Das Unternehmen trägt allein das Risiko des mangelnden Arbeitseinsatzes.

Akkordlohn

Maßstab für die Berechnung der Lohnhöhe sind die geleisteten Mengeneinheiten (Stück, m, kg). Ausgangspunkt ist die Normalleistung, für die ein **Akkordrichtsatz** festgelegt wird. Der Akkordrichtsatz setzt sich aus einem Grundentgelt (z. B. tariflicher Mindestlohn) und einem Akkordzuschlag zusammen.

Beispiel:

Stundenlohn:	12,00 EUR (Grundentgelt), Akkordzuschlag 20 %
Akkordrichtsatz:	12,00 EUR + (12,00 EUR · 20 %) = 14,40 EUR

Aus der Normalleistung und dem Akkordrichtsatz wird ein Lohnsatz je Mengeneinheit berechnet, den man **Akkordsatz** nennt. Wird dieser in Geld je Einheit festgelegt, so spricht man vom **Stückgeldakkordsatz,** wird er in einer Auftragszeit je Einheit festgelegt, so heißt er **Stückzeitakkordsatz.** Wird der Akkordrichtsatz auf die Minute bezogen erhält man den Minutenfaktor.

Beispiel:

Akkordrichtsatz:	14,40 EUR, Normleistung je Stunde: 20 Stück
Stückgeldakkordsatz:	14,40 EUR : 20 St. = 0,72 EUR je Stück
Stückzeitakkordsatz:	60 Minuten : 20 St. = 3 Minuten je Stück bzw.
	100 Dezimalminuten : 20 Stück = 5 Dezimalminuten je Stück
Minutenfaktor:	Akkordrichtsatz : 60 Minuten bzw.
Dezimalminutenfaktor:	Akkordrichtsatz : 100 Dezimalminuten

Berechnung des Bruttoverdienstes bei einer Bezugsleistung von 750 Stück:

a) beim Stückgeldakkord:

Stückgeldakkordsatz je Stück · Stückzahl = Bruttoverdienst

0,72 EUR/Stück · 750 Stück = 540,00 EUR

b) beim Stückzeitakkord:

Stückzeitakkordsatz je Stück · Stückzahl · Minutenfaktor* = Bruttoverdienst

* bzw. Dezimalminutenfaktor, wenn mit Dezimalminuten gerechnet wird.

$$3 \text{ Minuten/Stück} \cdot 750 \text{ Stück} \cdot \frac{14{,}40 \text{ EUR}}{60 \text{ Minuten}} = 540{,}00 \text{ EUR}$$

oder

$$5 \text{ Dezimalminuten/Stück} \cdot 750 \text{ Stück} \cdot \frac{14{,}40 \text{ EUR}}{100 \text{ Dezimalminuten}} = 540{,}00 \text{ EUR}$$

Beim **Gruppenakkord** wird der Akkordrichtsatz für eine Arbeitsgruppe festgelegt und der Anteil des einzelnen Mitarbeiters mithilfe eines Verteilungsschlüssels bestimmt (Montage einer Maschine, Fördern einer Tonne Kohle). Ein guter Teamgeist und die qualitative Zusammensetzung der Gruppe sind beim Gruppenakkord von besonderer Bedeutung. Die Arbeitskräfte können sich gegenseitig anspornen und durch Unterschreiten der Auftragszeit ihren Stundenverdienst erhöhen.

Der Akkordlohn eignet sich für gleichartige, abgrenzbare, regelmäßig wiederkehrende, messbare Tätigkeiten eines Einzelnen oder einer Gruppe.

Vorteile	Nachteile
– Möglichkeit, durch Steigerung der Arbeitsleistung mehr zu verdienen. – Bietet für das Unternehmen eine genauere Kalkulationsgrundlage, da die Lohnkosten je Stück konstant bleiben. – Im Tarifvertrag liegt der Akkordrichtsatz um 10 % bis 30 % über dem Stundenlohnsatz für den Zeitlohn.	– Gefahr, dass der Arbeitnehmer durch übertriebenen Arbeitseinsatz – jeder Arbeiter will viel verdienen – seine Kraft übermäßig verbraucht und dadurch seiner Gesundheit schadet. – Gefahr, dass der Arbeitnehmer durch zu niedrige Akkordrichtsätze ausgenutzt wird. – Bietet häufiger als beim Zeitlohn Anlass zu Streitigkeiten unter den Arbeitnehmern (Akkordreißer). – Gefahr für das Unternehmen, dass die Qualität der Arbeit leidet, mehr Material verbraucht wird und die Maschinen vorzeitig abgenutzt werden. – Die Festlegung der Akkordrichtsätze erfordert umfassende Vorarbeiten.

In Unternehmen, die aufgrund neuer Tarifverträge zur Monatsentlohnung übergehen, bleibt trotzdem die Leistungsentlohnung bestehen. Das Monatsentgelt wird aus der durchschnittlichen Leistung der letzten drei Monate berechnet **(verstetigter Lohn).** Mehr- bzw. Minderleistungen werden durch Zu- bzw. Abschläge bei der monatlichen Lohnabrechnung berücksichtigt.

▶ **Prämienlohn**

Der Arbeitnehmer erhält für eine Normalleistung den **Grundlohn.** Für besondere Leistungen wird ein **Zuschlag (Prämie)** gezahlt.

Die Prämie kann für Einzelleistungen u. a. gewährt werden als

- **Leistungsprämie,** wenn eine Mehrleistung erbracht wird;
- **Nutzungsprämie,** wenn ein bestimmter Nutzungsgrad der Maschine überschritten wird;
- **Mengen-** oder **Zeitersparnisprämie,** wenn eine bestimmte Menge überschritten oder eine vorgegebene Zeit unterschritten wird.

Außerdem gibt es **Gruppenprämien,** die nach den Grundsätzen des Gruppenakkords berechnet und verteilt werden.

4.6.3 Gewinn- und Kapitalbeteiligung

Gewinnbeteiligung der Arbeitnehmer

generelle Gewinnbeteiligung	individuelle Gewinnbeteiligung
Der Gewinnanteil wird zur Verbesserung der Sozialeinrichtungen verwendet. Eine solche Verwendung des Gewinns bedarf einer sorgfältigen Aufklärung der Arbeitnehmer, damit sie von ihnen überhaupt als Gewinnbeteiligung empfunden wird.	Jeder Mitarbeiter erhält einen Anteil, der meist im Verhältnis der einzelnen Bruttoverdienste unter Berücksichtigung der Dauer der Betriebszugehörigkeit auf die einzelnen Betriebsangehörigen verteilt wird.

Kapitalbeteiligung der Arbeitnehmer

Hierbei werden die Gewinnanteile der Arbeitnehmer ganz oder teilweise im Unternehmen belassen. Dies kann in Form von Eigenkapital oder Fremdkapital geschehen. Der Arbeitnehmer wird dadurch Teilhaber oder Gläubiger seines Unternehmens.

Als **Teilhaber** ist er Miteigentümer und damit am Verlust und Gewinn des Unternehmens beteiligt. Sein Interesse am Unternehmen wird dadurch gesteigert und sein Leistungswille gestärkt.

Aktiengesellschaften können im Rahmen der Gewinnbeteiligung eigene Aktien **(Belegschaftsaktien)** ausgeben.

Als **Gläubiger** ist der Arbeitnehmer Darlehensgeber mit einem Anspruch auf feste Verzinsung.

Eine Sonderform der Kapitalbeteiligung ist der **Investivlohn,** bei dem ein Teil des Arbeitsentgelts in Form einer Beteiligung am beschäftigenden Unternehmen oder an einem anderen Unternehmen gewährt wird.

4.6.4 Entgeltzahlung

Entgeltabrechnung

Das **Grundentgelt** ergibt sich aus den Regelungen des Arbeitsvertrages und des Tarifvertrages.

Grundentgelt	
+ Zulagen	**– Abzüge**
a) Zulagen sind Teile des vertraglichen Arbeitsentgelts für – besonders schwere und schmutzige Arbeiten, – die Berücksichtigung der sozialen Verhältnisse der Arbeitnehmer (Orts-, Alters- und Kinderzulagen), – überdurchschnittliche Leistungen der Arbeitnehmer (Prämien), – die Berücksichtigung besonderer Anlässe wie Urlaub, Weihnachten, Jubiläen, – vermögenswirksame Leistungen des Arbeitgebers. **b) Zuschläge** werden für Sonderleistungen bezahlt und sind meist im Tarifvertrag vereinbart. Dazu gehören Zuschläge für – Überstunden, – Sonn- und Feiertagsarbeit.	**a) Abzüge aufgrund von Gesetzen.** Dazu gehören – Lohnsteuer und Solidaritätszuschlag, – Kirchensteuer, – Sozialversicherungsbeiträge (Arbeitnehmeranteil). **b) Abzüge aufgrund besonderer Vereinbarungen.** Dazu gehören – vermögenswirksame Leistungen, – Beiträge zu Unterstützungskassen, – Gewerkschaftsbeiträge.
= Auszahlungsbetrag	

Das **Nettoentgelt** (Auszahlungsbetrag)wird an den Arbeitnehmer überwiesen.

Der Arbeitgeber hat in den ersten zehn Tagen des folgenden Monats die einbehaltene Lohn- und Kirchensteuer sowie den Solidaritätszuschlag an das Finanzamt abzuführen. *EStG § 41a*

Die Anteile an der Sozialversicherung sind zusammen mit dem Arbeitgeberanteil bis zum drittletzten Bankarbeitstag des Monats fällig, in dem das Arbeitsentgelt erzielt wird. Sie sind an die **zuständige Krankenkasse** abzuführen.

Beispiel: Der Mitarbeiter Tobias Eisenhardt (25 Jahre, keine Kinder) verdient bei der Reifen Roesch GmbH monatlich 2.500,00 EUR. Die Reifen Roesch GmbH führt die monatliche Entgeltabrechnung für ihre Mitarbeiter mit einem Tabellenkalkulationsprogramm durch. (Beitragssätze zur Sozialversicherung: Kapitel 4.7.1)

Entgeltabrechnung Reifen Roesch GmbH, Januar 2016			
Mitarbeiternummer	34	Nach Eingabe der Mitarbeiterdaten werden sämtliche Daten aus der Datenbank automatisch geladen.	
Name	Eisenhardt, Tobias		
Steuerklasse	I/0		
Bruttoentgelt	2.500,00 EUR		
– Lohnsteuer	315,41 EUR		
– Solidaritätszuschlag	17,34 EUR		
– Kirchensteuer (9 %)	28,38 EUR		AG-Anteil
– Krankenversicherung AN*	182,50 EUR		182,50 EUR
– Rentenversicherung AN	233,75 EUR		233,75 EUR
– Arbeitslosenversicherung	37,50 EUR		37,50 EUR
– Pflegeversicherung AN**	35,63 EUR		29,38 EUR
Nettoentgelt	1.649,49 EUR	Summe	483,13 EUR

* Beitragsuntergrenze, die Krankenkassen können einkommensabhängige Zuschläge erheben
** kinderlose Arbeitnehmer über 23 Jahren zahlen einen zusätzlichen Beitrag von 0,25 %

Am 28. Januar erhält die Krankenkasse 972,51 EUR. Spätestens am 10. Februar erhält das Finanzamt 361,13 EUR.

Lohnsteuerabzugsmerkmale

EStG § 38 Der Arbeitgeber muss die Lohnsteuer des Arbeitnehmers bei jeder Lohnzahlung errechnen, einbehalten und an das Finanzamt abführen. Dazu hat der Arbeitgeber für jeden Arbeitnehmer ein Lohnkonto zu führen, in dem u. a. die **elektronischen Lohnsteuerabzugsmerkmale (ELStAM)** eingetragen werden. *§ 39 (4)* Diese Abzugsmerkmale sind in einer Datenbank beim Bundesamt für Steuern gespeichert und werden vom Arbeitgeber dort abgerufen.

Zu den Abzugsmerkmalen zählen die Steuerklasse bzw. Faktor, Angaben zu Kinder, Freibeträge und Kirchensteuerabzugsmerkmale.

Lohnsteuertabellen und Lohnsteuerklassen

Zur Vereinfachung des Abzugs der Lohnsteuer werden Lohnsteuertabellen für monatliche, wöchentliche und tägliche Lohnzahlungen aufgestellt.

In der Lohnsteuertabelle werden die Steuerpflichtigen je nach Familienstand in folgende **Steuerklassen** eingeteilt:

Steuerklasse	Arbeitnehmergruppe
I	Unverheiratete (Ledige, Verwitwete, Geschiedene) und dauernd Getrenntlebende.
II	Unverheiratete, denen ein Entlastungsbetrag für Alleinerziehende zusteht.
III*	1. Verheiratete, wenn der Ehegatte a) keinen Arbeitslohn bezieht oder b) auf Antrag beider Ehegatten in Steuerklasse V eingereiht wird. 2. Verwitwete für das Kalenderjahr, das dem Todesjahr des Ehegatten folgt. 3. Geschiedene im Jahr der Ehescheidung.
IV*	Verheiratete, wenn der Ehegatte ebenfalls Arbeitslohn bezieht.
V*	Verheiratete, wenn der Ehegatte a) ebenfalls Arbeitslohn bezieht und b) auf Antrag beider Ehegatten in Steuerklasse III eingereiht wird.
VI	Steuerpflichtige, die Arbeitslohn aus einem zweiten oder weiteren Dienstverhältnis beziehen.

* Bei Ehegatten, die in die Steuerklasse IV gehören, hat das Finanzamt auf Antrag beider Ehegatten anstelle der Steuerklassenkombination III/V als Lohnsteuerabzugsmerkmal jeweils die Steuerklasse IV in Verbindung mit einem Faktor zur Ermittlung der Lohnsteuer zu bilden, wenn der Faktor kleiner als 1 ist. Der Faktor wird vom Finanzamt berechnet.

4.6.5 Einkommensteuer des Arbeitnehmers

Die Unternehmen sind verpflichtet, dem Staat bei der Einkommensbesteuerung behilflich zu sein, indem sie die **Lohnsteuer** der Mitarbeiter berechnen und **abführen.** Darüber hinaus muss jeder Steuerpflichtige für weitere Einkünfte eines Jahres eine Einkommensteuererklärung abgeben, damit auch seine anderen Einkünfte besteuert werden.

Einkunftsarten

Der Einkommensteuer unterliegen die Einkünfte eines Kalenderjahres, die der Steuerpflichtige in der Steuererklärung zusammenfassend darzustellen hat. Das Einkommensteuergesetz unterscheidet sieben Einkunftsarten.

Einkunftsarten		
Arten	**Erklärung/Beispiele**	EStG § 2
1. Einkünfte aus **Land- und Forstwirtschaft**	Gewinn aus dem Verkauf landwirtschaftlicher Erzeugnisse	§ 13
2. Einkünfte aus **Gewerbebetrieb**	Gewinn eines Kaufmanns, eines Versicherungsvertreters, eines Lebensmittelgroßhändlers	§ 15
3. Einkünfte aus **selbstständiger Arbeit**	Einkünfte von selbstständig Tätigen, wie z.B. Ärzte, Architekten, Steuerberater, Künstler	§ 18
4. Einkünfte aus **nichtselbstständiger Arbeit**	Löhne und Gehälter von Angestellten und Arbeitern	§ 19
5. Einkünfte aus **Kapitalvermögen**	Zinsen, Dividenden, Erträge aus Fonds und Zertifikaten sowie Veräußerungsgewinne bei Aktienverkäufen	§ 20
6. Einkünfte aus **Vermietung und Verpachtung**	Miete und Pacht von Gebäuden, die nicht zu einem land- oder forstwirtschaftlichen oder gewerblichen Betrieb gehören	§ 21
7. **Sonstige** Einkünfte	wiederkehrende Bezüge wie Leibrenten, Einkünfte aus privaten Veräußerungsgeschäften, aus gelegentlichen Vermittlungen	§ 21

Bemessungsgrundlage für die tarifliche Einkommensteuer ist das **zu versteuernde Einkommen** innerhalb eines Kalenderjahres, das wie folgt ermittelt wird:

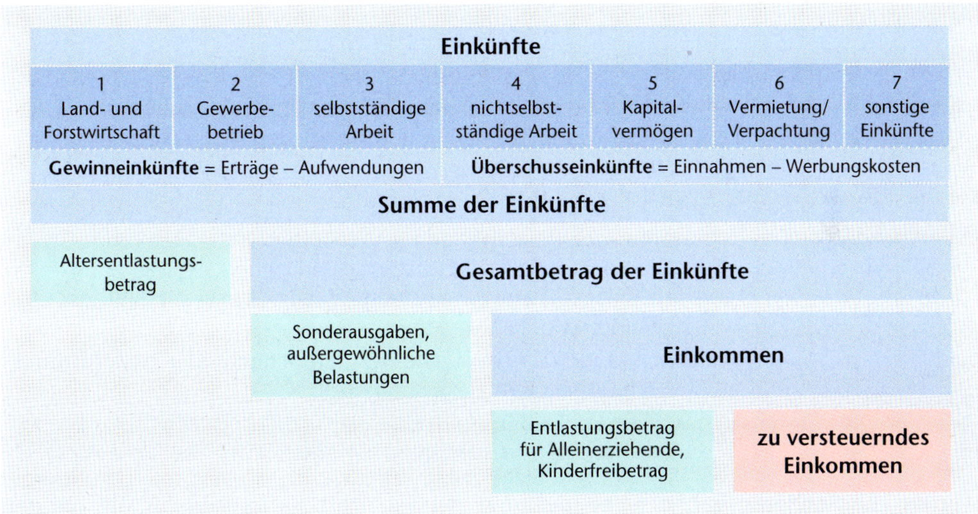

Betriebsausgaben und Werbungskosten

▶ Betriebsausgaben

Betriebsausgaben sind Aufwendungen, die **durch den Betrieb veranlasst** sind. § 4 (4)

Beispiele: Personalkosten, Raumkosten, Rohstoffkosten, Abschreibungen auf Maschinen

Nach Abzug der Betriebsausgaben von den Betriebseinnahmen erhält man den Gewinn.

▶ Werbungskosten

Werbungskosten sind Aufwendungen zur **Erwerbung, Sicherung** und **Erhaltung** der Einnahmen. § 9

Werbungskosten fallen nur bei den Überschusseinkünften (Einkunftsarten 4 bis 7) an.

Werbungskosten sind z. B.

- **bei Einkünften aus nichtselbstständiger Arbeit** die Kosten für Berufskleidung, für Fahrten zwischen Wohnung und Arbeitsstätte, für die Anschaffung von Fachliteratur.
- **bei Einkünften aus Vermietung und Verpachtung** die Schuldzinsen, die Abschreibungen, die Ausgaben für Instandhaltung.

Werbungskosten sind bei der Einkunftsart abzuziehen, bei der sie entstanden sind.

Beispiele: Fahrtkosten zum Arbeitsplatz werden bei den Einkünften aus nichtselbstständiger Arbeit berücksichtigt; Wertpapier-Depotgebühren bei Einkünften aus Kapitalvermögen.

EStG § 9a Sofern nicht höhere Beträge nachgewiesen werden, berücksichtigt das Finanzamt in jedem Fall folgende jährliche **Pauschbeträge:**

- 1.000 EUR von den Einkünften aus nichtselbstständiger Arbeit,
- 801 EUR als Sparerpauschbetrag bei den Einkünften aus Kapitalvermögen,
- 102 EUR bei wiederkehrenden Bezügen (Leibrenten).

Sonderausgaben

Sonderausgaben sind meist **Aufwendungen der Lebensführung,** die mit keiner Einkunftsart in wirtschaftlichem Zusammenhang stehen.

Sie werden aus sozial-, finanz- und wirtschaftspolitischen Gründen steuerlich begünstigt.

Sonderausgaben	Beispiele
in unbegrenzter Höhe abzugsfähig	– Beiträge zur gesetzlichen Kranken- und Pflegeversicherung, soweit sie für die Grundversorgung und die Pflegepflichtversicherung gezahlt werden – Kirchensteuer
in begrenzter Höhe abzugsfähig	– sonstige Vorsorgeaufwendungen: Beiträge zur Kranken- und Pflegeversicherung, die über den steuerlich begünstigten Basisschutz hinausgehen sowie Beiträge zu einer Berufsunfähigkeits-, Unfall- und Haftpflichtversicherung – Aufwendungen für die eigene Berufsausbildung oder Weiterbildung in einem bisher nicht ausgeübten Beruf – Ausgaben zur Förderung mildtätiger, kirchlicher, religiöser, wissenschaftlicher und staatspolitischer Zwecke

§ 10c Werden die Sonderausgaben nicht nachgewiesen, so wird stattdessen für die übrigen Sonderausgaben ein **Sonderausgaben-Pauschbetrag** von 36 EUR berücksichtigt. Dieser Pauschbetrag verdoppelt sich bei zusammenveranlagten Ehegatten.

Außergewöhnliche Belastungen

§§ 33 ff. **Außergewöhnliche Belastungen** sind **zwangsläufig entstandene Aufwendungen,** die einem Steuerpflichtigen in höherem Maße erwachsen als der überwiegenden Mehrzahl der Steuerpflichtigen.

Zwangsläufig sind Aufwendungen, wenn sich der Steuerpflichtige ihnen aus rechtlichen, tatsächlichen oder sittlichen Gründen nicht entziehen kann. Gründe können sein: Krankheit, Körperbehinderung, Beschäftigung einer Haushaltshilfe, Berufsausbildung von Kindern. Einen Teil der Aufwendungen hat der Steuerpflichtige in jedem Fall als zumutbare Belastung selbst zu tragen.

Freibeträge

Zur Steuerentlastung werden bestimmte Freibeträge gewährt. Es ist nur der den Freibetrag übersteigende Betrag zu versteuern.

Grundfreibetrag	Dem Bezieher von Einkünften aus nichtselbstständiger Arbeit steht als steuerfreies Existenzminimum ein Grundfreibetrag von 8.652 EUR zu.	*EStG § 32a*
Sparerpauschbetrag	Für Bezieher von Einkünften aus Kapitalvermögen gibt es einen Sparerpauschbetrag von 801 EUR.	*§ 20 (9)*
Altersentlastungsbetrag	Für Steuerpflichtige, die das 64. Lebensjahr vollendet haben, gibt es einen Altersentlastungsbetrag von höchstens 1.064 EUR im Jahr 2016.	*§ 24a*
Kinderfreibetrag bzw. Kindergeld	Einkommensteuerpflichtige mit Kindern haben die Wahl zwischen Kinderfreibetrag und Kindergeld. Das Finanzamt berücksichtigt bei der Steuerveranlagung die günstigere Alternative.	
– **Kinderfreibetrag**	Pro Kind werden bei der Besteuerung vom Einkommen 2.304 EUR (Verheiratete: 4.608 EUR) im Jahr abgezogen, hinzu kommt zusätzlich ein **Freibetrag für Betreuung, Erziehung und Ausbildung** in Höhe von 1.320 EUR (Verheiratete 2.640 EUR).	*§ 32 (6)*
– **Kindergeld**	Pro Monat werden für die ersten beiden Kinder jeweils 190 EUR, für das 3. Kind 196 EUR, für das 4. und jedes weitere Kind 221 EUR bezahlt. Das Kindergeld ist ein fester, **einkommensunabhängiger Auszahlungsbetrag.** Es wird vom Arbeitgeber bzw. von der Familienkasse der Agentur für Arbeit ausgezahlt.	*§ 66 BKKG* *§ 6*
Entlastungsbetrag für Alleinerziehende	Alleinerziehenden mit einem Kind wird ein Entlastungsbetrag von 1.908 EUR gewährt. Für jedes weitere Kind gibt es zusätzlich 240 EUR.	*EStG § 24b*
Ausbildungsfreibetrag	Für in Ausbildung befindliche volljährige Kinder, die auswärtig untergebracht sind, erhält der Steuerpflichtige einen Ausbildungsfreibetrag von höchstens 924 EUR, wenn ein Anspruch auf Kindergeld bzw. Kinderfreibetrag besteht.	*§ 33a (2)*

Einkommensteuertarif

Die Steuerpflichtigen werden nicht gleich hoch besteuert, vielmehr wird die **Leistungsfähigkeit** durch höhere Besteuerung steigender Einkommen berücksichtigt:

Tarifzone	Steuersatz	Beträge	Erläuterung
Freizone	0 %	bis 8.652 EUR	Grundfreibetrag
1. Progressionszone	14–24 %	bis 13.669 EUR	linearer Grenzsteuersatz
2. Progressionszone	24–42 %	bis 53.665 EUR	linearer Grenzsteuersatz mit abgeschwächter Progression
1. obere Proportionalzone	42 %	bis 254.446 EUR	gleichbleibender Grenzsteuersatz
2. obere Proportionalzone	45 %	ab 254.447 EUR	gleichbleibender Spitzensteuersatz, sog. Reichensteuer

Zur Finanzierung des »Aufbau Ost« wird auf die zu zahlende Einkommensteuer zurzeit ein **Solidaritätszuschlag** erhoben (5,5 %). *SolZG §§ 1, 4*

Verfahren bei der Einkommensbesteuerung

▶ Abzugsverfahren bei der Lohnsteuer

EStG § 38 Die Lohnsteuer wird direkt bei der Lohnzahlung durch den Arbeitgeber einbehalten und abgeführt.

Lohnsteuerpflichtig sind alle Empfänger von Einkünften aus nichtselbstständiger Arbeit, also Arbeiter, Angestellte und Beamte. Sie werden jedoch nach Jahresende zusätzlich zur *§ 46* Einkommensteuer veranlagt **(Pflichtveranlagung),** wenn

a) neben den Einkünften aus nichtselbstständiger Arbeit noch andere Einkünfte von mehr als 410 EUR erzielt wurden,

b) der Steuerpflichtige von mehreren Arbeitgebern Arbeitslohn bezogen hat,

c) die Lohnsteuerabzugsmerkmale einen Freibetrag oder eine Kinderfreibetragszahl enthalten.

▶ Lohnsteuerbescheinigung

Arbeitgeber müssen bis spätestens 28. Februar des Folgejahres die Lohnsteuerdaten durch Fernübertragung per Internet mit dem Programm **Elster (= Elektronische Steuererfassung)** an eine zentrale Übermittlungsstelle melden. Eine Kopie dieser Übermittlung erhält der Arbeitnehmer.

Ausdruck der elektronischen Lohnsteuerbescheinigung für 2015

Nachstehende Daten wurden maschinell an die Finanzverwaltung übertragen.

Frank GmbH Kommissionier- und Handhabungstechnik X02
Platzstraße 4–6 56132
88348 Bad Saulgau

Dominik Müller
Seewattenstr. 80
88348 Bad Saulgau

1. Dauer des Dienstverhältnisses	vom - bis 01.01. – 31.12.2015		
2. Zeiträume ohne Anspruch auf Arbeitslohn	Anzahl „U"		
Großbuchstaben (S, M, F)			
		EUR	Ct
3. Bruttoarbeitslohn einschl. Sachbezüge ohne 9. und 10.		28.600	00
4. Einbehaltene Lohnsteuer von 3.		3.844	75
5. Einbehaltener Solidaritätszuschlag von 3.		211	46
6. Einbehaltene Kirchensteuer des Arbeitnehmers von 3.		307	58
7. Einbehaltene Kirchensteuer des Ehegatten von 3. (nur bei konfessionsverschiedener Ehe)			

Steuerfreier Jahresbetrag	gültig ab	
Jahreshinzurechnungsbetrag	gültig ab	
Kirchensteuermerkmale	gültig ab	
	01.01. – 31.12.	

Anschrift und Steuernummer des Arbeitgebers:

Frank GmbH
Kommissionier- und Handhabungstechnik
Platzstraße 4–6
88348 Bad Saulgau

tätigkeit			
21. Steuerfreie Arbeitgeberleistungen bei doppelter Haushaltsführung			
22. Arbeitgeberanteil/-zuschuss	a) zur gesetzlichen Rentenversicherung	2.702	70
	b) an berufsständische Versorgungseinrichtungen		
23. Arbeitnehmeranteil	a) zur gesetzlichen Rentenversicherung	2.702	70
	b) an berufsständische Versorgungseinrichtungen		
24. Steuerfreie Arbeitgeberzuschüsse	a) zur gesetzlichen Krankenversicherung		
	b) zur privaten Krankenversicherung		
	c) zur gesetzlichen Pflegeversicherung		
25. Arbeitnehmerbeiträge zur gesetzlichen Krankenversicherung		2.345	20
26. Arbeitnehmerbeiträge zur sozialen Pflegeversicherung		364	65
27. Arbeitnehmerbeiträge zur Arbeitslosenversicherung		429	00
28. Beiträge zur privaten Kranken- und Pflege-Pflichtversicherung oder Mindestvorsorgepauschale			
29. Bemessungsgrundlage für den Versorgungsfreibetrag zu 8.			
30. Maßgebendes Kalenderjahr des Versorgungsbeginns zu 8. und/oder 9.			
31. Zu 8. bei unterjähriger Zahlung: Erster und letzter Monat, für den Versorgungsbezüge gezahlt wurden			
32. Sterbegeld; Kapitalauszahlungen/Abfindungen und Nachzahlungen von Versorgungsbezügen - in 3. und 8. enthalten			
33. Ausgezahltes Kindergeld			–
Finanzamt, an das die Lohnsteuer abgeführt wurde (Name und vierstellige Nr.) Sigmaringen ASt. Bad Saulgau 2881			

▶ Lohnsteuerjahresausgleich durch den Arbeitgeber

Unter bestimmten Voraussetzungen ist der Arbeitgeber berechtigt bzw. verpflichtet, den Lohnsteuerjahresausgleich für seine Arbeitnehmer durchzuführen und die zu viel einbehaltene Lohnsteuer zu erstatten. *EStG § 42b*

▶ Veranlagungsverfahren bei der Einkommensteuer

Wird der Lohnsteuerjahresausgleich nicht vom Arbeitgeber durchgeführt, kann der steuerpflichtige Arbeitnehmer selbst durch Abgabe einer Einkommensteuererklärung beim Finanzamt den Ausgleich beantragen.

Der Steuerpflichtige hat nach Ablauf eines Kalenderjahres in einer **Steuererklärung** dem Finanzamt alle Angaben zu machen, die zur Errechnung der Steuerschuld erforderlich sind, also

1. den Familienstand und die Kinderzahl,
2. die einzelnen Einkünfte,
3. die einzelnen Sonderausgaben,
4. beantragte Vergünstigungen *§§ 33, 33a*
   – wegen außergewöhnlicher Belastung, *§§ 34, 34a*
   – wegen außerordentlicher Einkünfte,
5. die Art der Veranlagung.

   Verheiratete können zwischen **getrennter Veranlagung** und **Zusammenveranlagung** wählen. *§ 26*

   a) Getrennte Veranlagung: Jedem Ehegatten werden die von ihm bezogenen Einkünfte zugerechnet. *§ 26a*

   b) Zusammenveranlagung: Die Einkünfte der Ehegatten werden zusammengerechnet und dann halbiert (Splitting). Von der Hälfte wird die Steuer errechnet und der sich ergebende Steuerbetrag sodann verdoppelt. *§ 26b § 32a (5)*

Die **Veranlagung,** d. h. die Festsetzung der Steuerschuld, erfolgt durch das Finanzamt aufgrund der eingereichten Steuererklärung. In einem **Steuerbescheid** wird dem Steuerpflichtigen die Höhe der Steuerschuld und die Art der Berechnung mitgeteilt. Bereits geleistete Vorauszahlungen (Kapitalertrag- und Lohnsteuer) werden von der Steuerschuld abgezogen. Sie ist binnen eines Monats zu bezahlen. Zu viel bezahlte Steuer wird zurückerstattet. Schließlich wird dem Steuerpflichtigen mitgeteilt, wie hoch die künftigen vierteljährlichen **Vorauszahlungen** sein werden.

Zusammenfassende Übersicht zu Kapitel 4.6: Entlohnung der betrieblichen Arbeit

Arbeitsbewertung

objektive Faktoren (Arbeitswert) | subjektive Faktoren (Leistungsgrad)

Entgeltsysteme

Zeitlohn | Akkordlohn | Prämienlohn

Gewinn- und Kapitalbeteiligung

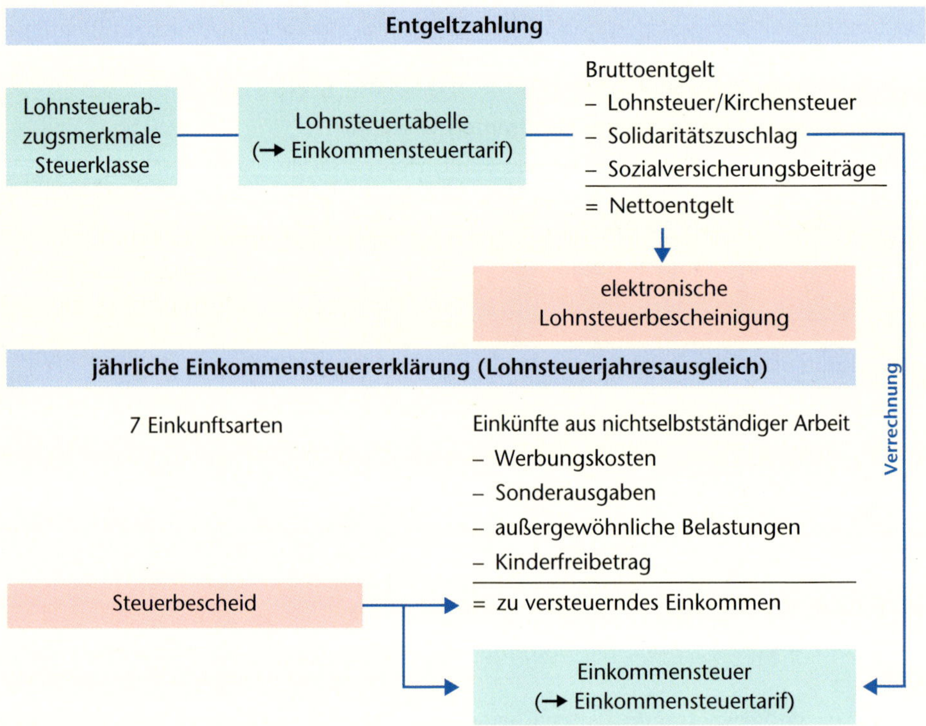

▶ Aufgaben und Probleme

1. Erläutern Sie die Notwendigkeit der Arbeitsbewertung.
2. In einem Unternehmen werden folgende Entgeltsysteme angewendet: Zeitlohn und Akkordlohn.
   a) Erläutern Sie die Unterschiede zwischen den Entgeltsystemen.
   b) Nennen Sie jeweils zwei Vorteile, die die Entlohnung nach Zeitlohn bzw. Akkordlohn für den Arbeitnehmer hat.
3. In der Dreherei beträgt der Minutenfaktor in einer Lohngruppe 0,30 EUR (60-Minuten-Stunde). Für die Bearbeitung eines Werkstücks sind 12 Minuten vorgegeben. Ein Arbeiter bearbeitet im Durchschnitt 7 Stück pro Stunde.
   a) Wie hoch ist der Grundlohn?
   b) Wie viel EUR verdient der Arbeiter in der Stunde?
   c) Wie viel EUR erhielte der Arbeiter für ein bearbeitetes Werkstück gutgeschrieben, wenn die Lohnabrechnung in der Form eines Stückgeldakkords erfolgen würde?
4. Ein Mitarbeiter montiert in einer Woche bei einer Arbeitszeit von 37,5 Stunden 2.500 Scheinwerfer. Die Vorgabezeit für die Montage eines Scheinwerfers beträgt 2 Dezimalminuten. Der Akkordrichtsatz beträgt 12 EUR.
   a) Berechnen Sie die Sollleistung (= Anzahl Scheinwerfer), die von dem Mitarbeiter aufgrund der Vorgabezeit in einer Woche erwartet wird.

b) Wie viel Dezimalminuten benötigt der Mitarbeiter durchschnittlich, um einen Scheinwerfer zu montieren?

c) Welchen Leistungsgrad hat er erzielt?

d) Wie viel EUR erhält der Mitarbeiter in dieser Woche?

e) Wie hoch war der tatsächliche Stundenlohn?

5. Am Jahresende überlegt sich die Geschäftsleitung der BLW Präzisionsschmiede AG, ob aufgrund eines überaus guten Geschäftsjahres die Belegschaft am Unternehmenserfolg beteiligt werden sollte.

   a) Welche Gründe könnte die BLW Präzisionsschmiede AG haben, ihre Mitarbeiter am Unternehmenserfolg zu beteiligen?

   b) Für welche Form der Gewinnbeteiligung würden Sie sich entscheiden? Begründen Sie Ihre Antwort.

   c) Erläutern Sie, warum für die Arbeitgeber die Gewinnbeteiligung in der Form der Kapitalbeteiligung besonders interessant ist.

   d) Warum müsste man eigentlich von einer Gewinn- oder Verlustbeteiligung sprechen? Diskutieren Sie, welche Probleme sich aus einer Verlustbeteiligung ergeben könnten.

6. Berechnen Sie das Nettoentgelt von folgenden Mitarbeitern. Besorgen Sie sich die aktuellen Daten aus dem Internet.

   a) Romy Metzger, verheiratet, ein Kinderfreibetrag, brutto 2.500,00 EUR, evangelisch, Steuerklasse IV.

   b) Fritz Ulmer, verheiratet, zwei Kinderfreibeträge, Alleinverdiener, brutto 2.500,00 EUR, aus der Kirche ausgetreten.

7. Welcher Unterschied besteht zwischen Einkommen und Einkünften?

8. Unterscheiden Sie Werbungskosten von Sonderausgaben.

9. Zu welchen steuerlichen Abzugsbeträgen gehören

   a) Sozialversicherungsbeiträge,
   b) Aufwendungen für Fachliteratur,
   c) Wegekosten zur Arbeitsstelle,
   d) gezahlte Kirchensteuer,
   e) Spenden an das Rote Kreuz,
   f) Unterhaltskosten für den studierenden Sohn?

10. Herr Reiß klagt: »Jedes Jahr zahle ich mindestens 15.000 EUR Einkommensteuer, der Staat ist doch ein richtiger Ausbeuter!« Herr Grunert entgegnet: »Ich wäre froh, ich müsste so viel Steuern bezahlen!«

    Beurteilen Sie die Ansicht von Herrn Grunert.

11. Warum wird ein Mindesteinkommen von der Besteuerung ausgenommen?

12. In welche Tarifzone fällt

    a) ein lediger Steuerpflichtiger mit einem zu versteuernden Jahreseinkommen von 10.000 EUR, 20.000 EUR, 55.000 EUR,

    b) ein Ehepaar mit einem zu versteuernden Jahreseinkommen von 10.000 EUR, 20.000 EUR, 55.000 EUR?

13. Aus welchem Grund bleibt bei einem zu versteuernden Jahreseinkommen von 250.731 (501.462) EUR der Steuersatz bei 45 % und erhöht sich nicht weiter?

14. Wie trägt die Steuergesetzgebung bei der Einkommensteuer den sozialen Verhältnissen des Besteuerten Rechnung?

15. Beurteilen Sie die Aussage »bei meinem Einkommen muss ich 40 % Einkommensteuer bezahlen«.

16. Ermitteln Sie das zu versteuernde Einkommen des 39-jährigen Heinz Gossler, Einzelunternehmer: Jahresgewinn laut GuV-Rechnung 122.000 EUR. Für abzugsfähige Sonderausgaben werden 15.780 EUR anerkannt. Seine Einkünfte aus Vermietung und Verpachtung betragen 15.000 EUR, die Einnahmen aus Kapitalvermögen 1.600 EUR.

4.7 System der gesetzlichen Sozialversicherung und private Vorsorge

4.7.1 Sozialversicherung

Die **Sozialversicherung** ist eine gesetzliche Versicherung, die weiten Bevölkerungskreisen zur Pflicht gemacht ist, um die Versicherten vor wirtschaftlicher Not im **Alter** und bei **Erwerbsminderung,** bei **Arbeitslosigkeit, Krankheit, Pflegebedürftigkeit** und **Unfall** zu schützen.

Grundlage des Sozialversicherungsrechts ist das Sozialgesetzbuch (SGB). Es besteht aus zwölf Teilbüchern. Die heutige Sozialversicherung ist in fünf Zweige gegliedert:

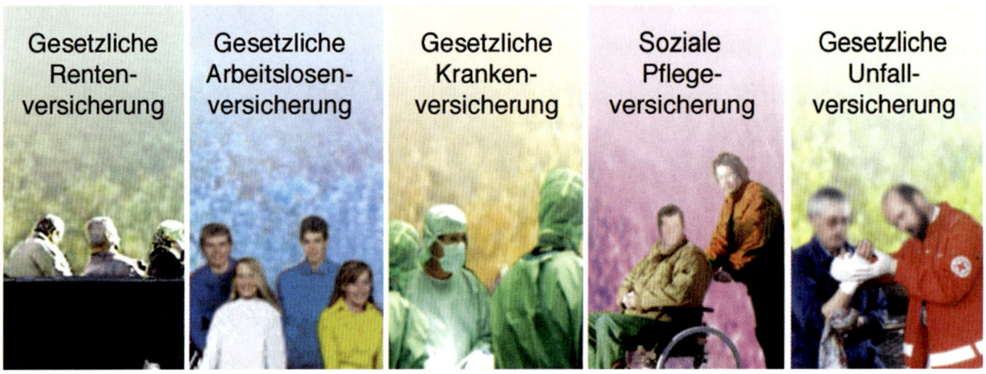

Die **Beiträge** zu den Sozialversicherungszweigen richten sich nach den Einkommen der Versicherten, die **Leistungen** sind gesetzlich festgelegt.

Zweige der Sozialversicherung

	Gesetzliche Rentenversicherung
Rechtsgrundlage	SGB VI, §§ 1–320
Sozialversicherungsträger	Deutsche Rentenversicherung Bund und Regionalträger
Versicherte	**Versicherungspflichtige:** Alle gegen Entgelt beschäftigten Arbeitnehmer, arbeitnehmerähnliche Selbstständige (mit der Möglichkeit der Befreiung), in die Handwerkerrolle eingetragene Handwerker, freiwillig Wehrdienstleistende, Personen im Bundesfreiwilligendienst u. a. **Freiwillig Versicherte:** Alle nicht versicherungspflichtigen Personen ab Vollendung des 16. Lebensjahres.

	Nachversicherte: Dies sind Personen, die versicherungsfrei oder von der Versicherungspflicht befreit waren, z.B. Beamte auf Zeit, wenn sie ohne Anspruch auf Versorgung aus ihrer Beschäftigung ausgeschieden sind.
Leistungen	Leistungen zur **Rehabilitation:** medizinische, berufsfördernde (z.B. Umschulung), ergänzende (z.B. Haushaltshilfe) und sonstige Leistungen (z.B. Wiedereingliederung in das Erwerbsleben), Übergangsgeld. **Rentenzahlungen**: – Regelaltersrente ab Vollendung des 67. Lebensjahres. Bestimmte Personengruppen (langjährig Versicherte, schwerbehinderte Menschen u.a.) können schon vor Vollendung des 67. Lebensjahres eine Altersrente beziehen. Andere Arbeitnehmer können unter Inkaufnahme von Rentenminderungen ebenfalls vor Erreichen der Altersgrenze Altersrente beziehen. – Renten wegen teilweiser bzw. voller Erwerbsminderung für Versicherte, die außerstande sind, täglich mindestens 6 bzw. 3 Stunden erwerbstätig zu sein. – Witwen- und Witwer-, Erziehungs- oder Waisenrenten.
Beiträge	**18,7 %** vom Bruttoentgelt; Arbeitgeber und Arbeitnehmer tragen **je die Hälfte.**
Beitragsbemessungsgrenze	6.200,00 EUR (West) bzw. 5.400,00 EUR (Ost) pro Monat (Stand: 2016)

Gesetzliche Krankenversicherung	
Rechtsgrundlage	SGB V, §§ 1–307
Sozialversicherungsträger	Allgemeine Ortskrankenkassen (AOK), Innungs-, Betriebs-, Ersatzkrankenkassen
Versicherte	Es besteht eine **allgemeine Versicherungspflicht,** d.h., jeder muss in einer privaten oder gesetzlichen Krankenversicherung versichert sein. Arbeitnehmer, deren Arbeitsentgelt in den letzten drei Jahren die Jahresarbeitsentgeltgrenze (2015 = 54.900,00 EUR) nicht überschritten hat sowie Auszubildende, Studenten, freiwillig Wehrdienstleistende, Personen im Bundesfreiwilligendienst u.a. sind in der gesetzlichen Krankenversicherung versicherungspflichtig.
Leistungen	**Verhütung von Krankheiten** u.a. durch Vorsorgebehandlungen, Vorsorgekuren für Mütter und Väter **regelmäßige Gesundheitsuntersuchungen** zur Früherkennung von Krankheiten **Krankenbehandlungen:** ärztliche und zahnärztliche Behandlungen, Arznei-, Verband-, Heil- und Hilfsmittel, Zuschüsse bei Zahnersatz, häusliche Krankenpflege, Haushaltshilfe, Krankenhausbehandlungen und Kuren **Krankengeld** ab der 7. Woche in Höhe von 70 % des regelmäßigen Arbeitsentgeltes **Kosten des Krankentransports**

Beiträge	**14,6 %** vom Bruttoverdienst; Arbeitgeber und Arbeitnehmer tragen **je die Hälfte.** Die Krankenkassen können vom Arbeitnehmer einen individuellen Zusatzbeitrag erheben.
Beitragsbemessungsgrenze	4.237,50 EUR (bundesweit) pro Monat (Stand: 2016)

Gesetzliche Arbeitslosenversicherung	
Rechtsgrundlage	SGB II, §§ 1–69 und SGB III, §§ 1–434
Sozialversicherungsträger	Bundesagentur für Arbeit
Versicherte	**Versicherungspflichtig** sind u. a. Personen, die – gegen Arbeitsentgelt oder – zu einer Berufsausbildung beschäftigt sind, sowie – freiwillig Wehrdienstleistende, Personen im Bundesfreiwilligendienst. **Versicherungsfrei** sind u. a. Beamte, Richter, Berufssoldaten.
Leistungen	**Arbeitslosengeld** je nach Dauer des Versicherungspflichtverhältnisses für längstens 24 Monate, 67 % vom pauschalierten Nettoarbeitsentgelt, für Kinderlose 60 %. **Arbeitslosengeld II** wird gewährt, wenn kein Anspruch auf Arbeitslosengeld sowie Bedürftigkeit besteht **Berufsberatung** sowie **Ausbildungs-** und **Arbeitsvermittlung** und diese unterstützende Leistungen **Gründungszuschuss** zur Aufnahme einer selbstständigen Tätigkeit **Berufsausbildungsbeihilfe** **Kurzarbeitergeld und Saison-Kurzarbeitergeld** **Insolvenzgeld**
Beiträge	**3,0 %** vom Bruttoverdienst; Arbeitgeber und Arbeitnehmer tragen **je die Hälfte.**
Beitragsbemessungsgrenze	6.200,00 EUR (West) bzw. 5.400,00 EUR (Ost) pro Monat (Stand: 2016)

Soziale Pflegeversicherung	
Rechtsgrundlage	SGB XI, §§ 1–112
Sozialversicherungsträger	Pflegekassen, die von den Organen der Krankenkassen mit betreut werden
Versicherte	**Versicherungspflichtig** sind alle in der gesetzlichen Krankenversicherung pflichtgemäß und freiwillig Versicherten. **Versicherungsfrei** sind Personen, die gesetzlich krankenversichert sind, aber bereits eine private Pflegeversicherung abgeschlossen hatten, deren Leistungsumfang dem der sozialen Pflegeversicherung entspricht.
Leistungen	**häusliche Pflege:** – Sachleistungen in Form von Hilfen stündlich bis rund um die Uhr bei der Körperpflege, Ernährung, Mobilität, hauswirtschaftlichen Versorgung – Pflegegeld für selbstbeschaffte Pflegehilfen – Vergütung für die Beratung durch Pflegeeinrichtungen

	teilstationäre Pflege: Tages- und Nachtpflege bzw. Kurzzeitpflege, wenn häusliche Pflege (vorübergehend) nicht sichergestellt werden kann **stationäre Pflege:** – pflegebedingte Aufwendungen – Aufwendungen der sozialen Betreuung Die Kosten der Unterkunft und Verpflegung müssen die Pflegebedürftigen selbst tragen.
Beiträge	**2,35 %** vom Bruttoverdienst; Arbeitgeber und Arbeitnehmer tragen **je die Hälfte.** Kinderlose Arbeitnehmer über 23 Jahren zahlen einen zusätzlichen Beitrag von 0,25 %.
Beitragsbemessungs-grenze	4.237,50 EUR (bundesweit) pro Monat (Stand: 2016)

Als **Beitragsbemessungsgrenze** wird der Betrag vom Bruttoentgelt bezeichnet, von dem Beiträge zur gesetzlichen Sozialversicherung höchstens erhoben werden.

Der Teil des Bruttoentgelts, der die Beitragsbemessungsgrenze übersteigt, wird für die Beitragsbemessung nicht berücksichtigt.

Beispiel: Frau Höllrich erhält ein Bruttoentgelt von 4.350 EUR. Für die Berechnung ihrer Beiträge zur Arbeitslosen- und Rentenversicherung wird ihr gesamtes Bruttoentgelt herangezogen (Beitragsbemessungsgrenze: 6.200 EUR bzw. 5.400 EUR). Für die Berechnung der Beiträge zur Kranken- und Pflegeversicherung wird nur ein Betrag von 4.237,50 EUR zugrunde gelegt (Beitragsbemessungsgrenze: 4.237,50 EUR).

	Gesetzliche Unfallversicherung
Rechtsgrundlage	SGB VII, §§ 1–220
Sozialversicherungsträger	Berufsgenossenschaften und Unfallversicherungsanstalten von Bund, Ländern und Gemeinden, von Bahn, Post und Telekom
Versicherte	– **alle** gegen Entgelt beschäftigten **Arbeitnehmer** – **Auszubildende** und **Lernende** während der beruflichen Fortbildung – **Kinder** in Kindergärten – **Schüler** während der Schulzeit – **Studierende** während der Aus- und Fortbildung an Hochschulen u. a.
Leistungen	– **Heilbehandlungen** und **Verletztengeld** (entspricht Krankengeld) – Förderung der beruflichen und sozialen **Rehabilitation** – **Pflegegeld** – **Renten** für Versicherte, deren Erwerbsfähigkeit um mindestens 20 % gemindert ist – **Leistungen an Hinterbliebene** – Maßnahmen zur **Verhütung von Arbeitsunfällen und Berufskrankheiten** sowie arbeitsbedingte Gesundheitsgefahren

Beiträge	Die Beiträge sind **allein vom Arbeitgeber zu tragen.** Ihre Höhe wird durch ein Umlageverfahren ermittelt, das den mit der Arbeit verbundenen Gefahrenumständen Rechnung trägt.

4.7.2 Probleme der Sozialversicherung

Grundsätzlich haben die Sozialversicherungszweige mit Problemen zu kämpfen, wenn es um die Frage der Finanzierbarkeit ihrer Leistungen geht. Alle Voraussagen deuten auf eine Zunahme der Probleme hin. Mögliche Lösungsansätze müssen einerseits die Finanzierbarkeit sichern, andererseits aber auch die Sicherheit und den Schutz der Bevölkerung gewährleisten.

Probleme am Beispiel der gesetzlichen Rentenversicherung

▶ Rentendynamik und Finanzierungsprobleme

Wer im Alter eine Rente beziehen möchte, müsste normalerweise das für die Rentenauszahlung notwendige Kapital selbst angespart haben. Das Risiko einer solchen Regelung bestünde u. a. aber darin, dass die rentenbeziehende Person ab ihrem Eintritt in das Rentenalter nicht mehr an der allgemeinen Einkommensentwicklung teilnimmt.

Damit die Rentner, genau wie die erwerbstätige Bevölkerung, an der Entwicklung des Nationaleinkommens beteiligt werden, erfolgt bei der gesetzlichen Rentenversicherung eine regelmäßige Anpassung der Renten.

Diese Leistungsdynamik führt jedoch bei abnehmendem Wirtschaftswachstum, bei lang anhaltender Arbeitslosigkeit sowie bei Geburtenrückgang einerseits und längerer Lebenserwartung andererseits zu erheblichen Finanzierungsproblemen.

▶ Probleme aus dem Generationenvertrag

Die Rentendynamik ist nur möglich, weil die laufenden Leistungen für die Rentner aus den jeweils laufenden Beiträgen der Erwerbstätigen finanziert werden. Die derzeit arbeitende Generation versorgt also die gegenwärtig nicht mehr arbeitende Generation. Außerdem müssen die derzeit arbeitenden Menschen für die heranwachsende und noch nicht arbeitende künftige Generation aufkommen. Diese »Vereinbarung« unter den arbeitenden und nicht mehr bzw. noch nicht arbeitenden Menschen nennt man »**Generationenvertrag**«.

Probleme für den Generationenvertrag ergeben sich aus der zunehmenden Anzahl (u. a. auch durch Frührentner) an Rentnern. Zudem wird die Zahl der Erwerbstätigen aufgrund des Geburtenrückgangs kleiner. Für die Zukunft ist deswegen mit einer stark wachsenden Belastung der Erwerbstätigen zu rechnen.

Auch die anderen Zweige der Sozialversicherung haben vergleichbare Probleme. Auf der einen Seite nehmen die Ausgaben für beanspruchte Leistungen zu, da es u.a. immer mehr Leistungsempfänger gibt und die Kosten für bestimmte Leistungen steigen. Auf der anderen Seite sinken die Einnahmen der Sozialversicherung, u.a. bedingt durch weniger beitragspflichtige Erwerbstätige. Hieraus ergibt sich ein Reformbedarf des Sozialversicherungssystems und damit verbunden auch die Notwendigkeit der privaten Vorsorge bzw. Absicherung.

Reformansätze für die gesetzliche Rentenversicherung

Eine Lösung der beschriebenen Probleme kann nur dann ohne soziale Spannungen erreicht werden, wenn beide Seiten, die Erwerbstätigen und die Rentner, gemeinsam die Finanzierungsfrage angehen. Maßvolle Beitragserhöhungen und eine maßvolle Senkung des Rentenniveaus müssen einander ergänzen.

Hierfür werden verschiedene Vorschläge diskutiert:

- wesentliche Erhöhungen der Versicherungsbeiträge (2016 = 18,7 %, Prognose für 2030: bis zu 22 %),
- allgemeine Senkung des Rentenniveaus um 10 bis 15 %,
- Anhebung der Altersgrenze für die Rente über das 67. Lebensjahr hinaus,
- Erhöhung der Bundeszuschüsse für die Rentenversicherung,
- Umstellung von der beitrags- zur steuerfinanzierten Rente.

Eine Lösung, wie die Rentenlast getragen werden kann, muss aus einer Kombination verschiedener Lösungsmöglichkeiten bestehen.

4.7.3 Drei-Säulen-System der Alterssicherung

Die künftigen Rentner werden sich darauf einstellen müssen, dass die gesetzliche Rentenversicherung nur noch eine Grundsicherung (gesetzliche Altersvorsorge) bietet, die durch betriebliche (Betriebsrenten) und eigenverantwortliche Altersvorsorge (private Vorsorge) erweitert werden sollte. Man nennt eine solche Vorsorge auch das »**Drei-Säulen-System der Alterssicherung**«.

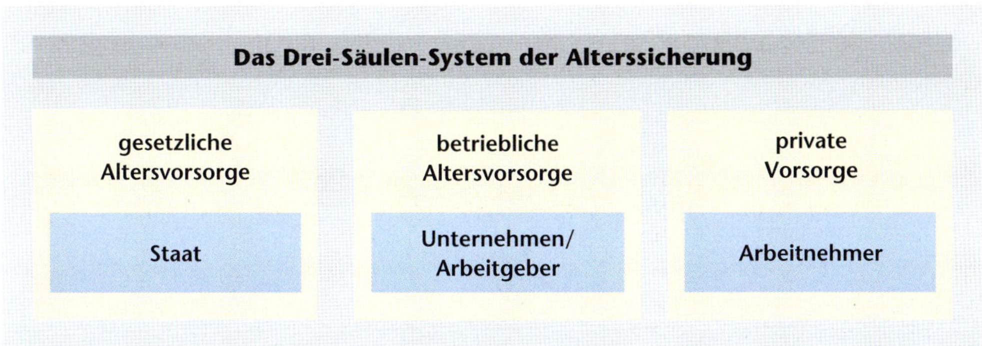

Gesetzliche Altersvorsorge

Die gesetzliche Rentenversicherung ist nicht in der Lage, allen Rentnern eine Rente zu zahlen, die es ihnen ermöglicht, den Lebensstandard zu halten, den sie als Erwerbstätige hatten. Deswegen werden die Rentenzahlungen der gesetzlichen Rentenversicherung nur noch eine **Grundvorsorge (gesetzliche Altersvorsorge)** bilden, die den Rentnern das Existenzminimum sichert.

SGB XII §§ 41 ff.

Diese **Grundsicherung** im Alter und bei Erwerbsminderung ist seit dem 1. Januar 2003 in Deutschland gesetzlich festgeschrieben. Sie wird Personen gewährt, die durch Alter oder Erwerbsminderung auf Dauer aus dem Erwerbsleben ausgeschieden sind und ihren Lebensunterhalt nicht selbst bestreiten können.

Betriebliche Altersvorsorge

BetrAVG § 1

Bei der **betrieblichen Altersvorsorge** sichert der **Arbeitgeber** seinem Arbeitnehmer **Versorgungsleistungen** beim Erreichen der Altersgrenze, im Falle der Invalidität oder im Todesfalle zu.

Die betriebliche Altersvorsorge kann in Form einer **direkten Zusage** des Arbeitgebers erfolgen. Dabei verpflichtet sich der Arbeitgeber, durch die Bildung von Pensionsrückstellungen seinen Mitarbeitern später direkt eine Rente zu zahlen. Alternativ dazu kann der Arbeitgeber die betriebliche Altersvorsorge auch durch ein rechtlich selbstständiges Unternehmen durchführen lassen. Diese Unternehmen treten als Unterstützungskasse, Pensionskasse, Pensionsfonds oder Direktversicherung am Markt auf. Die Beiträge für die betriebliche Altersvorsorge werden vom Arbeitgeber und/oder vom Arbeitnehmer getragen.

Private Vorsorge

Der privaten Vorsorge kommt angesichts der zunehmenden Probleme der gesetzlichen Sozialversicherung eine zunehmende Bedeutung zu. Durch die Einschränkung der Leistungen aus der gesetzlichen Sozialversicherung reichen diese häufig nicht mehr aus und müssen durch eigene Leistungen ergänzt werden.

▶ Private Altersvorsorge

Bei der privaten Altersvorsorge ist jeder für sich selbst verantwortlich. Allerdings bietet der Staat durch Fördermaßnahmen Anreize zur privaten Altersvorsorge.

a) **Riester-Rente.** Seit dem Jahr 2002 fördert der Staat Arbeitnehmer, die sich zusätzlich zur gesetzlichen Rente eine **private kapitalgedeckte Altersvorsorge** aufbauen. Die Förderung besteht aus einer Zulage (abhängig von Familienstand und Kinderzahl) bzw. einer Steuerersparnis. Um in den Genuss der staatlichen Förderung zu kommen, müssen bestimmte Eigenleistungen erbracht werden.

Jahreseinkommen (jeweils 20.000 EUR pro Jahr)	**ledig, ohne Kinder**	**ledig, ein Kind**	**verheiratet, zwei Kinder**
Anlagebetrag zum Erreichen der maximalen Riester-Zulage (4 %)	800,00 EUR	800,00 EUR	800,00 EUR
– Grundzulage	154,00 EUR	154,00 EUR	154,00 EUR
– Kinderzulage	0,00 EUR	300,00 EUR	600,00 EUR
= Mindesteigenbeitrag	**646,00 EUR**	**346,00 EUR**	**46,00 EUR**

Das »Altersvermögensgesetz« fördert verschiedene private Altersvorsorgeformen:

- Rentenversicherungen,
- Fonds- und Banksparpläne,
- den Einsatz von Wohneigentum (»Wohn-Riester«).

Die Altersvorsorgeverträge werden staatlich gefördert, wenn die Vorsorgeform zertifiziert ist. Den Abschluss einer zertifizierten Vorsorgeform können Arbeitnehmer auch über ihr Unternehmen tätigen. Sie können dann ihre Eigensparleistung direkt durch Umwandlung von Lohn- oder Gehaltsanteilen einbringen.

b) Bausparen. Das Bausparen wird von Bausparkassen gepflegt. Bausparer und Bausparkasse schließen über eine bestimmte Summe einen Bausparvertrag ab. Darin verpflichtet sich der Bausparer zur Ansparung von z. B. 40 % auf die Vertragssumme. Die Bausparkasse verpflichtet sich zur Gewährung eines Tilgungsdarlehens von z. B. 60 % der Vertragssumme. Das Ganze muss zum Bau, zum Kauf, zur Instandsetzung, zur baulichen Veränderung oder zur Entschuldung von Immobilien verwendet werden. Außerdem beraten die Bausparkassen ihre Kunden bei der Finanzierung und vermitteln ihnen für den Fall des vorzeitigen Todes einen Versicherungsschutz (Risikolebensversicherung).

Das Bausparen bietet dem Sparer neben den Zinsen eine staatliche **Wohnungsbauprämie;** wenn bestimmte Bedingungen erfüllt sind. *WoPG § 1*

1. **Einkommensgrenze:** Begünstigt werden Alleinstehende mit einem zu versteuernden Einkommen bis zu 25.600 EUR jährlich, Verheiratete bis zu 51.200 EUR jährlich. *§ 2a (1)*
2. **Höhe der Wohnungsbauprämie:** Der Prämiensatz beträgt jährlich 8,8 %. *§ 3*
3. **Höchstbetrag der Sparleistung:** Sparbeiträge eines Alleinstehenden sind jährlich bis zu 512 EUR prämienbegünstigt; bei Ehegatten verdoppelt sich der Betrag auf 1.024 EUR.

Ein Bausparer kann höchstens 45,06 EUR Prämie erzielen.

c) Vermögenswirksames Sparen.

1. **Wohnwirtschaftliche Zwecke**

   Jeder Arbeitnehmer kann im Rahmen seiner Einkommensgrenzen am vermögenswirksamen Sparen teilnehmen. Dabei können jährlich Höchstbeträge aus dem Gehalt oder aus Leistungen des Arbeitgebers gespart werden. Auf Antrag des Arbeitnehmers wird das Geld durch den Arbeitgeber langfristig angelegt. Die **vermögenswirksamen Leistungen (VL)** werden mit einer Prämie, der **Arbeitnehmersparzulage,** belohnt. *VermBG § 13*

   Es gelten folgende Bestimmungen:

   - **Einkommensgrenze:** Begünstigt werden Alleinstehende mit einem zu versteuernden Einkommen bis zu 17.900 EUR jährlich. Verheiratete mit bis zu 35.800 EUR jährlich.
   - **VL-Prämie:** 9 % jährlich.
   - **Höchstbetrag der Sparleistung:** 470 EUR pro Arbeitnehmer.

2. **Produktivkapital**

   Darüber hinaus können vom Sparer weitere 400 EUR ohne Mitwirkung des Arbeitgebers vermögenswirksam angelegt werden. Es gelten die Einkommensgrenzen wie oben. Für Anlagen in Produktivkapital (Aktien, Genossenschaftsanteile, Genussscheine, Gewinnschuldverschreibungen) gibt es 18 % Prämie auf 400 EUR. *§ 2 (1)*

▶ Berufsunfähigkeit

Mindestens jeder vierte Erwerbstätige in Deutschland ist vor Erreichen des Rentenalters zumindest einmal in seinem Arbeitsleben berufsunfähig. Dadurch kann er seinen Beruf nicht ausüben. Er ist vermindert erwerbsfähig. Jährlich werden mehr als 400.000 Bundesbürger aufgrund von schweren Unfällen oder Krankheiten so stark behindert, dass sie eine Rente wegen verminderter Erwerbsfähigkeit beantragen müssen.

Bei Berufsunfähigkeit denkt man oft zuerst an Unfallfolgen. In jungen Jahren mag das zutreffend sein. Doch insgesamt sind Erkrankungen die häufigste Ursache.

Beispiel: Ein kaufmännischer Angestellter erleidet einen Bandscheibenvorfall und kann in seinem Beruf nicht mehr arbeiten. Der Rentenversicherungsträger legt fest, dass er aber durchaus noch mehr als 6 Stunden an einer Kinokasse sitzen kann. Er erhält keine Leistungen.

Fast alle privaten Versicherer bieten inzwischen **Berufsunfähigkeitsversicherungen** an. Generell gilt dabei: Je jünger ein Versicherter ist, desto günstiger sind die Vertragskonditionen. Allerdings hängt der Beitrag in hohem Maß vom ausgeübten Beruf ab.

Zusammenfassende Übersicht zu Kapitel 4.7: System der gesetzlichen Sozialversicherung und private Vorsorge

GG Art. 20 (1): Die Bundesrepublik Deutschland ist ein demokratischer und sozialer Bundesstaat.

Zweige der Sozialversicherung

gesetzliche Arbeitslosenversicherung	gesetzliche Rentenversicherung	gesetzliche Krankenversicherung	soziale Pflegeversicherung	gesetzliche Unfallversicherung

grundsätzlich:
- Pflichtversicherung bis Jahresarbeitsentgeltgrenze
- Beitragsleistung: Arbeitnehmer und Arbeitgeber
- Beitragsleistung bis Beitragsbemessungsgrenze

Beitragsleistung: Arbeitgeber

Probleme der Sozialversicherung
(Beispiel: Rentenversicherung)

Altersaufbau der Gesellschaft → Generationenvertrag

→ steigende Lebenserwartung
→ Rückgang der Geburten
→ sinkendes Renteneintrittsalter

↳ **Versorgungslücke**

»Drei-Säulen-System«

gesetzliche Altersvorsorge

Reformvorschläge:
- Erhöhung der Beiträge
- Senkung der Renten
- Anhebung der Altersgrenze
- Staatszuschüsse

betriebliche Altersvorsorge

- Pensionskasse
- Direktversicherung

private Vorsorge

- kapitalgedeckte Rente (Riester-Rente)
- Fondssparen
- Wohneigentum
- Berufsunfähigkeitsversicherung

▶ Aufgaben und Probleme

1. Nehmen Sie zu nachfolgenden Behauptungen Stellung:

   a) »Sozialversicherung bedeutet für den Einzelnen Einkommensbindung.«

   b) »Die Sozialversicherung entlastet den Staat.«

2. Elke, Auszubildende für den Beruf einer Floristin, erhält in ihrem ersten Ausbildungsjahr eine Vergütung von monatlich 389 EUR. Ihr Freund Alexander (28 Jahre), der sich im dritten Ausbildungsjahr zum Industriekaufmann befindet, erhält monatlich 620 EUR vergütet.

   Wie viel EUR werden den beiden für die einzelnen Sozialversicherungszweige und insgesamt von ihrer Ausbildungsvergütung abgezogen?

3. Welches ist der jüngste Zweig der Sozialversicherung und weshalb wurde er notwendig?

4. Für welchen Zweig der Sozialversicherung muss allein der Unternehmer Beiträge abführen?

5. Michael Kühn (22 Jahre, keine Kinder) entnimmt seiner Gehaltsabrechnung, dass monatlich 123,00 EUR (8,2 %) vom Bruttolohn in Höhe von 1.500,00 EUR für die Krankenversicherung abgezogen werden. Der Betrag erscheint ihm zu hoch.

   a) Begründen Sie, ob er aus der gesetzlichen Krankenversicherung austreten könnte.

   b) Welche Möglichkeit besteht für Herrn Kühn, seinen Beitrag zu senken?

   c) Michael Kühn muss wegen einer Blinddarmoperation ins Krankenhaus. Für welche Leistungen kommt die Krankenkasse in diesem Fall auf?

   d) Herr Kühn macht sich Gedanken über seine finanzielle Absicherung im Alter. Stellen Sie Möglichkeiten der finanziellen Absicherung dar.

   e) Die gesetzliche Rentenversicherung beruht auf der Grundlage des »Generationenvertrages«. Erläutern Sie die Merkmale des »Generationenvertrages«.

   f) Zeigen Sie die Probleme auf, die sich aus dem »Generationenvertrag« ergeben.

   g) Nennen Sie vier Maßnahmen, mit denen versucht wird, die in f) aufgezeigten Probleme zu lösen.

6. Anhaltende Arbeitslosigkeit, allgemeine Geburtenrückgänge und die gestiegene Lebenserwartung der Menschen werfen für die gesetzliche Rentenversicherung Probleme auf, zu deren Lösung viele Vorschläge im Raum stehen. Finden Sie jeweils

   - ein Argument für,
   - ein Argument gegen die folgenden Vorschläge:

   a) Senkung des Rentenniveaus je nach Minderung der Beitragseinnahmen.

   b) Erhöhung der Rentenbeiträge, um die Leistungen auf dem derzeitigen Stand zu halten.

   c) Aufgabe der beitragsfinanzierten Rente und Finanzierung der Renten allein über Steuern, die von allen Steuerpflichtigen im Rahmen einer Beitragsbemessungsgrenze erhoben werden.

7. Bei Debatten über die finanzielle Absicherung der Rentnerinnen und Rentner taucht in den Medien immer wieder der Vorschlag über eine Alterssicherung durch drei verschiedene Versorgungssäulen auf. Auf welchen Stützen der Alterssicherung beruht das »Drei-Säulen-System«?

8. Wer sich in Zukunft allein auf die gesetzliche Rente verlässt, muss Abstriche hinnehmen. Die Rentenreform sieht vor, dass das sogenannte Rentenniveau in den kommenden Jahrzehnten sinken wird. Das ist u. a. nötig geworden, damit die Beiträge der Versicherten auch in Zukunft bezahlbar bleiben.

   Erklären Sie mithilfe des Schaubildes das neue Modell der »Riester-Rente«.

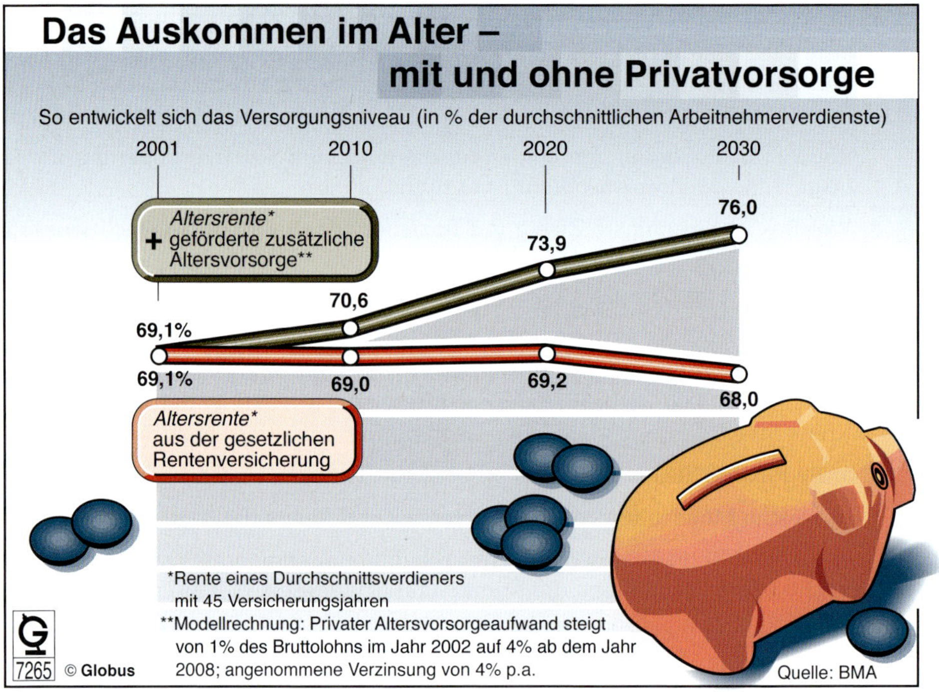

9. Ein lediger Arbeitnehmer spart auf seinem Bausparkonto pro Jahr 512 EUR. Von seinem Arbeitgeber lässt er die monatliche vermögenswirksame Leistung (VL) von 40 EUR ebenfalls auf dieses Konto überweisen. Außerdem spart er weitere 400 EUR pro Jahr in Form von Produktivkapital.

   a) Wie viel EUR Prämie erhält er insgesamt pro Jahr?

   b) Welcher Jahresverzinsung entspricht dieser Betrag?

5 Logistik

5.1 Logistische Kette

Werden Güter hergestellt und dem Verbraucher bereitgestellt, so durchlaufen sie in aller Regel eine Vielzahl von Produktionsstufen.

In jedem dieser Produktionsstufen erfährt das jeweilige Halbfabrikat durch die Bearbeitung eine Wertsteigerung. Werden diese einzelnen Schritte zusammengefasst betrachtet, erhält man die Wertschöpfungskette.

Die Wertschöpfungskette (Supply Chain) bezeichnet den **Weg und die Wertsteigerungsstufen eines Produktes** von der Rohstoffgewinnung über die einzelnen Veredelungsstufen **bis zum Verbraucher.**

5.1.1 Ziele und Aufgaben der Logistik

Auf allen Stufen der Wertschöpfung sind logistische Aktivitäten unterschiedlichster Art zu finden, die sich als die »**Sieben ‚R' der Logistik**« zusammenfassen lassen.

Alle **logistischen Aktivitäten sollen sicherstellen,** dass die

- **richtigen Güter** zum
- **richtigen Zeitpunkt** und mit den
- **richtigen Kosten** unter Austausch der
- **richtigen Informationen** in der
- **richtigen Menge** und in der
- **richtigen Qualität** beschafft und am
- **richtigen Ort** bereitgestellt werden.

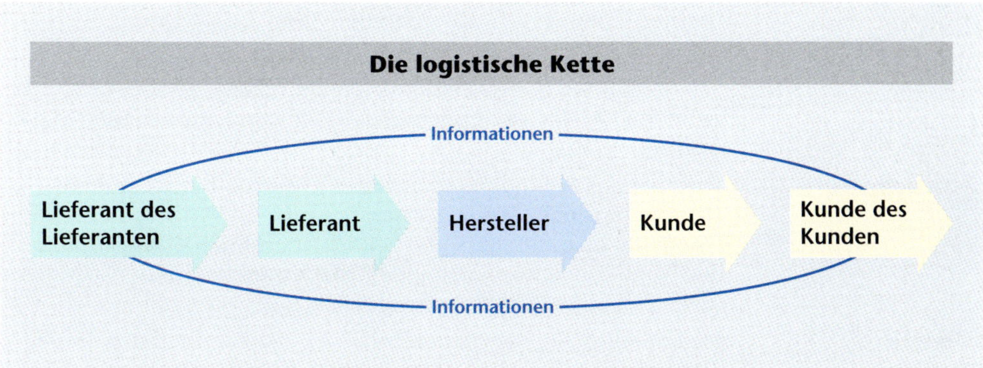

Als **Logistik** bezeichnet man den **Prozess,** der die **ganzheitliche Planung, Umsetzung und Steuerung von Güter- und Warenflüssen,** den dazugehörenden **Transportmitteln und Verpackungsmaterialien** sowie die damit zusammenhängenden **Informationen** von einem Herkunftsort (Hersteller) zu einem Zielort (Verbraucher) umfasst.

Die Warenflüsse und die damit zusammenhängenden Geld- und Informationsflüsse treten allerdings nicht nur in der Richtung von der Rohstoffgewinnung bis zum Verbraucher auf, sondern können auch entgegengesetzt vorhanden sein.

Beispiel: Altreifen werden vom Händler an den Hersteller zurückgeführt, um dort verwertet oder entsorgt zu werden.

5.1.2 Interne und externe logistische Kette

Interne logistische Kette

Greift man nur den logistischen Prozess heraus, der in einem Unternehmen abläuft, dann betrachtet man die interne logistische Kette. In diesem Prozess werden insbesondere Beschaffungs-, Lager-, Transport-, Produktions-, Umschlags- und Absatzleistungen erbracht. Ihr **nahtloses Ineinandergreifen** fällt unter die **Versorgungslogistik.**

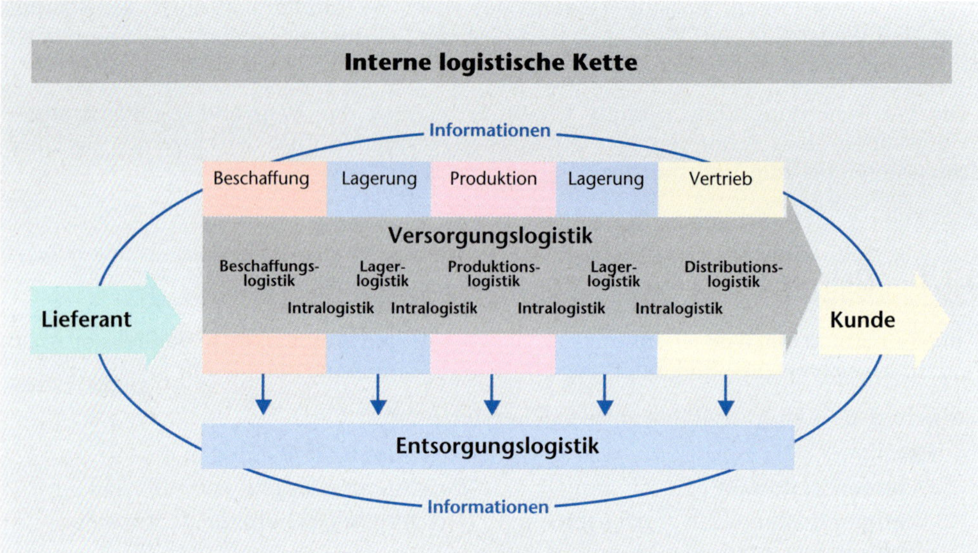

Bereiche der internen logistischen Kette	
Beschaffungslogistik	Sie hat dafür zu sorgen, dass die zur störungsfreien Erfüllung von Kundenaufträgen benötigten Güter zur richtigen Zeit, am richtigen Ort und in der richtigen Menge und Güte bereitgestellt werden.
Produktionslogistik	Sie stellt das Bindeglied zwischen der Beschaffungs- und der Distributionslogistik dar. Sie hat die Aufgabe, die art- und mengenmäßig, räumlich und zeitlich abgestimmte Versorgung der Produktionsprozesse mit den benötigten Produktionsfaktoren sowie der Entsorgung zu gewährleisten.
Lagerlogistik	Sie optimiert die Phasen der Zeitüberbrückung in und zwischen den einzelnen Funktionsbereichen als Pufferlager, Umschlagslager oder als Wertschöpfungsbereich.
Intralogistik	Sie regelt den gesamten Prozess des innerbetrieblichen Materialflusses und der damit zusammenhängenden Informationsströme.
Distributionslogistik	Sie erbringt marktorientierte Logistikleistungen. Dabei werden die Produkte art- und mengenmäßig, räumlich und zeitlich abgestimmt bereitgestellt, um den Bedarf der Kunden optimal und möglichst kostengünstig zu decken.
Entsorgungslogistik	Sie befasst sich mit der optimalen Gestaltung der Rückführungsprozesse von entsorgungsbedürftigen Gütern, die in der Lieferkette anfallen.

Zur Bewältigung der logistischen Aufgaben müssen stets die notwendigen Informationen zur Verfügung stehen. Die Güterströme sind somit eingebunden in Informationsströme. Mithilfe von **ERP-Systemen (Enterprise Resource Planning)** stehen die benötigten Informationen zur Verfügung und es wird eine fehlerfreie Kommunikation zwischen den Prozessbeteiligten im Unternehmen gewährleistet.

Externe logistische Kette

Die Prozesse in der logistischen Kette, die mit Externen des Unternehmens, also Kunden, Lieferanten und Dienstleistern ablaufen, bilden die externe logistische Kette. Diese unternehmensübergreifende Wertschöpfungskette beinhaltet alle Abläufe vom »Lieferanten des Lieferanten« bis zum »Kunden des Kunden« (Bild, Seite 191).

5.1.3 Supply-Chain-Management

Unter **Supply-Chain-Management (Lieferkettenmanagement)** versteht man die **Lenkung und Gestaltung der Lieferkette** vom Rohstofflieferanten bis zum Endverbraucher.

Ein vernetztes Denken in den Beziehungen und der Einsatz moderner IT-Systeme sind notwendige Voraussetzungen für ein effektives Supply-Chain-Management. Nur dadurch ist gewährleistet, dass der Informationsfluss sämtliche Kunden-Lieferanten-Beziehungen optimal unterstützt.

Kooperationsstrategien

Die **Efficient Consumer Response (ECR)** ist eine Kooperationsstrategie zwischen Herstellern, Groß- und Einzelhändlern. Durch diese Strategie wird versucht, unternehmensübergreifend auf Veränderungen des Marktes rasch zu reagieren. Es lassen sich vier ECR-Basis-Strategien unterscheiden:

Efficient Store Assortments (Sortimentsoptimierung)	Eine kundengerechte Produktplatzierung und erhöhte Umschlagsgeschwindigkeit sollen erzielt werden.
Efficient Replenishment (effizienter Warennachschub)	Der Güter- und der Informationsfluss entlang der Versorgungskette sollen optimiert werden, beispielsweise durch eine Automatisierung der Bestellung mittels elektronischem Datenaustausch.
Efficient Promotion (effiziente Absatzförderung)	Die Handels- und Kundenkommunikation wie z. B. bei der Verkaufsförderung oder der Werbung sollen untereinander abgestimmt und harmonisiert werden.
Efficient Product Introduction (effiziente Produktneueinführung)	Die Optimierung der Produktentwicklung und -einführung soll erreicht werden, um eine möglichst schnelle Reaktion auf verändertes Kundenverhalten zu ermöglichen.

Bereitstellungsstrategien

▶ Pullprinzip

Beim **Pullprinzip** steuern die Kunden die Aktivitäten entlang der Supply Chain. Man nennt dieses Prinzip deshalb auch **verbrauchsgesteuerte Bereitstellung.** Eine Kundenbestellung bzw. ein Abverkauf löst beim Hersteller die Fertigungs- bzw. Lieferungsaktivität aus. Notwendige Voraussetzung hierzu ist allerdings, dass der Händler dem Hersteller die Abverkaufs- und Bestandsinformationen zur Verfügung stellt; gleichzeitig muss sich der Hersteller zu einer kontinuierlichen und nachfrageorientierten Versorgung des Händlers mit den Gütern verpflichten.

▶ KANBAN-System (Kapitel 8.3.3)

▶ Just-In-Time-Strategie

Die **Just-In-Time-Strategie** hat zum Ziel, **auf jegliche Lagerhaltung zu verzichten.** Die Beteiligten der Supply-Chain müssen auf die Bedarfsverläufe rasch und flexibel reagieren. Da es keine (Sicherheits-)Bestände mehr gibt, sinkt die Reaktionszeit praktisch gegen Null. Diese Strategie kann nur funktionieren, wenn zwischen den Beteiligten ein ständiger Informationsaustausch herrscht. Hinzu kommen eine fehlerfreie Lieferzuverlässigkeit und eine hohe Produktqualität auf jeder Produktionsstufe.

Zusammenfassende Übersicht zu Kapitel 5.1: Logistische Kette

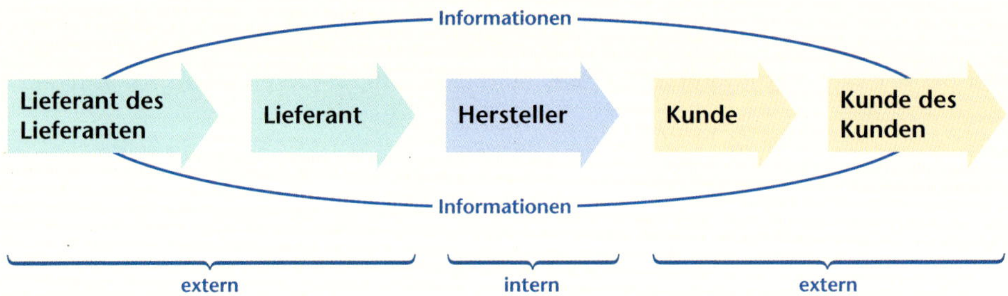

▶ Aufgaben und Probleme

1. Beschreiben Sie den Prozess der internen logistischen Kette.
2. Grenzen Sie die interne logistische Kette von der externen logistischen Kette ab.
3. Ein Kunde bestellt bei einem Sanitärgroßhändler Zweigriff-Waschtischarmaturen.
   a) Beschreiben Sie die Wertschöpfungskette vom Hersteller bis zum Verbraucher.
   b) Geben Sie an, welche Prozesse diese Bestellung auslöst.
4. Recherchieren Sie im Internet, welche Unternehmen das Pull-Prinzip verwirklicht haben und erklären Sie an diesem Beispiel das Pull-Prinzip.
5. Die Just-In-Time-Strategie hat zum Ziel, auf die Lagerhaltung komplett zu verzichten. Untersuchen Sie, welche Vor- und Nachteile sich durch eine Verwirklichung dieses Prinzips ergeben könnten.

5.2 Beschaffungslogistik

(Kapitel 6)

5.3 Transportlogistik

Sowohl bei der Beschaffung von Gütern als auch beim Absatz der Fertigprodukte muss entschieden werden, wie die georderte Ware termingerecht und kostengünstig zugestellt werden kann. Es gibt grundsätzlich folgende Möglichkeiten:

- Einsatz eigener Fahrzeuge,
- Einschaltung von Frachtführern,
- Einschaltung von Spediteuren als Vermittler der Beförderungsleistungen.

5.3.1 Wahl des Transportmittels

Die Beförderung der Güter vom Ort der Produktion zum Ort des Verbrauchs ist von entscheidender Bedeutung für das Funktionieren der arbeitsteiligen Wirtschaft. Der Transport geschieht auf den Verkehrswegen Straße, Schiene, Wasserstraße, Schifffahrtswege und Luftverkehrsstraße. Dabei werden von den Verkehrsunternehmen die jeweils geeigneten Verkehrsmittel eingesetzt.

Die **Gesamtheit gleichartiger Verkehrsunternehmen** bilden die **Verkehrsträger.**

Güterverkehr			
Verkehrsträger	**Verkehrsunternehmen**	**Verkehrsmittel**	**Verkehrswege**
Straßengüterverkehr	Lkw-Unternehmen	Lastkraftwagen	Straße
Schienengüterverkehr	Eisenbahnunternehmen	Eisenbahn	Schiene
Binnenschifffahrt	Reedereien, Partikuliere	Binnenschiff	Wasserstraße
Seeschifffahrt	Reedereien	Seeschiff	Schifffahrtsweg
Luftfrachtverkehr	Carrier	Flugzeug	Luftverkehrsstraße

Leistungen der Verkehrsträger in Deutschland				
Verkehrsträger	beförderte Gütermenge		Beförderungsleistung	
	2014		2014	
	Mio. t	%	Mrd. tkm	%
Straßengüterverkehr	3.493,1	85,4	468,9	73,2
Schienengüterverkehr	365,0	8,9	112,6	17,6
Binnenschiffsverkehr	228,5	5,6	59,1	9,2
Luftverkehr	4,4	0,1	k. A.	–
Summe	4.091,0	100,00	640,6	100,00

Quelle: Statistisches Bundesamt unter www.destatis.de

Verkehrssysteme der Verkehrsträger

Nach dem Grundsatz der wirtschaftlichen Transportdurchführung haben die Verkehrsträger folgende Systeme entwickelt:

Haus-Haus-Verkehr

Transport durch **einen Verkehrsträger** mit **gleichem Transportmittel.**

Es handelt sich um die schnellstmögliche Beförderung, weil keine zeitaufwendigen Umladevorgänge notwendig sind. Das Transportgut ist nicht den Gefahren der Beschädigung beim Umladen ausgesetzt.

Beispiel: Ein Lkw-Unternehmer übernimmt eine Warensendung an der Rampe eines Großhandelsunternehmens und liefert sie an der Rampe des Empfängers ab.

Gebrochener Verkehr

Transport durch **verschiedene Verkehrsträger** mit **unterschiedlichen Transportmitteln.**

Es ist üblich, dass die Verkehrsträger in der Form der Transportketten zur kostensparenden und sicheren Beförderung vom Absender bis zum Empfänger zusammenarbeiten.

Beispiel: Eine Sendung wird beim Produzenten mit dem Lkw abgeholt, im Güterverteilzentrum umgeschlagen und in den Eisenbahnwagen verladen. Mit der Eisenbahn wird die Ware zum Güterverteilzentrum am Empfangsort transportiert, dort wieder auf einen Lkw umgeladen und dem Empfänger zugestellt.

Kombinierter Verkehr

Transport durch **verschiedene Verkehrsträger** in **einem Transportgefäß.**

Beispiele:

1. Ein Lkw wird mit seiner Ladung von der Eisenbahn zum Weitertransport übernommen (Huckepack-System).
2. Ein Lkw wird mit seiner Ladung von einem Binnen- oder Seeschiff zum Weitertransport übernommen. Die Be- und Entladung erfolgt mit eigener Kraft (Roll-on-roll-off-System).
3. Ein Container wird mit einem Lkw zum Schiffsliegeplatz oder Containerbahnhof transportiert und dort mit einem Kran umgeschlagen (Container-System).

Die Fahrzeugindustrie hat für fast alle Bedürfnisse Fahrzeuge entwickelt, die der Eigenart der zu befördernden Güter entsprechen.

Beispiele:

1. Für empfindliche Güter bieten die Fahrzeuge Schutz gegen Kälte, Wärme, Feuchtigkeit, Staub, Erschütterungen.
2. Für schwere Güter sind die Fahrzeuge mit Kränen und absenkbaren Heckklappen ausgestattet.

Entscheidungskriterien zur Auswahl der Verkehrsträger

Das Unternehmen wählt den Verkehrsträger aus nach

- den Versandgütern (Art, Wert, Gewicht und Volumen),
- der Dringlichkeit der Versendung,
- der Entfernung zum Empfänger und
- dem Transportpreis.

▶ Merkmale der Verkehrsträger

Verkehrsträger	Merkmale
Straßengüterverkehr	– umladefreier Verkehr von Haus zu Haus – Verkürzung der Lieferfristen – unmittelbare Erreichbarkeit auch abgelegener Orte ohne Bahnanschluss – schlichte Verpackung des Transportgutes – Sicherung gegen Diebstahl infolge persönlicher Verantwortung des Fahrers für die Ladung
Schienengüterverkehr	– fahrplanmäßige Transportdurchführung mit garantierten Beförderungszeiten, auch nachts und an Sonn- und Feiertagen – Beförderung von Massengütern in relativ kurzer Zeit – geringer Einfluss der Witterung auf den Verkehrsfluss – relativ geringe Umweltbelastung – relativ hohe Sicherheit durch strenge Sicherheitsvorschriften für den Bau und Betrieb der Eisenbahnanlagen
Binnenschifffahrt	– geräumiger Laderaum erlaubt den Transport von großen, schweren und sperrigen Gütern – wirtschaftliche Beförderung großer Mengen (Massengüter), weil sich die Antriebskraft äußerst wirkungsvoll ausnutzen lässt – große Kapazitätsreserven durch die Möglichkeiten der Seeschifffahrt
Seeschifffahrt	– Transport großer Mengen und großer Gewichte mit einem Transportmittel über große Entfernungen – wirtschaftliche Beförderung, weil die Antriebskräfte äußerst wirkungsvoll einsetzbar sind
Luftfrachtverkehr	– kurze Lieferfristen über große Entfernungen – kein Zwang zur Lagerhaltung in Übersee, weil Just-In-Time-Lieferung möglich – geringe Verpackungs- und Ladekosten, weil die weitgehend erschütterungsfreie Beförderung mit dem Flugzeug sparsame Verpackung erlaubt – Frachtbeförderung auch in solche Gebiete, die wegen der fehlenden Infrastruktur (Straßen, Schienen) nur schwer erreicht werden können

▶ Überblick zur Auswahl der Verkehrsmittel

Verkehrsmittel / Kriterien	Eisenbahn	Lastkraftwagen	Binnenschiff	Seeschiff	Flugzeug
Arten der Versandgüter	alle Arten, meistens solche, die in größeren Mengen über größere Entfernungen transportiert werden	alle Arten, meistens solche, die in begrenzten Mengen über kurze und mittlere Entfernungen transportiert werden	v. a. Massengüter und sperrige Güter, die über größere Entfernungen ohne Zeitdruck transportiert werden	v. a. Massengüter und sperrige Güter, die über die Weltmeere ohne Zeitdruck transportiert werden	eilbedürftige Güter aller Art, die über weite Strecken in kürzester Zeit transportiert werden
Volumen der Versandgüter	ausschließlich bis Lademaß (Höhe und Breite des Waggons)	auf Maße der StVO begrenzt, Ausnahmen mit Sondergenehmigung	spielt bei der Versendung nahezu keine Rolle	spielt bei der Versendung nahezu keine Rolle	auf die Abmessungen des Laderaumes begrenzt
Versandgewicht je Fahrzeugeinheit	bis ca. 50 t, bei Fahrzeugen in Sonderbauart auch darüber	bis ca. 25 t, bei Fahrzeugen in Sonderbauart und mit Sondergenehmigung auch darüber	bis 3.000 t, häufigste Größe: Europaschiff mit 1.350 t	bis 400.000 t, häufigste Größe: Stückgutfrachter mit ca. 10.000 t, Containerschiff ca. 8.000 TEU*	bis ca. 100 t bei Frachtflugzeugen; Beiladung bei Passagierflugzeugen bis ca. 20 t
Fahrzeuggeschwindigkeit	bis ca. 120 km/h	bis 80 km/h	unterschiedlich langsam je nach Strömung	bis ca. 40 km/h	bis ca. 900 km/h
Beförderungspreise	Wettbewerbspreise auf der Grundlage von Unternehmenstarifen und Empfehlungen der Fachverbände				
Haftungsumfang	Regelhaftung bei Güterschäden für alle Frachtführer nach HGB: 8,33 SZR*/kg brutto, bei internationalen Transporten				
	17 SZR** je kg	8,33 SZR** je kg	666,67 SZR** je Einheit oder 2 SZR** je kg; 1.500 SZR** je Container + 25.000 SZR für den Inhalt	666,67 SZR** je Einheit oder 2 SZR** je kg	19 SZR** je kg

* TEU = Twenty-foot equivalent; 1 TEU entspricht einem 20-Fuß-ISO-Container; ** SZR = Sonderziehungsrecht; Wert: 1 SZR = 1,27 EUR, Stand: Januar 2016

5.3.2 Frachtführer und Spediteur

Frachtführer

Wenn ein Versender die Versandgüter einem Transportunternehmer zur Beförderung übergibt, setzt er einen **Frachtführer** ein.

Durch Spezialisierung auf bestimmte Transportwege und Transportmittel können Frachtführer häufig die schnellste, billigste und zweckmäßigste Ausführung der Transportaufträge anbieten.

Beispiele: Spezialfahrzeuge für Flüssigtransporte, gelegentliche Beförderungen über größere Entfernungen, saisonale Transporte im Brennstoffhandel

Zwischen dem Absender eines Gutes und dem Frachtführer wird ein **Frachtvertrag** abgeschlossen.

Durch den **Frachtvertrag** wird der Frachtführer verpflichtet, das **Gut** zum Bestimmungsort **zu befördern** und dort an den Empfänger **abzuliefern.** *HGB §§ 407 ff.*

Der Frachtvertrag ist erfüllt, wenn das Gut und der Frachtbrief dem Empfänger übergeben sind. Sichtbare Mängel am Gut sind vom Empfänger sofort beim Frachtführer zu rügen und in einer Tatbestandsaufnahme festzuhalten. Versteckte Mängel können innerhalb von sieben Tagen nach der Annahme noch geltend gemacht werden.

Für den Abschluss und die Erfüllung von Frachtverträgen gelten ergänzend zum HGB für jeden Verkehrsträger besondere Beförderungsbedingungen.

Beispiel: Auszug aus:

Vertragsbedingungen für den Güterkraftverkehrs-, Speditions- und Logistikunternehmer (VBGL)

§ 1 Geltungsbereich

(1) Diese Bedingungen gelten für Unternehmer, die als
- Frachtführer im gewerblichen Straßengüterverkehr Frachtverträge schließen,
- als Spediteure Speditionsverträge mit Selbsteintritt (§ 458 HGB), zu festen Beförderungskosten (§ 459 HGB) und über Sammelladung (§ 460 HGB) sowie Lagerverträge schließen, ...

▶ Rechte und Pflichten des Frachtführers

Rechte	Pflichten
– Ausstellen eines Frachtbriefes – Vergütung der Transportkosten und sonstigen Kosten – gesetzliches Pfandrecht an den in seinem Gewahrsam befindlichen Gütern in Höhe seiner Forderung aus dem Frachtvertrag	– sorgfältige Behandlung des ihm anvertrauten Gutes – vertragsmäßiges Transportieren – unversehrtes Abliefern an den Empfänger – Schadensersatz im Rahmen der gesetzlichen Haftung

▶ Haftung und Schadensersatz

Der Frachtführer unterliegt der **Gefährdungshaftung** und haftet für den Schaden, der durch Verlust oder Beschädigung (Güterschaden) von der Übernahme zur Beförderung bis zur Ablieferung oder durch Überschreitung der Lieferfrist entsteht. Dabei haftet er auch für seine Mitarbeiter und für andere Personen, die an der Beförderung mitwirken. *§§ 423, 425*

Der Frachtführer ist von der Haftung befreit, soweit der Schaden durch Umstände eingetreten ist, die der Frachtführer auch bei größter Sorgfalt nicht vermeiden und deren Folgen er nicht abwenden konnte.

Spediteur

Häufig wird für den Transport von Waren nicht ein Frachtführer direkt beauftragt, sondern ein **Spediteur als Vermittler der Frachtleistung** eingeschaltet.

Der Spediteur kennt aufgrund seiner Marktübersicht die günstigsten Frachtsätze und die schnellsten Verkehrsverbindungen. Er sucht und wählt die geeigneten Frachtführer aus, koordiniert den Einsatz von Frachtführern im gebrochenen Verkehr (Land-Luft-See), organisiert Transportketten (Schiene-Straße-Schiff) und besorgt den Zubringer- und Abholdienst als Speditionsrollfuhr. Seine Tätigkeit erspart insbesondere bei Auslandstransporten Kosten und Zeit.

Oft bietet der Spediteur seinen Auftraggebern ein **Dienstleistungspaket** an, das die Warenbewegung vom Fließband des Herstellers über eine Zwischenlagerung bis in die Regale des Handels umfasst. Es handelt sich dabei um Transport, Lagerhaltung, Kommissionierung, Erstellen der Abrechnungsunterlagen und Lieferscheine und Auslieferung.

HGB § 453

Durch den **Speditionsvertrag** wird der Spediteur verpflichtet, die **Versendung des Gutes zu besorgen.**

Der Spediteur übernimmt eine Vermittlerrolle zwischen Versender und Frachtführer, denn Besorgung des Transports bedeutet Organisation der Beförderung, ohne den Transport selbst durchzuführen. Er schließt dazu Frachtverträge ab und erscheint auf den Frachtbriefen als Absender. In der Praxis ist der **Spediteur meist auch Frachtführer und Lagerhalter.**

Eine wesentliche Aufgabe eines Spediteurs ist das Sammeln einer Vielzahl von Stückgütern. Er stellt diese für einen wirtschaftlich bedeutsamen Raum in einer Wagenladung zusammen, die an einen Empfangsspediteur gerichtet ist **(Sammelgutverkehr).**

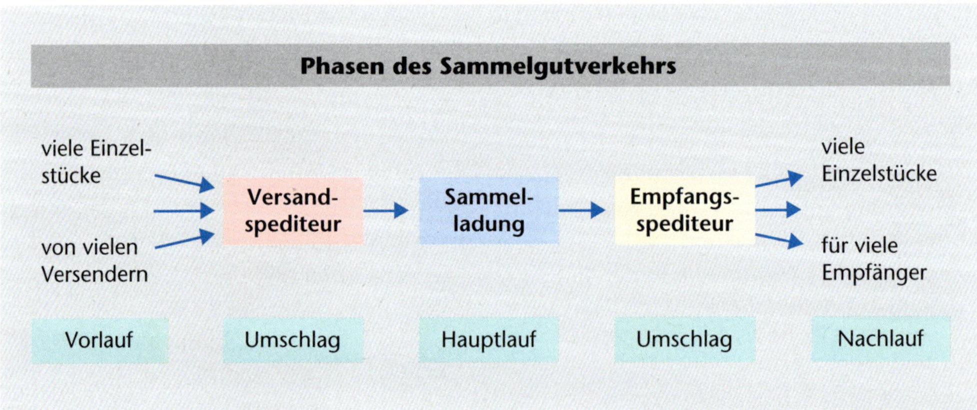

Häufig besorgt der Spediteur die Gesamtbeförderung einer Sendung zu einem festen Übernahmesatz. Er fasst seine Provision und alle Auslagen, mit denen zu rechnen ist, zu einem festen Betrag (Satz) zusammen und bietet so dem Versender eine sichere Kalkulationsgrundlage und die Vergleichsmöglichkeit bei Vorliegen mehrerer Angebote.

▶ Rechte und Pflichten des Spediteurs

Rechte	Pflichten
– Ersatz der Auslagen (Frachtvorlage) – Provision für seine Vermittlungstätigkeit oder – vereinbarter Übernahmesatz – Beförderung mit eigenen Fahrzeugen (Selbsteintritt) – ein gesetzliches Pfandrecht an den in seinem Besitz befindlichen Gütern	– sorgfältige Auswahl des geeigneten Frachtführers – sachgemäße Behandlung des ihm anvertrauten Gutes – Wahrung der Interessen des Auftraggebers – Haftung für Schäden an den Gütern und für Mängel bei der Ausführung des Speditionsauftrags und – Ersatz des dadurch entstandenen Schadens

▶ Haftung und Schadensersatz

Der Spediteur haftet für **Schäden** an den in seinem Gewahrsam befindlichen Gütern, die durch **Verlust** (Diebstahl) oder **Beschädigung** (Bruch, Schrammen, Wassereinwirkung) entstanden sind. Außerdem haftet der Spediteur für Schäden, die durch **nachlässige oder falsche Ausführung des Auftrags** entstanden sind.

HGB § 461 ADSp Ziff. 22 ff.

Beispiel: Bei der Übernahme der Sendung vom Frachtführer wird nicht auf äußerlich erkennbare Mängel geachtet.

Die Haftung erstreckt sich auch auf die Tätigkeit der **Angestellten** des Spediteurs und auf sonstige **Erfüllungsgehilfen.**

Der Spediteur haftet für den Schaden, der durch Verlust oder Beschädigung des in seiner Obhut befindlichen Gutes entsteht, wie ein Frachtführer nach dem Grundsatz der Gefährdungshaftung. Von dieser Höchstgrenze kann durch vertragliche Vereinbarung abgewichen werden.

▶ Logistische Leistung des Spediteurs

Neben der Besorgung der Güterbeförderung können einem Spediteur von seinem Auftraggeber auch **Aufgaben** übertragen werden, die bei der **Abwicklung der Kaufverträge mit Lieferanten und Kunden** zu erfüllen sind. Damit leistet der Spediteur **logistische Dienste.** Sie sind Teil des Logistikkonzeptes des Auftraggebers.

■ Gütertransport durch KEP-Dienste

Eine Besonderheit in der Güterbeförderung besteht für eilige Sendungen und für Sendungen von geringerem Gewicht. Hierfür haben sich **K**urier-, **E**xpress- und **P**aket-Dienstleister **(KEP-Dienste)** etabliert.

Kurierdienste	befördern vor allem kleine, leichte Sendungen persönlich und direkt vom Absender zum Empfänger.	**Beispiel:** Dokumente werden von einem Fahrradkurier innerhalb einer Stadt befördert.
Expressdienste	liefern die Sendungen zu fest zugesagten Zeiten aus. Typische Angebote dieser Dienste sind »Sameday«- oder »Overnight«-Service.	**Beispiel:** Dokumente oder Pakete werden am nächsten Tag bis 08:30 Uhr zugestellt.
Paketdienste	befördern Sendungen mit geringem Gewicht (häufig bis 31,5 kg). Es wird innerhalb von Deutschland ein 24-Stunden-Service angeboten.	**Beispiel:** Pakete werden im Laufe des nächsten Tages dem Empfänger zugestellt.

Eine genaue Trennung zwischen diesen Diensten ist sehr schwierig, da die am Markt tätigen Unternehmen oft alle Dienste anbieten.

5.3.3 Transportverpackung und Transporthilfsmittel

Transportverpackung (Kapitel 2.6)

Transporthilfsmittel

Der Einsatz von Transporthilfsmitteln erleichtert das Handling während des Transports. Darüber hinaus bieten sie auch Schutz vor Beschädigung oder Verlust.

▶ Paletten

Mithilfe von Paletten lassen sich Güter zu einer Ladeeinheit zusammenfassen. Man unterscheidet:

a) **Einwegpaletten:** Sie werden für den einmaligen Transport von Gütern verwendet. Sie sind i. d. R. sehr einfach und kostengünstig hergestellt.

b) **Mehrwegpaletten:** Sie werden für den mehrmaligen Transport von Gütern verwendet.

   Beispiel: Euro-Palette mit Standardabmessungen (800 mm x 1.200 mm, Tragfähigkeit bis zu 2.000 kg). Sie kann innerhalb des Palettenpools getauscht werden.

© Ideeah Studia – Fotolia.com

c) **Gitterboxpaletten.** Gitterboxpaletten bieten den Sendungen einen Rundumschutz vor Beschädigungen. An der Längsseite befindet sich eine Klappe. Dadurch ist das Be- und Entladen einfacher. Auch für Gitterboxen gibt es ein Tauschsystem.

   Die Ladeabmessungen entsprechen der Flachpalette, allerdings ist der obere Rahmen so ausgestaltet, dass eine Flachpalette sicher aufgelegt werden kann.

© beermedia – Fotolia.com

▶ Container

Der Container ist die Voraussetzung für den modernen kombinierten Verkehr.

Die heute üblicherweise verwendeten Container sind sogenannte 20-Fuß (20')- und 40-Fuß (40')-ISO-Container. Ihre Maße sind in der **ISO-Norm 688** festgelegt und international gültig. Dadurch ist es möglich, den Container auf allen Transportmitteln einzusetzen.

Für jeden Verwendungszweck sind heutzutage unterschiedliche Container-Typen entwickelt worden.

Beispiele:

Standard-Container	Es ist die normale Box, die an allen Seiten geschlossen ist, an der Rückseite befindet sich die Türe. Dieser Container-Typ ist für jede **normale Ladung** geeignet.	

Open-Top-Container	Dieser Container-Typ ist durch die abnehmbare Plane für **überhohe Ladungen** geeignet.	
Platform	Dieser »Container« besteht nur aus dem Boden. Er ist speziell für **Schwergut und übergroße Ladungen** geeignet.	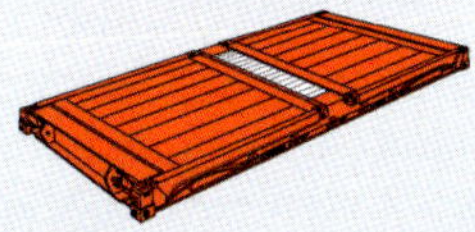
Refrigerated-Container	Kühlcontainer mit eigenem Kühlaggregat. Geeignet für **temperaturgeführte Güter** bis –25 °C	

Der Containereinsatz bietet folgende **Vorteile:**

1. Der Verlader spart Kosten für die Verpackung, da die Box ausreichend Schutz bietet; das Transportrisiko wird also vermindert.
2. Der Reeder spart Liegekosten, da der Umschlag schneller abgewickelt werden kann. Damit wird auch die Beförderungszeit reduziert.
3. Der Vor- und der Nachlauf kann schneller und kostengünstiger durchgeführt werden. Auch dies schlägt sich in einer kürzeren Beförderungszeit nieder.
4. Das einfachere und schnellere Handling erspart Kosten. Damit wird der Transport billiger.
5. Der Container kann auch als Zwischenlager genutzt werden.

5.3.4 Transportabwicklung

Tourenplanung

Solange Güter für einzelne Aufträge transportiert werden müssen, ist die Tourenplanung einfach. Die Sendung wird auf das entsprechende Verkehrsmittel geladen und zum Empfänger transportiert.

Schwieriger wird es, wenn mit einem Verkehrsmittel mehrere Sendungen von mehreren Versendern zu mehreren Empfängern transportiert werden sollen.

Bevor die eigentliche Tour geplant werden kann, muss eine Reihe von Fragen geklärt werden:

- Wie viele und welche Fahrzeuge stehen zur Verfügung (Anzahl, Art, Einsatzbereitschaft)?
- Welche Fahrzeugkapazität ist vorhanden (Volumen, Nutzlast, Palettenstellplätze)?
- Sind die entsprechenden Fahrer verfügbar (Anzahl, Fahrerlaubnis, Einsatzbereitschaft, Lenk- und Ruhezeiten)?
- Sind bestimmte Einschränkungen durch die Güter zu beachten (temperaturgeführte Güter, Gefahrgut, Sperrigkeit)?
- Bestehen Terminvorgaben bei der Abholung oder der Ablieferung (Zeitfenster, Just-In-Time-Anlieferung)?

- Sind Standzeiten zu berücksichtigen?
- Wie viele Ablieferstellen sind zu bedienen?
- Müssen die Touren aufgeteilt werden (zeitliche bzw. räumliche Distanzen)?
- Sind Verkehrshindernisse zu beachten (Baustellen, Umleitungen)?

Beispiel: Standardtourenplan

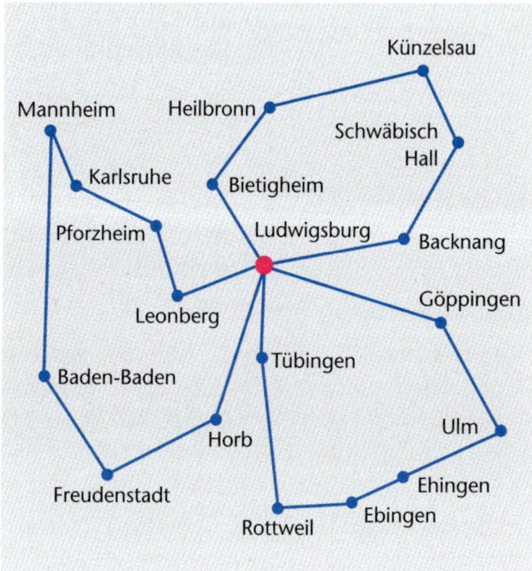

Handelt es sich um Zustell- und/oder Abholaufträge, die regelmäßig, oft auch zu festen Zeiten auszuführen sind, so werden im Voraus Touren festgelegt **(Standardtourenplan).** Insbesondere bei der getakteten Anlieferung von Gütern in die industrielle Serienproduktion (Just-In-Time- bzw Just-In-Sequenze-Anlieferung) wird diese Tourenplanung als sog. **Milk-Run-System** verwendet. Dabei werden eine bestimmte Route, die Menge, die Abhol- und die Eintreffzeit vorher festgelegt. Es werden entweder die Produkte von einem Lieferanten zu mehreren Abnehmern oder von mehreren Lieferanten zu einem Abnehmer transportiert.

Schwieriger gestaltet sich die Tourenplanung bei zeitlich, räumlich und/oder mengenmäßig variierenden Aufträgen. Bei dieser **täglichen Tourenplanung** werden zunächst die zu bedienenden Kunden zusammengefasst **(Clusterung)** und danach die Reihenfolge festgelegt **(Routing).**

Frachtbrief als Begleitpapier

Der Frachtführer kann vom Absender verlangen, dass ein **Frachtbrief** ausgestellt wird.

Funktionen des Frachtbriefes				
Beweispapier	**Übernahmequittung**	**Ablieferungsquittung**	**Begleitpapier**	**Sperrpapier**
Nachweis über den Abschluss und den Inhalt des Frachtvertrages.	Der Frachtführer bestätigt dem Absender die ordnungsgemäße Übernahme der Ware.	Der Empfänger bestätigt dem Frachtführer die ordnungsgemäße Übergabe der Ware.	Der Frachtbrief begleitet die Ware.	Der Absender darf nachträglich nur über die Ware verfügen, wenn er eine bestimmte Ausfertigung des Frachtbriefes vorlegt. Durch diese Sperrfunktion ist der internationale Frachtbrief bankfähig, kann also zur Einlösung von Akkreditiven verwendet werden.

HGB § 408 Das HGB schreibt für einen Frachtbrief bestimmte Mindestinhalte vor.

Im **internationalen Güterverkehr** gibt es **verkehrsträgerspezifische Frachtbriefe:**

- Frachtbrief im internationalen Güterkraftverkehr: CMR-Frachtbrief
- Frachtbrief im internationalen Eisenbahngüterverkehr: CIM-Frachtbrief
- Frachtbrief im internationalen Binnenschiffsverkehr: CMNI-Frachturkunde
- Frachtbrief in der Seeschifffahrt: Sea Waybill
- Frachtbrief im internationalen Luftfrachtverkehr: Air Waybill

Sendungsverfolgung – Tracking & Tracing

Mit der Sendungsverfolgung erhalten die Beteiligten in der Supply Chain jederzeit Informationen über den Stand der Auftragsabwicklung. Durch das **Tracking** (engl. = Verfolgung) wird angegeben, wo sich das Gut zu einem bestimmten Zeitpunkt befindet (Status). Das **Tracing** (engl. = Rückverfolgung) zeigt, welchen Weg das Gut bis zu diesem Zeitpunkt genommen hat. Voraussetzung hierzu ist, dass das Gut mit einem maschinenlesbaren Etikett **(Barcode, RFID-Chip)** versehen ist. An jeder Umschlagstelle wird das Gut gescannt und die Daten an einen Server gesendet. Mithilfe einer Sendungsnummer lässt sich der jeweilige Status des Gutes abrufen.

Zusammenfassende Übersicht zu Kapitel 5.3: Transportlogistik

Verkehrsträger

Schienengüterverkehr	**Straßengüterverkehr**	**Binnenschifffahrt**	**Seeschifffahrt**	**Luftfrachtverkehr**
setzen ein				
Güterzüge mit Einzelwagen oder als Ganzzüge	Lastkraftwagen als Gliederzüge oder Sattelzüge	Binnenschiffe als Motorgüterschiffe oder Schubverbände	Seeschiffe als Vollcontainerschiffe oder als Stückgutschiffe	Flugzeuge als Nurfrachter oder in Kombination mit Passage

kombinieren die **Verkehrsmittel**

Transportdurchführung durch **Frachtführer**

ausgewählt durch

Spediteur als Organisator des Transports

Organisation der Transporthilfsmittel:	Besorgung der Frachtbriefe:	Planung der Touren durch Clusterung und Routing	Sendungsverfolgung mit Tracking & Tracing
– Flachpaletten – Gitterboxpaletten – Container	– HGB-Frachtbrief – CMR-Frachtbrief – CIM-Frachtbrief – CMNI-Frachturkunde – Sea Waybill – Air Waybill		

▶ Aufgaben und Probleme

1. Frachtführer Werner e.K. übernimmt 20 t Silikondichtmasse bei der Chemischen Fabrik AG, Hildesheim, zum Transport nach München. Nach der Beladung verlangt der Fahrer vom Absender einen Frachtbrief für diese Ladung. Aus dem Frachtbrief geht u.a. hervor, dass der Empfänger in München die Frachtkosten für diesen Transport übernimmt.

a) Suchen Sie nach Gründen, die den Frachtführer veranlassen könnten, die Ausstellung eines Frachtbriefes zu verlangen.

b) Bei der Ablieferung der Sendung weigert sich der Empfänger, die Frachtkosten zu bezahlen, da er mit dem Absender »Frei-Haus-Lieferung« vereinbart hätte. Beschreiben Sie die Rechte des Frachtführers.

2. Eine Sendung mit 826 kg Gewicht wird beim Transport total beschädigt.

   a) Wann müssen die Ansprüche gegen den Frachtführer geltend gemacht werden?

   b) Wie hoch ist die gesetzliche Ersatzleistung des Frachtführers (1 SZR = 1,27 EUR)?

3. Die Spedition Weber & Kleinmann OHG bietet die Lösung aller möglichen Beförderungsaufgaben an. Sie betreibt beispielsweise nationale und internationale Sammelladungsverkehre nach über 20 Relationen, fertigt europaweit Lkw-Komplettladungen mit eigenen und fremden Fahrzeugen ab, erledigt Luft- und Seefrachtaufträge nach Übersee.

   a) Nennen Sie Vorteile, die sich aus dem Sammelladungsverkehr für den Verlader und den Spediteur ergeben.

   b) Häufig wird mit den Versendern ein fester Übernahmesatz für die Abwicklung eines Auftrags vereinbart. Welche kaufmännischen Vorteile bietet dies für den Versender?

   c) Vergleichen Sie die Aufgaben eines Spediteurs mit denen eines Frachtführers.

   d) In Fachkreisen wird der Spediteur »Architekt des Verkehrs«, genannt. Welche Tätigkeiten rechtfertigen diese Bezeichnung?

4. Nennen Sie die Konkurrenten des Eisenbahngüterverkehrs und deren Vor- und Nachteile gegenüber der Bahn.

5. Die Maschinenfabrik Weber GmbH, Sömmerda, erteilt der Erfurter Speditionsgesellschaft den Auftrag, den Transport einer Sendung Pumpenaggregate, 14 t, die zum Teil unverpackt zum Versand kommen, nach Lörrach zu besorgen. Der Sachbearbeiter der Spedition schlägt vor, die Sendung in einem 20-Fuß-Container zu verladen und diesen im kombinierten Ladungsverkehr zu versenden.

   Erörtern Sie den Einsatz von Containern.

6. Die Druckmaschinen AG in Heidelberg versendet drei Buchdruckmaschinen an einen Verlag in Lima/Peru per Seeschiff über Hamburg. Die Verladung erfolgt mit der »Santiago Express«, die im Liniendienst zwischen Hamburg und der südamerikanischen Westküste verkehrt.

   Welche Verkehrsmittel können bei der Transportabwicklung eingesetzt werden?

7. Die Saarhütte GmbH, Dillingen, erhält von General Steel Ltd., Veracruz, den Exportauftrag über 5.000 t Stahlträger. Zum Versand kommen die Stahlträger gebündelt à 4 Stück, auf Stauhölzern, mit einer Länge von jeweils 20 m und einem Stückgewicht von 4 t.

   Erstellen Sie eine entsprechende Transportvariante unter ökologischen und ökonomischen Gesichtspunkten und begründen Sie Ihre Entscheidung. Gehen Sie davon aus, dass der Zeitfaktor keine Rolle spielt.

8. Die Dessauer Maschinenbaugesellschaft GmbH versendet dringend benötigte Ersatzteile, verpackt in zwei Kartons mit einem Gewicht von je 22,8 kg, per Luftfracht nach Melbourne. Der Wert der Sendung beträgt 9.000 USD. Aus dem Luftfrachtbrief geht hervor, dass die Sendung mit der australischen Luftverkehrsgesellschaft verladen wurde. Bei der Ankunft in Melbourne fehlt ein Karton.

a) Erläutern Sie, warum sich die Dessauer Maschinenbaugesellschaft mbH für den Versand per Luftfracht entschieden hatte.

b) Prüfen Sie, in welcher Höhe der Luftfrachtführer Schadensersatz leisten muss. Zur Anwendung kommt das Montrealer Übereinkommen (1 SZR = 1,543 USD).

c) Nennen Sie typische Luftfrachtgüter.

9. Erstellen Sie eine tabellarische Übersicht nach folgendem Muster, in der Sie die einzelnen Verkehrsträger anhand folgender Kriterien vergleichen:

a) typische Arten der Versandgüter,

b) maximales Versandgewicht je Fahrzeugeinheit,

c) Fahrzeuggeschwindigkeit,

d) Haftungsumfang.

Verkehrsträger / Kriterien	Schienengüterverkehr	Straßengüterverkehr	Binnenschifffahrt	Seeschifffahrt	Luftfracht

5.4 Lagerlogistik

Entlang der Wertschöpfungskette wird der Güterfluss immer wieder unterbrochen und die Güter müssen gelagert werden. Sobald sich Beschaffung, Produktion und Absatz zeitlich und mengenmäßig nicht aufeinander abstimmen lassen, ist Lagerhaltung notwendig, damit der Unternehmenszweck erreicht wird.

Aufgabe der Lagerlogistik ist es, Unregelmäßigkeiten zu überbrücken, um die **Sicherung gleichmäßiger Beschäftigung** und **kundengerechter Lieferfähigkeit** zu ermöglichen.

5.4.1 Lagerarten

Arten der Lager	Kennzeichen
Eigenlager	Räume und Einrichtungen gehören dem Einlagerer.
Fremdlager	Die Lagergüter sind in der Obhut eines gewerblichen Lagerhalters.
zentrales Lager	Alle Lagergüter befinden sich an einem Ort.
dezentrales Lager	Die Lagergüter befinden sich an verschiedenen Orten.
Auslieferungslager	Es wird in der Nähe der Abnehmer eingerichtet.
offenes Lager	Die Lagergüter werden im Freien gelagert, z. B. Kies, Fahrzeuge.
geschlossenes Lager	Die Lagergüter werden in geschlossenen Räumen gelagert.
eingeschossiges Lager	Alle Lagergüter sind auf einer Ebene untergebracht.
mehrgeschossiges Lager	Die Lagergüter sind in mehreren Etagen abgestellt.

Stapellager	Stapelbare Güter werden in mehreren Schichten übereinander gesetzt.
Hochregallager	Die nicht stapelbaren Lagergüter werden in Hochregalen gelagert.
Ausstellungslager	Ein Stück des Sortiments wird präsentiert.
Verkaufslager	Der Kunde entnimmt in Selbstbedienung die Ware nach Besichtigung.
Kommissionslager	Vom Hersteller gelieferte Waren werden erst nach dem Verkauf abgerechnet.
Umschlagslager	Der Verkehrsunternehmer lagert vorübergehend Güter im Zusammenhang mit dem Wechsel des Transportmittels.
Zolllager	Importierte Ware wird bis zur zollamtlichen Abfertigung unter Verschluss gehalten.

5.4.2 Aufgaben der Lagerhaltung

Lagerbestände optimieren

Lagerbestände sind dann **optimal,** wenn sie die **Lieferbereitschaft bei günstigen Kosten** im Rahmen der Abnehmerwünsche **sicherstellen.**

Bei der Beschaffung der benötigten Güter können Unregelmäßigkeiten auftreten durch saisonale Schwankungen in der Gütererzeugung (Ernten), Lieferschwierigkeiten, Verkehrsstörungen. Außerdem führen folgende Vorgänge zu vorübergehend höheren Lagerbeständen:

- Durch den Einkauf größerer Mengen können Mengenrabatte ausgenutzt werden.
- Bei größeren Mengen wird der Laderaum der Transportmittel besser ausgelastet. Dadurch werden die Transporte billiger.
- Verpackungskosten werden durch Großverpackungen (Container) eingespart.

Korrekturmaßnahmen zu hoher Lagerbestände		
bei der Beschaffung:	**bei der Lagerhaltung:**	**beim Absatz:**
– Verminderung der Bestellmenge – Beseitigung von Beschaffungszwängen – Abrufvereinbarung mit dem Lieferanten – Just-In-Time-Lieferung	– Verminderung der Sicherheitsbestände – Konzentration auf wichtige Artikel (ABC-Analyse)	– Vereinbarung von Vorlaufzeiten für die Kundenbestellung – Konzentration auf ein Grundsortiment – Erhebung und schnellste Auswertung von Änderungen in der Kundenstruktur, im Einkaufsverhalten der Kunden und durch Markttrends
Korrekturmaßnahmen zu niedriger Lagerbestände		
bei der Beschaffung:	**bei der Lagerhaltung:**	**beim Absatz:**
– Erhöhung der Bestellmenge – Veränderung der Abrufvereinbarung mit dem Lieferanten	– Erhöhung der Sicherheitsbestände	– Verbreiterung des Sortiments

Einlagerungsprinzipien beachten

▶ Anordnung der Ware

Je nach Art der Ware gilt für die Lagerung grundsätzlich das Prinzip: **Neue Ware hinter alte Ware setzen!** Auf diese Weise wird gewährleistet, dass die ältere Ware zuerst in den Verkauf gelangt **(Fifo-Prinzip: First in, first out).**

▶ Lagerplan

Der Lagerplan ist eine Übersicht über alle Waren, die im Lager vorhanden sind, mit der genauen Bezeichnung der Lagerstelle, des Einlagerungsdatums und der vorhandenen Menge. Außerdem kann im Lagerplan die kürzeste Zugriffsmöglichkeit angegeben sein.

Die Anordnung der Lagerstellen und Lagerwege soll den einzulagernden Waren und den dabei einzusetzenden Fahrzeugen entsprechen. Jedem Gegenstand muss von vornherein eine bestimmte Lagerstelle zugewiesen werden. Dies ist im Lagerplan, auf den Lagerkarten und auf dem Markierungsetikett zu vermerken, damit der Gegenstand rasch eingeordnet und bei der Ausgabe schnell gefunden werden kann. In automatisierten Lagern dient die Code-Nummer der Lagerstelle als Steuerungsmittel für das Ein- und Auslagern.

▶ Belegung leerer Lagerstellen

Für die Belegung leerer Lagerstellen können folgende Gesichtspunkte gelten:

feste Lagerplatzordnung	variable Lagerplatzordnung
Die gleiche Warenart wird in demselben Regal untergebracht.	Die Belegung eines beliebigen leeren Regals erfolgt mit der nächsten Partie. Diese sogenannte **chaotische Lagerung** ist bei automatisierten Lagern üblich, weil hier bei der Auslagerung einer Partie das leere Regal an den zentralen Rechner zur erneuten Belegung gemeldet wird.

▶ Mehrstufige Lagerhaltung

Die Idee der mehrstufigen Lagerhaltung ist, die Versorgungssicherheit über den Lagerbestand in der Nähe des Verbraucherortes zu garantieren. Das Lager wird hierbei aufgeteilt in ein **Kommissionierungslager** und ein **Reservelager.** Damit soll gewährleistet sein, dass im Kommissionierungslager der Lagerbestand gerade so groß ist, um kundengerecht zu liefern. Sinken die Lagerbestände auf den Meldebestand, werden Umlagerungen vorgenommen. Diese können bspw. nach der KANBAN-Beschaffungsstrategie (Kapitel 8.3.3) durchgeführt werden.

Lagerkontrolle

Mit der Lagerung von Waren ist das Risiko der mengen- und wertmäßigen Minderung verbunden.

Um diese Risiken möglichst klein zu halten, sind die ein- und ausgehenden sowie die lagernden Waren ständig zu kontrollieren. Die **Lagerkontrollen** erstrecken sich auf

- **Qualitätskontrolle:** Nachprüfen von Lebensmitteln, Stichproben bei Konserven, Ausscheiden von »Ladenhütern«.
- **Mengen- und Wertkontrolle:** Mengenüberprüfung durch Bestandsaufnahmen, Wertkontrolle durch Preisvergleiche.

5.4.3 Einflussfaktoren der Lagergestaltung

Lagerkapazität

Unter **Lagerkapazität** versteht man die **Möglichkeit, eine bestimmte Warenmenge** im Raum und in der Fläche eines Lagers **unterzubringen.**

Die Kapazität eines Lagers hängt von den Baulichkeiten und den Einrichtungen ab. Diese bestimmen die Warenmenge, die höchstens eingelagert werden kann.

Der reibungslose Absatz erfordert eine entsprechende Kapazität des Lagers. Sie ist abhängig von

- den Mengen, die in bestimmten Zeitabständen aufgenommen werden müssen, damit die Abnehmer pünktlich beliefert werden können;
- den Mengen, die als Ladung angeliefert werden;
- den Einlagerungssystemen;
- der Verfügbarkeit der Waren.

Wenn die Kapazität nicht ausreicht, muss durch Umbau, Ausbau oder Fremdlagerung erweitert werden. Ein Engpass könnte nach Absprache mit dem Lieferanten auch durch häufigere Belieferung überbrückt werden.

Umschlagsleistung

Die Warenbewegung von einem Platz zu einem anderen nennt man **Umschlag,** die dabei in einer Zeiteinheit bewegte Menge ist die **Umschlagsleistung.**

$$\textbf{Umschlagsleistung} = \frac{\textbf{Gesamtmenge (kg, m, Stück)}}{\textbf{Zeiteinheit (Stunden, Tage, Schichten)}}$$

Beispiel: Eine 20-t-Lkw-Ladung wird in 2 Stunden entladen. Die Umschlagsleistung beträgt 20 t : 2 h = 10 t/h.

Grundsätzlich findet ein Umschlag beim Wareneingang und beim Warenausgang jeweils zwischen den Transportmitteln (Fahrzeug, Container) und dem Lager statt. Die Umschlagsleistung ist u. a. abhängig von fachlich qualifizierten Mitarbeitern, warenspezifischen technischen Einrichtungen und Geräten und organisatorischen Verknüpfungen der Abläufe (Ablauforganisation).

Der Einsatz von Fachkräften und Technik verursacht Kosten. Deshalb wird angestrebt, den Lagerumschlag optimal zu organisieren.

Das kann geschehen durch Verkürzung der Wege zwischen anlieferndem Transportfahrzeug und Lagerplatz, durch die Verwendung von Umschlagsgeräten für größere Hubmengen (Gewichte) und schnellere Bewegungen, durch die Schulung der Mitarbeiter (Vertrautmachen mit der Technik und der Ablauforganisation) sowie durch den Einsatz von größeren Transportverpackungen (Container).

Einrichtungstechnik

Zu den Lagereinrichtungen gehören alle Vorrichtungen für die Bewegung, das Lagern und die Sicherung der Lagergüter sowie für den Informationsaustausch.

▶ Verlade- und Beförderungsmittel

Bei der Übernahme der ankommenden Waren, beim Befördern zur Lagerstelle und Verladen auf Transportfahrzeuge zur Auslieferung an den Kunden können eingesetzt werden:

Rampen, Krananlagen, Saugheber, Pumpanlagen, Aufzüge, Rutschen, Rollenbahnen, Förderbänder, Hängebahnen, Paletten, Hubwagen, Gabelstapler.

Die manuelle Bedienung dieser Einrichtungen ist heute noch vorherrschend, weil die Automatisierung mit hohen Anlagekosten verbunden ist.

▶ Lagervorrichtungen

Das können im Einzelnen sein: Schränke für Wäsche, Ständer für Bekleidung, Regale für Kupferbleche, Behälter für Schuhe, staubförmige und flüssige Rohstoffe (Schachteln, Kisten, Fässer, Schubladen, Säcke, Silos, Tanks, Flaschen).

Manche Waren werden vom Hersteller bereits in lagergerechten Verpackungen geliefert, sodass für das Unternehmen besondere Lagereinrichtungen überflüssig sind. Auch Transportbehälter (Kleincontainer, Gitterboxpaletten) erfüllen vorübergehend diesen Zweck.

Beispiele:

1. Bekleidung wird in den Ständern hängend und durch Folien geschützt angeliefert (Hängeversand) und vom Händler so im Lager aufgestellt.
2. Gitterboxpaletten werden als Lagerregale benutzt.

▶ Informations- und Sicherungsvorrichtungen

In ausgedehnten Lagern ist der Informationsaustausch zwischen dem Lagerbüro und dem Einkauf, der Fertigung, der Buchhaltungs- und Verkaufsabteilung eine wichtige Voraussetzung für den reibungslosen Ablauf. Zu diesem Zweck werden Rohrpostanlagen und Datenübertragungsanlagen eingerichtet. Neben der schnellen Übermittlung von Unterlagen und Daten garantieren sie Sicherheit und Fehlerfreiheit.

Bei den Datenübertragungsanlagen werden grundsätzlich folgende Systeme angewendet:

- Datenerfassung durch Eingabe (Eintippen über Tastaturen, Speicherung), Einlesen (Abtasten des GTIN-Codes mittels Laserstift, Speicherung) oder berührungslos per Funk bei den RFID-Tags.
- Datenübertragung vom Erfassungsgerät zum Speicher über eine Festleitung oder drahtlos.

Anlagen für die Klimatisierung der Räume gewährleisten die sachgerechte Unterbringung empfindlicher Waren (Lebensmittel, Pelzmäntel); Feuerschutzanlagen (Sprinkler, Feuerlöscher) sollen die Brandgefahren vermindern; Mess- und Zählgeräte (Waagen, Uhren) dienen der Mengenkontrolle bei ein- und ausgehenden Gütern.

■ Sicherheits- und Umweltschutzauflagen

Menschen und Umwelt können durch die Lagerung von Gütern und durch den Umgang mit ihnen gefährdet werden, wenn dabei die Sicherheit und der Umweltschutz nicht beachtet werden.

Deshalb hat der Gesetzgeber Sicherheitsauflagen und Umweltschutzauflagen erlassen, durch die Unfälle und Umweltschäden verhindert werden sollen. Für die Einhaltung sind die Inhaber der Unternehmen und alle Mitarbeiter verantwortlich.

▶ Sicherheitsauflagen

Die **Sicherheitsauflagen** betreffen insbesondere die Unfallverhütung im Hinblick auf einen bestimmten Gegenstand, eine bestimmte Tätigkeit oder eine bestimmte Situation durch Sicherheitskennzeichen.

ArbStättV Anhang zu § 3 (1)

Sicherheitskennzeichen sind dann einzusetzen, wenn Risiken für die Sicherheit und Gesundheit nicht vermieden oder nicht ausreichend begrenzt werden können.

Beispiele:

Verbotszeichen	Gebotszeichen	Warnzeichen

Verhinderung von Fehlverhalten, das zu Arbeitsunfällen, Gesundheitsgefahren oder Belästigungen führen kann	Kennzeichnung von Bereichen, in denen bestimmte Sicherheitsmaßnahmen vorgeschrieben sind	Warnung vor einer Gefahrenstelle

▶ Umweltschutzauflagen

GefStoffV §§ 1 ff. Die **Umweltschutzauflagen** betreffen insbesondere die Vorkehrung gegen Feuer und die Lagerung gefährlicher Güter.

Beispiel:

Klasse	Bezeichnung	**Gefahrzettel** (Beispiele)	**Gefahrgüter** (Beispiele)
1	explosive Stoffe und Gegenstände mit Explosivstoff		Feuerwerkskörper, Signalkörper, Munition, Schwarzpulver, Anzünder

Eigen- oder Fremdlagerung

Bei der Entscheidung über die Art des Lagers müssen die betrieblichen Gegebenheiten, der Kundenstamm sowie die Kosten berücksichtigt werden.

▶ Fremdlagerung durch gewerbliche Lagerhalter

HGB § 467 Der **Lagerhalter** wird durch den Lagervertrag verpflichtet, **Güter zu lagern** und **aufzubewahren.**

Als Lagergut kommen alle beweglichen Sachen infrage, die ihrer Natur nach für die Einlagerung geeignet sind. Ausgenommen sind lebende Tiere sowie Geld und Wertpapiere.

Die Art der Lagerung bestimmt der Einlagerer. In der Regel ist dies die Einzellagerung, d.h., die eingelagerten Güter werden getrennt gelagert. Bei Massengütern ist aber auch
§ 475 c die Sammel-, Vermengungs- oder Vermischungslagerung möglich. Soweit es sich um vertretbare Güter handelt, kann der Lagerhalter einen Lagerschein ausstellen. Er ist ein Warenwertpapier.

Mit der Übertragung des Lagerscheins geht das Verfügungsrecht am Lagergut auf den Inhaber des Lagerscheins über.

▶ Rechte und Pflichten des Lagerhalters

Rechte	Pflichten
– Anspruch auf Lagergeld – Erstattung der Ein- und Auslagerungskosten – Pfandrecht am eingelagerten Gut zur Sicherung seiner Forderungen	– Sorgfaltspflicht bei der Übernahme, während der Lagerung und bei der Aushändigung – Benachrichtigungspflicht bei drohender Verschlechterung des eingelagerten Gutes – Haftung gegenüber dem Einlagerer bei Verletzung der übernommenen Pflichten

▶ Entscheidungsgründe für Fremdlagerung

a) Standortvorteile durch Lager in Umschlagzentren (Güterverteilzentren, Häfen).

b) Spezіallager, die das Unternehmen nicht selbst einrichten kann bzw. darf (Kühlhäuser, Zolllager).

c) Einlagerung bei Geschäftserweiterung, wenn die eigenen Räume nicht ausreichen und Erweiterungsmöglichkeiten nicht gegeben sind.

d) Vermeiden eigener hoher Anlageinvestitionen, wenn die kontinuierliche Nutzung nicht gewährleistet ist.

e) Übernahme von Service-Leistungen der Bestandsüberwachung, Lagerbuchhaltung, Warenpflege und Auslieferung durch den Lagerhalter.

f) Verlagerung des Risikos auf gewerbliche Lagerhalter bringt Kostenvorteile, weil der gewerbliche Lagerhalter u. U. günstigere Versicherungsprämien erzielen kann.

g) Lagerhaltungskosten

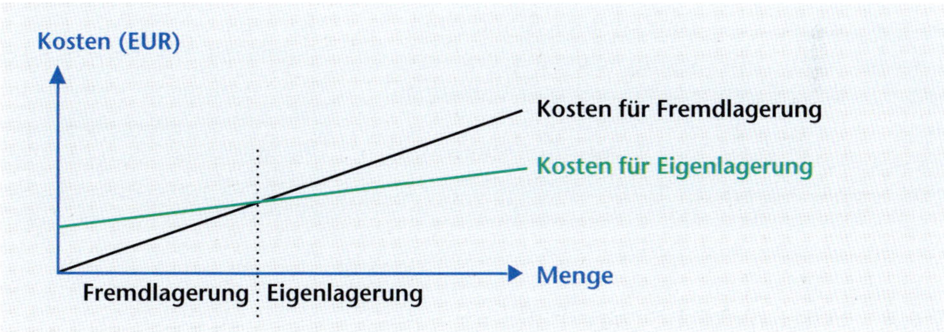

Die Entscheidung für Fremd- oder Eigenlagerung hängt letztlich von der besonderen Situation des jeweiligen Unternehmens ab.

Zentrale Lagerung oder dezentrale Lagerung

Entscheidungsfaktoren für zentrale oder dezentrale Lagerung		
Faktoren	**zentrale Lagerung**	**dezentrale Lagerung**
Kosten der Warenbereitstellung		
– Löhne/Gehälter der Mitarbeiter	niedriger, da auf die Ausstattung eines Lagers begrenzt	höher, steigen mit der Anzahl der Läger
– Kapitalbindung in den Beständen	geringer, weil Mindestbestände und durchschnittliche Bestände nur für ein Lager erforderlich sind	höher, weil Mindestbestände und durchschnittliche Bestände in jedem Lager vorhanden sein müssen; weil Kapitalbindung mit der Anzahl der Läger steigt
– Kapitalbindung in den Anlagen	auf die Ausstattung eines Lagers begrenzt	steigt mit der Anzahl der Läger
Kosten der Auslieferung	höher, weil der Transportweg länger ist niedriger, wenn Sammelverkehr möglich ist	niedriger, weil der Transportweg kürzer ist höher, wenn mehr Einzelfahrten mit geringen Mengen erforderlich sind

Sortimentsstruktur	Breite und Tiefe auf das gesamte Absatzgebiet ausgerichtet	Breite und Tiefe auf ein begrenztes Absatzgebiet ausgerichtet
Verbraucher-gewohnheiten	für das gesamte Absatzgebiet ermittelt regionale Unterschiede können intern ausgeglichen werden	für ein begrenztes Absatzgebiet ermittelt regionale Unterschiede sind von vornherein bekannt kurzfristige Änderungen müssen zwischen den dezentralen Lagern durch Umlagerung ausgeglichen werden
Anbindung der verbrauchenden Stellen	Unternehmer liefert die benötigte Menge aus seinem Zentrallager zeitgenau am Verbrauchsort ab (Just-In-Time-System, Bringsystem) Voraussetzungen: papierlose Kommunikation, rechtzeitiger Lieferabruf, zuverlässige Transportabwicklung, Qualitätskontrolle	Unternehmer betreibt ein Konsignationslager beim Warenempfänger, zu dem dieser einen direkten Zugriff hat (KANBAN-System, Holsystem) Voraussetzungen: fördertechnische Anbindung, ständige Überwachung des Verbrauchs, rechtzeitige Lagerauffüllung, Qualitätskontrolle

5.4.4 Wirtschaftliche Lagerhaltung

Lagerhaltungskosten

Zu den Lagerhaltungskosten zählen alle Aufwendungen, die im Zusammenhang mit der Vorratshaltung entstehen. Im Einzelnen handelt es sich um:

a) Kosten der Lagereinrichtungen für Instandhaltung, Abschreibung, Heizung, Kühlung, Beleuchtung, Reinigung, Bewachung, Verzinsung des in den Lagereinrichtungen investierten Kapitals.

b) Kosten der Lagerverwaltung für Löhne, Gehälter, Büromaterial.

c) Kosten des Lagerrisikos durch Schwund, Diebstahl, Verderb, Preisverfall, Beschädigung, Sicherheitseinrichtungen, Schulung der Mitarbeiter, Versicherungsprämien.

Diese Kosten können fix oder variabel sein.

Lagerhaltungskosten

Fixe Lagerhaltungskosten fallen unabhängig von der Menge der eingelagerten Güter an.

Beispiele: Gebäudeversicherung, Abschreibung, Personalkosten

Variable Lagerhaltungskosten verändern sich mit der Menge der eingelagerten Güter.

Beispiele: Treibstoff für Gabelstapler, Personalkosten für Aushilfskräfte

Lagerkennzahlen

▶ Durchschnittlicher Lagerbestand

Wareneingänge und Warenausgänge verändern ständig die Lagerbestände, deshalb benutzt man zur Beurteilung der Kapitalbindung im Lager den durchschnittlichen Bestand. Der durchschnittliche Lagerbestand ist der Mittelwert der im Laufe einer Geschäftsperiode vorhandenen tatsächlichen Lagerbestände. Er kann auf das Kalenderjahr oder den Kalendermonat bezogen werden.

$$\textbf{durchschnittlicher Lagerbestand pro Jahr} = \frac{\textbf{Jahresanfangsbestand + Jahresendbestand}}{\textbf{2}}$$

Beispiel: Der Lagerbestand zu Jahresbeginn beträgt 176 Paletten, am Jahresende sind noch 158 Paletten am Lager. Der durchschnittliche Lagerbestand beträgt

$$\frac{176 \text{ Pal.} + 158 \text{ Pal.}}{2} = 167 \text{ Paletten}$$

$$\textbf{durchschnittlicher Lagerbestand pro Monat} = \frac{\textbf{Jahresanfangsbestand + 12 Monatsendbestände}}{\textbf{13}}$$

Beispiel:

Datum	Menge (Stück)	Datum	Menge (Stück)	Datum	Menge (Stück)
01.01.	182.000	31.05.	178.049	31.10.	176.323
31.01.	216.256	30.06.	224.545	30.11.	182.667
28.02.	193.546	31.07.	199.233	31.12.	192.487
31.03.	156.409	31.08.	202.634		
30.04.	121.888	30.09.	189.400		

durchschnittlicher Lagerbestand: (182.000 St. + 216.256 St. + 193.546 St. + 156.409 St. + 121.888 St. + 178.049 St. + 224.545 St. + 199.233 St. + 202.634 St. + 189.400 St. + 176.323 St. + 182.667 St. + 192.487 St.)/13 = 185.802,8 St.

▶ Lagerumschlag

Unter **Lagerumschlag** versteht man die **mengen- oder wertmäßige Entwicklung eines Lagerbestandes,** die im Zusammenhang mit der Entnahme und dem Wiederauffüllen steht.

Die mengenmäßige Entwicklung des Lagerbestandes nennt man Wareneinsatz. Man versteht darunter die Menge der Güter, die in einem bestimmten Zeitraum dem Lager entnommen wurde (Jahres-, Monats-, Wochen-, Tagesabsatz).

Wareneinsatz = Anfangsbestand des Lagers + Zugänge – Endbestand des Lagers

Die wertmäßige Entwicklung des Lagerbestandes kann unter zwei Gesichtspunkten betrachtet werden.

Den Wareneinsatz zu Einstandspreisen erhält man, wenn der Wareneinsatz mit dem Bezugspreis multipliziert wird; der Warenumsatz entspricht den Umsatzerlösen, d.h. die abgesetzte Menge · Verkaufspreis pro Stück.

Beispiel:

Elektrorasierer MX 300 – Bezugspreis: 23,00 EUR, Verkaufspreis: 49,00 EUR/Stück			
Datum	Zugang	Abgang	Bestand
01.01. 09.01. 27.01.	 200 Stück 	 110 Stück 160 Stück	300 Stück 390 Stück 230 Stück
	200 Stück	270 Stück	

Wareneinsatz im Monat Januar: 300 Stück + 200 Stück – 270 Stück = 230 Stück

Wareneinsatz zu Einstandspreisen: 270 Stück · 23,00 EUR/Stück = 6.210,00 EUR

Warenumsatz: 270 Stück · 49,00 EUR/Stück = 13.230,00 EUR

▶ Umschlagshäufigkeit

Die Umschlagshäufigkeit gibt an, wie oft die Menge oder der Wert des durchschnittlichen Lagerbestandes in einem Jahr umgesetzt werden.

$$\textbf{Umschlagshäufigkeit, mengenmäßig} = \frac{\textbf{Wareneinsatz}}{\textbf{durchschnittlicher Lagerbestand}}$$

$$\textbf{Umschlagshäufigkeit, wertmäßig} = \frac{\textbf{Wareneinsatz zu Einstandspreisen}}{\textbf{durchschnittlicher Lagerbestand}}$$

Sie kann für einzelne Warenarten, Warengruppen, ein ganzes Unternehmen oder einen ganzen Geschäftszweig errechnet werden.

Beispiel: Für eine bestimmte Warenart ist

der Jahresabsatz	der durchschnittliche Lagerbestand	die Umschlagshäufigkeit
1.800 Stück	200 Stück	$\frac{1.800 \text{ Stück}}{200 \text{ Stück}} = 9$

▶ Lagerdauer

Die **Lagerdauer** ist die Zeit, die zwischen Ein- und Ausgang der Ware liegt.

$$\textbf{durchschnittliche Lagerdauer} = \frac{\textbf{360 Tage}}{\textbf{Umschlagshäufigkeit}}$$

Beispiel: Bei einer Umschlagshäufigkeit von 9 ist die durchschnittliche Lagerdauer 360 Tage : 9 = 40 Tage.

▶ Lagerhaltungskostensatz

Er drückt die Lagerhaltungskosten in einem Prozentsatz aus. Der Grundwert ist der durchschnittliche Lagerbestand in EUR (Lagerwert).

$$\textbf{Lagerhaltungskostensatz} = \frac{\textbf{Lagerhaltungskosten}}{\textbf{durchschnittlicher Lagerwert}} \cdot \textbf{100}$$

Beispiel:

Lagerhaltungskosten	durchschnittlicher Lagerwert	Lagerhaltungskostensatz
30.000 EUR	300.000 EUR	$\frac{30.000 \text{ EUR}}{300.000 \text{ EUR}} \cdot 100 = 10\ \%$

▶ Lagerzinssatz

Mithilfe des Lagerzinssatzes werden die kalkulatorischen Kosten des in den Lagerbeständen gebundenen Kapitals ermittelt. Dabei sollte als Berechnungsgrundlage der Jahreszinssatz des Kapitalmarktes zugrunde gelegt werden.

$$\textbf{Lagerzinssatz} = \frac{\textbf{Kapitalmarktzinssatz} \cdot \textbf{durchschnittliche Lagerdauer in Tagen}}{\textbf{360 Tage}}$$

Beispiel:

durchschnittliche Lagerdauer	Kapitalmarktzinssatz	Lagerzinssatz
40 Tage	9 %	$\frac{9\,\% \cdot 40\text{ Tage}}{360\text{ Tage}} = 1\,\%$

Soweit sich die Ausgangsdaten nicht ändern, kann der Lagerzinssatz zum Branchen- und Periodenvergleich verwendet werden.

Beispiel: In der Geschäftsperiode I sind durchschnittlich 300.000 EUR in den Vorräten gebunden, in der Geschäftsperiode II sind es 400.000 EUR. Bei einem Lagerzinssatz von 0,5 % steigt die kalkulatorische Zinsbelastung von 1.500 EUR auf 2.000 EUR.

▶ Lagerzinsen

Die Lagerzinsen geben an, wie viel das im durchschnittlichen Lagerbestand gebundene Kapital kostet.

$$\textbf{Lagerzinsen} = \frac{\textbf{durchschnittlicher Lagerbestand} \cdot \textbf{Lagerzinssatz}}{\textbf{100}}$$

▶ Kapitaleinsatz

Das Ziel ist eine möglichst geringe Kapitalbindung in den Vorräten, aber auch in den Lagergebäuden und Lagereinrichtungen. Weniger Kapital wird benötigt, wenn weniger Waren gelagert werden. Das erfordert ein häufigeres Auffüllen des Lagers, also einen höheren Umschlag, und bedeutet eine Verkürzung der Lagerdauer. Die Anlagen können entsprechend klein gehalten werden.

Beispiel:

	Periode 1	Periode 2
Wareneinsatz (AB + Zugänge – EB)	30.000 EUR	30.000 EUR
durchschnittliche Lagerdauer	24 Tage	12 Tage
Umschlagshäufigkeit	15	30
Wert des durchschnittlichen Lagerbestands (= Kapitaleinsatz)	2.000 EUR	1.000 EUR

Der **Kapitaleinsatz** ist umso **geringer,** je **kürzer die Lagerdauer** bzw. je **höher die Umschlagshäufigkeit** ist.

▶ Flächennutzungsgrad

Für die Einlagerung steht nicht die gesamte Fläche des Lagers zur Verfügung. Es sind Verkehrswege, Kommissionierungs- und Verpackungsbereiche, Sicherheitszonen sowie Büro- und Sozialräume notwendig. Zur Errechnung des Flächennutzungsgrads ist die Lagerfläche heranzuziehen, die genutzt werden kann.

$$\textbf{Flächennutzungsgrad} = \frac{\textbf{tatsächlich belegte Fläche}}{\textbf{nutzbare Fläche}}$$

Beispiel: Ein Lagerhaus hat nach dem Bauplan einen Grundriss von 100 m · 100 m. Für Verkehrswege werden 2.500 m² benutzt. Die einzulagernden Güter sind auf Paletten (1.200 mm · 800 mm) gestapelt. Es sind regelmäßig Güter auf 6.000 Paletten im Stapellager eingelagert.

$$\text{Flächennutzungsgrad} = \frac{(1{,}2\text{ m} \cdot 0{,}8\text{ m})/\text{Pal.} \cdot 6.000\text{ Pal.}}{10.000\text{ m}^2 - 2.500\text{ m}^2} = \frac{5.760\text{ m}^2}{7.500\text{ m}^2} = 0{,}768$$

Die nutzbare Fläche ist zu 76,8 % belegt.

5.4.5 Arbeiten im Lager

Wareneingang

Die Warenannahme ist eine Rechtshandlung, die zur Erfüllung des Kaufvertrages gehört.

HGB § 377 Der Käufer muss die Anlieferung dem anliefernden Transportunternehmen bestätigen. Das geschieht in aller Regel durch Annahmevermerk (Quittung) auf dem Frachtpapier. Allerdings sind vor der Erteilung der Annahmequittung beim Wareneingang eine Reihe von Kontrollen und Tätigkeiten durchzuführen.

▶ Prüfung der Sendung

Die Prüfung der Sendung erstreckt sich auf

- den Vergleich mit den Begleitpapieren: Stimmen die Anzahl, Zeichen und Nummern der Packstücke überein?
- die Verpackung: Ist sie unversehrt oder beschädigt?
- die Ware selbst, falls sie unverpackt ist.

Beanstandungen werden auf dem Begleitpapier vermerkt **(Tatbestandsaufnahme).** Es kann aber auch die Annahme der Sendung verweigert werden.

▶ Auspacken und Prüfung der Ware

Nach der äußerlichen Prüfung erfolgt das Auspacken und Prüfen der Ware. Diese Prüfung erstreckt sich auf die Menge, Art, Güte, Beschaffenheit und Aufmachung der Ware.

Dabei wird überprüft, ob die gelieferte Ware der bestellten entspricht.

Werden Abweichungen festgestellt, müssen diese festgehalten werden, damit beim Lieferanten der Mangel gerügt werden kann.

Fehlerfreie Waren werden in das Lager eingeordnet. Der Wareneingang wird in einem Eingangsschein festgehalten.

Das Verpackungsmaterial kann oft wiederverwendet oder gegen Vergütung zurückgesendet werden. Einwegverpackungen können an den Lieferanten zur Entsorgung zurückgeschickt werden. Wird eigenes Verpackungsmaterial benutzt, das dem Lieferanten für die Zusendung der Ware übersandt wurde (z. B. Flaschen, Fässer, Boxen), so ist über seinen Verbleib genau buchmäßige Kontrolle zu führen (Emballagendatei).

Bestandskontrolle (Kapitel 5.4.2)

Kommissionierung

Die **Zusammenstellung der Artikel,** die ein Kunde bestellt hat, nennt man **Kommissionierung,** die zusammengestellte Lieferung **Kommission.**

Grundlage der Kommissionierung ist der **Ordersatz** der Verkaufsabteilung mit Lieferschein, Packzettel, Aufkleber (Label) und Rechnung.

Grundsätzlich lassen sich verschiedene Kommissionierungssysteme nach dem Einsatz von Menschen oder Maschinen unterscheiden.

▶ Manuelle Kommissionierungstechnik

a) **Mann-zur-Ware-System.** Dabei lagern die Artikel in einem Kommissionierungslager und der Kommissionierer entnimmt den entsprechenden Lagerplätzen die gewünschte Menge eines Artikels.

b) **Ware-zum-Mann-System.** Dabei wird z.B. die Gitterboxpalette, in der der benötigte Artikel ist, über ein Regalförderfahrzeug aus dem Lager zum Kommissionierer gebracht. Nach Entnahme der gewünschten Menge des Artikels erfolgt der automatische Rücktransport der Gitterboxpalette ins Lager.

▶ Automatische Kommissionierungstechnik

Der Kommissionierungsautomat/-roboter übernimmt den kompletten Kommissionierungsvorgang automatisch. Hier erfolgt die Entnahme aus dem Regal durch einen Greifer, der elektronisch gesteuert ist. Für die Lagerung werden in aller Regel Normverpackungen verwendet. Die so verpackten Artikel werden vom Greifer auf ein Förderband gelegt, das sie zum Versandplatz befördert, wo sie in Versandbehälter gelegt und zum Versand gebracht werden.

Bei der beleglosen Kommissionierung werden sämtliche Kommissionierungsaufträge von der Lager-DV online, per drahtloser Datenübertragung auf die Bordcomputer der Fahrzeugterminals übertragen. Mengenänderungen sowie weitere Bedarfsmeldungen werden sofort wieder online oder nur mit kurzer Zeitverzögerung an die Lager-DV übermittelt.

▶ Wegeoptimierung

Voraussetzung für eine zeitsparende Kommissionierung ist die Einlagerung der Waren nach Plan, wobei folgende Kriterien gelten können:

- **Häufigkeit der Entnahme.** Häufig georderte Artikel befinden sich in Regalen in der Nähe der Versandstelle. Zugriffszeit und Beförderungsweg sind sehr kurz.
- **Gleichartige Waren sind im gleichen Regal gelagert.** Aufträge können entsprechend sortiert werden. Die Ausführung wird beschleunigt, weil mehrere Kommissionen gleichzeitig ausgeführt werden können.
- **Ergänzende Waren sind im gleichen Regalabschnitt gelagert.** Die Kommission kann zeitsparend zusammengestellt werden. Es ergeben sich Möglichkeiten des Zusammenpackens in eine Verpackungseinheit.

▶ Cross-Docking

Hier werden Waren nicht mehr zwischengelagert. Das Lager dient nur noch als Umschlagseinrichtung, als sogenanntes **Cross-Docking-Center,** und ist deshalb »bestandslos«. Die eingehenden Waren werden sofort kundenorientiert umgepackt, umverteilt bzw. umgeladen. Die Waren werden von den Lieferanten zum Cross-Docking-Center transportiert. Dort werden die Lieferungen für die einzelnen Kunden kommissioniert und dann zugestellt.

■ Warenausgang

Bevor die kommissionierte Ware das Lager verlässt, wird überprüft, ob die zum Versand vorbereitete Ware mit dem Auftrag übereinstimmt. Nach dieser Warenausgangskontrolle wird die Ware versandfertig verpackt und dem Frachtführer zur Abholung avisiert bzw. verladen.

Zusammenfassende Übersicht zu Kapitel 5.4: Lagerlogistik

Lagerlogistik

Aufgaben der Lagerhaltung
- optimaler Lagerbestand
- Einlagerungsprinzipien
- Lagerkontrolle

Lagerarten
- Eigen-/Fremdlager
- zentrales/dezentrales Lager
- Auslieferungslager
- offenes/geschlossenes Lager
- ein-/mehrgeschossiges Lager
- Stapellager
- Hochregallager
- Ausstellungslager
- Verkaufslager
- Kommissionslager
- Umschlaglager
- Zolllager

Faktoren der Lagergestaltung
- Lagerkapazität
- Umschlagsleistung
- Einrichtungstechnik
- Sicherheitsauflagen
- Umweltschutzauflagen
- Eigenlagerung
- Fremdlagerung
- zentrale Lagerung
- dezentrale Lagerung

Arbeiten im Lager
- Wareneingang
- Bestandskontrolle
- Kommissionieren
- Warenausgang

wirtschaftliche Lagerhaltung

Lagerkennzahlen | **Lagerhaltungskosten**

▶ Aufgaben und Probleme

1. Beim Textilhaus Müller e. K. sind Artikel der Damen- und Herrenoberbekleidung zu beschaffen. An den Planungen und Entscheidungen hinsichtlich der zu bestellenden Gesamtmenge sind Mitarbeiter der Abteilungen Einkauf und Lager beteiligt. Es ist schwierig, die möglichst optimale Warenmenge zu beschaffen.

   a) Erörtern Sie die Notwendigkeit der Lagerhaltung.

   b) Beschreiben Sie je zwei Folgen einer zu großen und einer zu kleinen Bestellmenge.

2. Die Großmarkt GmbH besitzt zehn Supermärkte im norddeutschen Raum, die alle vom Zentrallager in Minden beliefert werden. Im Sortiment befinden sich neben Frischwaren wie z. B. Obst, Gemüse, Milch und Käse auch Lebensmittelkonserven, Tiefkühlkost und Wein. Das Angebot an Non-Food-Artikeln wie z. B. Reinigungsmit-

teln, Kosmetikartikeln und Haushaltsgeräten hat man im letzten Jahr vergrößert. Die Einlagerung erfolgt nach dem Prinzip der chaotischen Lagerung.

a) Erläutern Sie vier Aufgaben der Lagerhaltung am Beispiel der Großmarkt GmbH.

b) Nennen Sie Vorteile, die für die zentrale Lagerung sprechen.

c) Zeigen Sie an drei Artikeln der Großmarkt GmbH, was unter artgerechter Lagerung zu verstehen ist.

d) Beschreiben Sie das Prinzip der chaotischen Lagerung. Geben Sie dabei Voraussetzungen, Vor- und Nachteile an.

e) Erläutern Sie die grundsätzlichen Unterschiede der Lagerung im Zentrallager und in den Supermärkten.

f) Beschreiben Sie mögliche Folgen, wenn bei der Großmarkt GmbH die Eingangskontrolle mangelhaft durchgeführt wird.

3. Laut einer Veröffentlichung in der Fachzeitschrift des Getränkeverbandes beträgt die Umschlagshäufigkeit für Fruchtsäfte im Branchendurchschnitt 10. Für einen Vergleich der eigenen Umschlagshäufigkeit mit dem Branchendurchschnitt liegen folgende Werte für das vergangene Halbjahr vor: Anfangsbestand: 300 Kästen; Endbestand: 200 Kästen; Zugänge: 1.800 Kästen; durchschnittlicher Einstandspreis: 8,00 EUR/Kasten.

   a) Ermitteln Sie die Umschlagshäufigkeit für Fruchtsäfte und vergleichen Sie das Ergebnis mit dem Branchendurchschnitt.

   b) Begründen Sie, ob folgende Maßnahmen zu einer Verbesserung der Umschlagshäufigkeit führen werden: Sonderverkäufe, häufigere, aber kleine Bestellungen, Einstellung der Werbung.

4. Eine Wirtschaftlichkeitsprüfung ergab, dass im Beschaffungs- und Lagerbereich die Kosten zu hoch sind. Als Konsequenz soll das Lagerwesen effektiver organisiert werden.

   a) Nennen Sie sechs Kostenarten, die im Lager entstehen.

   b) Aus der Lagerbuchhaltung liegen folgende Informationen vor:

   Anfangsbestand: 320.000 EUR, 12 Monatsendbestände: 4.360.000 EUR, Wareneinsatz zu Einstandspreisen: 1.296.000 EUR

   Berechnen Sie folgende Lagerkennzahlen: durchschnittlicher Lagerbestand, Umschlagshäufigkeit, durchschnittliche Lagerdauer, Lagerzinssatz bei einem Jahreszinssatz von 4,6 %.

   c) Für die Umorganisation des Lagerwesens liegen folgende Empfehlungen vor:

   - Das System der chaotischen Lagerhaltung soll eingeführt werden.
   - Ein Teil der Waren soll fremdgelagert werden. Hierfür sind folgende Daten bekannt:
     - Kosten bei Fremdlagerung: 3,50 EUR/Stück.
     - Kosten bei Eigenlagerung: 64.000 EUR fix + 1,50 EUR pro Stück. Es soll vermehrt auf Streckengeschäfte umgestellt werden.

   Beurteilen Sie die einzelnen Empfehlungen.

5. Die Getränkegroßhandlung Rebstock OHG in Beutelsbach möchte in das lukrative Geschäft mit »Beaujolais Primeur« einsteigen, der jährlich Mitte November auf den Markt kommt und für zwei Monate gute Umsätze verspricht. Da dieser Artikel aber nur vorübergehend im Sortiment ist, prüft die Geschäftsleitung, den Wein in einem nahe gelegenen Lagerhaus einzulagern.

An Kosten fallen an:

- bei Eigenlagerung: variable Lagerhaltungskosten 0,50 EUR/Karton
  fixe Lagerhaltungskosten 4.000,00 EUR
- bei Fremdlagerung: 3,00 EUR/Karton

a) Wägen Sie Vor- und Nachteile dieser beiden Lagerarten ab.

b) Nennen Sie je drei typische fixe bzw. variable Lagerhaltungskosten.

c) Führen Sie den rechnerischen Nachweis für die Lagermenge durch, ab der sich die Eigenlagerung lohnt.

6. Der Warenbestand eines Handelsbetriebes betrug zu Beginn eines Geschäftsjahres 220.000 EUR, am Ende des Jahres 260.000 EUR. Im Verlauf des Jahres wurde für 2.200.000 EUR eingekauft. Der Verkaufsumsatz betrug 2.570.000 EUR.

   a) Ermitteln Sie den Wareneinsatz, den durchschnittlichen Lagerbestand, die Umschlagshäufigkeit des Warenlagers und die durchschnittliche Lagerdauer.

   b) Welcher Lagerzinszuschlag wäre bei der Kalkulation der Waren zu berücksichtigen, wenn für ein Darlehen zur Finanzierung der Lagerinvestitionen 9 % Zinsen zu entrichten wären?

7. Vergleichen Sie die manuelle mit der automatischen Kommissioniertechnik.

8. Erläutern Sie, was unter Wegeoptimierung verstanden wird, und nennen Sie Waren, bei denen eine Wegeoptimierung notwendig ist.

9. Die Großhandels-AG Paderborn möchte die aus Nordeuropa stammenden Waren bis zu ihrer Auslieferung an Einzelhändler bei einem gewerblichen Lagerhalter zwischenlagern.

   Eine infrage kommende Lagergesellschaft legt den Lagerverträgen ihre Lagerbedingungen zugrunde, die u. a. folgenden Passus enthalten:

   »Die Lagergesellschaft ist im Falle der Lagerung vertretbarer Sachen zu ihrer Vermischung mit anderen Sachen von gleicher Art und Güte befugt. Wird dies allerdings vom Einlagerer nicht gewünscht, so muss er dies vor der Einlagerung ausdrücklich schriftlich mitteilen.«

   a) Beschreiben Sie die Gefahr, die sich durch Sammellagerung für den Einlagerer ergibt.

   b) Durch welche Vorsorgemaßnahmen kann sich der Einlagerer vor den Risiken der Einlagerung bei gewerblichen Lagerhaltern schützen?

   c) Nennen Sie Serviceleistungen der Lagergesellschaft, die das Einlagern bei gewerblichen Lagerhaltern für den Auftraggeber attraktiv machen.

   d) Welche Vorteile ergeben sich für die Großhandels-AG durch die Fremdlagerung?

5.5 Intralogistik

Unter **Intralogistik** versteht man den **gesamten Prozess des** innerbetrieblichen **Materialflusses** und der damit zusammenhängenden **Informationsströme.**

Ziel ist die Optimierung der internen logistischen Kette.

Der innerbetriebliche Materialfluss beginnt vereinfacht ausgedrückt an der Rampe des Wareneingangs, läuft dann über das Beschaffungslager in die Produktion mit eventuellen Zwischenlagern, von dort in die Qualitäts- und Endkontrolle, dann in das Fertigproduktlager und zuletzt zur Rampe des Versands. In der Realität sind die Materialflüsse jedoch viel komplexer. Sie sind abhängig von zahlreichen Faktoren, z. B. von der Größe des Grundstücks und der Gebäude, von der Art des Transportguts oder der Transporthäufigkeit.

Damit die innerbetrieblichen Transportprobleme bewältigt werden können, gibt es eine Vielzahl von Fördermitteln, die dem innerbetrieblichen Transport der Materialien dienen.

Fördermittel	
Stetigförderer werden verwendet, wenn feste Transportstrecken vorhanden sind und der Materialfluss kontinuierlich ist.	**Unstetigförderer** werden verwendet, wenn Unterbrechungen im Materialfluss bzw. Änderungen in der Transportrichtung möglich sein sollen.
Beispiele: – Rollenbahnen – Gurtförderer – Unterflurförderanlagen – Rutschen – Wendelförderer – Becherwerke	**Beispiele:** – ortsfeste Hebezeuge wie Aufzüge, Hebebühnen – fahrbare Hebezeuge wie Laufkrane, Portalkrane – Flurförderzeuge wie Stapler, Hubwagen – fahrerlose Transportsysteme

Zur Sicherung und rationelleren Gestaltung der **innerbetrieblichen Transporte** kommen **Förderhilfsmittel** zum Einsatz. Dadurch können Güter und Materialien zu größeren Transporteinheitenzusammengefasst werden.

Beispiele: Flachpaletten, Gitterboxpaletten, Kisten, Kartons, Fässer, Flaschen, Säcke, Beutel, Kanister, Rollen

Im Rahmen des Logistikkonzepts übernimmt die **Terminplanung** die Aufgabe, rechtzeitig die notwendigen Flächen für die einzulagernden Stoffe bereitzustellen und die entsprechenden Materialien termingerecht an die anfordernden Stellen abzugeben.

Um diese Aufgabe planmäßig erfüllen zu können, ist eine enge Verzahnung mit der Beschaffungslogistik (Mengen- und Zeitplanung) und der Produktionslogistik (Fertigungsplanung und -steuerung) notwendig. Nur so können eine wirtschaftliche Lagerhaltung und ein reibungsloser Produktionsablauf gewährleistet werden.

Zusammenfassende Übersicht zu Kapitel 5.5: Intralogistik

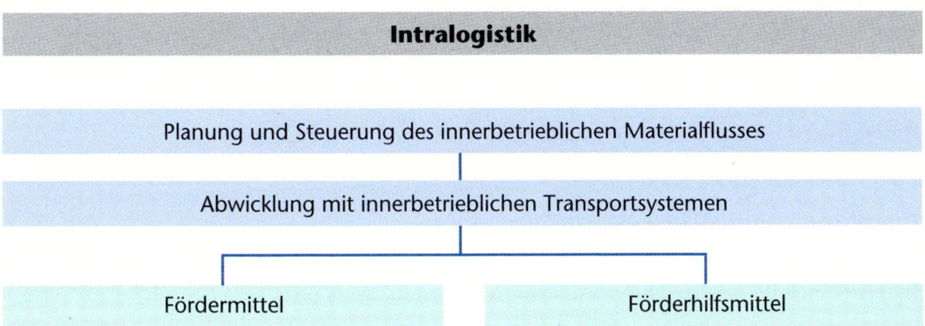

▶ Aufgaben und Probleme

1. Beschreiben Sie den Materialfluss in einem Unternehmen.
2. Erläutern Sie die Notwendigkeit der engen Zusammenarbeit bei der Terminplanung zwischen der Intralogistik, der Beschaffungsplanung und der Fertigungsplanung.

5.6 Produktionslogistik

(Kapitel 8)

5.7 Distributionslogistik

Aufgabe der Distributionslogistik ist es, die **produzierten Güter** art- und mengenmäßig, räumlich und zeitlich abgestimmt **bereitzustellen,** um den Bedarf der Kunden optimal und möglichst kostengünstig zu decken.

Distributionslogistik bei Auftragsfertigung

Auftragsfertigung kommt vor allem bei der Investitionsgüterproduktion vor. Dabei kann es sich um Einzel- oder Mehrfachfertigung handeln. Bereits vor der Auftragsannahme muss die Distributionslogistik mit einbezogen werden, damit sie ihre Aufgaben optimal erfüllen kann. Entsprechende Vereinbarungen bei der Vertragsgestaltung legen die Transportmittel und den Transportweg weitgehend fest:

Überlegungen der Distributionslogistik	Erklärung
Zusagen über die **Lieferart**	Die Lieferung kann als komplette Einheit oder zerlegt erfolgen.
Zusagen über die **Liefermenge**	Die Lieferung kann als Gesamtlieferung oder als Teillieferung erfolgen.
Zusagen über den **Lieferort**	Die Lage und die Struktur des Lieferorts wie Zufahrts- und Umschlagsmöglichkeiten müssen abgeklärt werden.
Zusagen über die **Lieferzeit**	Zeitpunkt der Lieferung
Zusagen über **Zusatzleistungen**	Es werden Besonderheiten bei der Lieferung vereinbart.

Distributionslogistik bei Vorratsfertigung

Bei der Vorratsfertigung muss die Distributionslogistik gewährleisten, dass die **Produkte rechtzeitig in der gewünschten Art und Menge am richtigen Ort bereitgestellt werden,** damit der zu erwartenden als auch unerwarteten Nachfrage möglichst genau entsprochen werden kann. Dabei sind folgende Überlegungen zu berücksichtigen:

Überlegungen der Distributionslogistik	Erklärung
Bestimmung von Absatzgebieten	Das Absatzgebiet darf nur so groß gewählt werden, wie mit den einsetzbaren Verkehrsträgern die nachgefragten Erzeugnisse termingetreu zugestellt werden können.
Entscheidung über die Einrichtung von Lägern	Der reibungslose Absatz erfordert eine entsprechende Kapazität des Lagers. Sie ist abhängig von den Produktionsmengen, den Mengen und Zeitabständen der Abnahme sowie von der Größe des Absatzgebietes.
Entscheidung über das Verteilsystem	Klärung der Frage, ob die auszuliefernden Güter zentral oder dezentral gelagert und ausgeliefert werden.
Entscheidung über die Versandverpackung	Die Verpackung sollte so gestaltet sein, dass der Transport sicher durchgeführt werden kann. Darüber hinaus muss sie platz- und kostensparend sowie wiederverwend- und -verwertbar sein.

Eine kundenorientierte Distributionslogistik setzt voraus, dass **Informationen ohne Verzögerung** fließen, um auf mengen- oder artmäßige **Nachfrageveränderungen sofort reagieren** zu können. Gerade bei Produkten, die auch beim Konkurrenten bezogen werden können, ist die Lieferbereitschaft von zentraler Bedeutung. Die Lieferbereitschaft ist optimal, wenn sich Lieferbereitschaftskosten (Sicherheitsbestände) und Fehlmengenkosten (Verlust von Kunden) ausgleichen.

Zusammenfassende Übersicht zu Kapitel 5.7: Distributionslogistik

Distributionslogistik

bei **Auftragsfertigung**

Zusagen über

- Lieferart
- Liefermenge
- Lieferort
- Lieferzeit
- Zusatzleistungen

bei **Vorratsfertigung**

Entscheidungen über

- Größe der Absatzgebiete
- Einrichtung von Lägern
- Verteilsystem
- Versandverpackung

▶ Aufgaben und Probleme

1. Beschreiben Sie die Aufgaben der Distributionslogistik.
2. Untersuchen Sie, inwieweit die Distributionslogistik bereits bei der Auftragsannahme in die Planungen mit einbezogen werden sollte.
3. Ein Möbelhersteller produziert für den anonymen Markt. Beschreiben Sie die Entscheidungen für die Distribution, die Sie in diesem Fall treffen würden.

5.8 Entsorgungslogistik

Die **Entsorgungslogistik** befasst sich mit dem **Sammeln, Sortieren, Lagern und Transportieren** von **Leergut, Reststoffen, Abfall und Retouren.**

Leergut	Dazu zählen wiederverwendbare Verpackungen und Transporthilfsmittel.
Reststoffe	Dazu zählen anfallende Rückstände wie Ausschuss, überschüssiges Material, recycelbares Material und veraltete Fertigwaren.
Abfall	Dazu zählen Reststoffe, die entsorgt werden, da sich eine Wiederverwertung und Wiederverwendung nicht lohnt.
Retouren	Dabei handelt es sich vor allem um die Rückführung von Gütern, die repariert oder umgetauscht werden sollen.

Entsorgung aufgrund rechtlicher Vorschriften

KrWG § 7 (2)

Wichtigste Rechtsgrundlage für die Entsorgung von **Abfällen** und **Reststoffen** ist das »Gesetz zur Förderung der Kreislaufwirtschaft und Sicherung der umweltverträglichen Beseitigung von Abfällen (KrWG)«. Primäres Ziel dieses Gesetzes ist die Vermeidung von Abfällen. Da dieses Ziel weder im gewerblichen noch im privaten Bereich vollkommen zu erreichen ist, wird als nachrangiges Ziel vorgegeben, Reststoffe einer sinnvollen und umweltgerechten Verwertung zuzuführen.

▶ Stoffliche Verwertung

Bei der stofflichen Verwertung wird der Abfall nicht beseitigt, sondern weiter genutzt. Dies kann geschehen durch

- Gewinnung von sekundären Rohstoffen aus dem Abfall,

  Beispiel: Gebrauchte Kunststoffverpackungen werden geschreddert und als Kunststoffgranulat neuen Verpackungen beigemischt.

- Nutzung der stofflichen Eigenschaften des Abfalls.

  Beispiel: Textilien werden als Putzlappen verwendet.

▶ Energetische Verwertung

Bei der energetischen Verwertung werden Abfälle als Ersatzbrennstoffe eingesetzt.

Beispiel: Kunststoffe dienen in Müllverbrennungsanlagen als Ersatzbrennstoff.

Rücknahme aufgrund vertraglicher Verpflichtungen

Rücksendungen von Gütern ergeben sich aus Garantiezusagen oder Reparaturleistungen. Diese Retouren können in der Regel aufgrund von Erfahrungswerten geplant werden. Rückrufaktionen von Herstellern treten fallweise auf, ebenso Rücksendewünsche von Kunden im Versandhandel aufgrund falscher oder zu viel bestellter Waren. Bei der Abwicklung dieser Rückläufe muss immer geprüft werden, welcher Rücksendegrund vorliegt und ob er berechtigt ist.

Rücktransport von Mehrwegverpackungen

Ein reibungsloser Materialfluss auf der logistischen Kette hängt auch von der Verfügbarkeit der Mehrwegverpackungen ab. Deshalb ist es notwendig, die Rückführung der Mehrwegverpackungen so zu organisieren, dass die leere Verpackung dann beim Lieferanten eintrifft, wenn sie für die Wiederbefüllung (Lastlauf) benötigt wird. Durch die Optimierung des Verpackungskreislaufes lassen sich folgende Ziele erreichen:

Kostensenkung	Senkung der Logistikkosten, die sich aus Bestands-, Instandhaltungs-, Verwaltungs-, Handhabungs-, Abschreibungs-, Lagerhaus- und Fehlmengenkosten zusammensetzen.
Steigerung der Prozessqualität	Der Rückführungsprozess der Mehrwegverpackungen sollte wie jeder logistische Prozess transparent sein. Dadurch kann auf Planabweichungen frühzeitig reagiert werden. Größere Störungen lassen sich dadurch vermeiden.
Realisierung von Zeitvorteilen	Angestrebt wird eine höhere Umlaufgeschwindigkeit der Verpackungen. Dies wirkt sich positiv auf den Materialfluss aus.
Steigerung der Flexibilität	Flexibilität wird verlangt, wenn sich kurzfristig Änderungen bei der Nachfrage nach den Mehrwegverpackungen ergeben. Dies kann nur erreicht werden, wenn auch der Rückführungsprozess der Mehrwegverpackungen in der integrierten Unternehmens-Software (IUS) erfasst wird.

Zusammenfassende Übersicht zu Kapitel 5.8: Entsorgungslogistik

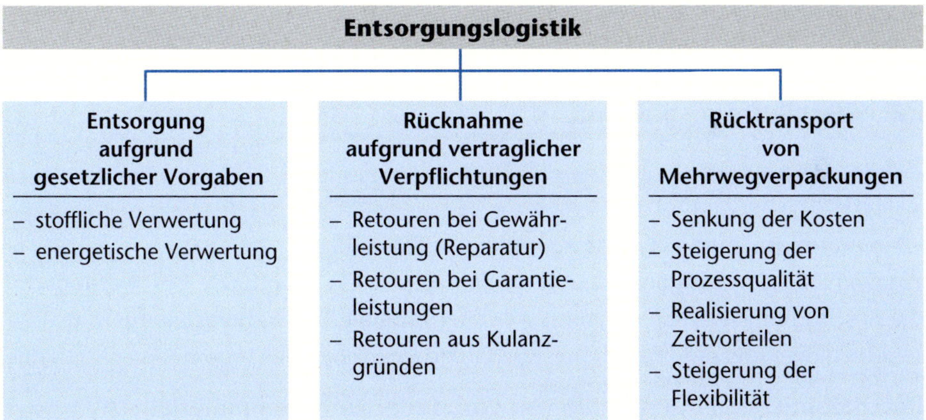

6 Beschaffung

6.1 Beschaffungsbedarf und -planung

6.1.1 Beschaffungsbedarf

Die benötigten Erzeugnisse, Werkstoffe sowie Waren können entweder ganz oder teilweise aus den vorhandenen Lagerbeständen entnommen werden oder sie müssen ganz oder teilweise neu beschafft werden.

Der **Beschaffungsbedarf** ergibt sich aus der **Menge an benötigten Erzeugnissen, Werkstoffen** sowie **Waren** abzüglich der **Lagerbestände.**

Bevor Beschaffungsentscheidungen getroffen werden können, müssen die Lagerbestände festgestellt und die Bestandsentwicklung verfolgt werden. Häufig entscheidet die Lagerverwaltung darüber,

- in welchen Arten, Mengen und zu welchen Zeiten die zum Verkauf benötigten Mengen bereitgestellt werden müssen,
- welcher Teil davon aus den Lagerbeständen gedeckt werden kann,
- wann und in welchem Umfang die Bestellungen durch die Beschaffungsabteilung zu veranlassen sind.

Im Warenwirtschaftssystem (Kapitel 9.4) wird die Bedarfsmeldung automatisch mittels DV veranlasst.

6.1.2 Beschaffungsplanung

Liegen für die Beschaffungsplanung keine Daten vor, müssen diese mithilfe der **Beschaffungsmarktforschung** erhoben werden.

Die Beschaffungsplanung muss so koordiniert werden, dass

- die mögliche Beschaffungszeit überbrückt werden kann **(optimale Beschaffungszeit),**
- die Beschaffungsmengen optimiert werden **(optimale Beschaffungsmenge),**

um eine ständige und eine kostengünstige Lieferbereitschaft des Unternehmens zu sichern.

Beschaffungsplanung mithilfe von vorhandenem Datenmaterial

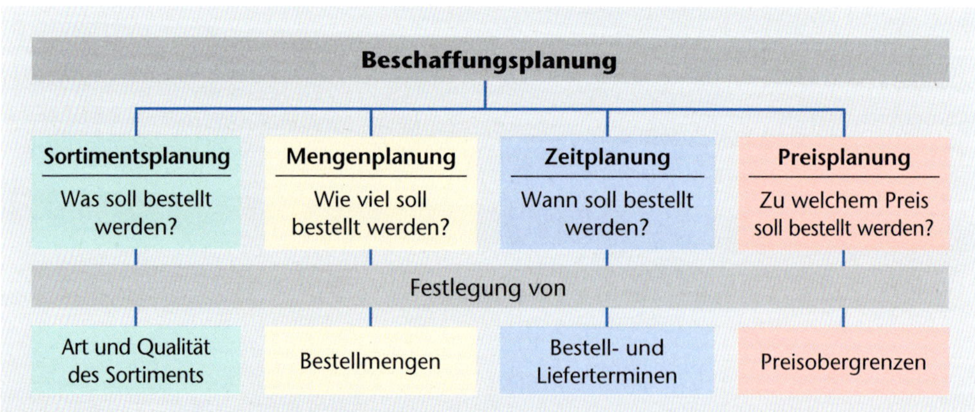

▶ Sortimentsplanung

Beim **Einzelhandel** ist das Warensortiment abhängig vom Geschäftszweig (Lebensmittel, Textilwaren usw.) und der Art des Betriebes (Fachgeschäft oder Warenhaus).

Beim **Großhandel** erkunden vor allem Handlungsreisende und Handelsvertreter, was die Abnehmer (Einzelhandels- und Industrieunternehmen) brauchen.

Beim **Fertigungsbetrieb** entscheidet das Produktionsprogramm über die Art und die Zusammensetzung des Bedarfs.

▶ Mengenplanung

Das **Ziel der Mengenplanung** ist,

- einerseits so große Vorräte anzulegen, dass die **Lieferfähigkeit stets gesichert** ist,
- andererseits die Vorräte so niedrig zu halten, dass die **Beschaffungs- und Lagerhaltungskosten möglichst gering** sind.

Diese konkurrierenden Ziele müssen in optimaler Weise aufeinander abgestimmt werden **(optimale Bestellmenge).**

Die Bereitstellung der erforderlichen Mengen muss in erster Linie die Lieferfähigkeit des Unternehmens gewährleisten. Anhaltspunkte zur Abschätzung der richtigen Bedarfsmenge bieten

a) der tatsächliche Absatz in der vergangenen Zeit (Absatzstatistik),

b) alle möglichen Umstände, die diesen Absatz in der Zukunft ändern können.

Beispiele: Einflüsse der Jahreszeiten (Saisonwaren), Änderungen der allgemeinen Wirtschaftslage (Konjunktur), Einkommenserhöhungen

Die Lagervorräte sollten nicht höher sein als es der wirtschaftliche Ablauf des Leistungsprozesses erfordert. Zu hohe Lagerbestände binden anderweitig benötigtes Kapital, belasten die Zahlungsfähigkeit, erhöhen das Lagerrisiko und verursachen unnötige Zins- und Lagerkosten (Lagerhaltungskosten).

▶ Zeitplanung

Das Ziel der Zeitplanung ist die Anpassung der Beschaffungs- an die Absatztermine. Um die Waren sicher und termingerecht für den Absatz bereit zu haben, muss das Unternehmen

- eine möglichst langfristige Auftragserteilung durch den Kunden anstreben,
- mit den Lieferanten möglichst kurze, fest datierte Lieferfristen vereinbaren, z. B. durch Fixgeschäfte,
- einen hinreichenden Mindestbestand auf Lager halten und
- durch die Festlegung eines Meldebestandes die rechtzeitige Bestellung veranlassen,
- mit dem Lieferanten mögliche Vertragsstrafen vereinbaren.

Die benötigten Waren, Erzeugnisse und Werkstoffe müssen so zeitig gekauft werden, dass sie zum Verkauf bzw. zur Produktion bereitliegen, ehe das letzte Stück abgesetzt bzw. verbraucht ist. Der Zeitpunkt der Bestellung hängt ab von der Beschaffungsdauer (Lieferzeit) und der Umschlagshäufigkeit der bestellten Ware, der Lagerfähigkeit, der Größe und Eignung des Lagerraumes, der erwarteten Preisentwicklung, dem Zeitpunkt des Angebotes.

▶ Preisplanung

Die Preisplanung hat vor allem die Aufgabe, die Preisobergrenze festzulegen, die beim Einkauf ausgeschöpft werden kann. Sie stützt sich dabei auf folgende kalkulatorische Berechnungen:

a) Anhand der am Absatzmarkt erzielbaren Preise werden die **höchstens aufzuwendenden Einkaufspreise** ermittelt. Dabei muss vom Verkaufspreis die Handelsspanne (Kapitel 7.5.1) abgezogen werden **(Retrogradkalkulation).**

b) Um die Angebotspreise verschiedener Lieferanten auf eine **einheitliche Vergleichsbasis** zu stellen, müssen unterschiedliche Preisabschläge (Rabatte, Skonti) und Preiszuschläge (Beschaffungskosten) berücksichtigt werden **(Bezugskalkulation,** Kapitel 6.2.1).

Beschaffungsmarktforschung

Aufgabe der Beschaffungsmarktforschung ist es, umfassende **Kenntnisse über die Beschaffungsmärkte** zu beschaffen und bereitzustellen. Dadurch soll das Unternehmen die benötigten Güter in der erforderlichen Menge und Qualität unter möglichst günstigen wirtschaftlichen Bedingungen (Zielsetzung: Kostenminimierung) zur richtigen Zeit und am richtigen Ort beschaffen können.

Als **Beschaffungsmarktforschung** bezeichnet man die **systematische Untersuchung von Beschaffungsmärkten.**

Die Beschaffungsmarktforschung ist auf unterschiedliche Objekte ausgerichtet, bedient sich unterschiedlicher Informationsquellen und wendet unterschiedliche Methoden an.

Objekte	Informationsquellen	Methoden
Beschaffungsgüter: – Warenbestandteil – Warenqualität – Benutzerfreundlichkeit – Entsorgungsmöglichkeit **Märkte:** – Verkaufsprogramme und Marktanteile der Anbieter – Marktschwankungen **Lieferanten:** – Leistungsfähigkeit – Lieferungs- und Zahlungsbedingungen **Preise:** – Preisvergleiche – Preis-Leistungs-Verhältnis	**unternehmensintern:** – integrierte Unternehmenssoftware – Lieferantendatenbank – Einkaufsstatistik **unternehmensextern:** – Messen, Ausstellungen – Internet – Bezugsquellenübersichten der Kammern – Branchenbücher – Adressdatenbanken gewerblicher Unternehmen – Inserate in Fachzeitschriften – Serviceleistungen – Werbematerial von Anbietern – Auskünfte von Geschäftspartnern, Auskunfteien, Banken, Marktforschungsinstituten	**Marktanalyse:** einmalige Untersuchung der Struktur von Teilmärkten zu einem bestimmten Zeitpunkt Beispiel: Ermittlung der Anbieter eines bestimmten Produktes unter Preis- und Qualitätsgesichtspunkten **Marktbeobachtung:** fortlaufende Überwachung der Strukturveränderungen von Teilmärkten Beispiel: Feststellung von Preisentwicklungen für ein bestimmtes Produkt

Sourcing-Strategien

Unter **Sourcing-Strategie** versteht man die **Art und Weise,** wie ein Unternehmen seine **Beschaffung gestaltet.**

▶ Sourcing-Strategien nach der Anzahl möglicher Lieferanten

Single Sourcing	Die gesamte Beschaffungsmenge wird von einem Lieferanten bezogen.
Double Sourcing	Die Beschaffung wird auf zwei Lieferanten aufgeteilt (Versorgungssicherheit).
Multiple Sourcing	Die zu beschaffende Menge wird auf mehrere Lieferanten verteilt.

▶ Sourcing-Strategien durch Einkaufskooperationen

Bei der **Einkaufskooperation** schließen sich mehrere Unternehmen zu **Einkaufsverbänden** zusammen. Diese ermöglichen die Nutzung von gemeinsamen Beschaffungsvorteilen.

Aufgaben von Einkaufsverbänden

Eigengeschäfte	Fremdgeschäfte	Empfehlungsgeschäfte
Der Einkaufsverband **kauft** und lagert **Waren auf eigene Rechnung.**	Der Einkaufsverband sammelt die Bestellungen und gibt einen **Sammelauftrag in fremdem Namen** an den Lieferanten weiter.	Der Einkaufsverband gibt nur eine **Einkaufsempfehlung an seine Mitglieder** ab. Diese bestellen dann selbstständig.

▶ Sourcing-Strategien nach der räumlichen Ausdehnung

Beim **Local Sourcing** beschränkt sich die Beschaffung auf örtlich begrenzte Lieferanten, die meist nur auf nationalen oder regionalen Märkten tätig sind. **Global Sourcing** meint die Ausdehnung der Beschaffung auf internationale Märkte und damit die weltweite systematische Suche nach Lieferanten.

Global Sourcing

Chancen	Risiken
– Senkung der Beschaffungskosten – bessere Marktübersicht – Sicherung von Lieferkapazitäten – geringere Abhängigkeit von Lieferanten – Technologiezufuhr	– Transportrisiken – Währungsrisiko – unterschiedliches Qualitätsverständnis und Qualitätsmängel – politische Risiken

Optimale Beschaffungszeit

Zur Ermittlung der optimalen Beschaffungszeit gibt es zwei unterschiedliche Verfahren:

▶ Bestellpunktverfahren (Mengensteuerung)

Beim **Bestellpunktverfahren** erfolgt die Bestellung beim Erreichen des Meldebestandes (Bestellpunkt). Voraussetzung ist das kontinuierliche Überprüfen des Lagerbestandes.

Der **Mindestbestand** ist der Bestand, der dauernd am Lager sein muss, um auch bei unvorhergesehenen Fällen eine reibungslose Abwicklung des Betriebes zu sichern.

Der **Höchstbestand** wird immer nach dem Eintreffen der bestellten Waren erreicht. Er hängt von der Bestellmenge ab, die unter Berücksichtigung des tatsächlichen und voraussichtlichen Bedarfs, der Lagergröße und der finanziellen Möglichkeiten als Einkaufssoll festgelegt wird.

Der **Meldebestand** ist der Lagerbestand, bei dem die Auffüllung des Lagers durch eine Meldung zu veranlassen ist. Er bestimmt also den Bestellzeitpunkt. Der Meldebestand hängt vom Verbrauch/Abverkauf und der Lieferzeit ab und liegt entsprechend über der Reserve, sodass die bestellten Produkte voraussichtlich dann eintreffen, wenn der Mindestbestand erreicht ist.

Beispiel: Bei einem Tagesbedarf A = 20 Stück, einer Lieferzeit von T = 6 Tagen, einem Mindestbestand R = 50 Stück ist der Meldebestand MB = (A · T) + R = (20 Stück/Tag · 6 Tage) + 50 Stück = 170 Stück.

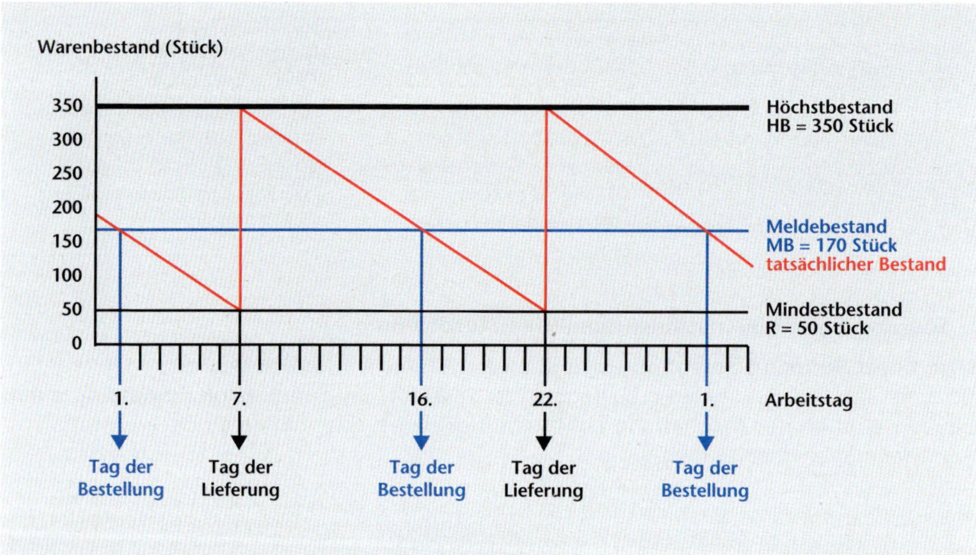

Die Grafik zeigt bei einem Einkaufssoll von 300 Stück (HB = 350 Stück, R = 50 Stück) den jeweiligen Bestand und den Zeitpunkt der Bestellung unter der Voraussetzung, dass der Lagerabgang kontinuierlich erfolgt und die Liefertermine eingehalten werden.

Der Verlauf der roten Linie zeigt die Veränderung des Lagerbestandes an. Der Höchstbestand wird jeweils nach dem Eintreffen der bestellten Waren erreicht. Erfolgt die Bestellung zu dem Zeitpunkt, in dem der tatsächliche Bestand = (A · T) + R ist (blaue Senkrechte), so treffen die bestellten Produkte gerade dann ein, wenn der Bestand auf R sinkt.

▶ Bestellrhythmusverfahren (Terminsteuerung)

Bei **Massenprodukten** kann die Bestellung der Produkte organisatorisch zu periodisch wiederkehrenden Zeitpunkten fest eingeplant werden. Die Bestellzeitpunkte sind von vornherein festgelegt, die jeweiligen Bestellmengen werden aus den eingetretenen Lagerbestandsminderungen errechnet. Sie richten sich damit nach den jeweiligen Absatzmengen.

Beispiel: Die Bestellung für ein Produkt wird alle 9 Tage ausgeführt, wobei sich die Bestellmengen jeweils unterscheiden.

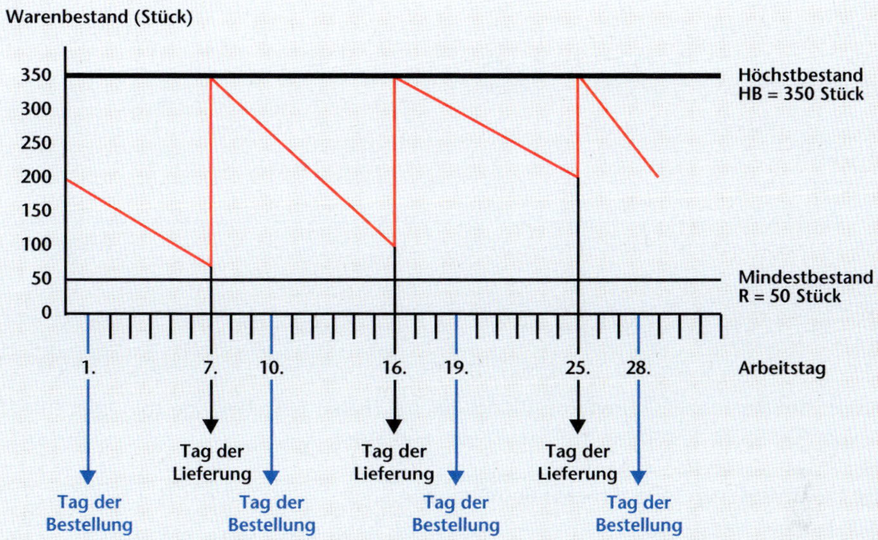

Optimale Bestellmenge

▶ Ermittlung der optimalen Bestellmenge

Bei der Bestellung großer Mengen werden von den Lieferanten in der Regel günstigere Lieferungs- und Zahlungsbedingungen, insbesondere höhere Mengenrabatte, eingeräumt als bei kleinen Bestellmengen. Außerdem erfordern größere Bestellmengen weniger Bestellvorgänge und damit weniger Bestellkosten.

Dies könnte zu der vordergründigen Annahme verleiten, möglichst große Bestellmengen für lange Zeiträume seien optimal. Man muss aber erkennen, dass den niedrigeren Beschaffungskosten höhere Lagerhaltungskosten gegenüberstehen, da sich die Lagermenge erhöht, die Lagerdauer verlängert und das Lagerrisiko steigt. Daraus folgt:

Optimal ist diejenige **Bestellmenge,** bei der die **Summe aus Beschaffungs- und Lagerhaltungskosten am geringsten** ist.

Beispiel: Bei der Beschaffung von Dichtungsmittel wird bei der Reifen Roesch GmbH mit folgenden Bedingungen gerechnet. Jahresbedarf (M): 1.800 Stück; Beschaffungskosten je Bestellvorgang (Bk): 15,00 EUR; Einstandspreis je Stück (p): 5,00 EUR, Lagerhaltungskostensatz des durchschnittlichen Lagerbestandes (Lks): 5 %. Der durchschnittliche Lagerbestand beträgt die Hälfte der Bestellmenge.

a) **Tabellarische Ermittlung** der optimalen Bestellmenge:

Bestellmenge in Stück	Bestellvorgänge	Beschaffungskosten in EUR	durchschnittlicher Lagerbestand	Lagerhaltungskosten in EUR	Beschaffungs- und Lagerhaltungskosten in EUR
x	**M/x**	**M/x · Bk**	**x/2**	**x/2 · p · Lks/100**	**Spalte 3 + 5**
100	18,00	270,00	50	12,50	282,50
200	9,00	135,00	100	25,00	160,00
300	6,00	90,00	150	37,50	127,50

Bestell-menge in Stück	Bestell-vorgänge	Beschaf-fungs-kosten in EUR	durch-schnittlicher Lager-bestand	Lagerhaltungs-kosten in EUR	Beschaffungs- und Lagerhaltungs-kosten in EUR
x	**M/x**	**M/x · Bk**	**x/2**	**x/2 · p · Lks/100**	**Spalte 3 + 5**
400	4,5	67,50	200	50,00	117,50
500	3,6	54,00	250	62,50	116,50
600	3	45,00	300	75,00	120,00
700	2,57	38,57	350	87,50	126,07
800	2,25	33,75	400	100,00	133,75
900	2	30,00	450	112,50	142,50

Ergebnis: Bei der tabellarischen Ermittlung der optimalen Bestellmenge mit einer Intervallweite von 100 Stück liegt diese im Bereich von 500 Stück.

b) **Grafische Ermittlung** der optimalen Bestellmenge:

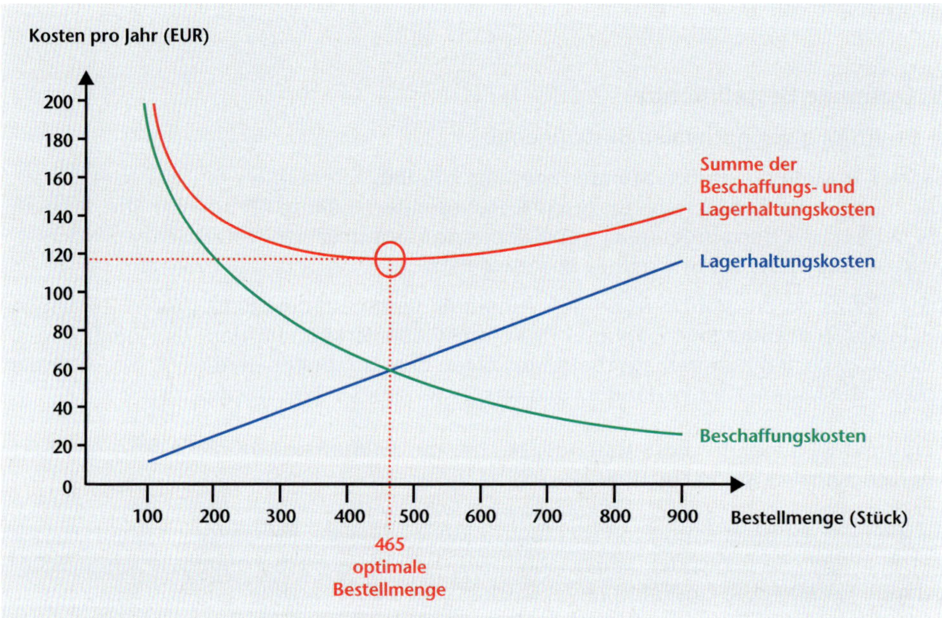

c) **Rechnerische Ermittlung** der optimalen Bestellmenge mithilfe der Bestellmengenformel:

$$\textbf{optimale Bestellmenge} = \sqrt{\frac{200 \cdot \text{Jahresbedarf} \cdot \text{Beschaffungskosten je Bestellvorgang}}{\text{Einstandspreis je Stück} \cdot \text{Lagerhaltungskostensatz}}}$$

$$= \sqrt{\frac{200 \cdot 1.800 \cdot 15}{5 \cdot 5}}$$

$$= \mathbf{464{,}76}$$

Ergebnis: Die optimale Bestellmenge beträgt 465 Stück.

▶ Kriterien zur Festlegung der Bestellmengen

Im Rahmen einer **elastischen Beschaffungsplanung** muss dem Einkäufer außerdem bei der Festlegung der Bestellmengen aus folgenden Gründen ein Entscheidungsspielraum eingeräumt werden, um evtl. von der optimalen Bestellmenge abzuweichen:

a) **Bei kleinen Bestellmengen**
   - gehen Mengenrabatte verloren,
   - erhöhen sich wegen unzureichender Auslastung der Transportkapazitäten (Wagenladungen, Schiffsladungen, Fassungsvermögen von Containern) die Frachtkosten je Bestelleinheit.

b) **Lieferungsbedingungen der Lieferanten.** Auf Verkäufermärkten können die Zulieferer aufgrund ihrer stärkeren Marktstellung Mindestabnahmemengen und Mindermengenzuschläge (Kapitel 7.5.2) erzwingen. Dadurch sollen Kleinaufträge vermieden werden.

c) **Handels- und branchenübliche Bestellmengen.** Manche Produkte werden nicht in beliebig gewünschten Bedarfsmengen, sondern nur in bestimmten verpackungs- und transportgerechten Mindestmengen angeboten (Ballen, Palette, Wagenladung).

d) **Schwankende Lieferfristen.** Drohende Lieferengpässe können Vorratskäufe erforderlich machen, die höhere Artikelpreise nach sich ziehen. Deshalb sollten die Einkaufsabteilungen Beschaffungsmarktforschung betreiben, um den Entwicklungen auf den Beschaffungsmärkten flexibel begegnen zu können.

6.1.3 ABC-Analyse

Um den Gesamtbereich der Beschaffung wirtschaftlicher zu gestalten, muss besondere Sorgfalt auf den Einkauf bestimmter Produkte gelegt werden, da hier der Einsparungseffekt am größten ist. Die **ABC-Analyse** ist in vielen Unternehmen zu einem **wichtigen Hilfsmittel der Beschaffungsplanung** geworden. Hierbei werden die regelmäßig zu beschaffenden Produkte bzw. Artikel in Tabellenform aufgelistet und in mehrere Wertklassen (A, B, C) eingeteilt. Kriterien für die Einteilung der Wertklassen können sein: die Menge bzw. die Anzahl der benötigten Produkte oder der kumulierte (angehäufte) Wertanteil am Beschaffungsaufwand der Artikel. Die Wertklasse A ist bezogen auf das gewählte Kriterium am bedeutendsten. Bei der Beschaffung dieser Waren ist ganz besonders auf günstige Preise, Rabatte und Zahlungsbedingungen sowie auf niedrige Lagerbestände zu achten.

Vorgehensweise bei der Durchführung einer ABC-Analyse:

1. Erfassen der Preise und der Einkaufsmengen je Artikel.
2. Ermittlung des Einkaufswertes je Artikel (Bezugspreis je Einheit · Menge).
3. Ermittlung des prozentualen Wertes am gesamten Einkaufswert.
4. Sortieren der Artikel vom höchsten bis zum niedrigsten prozentualen Wert.
5. Kumulieren der Werte und Vornahme einer Wertklassenzuordnung (A, B oder C).

Die Festlegung der Schranken liegt im Ermessen des jeweiligen Unternehmens. Üblich ist, für die Schranke der A-Güter die ersten 75 bis 80 % der kumulierten Werte zu wählen. Die C-Güter haben einen kumulierten Wertanteil von unter 5 %, dazwischen liegen die B-Güter.

Die Wertklasse A enthält im folgenden Beispiel nur drei von zehn Artikeln, umfasst aber einen Beschaffungsaufwand von insgesamt 80 %. Besondere Planungs- und Kontrollmaßnahmen sollten sich auf diese Artikel beschränken, da sich Preis- und Kostensenkungen besonders stark auswirken. Bei den Artikeln der Wertklasse C ist dagegen eine vereinfachte Bedarfs- und Bestellabwicklung möglich. Bei der Wertklasse B ist zu prüfen, ob die Artikel eher die Beachtung eines A- bzw. C-Gutes erhalten sollten.

ABC-Analyse bei Beschaffungsgütern						
Artikel-Nr.	Bezugspreis je Einheit (in EUR)	Menge (in Stück)	Wert (in EUR)	Wert (in %)	kumulierter Wert (in %)	Wertklassenzuordnung A, B, C
1	2,00	90.000	180.000,00	36,00	36,00	A
6	22,50	6.000	135.000,00	27,00	63,00	A
9	8,50	10.000	85.000,00	17,00	80,00	A
7	9,00	5.000	45.000,00	9,00	89,00	B
2	3,00	10.000	30.000,00	6,00	95,00	B
5	7,00	1.000	7.000,00	1,40	96,40	C
3	1,00	5.000	5.000,00	1,00	97,40	C
8	2,50	2.000	5.000,00	1,00	98,40	C
10	2,00	2.500	5.000,00	1,00	99,40	C
4	1,50	2.000	3.000,00	0,60	100,00	C
Summe		133.500	500.000,00	100,00		

Zusammenfassende Übersicht zu Kapitel 6.1: Beschaffungsbedarf und -planung

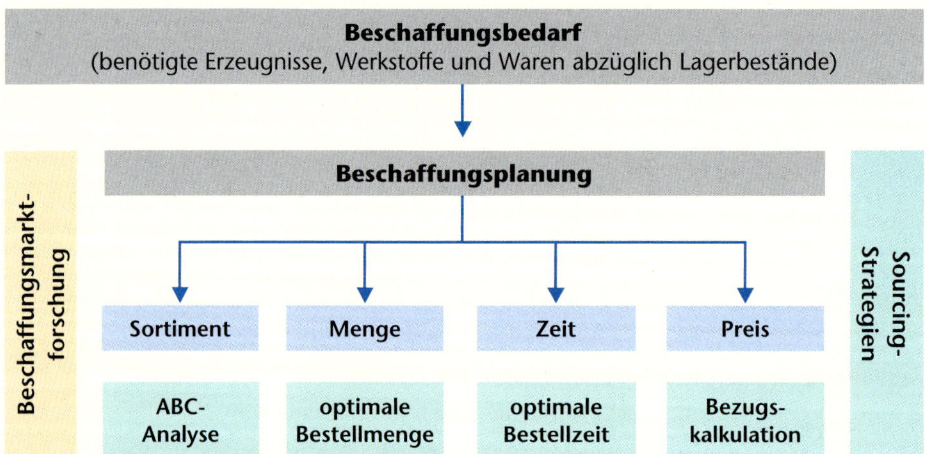

▶ Aufgaben und Probleme

1. Ein Handelsunternehmen führt seine Waren überwiegend aus Ostasien ein.
   a) Welche Risiken ergeben sich daraus für das Unternehmen?
   b) Wie könnte diesen Risiken im Rahmen der Sortiments-, Mengen-, Zeit- und Bezugsquellenplanung begegnet werden?

2. Warum bestellen Textilgeschäfte die Sommerartikel des folgenden Jahres meist schon im Herbst des vorangehenden Jahres?
3. Warum decken Privathaushalte ihren Bedarf an Heizmaterial für den Winter möglicherweise bereits im Sommer?
4. »Die deutsche Wirtschaft gehört seit Jahrzehnten zu den Exportweltmeistern. ... In der Beschaffung hingegen besteht in fast allen deutschen Unternehmen, die nicht Teil eines internationalen Produktionsverbundes sind, noch Nachholbedarf. Der Anteil der international beschafften Einsatzgüter am gesamten Beschaffungsvolumen erreicht nur selten 20 %, in aller Regel pendelt die Quote im 10-Prozent-Bereich und darunter.« (Beschaffung aktuell)
   a) Welche Vorteile bietet ein international orientiertes Beschaffungswesen?
   b) Mit welchen Risiken ist zu rechnen?
5. Bei der Beschaffungsplanung ist die zeitliche Komponente sehr wichtig. Beschreiben Sie das Bestellpunkt- und das Bestellrhythmusverfahren.
6. Erläutern Sie, wann sich Bedarfsmengen und Bestellmengen unterscheiden können.
7. In einem Großhandelsbetrieb wird bei der Beschaffung einer Warensorte mit folgenden Bedingungen gerechnet:

Der 3-Monats-Bedarf beträgt 6.000 Stück			
Listenpreis: 10,00 EUR je Stück			
Abnahmemenge	2.000 Stück	4.000 Stück	6.000 Stück
Mengenrabatt	3 %	5 %	10 %
Transportkosten	285,00 EUR	255,00 EUR	225,00 EUR
Bestellkosten je Bestellvorgang: 150,00 EUR			
Lagerhaltungskosten: 0,025 EUR je Stück			

   Wegen der Rabattstaffel wird die Bestellung in Einheiten von 2.000, 4.000 oder 6.000 Stück in Erwägung gezogen. Berechnen Sie die optimale Bestellmenge.
8. Die Maschinenfabrik Walz & Co. KG verbraucht in der Fertigung pro Tag 120 Bolzen aus Spezialstahl. Die Lieferzeit des Herstellers beträgt 14 Tage. Als eiserner Bestand wird der fünffache Tagesverbrauch auf Lager gehalten.
   a) Unterscheiden Sie Lieferzeit und Beschaffungszeit.
   b) Berechnen Sie den Meldebestand.
   c) Nennen Sie zwei Gründe, warum die Maschinenfabrik einen eisernen Bestand hält.
   d) Zu welchem Zeitpunkt wird im Lager der Höchststand an Bolzen erreicht und welche Stückzahl umfasst dieser Bestand, wenn die optimale Bestellmenge 2.400 Stück beträgt?
   e) Beschreiben Sie Möglichkeiten, Grenzen und Auswirkungen, wenn der Mindestbestand herabgesetzt werden soll.
9. Ein Unternehmen hat bei einem bestimmten Produkt einen Jahresbedarf von 100.000 Stück. Der Einstandspreis des Produktes beträgt 12,50 EUR je Stück. Unabhängig von der Bestellmenge fallen bei jeder Bestellung fixe Kosten in Höhe von 40,00 EUR an. Der Lagerhaltungskostensatz (= Lagerhaltungskosten · 100/durchschnittlicher Lagerbestand) liegt bei 16 %.

   Im Rahmen der Beschaffungsplanung muss entschieden werden, wie oft ein Artikel während des Jahres bestellt werden soll. Werden die 100.000 Stück auf einmal bestellt, fallen 40,00 EUR bestellfixe Kosten und 100.000 EUR Lagerhaltungskosten (100.000,00 EUR/2 · 12,50 EUR/St. · 0,16) an.

a) Bei welcher Bestellmenge ist für die genannten Daten die Summe aus Beschaffungskosten und Lagerhaltungskosten am niedrigsten?

b) Wodurch sind die Mehrkosten bedingt bei höheren Bestellmengen bzw. bei niedrigeren Bestellmengen?

c) Für die Bestellmengen 400, 800, 1.200, 1.600. 2.000, 2.400, 2.800, 3.200, 3.600, 4.000 Stück sollen die Beschaffungskosten, die Lagerhaltungskosten, die Gesamtkosten grafisch in einem Koordinatensystem dargestellt werden (Y-Achse: Kosten, X-Achse: Bestellmenge). Bestimmen Sie die optimale Bestellmenge grafisch.

d) Wie ändert sich die optimale Bestellmenge jeweils gegenüber der Ausgangssituation, wenn

- der Jahresbedarf auf 110.000 Stück steigt,
- der Einstandspreis aufgrund eines Lieferantenrabatts auf 11,25 EUR sinkt,
- die bestellfixen Kosten auf 55,00 EUR steigen,
- der Lagerhaltungskostensatz auf 20 % steigt?

Erläutern Sie die Veränderungen der optimalen Bestellmenge.

10. Welchem Ziel dient die ABCAnalyse?

11. Führen Sie eine ABC Analyse für folgende Beschaffungsgüter durch und werten Sie Ihr Ergebnis aus (Wertklassen: 75 % A-Güter; 20 % B-Güter; 5 % C-Güter).

	A	B	C	D	E	F
1	ABC-Analyse bei Beschaffungsgütern					
2	Waren-gruppe	Bezugspreis je Einheit (in EUR)	Menge (in Stück)	Wert (in EUR)	Wert (in %)	Wertklassen-zuordnung A, B, C
3	1	2,00	800			
4	2	30,00	10.000			
5	3	50,00	3.000			
6	4	10,00	1.000			
7	5	20,00	1.000			
8	6	2,00	30.000			
9	7	2,50	5.000			
10	8	5,00	10.000			
11	9	6,00	12.000			
12	10	12,00	15.000			
13		Summe				

6.2 Angebotsvergleich und Lieferantenauswahl

6.2.1 Angebotsvergleich

Entscheidungskriterien beim Angebotsvergleich

Die Einkaufsabteilung muss aus mehreren Angeboten ein Angebot auswählen. Diesem Ziel dient ein Angebotsvergleich. Dabei sind die Unterschiede der vorliegenden Angebote in folgender Hinsicht zu ermitteln:

a) Qualitätsvergleich. Hierbei ist zunächst zu prüfen, ob die im Angebot geforderte Mindestqualität angeboten wird. Wenn die Mindestqualität gewährleistet ist, wird das Angebot ausgewählt, bei dem bei gleichem Preis die angebotene Qualität am besten ist.

b) Preisvergleich. Bei gleicher Qualität der angebotenen Produkte gibt in der Regel der günstigste Preis den Ausschlag für die Auswahl.

Schema der Bezugskalkulation

Bezugskalkulation

Listeneinkaufspreis	./. Wiederverkäufer-Rabatt	= **Rechnungspreis (netto)**
Rechnungspreis (netto)	./. Mengenrabatt	= **Zieleinkaufspreis**
Zieleinkaufspreis	./. Lieferantenskonto	= **Bareinkaufspreis**
Bareinkaufspreis	+ Bezugskosten	= **Bezugspreis**

Durch die **Bezugskalkulation** wird der Bezugspreis des gekauften Produkts ermittelt. Ausgangspunkt ist der Rechnungspreis (netto, d. h. ohne Vorsteuer), in vielen Geschäftszweigen, vor allem bei Markenartikeln, der Listeneinkaufspreis. Nach Abzug von Rabatt und Skonto verbleibt der Einkaufspreis. Durch die Zurechnung der Bezugskosten (Verpackung, Transport, Versicherung) ergibt sich der Bezugspreis oder Einstandspreis.

Beispiel für einen Angebotsvergleich:

Angebotsvergleich mit Bezugskalkulation				
Angebote	**A**	**B**	**C**	**D**
Listeneinkaufspreis	620,00 EUR	608,00 EUR	680,00 EUR	632,50 EUR
Mengenrabatt in %	0	0	5	0
Skonto in %	2	0	2	0
Frachtkosten	26,00 EUR	26,00 EUR	–	–
Preisvergleiche				
Listeneinkaufspreis	620,00 EUR	608,00 EUR	680,00 EUR	632,50 EUR
– Mengenrabatt	–	–	34,00 EUR	–
= Zieleinkaufspreis	620,00 EUR	608,00 EUR	646,00 EUR	632,50 EUR
– Skonto	12,40 EUR	–	12,92 EUR	–
= Bareinkaufspreis	607,60 EUR	608,00 EUR	633,08 EUR	632,50 EUR
+ Bezugskosten	26,00 EUR	26,00 EUR	–	–
= Bezugspreis	633,80 EUR	634,00 EUR	633,08 EUR	632,50 EUR
Das günstigste Angebot ist D.				

c) Terminvergleich. Die in den Angeboten angegebenen Lieferzeiten müssen mit der Terminplanung übereinstimmen, damit die ständige Lieferbereitschaft gewährleistet bleibt. Die Zahlungsziele müssen durch die Möglichkeiten der Finanzplanung gedeckt sein.

Neben diesen Vergleichen dürfen auch persönliche Kriterien bei der Auswahl des geeigneten Lieferanten nicht unbeachtet bleiben. Langjährige gute Geschäftsbeziehungen, ein entgegenkommendes Verhalten bei Mängelrügen und ein begründetes Vertrauen in die Zuverlässigkeit eines Unternehmens sind nicht zu unterschätzende Gesichtspunkte.

6.2.2 Lieferantenauswahl

Es stellt sich die Aufgabe, ein möglichst objektives und umfassendes Bild der Lieferanten zu gewinnen. Jedes Unternehmen muss dazu auf der Grundlage der verfolgten Ziele einen Kriterienkatalog (Merkmalskatalog) erstellen, der für die Lieferantenauswahl herangezogen wird.

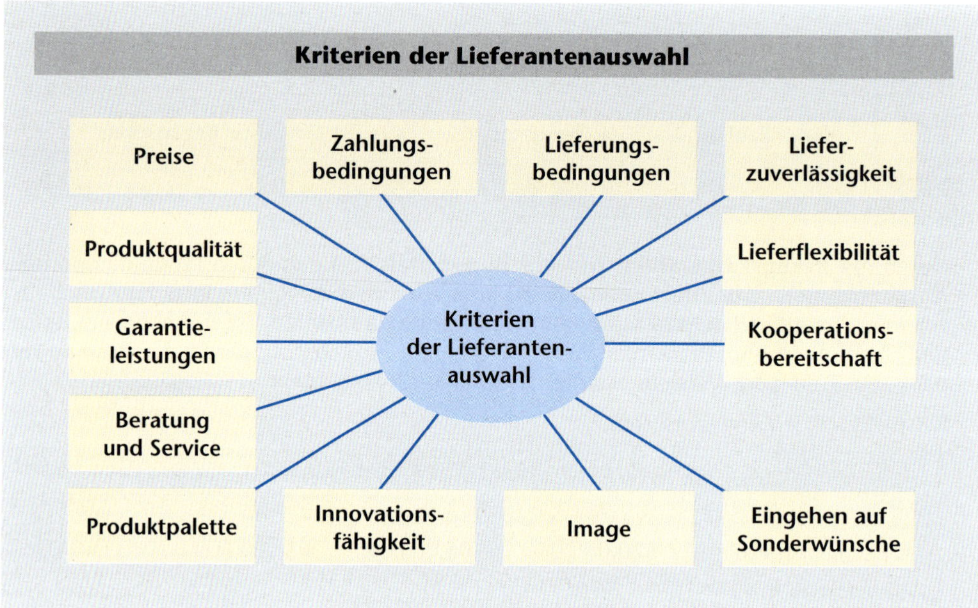

Bei der Lieferantenauswahl werden mithilfe der festgelegten Kriterien die möglichen Lieferanten bewertet, um ein objektives Urteil zu ermöglichen. Als Hilfsmittel dienen vor allem sogenannte **Entscheidungsbewertungstabellen** (Scoring-Modell).

Beispiel:

		mögliche Lieferanten					
		A		B		C	
Entscheidungskriterien	Gewichtung (G)	Rang (R)	G · R	Rang (R)	G · R	Rang (R)	G · R
Qualität	30	2	60	3	90	1	30
Bezugspreis	25	1	25	3	75	2	50
Lieferungs- und Zahlungsbedingungen	25	3	75	1	25	2	50
Pünktlichkeit	10	1	10	2	20	3	30
Kundendienst	10	1	10	3	30	2	20
Summe	100		180		240		180
Ergebnis: Lieferant B ist der geeignetste.							

Anmerkung: Gewichtung (G): Wert von 30 = sehr wichtig bis 10 = weniger wichtig.
Rang (R): Werte von 3 (= Kriterium ist sehr gut erfüllt) bis 1 (= Kriterium ist mangelhaft erfüllt).

Zusammenfassende Übersicht zu Kapitel 6.2: Angebotsvergleich und Lieferantenauswahl

Angebotsvergleich	Lieferantenauswahl
– Preis (Bezugskalkulation)	– Preise – Zahlungsbedingungen – Lieferungsbedingungen
– Qualität	– Produktqualität – Garantieleistungen – Beratung und Service
– Termin	– Lieferflexibilität – Lieferzuverlässigkeit
	– Produktpalette – Innovationsfähigkeit – Image – Eingehen auf Sonderwünsche – Kooperationsbereitschaft

Entscheidungsbewertungstabelle

▶ Aufgaben und Probleme

1. Warum ist ein Angebot mit einem niedrigeren Bezugspreis nicht unbedingt das bessere Angebot?
2. Warum bevorzugt ein Unternehmen beim Einkauf einen Stammlieferanten?
3. Die Reifen Roesch GmbH erhielt von zwei verschiedenen Lieferanten ein Angebot für die gleichen Artikel zu folgenden Bedingungen:

	Angebot A	Angebot B
Rechnungspreis (netto)	1.000,00 EUR	1.000,00 EUR
Rabatt	5 %	3 %
Skonto	2 %	2 %
Bezugskosten	44,00 EUR	frei Haus

Am Absatzmarkt kann dieser Artikel für 1.600,00 EUR (netto) verkauft werden. Die Reifen Roesch GmbH rechnet mit einer Handelsspanne von 40 %.

a) Ermitteln Sie die Preisobergrenze für den Einkauf.

b) Welches Angebot müsste bei sonst gleichen Bedingungen den Zuschlag erhalten?

4. Zur Bestellung von 200 Kinderautositzen liegen der Reifen Roesch GmbH zwei Angebote mit folgenden Lieferungs- und Zahlungsbedingungen vor:

Kinderautositzhersteller	Kids and More KG	Carrera GmbH
Listenpreis pro Stück	38,00 EUR	40,00 EUR
Mengenrabatt	ab 100 Stück 12,5 %	ab 50 Stück 5 % ab 100 Stück 15 % ab 500 Stück 25 %
Lieferungsbedingungen	Fracht 120,00 EUR	Lieferung frei Haus
Zahlungsbedingungen	60 Tage ohne Abzug	8 Tage 2 % Skonto 30 Tage rein netto

a) Ermitteln Sie den jeweiligen Einstandspreis, wenn die Reifen Roesch GmbH die Rechnungen immer erst nach 30 Tagen bezahlt.

b) Wie verändert sich Ihr Ergebnis von a), wenn die Reifen Roesch GmbH immer mit Skontoabzug die Rechnungen begleicht?

5. Angenommen, der Lieferant B fällt aus. Welche zusätzlichen Entscheidungskriterien würden Sie zur Entscheidung heranziehen (Bild, Seite 240)?

6.3 Beschaffungsdurchführung

Bestellung und Bestellannahme

Die Durchführung einer geplanten und angebahnten Beschaffungsmaßnahme wird durch eine Bestellung eingeleitet.

Obwohl bereits durch das Angebot und die darauf erfolgte Bestellung ein Kaufvertrag zustande gekommen ist, wird in der Praxis sehr häufig die eingegangene Bestellung nochmals bestätigt. Das kaufmännische Bestätigungsschreiben dient demnach dazu, einen bereits mündlich oder telefonisch getätigten Vertragsabschluss schriftlich zu bestätigen (Auftragsbestätigung).

Lieferungsüberwachung

Die vereinbarten Lieferzeiten müssen überwacht werden. Für diese Terminkontrolle werden verschiedene Hilfsmittel verwendet:

1. Der einfache Terminkalender erfüllt in kleinen Unternehmen vollkommen seinen Zweck.
2. Bei der Führung eines Bestellbuches wird jede Bestellung unter laufender Nummer mit Angabe des Lieferanten und des vereinbarten Liefertermins eingetragen. Da in einer besonderen Überwachungsspalte der Eingang der bestellten Ware vermerkt ist, sind unerledigte Bestellungen deutlich erkennbar.
3. Die Ablage der Bestelldurchschläge kann auch zeitlich nach Liefertagen erfolgen in Terminmappen und Terminordnern (mit Tageseinteilung), in Terminkarteien (mit Tages- und Monatskarteien) und Terminschränken (mit Tagesfächern).
4. Die Terminüberwachung mittels DV erfolgt meist mithilfe einer integrierten Unternehmenssoftware (Warenwirtschaftssystem). Die gespeicherten Liefertermine können jederzeit und sofort abgerufen werden.

Wareneingang und Wareneingangskontrolle (Kapitel 5.4.5)

Die bestellten Waren müssen mangelfrei und rechtzeitig geliefert werden. Damit hat der Lieferant eine seiner Kaufvertragsverpflichtungen erfüllt. Allerdings ist es notwendig, die Vertragserfüllung zu überwachen, um rechtzeitig Ansprüche aus Erfüllungsstörungen geltend machen zu können.

Rechnungsprüfung

Die Eingangsrechnungen sind generell zu überprüfen auf ihre	
sachliche Richtigkeit	Stimmt die Rechnung mit der Bestellung nach der Menge, der Art, dem Preis, den Lieferungs und Zahlungsbedingungen überein?
rechnerische Richtigkeit	Stimmen die Netto- und Bruttopreise, die Frachtkosten bzw. die Nachlässe mit den Vereinbarungen im Kaufvertrag überein?

Erst nach durchgeführter Prüfung darf die Rechnung gebucht und gezahlt werden.

Bei Eingangsrechnungen hat der Käufer zu entscheiden, ob er sie unter Abzug von Skonto bezahlen kann und will oder ob er das vom Lieferanten eingeräumte Zahlungsziel in Anspruch nehmen möchte. Danach richten sich die Zahlungstermine. Der Terminüberwachung dienen:

- DV-mäßig gespeicherte Zahlungstermine,
- Terminmappen, in die die Rechnungen, nach den Zahlungsterminen geordnet, eingelegt werden.

Zahlung

Wenn der Zahlungstermin erreicht ist, dann wird die Begleichung der Eingangsrechnung vorbereitet. Hierbei ist der eventuell in Anspruch genommene Skonto zu berücksichtigen.

Zunächst ist für den Zahlungsausgang ein Buchungsbeleg zu erstellen. Anschließend ist die Zahlung zu buchen.

▶ Aufgaben und Probleme

1. »Eine genaue Wareneingangskontrolle erhöht die Zufriedenheit unserer Kunden.« Nehmen Sie zu dieser Aussage Stellung.
2. Welche Tätigkeiten sind bei der Rechnungsprüfung durchzuführen?
3. Welche rechtliche Bedeutung haben
   a) die Überwachung der Lieferfristen,
   b) die Prüfung des angelieferten Materials,
   c) die Prüfung der Eingangsrechnung?
4. Welche Bedeutung hat der Rechnungseingangsstempel?
5. Welche Fehler können in einer Eingangsrechnung gefunden werden?
6. Welche wirtschaftliche Bedeutung hat eine sorgfältige Überwachung der Zahlungstermine?
7. Beschreiben Sie einen Beschaffungsprozess eines Möbelherstellers. Erläutern Sie das Vorgehen und erstellen Sie die notwendigen Dokumente. Präsentieren Sie Ihre Ergebnisse.

Zusammenfassende Übersicht zu Kapitel 6.3: Beschaffungsdurchführung

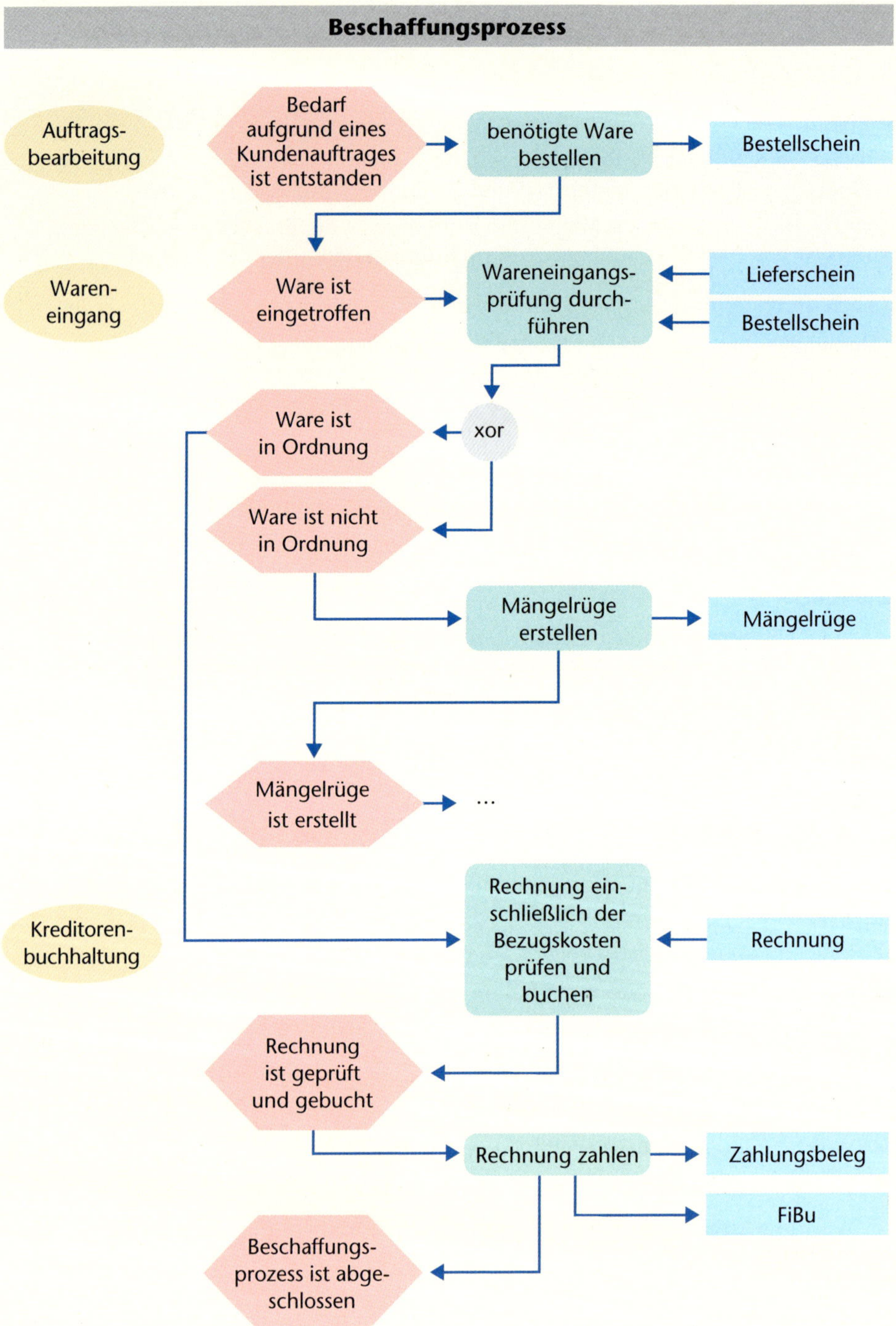

7 Marketing

7.1 Wesen des Marketings*

Markt- und Kundenorientierung als Grundlage für unternehmerisches Handeln

Ein Unternehmen unterhält vielfältige Beziehungen zu Kunden, Lieferanten, Konkurrenten, zu den Mitarbeitern, zu Behörden und zur gesamten Öffentlichkeit.

Beschaffungsmarkt		Unternehmen			Absatzmarkt
Lieferanten Anbieter von Waren	↔	**Nachfrager** nach Waren	**Anbieter** von Waren	↔	**Kunden** Nachfrager nach Waren

Um bestehen zu können, muss das Unternehmen den Anforderungen der Märkte entsprechen. **Unternehmerisches Handeln ist also marktorientiert,** d. h. auf die Märkte ausgerichtet. Ein erfolgreiches Unternehmen hat folgende Maßnahmen zu ergreifen:

Maßnahme	Merkmal
Marktforschung	Verschaffung der notwendigen Marktkenntnisse
Produkt-, Programm- und Sortimentspolitik	Produktion kundengerechter Erzeugnisse
Preis- und Konditionenpolitik	Kalkulation kostendeckender und konkurrenzfähiger Preise
Kommunikationspolitik	Weckung von Nachfrage, Gewinnung von Informationen, Förderung des Unternehmensimages
Distributionspolitik	Schaffung der Vertriebswege zum Kunden
Kundenakquise und -bindung	Erschließung neuer Kunden, Pflege der Beziehungen zu den alten Kunden
Marketing-Mix	Auswahl der geeigneten Instrumente, um die Märkte zu gestalten
Marketingcontrolling	Überprüfung der Maßnahmen auf ihre Wirksamkeit

Als **Marketing** bezeichnet man die **systematische Informationsgewinnung** über Marktgegebenheiten und die **zielgerichtete Konzeption** und **Durchführung marktbezogener Aktivitäten** eines Anbieters gegenüber Nachfragern.

Alle Maßnahmen der **planmäßigen Gestaltung** eines **Absatzmarktes** gehören zum Absatzmarketing.

* In diesem Kapitel wird nur das Absatzmarketing behandelt und hierfür der Begriff »Marketing« verwendet.

Aspekte des Marketings

Strategisches und operatives Marketing

strategisches Marketing
(Marketingplan für 3–5 Jahre)

legt die grundlegenden Ziele, Grundsätze und Strategien der Marktbearbeitung fest

Konkretisierung →

operatives Marketing
(Marketingplan für 1 Jahr)

↓

Marketing-Mix

7.2 Marketingpolitische Zielsetzungen als Grundlage für ein strategisches Marketing

7.2.1 Ziele des Marketings

Die gesamten unternehmerischen Aktivitäten orientieren sich am Absatzmarkt **(Kunden- und Marktorientierung).** Im Mittelpunkt steht immer die Frage: »Was kann verkauft werden?«

An der Spitze des Zielsystems eines Unternehmens steht das ökonomische Ziel, Gewinn zu erzielen; daneben werden häufig soziale und ökologische Ziele verfolgt. Dieses Zielbündel soll durch die Versorgung der Märkte mit Gütern erreicht werden. Dazu müssen die Märkte beeinflusst werden. Um dies optimal umzusetzen, können folgende Marketingziele als Unterziele formuliert werden:

Marktbezogene Ziele des Marketings

Marketingziele

ökonomische

Absatz- bzw. Umsatzsteigerung
- Weckung neuer Bedürfnisse
- Auffinden von Marktlücken und -nischen

Erhöhung des Marktanteils
- Stärkung der Marktposition
- Sicherung der Zukunft des Unternehmens

psychologische

Image- und Bekanntheitspflege
- Information der Öffentlichkeit
- Gewinnung von Vertrauen und Wohlwollen

Kundenakquise/ Kundenbindung
- Gewinnung von Neukunden
- Erhöhung der Kundenzufriedenheit
- Schaffung eines Markenbewusstseins

Die ökonomischen Ziele lassen sich zahlenmäßig exakt formulieren, bei den psychologischen ist dies nicht möglich.

Beispiele:

1. Steigerung des Umsatzes um 500.000 EUR
2. Stärkung des Images als ökologisch verantwortliches Unternehmen

Darüber hinaus lassen sich auch Ziele formulieren, die sich an den Marketinginstrumenten ausrichten:

Ziele des Marketings nach den Marketinginstrumenten

produkt- und sortimentspolitische Ziele	preis- und konditionenpolitische Ziele	kommunikationspolitische Ziele	distributionspolitische Ziele
z. B. – Angebot von Spitzenprodukten, Massenprodukten etc. – Image der Leistungen – Markenimage – Markeneinstellung	z. B. – Preisstabilisierung – Preisanhebung – Preiskontrolle – Preissenkung – Zahlungsbeschleunigung	z. B. – Wecken von Aufmerksamkeit – Informieren der Kunden – Aufbau einer positiven Kundeneinstellung – Stärkung der Kaufabsicht	z. B. – Qualität der Kundenbeziehung – Lieferungsflexibilität und -beschleunigung – Senkung der Logistikkosten

7.2.2 Marketingstrategien

Die **Marketingstrategie** ist der **langfristige Gesamtplan** zur Entwicklung und zum Einsatz passender Marketinginstrumente für die **Erreichung der Marketingziele** des Unternehmens.

Häufig werden vier Strategien für das Marketing unterschieden:

Markt / Produkt	alt	neu
alt	**Marktdurchdringung** Ausnutzung des Marktpotenzials durch – Nachfragesteigerung bei bisherigen Kunden – Gewinnung von Neukunden – Abwerbung von Kunden	**Marktentwicklung** Erschließung neuer Märkte – Schaffung von Zusatznutzen für die Produkte – Erweiterung des Verkaufsgebietes – Schaffung von Teilmärkten (Marktsegmentierung)
neu	**Produktentwicklung** Neuentwicklung und Verbesserung der Produkte	**Diversifikation** Schaffung neuer Betätigungsfelder durch Aufnahme neuer Produkte oder Dienstleistungen in das Programm

Zusammenfassende Übersicht zu Kapitel 7.2: Marketingpolitische Zielsetzungen als Grundlage für ein strategisches Marketing

Marketingziele

orientiert am Markterfolg	orientiert an Marketinginstrumenten
– **ökonomische Ziele** – Absatz- und Umsatzsteigerung – Erhöhung des Marktanteils – **psychologische Ziele** – Image- und Bekanntheitspflege – Kundenakquise und Kundenbindung	– **produkt- und sortimentspolitische Ziele** – **preis- und konditionenpolitische Ziele** – **kommunikationspolitische Ziele** – **distributionspolitische Ziele**

Marketingstrategie
→ langfristiger Plan

Marktdurchdringung	Marktentwicklung	Produktentwicklung	Diversifikation

▶ Aufgaben und Probleme

1. Erläutern Sie, warum Märkte für ein Unternehmen Ziel- und Bezugsobjekte darstellen.
2. Joachim Egert und Dietrich Keller beabsichtigen, ein Großhandelsunternehmen zum Vertrieb ökologischer Möbel, die Natur Pur KG in Heilbronn, zu eröffnen. Die beiden wollen Marketingziele formulieren und eine sinnvolle Marketingstrategie entwerfen.

   Bearbeiten Sie in Gruppen folgende Aufgabenstellungen:

   1. Begründen Sie, warum eine Zielformulierung wichtig ist.
   2. Formulieren Sie sinnvolle Ziele für die Natur Pur KG.
   3. Entscheiden Sie sich für eine Marketingstrategie und begründen Sie diese.
   4. Stellen Sie Ihre Ziele und Strategie der Klasse vor.

7.3 Beschaffung von Informationen durch Marktforschung

Bei der **Marktforschung** werden **Daten** über ausgewählte Märkte **erhoben, analysiert** und **interpretiert.**

7.3.1 Gegenstand und Bedeutung der Marktforschung

Marktanalyse – Marktbeobachtung

Die **Marktanalyse** ist eine einmalige punktuelle Darstellung der Marktsituation zu einem bestimmten **Zeitpunkt.** Es werden nur die Daten erhoben, die gerade aktuell sind und so für Entscheidungen herangezogen werden können.

Die **Marktbeobachtung** umfasst einen **Zeitraum** und liefert deswegen umfangreichere Informationen. Ziel ist es, fortlaufend die Veränderungen und die Entwicklungen des Marktes zu verfolgen.

Primär- und Sekundärforschung

▶ Primärforschung

Wird Quellenmaterial direkt erhoben und ausgewertet, spricht man von Primärforschung **(»field research«).** Diese Primärerhebungen werden entweder von unternehmenseigenen Forschungsstellen oder im Auftrag von externen Marktforschungsinstituten durchgeführt.

Methoden der Primärforschung				
	Erhebungsmethode			
	Befragung Interview	Befragung Panel	Beobachtung	Experiment
Merkmale	**Erfragen** von Meinungen, Einstellungen, Motiven, Verhaltensweisen	**wiederholte Befragung** eines repräsentativen Personenkreises	Feststellung von Verhaltensweisen durch **Beobachtung**	**Erprobung** einer neuen Maßnahme vor ihrer Einführung
Formen	– **mündliche** Befragung – **schriftliche** Befragung	**Haushalts-, Einzelhandels-, Großhandels-, Industriepanel**	– **Selbstbeobachtung** im eigenen Unternehmen – **Fremdbeobachtung** im fremden Unternehmen	– **Feldexperiment** auf einem Testmarkt – **Laborexperiment** bei künstlichen Bedingungen
Befragtenauslese	**Stichprobenauswahl:** – Zufallsauswahl – Quotenauswahl (Auswahl, die der Bevölkerungsstruktur entspricht)		keine Auslese, Personen befinden sich zufällig im Beobachtungsfeld	Auswahl nach bestimmten Bedingungen
Forschungsbereich	z. B. Käuferverhalten, Kaufgewohnheiten, Wünsche	z. B. Wirkung von Aktivitäten, Kennzahlen	z. B. Schaufensterwirkung auf Passanten	z. B. Produktmodelle, Verpackungen

▶ Sekundärforschung

Als Sekundärforschung **(»desk research»)** bezeichnet man die Auswertung außer- und innerbetrieblichen Quellenmaterials, das bereits vorhanden ist. Es wurde eventuell ursprünglich für andere Zwecke erhoben.

außerbetriebliches Sekundärmaterial	innerbetriebliches Sekundärmaterial
– Jahrbücher, Marktberichte und Internetveröffentlichungen statistischer Ämter (www.destatis.de) – Ermittlungen privater Marktforschungsinstitute – Berichte von Fachverbänden und Handelskammern – Veröffentlichungen von Banken zur Wirtschaftslage	– Buchhaltung – Betriebsstatistik – Korrespondenz mit Kunden und Lieferanten – Berichte der Marketingmitarbeiter im Innen- und Außendienst

Aufbereitung und Auswertung des Materials

Das Sekundär- und Primärmaterial muss für die Bedürfnisse des Unternehmens aufbereitet und ausgewertet werden. Durch Errechnung von Kenn- und Richtzahlen lassen sich aus den Ergebnissen der Marktforschung Schlüsse ziehen und Planzahlen für die betriebliche Marktpolitik ermitteln.

7.3.2 Marktprognose

Die Marktprognose baut auf den Ergebnissen der Marktforschung auf. Durch die Studie der vergangenen Entwicklung und des heutigen Zustands der Märkte versucht man, die **zukünftige Marktentwicklung** abzuschätzen und vorauszuberechnen. Diese Zukunftseinschätzung ist immer mit einem Risiko verbunden. Dieses kann durch eine möglichst umfassende Erhebung und Auswertung von Daten und Erfahrungen abgemildert werden.

Zusammenfassende Übersicht zu Kapitel 7.3: Beschaffung von Informationen durch Marktforschung

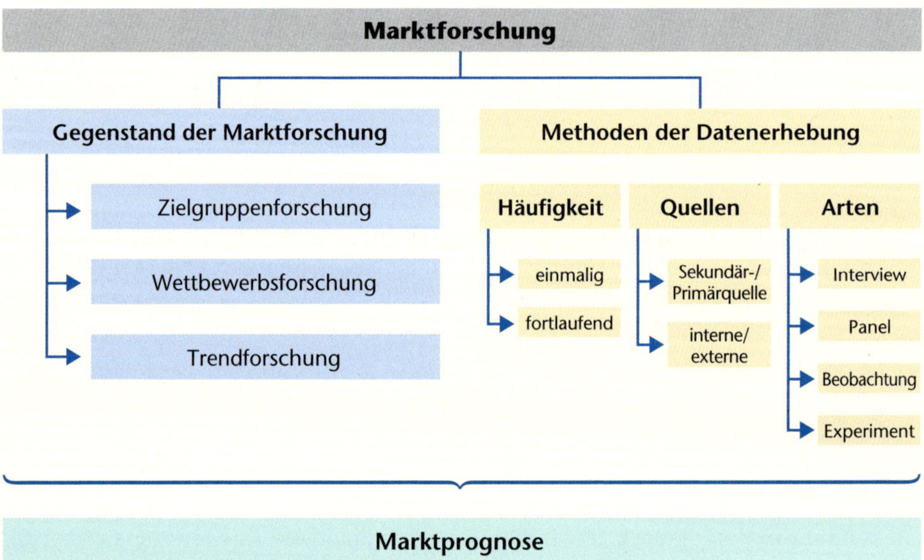

▶ Aufgaben und Probleme

1. Nennen Sie Vor- und Nachteile der Primärerhebung gegenüber der Sekundärerhebung.
2. Nennen Sie Anwendungsbereiche, für die sich die einzelnen Methoden der Primärforschung besonders eignen.
3. Entwerfen Sie einen Fragebogen, mit dem Sie die Erfahrungen der Abnehmer eines neuen Brotaufstrichs erfragen, um gegebenenfalls neue Absatzstrategien vorzubereiten.
4. Welche Folgerungen können aus folgenden Ergebnissen der Marktforschung für das Marketing abgeleitet werden?
   a) Die Bevölkerung ist zunehmend verärgert über den übermäßigen Verpackungsaufwand.
   b) Die Bevölkerung interessiert sich immer stärker für Sportsendungen im Fernsehen.
   c) 50 % der Fans während der Fußballweltmeisterschaft in Brasilien waren weiblich.
   d) Die Bevölkerung ist wieder bereit, mehr Geld für Konsumgüter auszugeben. Jedoch herrscht bei Luxusgütern deutliche Kaufzurückhaltung.
5. Erläutern Sie mögliche Risiken, die sich aus der Erstellung einer Marktprognose ergeben.
6. Joachim Egert und Dietrich Keller beabsichtigen ein Großhandelsunternehmen zum Vertrieb ökologischer Möbel, die Natur Pur KG in Heilbronn, zu eröffnen. (Die Teilaufgaben a)–c) können in arbeitsteiliger oder arbeitsgleicher Gruppenarbeit bearbeitet werden.)
   a) Zur Festlegung der Marketingstrategie und -instrumente soll eine Marktforschung betrieben werden.
      - Erläutern Sie, was die Natur Pur KG durch Marktforschung in Erfahrung bringen will.
      - Begründen Sie, ob die Natur Pur KG eine Marktbeobachtung, Marktanalyse oder Marktprognose betreiben sollte.
      - Erläutern Sie, mit welchen Methoden Sie die gesuchten Daten in Erfahrung bringen würden.
   b) Die beiden Jungunternehmer wollen kleinere und mittlere Möbelhäuser, aber auch Passanten in Fußgängerzonen mit einem Fragebogen ansprechen.
      - Stellen Sie in arbeitsteiligen Kleingruppen zusammen, welche Informationen sich die beiden erhoffen.
      - Entwerfen Sie jeweils einen Fragebogen für die beiden Zielgruppen.
      - Stellen Sie Ihre Fragebogen im Plenum vor und erläutern Sie, welche Informationen Sie sich dadurch erhoffen.
      - Vergleichen und diskutieren Sie die Unterschiede der Fragebogen je nach Zielgruppe der Befragung.

7.4 Produkt- und Sortimentspolitik

7.4.1 Produktpolitik

Produktpolitik ist die kundenorientierte **Entwicklung** und **Veränderung von Produkten** durch den Hersteller unter Mitwirkung des Händlers.

Zur Produktpolitik gehören die Elemente Produktgestaltung, Produktveränderung und Produktinnovation.

Produktgestaltung

Ein Kernbereich des Marketings ist die optimale Ausgestaltung bzw. Kombination von Produkteigenschaften und produktbegleitenden Serviceleistungen. Zur Produktgestaltung zählen einerseits die Festlegung der Funktions- und Gebrauchseigenschaften **(Grundnutzen)** einschließlich Stoffqualität, Lebensdauer und evtl. Wiederverwertbarkeit, andererseits auch Produktdesign, Gestaltung der Verpackung, Markenimage, Kundendienst **(Zusatznutzen).**

Produktveränderung

▶ Produktvariation

Produkte müssen laufend angepasst und verbessert werden.

Variation	Ursachen für Variation	Beispiel
in den **Produktfunktionen**	Veränderung des Stands der Technik, wachsende Sicherheitsbedürfnisse, Umweltschutzvorschriften	Mobiltelefon mit Internetzugang
im **Design**	Geschmacks- und Modewandel	grellbunte Softgetränke in 0,33-Liter Klarglasflaschen
im **Nutzen**	neue Zusatzleistungen, die das Produkt attraktiv erhalten und es von der Konkurrenz abheben	Mobiltelefone mit verschiedenen Apps
in der **Verpackung**	Bedeutung als Informationsträger, zur Visualisierung des Produktes, als Werbeträger	Kreditkarten mit den Logos der ausgebenden Kundenbank

▶ Produktdifferenzierung

Die unterschiedliche Ausgestaltung der Angebotspalette eines Produktes nennt man **Produktdifferenzierung.**

Differenzierung nach	Erläuterung	Beispiel
dem **Namen** des Produktes	Produkte des gleichen Unternehmens werden unter verschiedenen Markennamen oder als sogenannte »No-Name-Produkte« angeboten.	Eiscreme eines Markenanbieters als Handelsmarke bei einem Discounter
den **Eigenschaften** des Produktes	Produkte mit unterschiedlichen Eigenschaften, Geschmacksrichtungen usw. existieren nebeneinander auf dem Markt oder sind zeitlich begrenzte Sondermodelle.	Erfrischungsgetränke mit unterschiedlichen Geschmacksrichtungen

der **Verpackung** des Produktes	Mit verschiedenen Verpackungsgrößen werden unterschiedliche Käuferschichten angesprochen.	Schokoladenriegel in Miniversion
dem **Zusatznutzen**	Ergänzend zum bisherigen Nutzen eines Produktes werden weitere Eigenschaften oder Dienstleistungen angeboten.	Limonadengetränk mit ACE-Zusätzen, Installationsservice beim Werkzeugmaschinenkauf

▶ Produktdiversifikation

Hierunter versteht man die **Einführung neuer Produktlinien.** Ziele der Diversifikation sind fast immer Risikoverteilung (mehrere Standbeine) und damit Gewinnsteigerung oder aber auch das Wachstum in neue Märkte hinein.

Arten der Diversifikation	Erläuterung	Beispiel
horizontale Diversifikation	Nimmt neue Produkte in das Programm auf, die auf einem Markt angeboten werden, den das Unternehmen bereits bedient.	Eine Brauerei nimmt Mixgetränke in ihr Programm auf.
vertikale Diversifikation	Ergänzt das Programm um Leistungen der vor- oder nachgelagerten Produktions- bzw. Leistungsstufe.	Ein Küchenmöbelgroßhändler kauft einen Küchenmöbelhersteller auf.
laterale Diversifikation	Nimmt neue Leistungen in das Programm auf, die in keinem Zusammenhang mit dem bisherigen Leistungsangebot des Unternehmens stehen.	Eine Handelskette für Befestigungssysteme steigt in die Produktion von Solarmodulen ein.

Produktinnovation

▶ Produktneugestaltung

Darunter versteht man die fortschrittlichere Lösung eines technischen Problems bei einem vorhandenen Produkt.

Beispiele: Verwendung von korrosionsbeständigen Kunststoffen für den Fahrzeugbau, Entwicklung von digitalen Fotoapparaten, Herstellung von abrieb- und rutschfesten Straßenbelägen aus Recycling-Material

▶ Produktentwicklung

Darunter versteht man die Entwicklung und Gestaltung eines neuen Produktes, das noch nicht am Markt eingeführt ist (z.B. Smartphone). Sie ergibt sich aus der Kenntnis einer Marktlücke.

▶ Entwicklung einer Markteinführungsstrategie

Die erfolgreiche Markteinführung eines neuen Produktes setzt eine sorgfältig geplante Einführungsstrategie voraus. Hierbei kann sich ein Unternehmen an einem Katalog von Leitfragen orientieren:

- Wann soll das neue Produkt eingeführt werden?
- Welche Marketingaktivitäten sollen bereits vor der Produktverfügbarkeit durchgeführt werden?
- An welche Zielgruppen und auf welchen geografischen Märkten soll das Produkt vermarktet werden?
- Wie sollen Kommunikationspolitik, Preise und Vertrieb bei der Markteinführung gestaltet sein?

7.4.2 Sortimentspolitik

Sortimentspolitik ist die kundenorientierte **Auswahl der Produkte** und **Dienstleistungen,** die ein Handelsunternehmen am Markt anbietet.

Elemente der Sortimentspolitik

- Sortimentsgestaltung
- Dienstleistungsgestaltung
- Markenmanagement

Sortimentsgestaltung

Im Rahmen der Sortimentsgestaltung ist zunächst die Entscheidung bezüglich der **Sortimentsbreite** und **Sortimentstiefe** zu treffen.

Gestaltung des Sortiments nach der		Beispiel
Sortimentsbreite (Anzahl der unterschiedlichen Produkte)	**breites Programm:** viele verschiedene Produkte	Ein Möbelhersteller produziert Schlafzimmer-, Wohnzimmer-, Kinderzimmer-, Küchenmöbel und bietet als Handelsware Küchenelektrogeräte und Lampen an.
	schmales Programm: wenig verschiedene Produkte	Ein Möbelhersteller fertigt nur Holzregale.
Sortimentstiefe (Anzahl der Varianten gleichartiger Produkte)	**tiefes Programm:** Produkte in vielen Varianten	Ein Textilhersteller fertigt Krawatten in unzähligen Farben und Mustern.
	flaches Programm: Produkte in wenigen Varianten	Herstellung nur weniger gängiger Brotsorten in einer Brotfabrik.

Nach der **Wichtigkeit der angebotenen Produkte** unterscheidet man:

Das **Kernsortiment** stellt den Hauptbestandteil des Sortiments dar. Häufig wird nahezu der gesamte Umsatz und Gewinn mit dem Kernsortiment erzielt.

Das **Randsortiment** ergänzt das Kernsortiment. Der Abnehmer empfindet es als eine besondere Serviceleistung des Unternehmens, dass diese Artikel das Gesamtsortiment abrunden.

Bei der Entscheidung über die grundlegende Sortimentsstruktur sind Verbundwirkungen zu berücksichtigen. Beim **Sortimentsverbund** handelt es sich um die gezielte Zusammenstellung von Artikeln, Artikel- oder Warengruppen. Der Handel möchte erreichen, dass Kunden bestimmte Artikel mehr oder weniger eng gedanklich zusammenfassen, damit sie diese bei einem anstehenden Einkauf gemeinsam kaufen.

Es lassen sich verschiedene Verbundtypen unterscheiden.

Beispiele:

1. Felgen und Reifen im Sortiment des Reifengroßhändlers.
2. Autohäuser beziehen über den Reifengroßhändler auch sonstiges Autozubehör wie Werkzeug für die Radmontage oder Scheibenwischer.
3. Im Herbst stehen an der Kasse des Reifengroßhändlers Türschlossenteiser, Eiskratzer usw.

Ein weiteres Entscheidungsfeld im Rahmen der Sortimentsgestaltung bezieht sich auf **Sortimentsveränderungen.** Hier geht es darum, das bestehende Sortiment im Rahmen der **Sortimentserweiterung, Sortimentsbeschränkung** sowie **Sortimentsbereinigung** zu optimieren.

Beispiel: Die Reifen Roesch GmbH erweitert das Reifensortiment im Bereich Erdbewegungsfahrzeuge, da sie sich hier zum alleinigen Spezialanbieter in der Region entwickelte und beschränkt sich bei Pkw-Reifen auf Markenreifen. Vollgummireifen (z. B. für mobile Kreissägen) nimmt sie wegen zu geringer Nachfrage aus dem Programm.

Dienstleistungsgestaltung

Nach dem Zeitpunkt der Dienstleistung unterscheidet man:

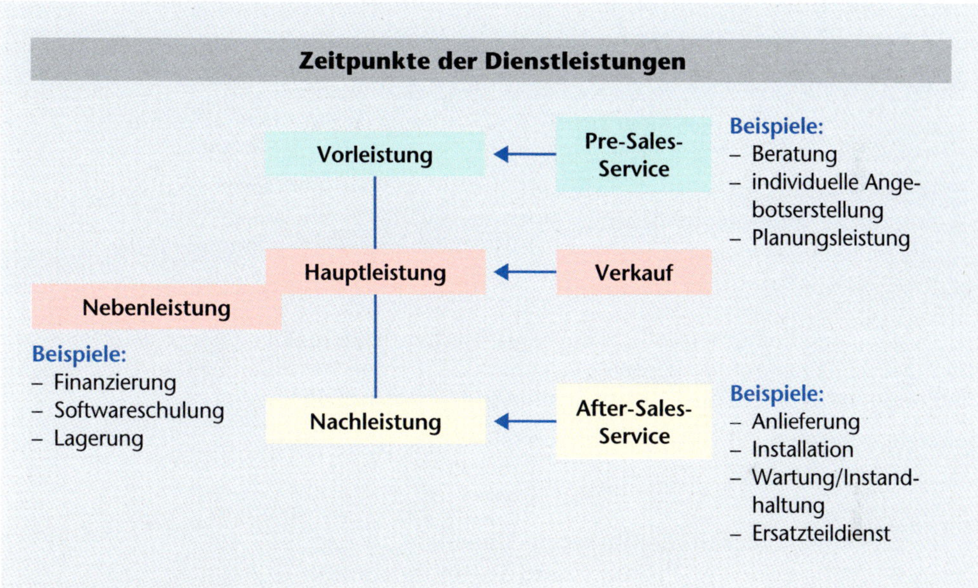

Nach dem Unternehmensbereich unterscheidet man zwischen kaufmännischen und technischen Dienstleistungen:

kaufmännische Dienstleistungen	technische Dienstleistungen
– Verkaufsberatung, Information – Finanzierung – Hotline, Online-Dienste – Abwicklung von Gewährleistung, Garantieleistung – Ersatzteildienst – Kundenparkplätze, Cafeteria	– Installation, Inbetriebnahme – Wartung, Inspektion, Reparatur – Gewährleistung, Garantieleistung – Ersatzteildienst – Schulung, Betriebs- und Gebrauchsanleitung

Finanzdienstleistungen

Finanzdienstleistungen haben im Rahmen der kaufmännischen Dienstleistungspolitik eine große Bedeutung. Sie sind gegenüber dem Abnehmer wirksame Mittel zur Erleichterung, oft sogar Voraussetzung für einen erfolgreichen Absatz. Zu den Finanzdienstleistungen zählen die Finanzierungsberatung, das Absatzleasing, die Gewährung von Kundendarlehen bzw. die Kreditvermittlung, das Abzahlungsgeschäft und der Kreditverkauf.

Markenmanagement

Für Hersteller und Händler haben Marken eine besondere Bedeutung. Sie bewirken bei Kunden ein Markenbewusstsein, das die Kundenbindung fördert.

Als **Herstellermarken** werden Marken bezeichnet, unter denen Hersteller ihre Artikel dem Endkunden anbieten. Sie stehen in Konkurrenz zu den **Handelsmarken.** Diese werden als Instrument der Kundenbindung von Handelsketten und Versandhäusern eingesetzt. Oft verbergen sich hinter den Handelsmarken Markenartikel namhafter Hersteller, die über Preisdifferenzierung verkauft werden.

Beispiele:

- Boss, Diesel, Nike, Timberland
- Die Kaufland GmbH & Co. KG führt als Handelsmarke die Linie K-Classic.

Vorteile von Handelsmarken	
für das Handelsunternehmen	**für den Kunden**
– unverwechselbares Sortiment – Abhebung von der Konkurrenz – Preisspielraum – Stärkung der Corporate Identity – innovative Produktgestaltung – Kundenbindung	– Erwerb preisgünstiger Waren – Substitutionsmöglichkeiten für Markenartikel – mit der Handelsmarke erhält er die Qualität des Markenproduktes – Einkaufsstättentreue

Die Zusammenarbeit unterschiedlicher Markenartikel-Unternehmen nennt man **Co-Branding** (Markenkooperation). Große Markenartikel werden bei einer Werbeaktion zusammen präsentiert, indem die Marken gemeinsam herausgestellt werden.

Beispiele: Lufthansa und Visa, Milka und Langnese

Zusammenfassende Übersicht zu Kapitel 7.4: Produkt- und Sortimentspolitik

Produkt- und Sortimentspolitik

Produktpolitik

- **Produktgestaltung**
- **Produktveränderung**
  - Produktvariation
  - Produktdifferenzierung
  - Produktdiversifikation
- **Produktinnovation**
  - Produktneugestaltung
  - Produktentwicklung

Sortimentspolitik

- **Sortimentsgestaltung**
  - Sortimentstiefe
  - Sortimentsbreite
  - Sortimentsverbund
- **Dienstleistungsgestaltung**
  - kaufmännische Dienstleistungen
  - technische Dienstleistungen
- **Markenmanagement**
  - Herstellermarken
  - Handelsmarken

▶ Aufgaben und Probleme

1. Stellen Sie fest, welche Art der Produktpolitik in den letzten Jahren vollzogen wurde in der Produktion von
   a) Personenkraftwagen,
   b) Mobiltelefonen.
2. Nennen Sie Beispiele aus Ihrem Erfahrungsbereich für
   a) Produktinnovation,
   b) Produktveränderung,
   c) Sortimentsverbund.
3. a) Stellen Sie das Produkt-Sortiment und das Dienstleistungs-Sortiment eines Unternehmens Ihrer Wahl jeweils in einem Schaubild dar und erläutern Sie dieses vor der Klasse.
   b) Ergänzen Sie die Strukturskizze mit den Dienstleistungen, aus der die zeitliche Anordnung als Haupt- und Nebenleistung sowie Vor- und Nachleistung hervorgeht.
4. Nennen Sie Möglichkeiten der Sortimentsveränderung für ein Unternehmen Ihrer Wahl.
5. Nennen Sie Beispiele einer Produktdifferenzierung und -diversifikation für die Produkte eines Unternehmens Ihrer Wahl.
6. Die Lachmann GmbH ist ein Großhandelsunternehmen für Heimwerkermaschinen, Geräte für Hobbygärtner und Geräte für den gewerblichen Gartenbau und öffentliche Einrichtungen. Sie vertreibt ihre Produkte in ganz Deutschland. Im vergangenen Geschäftsjahr erlitt sie starke Umsatzeinbußen. Aus diesem Grund wurde eine Marktanalyse in Auftrag gegeben. Diese hat ergeben, dass eine Produktdifferenzierung auf dem Sektor Heimwerkermaschinen zusätzliche Umsätze bringen könnte. Darüber sollen der Lieferant und Hersteller der Maschinen informiert und beraten werden.
   a) Unterbreiten Sie dem Hersteller der Maschinen zwei konkrete Vorschläge für diese Produktpolitik.
   b) Der Abteilungsleiter der Marketingabteilung ist der Ansicht, dass zudem eine deutliche Produktdiversifikation erstrebenswert sei. Erklären Sie an einem Beispiel, was bei der vorliegenden Produktpalette eine Produktdiversifikation wäre.
   c) Erläutern Sie zwei Gründe, die im Sinne des Abteilungsleiters für eine solche Produktpolitik sprächen.
7. Ordnen Sie den folgenden Aussagen die Begriffe Sortimentsbreite, Sortimentstiefe, Sortimentsbereinigung oder Sortimentserweiterung zu und begründen Sie Ihre Antworten.
   a) Eine Weingroßhandlung bietet Weine aus 30 verschiedenen Weinanbaugebieten an.
   b) Dieselbe Großhandlung hat 40 verschiedene toskanische Rotweine im Sortiment.
   c) Eine Süßwarengroßhandlung nimmt zum neuen Jahr Erfrischungsgetränke ins Sortiment auf.
   d) Aufgrund der Konkurrenz im Internet nimmt ein Großhandelsunternehmen für Bürobedarf sämtliche PC-Drucker-Patronen aus dem Programm.

8. Grenzen Sie durch Beispiele Herstellermarken von Handelsmarken ab und nennen Sie Beispiele.
9. Beschreiben Sie Vorteile, die die Positionierung von Handelsmarken für die Hersteller dieser Artikel hat.
10. Nennen Sie Markenkooperationen im Sinne eines Co-Brandings.

7.5 Preis- und Konditionenpolitik

Zur **Preis- und Konditionenpolitik** gehören alle Maßnahmen der **direkten** oder **indirekten Gestaltung des Preises.**

7.5.1 Preispolitik

Ein Unternehmen muss bei der Preisfestsetzung von unterschiedlichen Einflussgrößen ausgehen.

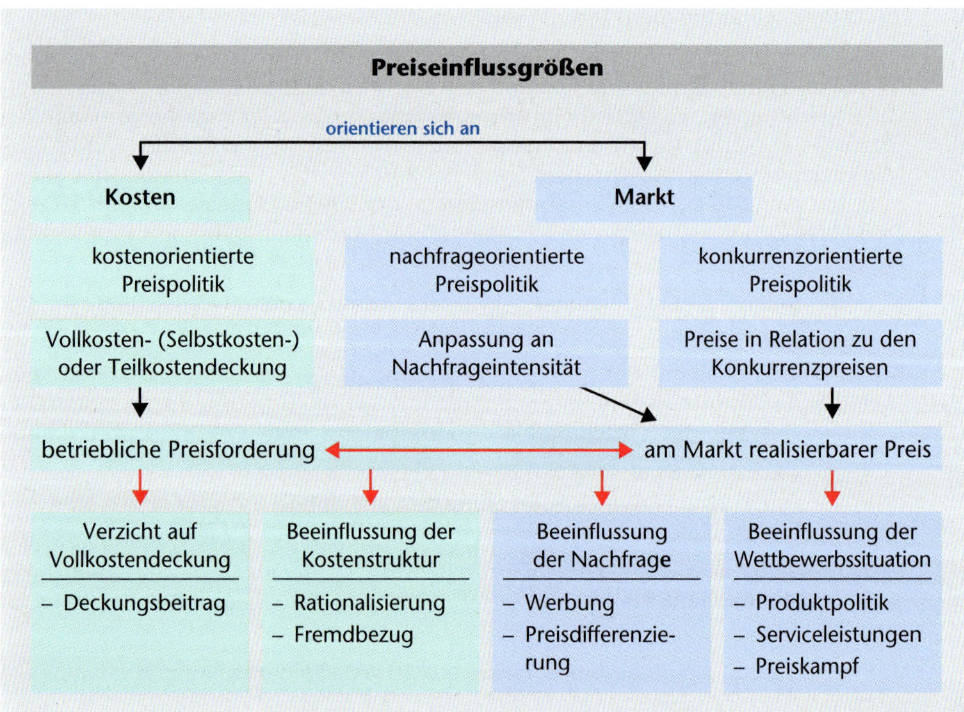

Kostenorientierte Preispolitik

Bei der kostenorientierten Preispolitik erfolgt die Preiskalkulation auf der **Grundlage der Selbstkosten je Stück zuzüglich Gewinnzuschlag.**

Die Kalkulation kann auf Basis der Voll- oder Teilkosten erfolgen.

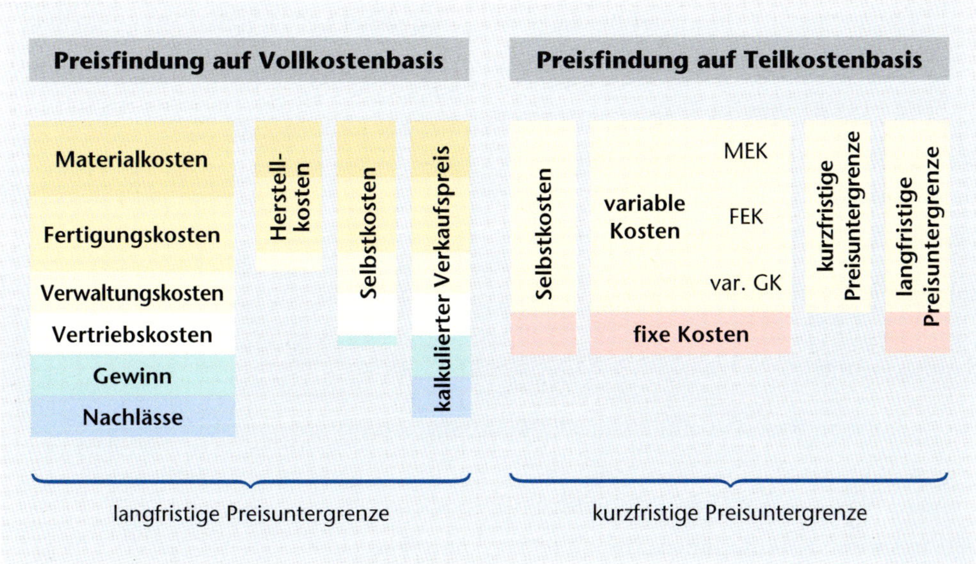

▶ Kalkulation der Selbstkosten

In Handelsbetrieben und Industriebetrieben unterscheidet sich die Kalkulation der Selbstkosten. Die weitere Kalkulation des Barverkaufspreises bis zum Listenpreis ist identisch.

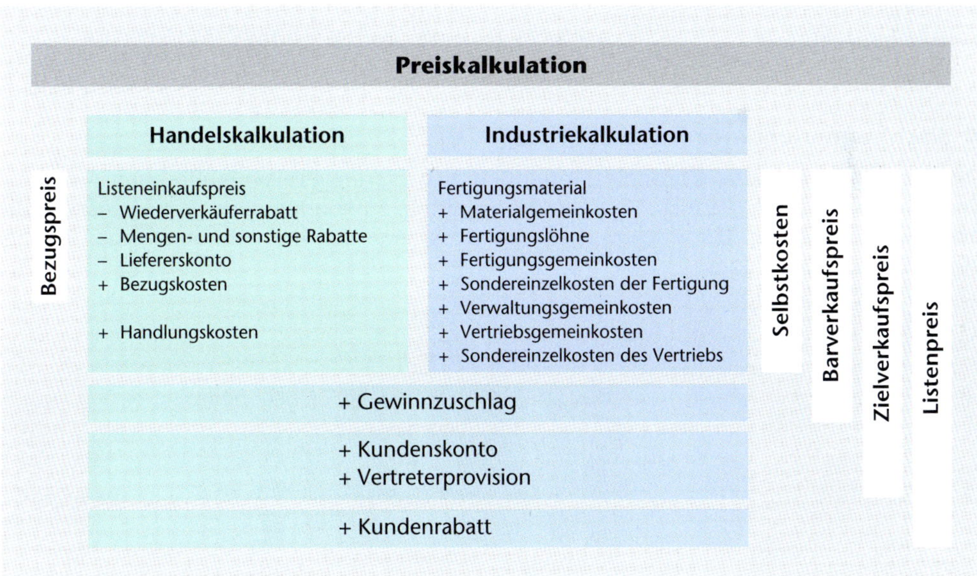

▶ Vereinfachte Kalkulation mittels Kalkulationszuschlag, Handelsspanne und Kalkulationsfaktor

Die Sätze für Handlungskosten, Gewinn- und Verkaufszuschläge (Rabatte, etc.) sind meist für alle Waren oder einzelne Warengruppen gleich. Daher kann die Verkaufskalkulation im Handel vereinfacht werden, indem man die einzelnen Zuschläge zu einem Gesamtzuschlag zusammenfasst und dem Bezugspreis zurechnet. Der Gesamtzuschlag entspricht dem Unterschied zwischen dem Bezugspreis und dem Nettoverkaufspreis und wird Rohgewinn genannt.

Der **Rohgewinn, in Prozent des Bezugspreises ausgedrückt,** heißt **Kalkulationszuschlag.**

Der **Rohgewinn, in Prozent des Nettoverkaufspreises ausgedrückt,** heißt **Handelsspanne.**

Beispiel:

Bezugspreis	=	480,00 EUR
Nettoverkaufspreis	=	750,00 EUR
Gesamtzuschlag (Rohgewinn)	=	270,00 EUR

Kalkulationszuschlag $= \frac{270{,}00 \text{ EUR}}{480{,}00 \text{ EUR}} \cdot 100 = \mathbf{56{,}25\ \%}$

Handelsspanne $= \frac{270{,}00 \text{ EUR}}{750{,}00 \text{ EUR}} \cdot 100 = \mathbf{36\ \%}$

Die Kalkulation lässt sich mithilfe des **Kalkulationsfaktors** vereinfachen.

Der **Kalkulationsfaktor** ist die Zahl, mit der der Bezugspreis vervielfacht werden muss, um den Nettoverkaufspreis zu erhalten.

Bezugspreis · Kalkulationsfaktor = Nettoverkaufspreis oder

$$\textbf{Kalkulationsfaktor} = \frac{\textbf{Nettoverkaufspreis}}{\textbf{Bezugspreis}}$$

Beispiel:

Kalkulationsfaktor $= \frac{750{,}00 \text{ EUR}}{480{,}00 \text{ EUR}} = \mathbf{1{,}5625}$ bzw. $480{,}00 \text{ EUR} \cdot \mathbf{1{,}5625} = 750{,}00 \text{ EUR}$

Nachfrageorientierte Preispolitik

Die nachfrageorientierte Preispolitik orientiert sich an den **Preisvorstellungen der Kunden.** Um die Preisvorstellungen der Kunden ermitteln zu können, muss das Unternehmen **Preistests** vornehmen. Diese werden auf der Grundlage von Kundenbefragungen durchgeführt.

Arten von Preistests		
	Inhalt	**mögliche Fragen an den Kunden**
Preis-Schätzungstest	Hier werden die Personen befragt, wie viel die Ware ihrer Meinung nach kosten sollte.	»Wie viel darf das vorgegebene Gut Ihrer Meinung nach kosten?«
Preis-Reaktionstest		»Halten Sie die Preise P1, P2, P3 … für die Ware X für – zu niedrig, – angemessen, – zu hoch?«
Preis-Kaufbereitschaftstest	Hier wird festgestellt, ob die befragten Personen eine bestimmte Ware zu vorgegebenen Preisen kaufen würden.	»Sind Sie bereit, die Ware zu einem Preis in Höhe von … Euro zu kaufen?« »Zu welchem Preis sind Sie bereit, die Ware zu kaufen?«
Preis-Klassentest		»Wenn Sie diese Ware kaufen möchten – wie viel würden Sie dafür maximal bezahlen?«

Konkurrenzorientierte Preispolitik

Bei starker Konkurrenz besteht nur ein geringer Spielraum für die selbstständige Preisfestsetzung durch das Unternehmen. Der Preis kann nur an den Preis der Konkurrenz angepasst werden. Dem Unternehmen bleibt dann nur eine entsprechende Mengenpolitik.

7.5.2 Direkte und indirekte Preisgestaltung

Direkte Preisgestaltung

▶ Nettopreise

Der Anbieter erlaubt keinerlei Preisabzüge. Die Vertragsklauseln lauten z. B. »Zahlbar netto Kasse« oder »Zahlbar ohne jeden Abzug«.

▶ Bruttopreise

Der Anbieter erlaubt, dass vom Rechnungsbetrag je nach der vertraglichen Vereinbarung Abzüge vorgenommen werden.

Beispiel: ab einem Abnahmewert von 2.000 EUR 2 %, ab einem Wert von 50.000 EUR 3 % Rabatt

- **Rabatte** sind Preisnachlässe vom gängigen Angebotspreis, die einzelnen Kunden gewährt werden.
- **Mindestabnahmemengen:** Sie stellen Mengenuntergrenzen für die einzelnen Waren dar.
- **Mindermengenzuschläge:** Will der Verkäufer den Abnehmer nicht zu einer Mindestabnahmemenge zwingen, so kann er ihm für kleinere Mengen einen Zuschlag für Mindermengen berechnen.

Indirekte Preisgestaltung

▶ **Lieferungs- und Zahlungsbedingungen** (Kapitel 2.6)

▶ **Dienstleistungen** (Kapitel 7.4.2)

7.5.3 Preisstrategien

Preispositionierungen

Ein Unternehmen kann verschiedene Strategien anwenden, um auf dem Markt einen bestimmten Preis durchzusetzen.

Preisstrategien	Arten/Beschreibung	Beispiele
Hochpreispolitik	– **Prämien-Preisstrategie** Es gilt ein **dauerhaft hoher Preis.**	iPhone von Apple
	– **Skimming-Preisstrategie** Ein zunächst **hoher Einführungspreis** für Marktneuheiten wird mit zunehmender Marktpräsenz zurückgenommen.	Die Preise für Smart-Phones gehen ständig zurück.

Preisstrategien	Arten/Beschreibung	Beispiele
Niedrigpreispolitik	– **Penetrations-Preisstrategie** Ein zunächst **niedriger Einführungspreis** wird nach Erreichen des Bekanntheitsgrades stufenweise erhöht.	Internetprovider bieten zunächst sehr kostengünstige Leistungen an, die nach Ablauf einer bestimmten Zeit deutlich teurer werden.
	– **Promotion-Preisstrategie** Es gilt ein **dauerhaft niedriger Preis.**	Discounter wie Aldi oder Lidl konkurrieren dauerhaft über billige Lebensmittel.

Psychologische Preisgestaltung

Die psychologische Preisgestaltung berücksichtigt verschiedene psychologische Aspekte bei der Festlegung des Verkaufspreises.

- **Schwelleneffekt:** Um Preise besser vergleichen zu können, setzen sich die meisten Kunden Preisschwellen:

  Beispiel: Butter für 99 Cent wird als billig empfunden, für 1,09 EUR dagegen als teuer.

- **Eckartikeleffekt:** Nur wenige preisgünstige Waren im Sortiment reichen aus, um das gesamte Warensortiment als günstig erscheinen zu lassen.

  Beispiel: Wenn Grundnahrungsmittel günstig sind, wird angenommen, dass alle andern Waren auch preisgünstig sind.

Mischkalkulation

Bei einer Mischkalkulation werden die Kosten den Waren nicht verursachungsgerecht belastet. Jede Ware »bekommt« nur die Kosten zugerechnet, die sie auch über den kalkulierten Preis am Markt verkraften kann. Dabei werden die Waren mit verschiedenen Spannen kalkuliert. Warenpreise mit niedrigeren Spannen als dem Durchschnitt werden als Ausgleichsnehmer bezeichnet, die mit einem höheren Preis als Ausgleichsgeber.

Beispiel: Ein Großhändler ermittelt für drei Waren kostenorientierte Nettoverkaufspreise. Die Ware I kann jedoch nicht über 30 EUR abgesetzt werden. Die Ware II hat dagegen einen Spielraum bis 50 EUR.

Ware	kostenorientierter Nettoverkaufspreis	marktorientierter Nettoverkaufspreis	
I	36,90 EUR	29,90 EUR	Ausgleichsnehmer
II	42,90 EUR	49,90 EUR	Ausgleichsgeber
III	55,35 EUR	55,35 EUR	
Durchschnitt	45,05 EUR	45,05 EUR	

Preisdifferenzierung

Bei der Preisdifferenzierung verlangt ein Unternehmen für Waren gleicher Art verschiedene Preise.

Preisdifferenzierung

personelle	räumliche	zeitliche
– verbilligte Treibstoffe für die Landwirtschaft – unterschiedliche Kraft- und Lichtstrompreise für Unternehmen und Haushalte – Personalrabatte – verschiedene Preise für Speise- und Industriesalze	– unterschiedliche Preise in Niedersachsen und Bayern – Einführungspreise an Orten, an denen eine neue Verkaufsniederlassung eingerichtet wurde, und Normalpreise an anderen Orten	– günstige Sonderangebote für Sommerartikel im Winter – Nachsaisonpreise für Skiausrüstungen – Sommer- und Winterpreise für Heizöl

produktbezogene	mengenmäßige
– verschiedene Produktvarianten wie Taschenbücher oder Hardcoverbücher – Waren zweiter Wahl	– Mengenrabatte – Sonderpreise für Großabnehmer von Strom, Gas und Wasser

Zusammenfassende Übersicht zu Kapitel 7.5: Preis- und Konditionenpolitik

Preispolitik

Markt		Kosten
nachfrageorientiert	konkurrenzorientiert	kostenorientiert

Konditionenpolitik

- **direkter Preiseinfluss**
  - Nettopreissystem (keine Abzüge möglich)
  - Bruttopreissystem (Rabattstaffeln)
  - Preiszuschläge
- **indirekter Preiseinfluss**
  - Zahlungsbedingungen
  - Zahlungsziel
  - Lieferungsbedingungen
  - Dienstleistungen

Preisstrategien

Preispositionierung	Mischkalkulation	Preisdifferenzierung	psychologische Preisgestaltung

▶ Aufgaben und Probleme

1. Entscheiden Sie anhand der folgenden Aussagen und Fragen, ob es sich um eine nachfrage-, konkurrenz- oder kostenorientierte Preisgestaltung handelt.
   a) Die angefallenen Kosten der Ware bestimmen den Preis.
   b) Man orientiert sich an den Leistungsverhältnissen der Mitbewerber.
   c) Welchen Preis sind die Kunden bereit zu zahlen?
   d) Die Preisbildung basiert auf einem möglichst niedrigen Endverbraucherpreis.
   e) Die Art der Preisbildung berücksichtigt Kaufkraft, Preisvorstellung sowie Preis- und Kaufbereitschaft der Kunden.
   f) Die Preisbildung berücksichtigt den subjektiv empfundenen Wert der Ware aus der Sicht des Käufers.
   g) Der Preis ist so gesetzt, dass ihn der Kunde gerade noch bezahlen will.
   h) Der Preis wird mithilfe der Kalkulation ermittelt.
   i) Eine Maßnahme der Preispolitik ist eine konsequente Preisunterbietung.
   j) Der Preis wird an den gängigen Marktpreis angepasst.
2. Auf einer Rechnung steht: »Ab einer Abnahmemenge von 100 Einheiten gewähren wir einen Nachlass von 10 %. Die Zahlung erfolgt in 30 Tagen netto Kasse, bei Zahlung innerhalb von 10 Tagen mit 2 % Abzug.«

   Erläutern Sie, um welche Preisnachlässe es sich handelt.
3. Unterscheiden Sie Rabatt, Skonto und Bonus und begründen Sie, warum diese eingesetzt werden.
4. Begründen Sie, ob Mindestabnahmemengen und Mindermengenzuschläge eine Benachteiligung der Kleinkunden darstellen.
5. Erläutern Sie an konkreten Beispielen die Arten der Preisdifferenzierung.

7.6 Kommunikationspolitik

Kommunikationspolitik ist die **planmäßige Gestaltung** und **Übermittlung von Informationen,** mit dem **Zweck,** die Adressaten (Kunden) in ihrem **Verhalten zu beeinflussen.**

7.6.1 Ziele der Kommunikationspolitik

Mit den Marketinginstrumenten werden ganz bestimmte, aus dem Gesamtzielsystem des Unternehmens abgeleitete Ziele verfolgt. Wichtige Ziele der Kommunikationspolitik beziehen sich auf

- den **Bekanntheitsgrad** sowie das **Image** des **Unternehmens** und seiner **Produkte** (einschließlich der Dienstleistungen),
- die **Einstellung** der Nachfrager **zum Unternehmen** und seinen **Produkten** sowie
- die **Kaufabsicht der Nachfrager** im Hinblick auf die Produkte.

Die Ziele der Kommunikationspolitik können anhand der sogenannten **AIDA-Formel** zugeordnet werden. Dieses Modell besagt, dass beim Kunden zunächst Aufmerksamkeit erzielt werden muss. Danach kann Interesse geweckt werden, worauf erst das Verlangen, der Wunsch nach dem Produkt entstehen kann. Dies löst schließlich ein bestimmtes Verhalten, z.B. den Kauf aus. Die Kommunikationspolitik erzielt dadurch Wirkung auf den Umsatz und den Gewinn des Unternehmens.

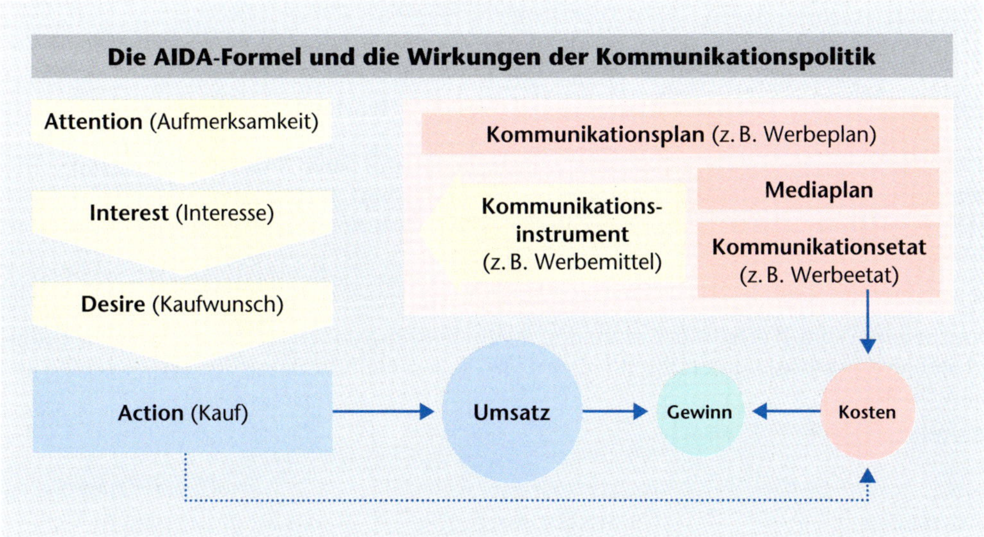

7.6.2 Instrumente der Kommunikationspolitik

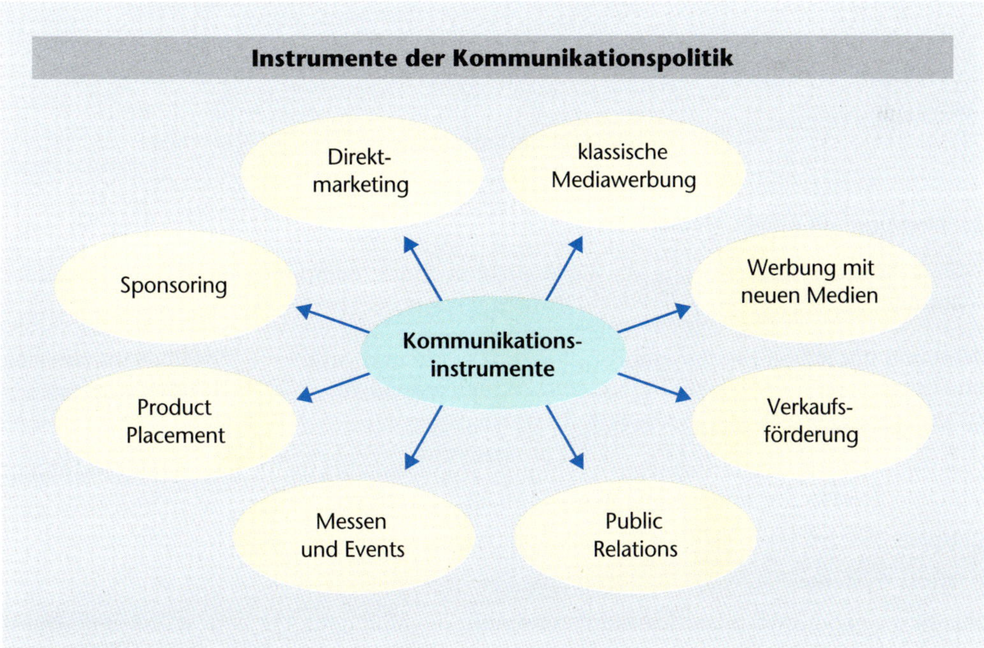

Breiteren Raum nimmt inzwischen wieder die Außenwerbung ein. Diese Werbung wird im öffentlichen Raum platziert.

Beispiele: Plakate auf Plakatwänden, elektronische Videoboards in U-Bahnhöfen, City-Light-Poster an Hauswänden; Werbeaufdrucke auf Bussen und Straßenbahnen

Werbeträger sind in zunehmendem Maße auch die Verbraucher selbst, indem sie Gegenstände benutzen, die mit dem Namen eines Markenartikels und/oder dem Firmenlogo bedruckt sind.

Beispiele: »Coca Cola« auf Windjacken, »Marlboro« auf T-Shirts, Fahrradtrikots mit »T-Mobil«-Werbung, »Lacoste« Brillen, »Boss« Feuerzeuge

▶ Werbemittel

Werbemittel sind **Gestaltungsformen,** mit denen die **Werbebotschaft übermittelt** wird.

Dazu bedarf es bestimmter Sachmittel, z.B. Papier (für eine Anzeige), Datenträger (für einen Hörfunkspot) oder Filmmaterial (für einen Kinospot). Werbemittel sind jederzeit wiederverwendbar. Sie benötigen einen Werbeträger, der für den Kontakt mit dem Umworbenen sorgt.

▶ Werbebotschaft

Werbemittel und Werbeträger enthalten Werbebotschaften. Diese können visuell, audiovisuell oder akustisch übermittelt werden und sollen die fünf Sinne des Umworbenen ansprechen.

Beispiele:

Werbemittel	Werbeträger (Medien)	Werbebotschaft
Anzeigen	Zeitung, Zeitschrift	visuell (Schrift, Bild)
Fernsehspot	Fernsehen	audiovisuell (Schrift, gesprochener Text, bewegte Bilder, Musik, Geräusche)
Hörfunkspot	Radio	akustisch (gesprochener Text, Musik, Geräusche)
Werbeaufdruck	Verkehrsmittel, Tragetasche, Werbeartikel, Sporttrikot	visuell (Schrift, Bild)

▶ Werbung mit neuen Medien

Neue Medien sind Medien, die im weitesten Sinne **computergestützt** angewendet werden.

Werbung mit neuen Medien greift insbesondere auf drei Arten von Systemen zu, die sich im Hinblick auf ihre Netzanbindung und Aktualisierungsmöglichkeiten unterscheiden.

▶ Mobile Speichermedien

Das sind Medien, die nur lokal zur Verfügung stehen sowie inhaltlich eindeutig festgelegt sind. Sie können nur durch Neuauflage aktualisiert werden.

Beispiel: DVD mit Werbefilm zur Bildschirmpräsentation im Verkaufsraum

▶ Kiosk-Systeme

Das sind computergestützte Auskunftsterminals, die häufig interaktiv gestaltet sind. Diese dienen zur reinen Information und Orientierung (Point-of-Information-Terminal) oder zur Unterhaltung (Point-of-Fun-Terminal). Sie können aber auch den Kaufvorgang abwickeln (Point-of-Sale-Terminal).

Beispiele: Informationsterminal im Verkaufsraum zur Artikelsuche; Kassenterminal, an dem der Kunde mit Bankkarte und PIN bezahlen kann

▶ Online-Systeme

Sie basieren auf der Vernetzung mit einem Computernetz, z. B. Internet. Der Austausch von Informationen ist jederzeit möglich. Dateien (Dokumente, Bilder, Programme) können auf Internet-Homepages über Hyperlinks miteinander verknüpft sein. Aktualisierungen sind jederzeit möglich.

Mittel der Online-Werbung

Website	Werbebanner	Pop-up-Werbung	Button	E-Mail
Beispiel: Homepage eines Reifengroßhändlers zur Information über sein Leistungsangebot.	**Beispiel:** Werbeanzeige eines Reifengroßhändlers auf der Homepage eines Autohauses.	**Beispiel:** Beim Öffnen der Homepage des Reifengroßhändlers öffnet sich automatisch ein Fenster mit einem Sonderangebot.	**Beispiel:** Durch die Betätigung einer grafischen Schaltfläche auf der Homepage öffnet sich ein Informationsfenster.	**Beispiel:** Der Reifengroßhändler schickt regelmäßig E-Mails mit Sonderangeboten an seine Kunden.

■ Verkaufsförderung

Die **Verkaufsförderung** umfasst alle **Maßnahmen,** die am Verkaufsort ansetzen, **um andere Marketingmaßnahmen zu unterstützen.**

Die Händler sollen in ihren Absatzbemühungen unterstützt werden. Die Kunden sollen zu Käufen angeregt werden.

Beispiele: Preisausschreiben, Verkaufsveranstaltungen, Proben und Sonderangebote, Verkäuferschulung, Verkaufswettbewerbe, verkaufsaktive Platzierung, Display-Material, Verkaufspropagandisten

■ Public Relations (PR)

Public Relations (Öffentlichkeitsarbeit) dient zur **Pflege der Beziehungen** zwischen einem Unternehmen und der **Öffentlichkeit.**

Während die Werbung unmittelbare Kaufakte auslösen will, geht es bei Public Relations um das Wecken von Vertrauen, Verständnis und Wohlwollen für das Unternehmen als Ganzes. Dieser »gute Ruf« soll sich im Laufe der Zeit auf die Produkte übertragen und damit den Absatz mittelbar fördern.

Möglichkeiten der Pflege der Beziehungen nach außen		
Maßnahmen	**Instrumente**	**Beispiele**
Medienarbeit	– **Pressekonferenz** – **Fernsehbericht** – **Kundenzeitschrift**	Bericht über Modernisierungsmaßnahme, Betriebsvergrößerung oder besondere Leistungen
Dokumentationsmaterial	– **Prospekt** – **Geschäftsbericht** – **Jubiläumsschrift**	Vorstellung neuer Produkte, der Geschäftsentwicklung oder neuester Forschungserfolge

Möglichkeiten der Pflege der Beziehungen nach außen		
Maßnahmen	**Instrumente**	**Beispiele**
Betriebsbesichtigung	– **Tag der offenen Tür** – **Vortrag** – **Betriebsführung**	Vorführung neuer technischer Ausstattung, Hygiene- oder Umweltschutzmaßnahmen
besondere Dienstleistungen	– **Frei-Haus-Lieferung** – **Kundenparkplatz**	– **Kinderhort** – **Kreditgewährung**
Festigung des guten Rufs	– **soziale Beschäftigungspolitik** – **Spenden**	– **Sponsoring an Vereine** – **Stiftungen**

Messen und Events

Eine **Messe** ist eine **zeitlich** und **örtlich festgelegte Veranstaltung,** bei der sich mehrere Anbieter ihren Zielgruppen **präsentieren.**

Ein **Event** ist ein **Ereignis,** bei dem **Zielgruppen etwas Interessantes geboten wird.**

Events ermöglichen direkte persönliche Kontakte mit den Angesprochenen in einer zwanglosen, angenehmen Situation. Den Teilnehmern soll ein hoher Erlebniswert sowie das Gefühl vermittelt werden, dass sie an etwas Besonderem oder gar Einzigartigem teilnehmen.

Beispiel: Ein Fahrrad-Großhändler veranstaltet gemeinsam mit ortsansässigen Fahrradgeschäften eine mehrtägige Radtour durch die Region mit Open-Air-Abendveranstaltungen an jedem Etappenort.

Product Placement

Product Placement ist die gezielte werbewirksame **Einbindung von Produkten oder Logos** in die Handlung eines Films, einer Fernsehshow, eines Buchs etc.

Beispiel: BMW Z3 »James Bond – Golden Eye«. (Angeblich wendete BMW dafür 20 Mio. EUR auf.) (Quelle: http://www.markenlexikon.com)

Sponsoring

Sponsoring ist die **Förderung** von **Institutionen** oder **Aktionen** mit dem Zweck, durch positive Öffentlichkeitswirkung Marketingziele besser zu erreichen.

Sponsoring kann sehr wirkungsvoll sein, weil die Umworbenen in einem attraktiven Umfeld angesprochen werden. Außerdem ist die Reichweite – zumal bei Nutzung der Massenmedien – sehr hoch.

Beispiel: Die Werbeagentur Mohanty, Berlin, unterstützt die F-Jugend Mannschaft des Fußballvereins Blauweiß Lubolz.

Direktmarketing

Direktmarketing (Dialogmarketing/Direct-Response-Marketing) umfasst alle Aktivitäten, die sich direkt in **Einzelansprache an die Zielpersonen** wenden, mit der Aufforderung zu einer Antwort.

Direktmarketing

postalisch (Werbebrief)	faxgestützt (Werbefax)	telefonisch (Telefonmarketing)	internetgestützt (Newsletter)	mobilfunkgestützt (SMS/MMS)
Beispiel: Die Reifen Roesch GmbH schreibt im Herbst alle Kunden an und erinnert an die Winterreifenmontage.	**Beispiel:** Geschäftskunden einer Papiergroßhandlung erhalten regelmäßig per Fax die aktuellen Angebote unterbreitet.	**Beispiel:** Ein Weingroß- und -außenhändler lässt seine Stammkundschaft durch ein Callcenter betreuen.	**Beispiel:** Die B2B-Trade GmbH informiert ihre Kunden mittels eines E-Mail-Verteilers über Sonderposten.	**Beispiel:** Ein Filmverleihunternehmen informiert mittels gekauften Handynummern per SMS über den bevorstehenden Kinostart eines Films.

7.6.3 Etatplanung und Mediaplanung

Die Etatplanung und die Mediaplanung können wegen ihrer Verzahnung nur in enger Wechselwirkung durchgeführt werden.

Etatplanung

Mit der **Etatplanung (Budgetierung)** wird bestimmt, wie hoch die **Gesamtaufwendungen** für den Einsatz aller **Kommunikationsinstrumente** sein sollen und wie das Budget auf die verschiedenen Medien verteilt werden soll.

Mediaplanung

Im Rahmen der **Mediaplanung** wird festgelegt, **welche Medien** benutzt werden und wie das **Budget** auf diese **verteilt** werden soll.

Kernstück der Mediaplanung ist die Festlegung folgender Aspekte:

Aspekt	Beschreibung	Beispiele
Streukreis	Personenkreis, der umworben werden soll, gegliedert nach Zielgruppen	Berufs-, Alters-, Kaufkraftgruppen
Streugebiet	geografisches Gebiet, in dem geworben wird	Werbung für ein neues Produkt in den Bundesländern Thüringen und Hessen
Reichweite	Streukreis und Streugebiet ergeben zusammen die Reichweite, also die Anzahl der umworbenen Personen	sämtliche männliche Konsumenten mit einem bestimmten Durchschnittseinkommen in Niedersachsen und Sachsen-Anhalt
Streuzeit	geplanter Zeitpunkt oder Zeitraum für den Einsatz der Werbemittel	Radiowerbung für Winterreifen nur in den Monaten Oktober und November

Streuweg	Auswahl der in Anspruch genommenen Werbeträger und der eingesetzten Werbemittel	Werbespot (Werbemittel) für Schneeketten im Kino (Werbeträger)
Streudichte	Verhältnis des eingesetzten Werbemittels zum Streugebiet, also die Werbeintensität	Ein 30-Sekunden-Werbespot im Fernsehen zur Hauptsendezeit (Prime-Time) kostet je nach Sender zwischen 10.000 EUR und 60.000 EUR

7.6.4 Gestaltung des Kommunikationsauftritts

Nachdem das Unternehmen im Rahmen der Mediaplanung die Medien ausgewählt hat, die bei der Werbeaktivität zur Anwendung kommen sollen, ist die Gestaltung des Kommunikationsauftritts vorzunehmen. Diese Gestaltung geschieht im Hinblick auf vier Elemente:

Gestaltung des Kommunikationsauftritts

inhaltliche Elemente	visuelle Elemente	auditive Elemente	sonstige Elemente
sprachliche Bestandteile wie Slogan oder Werbetext	bildliche Bestandteile wie Haupt- und Nebenbildbestandteile, Schriftart und -größe, Animationsbestandteile	akustische Bestandteile wie Musik, Sprache, Geräusche, Lautstärke	z. B. Geruch und Geschmack (bei Proben) oder Eindrücke bei der Berührung

Als wesentliche Gestaltungselemente gelten der Text, das Bild und der Ton. Je nach Werbemittel können diese Elemente einzeln oder in Kombination gestaltet werden.

■ Text

Ein Werbetext muss so formuliert sein, dass er für alle, die ihn lesen sollen, verständlich ist. Daneben spielt die Aufmerksamkeit, die der Text erregen soll, eine große Rolle. Häufig wird durch einen sprachlichen Aufhänger, eine Headline, oder durch einen gut merkbaren Slogan Interesse geweckt.

Beispiel: »Man ist nie zu jung, sich Wünsche zu erfüllen – Wenn's um Geld geht – Sparkasse.«

■ Bild

Bei der bildlichen Gestaltung werden verschiedene Darstellungstechniken verwendet, z. B. die Skizze, die Zeichnung, überwiegend jedoch die Fotografie bzw. der Film. Bilder sind bei Werbemitteln wesentlich. Bilder haben aktivierende Wirkung, denn sie erregen besonders die Aufmerksamkeit. Die meisten Menschen bevorzugen grundsätzlich Bilder gegenüber Texten.

Beispiel: Die Kfz-Werbung bildet immer das zu bewerbende Fahrzeug ab.

■ Farbe

Farben helfen, zu erkennen und zu unterscheiden, wecken die Aufmerksamkeit und erzeugen Gefühle.

Beispiele:

Farbe	Bedeutung/Wirkung	Beispiel
	Grün erinnert an die Natur und gilt als Farbe der Hoffnung, Verlässlichkeit, Harmonie und des Wachstums.	SCHNEEKOPPE
	Blau erinnert an den Himmel, steht für Sicherheit und weckt Vertrauen.	Allianz
	Rot ist die Farbe der Liebe und der Leidenschaft. Rot ist eine Signalfarbe und wirkt dynamisch und symbolisiert Stärke.	Sparkasse
	Gelb erinnert an das Licht der Sonne und steht für Vitalität und Ideenreichtum. Sie ist ebenso eine Signalfarbe.	Deutsche Post
	Lila wirkt eher unaufdringlich. Sie steht für Würde und Weisheit und wirkt extravagant. Dieser Farbe wird ein gesunder, heilsamer Einfluss zugesprochen.	Milka

7.6.5 Kontrolle des Kommunikationserfolgs

Die Kontrolle des Kommunikationsauftritts dient dazu zu überprüfen, ob die angestrebten Kommunikationsziele erreicht wurden. Wie bei der Zielformulierung muss dabei unterschieden werden zwischen kommunikativen und wirtschaftlich erfolgsorientierten Zielen.

Kontrolle des kommunikativen Erfolgs

Beim Einsatz verschiedener Kontrollinstrumente geht man von den **Wirkungsstufen der Werbung** aus:

Wahrnehmung →	Verarbeitung →	Verhalten
Eine Aussage über die Wirkung einer Werbemaßnahme lässt sich erst machen, wenn festgestellt wurde, ob die Werbebotschaft überhaupt wahrgenommen wurde. Es wird z. B. durch **Recall-Tests** in Erfahrung gebracht, ob sich die Person an bestimmte **Werbebotschaften** erinnert.	Hierbei soll festgestellt werden, wie die Werbung gewirkt hat, ob ein **Lernprozess** stattgefunden hat. Dazu kann nach dem Markenbewusstsein oder dem Image eines Artikels gefragt werden.	Mit jeder Kommunikationsmaßnahme soll letztlich eine **Verhaltensänderung** erreicht werden, die sich im Kauf der Ware niederschlägt. Es soll also ermittelt werden, wie sich das Kaufverhalten der Umworbenen verändert hat.
Beispiel: Nach einer Werbeaktion werden zufällig ausgewählte Personen von einem Callcenter angerufen und befragt, ob sie sich z. B. an den Werbeslogan oder die Farbgebung der Produktverpackung erinnern.	**Beispiel:** Zufällig ausgewählten Personen werden Fragebogen vorgelegt: »Das neue Erfrischungsgetränk Biol-Mix wird biologisch hergestellt! Stimmen Sie dieser Aussage a) voll zu, b) zu, c) bedingt zu, d) nicht zu?«	**Beispiel:** Besonders gekennzeichnete Waren werden über Scannerkassen erfasst oder Personen werden konkret nach ihren Kaufabsichten befragt.

Kontrolle des wirtschaftlichen Erfolgs

Die wirtschaftliche Erfolgskontrolle versucht Erkenntnisse darüber zu gewinnen, wie groß der Beitrag der Werbemaßnahme zur Erhöhung des Umsatzes oder des Gewinns war. Die Wirtschaftlichkeit der Maßnahme soll kontrolliert werden.

Verhältnismäßig einfach ist es noch, die Wirtschaftlichkeit der gesamten Kommunikationspolitik festzustellen. Man setzt dabei die Zuwachsraten des Umsatzes zu den Aufwendungen für die Werbeaktionen ins Verhältnis:

$$\textbf{Wirtschaftlichkeit der gesamten Werbung} = \frac{\textbf{Umsatzzuwachs}}{\textbf{gesamter Werbeaufwand einer Periode}} \cdot 100$$

Schwieriger ist es, den wirtschaftlichen Erfolg einzelner Aktivitäten zu bestimmen. Hierzu dienen folgende Hilfsinstrumente:

▶ **Gebietsverkaufstest**

Der Erfolg der Aktion wird auf zwei strukturähnlichen Teilmärkten (Städte, Regionen) kontrolliert. Auf dem einen Teilmarkt werden die kommunikationspolitischen Instrumente eingesetzt, auf dem anderen nicht. Ein Vergleich der Umsatzentwicklungen soll Aufschluss über die Wirkung der Maßnahme geben.

▶ **BuBaW-Verfahren (Bestellung unter Bezugnahme auf die Werbung)**

Dabei werden die eingesetzten Werbemittel mit markierten Bestellscheinen versehen. So kann durch die eingehenden Bestellungen einfach ermittelt werden, welche Umsatzveränderung dieser Aktivität zuzuordnen ist.

▶ **Befragung**

Die Kunden werden direkt nach ihren Kaufmotiven befragt. Häufig führen Meinungsforschungsinstitute diese Befragung im Auftrag aus. Manche Unternehmen stellen ihre Fragebogen ins Internet und bitten um Rückmeldung.

7.6.6 Rahmenbedingungen der Kommunikationspolitik

Gesellschaftliche Rahmenbedingungen

Die öffentliche Meinung als Einflussgröße auf den Erfolg von kommunikationspolitischen Maßnahmen darf nicht unberücksichtigt bleiben. Es ist jedoch außerordentlich schwierig zu bestimmen, was »die öffentliche Meinung« ist.

Bezüglich der Akzeptanz von Werbung lassen sich gegenläufige Entwicklungen erkennen. Einerseits werden Werbespots prämiert (Cannes-Rolle) und als gut gemachte Unterhaltung betrachtet. Andererseits wird von vielen Bürgern die Werbeflut kritisiert. Insbesondere gegenüber Aktionen des Direktmarketings ist eine zunehmende Ablehnung festzustellen. Dies zeigt sich beispielsweise in Negativlisten, in die sich Verbraucher eintragen lassen können, wenn sie keine Ansprache durch Direktmarketing-Maßnahmen wünschen.

Beispiel: Robinson-Liste des Deutschen Dialogmarketing Verbandes e.V. (www.robinsonliste.de)

Bezüglich der gesellschaftlichen Rahmenbedingungen sind auch kulturelle Unterschiede im internationalen Vergleich zu beachten. Diese Unterschiede bestehen beispielsweise im Hinblick auf die Bedeutung von Symbolen, Worten, Gesten oder Einstellungen. Diese kulturellen Unterschiede wirken sich auf die Interpretation von Kommunikationsbotschaften aus, sodass sie bei der Gestaltung zu berücksichtigen sind.

Beispiel: Die Farbe Weiß symbolisiert in Europa Anfang, Reinheit, Unschuld; in China dagegen Tod, Trauer.

Rechtliche Rahmenbedingungen

Hierzu gehören Gesetze und die Rechtsprechung. Ein wichtiges Anliegen dieser Gesetze ist die Idee des Verbraucherschutzes. Danach sollen die Verbraucher vor unseriöser Einflussnahme der Unternehmen geschützt werden. Aber auch der Schutz der Mitbewerber und der Wirtschaftsordnung spielen eine Rolle.

In Deutschland kommt dem Gesetz gegen den unlauteren Wettbewerb (UWG) die zentrale Bedeutung zu, wenn entschieden werden soll, ob Wettbewerbshandlungen zulässig sind oder nicht. Die **Generalklausel des UWG** lautet:

»Unlautere geschäftliche Handlungen sind unzulässig, wenn sie geeignet sind, die Interessen von Mitbewerbern, Verbrauchern oder sonstigen Marktteilnehmern spürbar zu beeinträchtigen.« *UWG § 3*

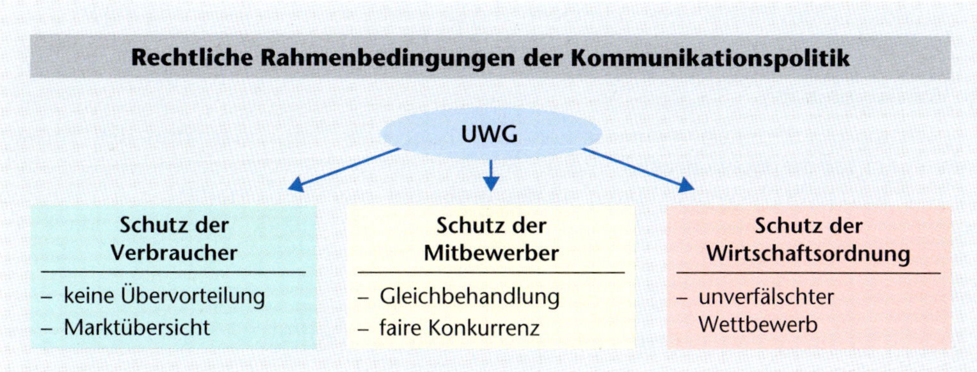

Das UWG regelt nicht nur das Werberecht, es erfasst jedes unlautere wettbewerbliche Verhalten, etwa die gezielte Behinderung der Mitbewerber, den Einbruch in fremde Vertriebssysteme oder herabsetzende Äußerungen. Drei Bereiche des UWGs werden beispielhaft dargestellt.

Bereiche des UWG	Merkmal	Beispiel
irreführende Werbung	Es darf keine Irreführung der Kommunikationsempfänger durch missverständliche Angaben erfolgen.	Werbung mit sogenannten Mondpreisen: Ein Unternehmen bietet 40 % Rabatt und liegt bei genauer Prüfung mit seinen Preisen immer noch über denen der Konkurrenz.
vergleichende Werbung	Sie bezeichnet Werbemaßnahmen, die unmittelbar oder mittelbar einen Mitbewerber oder die von ihm angebotenen Waren und Dienstleistungen erkennbar macht; sie ist nur unter bestimmten Bedingungen erlaubt.	In der Kampagne der Deutschen Telekom AG für das Fußballangebot LIGA total liefen im Jahr 2010 mehrere Werbespots unter dem Titel „LIGA total testet Sky“.
unzumutbare Belästigung (belästigende Werbung)	Sie bezeichnet Werbemaßnahmen, die unmittelbar oder mittelbar einen Mitbewerber oder die von ihm angebotenen Waren und Dienstleistungen erkennbar macht.	Es ist nicht zulässig, sich mit Telefonanrufen, E-Mails oder SMS an Privatpersonen zu wenden, ohne vorher deren Einverständnis einzuholen.

Weitere Gesetze, die den Wettbewerb beschränken, sind beispielsweise das Lebensmittel- und Bedarfsgegenständegesetz (z. B. Verbot von Zigarettenwerbung), das Gesetz über die Werbung auf dem Gebiet des Heilwesens (z. B. Verbot der Werbung für rezeptpflichtige Arzneimittel), das Jugendarbeitsschutzgesetz (z. B. Regelung der Beschäftigung von Kindern bei der Herstellung von Werbefilmen) oder das Jugendschutzgesetz (z. B. Werbung im Kino für alkoholhaltige Getränke erst nach 18 Uhr).

Freiwillige Selbstkontrolle

▶ Deutscher Werberat

Der 1972 gegründete **Deutsche Werberat** hat in einigen Bereichen freiwillige Verhaltensregeln aufgestellt. Diese Leitlinien dienen dazu, Fehlentwicklungen zu verhindern. Treten dennoch Beschwerden auf, so behandelt diese der Deutsche Werberat.

Beispiele:

1. Verhaltensregeln für die Werbung mit und vor Kindern im Werbefunk und Fernsehen (1998)
2. Grundsätze zum Thema Herabwürdigung und Diskriminierung von Personen (2004)
3. Verhaltensregeln über die kommerzielle Kommunikation für alkoholhaltige Getränke (2005)

▶ Werbegrundsätze

Die wichtigsten Grundsätze einer lauteren Werbung nach den »**Internationalen Verhaltensregeln für die Werbepraxis**«, die für die deutsche Werbewirtschaft verbindlich sind, fordern, dass jede Werbemaßnahme mit den guten Sitten vereinbar, redlich und wahr sein soll. Als Werbegrundsätze gelten Wahrheit, Klarheit, Wirksamkeit, Wirtschaftlichkeit, soziale Verantwortung.

Zusammenfassende Übersicht zu Kapitel 7.6: Kommunikationspolitik

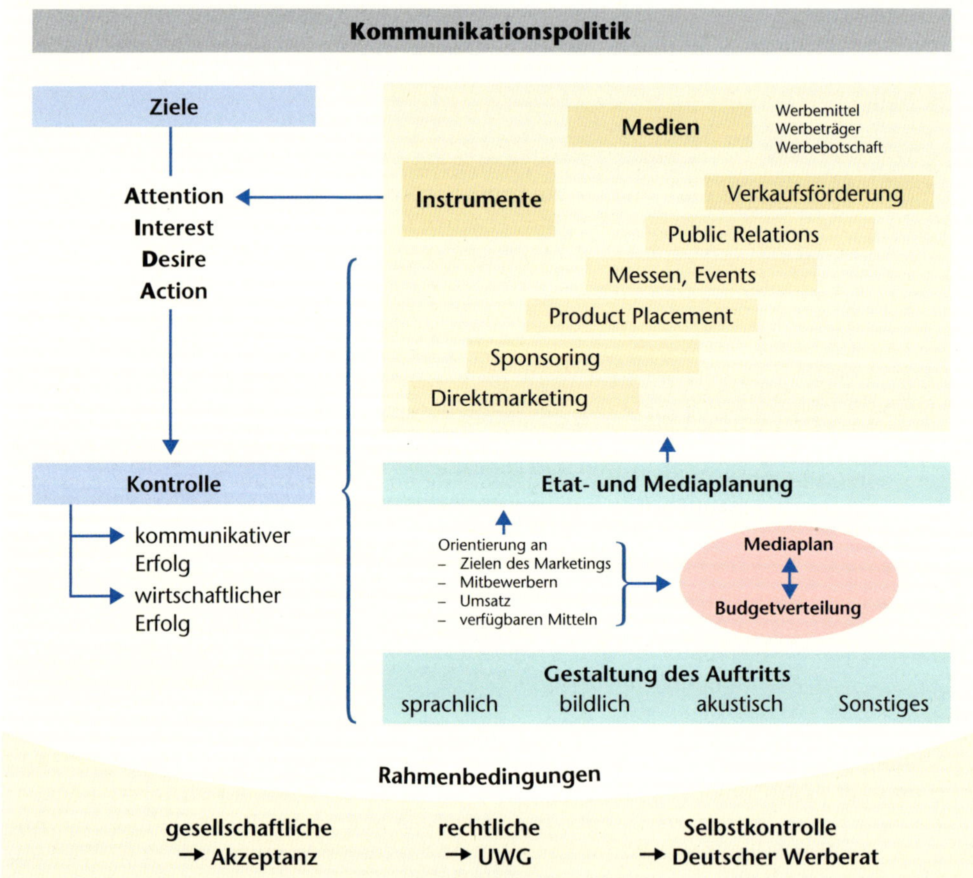

▶ Aufgaben und Probleme

1. Diskutieren Sie die Behauptung »Werbung verteuert das Produkt«.
2. Stellen Sie Vor- und Nachteile der Werbung jeweils aus der Sicht des werbenden Unternehmens und des Konsumenten einander gegenüber.
3. Die AIDA-Formel spielt in der Kommunikationspolitik eine zentrale Rolle.
   a) Welche Ziele der Kommunikationspolitik werden durch sie unterschieden?
   b) Begründen Sie die Unterscheidung in kommunikationsbezogene und markterfolgsbezogene Ziele.
   c) Untersuchen Sie aktuelle Werbekampagnen im Hinblick auf die genannten Ziele.
4. Eine Sanitär-Großhandlung stellt die geplanten Werbemittel und Werbeträger in einem Werbeplan zusammen. Auf welche Werbemittel und Werbeträger sollte nicht verzichtet werden?
5. Warum muss die Werbeaktivität eines Unternehmens auf ihre kommunikative und wirtschaftliche Wirkung hin untersucht werden?
6. Welche Werbemittel halten Sie geeignet bei der Werbung für
   a) Herrenanzüge,
   b) Waschmittel
   c) Personalcomputer,
   d) Kraftfahrzeuge,
   e) eine neue Limonadensorte,
   f) Bücher?
7. Ein Unternehmen legt den Werbeetat für die nächsten Jahre in Höhe von 3 % des jeweiligen Jahresumsatzes fest. Beraten Sie dieses Unternehmen.
8. Grenzen Sie Werbung, Public Relations und Verkaufsförderung gegeneinander ab.
9. Die Natur Pur KG in Heilbronn nimmt demnächst ihre Tätigkeit, den Handel mit ökologischen Möbeln, auf. Als wichtigstes Marketinginstrument erscheint der Natur Pur KG die Kommunikationspolitik.
   a) Nennen Sie drei Ziele der Werbung, die Sie für besonders wichtig halten.
   b) Erläutern Sie die Grundsätze der Werbung, die zu beachten sind.
   c) Erläutern Sie einige Gesichtspunkte, die die Natur Pur KG bei der Festlegung des Werbeetats berücksichtigen sollte.
   d) Begründen Sie die Empfehlung an die Natur Pur KG, antizyklisch zu werben.
   e) Die beiden Eigentümer des jungen Unternehmens erwägen, ihre Kunden durch ein Call-Center »betreuen« zu lassen. Wägen Sie die Argumente »Für« und »Wider« gegeneinander ab.
   f) Die beiden Eigentümer werden vom Sportverein »TSG 27 Heilbronn« gebeten, Preise für die Weihnachts-Tombola zur Verfügung zu stellen. Begründen Sie, was sie tun sollen.
   g) Die Natur Pur KG wird von der NATURKOST GmbH in Stuttgart angeschrieben, man halte ein Co-Branding der Markenprodukte beider Unternehmen für sehr wirkungsvoll und vorteilhaft. Nehmen Sie zu diesem Vorschlag Stellung.
   h) Unterbreiten Sie Vorschläge, wie das Unternehmen mit Werbemaßnahmen über neue Medien aktiv werden könnte.
   i) Das Unternehmen möchte Messen als Aussteller besuchen. Recherchieren Sie im Internet, welche regionalen und überregionalen Messen für die Natur Pur KG infrage kämen.

j) Begründen Sie, welche verkaufsfördernden Maßnahmen das junge Unternehmen ergreifen sollte.

10. Suchen Sie Beispiele für irreführende Werbung.

11. Erläutern Sie, wie man den ökonomischen und den nichtökonomischen Erfolg einer Werbeaktion messen kann.

12. Eine Werbeaktion hat 100.000 EUR gekostet. Daraufhin wurden 2.000 Produkte zusätzlich zu einem Preis von 600 EUR je Stück verkauft. Pro verkauftem Erzeugnis wird mit einem Gewinn von 80 EUR gerechnet.

    a) Ab welcher zusätzlich verkauften Stückzahl wären die durch die Werbeaktion entstandenen Kosten gedeckt?

    b) Ab welcher zusätzlich verkauften Stückzahl erreicht das werbende Unternehmen die Gewinnzone?

13. »Werbung ist nur einer unter vielen Einflussfaktoren für die Kaufentscheidung des Kunden«.

Interpretieren Sie in nebenstehende Grafik unter Beachtung dieser Aussage.

Suchen Sie nach Beispielen für die Einflussfaktoren.

Stellen Sie Ihre Ergebnisse der Klasse vor.

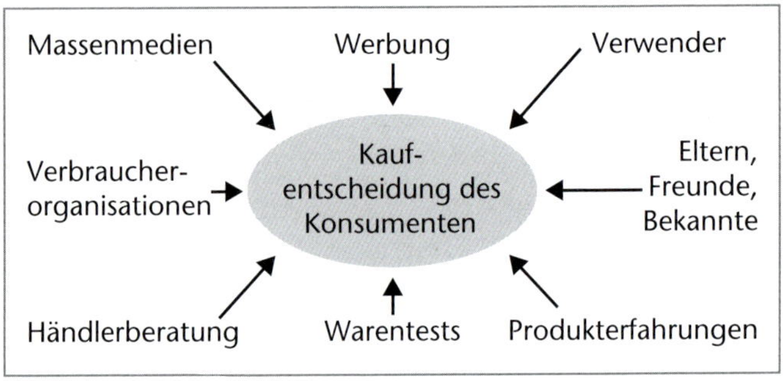

7.7 Distributionspolitik

Die **Distributionspolitik (Vertriebspolitik)** umfasst sowohl die **Gestaltung von Maßnahmen der Warenverteilung** als auch **Maßnahmen der Kundengewinnung (Akquisition).**

Entscheidungsfelder der Distributionspolitik

Vertriebs-system	Beziehungen zu Vertragspartnern	Verkaufs-aktivitäten	Distributions-logistik

7.7.1 Gestaltung des Vertriebssystems

Die einzelnen Bestandteile des **Vertriebssystems** sind die Vertriebsorgane, die zu **Vertriebswegen** kombiniert werden.

Der Großhändler ist Teil eines Vertriebssystems. Er steht zwischen dem Hersteller von Produkten und dem Verbraucher. Damit ist er Teil des indirekten Vertriebs aus der Sicht des Herstellers.

Vertriebsorgane

Vertriebsorgane sind alle unternehmensinternen oder -externen **Personen, Abteilungen** oder **Institutionen,** die die **Vertriebsaktivitäten** für die Waren und Dienstleistungen des Unternehmens **durchführen** oder **unterstützen.**

Unternehmensinterne Vertriebsorgane sind beim Unternehmen angestellte Mitarbeiter des Unternehmens, z. B. Handlungsreisende.

Unternehmensexterne Vertriebsorgane können an das Unternehmen gebunden sein, z. B. Vertragshändler oder Franchisepartner. Sie können auch vollkommen unabhängige Unternehmer sein, z. B. die Absatzhelfer.

▶ Franchise-System (Franchising)

Franchising ist ein auf Partnerschaft basierendes **Vertriebssystem** mit dem Ziel der Verkaufsförderung.

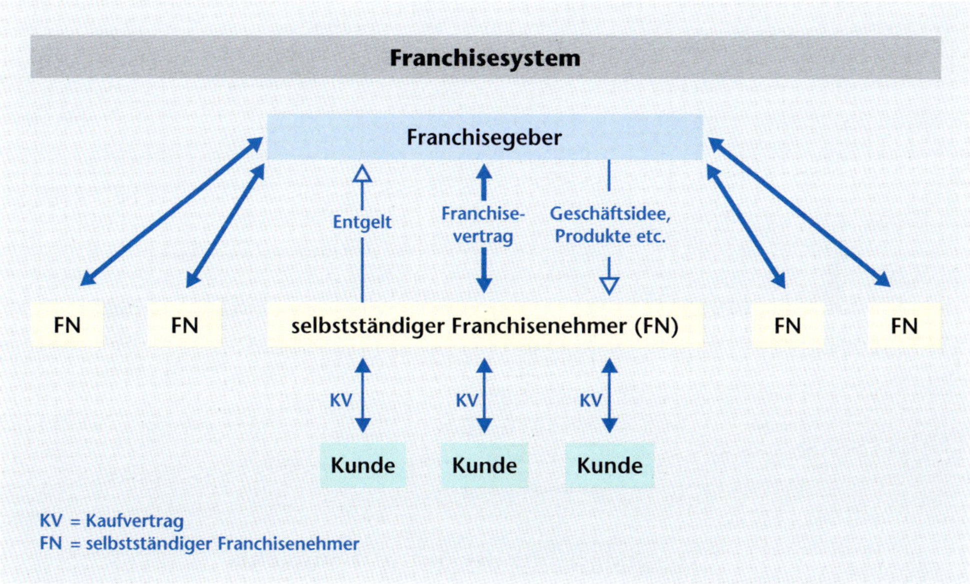

Dabei räumt das Unternehmen, das als Franchisegeber auftritt, meist mehreren Partnern (Franchisenehmern) das Recht ein, mit seinen Waren und Dienstleistungen unter seinem Namen ein Geschäft zu betreiben.

Der Franchisegeber erstellt ein unternehmerisches Gesamtkonzept, das von seinen Franchisenehmern selbstständig an ihrem Standort umgesetzt wird. Der Franchisenehmer ist ein rechtlich selbstständiger und eigenverantwortlicher Unternehmer. Die Gegenleistung des Franchisenehmers für die vom Franchisegeber eingeräumten Rechte besteht meist in der Zahlung von Eintritts- bzw. Franchisegebühren und in der Verpflichtung, den regionalen Markt zu bearbeiten.

Beispiele: Apollo-Optik (mehr als 480 Franchisenehmer), McDonalds (mehr als 880 Franchisenehmer)

▶ Absatzhelfer

Absatzhelfer sind **rechtlich selbstständige Personen oder Unternehmen,** die für das Unternehmen **Geschäfte vermitteln und abschließen.**

	Absatzhelfer			zum Vergleich:
	Handelsmakler	**Kommissionär**	**Handelsvertreter**	**Handlungsreisender**
Rechtsstellung	Kaufmann nach HGB			Kaufmänischer Angestellter
gesetzliche Grundlagen	HGB §§ 93 ff.	HGB §§ 383 ff.	HGB §§ 84 ff.	HGB §§ 55, 59 ff.
Tätigkeit	im fremden Namen für fremde Rechnung	im eigenen Namen für fremde Rechnung	im fremden Namen für fremde Rechnung	im Namen und auf Rechnung des Arbeitgebers
Vertretungsmacht	Vermittlungsvollmacht	Abschlussvollmacht	Vermittlungs- und Abschlussvollmacht	Vermittlungs- und Abschlussvollmacht
Dauer des Vertragsverhältnisses	von Fall zu Fall	ständig oder von Fall zu Fall	ständig	ständig
Vergütung	Maklergebühr (Courtage)	Provision evtl. Aufwandsersatz	Vermittlungs- oder Abschluss-Provision evtl. Aufwandsersatz	Gehalt (Fixum) Provision Auslagenersatz (Spesen)
Rechte	Maklergebühr von beiden Vertragsparteien	Selbsteintrittsrecht: Der Kommissionär kann selbst die Güter kaufen oder verkaufen, wenn diese einen Börsen- oder Marktpreis haben	Überlassung von Unterlagen, Mustern, Preislisten, Werbematerial Ausgleichsanspruch, wenn Auftraggeber nach Vertragsende erheblichen Vorteil hat	Rechte eines kaufmännischen Angestellten
Pflichten	Aufstellung einer Schlussnote (Vertrag mit allen wichtigen Bedingungen) Führen eines Tagebuches Aufbewahren von Proben	Sorgfaltspflicht Pflicht zur Beachtung der Weisungen Anzeige der Ausführung der Kommission Pflicht zur Abrechnung Ware liefern bzw. Erlös überweisen	Bemühungspflicht (Interessen des Auftraggebers wahren) Benachrichtigungspflicht bei Geschäftsabschluss Wettbewerbsenthaltung	Reiseberichte Mitteilung über Geschäftsabschlüsse übrige Pflichten eines kaufm. Angestellten

	Absatzhelfer			zum Vergleich:
	Handelsmakler	**Kommissionär**	**Handelsvertreter**	**Handlungsreisender**
wirtschaftliche Bedeutung	Er ist ein Spezialist in seiner Branche, dessen man sich von Fall zu Fall bedient. Dadurch erreichen beide Vertragspartner, dass ihre Interessen beim Vertragsabschluss optimal vertreten werden.	Wegen der hohen fixen Kosten (Gehalt) ist der Aufbau einer unternehmenseigenen Vertriebsorganisation mit Handlungsreisenden nur sinnvoll, wenn ein Absatzgebiet voll erschlossen ist. Für diese Aufgabe werden vorher Handelsvertreter und Kommissionäre eingesetzt, obwohl deren Provision in der Regel höher ist als die des Handlungsreisenden, aber so entstehen nur Kosten, wenn Aufträge abgeschlossen werden.		

Häufig stellt sich die Frage, ob Handlungsreisende oder Handelsvertreter eingesetzt werden sollen. Unter Kostengesichtspunkten ergibt sich folgende Betrachtung:

Beispiel: Ein Großhandelsunternehmen steht vor der Entscheidung, ob es angestellte Handlungsreisende oder selbstständige Handelsvertreter für ein bestimmtes Gebiet einsetzen soll.

Für einen Handlungsreisenden würden monatliche Fixkosten (Gehalt und Nebenkosten) in Höhe von 4.900 EUR entstehen, zudem erhielte er eine Provision von 3 % des getätigten Umsatzes.

Ein Handelsvertreter erhielte lediglich eine Provision in Höhe von 10 % des Umsatzes.

Ermittlung des »kritischen Umsatzes« (x):
Kosten für den Handlungsreisenden = Kosten für den Handelsvertreter

$$4.900 + 0{,}03\,x = 0{,}10\,x$$

$$4.900 = 0{,}07\,x$$

$$x = \frac{4.900}{0{,}07} = 70.000$$

Bei einem monatlichen Umsatz bis 70.000 EUR wäre demnach der Handelsvertreter kostengünstiger; liegt der Umsatz dagegen über 70.000 EUR, wäre der Handlungsreisende günstiger.

Zeichnerische Darstellung:

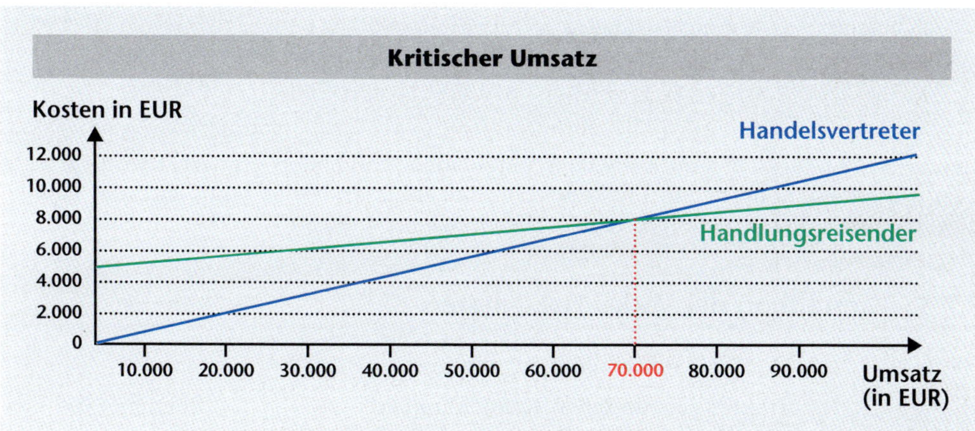

Vertriebswege

Vertriebswege (Absatzwege) entstehen aus der **Auswahl und Kombination von Vertriebsorganen.**

Direkt ist der Vertriebsweg, wenn das Unternehmen seine Produkte über unternehmensinterne Verkaufsorgane an den Endverbraucher verkauft. Von indirektem Vertriebsweg spricht man, wenn dies über externe Vertriebsorgane geschieht.

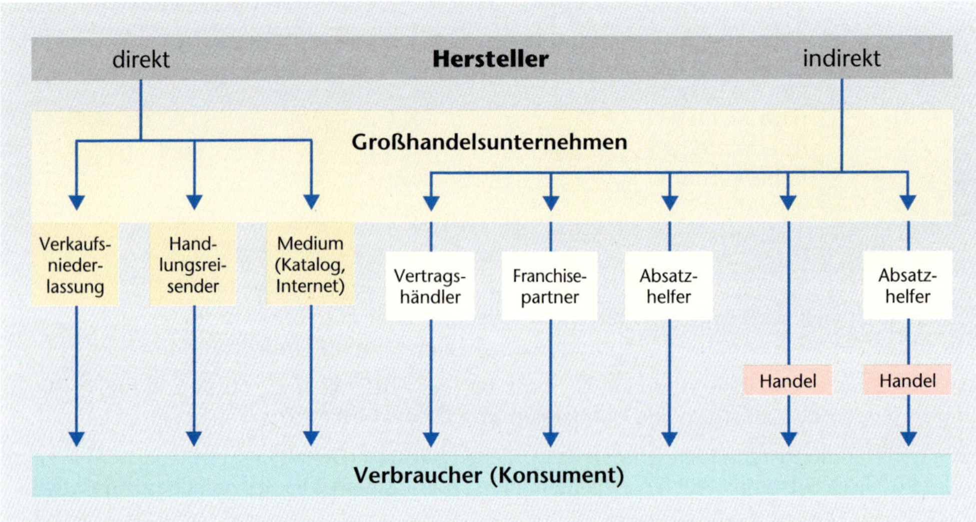

7.7.2 Gestaltung der Beziehungen zu den Vertriebspartnern

Key Accounts sind Kunden, die aufgrund ihrer tatsächlichen oder potenziellen Abnahmemengen für das Unternehmen von großer Bedeutung sind.

Die Gestaltung der Beziehungen mit diesen wichtigen Kunden besteht zum einen in der Kooperation, zum anderen in der Gestaltung der vertraglichen Beziehungen. Dabei unterscheidet man:

Bei **Push-Aktivitäten** soll der Handel durch entsprechende Anreize dazu bewegt werden, die Produkte zu listen, d. h., die Produkte in die Regale und damit in den Markt zu drücken.	Bei den **Pull-Aktivitäten** werden die Endkunden z. B. durch Werbung so beeinflusst, dass sie die Produkte im Handel nachfragen (Pull-Effekt).

Häufig werden diese beiden Aktivitäten miteinander kombiniert, Zunächst wird versucht über Marketingaktionen den Endkunden zu beeinflussen (Pull). Dann wird der Handel davon überzeugt, dass eine Zusammenarbeit nützlich ist (Push).

7.7.3 Gestaltung der Verkaufsaktivitäten

Hierbei geht es darum, wie der Kontakt mit den Kunden gestaltet wird.

Im Rahmen des **direkten persönlichen Kundenkontakts** spielt in Unternehmen die **Verkaufsraumgestaltung (Instore-Management)** eine besondere Rolle:

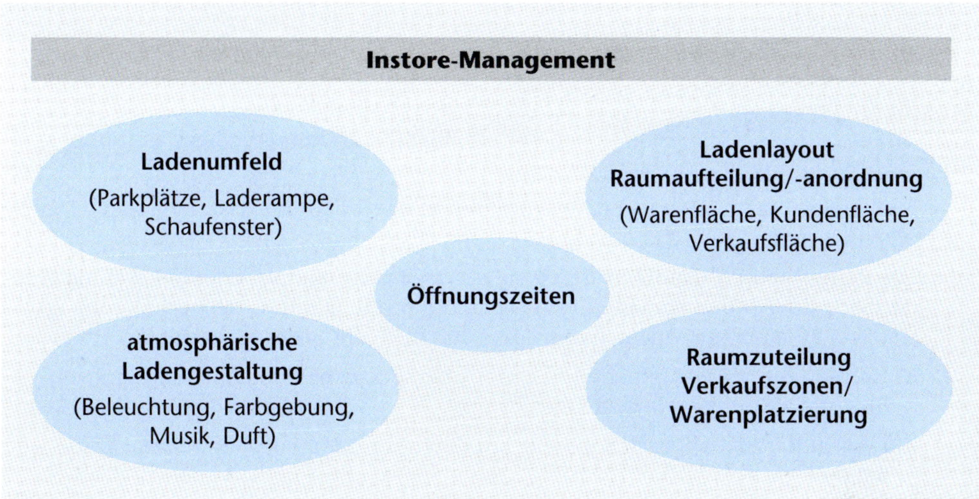

Die zweite Form des **persönlichen Kontaktes** ist diejenige **mittels eines Mediums,** in der Regel ist dies das Telefon (z. B. durch ein Call Center).

Beim **unpersönlichen Kontakt über ein Medium** kommen Printmedien (z. B. Mailing oder Katalog), das Fernsehen oder das Internet zur Anwendung. Eine große Bedeutung hat hierbei der E-Commerce (Seite 320).

7.7.4 Gestaltung der Vertriebslogistik (Distributionslogistik)

(Kapitel 5.7)

Zusammenfassende Übersicht zu Kapitel 7.7: Distributionspolitik

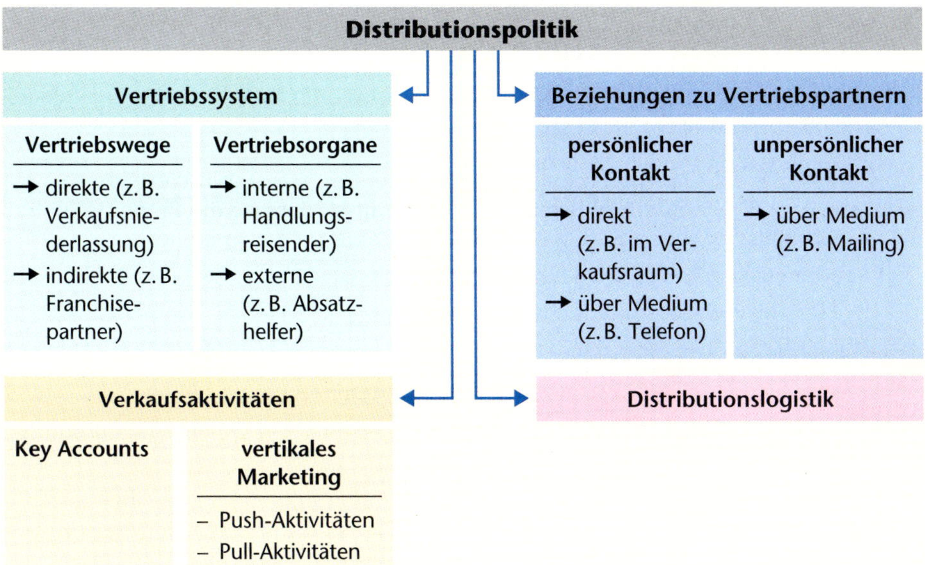

▶ Aufgaben und Probleme

1. Skizzieren Sie das Vertriebssystem (Vertriebsorgane und Vertriebswege) eines Unternehmens Ihrer Wahl und stellen Sie es in Ihrer Klasse vor.
2. Erläutern Sie, welche Funktionen der Großhandel im Rahmen des Distributionsprozesses übernimmt.
3. Stellen Sie Vor- und Nachteile des direkten und indirekten Absatzes in einer Tabelle einander gegenüber.
4. Die Reifen Roesch GmbH prüft, ob sie einen Handlungsreisenden oder einen Handelsvertreter für den Außendienst beschäftigen soll. Der Reisende erhält eine Provision von 2 % und ein Monatsfixum von 2.000 EUR; ein Vertreter erhält 6 % Provision.
   a) Nennen Sie vier grundlegende Unterschiede zwischen einem Handlungsreisenden und einem Handelsvertreter.
   b) Begründen Sie, ob es sich jeweils um einen direkten oder indirekten Absatzweg handelt.
   c) Angenommen,die Reifen Roesch GmbH rechnet zunächst mit einem Monatsumsatz von 45.000 EUR. Begründen Sie, was Sie der Geschäftsleitung in diesem Fall empfehlen würden.
5. Siegfried Kessler hat zwei Beschäftigungsangebote. Er steht vor der Entscheidung, als Handlungsreisender oder als Handelsvertreter zu arbeiten.
   a) Wägen Sie Vor- und Nachteile aus der Sicht Siegfried Kesslers ab.
   b) Wägen Sie Vor- und Nachteile aus der Sicht des Unternehmens ab.
   c) Berechnen Sie, ab welchem Umsatz sich der Einsatz eines Handlungsreisenden lohnen würde. Er erhält eine Provision von 3 % und ein Monatsfixum von 2.500 EUR. Der Handelsvertreter erhält 6,5 % Provision.
6. Ein Unternehmen möchte drei verschiedene Vertriebswege einander gegenüberstellen: Handelsvertreter, Handlungsreisender und Kommissionär. Es wird mit einem Jahresumsatz von 2,2 Mio. EUR gerechnet. Es entstehen folgende Kosten:
   - Handelsvertreter: 6 % Umsatzprovision.
   - Handlungsreisender; monatliche Personalkosten 3.300 EUR, 1,5 % Umsatzprovision, Spesenersatz 0,5 % vom Umsatz.
   - Kommissionär: jährlicher Kostenersatz für Lagerung 10.000 EUR, 5 % Umsatzprovision.

   a) Berechnen Sie, welche Alternative am kostengünstigsten wäre.
   b) Berechnen Sie, bei welchem Umsatz jeweils die Kosten gleich hoch wären für den
      - Handelsvertreter und den Handlungsreisenden?
      - Kommissionär und den Handlungsreisenden?
      - Handelsvertreter und den Kommissionär?
   c) Erstellen Sie eine grafische Lösung für die kritischen Umsätze.
   d) Welche Schlussfolgerungen ziehen Sie aus den Berechnungen bzw. der Grafik?
7. Erläutern Sie, was man unter Key-Accounts versteht und welche Bedeutung ihnen zukommt.
8. Immer mehr Verbraucher schätzen den bequemen Einkaufsbummel im Internet. Vor allem der **Versandhandel** und die Anbieter von Eintrittskarten und Reisen, Musik und Büchern profitieren vom **Vertriebsweg** Internet. Aber auch Unternehmen, die ihr Sortiment im Ladengeschäft und zugleich im Internet anbieten (die sogenannten

Multi-Channel-Betriebe) zählen zu den Gewinnern. Betrachtet man allerdings den Anteil, den der **Online-Handel** am gesamten Einzelhandelsumsatz hat, so ist er mit drei Prozent noch sehr bescheiden.

a) Erläutern Sie die gefetteten Begriffe.

b) Beurteilen Sie, warum gerade die Anbieter der genannten Produkte wachsende Umsätze über das Internet verzeichnen.

c) Warum ist der Umsatzanteil des Online-Handels am Gesamtumsatz des Handels relativ gering?

7.8 Lebenszyklus und Portfolio-Analyse

Lebenszyklus eines Produkts

Das **Produktlebenszyklus-Modell** beruht auf der grundsätzlichen Annahme, dass jedes Produkt am Markt bestimmte Lebensphasen durchläuft, die unterschiedliche Absatz- und Gewinnmöglichkeiten aufweisen. Die gesamte Lebensdauer eines Produktes ist abhängig von der Nutzungsdauer, von technischen und modischen Einflussfaktoren, vom Konkurrenzverhalten und von eigenen absatzpolitischen Aktionen.

Der gesamte Lebensweg eines Produktes kann in fünf Phasen dargestellt werden: Einführungsphase, Wachstumsphase, Reifephase, Sättigungsphase, Rückgangsphase.

Lebenszyklus eines Produktes

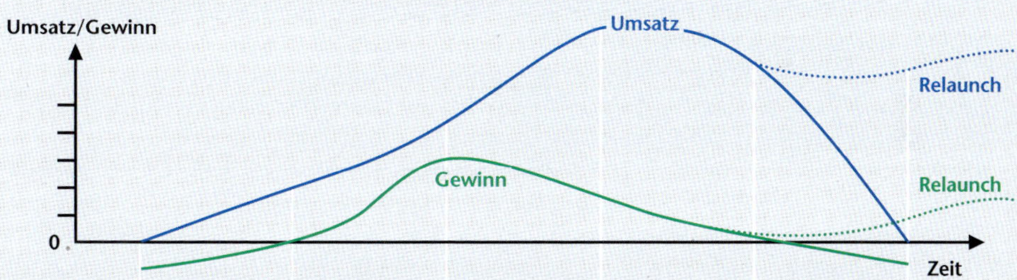

Lebenszyklusphase / Kriterium	Einführung	Wachstum	Reife	Sättigung	Rückgang
Umsatz	sehr gering, langsam steigend	stark steigend	sehr hoch, gering steigend	langsam abnehmend	stark abnehmend
Gewinn/Verlust	Verlust, Eintritt in Gewinnzone	steigender Gewinn	hohes Gewinnpotenzial	deutlich rückläufiger Gewinn	Verlust
Marktwachstum	steigende Wachstumsrate	stark steigendes Wachstum	langsameres Wachstum, Stagnation, dann negative Wachstumsrate	negatives Wachstum	stark negatives Wachstum
Anzahl der Mitbewerber	sehr klein (evtl. keine)	zunehmende Zahl	Höchstzahl der Mitbewerber	Ausscheiden der ersten Mitbewerber	Verringerung auf sehr wenige (evtl. keine)
Ausgereiftheit des Produktes	technische Innovation	Produktverbesserungen	Produktverbesserungen	bekannte, verbreitete, »alte« Technologie	bekannte, verbreitete, »alte« Technologie

Das Lebenszyklus-Modell weist wesentliche Anhaltspunkte für den Einsatz der Marketinginstrumente auf. Aus der Erkenntnis, dass Produkte nur eine begrenzte Lebensdauer haben, folgt die Notwendigkeit der permanenten Neugestaltung der Leistungen, Werbemaßnahmen und preispolitischen Anpassungen. Der Einsatz der verschiedenen Marketingmaßnahmen hängt von der Lebenszyklusphase ab.

Ein Unternehmen muss den Lebenszyklus jedes seiner Produkte kennen. Nur so kann es verbesserte oder Ersatzprodukte rechtzeitig auf den Markt bringen. Auch durch den gezielten Einsatz anderer Marketinginstrumente wird versucht, den Lebenszyklus zu verlängern.

Produkt-Portfolio-Analyse

Im Rahmen einer Portfolio-Analyse wird die Marktposition des Unternehmens bzw. eines strategischen Geschäftsfeldes bewertet. Ein strategisches Geschäftsfeld ist eine Ware oder eine Warengruppe in seinem/ihrem speziellen Markt.

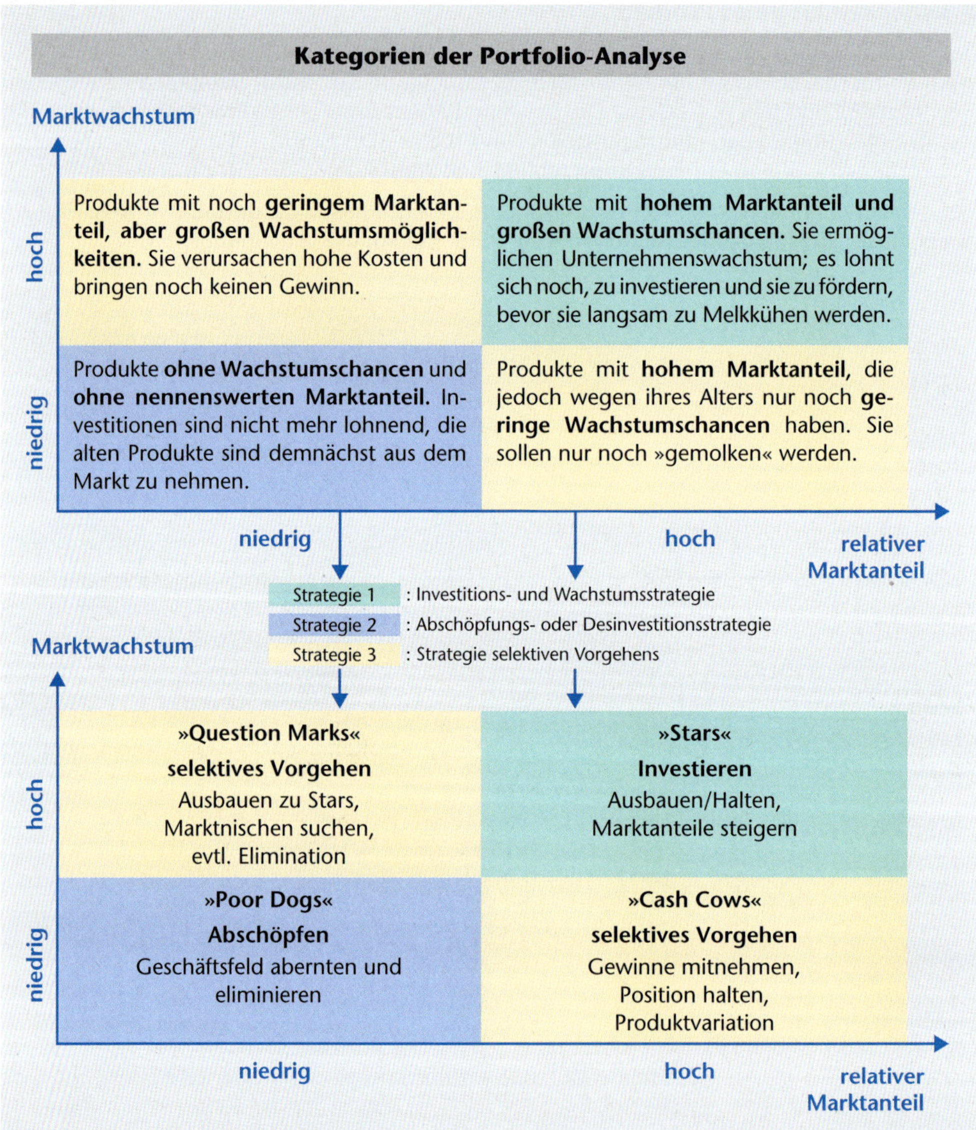

7.9 Marketing-Mix

Anhand der Ergebnisse der Marktforschung, der Festlegung der Marketingziele und -strategien werden die einzelnen Marketinginstrumente ausgewählt. Zur Abstimmung der Instrumente und zur Zuteilung der Mittel dienen die Erkenntnisse der Produkt-Lebenszyklus- und der Portfolio-Analyse.

Marketing-Mix ist die **optimale Abstimmung** der **Marketingaktivitäten** zum Erreichen der Marketingziele.

Beispiel: Ein Hersteller von kosmetischen Artikeln geht mit seinen Vertriebspartner (Großhandel und Einzelhandel) eine vertikale Marketingvereinbarung ein. Sie erstellen für zwei Gesichtspflege-Systeme folgenden Marketing-Mix:

Marketingaktivitäten		Marketing-Mix für	
		Pflegesystem »Standard« für Marktsegment »Männer unter 30 Jahre«	Pflegesystem »Prestige« für Marktsegment »Männer über 30 Jahre«
Produkt- und Sortimentspolitik	Produktinnovation	stark duftend, Duft modeabhängig variieren, leicht selbstbräunend	dezenter Duft, stark feuchtigkeitshaltig, mit Proteinen
	Produktgestaltung	in Tuben, 100 oder 200 ml, auffällig modisch	in eleganten Dosen, 50 oder 100 ml, klassisch schwarz-weiß
	Sortimentsgestaltung	in der Reihe mit weiteren Kosmetika für den jung gebliebenen Mann	umfangreiche Pflegeserie für den reiferen, auf sein Äußeres bewusst achtenden Herrn
	Dienstleistungsgestaltung	ein Jahr Qualitätsgarantie	ein Jahr Qualitätsgarantie, Verkäufer- und Kosmetiker-Schulungen
Preis- und Konditionenpolitik	Preisfindung Preisstrategie	mäßiger Preis, auch Kampfpreis, Mindestabnahmemengen	gehobener Preis, keine Mindestabnahme
	Preisdifferenzierung	Einheitspreise im gesamten Absatzgebiet	räumlich und zeitlich unterschiedliche Preise je nach Marktlage
	Konditionen	Einheitskonditionen, keine Rabatte	nachgiebige, kundenfreundliche Konditionen, Rabattstaffeln, Boni
	Finanzdienstleistungen	keine	Kredite an Abnehmer zur Erleichterung des Absatzes
Kommunikationspolitik	klassische Werbung	Fernsehwerbung, Plakatwerbung in Fitness-Studios	Anzeigen in Zeitschriften, Plakatwände, Rundfunkwerbung
	Verkaufsförderung	Preisausschreiben, Gratisproben, Displaymaterial bei Einzelhändlern	Produktplatzierung im Handel, Verkaufspropagandisten, Kosmetikberatung
	Public Relations	Leitidee »jugendlich«, »sportlich«	Leitidee »Lebensfreude«, »Wohlbefinden«
	sonstige Kommunikationsmittel	mobilfunkgestützte Aktionen	Product-Placement in Filmen, Co-Branding mit Modebranche

Marketingaktivitäten		Marketing-Mix für Pflegesystem »Standard« für Marktsegment »Männer unter 30 Jahre«	Marketing-Mix für Pflegesystem »Prestige« für Marktsegment »Männer über 30 Jahre«
Distributionspolitik	Vertriebsorgane	kein Außendienst	Handlungsreisende und Handelsvertreter
	Vertriebswege	Lieferung nur über den Großhandel	Lieferung über den Großhandel und Direktbelieferung großer Einzelhändler
	Vertriebslogistik	Belieferung nach einem Tourenplan mit eigenen Kleintransportern	Belieferung durch fremde Logistiker

7.10 Marketingcontrolling

Marketingcontrolling ist ein System von Maßnahmen, mit dem man die **Wirkung der Marketinginstrumente feststellen** kann.

7.10.1 Aufgaben des Marketingcontrollings

Kontrolle und Steuerung bestimmter Akteure

▶ Betriebsinterne Vertriebsorgane

Alle Mitarbeiter des Marketings (Marketingdirektor, Werbeleiter, Verkäufer, Außendienstmitarbeiter) müssen sich den Marketingzielen entsprechend verhalten.

Beispiel: Soll-Ist-Vergleich des angestrebten und erreichten Umsatzes eines Handlungsreisenden

▶ Betriebsexterne Vertriebsorgane

Auch Absatzhelfer und Franchisepartner müssen sich einem Soll-Ist-Vergleich stellen. Das Unternehmen hat jedoch nur eine beschränkte Kontroll- und Einflussmöglichkeit auf selbstständige Vertriebspartner.

Beispiele: Einzelhändler, Handelsvertreter, Transportunternehmen

■ Fehlerkorrekturen

Bei Abweichungen im Soll-Ist-Vergleich von Daten muss eine entsprechende Korrektur vorgenommen werden, z. B. bei zukünftigen Marketingaktivitäten oder schon bei der Zielvorgabe. So kann eine ungenügende Zielerreichung eine verstärkte Werbeaktivität auslösen. Nicht erreichte Zieldaten sollten nicht einfach ohne Grund zurückgenommen werden, sondern nur, wenn sich diese als unrealistisch erwiesen haben. Bei Zielüberschreitungen wird in aller Regel das Zielniveau angehoben.

Beispiel: zu niedrige oder zu hohe Verkaufspreise, unzureichende Kundendienstpolitik

7.10.2 Analyseinstrumente des Marketingcontrollings

Neben den Instrumenten zur Kontrolle des wirtschaftlichen und des kommunikativen Erfolgs von Marketingmaßnahmen sind die wichtigsten Instrumente

- die ABC-Analyse für Produkte bzw. Produktgruppen (Seite 235), Kunden und Kundensegmente sowie Märkte,
- die produktbezogene oder kundenbezogene Portfolio-Analyse,
- Kennzahlensysteme.

■ ABC-Analyse zur Bestimmung des Kundenwertes

Die Kunden werden nach bestimmten Merkmalen in A-, B- und C-Kunden eingeteilt. Diese Merkmale können sein: Umsatz- und Absatzzahlen oder der Deckungsbeitrag, den ein bestimmter Kunde erbringt.

ABC-Analyse	Merkmal	Maßnahmen
A-Kunden	Kunden mit den höchsten Umsatzzahlen oder Deckungsbeiträgen	Ihnen wird eine besondere Beachtung geschenkt. Sie erhalten besondere Kooperations- oder Schulungsangebote, gelangen in ein spezielles Bonusprogramm oder erhalten gezielte Serviceleistungen.
B-Kunden	Kunden mit hohen Umsatzzahlen und Deckungsbeiträgen	Sie genießen eine übliche Beachtung, d. h. erhalten sämtliche üblichen Vergünstigungen, Betreuung, Serviceleistungen usw.
C-Kunden	Kunden mit geringen Umsatzzahlen und Deckungsbeiträgen	Sie werden kaum gebunden. Dennoch sollten sie nicht vernachlässigt werden, da schlechte Erfahrungen verbreitet werden könnten.

■ Kunden-Portfolio

So wie bei der Produkt-Portfolio-Analyse Produkte in bestimmte Kategorien eingeteilt werden, werden in einem Kunden-Portfolio die Kunden bestimmten Gruppen zugeteilt (Seite 284).

Gewinnpotenzial ↑ / Kundennutzen aus den Produkten →	niedrig	hoch
hoch	**Entwicklungskunden** Sie stellen einen hohen Wert für das Unternehmen dar, ziehen jedoch selbst nur einen geringen Wert aus den Waren bzw. den Dienstleistungen des Unternehmens.	**Starkunden** Diese Kunden ziehen einen erheblichen Nutzen aus den Leistungen des Unternehmens. Diese Kundengruppe ist die attraktivste für das Unternehmen.
niedrig	**Verzichtskunden** Diese Kunden ziehen nur einen geringen Wert aus den Waren und Dienstleistungen des Unternehmens und repräsentieren nur einen geringen Wert für das Unternehmen.	**Abschöpfungskunden** Sie ziehen einen hohen Nutzen aus den Waren bzw. den Dienstleistungen des Unternehmens, haben aber ihrerseits nur einen geringen Wert für das Unternehmen.

Kennzahlensystem

auf psychologische Ziele bezogene Kennzahlen	marktbezogene Kennzahlen	wirtschaftliche Kennzahlen
– Kundenzufriedenheit – Lieferbereitschaft – Markenimage – Bekanntheitsgrad – Anzahl erzielter Kontakte durch Werbeaktionen – Kundenstruktur (Erstkäufer, Nachkäufer)	– Anzahl der Kundenanfragen – Anzahl der Gesamtkunden – Anzahl der verlorenen Kunden – Marktanteil eines Produktes – erzielter Preis am Markt – Außendienstintensität (Besuchszahl je Außendienstmitarbeiter) – Außendiensteffizienz (Aufträge je Besuch)	– Gesamtumsatz – Umsatz bezogen auf Produktgruppe, Kundengruppe, Region, Außendienstmitarbeiter etc. – Umsatz aufgrund von Aktionen – Umsatz aufgrund einer Messeteilnahme – Gewinn – Umsatzrendite – Werbeerfolg

Zur **Beurteilung dieser Kennzahl** können verschiedene Bezugsgrößen verwendet werden:

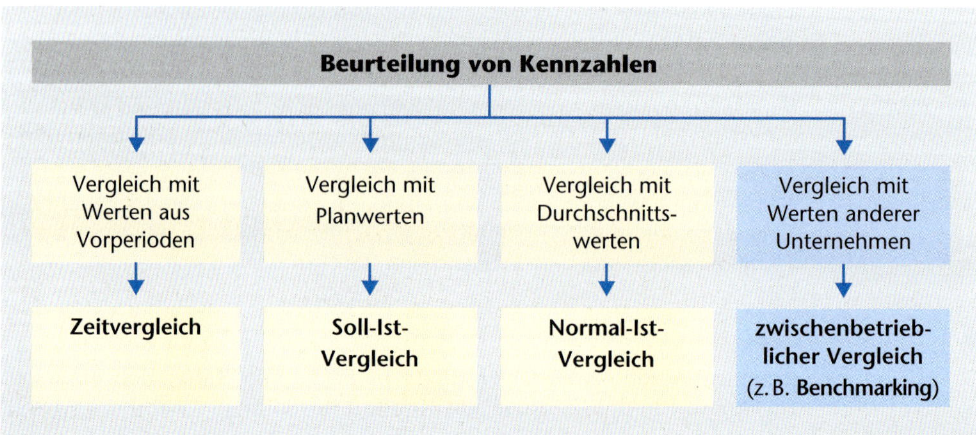

Zusammenfassende Übersicht zu den Kapiteln 7.8, 7.9 und 7.10:
- Produktlebenszyklus und Portfolio-Analyse
- Marketing-Mix
- Marketingcontrolling

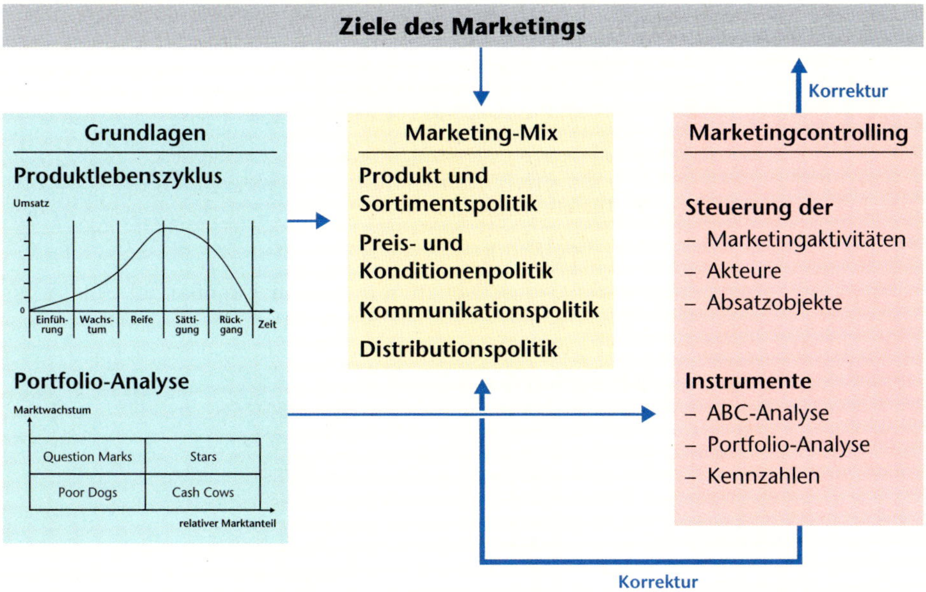

▶ Aufgaben und Probleme

1. Fertigen Sie eine Portfolio-Analyse für einzelne Automodelle eines Autoherstellers an.
2. Die Geschäftsleitung der Lachmann GmbH (vgl. Aufgabe 6, Seite 257) möchte für folgende Produkte aus dem Sortiment eine Portfolio-Analyse erstellen lassen.

Produkt	Marktanteil	Marktwachstum
A Bohrmaschine (einfach, ohne Schlagbohrwerk)	3 %	0 %
B Schlagbohrmaschine (220 Volt)	35 %	2 %
C Schlagbohrmaschine (Akku)	15 %	18 %
D Kombischraubbohrer mit Schlagwerk (220 Volt)	9 %	9 %
E Kombischraubbohrer mit Schlagwerk (Akku)	7 %	24 %

a) Erstellen Sie die Portfolio-Analyse.

b) Ziehen Sie für jedes Produkt Schlussfolgerungen für zu planende absatzpolitische Instrumente.

c) Zeichnen Sie einen Produktlebenszyklus und ordnen Sie die Produkte den Phasen zu.

d) Beurteilen Sie Ihre Entscheidungen aus Aufgabe b) vor dem Hintergrund der Einordnung in den Produktlebenszyklus.

e) Erklären Sie, durch welche Maßnahmen ein Relaunch erreicht werden könnte.

3. Entwerfen Sie in einer Gruppenarbeit ein Marketing-Mix für ein selbstgewähltes Produkt.

a) Erstellen Sie ein Diagramm (z. B. Balkendiagramm) für die Umsatz- und für die Deckungsbeitragsanteile der Kunden.

b) Begründen Sie, welche Schlussfolgerungen Sie aus den Ergebnissen ziehen.

4. Eine Unternehmungsberatungsgesellschaft hat für ein Großhandelsunternehmen folgendes Kunden-Portfolio erstellt:

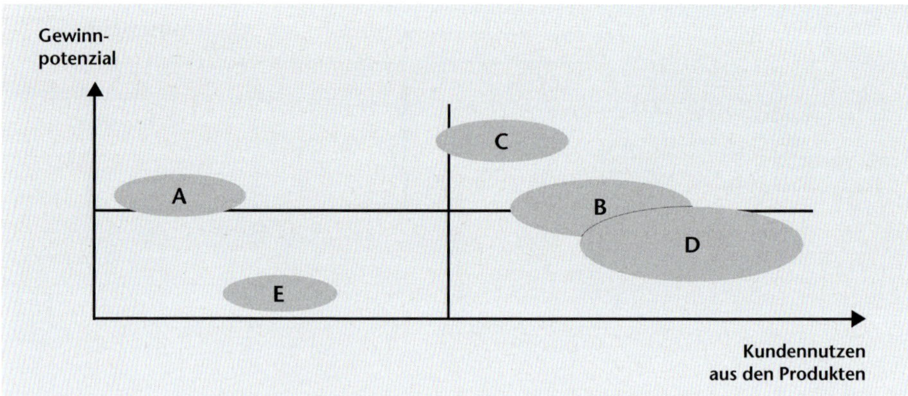

Die ovalen Flächen stellen die Kunden A bis E dar; die Größen der Flächen sollen die relative Umsatzhöhe wiedergeben.

a) Interpretieren Sie das Kunden-Portfolio.

b) Erstellen Sie eine Maßnahmenliste für die Betreuung jedes Kunden.

Zusammenfassende Übersicht zu Kapitel 7: Marketing

Marketing

Wohin wollen wir?

Unternehmensziele

ökonomische	ökologische	soziale

Marketingziele

ökonomische
- Absatzsteigerung
- Umsatzsteigerung
- Erhöhung des Marktanteils

psychologische
- Image
- Bekanntheitsgrad
- Kundenbindung
- Markentreue

Welche Vorgaben gibt der Markt?

Marktforschung

Zielgruppen (Kunde/Verbraucher)
- Kaufgewohnheiten
- Kaufkraft
- Erfahrung

Wettbewerb (Konkurrenz)
- Anzahl
- Marktmacht
- Leistung

Trend (Konjunktur)
- Schwankungen
- Sprünge

Wie kommen wir dort hin?

Marketingstrategie

Marktdurchdringung	Marktfeldentwicklung	Produktentwicklung	Diversifikation

Was müssen wir dafür tun?

Marketingkonzeption

Marketing-Mix

Produkt- und Sortimentspolitik
- Produktgestaltung
- Produktveränderung
- Produktinnovation
- Sortimentsgestaltung
- Dienstleistungsgestaltung
- Markenmanagement

Preis- und Konditionenpolitik
- Preisfindung
- direkte Preisgestaltung
- indirekte Preisgestaltung
- Preisstrategien
- Preisdifferenzierung
- Preisangaben

Kommunikationspolitik
- Ziele
- Instrumente
  Werbung, Verkaufsförderung, Public Relations, Messen, Events, Product Placement, Sponsoring, Direktmarketing
- Etat- und Mediaplanung

Distributionspolitik
- Vertriebssystem
- Beziehung zu Vertriebspartnern
- Verkaufsaktivitäten
- Vertriebslogistik

Marketingcontrolling

8 Leistungserstellung im Industriebetrieb

Man unterscheidet folgende Bereiche der industriellen Tätigkeit:

a) **Rohstoff- und Energiegewinnung** (Urproduktion). Hierbei wird das Naturprodukt gewonnen (Bergbau, Energiewirtschaft).

b) **Veredelung der Rohstoffe (Grundstoffgewinnung).** Das Urprodukt wird zum verarbeitungsfertigen Grundstoff verbessert (Hüttenwerke, Chemische Industrie, Raffinerien, Sägewerke, Spinnereien).

c) **Verarbeitung.** Aus den Grundstoffen wird das Endprodukt hergestellt. Dies kann ein Konsum- oder Investitionsgut sein (Kapitel 1.1.2).

Neben dem eigentlichen Sachgut werden häufig Dienstleistungen angeboten, die als technische oder kaufmännische Leistung die eigentliche Sachgüterleistung ergänzen.

Beispiel: Die Automobilhersteller bieten neben dem Fahrzeug auch die Finanzierung des Kaufes und den Bereich der Entsorgung der aus dem Verkehr gezogenen Fahrzeuge an.

8.1 Ablauf der Leistungserstellung im Industriebetrieb

8.1.1 Aufstellung des Produktionsprogramms

Mit der Festlegung auf ein **Produktionsprogramm** wird entschieden, welche Erzeugnisse in welchen Mengen und mit welchem Produktionsprozess im Planungszeitraum hergestellt werden. Zu berücksichtigen sind dabei die Möglichkeiten der Beschaffung, des Absatzes, der Fertigung, der Lagerung und der Finanzierung.

Der Aufstellung des kurz- oder mittelfristigen Produktionsprogramms geht die **Entwicklung** und **Konstruktion** voraus.

Entwicklung

Aufgabe der Entwicklung ist die **Neuentwicklung** von Produkten und die **Weiterentwicklung** bereits hergestellter Erzeugnisse, um den technischen Fortschritt zu berücksichtigen, oder um neue Märkte zu erschließen.

Wichtig bei der Entwicklung und Konstruktion eines Erzeugnisses ist die frühzeitige Einbeziehung aller Beteiligten, vom Kunden und Vertrieb über alle Fertigungsstellen bis zu den Teile- und Systemlieferanten **(Simultaneous Engineering, integrierte Produktentwicklung).**

Im Rahmen der Entwicklung führt die **Produktgestaltung** zu Entscheidungen über die Verwendbarkeit, Qualität, Größe, Technik, Form und Farbe eines Erzeugnisses. Es muss beachtet werden, dass

- die Fertigung der Produkte rationell erfolgen kann,
- der Absatz durch die Gebrauchsfähigkeit und eine entsprechende Formgebung **(Design)** gefördert werden kann.

Dabei muss gelten, dass heutiges Handeln nicht die Lebensgrundlagen nachfolgender Generationen gefährden oder sogar vernichten darf. Produkte haben deshalb das Kriterium der **Umweltverträglichkeit** zu erfüllen.

Produkte sind umweltverträglich, wenn bei deren Herstellung und Gebrauch das Entstehen von **Abfällen vermindert** sowie **schädliche Auswirkungen** auf die Umwelt **vermieden** werden. Die **umweltverträgliche Verwertung und Beseitigung** der nach deren Gebrauch entstandenen Abfälle muss sichergestellt sein.

Dazu dienen folgende Gesichtspunkte:

Begriff	Inhalt
Abfallreduzierung	Verkleinerung der Geräte; bessere Ausnutzung der Rohstoffe; Lebensdauererhöhung; Demontagefreundlichkeit, was eine Mehrfachverwendung einzelner Bauteile ermöglicht
Abfallverwertung (Recycling)	Maßnahmen der Wieder- und Weiterverwendung, der Wieder- und Weiterverwertung (z. B. als Sekundärrohstoffe)
umweltgerechte Entsorgung	Verwendung biologisch abbaubarer Rohstoffe, thermische Verbrennung des Abfalles

Konstruktion

Die Aufgabe der Konstruktion ist es, die Ergebnisse der Entwicklung und Produktgestaltung umzusetzen. Dabei sind die zeichnerische Darstellung und die konstruktionstechnische Beschreibung wichtig.

a) **Die Gesamtzeichnung** ist die maßstabsgerechte Darstellung des Erzeugnisses. Sie wird vom Konstruktionsbüro entworfen, von den verschiedenen Abteilungen eingehend besprochen und auf die Wirtschaftlichkeit ihrer Durchführung untersucht.

b) **Zeichnungen über Baugruppen und Einzelteile** enthalten auch Angaben über die zu verwendenden Werkstoffe und die Art ihrer Bearbeitung.

c) **Konstruktionsstückliste.** Die in der Gesamtzeichnung enthaltenen Einzelteile werden in der Konstruktionsstückliste (auch Gesamtstückliste genannt) aufgeführt.

Mit der Entwicklung der Produkte einher geht oftmals die Planung kompletter Fertigungs- und Montagelinien. In dieser Planungsphase spricht man von **virtuellen Fertigungslinien.** Damit können die Produktionsabläufe bereits vor Produktionsbeginn getestet und mögliche Fehlerquellen frühzeitig erkannt werden.

Planung des Fertigungsprogramms

Durch die **Planung des Fertigungsprogramms** wird festgelegt, was tatsächlich produziert werden soll.

Bei **Kundenaufträgen** wird ein Erzeugnis für einen bestimmten Kunden produziert (Auftragsfertigung). Bei **Lageraufträgen** wird ein Erzeugnis auf Vorrat produziert. Die Güterherstellung erfolgt in diesem Fall für einen anonymen Abnehmerkreis. Die Informationen über die Kundenwünsche erhält man über die Marktforschung.

8.1.2 Fertigungsplanung

Arbeitsvorbereitung

Der Fertigungsablauf wird mithilfe einer Vielzahl von Unterlagen geplant (Grafik, Seite 294).

▶ Stücklisten

Für die Arbeitsvorbereitung muss die Konstruktionsstückliste umgearbeitet werden. Dies geschieht durch die **Stücklistenauflösung.** Darunter versteht man das schrittweise Zerlegen und Aufgliedern des Erzeugnisses in Baugruppen, Einzelteile und Rohstoffe.

Ein **Erzeugnis** ist die verkaufsfähige Einheit eines Unternehmens. Es setzt sich aus Baugruppen und/oder Einzelteilen zusammen.

Eine **Baugruppe** ist aus Einzelteilen oder anderen Baugruppen zusammengesetzt.

Ein **Einzelteil** wird in Eigenfertigung aus **Rohstoffen** hergestellt oder fremdbezogen. Es geht in Baugruppen oder in das Erzeugnis ein.

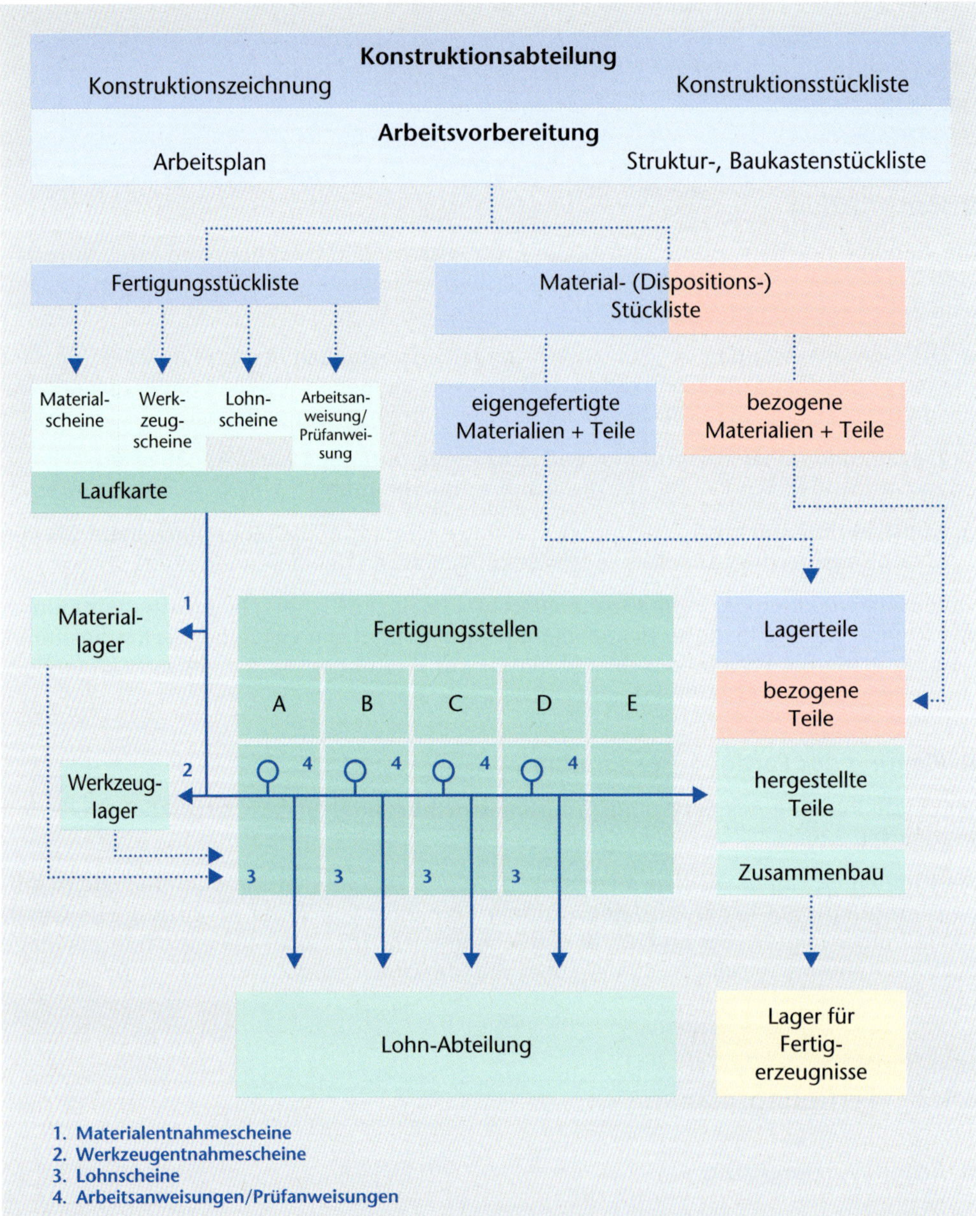

Arten von Stücklisten

Strukturstückliste
Enthält den Bedarf an Baugruppen, Einzelteilen und Rohstoffen in der Reihenfolge aller Fertigungsstufen eines Erzeugnisses. Sie stellt den fertigungstechnischen Aufbau des Erzeugnisses dar.

Fertigungsstückliste
Ist Grundlage für die Fertigung und Montage der Einzelteile und Baugruppen.

Baukastenstückliste
Enthält jeweils nur die Baugruppen und Teile einer Fertigungsstufe. Sie sind vor allem dann zweckmäßig, wenn bestimmte Teile und Baugruppen in mehrere Erzeugnisse eingebaut werden.

Mengenübersichtsstückliste
(auch: **Dispositions-** oder **Materialstückliste**)
Dient zur Ermittlung des Materialbedarfs, bei der eine Trennung zwischen den Positionen mit Eigenfertigung und Fremdbezug vorgenommen wird.

▶ Stücklistenauflösung

Beispiel für die Auflösung der Konstruktionsstückliste in die verschiedenen Stücklisten:

Ein Erzeugnis weist die folgende **Erzeugnisstruktur** aus:

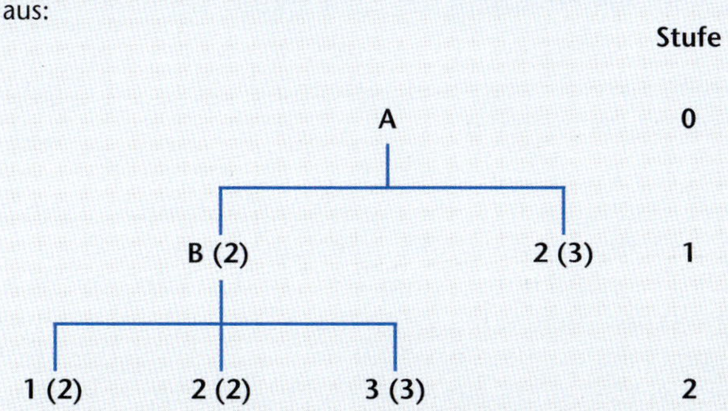

Das Produkt A besteht aus der Baugruppe B und dem Einzelteil 2. Die Baugruppe B wiederum besteht aus den Einzelteilen 1, 2 und 3.

In den Klammern stehen jeweils die Mengen, mit der eine Baugruppe oder ein Teil in die übergeordnete Baugruppe/Produkt eingeht.

Aufgrund der **Stücklistenauflösung** ergeben sich folgende Stücklisten:

Mengenübersichtsstückliste Erzeugnis A	
Teile-Nr.	Menge
B	2
1	4
2	7
3	6

Baukastenstückliste Erzeugnis A	
Teile-Nr.	Menge
B	2
2	3

Strukturstückliste Erzeugnis A		
Baustufe	Teile-Nr.	Menge
• 1	B	2
• • 2	1	4
• • 2	2	4
• • 2	3	6
• 1	2	3

Eine Sonderform der Stücklisten stellen die **Verwendungsnachweise** dar. Sie klären, in welche übergeordneten Baugruppen die jeweiligen Rohstoffe, Einzelteile oder Baugruppen eingehen. Dies kann dann von Bedeutung sein, wenn Rohstoff- oder Teilelieferungen nicht rechtzeitig im Unternehmen eintreffen.

▶ Arbeitspläne

Arbeitspläne enthalten die Arbeitsgänge und deren Reihenfolge, die Arbeitsplatzbezeichnung, die Auftragszeiten sowie die benötigten Werkzeuge und Materialien.

Druckliste Arbeitsplan *Rieber* **GmbH & Co. KG**

```
Material 58010207                                          Werk  1
         Rohrrahmen leichte Ausf. 500MM 2+3 Borde
Plangr.  58010207            PlGrZ. 1   Rohrrahmen leichte Ausf. 500MM 2+3 Borde
         LGr. von               1,000   LGr. bis   99.999.999,000      ST
         Verwendung 3                   Status   4          Werk 1

Folge       0        Flg.Art     Stammfolge

Vorgang 0100 010     ArbPlatz     532124     Sägen und entgraten
                     SteuSchl.    PP01
                     Basismenge                1,000   ST
                     Lohn-Rüst            15   MIN  Lohn-Ausf         1,440   MIN
                     Masch-Rüst           15   MIN  Masch-Ausf        1,440   MIN
                     Z.Kalk-Rüst               MIN  Z.Kalk-Ausf               MIN

Vorgang 0200         ArbPlatz     530500     Transport Werk III Serie
                     SteuSchl.    PP05
                     Basismenge                1,000   ST
                     Lohn-Rüst                 MIN  Lohn-Ausf                 MIN
                     Masch-Rüst                MIN  Masch-Ausf                MIN
                     Z.Kalk-Rüst               MIN  Z.Kalk-Ausf               MIN
```

Arbeitsplankopf: enthält allgemeine Informationen

Arbeitsvorgangsdaten: enthalten die Informationen zum Arbeitsgang

Bereitstellungsplanung

Die **Bereitstellungsplanung** ermittelt, wie und wann die Betriebsmittel, Rohstoffe, Einzelteile, Baugruppen und Arbeitskräfte für die Fertigung der Erzeugnisse bereitgestellt werden.

Für **Betriebsmittel** müssen rechtzeitig Investitionen und Instandhaltungen durchgeführt werden, um die notwendige Kapazität sicherzustellen.

Die **selbst zu fertigenden Teile** sind der Fertigungsstückliste zu entnehmen. Dabei prüft man, wie lange die Produktions- und Montagezeit für die einzelnen Teile und Baugruppen dauert. Für die zu beschaffenden Fremdbezugsteile und Rohstoffe muss die Wiederbeschaffungszeit ermittelt werden. Die Terminplanung kann mithilfe der **Vorlaufverschiebung** durchgeführt werden. Dabei werden diejenigen Zeitpunkte ermittelt, an denen mit der Fertigung der einzelnen Erzeugniskomponenten bzw. mit der Beschaffung der Fremdbezugsteile und Rohstoffe begonnen werden muss, um einen Auftragstermin einhalten zu können.

Bei der Beschaffung von **Arbeitskräften** muss je nach Produktionsprogramm die Art und Anzahl der erforderlichen Arbeitskräfte festgelegt werden. Soweit sie nicht im Unternehmen vorhanden sind, erfolgen Neueinstellungen (Kapitel 4.2.2).

8.1.3 Fertigungssteuerung

Die **Fertigungssteuerung** legt die günstigsten Produktionsmengen, den Fertigungsablauf, die Maschinenbelegung und die Fertigungstermine fest.

Festlegung der Produktionsmengen

Eine wichtige Rolle bei der Planung des Arbeitsablaufs spielt die Erzeugnismenge, die in einem Durchgang zusammenhängend hergestellt wird (Los- oder Auftragsgröße). Dabei strebt die Fertigungssteuerung niedrigste Kosten bei Beschaffung, Fertigung, Lagerung und Vertrieb an (optimale Losgröße).

Der Fertigungsablauf

Der Fertigungsablauf bestimmt, wie die einzelnen Arbeitsgänge für die verschiedenen Erzeugnisse auf die Fertigungsstellen verteilt werden. Dabei sollen Durchlaufzeiten möglichst gering sein und Leerlauf vermieden werden.

Der Maschinenbelegungsplan

Der Maschinenbelegungsplan zeigt, zu welchen Zeiten die einzelnen Maschinen für die verschiedenen Fertigungsaufträge beansprucht werden. Es wird ersichtlich, ob die einzelnen Maschinen optimal ausgelastet, d.h. nicht unterbelastet (Leerlauf) und nicht überbelastet (erhöhte Abnutzung) sind. Er ist damit ein Mittel der Terminplanung.

Die Darstellung kann z.B. in einer Schautafel in Form eines **Balkendiagramms (Gantt-Diagramm)** erfolgen.

Beispiel: Belegungsplan für 4 Maschinen. Der Maschinenbelegungsplan ist mithilfe eines Projekt-Planungs-Systems erstellt worden.

Die Planungsperiode eines Betriebs beträgt 21 Tage. Zur Erledigung von 5 Aufträgen stehen 4 maschinelle Anlagen zur Verfügung, die dabei folgendermaßen beansprucht werden:

Auftrag 1 (dunkelblau): 2 Tage MA 1; 5 Tage MA 4; 4 Tage MA 2; 5 Tage MA 3

Auftrag 2 (grün): 7 Tage MA 2; 5 Tage MA 3; 6 Tage MA 1

Auftrag 3 (rot): 5 Tage MA 4; 4 Tage MA 1; 3 Tage MA 3; 4 Tage MA 2

Auftrag 4 (grau): 4 Tage MA 3; 3 Tage MA 2; 2 Tage MA 1; 4 Tage MA 4

Auftrag 5 (dunkelbraun): 4 Tage MA 1; 4 Tage MA 3; 5 Tage MA 4

	Vorgangsname	Dauer	Anfang	Ende
1	Gesamtzeit	21 Tage	Mo 19.01.15	Mo 16.02.15
2	**Maschine 1**	**19 Tage**	**Mo 18.01.16**	**Do 11.02.16**
3	Auftrag 5	4 Tage	Mo 18.01.16	Do 21.01.16
4	Auftrag 1	2 Tage	Fr 22.01.16	Mo 25.01.16
5	Auftrag 3	4 Tage	Di 26.01.16	Fr 29.01.16
6	Auftrag 4	2 Tage	Mo 01.02.16	Di 02.02.16
7	Auftrag 2	6 Tage	Do 04.02.16	Do 11.02.16
8	**Maschine 2**	**16 Tage**	**Mo 18.01.16**	**Mo 08.02.16**
9	Auftrag 2	7 Tage	Mo 18.01.16	Di 26.01.16
10	Auftrag 4	3 Tage	Mi 27.01.16	Fr 29.01.16
11	Auftrag 3	2 Tage	Mo 01.02.16	Di 02.02.16
12	Auftrag 1	4 Tage	Mi 03.02.16	Mo 08.02.16
13	**Maschine 3**	**21 Tage**	**Mo 18.01.16**	**Mo 15.02.16**
14	Auftrag 4	4 Tage	Mo 18.01.16	Do 21.01.16
15	Auftrag 5	4 Tage	Fr 22.01.16	Mi 27.01.16
16	Auftrag 2	5 Tage	Do 28.01.16	Mi 03.02.16
17	Auftrag 3	3 Tage	Do 04.02.16	Mo 08.02.16
18	Auftrag 1	5 Tage	Di 09.02.16	Mo 15.02.16
19	**Maschine 4**	**21 Tage**	**Mo 18.01.16**	**Mo 15.02.16**
20	Auftrag 3	5 Tage	Mo 18.01.16	Fr 22.01.16
21	Auftrag 1	5 Tage	Di 26.01.16	Mo 01.02.16
22	Auftrag 4	4 Tage	Mi 03.02.16	Mo 08.02.16
23	Auftrag 5	5 Tage	Di 09.02.16	Mo 15.02.16

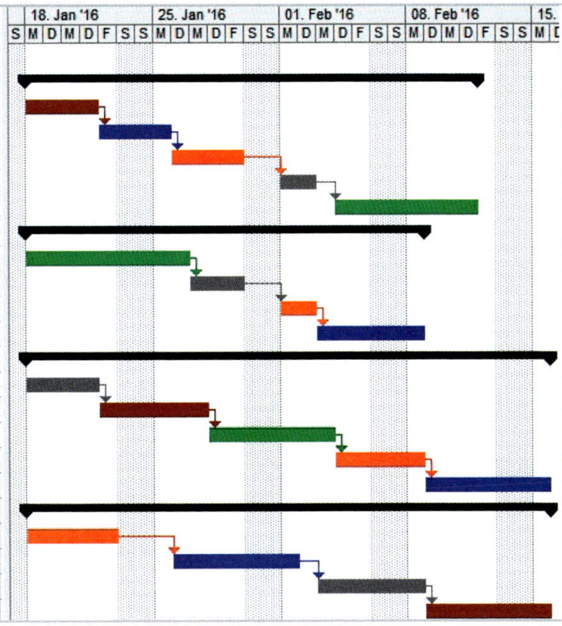

Terminplanung

Ihre Aufgabe ist es, den Fertigungsablauf und die Maschinenbelegung zeitlich zu koordinieren, um die innerhalb einer bestimmten Zeit anfallenden Aufträge fristgerecht zu erledigen.

Bereitstellung der Fertigungsbelege

Aufgabe der Fertigungssteuerung ist es auch, die für die Fertigungsdurchführung ergriffenen Maßnahmen auf entsprechenden Belegen festzuhalten und den Belegfluss zu planen.

Belegart	Beschreibung	Aufbau (Inhalt)
Laufkarte (Fertigungsbegleitkarte)	Geht mit dem Erzeugnis von Arbeitsplatz zu Arbeitsplatz.	– ausführende Stelle – Arbeitsgänge – Reihenfolge des Durchlaufs – Termin der Fertigstellung
Materialentnahmekarte	Dient als Beleg bei der Ausgabe der Werkstoffe.	– Art des Teils, Roh-, Hilfs- oder Betriebsstoffs – zu belastender Auftrag – Zeitpunkt der Entnahme
Werkzeugentnahmeschein	Bildet die Unterlage für eine geordnete Werkzeugverwaltung.	– Art des Werkzeugs – Auftragszuordnung
Prüfanweisung	Ist die Grundlage dafür, dass die vorgesehenen Qualitätskontrollen während der Fertigung vorgenommen werden.	– Umfang der Prüfung – zeitliche Vornahme der Prüfung – Prüfvorrichtung
Lohnschein	Dient als Grundlage für die Lohnabrechnung.	– Name, Lohngruppe des Mitarbeiters – Bezeichnung Fertigungsgegenstand – ausgeführte Tätigkeit – benötigte Zeit

8.1.4 Produktionsplanungs- und -steuerungssystem (PPS)

Zur optimalen Abwicklung der Fertigungsplanung und Fertigungssteuerung werden Produktionsplanungs- und steuerungssysteme eingesetzt.

In einem Fertigungsbetrieb umfasst die Produktionsplanung und -steuerung sämtliche vorausschauenden organisatorischen, technischen und wirtschaftlichen Überlegungen und Maßnahmen, um eine reibungslose und termingerechte Erzeugung von Gütern und Dienstleistungen zu erreichen.

Aufgaben von Produktionsplanungs- und -steuerungssystemen

Die Aufgabe von PPS liegt in der

- Planung und Steuerung der Produktionsabläufe,
- Verwaltung und Auswertung der Daten für die damit verbundenen Abläufe.

PPS-Systeme begleiten somit den gesamten betrieblichen Durchlauf eines Produktes. Dafür ist eine **Datenbank** die notwendige technische Voraussetzung. Sie ermöglicht es, dass über alle betrieblichen Funktionsbereiche hinweg auf einheitliche und für alle Nutzer gleichermaßen aktuelle Daten bzw. Informationen zurückgegriffen werden kann.

Ziele von Produktionsplanungs- und -steuerungssystemen

Innerhalb des Betriebes sollen die Fertigungsabläufe so geplant werden, dass

- Fertigungskapazitäten (Maschinen, Arbeitsplätze) optimal belegt sind,
- Durchlaufzeiten für die einzelnen Aufträge möglichst gering sind,
- geplante Termine eingehalten werden,

- Bestände so niedrig wie möglich gehalten werden können,
- Kapitalbindungskosten minimiert werden.

Funktionen der Auftragsabwicklung mit Produktionsplanungs- und -steuerungssystemen

Ein **PPS-System** hat folgende **Funktionen:**

Funktion	Aufgabe	Daten
Mengenplanung	– Ermittlung der Mengen an Werkstoffen, Einzelteilen und Baugruppen (optimale Bestellmenge) – Ermittlung des Umfangs der Fertigungsaufträge (optimale Losgröße)	– Kundenaufträge – Lageraufträge – Lagerbestände – Preise und Kosten – Stücklisten
Terminplanung	– Ermittlung der gesamten Durchlaufzeit für einen oder mehrere Fertigungsaufträge – Ermittlung von Anfangs- und Endterminen	– Rüstzeiten, – Übergangszeiten (Transport-, Warte- und Liegezeiten), – Bearbeitungszeiten eines Werkstückes
Kapazitätsplanung	– Prüfung, ob genügend Kapazitäten vorhanden sind – Vermeidung von Engpässen durch Einleitung von Gegenmaßnahmen	– Kundenaufträge – Lageraufträge – vorhandene Betriebsmittel – Personalstand
Auftragsveranlassung und -überwachung	– Bereitstellung der Fertigungsunterlagen – Überwachung des Fertigungsfortschritts – Einleitung von Korrekturmaßnahmen	– Auftragsarbeitspläne – Laufkarten – Lohnscheine – Werkzeugwechselpläne – Maschinenbelegungspläne

8.1.5 Fertigungsarten

Bei der Festlegung des Fertigungsablaufs muss sich die Unternehmensleitung für die jeweils geeignete Fertigungsart entscheiden.

Fertigungsarten nach der Menge gleichartiger Erzeugnisse

▶ Einzelfertigung

Jedes Stück ist ein Erzeugnis eigener Art. Es wird nur in einer Ausführung hergestellt.

Beispiele: Seeschiff, Turbine, Maßkleid, Einbauschrank

In aller Regel erfolgt die Einzelfertigung auf Bestellung; sie ist **Auftragsfertigung.**

Innerhalb der Einzelfertigung gewinnt das **Rapid Manufacturing** zunehmend an Bedeutung. Bei diesem Produktionsverfahren können mittels Lasertechnologie individuelle Aufträge und auch kleine Serien rasch ausgeführt werden. Kundenwünsche können unmittelbar in der Produktgestaltung berücksichtigt werden.

Beispiele: Herstellung von Spezialwerkzeugen im Automobilbau, Prothesen, Brillen

▶ Mehrfachfertigung

a) **Serienfertigung:** Gleiche Erzeugnisse werden in begrenzter Stückzahl (Auflage) hergestellt.

   Beispiele: Flugzeugtypen, Möbeltypen, Sportwagentypen

b) **Sortenfertigung:** Aus dem gleichen Grundstoff werden verschiedene Ausführungen des gleichen Erzeugnisses hergestellt. Die Erzeugnisse unterscheiden sich lediglich in der Güte, Farbe, Form oder Größe.

   Beispiele: Seifen, Biere, Papiere

c) **Partiefertigung:** Das Entstehen unterschiedlicher Endprodukte ergibt sich aus dem Einsatz qualitativ verschiedener Rohstoffe. Dies kommt vor allem bei der Verarbeitung von pflanzlichen, mineralischen oder tierischen Rohstoffen vor.

   Beispiel: Garnherstellung aus unterschiedlichen Baumwollpartien

d) **Chargenfertigung:** Eine Charge (Ladung, Beschickung) bezeichnet diejenige Menge, die in einem Behälter während eines Produktionsvorganges be- oder verarbeitet wird. Jede Ladung weicht dabei geringfügig von einer weiteren ab.

   Beispiel: Schmelzprozesse in der Stahlindustrie

▶ Massenfertigung

Gleiche Erzeugnisse werden auf unbestimmte Zeit in unbegrenzten Mengen hergestellt. Massenfertigung erfolgt ausschließlich für den anonymen Markt.

Beispiele: Schrauben, Zement, Flaschen, Bleistifte, Heizöl

■ Fertigungsarten nach der Fertigungsorganisation

▶ Werkstattfertigung

Alle Arbeitsvorgänge vollziehen sich in **einer Werkstatt** in Einzelplatzarbeit durch vielseitig ausgebildete Arbeitskräfte.

Beispiel: In einem Kleinunternehmen werden nach Kundenauftrag Metallelemente für den individuellen Hausbau erstellt. Die Werkstücke werden in der Werkstatt hergestellt.

▶ Werkstättenfertigung

Die einzelnen Werkstücke durchlaufen **mehrere Werkstätten** zur Durchführung der aufeinanderfolgenden Arbeitsgänge. In einer Werkstatt stehen nur jeweils gleichartige Maschinen.

Beispiel: Ein mittelständisches Unternehmen produziert als Zulieferer für einen Fertighaushersteller Stahltreppen und Metallteile. Die Produkte durchlaufen die Abteilungen Zuschnitt, Schweißerei, Schleiferei, Lackierung.

▶ Reihenfertigung

Die Betriebsmittel werden in der Reihenfolge der vorzunehmenden Arbeiten angeordnet, sodass Fertigungsstraßen entstehen. Der Arbeitsfluss ist zeitlich ungebunden.

Beispiel: Herstellung von Flugzeugteilen in der Flugzeugindustrie

▶ Fließfertigung

Sie ist eine Reihenfertigung mit zeitlich gebundenem Arbeitsablauf (mit vorgegebenem »Takt«) zur Herstellung größerer Mengen gleichartiger Erzeugnisse. Dabei sind die Arbeitsplätze und Maschinen entsprechend der Arbeitsfolge angeordnet; die Werkstücke werden automatisch zum nächsten Arbeitsplatz befördert.

Beispiel: Herstellung von Fahrzeugen in der Automobilindustrie

Herkömmlicherweise werden dabei Teile und Werkstücke nach zentralem Plan an die jeweiligen nachfolgenden Fertigungsstellen weitergeleitet und dort je nach Bearbeitungsfluss zwischengelagert (Bring-System). Im Gegensatz dazu werden beim **Kanban-System** die Teile und Werkstücke von den Fertigungsstellen entsprechend ihrem Bedarf bei der vorangegangenen Fertigungsstufe abgerufen (Hol-Prinzip).

▶ Gruppenfertigung

Die Gruppenfertigung erlaubt eine Kombination unterschiedlichster Fertigungsarten. Sie reichen vom Fließband bis hin zu Arbeiten am stehenden Fertigungsobjekt **(Boxenlösung).** Die zur Fertigung eines Erzeugnisses notwendigen Arbeitsplätze und Maschinen werden zu Gruppen zusammengefasst **(Fertigungsinseln).** Jede Gruppe umfasst also so viele verschiedene Betriebsmittel, wie zur Herstellung des Werkstückes bzw. Erzeugnisteils notwendig sind.

Beispiel: In einem Automobilwerk wird die Fertigung von Türen aus der Fließfertigung herausgenommen und in Gruppenfertigung vorgenommen.

▶ Baugruppenfertigung (Modulefertigung)

Die Tendenz zur »schlanken Fabrik« erfordert oft eine Verringerung der Anzahl der Fertigungsstufen im eigenen Unternehmen. Die Zulieferer stellen ganze montagefertige **Baugruppen (Module)** her, die bisher vom Erzeugnishersteller selbst gefertigt wurden **(Outsourcing, Modular Sourcing);** sie werden zu **Systemlieferanten.**

Beispiele: Klimaanlagen oder Automatikgetriebe in der Automobilindustrie

Mit solchen Systemlieferanten wird schon während der Entwicklung eines Produktes eng zusammengearbeitet **(Simultaneous Engineering).** Vor Beginn der Erzeugnisproduktion wird dann ein **Just-in-Time-Konzept** für die reibungslose Anlieferung der Module direkt an die Montagestraßen erarbeitet (Kapitel 5.1.3).

▶ Baustellenfertigung

Der Arbeitsgegenstand ist infolge seines Gewichts, seiner Größe oder des vorgegebenen Standortes ortsgebunden; die Betriebsmittel, Werkstoffe und Arbeitskräfte müssen zur Baustelle geschafft werden.

Beispiele: Herstellung von Gebäuden, Straßen, Brücken

■ Fertigungsarten nach der Produktionstechnik

▶ Manuelle Fertigung

Die Arbeit wird von Hand durchgeführt.

Beispiel: Der Schreiner erstellt ein Regal.

▶ Maschinelle Fertigung

Bei der Fertigung werden Maschinen verwendet, die selbst die Führung des Werkstückes und des Werkzeuges übernehmen. Die Maschine führt oft auch die Steuerung aus, d.h., die Aufgabe, Schaltimpulse für die einzelnen mechanischen Bewegungen in der notwendigen Größe und Reihenfolge zu geben. In diesem Fall spricht man von **Halbautomaten (teilautomatisierte Fertigung).**

Beispiel: Schraubendrehautomaten mit mechanischer Steuerung

▶ Automatisierte Fertigung

Man versteht darunter die technische Einrichtung mit vollautomatischen Anlagen. Der gesamte Arbeitsablauf wird von Maschinen **nach vorgegebenem Programm gesteuert, kontrolliert und korrigiert.**

Beispiel: Industrieroboter produzieren Fahrzeuggehäuse im Automobilbau.

▶ Flexible Fertigungssysteme

Flexible (anpassungsfähige) Fertigungssysteme sind geeignet, unterschiedliche Erzeugnisse herzustellen. Sie bestehen aus mehreren Einzelmaschinen an verschiedenen Bearbeitungsstationen, die durch ein gemeinsames Informations- und Materialflusssystem miteinander verknüpft sind. Es besteht die Möglichkeit, verschiedene Produkte in kleinen bis mittleren Fertigungslosen gleichzeitig oder in zeitlicher Folge nacheinander zu bearbeiten.

Beispiel: vollautomatische Fertigungsstraße im Automobilbau

8.1.6 Qualitätsmanagement

Das Qualitätsmanagement übernimmt die Qualitätsprüfung der Werkstoffe, der unfertigen und fertigen Erzeugnisse sowie die Überwachung des Terminplans. Zusätzlich ist auch die Qualität im Produktionsablauf, bei Service-Leistungen sowie bei Kontakten und Beratungen mit den Kunden zu bieten.

Für die umfassende Einbindung des Qualitätsmanagements in die unternehmerischen Entscheidungen gibt es mehrere Ursachen:

- Der ständig wachsende **Wettbewerbsdruck** verlangt eine Abgrenzung von der Konkurrenz. Über den Preis allein ist dies nicht mehr möglich.
- Die **Kunden erwarten** heute eine **100 %ige Qualität** der Güter und Dienstleistungen.
- Entstandene Fehlerkosten können zu hohen **Folgekosten** führen.
- Qualitätsmängel können zu **Kundenverlusten** führen.
- Die hohen Anforderungen an die **Zertifikate** verlangen entsprechende unternehmensinterne Standards.
- Qualitätsmängel und daraus entstandene Schäden können zu hohen Kosten durch die **Produkthaftung** der Hersteller führen.

■ Qualitätskontrolle

Durch laufende Kontrollen wird die Qualität der Erzeugnisse erhöht. Dies verbessert die Absatzfähigkeit der Produkte. Die Garantieleistungen werden eingeschränkt und Kosten für Nachbesserungen und Ausschuss eingespart. Andererseits steigen mit zunehmender Kontrolltätigkeit die damit verbundenen Kosten.

Häufig werden dabei computerunterstützte Prüfgeräte verwendet, die bei Bedarf die Fertigungseinrichtung selbsttätig korrigieren **(CAQ** = **C**omputer **A**ided **Q**uality Assurance).

▶ Qualitätsmerkmale

Bei der Qualitätskontrolle müssen folgende Merkmale berücksichtigt werden:

Qualitätsmerkmale		
Merkmal	**Inhalt**	**Beispiele**
Fehlerfreiheit	Fertigteile und Erzeugnisse müssen den Konstruktionsunterlagen entsprechen.	– Abmessungen – Werkstoffe – Oberflächenbeschaffenheit

Qualitätsmerkmale		
Merkmal	**Inhalt**	**Beispiele**
Tauglichkeit	Das Produkt muss für den vorgesehenen Zweck funktions- und gebrauchsfähig sein.	– einwandfreier Lauf eines Motors – Funktionieren einer Schlauchkupplung
Vorschriftsmäßigkeit	Das Erzeugnis muss bestehenden Vorschriften entsprechen.	– Betriebssicherheit eines Kraftfahrzeugs nach TÜV-Vorschriften – Sicherheit eines Haushaltsgerätes nach VDE-Vorschriften

▶ Qualitätsprüfung

Qualitätsprüfung		
Methoden	**Merkmale**	**Beispiele**
Nach der Menge der kontrollierten Erzeugnisse		
Vollprüfung (100 %-Kontrolle)	Sämtliche Erzeugnisteile werden geprüft; Anwendung bei Serienfertigung.	– Motoren – Fernsehgeräte
Stichprobenkontrolle	Nur eine bestimmte Anzahl aus der Gesamtmenge der Erzeugnisse wird geprüft; Anwendung bei Großserien- und Massenfertigung.	– Analyse von Lebensmittelproben – Festigkeitsprüfung bei Metallen
Nach dem Zeitpunkt der Kontrolle		
Eingangskontrolle	Werkstoffe und bezogene Teile werden bereits beim Materialeingang geprüft.	Laborproben eingehender Lacke
Zwischenkontrolle	Laufende Durchführung während der Fertigung.	Prüfung der Passform von Türen im Automobilbau
Endkontrolle	Durchführung am fertigen Erzeugnis.	Motorentest am Ende der Fließfertigung

Nachdem die Prüfungsergebnisse feststehen, ist es die Aufgabe der Qualitätssicherung, mögliche Fehlerursachen zu ermitteln und Maßnahmen zur Fehlerbehebung zu ergreifen. Solche Maßnahmen können sein: Änderung des Fertigungsverfahrens, Korrektur der Maschineneinstellung, Schulung der Mitarbeiter.

Die **Qualitätskontrolle** ist auch wegen der gesetzlichen **Produkthaftung der Hersteller** von großer Bedeutung.

■ Terminkontrolle

Sie umfasst die Überwachung des Produktionsfortschritts und der Einhaltung der Fertigstellungstermine. Als Hilfsmittel dienen Balkendiagramme und Terminkalender.

Qualitätsmanagement nach DIN EN ISO 9000 ff.

Eine Möglichkeit, ein Qualitätsmanagementsystem aufzubauen, sind die Maßnahmen der Qualitätssicherung nach der **DIN EN ISO-Normenreihe 9000 ff.** Die Maßnahmen sind in einem **Qualitätsmanagement-Handbuch** zu beschreiben. Dieses Handbuch ist eine wichtige Grundlage für die **Zertifizierung** des Qualitätsmanagementsystems im Unternehmen, welche durch neutrale Institutionen erfolgt.

Beispiele:

1. TÜV-Cert e.V., Dekra AG, IQNet – International Certification network
2. EQ-Zert – Europäisches Institut zur Zertifizierung von Managementsystemen und Personal

Qualitätsmanagement nach der Normenreihe DIN EN ISO 9001:2008 geht von acht Grundsätzen aus, die Voraussetzung für ein erfolgreiches Zusammenwirken aller Beteiligten sind:

Qualitätsmanagement

- Lieferantenbeziehungen dienen dem gegenseitigen Nutzen
- Kundenorientierung
- Sachdenken auf der Grundlage von Daten und Informationen
- Mitarbeiteridentifikation
- ständige Verbesserung
- Prozessdenken
- Systemdenken im Hinblick auf die Prozesse
- Führung

Der sichtbare Nachweis für den Aufbau und die Fortführung eines Qualitätsmanagements im Unternehmen ist die Zertifizierung durch neutrale Institutionen. Grundlage für die Zertifizierung ist ein **Audit**.

Ein **Audit** ist eine **systematische unabhängige Untersuchung**, um festzustellen, ob die **qualitätsbezogenen Tätigkeiten** und die damit zusammenhängenden **Ergebnisse** den **geplanten Anforderungen entsprechen** und ob diese Anforderungen tatsächlich verwirklicht und geeignet sind, die Ziele zu erreichen (Quelle: Qualitätsmanagement-Lexikon).

Total Quality Management

Totales Qualitätsmanagement (TQM) nach DIN EN ISO 9004 ist eine auf die Mitwirkung aller Mitarbeiter basierende **Führungsmethode,** welche

- Qualität in den Mittelpunkt stellt, um
- **Zufriedenheit** der **Kunden,** dadurch
- langfristigen **Geschäftserfolg** sowie
- **Nutzen für die Arbeitnehmer** und für die **Gesellschaft** zu erreichen.

Damit ist Total Quality Management das umfassendste Qualitätssicherungssystem, das für ein Unternehmen denkbar ist. Vom **Kunden über die eigenen Mitarbeiter und Lieferanten bis hin zur Gesellschaft und Umwelt** werden alle Bereiche erfasst. Um dies zu leisten, muss TQM Teil einer Unternehmenskultur werden, welche die Kundenzufriedenheit in den Mittelpunkt stellt. Das Ziel dabei ist, eine erhöhte Wettbewerbsfähigkeit zu erreichen. Die DIN EN ISO 9000 ff. ist sehr stark in diese Richtung ausgeprägt.

Benchmarking

Ein wichtiges Instrument des Qualitätsmanagements ist das **Benchmarking.** Dies ist ein kontinuierlicher Prozess, bei dem die Produkte und betrieblichen Abläufe über mehrere Unternehmen hinweg verglichen werden. Zielvorgabe ist dabei, die Qualität des »Klassenbesten« der Branche zu erreichen oder noch zu übertreffen.

Zusammenfassende Übersicht zu Kapitel 8.1: Ablauf der Leistungserstellung im Industriebetrieb

Entwicklung führt zu
- Neuentwicklung von Produkten
- Weiterentwicklung von Produkten

Konstruktion erstellt
- Zeichnungen
- Stücklisten

↓

Produktionsprogramm

breites Produktionsprogramm
Anzahl der Erzeugnisarten und Ausführungsformen

tiefes Produktionsprogramm
Anzahl der Produktionsstufen im Unternehmen

↓

Arbeitsvorbereitung

Arbeitspläne

Stücklisten

↓

Bereitstellungsplanung

Betriebsmittel

Werkstoffe/ Fertigteile

Arbeitskräfte

↓

Fertigungsverfahren

Festlegung der Produktionsmengen

Festlegung des Fertigungsablaufs

Festlegung der Termine und der Maschinenbelegung

Erstellung der Fertigungsbelege

↓

Unterstützung durch **Produktions-planungs- und -steuerungssysteme** → **Leistungserstellung in der Fertigung** ← Überwachung durch das **Qualitätsmanagement**

↓

Fertigungsarten

nach der **Menge gleichartiger Erzeugnisse**
- Einzelfertigung
- Mehrfachfertigung
  - Serienfertigung
  - Sortenfertigung
  - Partiefertigung
  - Chargenfertigung
- Massenfertigung

nach der **Fertigungs-organisation**
- Werkstattfertigung
- Werkstättenfertigung
- Reihenfertigung
- Fließfertigung
- Gruppenfertigung
- Baugruppenfertigung
- Baustellenfertigung

nach der **Produktions-technik**
- manuelle Fertigung
- maschinelle Fertigung
- automatisierte Fertigung
- flexible Fertigungs-systeme

▶ Aufgaben und Probleme

1. »Wer an der Forschung und Entwicklung spart, verliert auch den wirtschaftlichen Anschluss.«

   Begründen Sie die Richtigkeit dieser Aussage.

2. Grenzen Sie die Begriffe Forschung und Entwicklung gegeneinander ab.

3. Die Konstruktionsabteilung erhält aufgrund eines Kundenauftrages zur Herstellung von 1.000 Gartentischen die Aufgabe, eine Gesamtzeichnung und die dazugehörige Konstruktionsstückliste zu erstellen. Die Konstruktionsstückliste sollte nach folgendem Schema aufgebaut sein:

lfd. Nr.	Menge	Teile-Nr.	Bennenung	Material	Hinweise

   Folgende Angaben sind vorhanden:

   - Vier Tischbeine, 70 × 4 × 4 cm hoch, Stahlrohr, durch je zwei Quer- und Längsstreben verbunden.
   - Eine Tischplatte, 60 × 120 × 3 cm, Holz.
   - Die Tischplatte wird mit sechs Winkeleisen an der Stahlrohrkonstruktion befestigt (jeweils zwei Schrauben).
   - Die Tischbeine erhalten als Sockel Kunststoffabdeckungen.

4. Stellen Sie einen vereinfachten Arbeitsplan auf, um den von Ihnen konstruierten Gartentisch (vgl. Aufgabe 3) in der Abteilung Endmontage zusammenbauen zu können.

5. Ein Motorenhersteller produziert Vierzylinderreihenmotoren. Die vereinfachte Erzeugnisstruktur des Motors hat das unten dargestellte Aussehen. Das Erzeugnis besteht aus den Baugruppen G1 und G2 sowie aus den Einzelteilen T1 bis T10. In Klammern stehen die jeweiligen Mengenangaben.

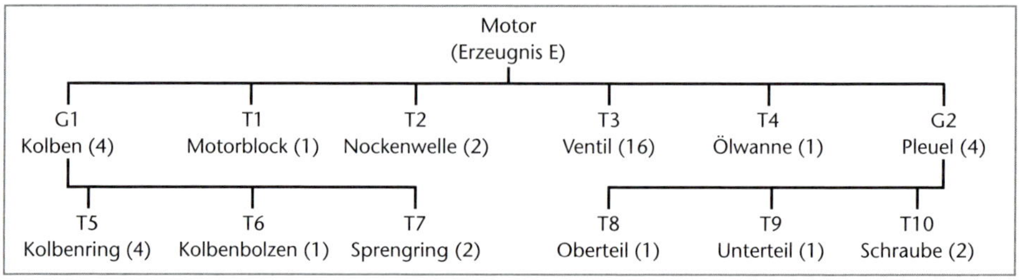

   a) Erstellen Sie die Mengenübersichtsstücklisten
      - für einen Motor,
      - für einen Kundenauftrag über 500 Motoren.

   b) Erstellen Sie
      - die Baukastenstücklisten,
      - die Strukturstückliste für den Motor.

6. Stücklisten sind im Unternehmen von zentraler Bedeutung. Klären Sie, welche Bedeutung Stücklisten haben für

   - die Fertigung,
   - die Bedarfsermittlung,
   - die Materialdisposition,
   - das Ersatzteilwesen,
   - die Kalkulation.

7. Fertigteile werden von den Zulieferern überwiegend direkt angeliefert. Welche Vorteile und welche Risiken hat diese fertigungssynchrone Anlieferung?

8. In einem metallverarbeitenden Unternehmen werden die drei Werkstätten Stanzen und Formen (I), Sägen und Bohren (II) sowie Lackieren (III) betrieben. Bei der Auftragsbearbeitung muss die vorgegebene Reihenfolge der Werkstätten eingehalten werden.

   Gegenwärtig sind fünf Kundenaufträge für die unterschiedlichen Produkte A, B, C, D, E auf die Werkstätten zu verteilen. Die Produkte durchlaufen die einzelnen Werkstätten jeweils tageweise. Eine Trennung in Losgrößen ist nicht möglich. Aufgrund der Arbeitspläne ergeben sich folgende Abläufe:

A	1 Tag in I,	1 Tag in II,	1 Tag in III;
B	2 Tage in I,	1 Tag in II,	1 Tag in III;
C	2 Tage in I,	3 Tage in III;	
D	1 Tag in I,	2 Tage in II,	1 Tag in III;
E	1 Tag in II,	1 Tag in III.	

   a) Ermitteln Sie die optimale Belegung der drei Werkstätten. Verwenden Sie für Ihre Lösung ein Balkendiagramm.

   b) Ermitteln Sie rechnerisch, zu wie viel Prozent die einzelnen Werkstätten im gesamten Bearbeitungszeitraum ausgelastet sind (Auslastungsgrad).

9. Bei einem Rundgang durch verschiedene Abteilungen eines Industrieunternehmens stellen Sie verschiedene Anordnungen der Betriebsmittel fest. Welche Fertigungsart liegt vor?

   a) Stanzmaschinen einerseits und Drehbänke andererseits sind räumlich getrennt untergebracht.

   b) Fertigteile werden von Arbeitskräften montiert und das unfertige Erzeugnis im Zeittakt weitertransportiert.

   c) Maschinen und Arbeitsplätze sind hintereinandergeschaltet, die Werkstücke werden durch Elektrokarren je nach Bedarf weiterbefördert.

   d) Die Motoren werden von einem bestimmten Arbeitsteam montiert. Die dazu notwendigen verschiedenartigen Betriebsmittel werden von den Teammitgliedern bedient.

10. Stellen Sie in einer Matrix die Vor- und Nachteile der Fertigungsarten dar:

    a) aus Sicht des produzierenden Unternehmens,

    b) aus Sicht der Beschäftigten.

11. Häufig spricht man von »Serieneinzelfertigung« und »Mass customization«. Klären Sie diese Begriffe.

12. Automatisierte Fertigung ist eine wesentliche Voraussetzung für eine kostengünstige und verbraucherorientierte Produktion.

    Welche Vor- und Nachteile ergeben sich bei der Automation

    a) für den Arbeitgeber, b) für den Arbeitnehmer?

13. Welche Merkmale sind bei der Qualitätskontrolle maßgebend?

14. Welche Formen der Qualitätsprüfung unterscheidet man

    a) nach der Menge der zu kontrollierenden Erzeugnisse,

    b) nach dem Zeitpunkt der Kontrolle?

15. Ein amerikanischer Qualitätsgrundsatz lautet: »Quality doesn't cost, it pays.«

    Was will dieser Grundsatz aussagen?

8.2 Rechtsschutz der Erzeugnisse

Das Eigentum an geistigen Gütern wie Erfindungen, Mustern, Modellen wird gesetzlich ebenso geschützt wie das Eigentum an materiellen Gütern. Verschiedene Gesetze sollen die missbräuchliche Verwendung geistiger Leistungen durch Unberechtigte verhindern.

Möglichkeiten des Rechtsschutzes der Erzeugnisse

	Patentschutz	Musterschutz		Markenschutz	
	Patent	**Gebrauchsmuster**	**Geschmacksmuster**	**Markenzeichen**	**Gütezeichen**
Gegenstand	Erfindung neuer Erzeugnisse und Herstellungsverfahren	neue Gestaltung, neue Anordnung an Arbeitsgeräten und Gebrauchsgegenständen	neue Muster, Hörzeichen	Wortzeichen, Bildzeichen, Hörzeichen	Wortzeichen, Bildzeichen
Voraussetzung	Neuheit mit gewerblicher Verwertungsmöglichkeit	Neuheit mit gewerblicher Verwertungsmöglichkeit	Neuheit oder Eigenartigkeit der Gestaltung einschließlich Verpackung und Ausstattung	Unverwechselbarkeit gegenüber bereits bestehenden Markenzeichen	Nachweis festgelegter Qualitätsmerkmale
Berechtigter	Erfinder	Erfinder	Designer	Unternehmen	Wirtschaftsfachverband
Eintragung	Deutsches Patent- und Markenamt (Patentregister), Europäisches Patentamt, ausländische Patentämter (Patentrolle)	Deutsches Patent- und Markenamt (Musterregister, Gebrauchsmusterrolle)	Deutsches Patent- und Markenamt (Register)	Deutsches Patent- und Markenamt (Register), Europäisches Markenamt	Deutsches Institut für Gütesicherung und Kennzeichnung e.V. (RAL-Gütezeichenliste)
Schutzdauer	20 Jahre	10 Jahre (ab dem vierten Jahr nur durch Zahlung einer Aufrechterhaltungsgebühr)	25 Jahre (ab dem sechsten Jahr nur durch Zahlung einer Aufrechterhaltungsgebühr)	10 Jahre (Verlängerung um jeweils 10 Jahre durch Zahlung einer Verlängerungsgebühr)	unbegrenzt (solange Qualitätsmerkmale vorliegen)
Gesetz	PatG	GebrMG	DesignG	MarkenG	
Beispiele	Lüftungselemente für Großküchen	abgestumpfte Kinderschere	Form der Coca-Cola-Flasche	Audi-Ringe	RAL-Gütezeichen

Der Inhaber des geistigen Eigentums kann dieses selbst verwerten oder als **Lizenz** an Dritte weitergeben.

Arbeitnehmer-Erfindungen

Diensterfindungen sind Erfindungen, die der Arbeitnehmer im Zusammenhang mit seiner Tätigkeit im Unternehmen macht. Sie müssen dem Arbeitgeber schriftlich angezeigt werden. Dieser kann sie uneingeschränkt in Anspruch nehmen, muss sie aber im Inland schützen lassen und dem Erfinder eine angemessene Vergütung zahlen.

Freie Erfindungen, die im Betrieb des Arbeitgebers verwendet werden können, müssen dem Arbeitgeber unverzüglich angezeigt und angeboten werden. Er hat innerhalb von drei Monaten zu erklären, ob er die Erfindung als freie Erfindung anerkennt. Später kann er sie nicht mehr als Diensterfindung in Anspruch nehmen.

Verbesserungsvorschläge werden vom Arbeitgeber, falls er sie verwertet, ebenfalls vergütet, auch wenn sie nicht schutzfähig sind.

Zusammenfassende Übersicht zu Kapitel 8.2: Rechtsschutz der Erzeugnisse

Ziel → **Schutz des Eigentums an geistigen Gütern**

Gegenstand des Schutzes		Maßnahme
Erfindung neuer Erzeugnisse und Herstellungsverfahren	→	Patent
neue Gestaltungen und Anordnungen an Geräten und Gegenständen	→	Gebrauchsmuster
neue Muster und Hörzeichen	→	Geschmacksmuster
Wortzeichen, Bildzeichen, Hörzeichen	→	Markenzeichen, Gütezeichen
Diensterfindungen, freie Erfindungen, Verbesserungsvorschläge	→	Vergütung durch den Arbeitgeber

▶ Aufgaben und Probleme

1. Erklären Sie den Unterschied zwischen Patent und Gebrauchsmuster.
2. Welche Möglichkeiten für die Verwertung eines Patentes gibt es?
3. Stellen Sie den Unterschied zwischen einem Patenterwerber und einem Lizenznehmer dar.
4. Wenn die Zahl der Patentanmeldungen den Erfindergeist und die Innovationskraft widerspiegeln, dann sind die Japaner das innovativste und kreativste Volk der Welt.

   Die Deutschen befinden sich in den meisten Technologiebereichen an vierter Stelle. In der Kfz-Technik, in der Laser- und in der Luft- und Raumfahrttechnik belegen die Deutschen den zweiten Rang hinter Japan.

   a) Suchen Sie Gründe, weshalb in den Ländern Japan, USA, Korea und Deutschland in den bedeutenden Technologiebereichen die meisten Erfindungen getätigt werden.

b) Welche Bedeutung haben Schutzrechte für innovative Unternehmen?

c) Stellen Sie die volkswirtschaftliche Bedeutung einer hohen Zahl von Patentanmeldungen und Patentgenehmigungen dar.

5. Welche Überlegungen veranlassen einen Erfinder, seine Erfindung patentieren zu lassen?
6. Welche Vorteile ergeben sich aus eingeführten Marken- und Gütezeichen

   a) für Hersteller,

   b) für Verbraucher?
7. Nach Erhebungen werden gegenwärtig weltweit 35 % der Software als Raubkopien eingesetzt. Spitzenreiter sind China und Georgien, in denen ca. 90 % der Softwareprodukte als Raubkopien genutzt werden.

   a) Begründen Sie, weshalb gerade in diesem Wirtschaftszweig die Produktpiraterie solche Ausmaße annehmen kann.

   b) Stellen Sie Beispiele der Marken- und Produktpiraterie aus anderen Branchen dar.
8. Warum werden Arbeitnehmererfindungen besonders geschützt?

8.3 Rationalisierung der Leistungserstellung

Unter **Rationalisierung** versteht man die **Anwendung von wissenschaftlichen, technischen und organisatorischen Mitteln,** um die Gütererzeugung zu steigern, zu verbessern und zu verbilligen.

Mit Rationalisierungsmaßnahmen im Unternehmen werden mehrere Ziele verfolgt:

- Senkung der Kosten,
- Gewinnerzielung und Gewinnsteigerung,
- Erhöhung der Ausbringungsmenge von Erzeugnissen,
- Humanisierung der Bedingungen für den arbeitenden Menschen,
- Erreichung ökologischer Ziele.

8.3.1 Rationalisierung der Fertigungsabläufe

Wissenschaftliche Betriebsführung durch Arbeitsstudien

Hauptinstitution der Erstellung von Arbeitsstudien ist der »REFA-Verband für Arbeitsgestaltung, Betriebsorganisation und Unternehmensentwicklung e.V.« Sein Ziel ist eine vernünftige Gestaltung der Fertigungsabläufe.

a) Arbeitsablaufstudien sollen Arbeitsabläufe untersuchen und im zeitlichen Ablauf verbessern. Die Ergebnisse werden häufig in Netzplänen erfasst.

b) Arbeitszeitstudien sollen die Zeit ermitteln, die für die Erledigung einer bestimmten Arbeit benötigt wird (Vorgabezeit).

c) Arbeitswertstudien sollen den Schwierigkeitsgrad der Arbeit feststellen. Der dabei ermittelte »Arbeitswert« soll Maßstab für die Entlohnung sein (Kapitel 4.6.1).

Arbeitsteilige Fertigung

Arbeitsteilung ist möglich, wenn eine Arbeitsaufgabe in mehrere verschiedenartige Teilarbeiten zerlegt werden kann. Die Zerlegung kann durch Gliederung in verschiedene Arbeitsstufen oder aber in verschiedene Teilarbeiten innerhalb der gleichen Stufe erfolgen.

Beispiele:

1. Verschiedene Arbeitsstufen: Bei einem Möbelhersteller erfolgt die Aufteilung der Arbeit für alle Produkte in die Teilaufgaben Zuschnitt, Montage, Polsterung.
2. Gleiche Arbeitsstufe: Bei einem Möbelhersteller erfolgt die Aufteilung der Arbeit innerhalb der Teilaufgabe Zuschnitt und Montage getrennt für Tische, Stühle, Regale, Schränke.

Für die Mitarbeiter kann die arbeitsteilige Fertigung zu Nachteilen führen. Um die Mitarbeiter besser zu motivieren und die Produktivität zu steigern, hat man deshalb neue humanere Formen der Arbeitsorganisation geschaffen.

Humane Gestaltung der Arbeitsorganisation

Durch humane Arbeitsgestaltung sollen eintönige (monotone) Tätigkeiten vermieden sowie dem Arbeitnehmer größere Selbstständigkeit (Autonomie) und Fertigkeiten verschafft werden.

Maßnahmen der Arbeitsfeldstrukturierung:

Maßnahmen	Merkmale	Beispiel
Arbeitsplatzwechsel (Job rotation)	Arbeitnehmer tauschen regelmäßig ihre Arbeitsplätze.	Wöchentlich wechseln in einer Automobilfabrik Arbeitskräfte, die Scheinwerfer, Blinker, Brems- und Schlussleuchten montieren, ihre Arbeitsplätze.
Arbeitserweiterung (Job enlargement)	Gleichartige Teilarbeiten, die bisher von mehreren Arbeitnehmern erledigt wurden, werden zusammengefasst und von einem Arbeitnehmer erledigt.	Eine Arbeiterin montiert alle Leuchten an einem Auto.
Arbeitsbereicherung (Job enrichment)	Einer Arbeitskraft werden verschiedenartige Teilarbeiten zugewiesen.	Eine Arbeitskraft montiert alle Leuchten an einem Auto, schließt sie an die entsprechenden Bedienungshebel an und kontrolliert anschließend, ob sie funktionieren.
autonome Arbeitsgruppen	Einer Arbeitsgruppe werden größere Teilaufgaben zugewiesen. Innerhalb der Gruppe kann die Arbeitsorganisation selbstständig erfolgen.	In einer Automobilfabrik montiert eine Arbeitsgruppe den kompletten Motor.

Bei der **Telearbeit (Teleworking)** werden die modernen Telekommunikationsmethoden eingesetzt. Die Arbeitsleistung wird außerhalb der Räumlichkeiten des Arbeit- bzw. Auftraggebers erbracht. Je nach Art der Organisation der Telearbeit unterscheidet man:

- **isolierte Telearbeit.** Es erfolgt ein ständiges Arbeiten zu Hause.
- **alternierende Telearbeit.** Die Arbeit findet abwechselnd im Betrieb und zu Hause statt.
- **mobile Telearbeit.** Die Arbeit erfolgt an den Orten, an denen sich der Mitarbeiter gerade aufhält (Servicetechniker, Außendienstmitarbeiter).

- **Telearbeit im Telezentrum oder im Satellitenbüro.** Die Arbeiten erfolgen in einem vom Unternehmen ausgelagerten Bereich. Diese modern ausgestatteten Arbeitsplätze können auch von Einzelpersonen oder Unternehmen zum Zwecke der Leistungserstellung angemietet werden.

Ersatz unwirtschaftlicher Anlagen

Eine Anlage arbeitet dann unwirtschaftlich, wenn die Produktionskosten zu hoch sind (hoher Energieverbrauch, hoher Materialverbrauch, häufige Reparaturen) oder die Leistungsfähigkeit nicht mehr vorhanden ist (geringe Produktqualität, geringe Produktivität, starke Wettbewerbssituation).

Rationalisierungsinvestitionen dienen dazu, unwirtschaftliche Maschinen oder Anlagen durch leistungsfähigere zu ersetzen.

Obwohl Maschinen und Anlagen unwirtschaftlich arbeiten und deshalb ersetzt werden müssen, sind noch weitere Faktoren bei der Investitionsentscheidung einzubeziehen:

- Stand des technischen Fortschritts im Vergleich zur vorhandenen Technik,
- gegenwärtige und zukünftige Marktsituation,
- konjunkturelle und weltwirtschaftliche Lage,
- Liquiditätslage des Unternehmens,
- Möglichkeiten der Kapitalbeschaffung,
- Zinssituation am Kapitalmarkt,
- Stellung des Unternehmens am Markt.

8.3.2 Rationalisierung des Fertigungsgegenstandes

Um wettbewerbsfähig zu sein und möglichst kostengünstig zu arbeiten, ist eine Vereinheitlichung im Bereich des Fertigungsgegenstandes notwendig. Diese Maßnahmen der Vereinheitlichung werden als **Standardisierung** bezeichnet.

▶ Normung

Normung ist die Vereinheitlichung von Maßen, Formen, Bestandteilen, Herstellungsverfahren, Begriffen, Bezeichnungen usw. für **Einzelteile** (Schrauben) und für **einteilige Fertigwaren** (Flaschen). Die Normen werden nach gründlicher Überlegung und Erprobung festgelegt. Vielfach führt die Normung eines Erzeugnisses zur Anpassung anderer Erzeugnisse, mit denen ein Verwendungszusammenhang besteht (Papier – Ordner – Büromöbel).

Nach dem Geltungsbereich unterscheidet man Werknormen, Fachnormen, Normen des **D**eutschen **I**nstituts für **N**ormung **(DIN)**, internationale Normen **(EN**-Normen = Normen des **E**uropäischen Komitees für **N**ormung; **ISO**-Normen = Normen der **I**nternational **O**rganization for **S**tandardization). Als Folge der internationalen Verflechtung werden die Normen heute vereinheitlicht. Eine Vielzahl der bei uns geltenden Normen wird deshalb als »**DIN EN ISO-Norm**« veröffentlicht.

▶ Typung

Typung ist die Vereinheitlichung von **zusammengesetzten (mehrteiligen) Fertigungsgegenständen.** Sie kann aus Gründen der Herstellung oder des Absatzes erfolgen (Kraftfahrzeugtypen). Eine Typung erfolgt überwiegend in den Unternehmen selbst. Sie unterliegt keinen Vorschriften. Überbetrieblich können Unternehmen die Herstellung unterschiedlicher Typen in einem Kartell regeln.

▶ **Baukastensystem**

Beim Baukastensystem werden einheitliche Baugruppen und Einzelteile zu verschiedenen Typen zusammengesetzt. Die einzelnen genormten Bauelemente können dann in Großserien kostengünstig hergestellt werden (z.B. Fertighausbau, Kraftfahrzeug-, Maschinen- und Möbelherstellung). Der Kunde erhält dadurch die Möglichkeit, seine Planungswünsche in begrenztem Umfang zu verwirklichen (Zusammenstellung von Regalen nach den eigenen Wünschen in einem Möbelgeschäft).

▶ **Spezialisierung**

Spezialisierung bedeutet die Vereinheitlichung des **Produktionsprogramms** in einem Betrieb durch Beschränkung auf die Herstellung weniger Fabrikate oder eines einzigen Erzeugnisses. Sie führt zu einer erweiterten Arbeitsteilung zwischen den Betrieben und zur Entstehung von Zubringerbetrieben und Spezialwerkstätten. Dadurch kann sich das einzelne Unternehmen zu einem qualitätsorientierten und kostengünstigen Hersteller entwickeln (Spezialisierung bei den Zulieferern der Automobilindustrie).

▶ **Teilefamilien**

Teilefamilien werden gebildet, um die Erfahrungen der Konstruktion bei früheren Erzeugnissen zu nutzen. Vorhandene **Basiskomponenten** bestehender Erzeugnisse werden ergänzt oder in Abwandlungen weiterentwickelt (Schrauben, Plattformtechnologie in der Automobilproduktion). Man spricht von **Varianten,** wenn lediglich ein Ursprungsteil in einem Detail abgewandelt wird. Dies spart Kosten bei der Konstruktion durch vorhandene Zeichnungen. Dies spart aber auch Kosten bei der Verwendung vorhandener Arbeitspläne und Computer-Programme zur Herstellung der Varianten.

8.3.3 Ganzheitliche Rationalisierungskonzepte

Lean Production

Lean Production zielt darauf ab, alle Produktionsfaktoren sparsam einzusetzen. Ursprünglich in der japanischen Automobilindustrie angewandt, brachte diese Strategie den Unternehmen große wirtschaftliche Erfolge.

Merkmale von Lean Production:

- Abbau von Hierarchien und Kontrolle,
- Vereinfachung betrieblicher Abläufe,
- Beschleunigung der Produktionszeiten,
- Einsparung von Kosten,
- Teamarbeit in der Fertigung,
- Vergabe von Verantwortung für das Produkt und dessen Qualität an den Mitarbeiter.

Vor- und Nachteile von Lean Production	
Vorteile	**Nachteile**
– Die Produktivität wird gesteigert. Die höhere Motivation führt zu niedrigen Fehlzeiten und zur Zunahme von Verbesserungsvorschlägen. – Die Qualität wird verbessert. Es wird weniger Ausschuss produziert. – Die Kosten werden gesenkt. Es fallen weniger Nachbesserungen an. Lagerkapazitäten werden eingespart. Meist erfolgt auch ein Personalabbau.	– Viele Mitarbeiter fühlen sich bei der Übertragung von Verantwortung überfordert. – Aus gesamtwirtschaftlicher Sicht führt ein Personalabbau zu Arbeitslosigkeit, und damit zu Folgekosten für die Gesellschaft.

Während das Konzept teilweise nur auf die Produktion bezogen wird, gehen andere Überlegungen weiter. Danach sind alle Funktionen vom Top-Management über die Arbeitskräfte bis zu den Zulieferern zu einem geschlossenen System verschmolzen **(Lean Management).**

Kontinuierlicher Verbesserungsprozess (KVP)

Unter KVP werden alle Aktivitäten zur Weiterentwicklung von Produkten und Prozessen verstanden. Dabei wird vom Grundgedanken ausgegangen, dass ständige Veränderungen erfolgen. Sämtliche Abläufe und Handlungen sind deshalb dauernd zu hinterfragen. Dabei sollen die Leistungspotenziale der Mitarbeiter in einem kontinuierlichen »Prozess der kleinen Schritte mit großer Wirkung« herangezogen werden.

Für alle Mitarbeiter hat zu gelten, dass die kostengünstigste Lösung im Vordergrund steht. Das Problem oder die Ursache gilt es nur zu erkennen. Die Mitarbeiter haben von folgenden Erkenntnissen auszugehen:

- Fehler stellen ein Verbesserungspotenzial dar.
- Die Verbesserung kann nur stetig und in kleinen Schritten erfolgen.
- Alle Ebenen des Unternehmens sind in den Prozess einzubinden.
- KVP ist Bestandteil der täglichen Arbeitsaufgabe.
- Jeder Arbeitsplatz im Unternehmen, der auf die eigenen Arbeitsergebnisse aufbaut, ist als Kunde zu sehen.
- Die Qualität der Ergebnisse hat Vorrang.

Kaizen

»Nichts ist so gut, dass es nicht noch verbessert werden kann.« (Redewendung)

Kaizen meint im Japanischen **kontinuierliche Verbesserung.** Im Unternehmensbereich steht die ständige Verbesserung der Produkte und der betrieblichen Abläufe im Vordergrund.

Für Kaizen gelten deshalb bestimmte Schwerpunkte der betrieblichen Aktivitäten:

- Der Verbesserungsprozess erfolgt kontinuierlich und langfristig.
- Die Erfüllung der Kundenwünsche steht im Vordergrund.
- Unnötige Abläufe im Betrieb werden beseitigt.
- Es erfolgt eine ständige Fehlersuche und -beseitigung, um Folgekosten zu vermeiden (Alle Mitarbeiter sind zur ständigen Verbesserung aufgerufen, wenn sie einen Fehler erkennen).
- Aus- und Weiterbildung stellen Investitionen in die Zukunft dar.

Kanban

Die Kanban-Methode ist ein Verfahren zur Steuerung des Materialflusses. Das benötigte Material wird jeweils von der verbrauchenden Stufe im Produktionsprozess bei der vorgelagerten Stufe angefordert oder abgeholt. Der Materialnachschub wird mithilfe der Kanbans (Karten) gesteuert.

Das Kanban-Prinzip bietet mehrere **Vorteile:**

- Die Materialmenge, die im Umlauf ist, bleibt gering und ist überschaubar.
- Der Materialfluss erfolgt gleichmäßig und zuverlässig.
- Das Material kann in kleine, überschaubare Behälter verpackt werden, die sich neben den Arbeitsstationen aufstellen lassen. Dadurch verringern sich auch Wegezeiten der Mitarbeiter.
- Mitarbeiter und Betriebsmittel können zum Ausgleich von Bedarfsschwankungen flexibel eingesetzt werden.

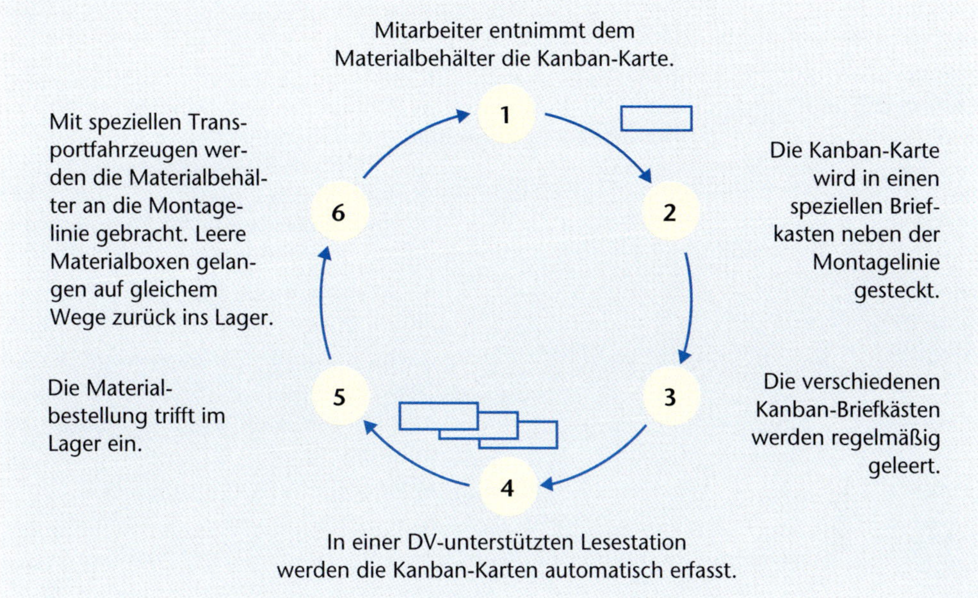

Computer Integrated Manufacturing (CIM)

CIM stellt die **Anwendung des Computers in allen mit der Fertigung zusammenhängenden Bereichen** dar.

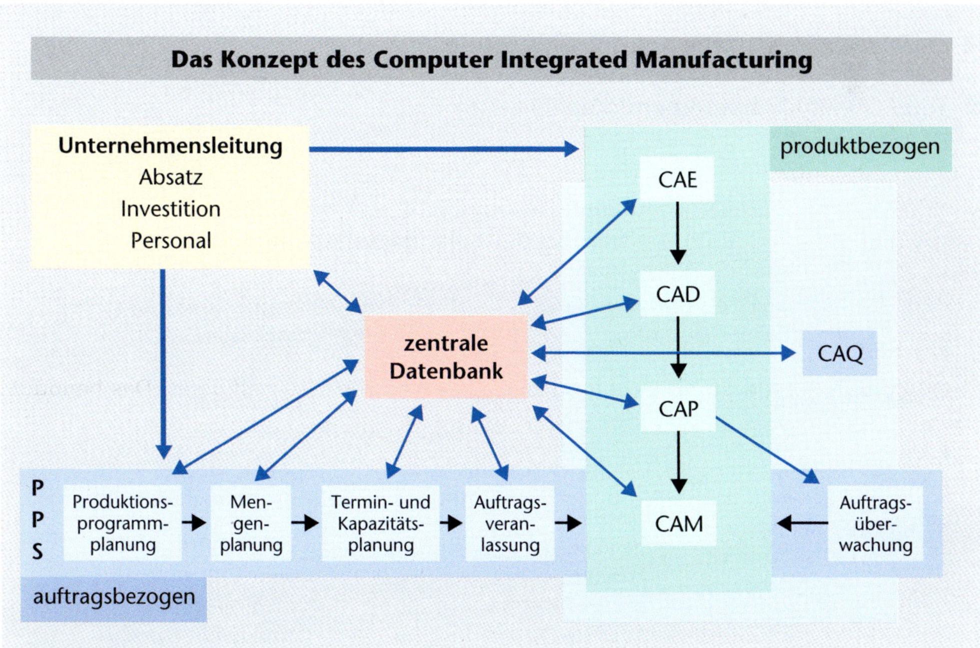

CIM greift dabei auf den integrierten Einsatz der DV in allen Unternehmensbereichen zurück. Dabei werden in allen Unternehmensbereichen die in einer zentralen Datenbank gespeicherten Betriebsdaten verwendet. Es handelt sich um ein informationstechnisches

Gesamtkonzept, das den Computer von der Konstruktion über die Materialbeschaffung und -verarbeitung bis hin zur Rechnungserstellung nutzt.

Mithilfe von CIM sollen folgende **Ziele** erreicht werden: Verringerung von Lagerbeständen, Verkürzung der Durchlaufzeiten, Reduzierung von Fehlern bei der Datenerfassung und -weitergabe, Erhöhung der Auslastung von Maschinen, Verbesserung der Termintreue.

Abkürzung	Bezeichnung	Bedeutung
CAD	Computer Aided Design	rechnergestützte Konstruktion, Zeichnungserstellung und Dokumentation
CAE	Computer Aided Engineering	rechnergestütztes Ingenieurwesen durch Simulation am Bildschirm
CAP	Computer Aided Planning	rechnergestützte Arbeitsvorbereitung und -planung
CAM	Computer Aided Manufacturing	rechnergestützte Fertigungsdurchführung
CAQ	Computer Aided Quality Assurance	rechnergestützte Qualitätssicherung
PPS	Production Planning and Scheduling (Produktionsplanung und -steuerung)	rechnergestützte Planung, Steuerung und Überwachung der Produktionsabläufe von der Angebotsbearbeitung bis hin zum Versand
BDE	Betriebsdatenerfassung	rechnergestützte Erfassung und Ausgabe der Auftrags-, Betriebsmittel-, Personendaten

- **Das Just-In-Time-Konzept (fertigungssynchrone Anlieferung,** Kapitel 5.1.3)
- **Supply Chain Management** (Kapitel 5.1.3)
- **Total Quality Management** (Kapitel 8.1.6)

Zusammenfassende Übersicht zu Kapitel 8.3: Rationalisierung der Leistungserstellung

humane Gestaltung der Arbeitsorganisation

↓ Maßnahmen

- Job Rotation
- Job Enlargement
- Job Enrichment
- autonome Arbeitsgruppen
- Telearbeit

wirtschaftliche Gestaltung der Arbeitsorganisation

↓ Maßnahmen

Vereinheitlichung des Fertigungsgegenstandes

- Normung
- Typung
- Spezialisierung
- Baukastensystem
- Teilefamilien

ganzheitliche Rationalisierungskonzepte

- Total Quality Management
- Just-In-Time-Konzept
- Kanban
- Computer Integrated Manufacturing
- Supply Chain Management

▶ Aufgaben und Probleme

1. Welche Vor- und Nachteile ergeben sich aus der Arbeitsteilung
   a) für den Arbeitnehmer,
   b) für das Unternehmen?
2. Grenzen Sie Job rotation, Job enlargement und Job enrichment anhand der folgenden Tätigkeiten gegeneinander ab:
   - Herstellung industriell gefertigter Möbel,
   - Sachbearbeitertätigkeit in einem Bankbetrieb,
   - Verkäufertätigkeit in einem Warenhaus.
3. Warum tragen Arbeitsplatzwechsel und Arbeitsbereicherung zur Humanisierung der Arbeit bei, obwohl dabei höhere Anforderungen an die Mitarbeiter gestellt werden?
4. Was will ein Manager der Automobilindustrie mit folgender Aussage verdeutlichen: »Jeder Arbeiter versteht sich als Lieferant seines Produktes an seinen Kollegen.«
5. a) Begründen Sie, weshalb Fachleute durch die Telearbeit eine Veränderung der Arbeitswelt erwarten.
   b) Welche grundsätzlichen Voraussetzungen müssen im Arbeitsprozess gegeben sein, damit sich Telearbeit als neue Organisationsform der Arbeit schnell durchsetzen wird?
   c) Stellen Sie Vor- und Nachteile gegenüber
      - aus Sicht des Arbeitnehmers,
      - aus Sicht des Unternehmens,
      - aus Sicht der Gesellschaft.
6. Ein Unternehmer behauptet: »Lean production führt gleichzeitig zu Rationalisierung und zu humaner Gestaltung der Arbeit.«

   Nehmen Sie dazu Stellung.
7. Warum gibt es oftmals gerade in krisengeschüttelten Wirtschaftszweigen zukunftsweisende Modelle der Arbeitsorganisation?
8. Kaum ein technisches Detail entgeht den Normen. Auch Schriften und Druckfarben sind genormt. Da will natürlich das Deutsche Institut für Normung nicht zurückstehen. Selbst das DIN-Zeichen, das Markenzeichen deutscher Normarbeit, ist eigens genormt.

   Begründen Sie die Notwendigkeit der Normgebung.

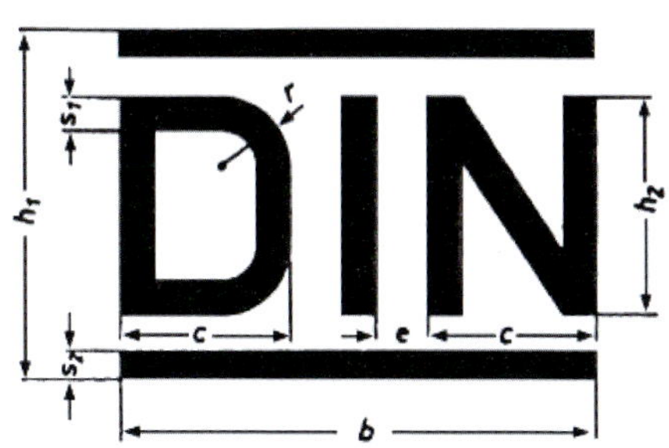

9 Handel

Der **Handel beschafft Güter und Dienstleistungen** und **veräußert** diese ohne wesentliche Veränderung.

9.1 Leistungen (Aufgaben) des Handels

Leistungen	Beschreibung der Leistungen	Beispiele
Leistungen an der Ware	**Sortimentsbildung** Der Handel wählt aus der Fülle der Güter diejenigen aus, die von seinen Kunden verlangt werden.	Das Sortiment eines Einrichtungshauses umfasst Möbel, Teppiche, Lampen, Gardinen und Bilder.
	Mengengruppierung Der Handel kauft kleine Einheiten auf, um sie in großen Einheiten weiter zu verkaufen oder umgekehrt.	Ein Ankaufgroßhändler übernimmt von vielen Bauern die Gemüseernte und verkauft diese an Konservenfabriken. Ein Südfrüchteeinzelhändler kauft Obst kistenweise und verkauft an die Endverbraucher kiloweise.
	Erhaltung und Verbesserung der Güte Der Handel sorgt für fachgerechte Vorratshaltung, dabei werden manche Waren in der Güte verändert (Veredelung).	Kühlung von Milchprodukten, Auslese und Sortierung von Obst; Lagerung von Wein oder Käse; Mischen von Gewürzen
Leistungen der Überbrückung	**Raumüberbrückung** Der Handel leitet die Güter vom Ort der Erzeugung zum Ort der Verwendung bzw. des Verbrauchs.	Fische werden vom Fischgroßhandel an der Atlantikküste aufgekauft, an die Einzelhandelsgeschäfte geliefert, von denen sie an die Verbraucher weiterverkauft werden.
	Zeitüberbrückung Der Handel überbrückt durch die Lagerung die Zeit ab der Produktion der Güter bis zu deren Verwendung.	Landwirtschaftliche Produkte, wie Äpfel, Kartoffeln und Karotten, werden ab der Erntezeit im Herbst bis zum Verkauf gelagert.
	Mengenausgleich Durch eine rechtzeitige Bestellung gibt der Händler seine Marktkenntnisse weiter. So erleichtert er dem Produzenten die Aufgabe, die richtigen Waren in den richtigen Größen und Aufmachungen in der richtigen Menge herzustellen.	Bekleidungsgeschäfte ordern im Herbst auf Modemessen die Artikel für den nächsten Sommer, diese werden dann erst von der Modeindustrie produziert.

Leistungen	Beschreibung der Leistungen	Beispiele
Leistungen der Vermittlung	**Markterschließung** Der Handel versucht, neue Käufer zu gewinnen. Er wirbt für Neuheiten, versucht, das Interesse seiner Kunden zu wecken und sie zum Kauf zu bewegen.	wöchentliche Werbeanzeigen großer Verbrauchermärkte in der Tagespresse
	Beratung Der Handel berät den Abnehmer über Güte, Geschmack und besondere Vorzüge einer Ware. Er informiert über technische Details, Benutzung und Pflege.	Beim Kauf von Haushaltsgeräten berät der Fachverkäufer im Elektrofachmarkt den Kunden über Anwendungsmöglichkeiten und Handhabung der Geräte.
	Verkaufsförderung Der Großhandel hilft dem Einzelhandel bei der Ladengestaltung und Verkäuferschulung; er stellt Display-Material und übernimmt die Preisauszeichnung.	Die Kaffeehandelskette gestaltet in den Supermärkten die Verkaufsregale ihrer Markenprodukte mit Werbebannern und Preisauszeichnungssystemen.

9.2 Arten und Bedeutung des Handels

9.2.1 Einzelhandel

Ein **Einzelhandelsunternehmen** verkauft Waren und Dienstleistungen **an den Endverbraucher.**

■ Ladengeschäfte

▶ Primäre Betriebsformen

Geschäftsart	Beschreibung und Bedeutung	Beispiele
Gemischtwarengeschäft	Breites, aber flaches Sortiment; findet sich noch in Wohnsiedlungen und auf dem Land.	»Tante-Emma-Laden« mit Lebensmitteln, Textilien, Wasch- und Körperpflegemitteln
Convenience-Store	Weiterentwicklung des Gemischtwarenladens zur Deckung des Alltagsbedarfs, oft kombiniert mit Serviceleistungen.	Tankstelle mit Gemischtwarengeschäft, Lotto-Toto-Annahme und gastronomischem Angebot
Fachgeschäft	Warengruppen in einer großen Vielfalt der Ausführungen mit einem engen, aber tiefen Sortiment. Der Käufer findet fachkundige Beratung und Bedienung.	Elektrofachgeschäft mit Haushaltsgeräten und Unterhaltungselektronik; Boutique mit betont modischer Kleidung
Spezialgeschäft	Nur wenige Artikel aus dem Sortiment eines Fachgeschäfts; bietet darin eine reichhaltige Auswahl.	Kaffee- oder Teeeinzelhandelsgeschäft, Hutgeschäft

Geschäftsart	Beschreibung und Bedeutung	Beispiele
Warenhaus	Gemischtwarengeschäft als Großbetrieb; unter einem Dach findet der Käufer ein vielfältiges Angebot verschiedener Warensorten und -gruppen.	Galeria Kaufhof mit einem breiten und tiefen Sortiment an Textilien, Haushaltswaren sowie Drogerie- und Druckerzeugnissen
Verbrauchermarkt	Selbstbedienungswarenhaus, zumeist in Stadtrandlage mit guten Parkmöglichkeiten und einem vielfältigen Sortiment, wechselnden Sonderangeboten oder Dauerniedrigpreisen.	Real-Verbrauchermärkte mit einem breiten Selbstbedienungsangebot an Textilien, Haushaltswaren, Drogerieartikeln, Unterhaltungselektronik etc. sowie an Lebensmitteln
Fachmarkt	Großbetrieb mit Fachsortiment	Heimwerkermarkt, Gartenmarkt, Multimediamarkt
Discountgeschäft	Geschäft ohne besondere Ausstattung, individuelle Bedienung oder Kundendienst. Das Sortiment ist kostengünstig und beschränkt sich auf gängige Konsumgüter direkt aus Kisten oder Kartons.	Aldi, Lidl, Norma etc.
Sonderpostenmarkt	Verkaufsstelle, die von Fall zu Fall günstig erworbene Waren aus wechselnden Bedarfsgebieten billig verkauft.	Thomas Philipps verkauft günstig erworbene Sonderposten aus Überschussproduktion, Transportunfällen u. Ä.

▶ **Sekundäre Betriebsformen**

Geschäftsart	Beschreibung und Bedeutung	Beispiel
Kleinzentrum	Kooperation von wenigen verschiedenen Einzelhandelsbetrieben an einem Standort.	Dorfzentrum
Einkaufszentrum (Shopping Center)	Räumliche Zusammenfassung von selbstständigen Einzelhandels- und Dienstleistungsbetrieben verschiedener Art. Die einzelnen Betriebe des Zentrums werden **Shop in Shop** genannt.	Zentren »auf der grünen Wiese« mit Lebensmittel-, Textil-, Multimediageschäften, Banken, Friseuren etc. unter einem Dach, teils als »Mega-Zentren« mit Erlebnischarakter
Factory-Outlet-Center	Räumliche Zusammenfassung von selbstständigen Outlet-Läden verschiedener Art.	Outlet-Center in Metzingen

Versandhandel

Der Kunde trifft seine Auswahl anhand von Prospekten, Katalogen, Fernsehsendungen **(Tele-Shopping)** oder im Internet **(Online-Shopping).** Die Bestellung der Produkte erfolgt mündlich bzw. per Telefon, schriftlich oder online. Der Kauf ist ohne Risiko, weil das Versandgeschäft dem Käufer ein Rückgaberecht innerhalb von 2 Wochen einräumt.

Unter **Electronic-Commerce** (E-Commerce, Online-Shopping) versteht man das Angebot, den Kauf und die Bezahlung von Gütern und Dienstleistungen sowie den Kundendienst über das Internet. Dabei präsentiert sich das Handelsunternehmen als virtueller Laden mit einer Website im Internet.

Man unterscheidet vor allem:

- **C2C: consumer to consumer** → Verbraucher kommunizieren mit Verbrauchern.
- **B2C: business to consumer** → Unternehmer kommunizieren mit Verbrauchern.
- **B2B: business to business** → Unternehmen kommunizieren mit Unternehmen.

Ambulanter Handel

Ambulanter Handel bezeichnet eine Handelsform, bei der der Verkäufer direkt zu den Kunden oder in deren Nähe reist.

- **Markthandel:** Der Verkäufer reist von Markt zu Markt, um seine Waren zu verkaufen.
- **Haustürgeschäfte:** Der Verkäufer geht mit seinen Waren von Tür zu Tür, um die Ware direkt an den Verbraucher zu verkaufen.

9.2.2 Großhandel

Ein **Großhandelsunternehmen** verkauft Waren und Dienstleistungen an **Wiederverkäufer, Wiederverarbeiter, gewerbliche Verwender** oder an **sonstige Institutionen** (Behörden).

Arten des Großhandels

▶ Aufkaufgroßhandel (Sammelgroßhandel)

Er kauft Erntegüter, Rohstoffe und andere Massengüter auf (Getreide, Baumwolle, Wolle, Metalle, Schrott). Die ständige Beobachtung der Märkte (Börsen, Auktionen) ist notwendig, um das mit den Preisschwankungen verbundene Risiko zu verringern.

▶ Produktionsverbindungshandel

Er verbindet zwei aufeinanderfolgende Produktionsstufen; besondere Bedeutung hat er im Eisen- und Stahlhandel.

▶ Absatzgroßhandel

Nach dem Sortiment unterscheidet man

a) Sortimentsgroßhandel. In einem breiten und flachen Sortiment verschiedener Warengruppen findet der Abnehmer ein bedarfsgerechtes Angebot.

b) Spezialgroßhandel. Der Großhändler stellt ein schmales und tiefes Sortiment verschiedener Qualitäten einer Warengruppe zusammen und bietet dem Abnehmer somit eine reichhaltige Auswahl zur Befriedigung spezieller Wünsche.

Betriebsformen des Großhandels

▶ Zustellgroßhandel

Der Großhändler beliefert die Einzelhändler. Diese Betriebsform verlangt eine aufwendige Transportorganisation mit eigenem Fuhrpark oder die Inanspruchnahme von KEP-Diensten (Kurier-, Express-, Paketdienst) oder anderen Frachtführern. Die Bestellung der Abnehmer erfolgt telefonisch oder per E-Mail.

▶ Abholgroßhandel

Der Kunde des Großhändlers holt die Ware selbst ab. Er verzichtet auf den Service der Zustellung und kann dafür günstigere Preise erwarten.

Besondere Formen des Abholgroßhandels sind der Cash-and-Carry-Großhandel und der Großmarkt.

a) **Cash-and-Carry-Großhandel (Selbstbedienungsgroßhandel, C&C-Markt).** Der Großhändler verkauft an gewerbliche Abnehmer (Einzelhändler, Gaststätten- und Kantinenbesitzer), die ihre Aufträge durch Selbstbedienung im Lager zusammenstellen. Die Ware wird bar bezahlt (cash), vom Kunden verladen und abtransportiert (carry).

b) **Großmarkt.** Der Großmarkt ist die räumliche Zusammenfassung von Großhändlern. Sie bieten auf einem großen Markt den Einzelhändlern ihre Waren an.

▶ **Regalgroßhandel (Rack Jobber)**

Größere Einzelhandelsbetriebe wie Warenhäuser, Super- und Verbrauchermärkte und gelegentlich auch C&C-Märkte stellen dem Regalgroßhändler Verkaufsraum oder Regalflächen zur Verfügung. Dieser übernimmt auf eigene Rechnung die Bereitstellung eines Ergänzungssortiments, die laufende Auffüllung der Regale mit Artikeln und die Rücknahme der nicht verkauften Waren. Der Rack Jobber trägt also im Allgemeinen das Absatzrisiko.

▶ **Streckengeschäftsgroßhandel**

Güterströme werden direkt vom Hersteller zum Kunden geleitet. In diesem Fall nimmt der Großhändler die Bestellungen seiner Kunden entgegen, sucht den passenden Hersteller aus und veranlasst die Direktlieferung an den Kunden. Er beschränkt sich auf die reine Verteilung des Warenflusses (Disposition) vom Hersteller zum Kunden. Diese Art des Großhandels nennt man **Streckengeschäft.**

Bedeutung des Großhandels

Vorteile des Großhandels für	
Hersteller	**Einzelhandel**
– **Entlastung der Absatzorganisation:** weniger Lieferscheine, Rechnungen, Buchungen, Mahnungen; Verringerung der Vertriebskosten – **Minderung von Beschäftigungsschwankungen:** langfristige Planung beim Hersteller, da der Großhandel weit im Voraus bestellt; Verringerung der Herstellkosten – **Verringerung des Lagerrisikos:** Lieferung unmittelbar nach Fertigstellung – **Finanzierungshilfe:** Großhändler zahlt i. d. R. kurzfristig unter Abzug von Skonto	– **Erleichterung der Einkaufsorganisation:** Vorauswahl des Großhändlers aus einer Vielzahl von Angeboten des Herstellers – **Sicherung kurzfristiger Belieferung:** Einzelhändler kann sich kurzfristig und in kleinen Mengen eindecken – **Verringerung des Lagerrisikos:** Einzelhandel spart große Lagerhaltung – **Finanzierungshilfe:** Einräumen von Zahlungszielen entsprechend der Kreditwürdigkeit

9.3 Ziele und Formen der Kooperation im Handel

9.3.1 Horizontale Kooperation

Horizontale Kooperation ist die Zusammenarbeit innerhalb **derselben Produktions- oder Handelsstufe.**

Die beteiligten Großhändler arbeiten entweder bei der Beschaffung oder beim Absatz von Waren zusammen.

Sortimentskooperation

Sortimentskooperation ist die Vereinbarung zwischen zwei oder mehreren Großhändlern, ihre Sortimente gegenseitig abzugrenzen und zu bereinigen. Das Randsortiment des einen Großhändlers wird zugunsten des Kernsortiments des anderen aufgegeben. Eine gegenseitige Konkurrenz wird nach Möglichkeit vermieden. Fehlende Artikel werden jeweils von anderen Großhändlern geliefert (Querlieferung).

Einkaufsverbund

Großhandelsunternehmen können einen Teil ihres Sortiments preisgünstig durch gemeinschaftlichen Einkauf beschaffen (Einkaufskontor, Kapitel 6.1.2).

Werbeverbund

Mehrere Großhändler werben mithilfe einer Werbeagentur gemeinsam für einen bestimmten Produktbereich.

Standortverbund

Mehrere Abholgroßhändler kooperieren räumlich als Handelshof oder Großmarkt. Damit steht dem Abnehmer – bei beschränktem Sortiment der einzelnen Großhändler – ein breites Sortiment unter einem Dach zur Verfügung.

Vertriebsbindung

Mehrere Großhändler vereinbaren, sich an bestimmte Regeln bei der Vertriebstätigkeit zu halten. Die Großhändler kooperieren und vermindern den Konkurrenzdruck, indem sie gleiche Voraussetzungen auf dem Absatzmarkt herstellen.

Abteilungsverpachtung

Ein Abholgroßhändler verpachtet einzelne Fachabteilungen in seinem Cash-and-Carry-Unternehmen an einen anderen Großhändler.

9.3.2 Vertikale Kooperation

Vertikale Kooperation ist die Zusammenarbeit innerhalb **verschiedener Produktions- oder Handelsstufen.**

Der Großhändler arbeitet also mit den Herstellern und/oder den Einzelhändlern zusammen.

Vertragshändlersystem

Zwischen einem Hersteller und einem Großhändler besteht eine Exklusivabnehmerbindung. Der Großhändler verpflichtet sich zur laufenden Abnahme der Produkte des Herstellers, der dafür keinen anderen Großhändler beliefern darf.

Die Kooperation ist auch in der Weise möglich, dass der Großhändler ausschließlich die Produkte des betreffenden Herstellers führen darf.

Freiwillige Kette

Dies ist ein Zusammenschluss eines Großhändlers und vieler Einzelhändler zu einer Arbeitsgemeinschaft, der Kette, wobei die Einzelhändler rechtlich selbstständig bleiben.

■ **Franchising** (Kapitel 7.7.1)

Zusammenfassende Übersicht zu den Kapiteln 9.1, 9.2 und 9.3:
- **Leistungen des Handels**
- **Arten und Bedeutung des Handels**
- **Ziele und Formen der Kooperation im Handel**

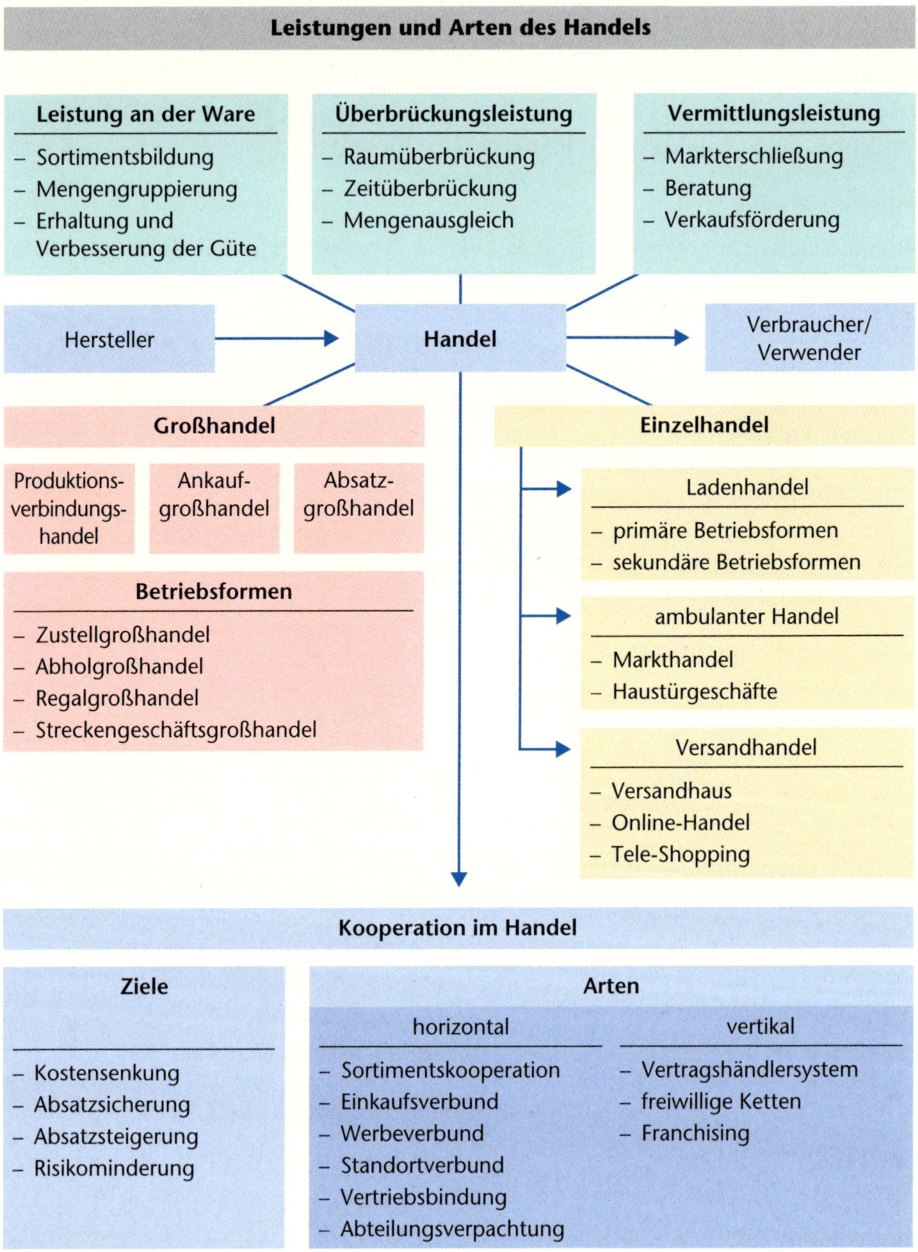

▶ Aufgaben und Probleme

1. Bezeichnen Sie in dem Schaubild die jeweiligen Elemente in der richtigen Reihenfolge mit den folgenden Begriffen: Aufkaufgroßhandel, Einzelhandel, Industrieunternehmen, Natur, Produktionsverbindungshandel, Sortimentsgroßhandel, Verbraucher.

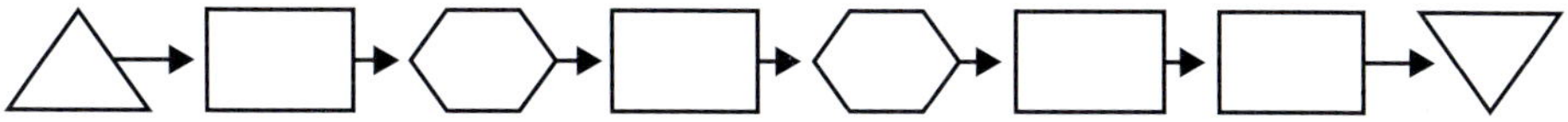

2. Nehmen Sie Stellung zu folgenden Behauptungen:
   a) Der Handel ist nicht produktiv.
   b) Der Handel verleitet zu überhöhtem Verbrauch.
   c) Der Handel verteuert die Ware.
3. Welche Umstände begünstigen die Entwicklung von Großbetrieben des Handels?
4. Stellen Sie Vor- und Nachteile beim Einkauf mittels E-Commerce einander gegenüber.
5. Ein Hersteller von Elektroartikeln hat bisher 5.000 Einzelhändler und über 50 Großhändler beliefert. Nun entschließt er sich zum direkten Absatz an die Einzelhändler.
   a) Welche zusätzlichen Tätigkeiten und Kosten entstehen ihm dadurch?
   b) Welche Vorteile sieht das Unternehmen in dieser Maßnahme?
6. Welche Vorteile können sich für ein Einzelhandelsunternehmen ergeben, wenn es Mitglied einer freiwilligen Kette wird?
7. Nennen Sie Beispiele für Sortiments- und Spezialgroßhandlungen beim Absatz von
   a) Elektrogeräten,
   b) Baumaterialien,
   c) Wohnmöbeln,
   d) Schreibwaren,
   e) Büroartikeln.
8. Ein Arzneimittelgroßhändler beliefert zweimal täglich die Apotheken seines Abnehmerkreises. Beurteilen Sie diese Zustellpraxis
   a) aus der Sicht des Abnehmers,
   b) aus der Sicht des Großhändlers.
9. Welche unterschiedlichen Leistungen an der Menge erfüllen der Aufkaufgroßhandel und der Absatzgroßhandel?
10. Welchen Einfluss hat der Handel auf die Qualität der Waren?
11. Ein Sprichwort lautet: »Handel schafft Wandel«. Beurteilen Sie anhand der Leistungen eines Handelsbetriebes, auf welche Weise der Handel wirtschaftliche Veränderungen bewirken kann.
12. Ordnen Sie die folgenden Beschreibungen einem Großhandelsunternehmen zu: nach der Stellung des Großhandelsunternehmens bzw. nach der Betriebsform des Großhandelsunternehmens.
   a) Die Schraubengroßhandlung Wändels GmbH beliefert ihre Kunden in den ostdeutschen Bundesländern mit dem eigenen Fuhrpark.
   b) Die Lammert KG, eine Holzgroßhandlung in Bayern, führt alle gängigen Holzformate für die Bauwirtschaft in ihrem Sortiment. Das Unternehmen lässt jede Lieferung direkt vom Sägewerk zur Baustelle liefern.

c) Die KTB Maschinengroßhandlung GmbH hat Kunden und Lieferanten in der ganzen Welt.

d) Die Weingroßhandlung Lausitz GmbH hat bei verschiedenen Supermärkten mehrere Regalmeter gemietet. Diese befüllt sie regelmäßig und pflegt sie. Der Verkauf der Waren erfolgt durch den jeweiligen Supermarkt.

e) Die auf italienische Erzeugnisse spezialisierte Großhandlung Ital-Market GmbH bietet ihren Kunden monatliche Sonderaktionen an. Die Kunden können diese, wie auch alle anderen Produkte, selbst in den eigenen Verkaufsräumen der Großhandlung aussuchen und abtransportieren.

9.4 Warenwirtschaft und Warenwirtschaftssystem

Als **Warenwirtschaft** bezeichnet man alle **mit den Warenbewegungen anfallenden Tätigkeiten** und die **damit verbundenen Informationen.**

Das **Warenwirtschaftssystem** ist ein **Informationssystem** zur **Erfassung, Speicherung und Auswertung der Warenströme** sowie zur **Disposition** und **Administration** des gesamten Warenumschlags.

Charakteristisch für die Warenwirtschaft im Handel sind die drei betrieblichen Funktionen **Einkauf, Lagerhaltung** und **Verkauf.** Dem entsprechen die typischen Module eines Warenwirtschaftssystems.

DV-gestütztes Warenwirtschaftssystem (WWS)

Ein Anwendungssystem für die integrierte Verarbeitung der Daten der drei Funktionsbereiche wird als DV-gestütztes Warenwirtschaftssystem (WWS) bezeichnet. Das System wird als **geschlossenes WWS** bezeichnet, wenn keine Verbindung zu Einrichtungen außerhalb des Unternehmens besteht. Bestehen solche Verbindungen, z. B. zu Lieferanten, Kunden, Marktforschungseinrichtungen oder zum Austausch von Daten (Bestellungen etc.), so handelt es sich um ein **offenes WWS.**

Funktion / Aufgabe	Einkauf	Lagerhaltung	Verkauf
dispositive	Festlegung von Bestellmengen, Lieferantenauswahl (optimale Bestellpolitik)	Bestandsplanung und -bewertung, Festlegung von Bestellzeitpunkten und Lagerorten	Sortimentsgestaltung, Preis- und Konditionenpolitik (Preisfestsetzung, Rabattgestaltung), Sonderaktionen
administrative	Bestellabwicklung, Wareneingangserfassung, Rechnungsprüfung, Warenauszeichnung, Kreditorenbuchhaltung	Einlagerung, Lagerortverwaltung, Bestandsführung, Inventur, Kommissionierung, Lagerbuchhaltung	Verkaufsabwicklung und -datenerfassung, Zahlungsabwicklung, Kassensystem, Debitorenbuchhaltung
entscheidungsunterstützende	– mengen- und wertmäßige Verkaufs- und Bestandsübersichten – ABC-Analysen nach Artikeln, Lieferanten und Kunden – Kennzahlen (Deckungsbeiträge, Umsätze, Reklamationen u. a.)		

Wesentlicher Bestandteil der Software für Warenwirtschaftssysteme ist wie bei allen betriebswirtschaftlichen **ERP-Systemen (Enterprise Resource Planning)** die Erfassung und Verwaltung der Daten in Datenbanken. Die statischen Grunddaten eines Unternehmens zu Waren, Lieferanten, Kunden usw., die sich über längere Zeit nicht verändern, nennt man **Stammdaten.** Die Bestellmengen, Lieferzeitpunkte, Preise sind dynamische **Bewegungsdaten.**

Ziele des Einsatzes eines DV-gestützten Warenwirtschaftssystems

Mit dem Einsatz DV-gestützter Warenwirtschaftssysteme werden folgende Ziele angestrebt:

- Kontrolle des Warenflusses durch artikelgenaue Wareneingangs-, Lager- und Warenausgangserfassung,
- Optimierung des Erfassungsaufwands,
- nachfragegerechte Sortimentsgestaltung und höhere Warenpräsenz,
- beschleunigte Abwicklung des Ein- und Verkaufs,
- Rationalisierung des Bestellwesens,
- Reduzierung der Lagerbestände (geringere Kapitalbindung),
- Optimierung der Kalkulation und Preisgestaltung.

Artikelgenaue Datenerfassung

Der mengen- und wertmäßige Warenfluss kann nur durch artikel- und zeitgenaue Datenerfassung vom Wareneingang bis zum Warenausgang (Logistikkette) geplant, gesteuert und überwacht werden. Die Voraussetzung dafür ist, dass jeder Artikel durch eine Artikelnummer eindeutig gekennzeichnet ist.

Artikelgenaue Wareneingangsdaten

Beim Wareneingang werden die im DV-System gespeicherten Bestelldaten über Bildschirm oder mittels Scanner mit den Angaben auf dem Lieferschein bzw. der Rechnung verglichen. Bei der Übereinstimmung der Daten wird ein Zugang bei den entsprechenden Artikeln mittels Artikelnummer gebucht. Durch die Erfassung im Computer kann das Handelsunternehmen z.B. folgende Wareneingangsdaten durch Abruf erhalten: Wareneingangsdatum, Einkaufspreis, Lieferantenname, Rabatte, Lagerdaten u. a.

Artikelgenaue Warenausgangsdaten

Um die Warenbewegungen bis zum Verkauf genau verfolgen zu können, ist die artikelgenaue Erfassung der von Kunden gekauften Waren erforderlich. Mithilfe des Warenwirtschaftssystems kann das Handelsunternehmen folgende **Warenausgangsdaten** erfassen und abrufen: Menge der verkauften Ware, Artikelnummer und -bezeichnung, Warengruppe, Lagerdauer, Lieferant, Verkaufspreis, Einkaufspreis, Monatsumsatz, Zeitpunkt des Verkaufs u. a.

Beim Warenausgang lassen sich mit den **Warenabflussanalysen** Informationen darüber gewinnen, welche Waren gut **(»Renner«)** und welche Waren schlecht **(»Penner«)** verkäuflich sind. Danach kann das Handelsunternehmen gezielt Sortimentsentscheidungen treffen.

Artikelgenaue Lagerbewegungsdaten

Über die Lagerbewegungsdaten können alle Warenbewegungen zwischen dem Wareneingang und dem Warenausgang mengen- und wertmäßig aufgezeichnet werden. Wegen der artikelgenauen Erfassung der Lagerbestände kann die Bestellung in jeweils gleichen Zeitabständen (Bestellrhythmusverfahren) bzw. beim Erreichen des Meldebestandes (Bestellpunktverfahren) (Kapitel 6.1.2) automatisch und schnell erfolgen.

Wird der Meldebestand eines Artikels unterschritten, so wird eine Bestellung automatisch erstellt. Beim offenen WWS wird diese online an den Lieferanten gesendet. Die Rationalisierung des Bestellwesens mit der Möglichkeit, schnellere Einkaufsdispositionen zu treffen, hat Auswirkungen auf die Höhe des Lagerbestandes. Die Absenkung des Lagerbestandes führt zu einer Steigerung der Bestellhäufigkeit. Dabei werden öfter kleinere Mengen bestellt, was wiederum zu einer Senkung der Lagerkosten, aber zu einer Erhöhung des Lagerumschlags führt. Das Ziel ist, eine optimale Verkaufsbereitschaft zu erreichen (Kapitel 5.4.4).

Aufbereitung der erfassten Daten

Es können Lager- und Umsatzstatistiken in beliebiger Vielfalt und Zusammenstellung erstellt werden. Je nach Softwareausstattung können Informationen über einzelne Warengruppen, Warensorten und Artikel, Preislagen, Lieferanten, Kunden u. a. für das laufende Jahr bzw. als Vergleich über mehrere Jahre zusammengestellt werden.

Zusammenfassende Übersicht zu Kapitel 9.4: Warenwirtschaft und Warenwirtschaftssystem

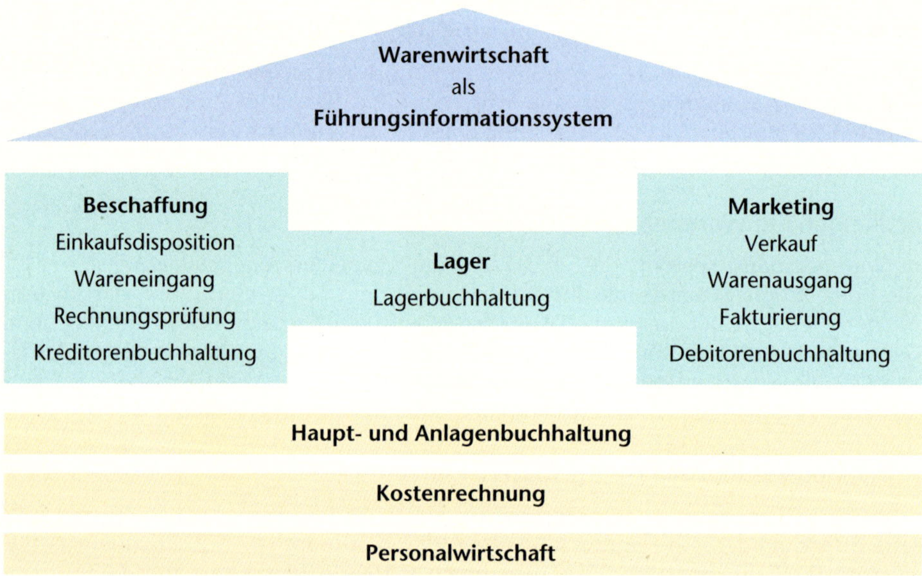

▶ Aufgaben und Probleme

1. Welche Informationen bietet ein Warenwirtschaftssystem?
2. Erläutern Sie Rationalisierungsziele, die mit der Einführung eines Warenwirtschaftssystems angestrebt werden.
3. Welche Entscheidungen können durch ein Warenwirtschaftssystem vorbereitet werden?
4. Erklären Sie den Unterschied zwischen Stammdaten und Bewegungsdaten.
5. Warum ist mithilfe des Warenwirtschaftssystems die wiederholte Bestellung kleinerer Mengen der Bestellung einer großen Menge vorzuziehen?

6. Ein mittelständisches Unternehmen, das medizinische Geräte vertreibt, will seine Warenwirtschaft in Zukunft DV-gestützt abwickeln. Stellen Sie ein Konzept auf, in dem die Schritte bis zur Einführung eines Warenwirtschaftssystems vorgegeben sind.

9.5 Markt- und Börsenhandel

Als **Markt** im engeren Sinne bezeichnet man den **Ort, an dem Waren regelmäßig gehandelt** werden (Handelsplatz). Im weiteren Sinne bezeichnet der Begriff das geregelte Zusammenfinden von Angebot und Nachfrage von Gütern.

Dieser Ort wird nicht regional abgegrenzt. Der Markt kann also auch im Internet stattfinden.

Einteilung der Märkte		
sachlich	**funktionell**	**räumlich-zeitlich**
Warenmarkt – Rohstoffmarkt – Halbwarenmarkt – Fertigwarenmarkt **Geld- und Kapitalmarkt** **Arbeitsmarkt** **Dienstleistungsmarkt** u. a.	**Beschaffungsmarkt** – Binnenmarkt – Importmarkt **Absatzmarkt** – Binnenmarkt – Exportmarkt	**allgemeine Märkte** – Großmarkt – Wochenmarkt – Jahrmarkt **spezielle Märkte** – Versteigerung – Messe, Ausstellung – Börse

9.5.1 Versteigerung (Auktion)

Die **Versteigerung** ist eine Veranstaltung, in der »ortsanwesende« Waren, die man vorher besichtigen kann, durch den **Zuschlag an Meistbietende** verkauft werden.

Bei Waren, deren Beschaffenheit stets wechselnde und größere Unterschiede zeigt (Wolle, Gemüse, Blumen), ist der Käufer auf den genauen Augenschein angewiesen, damit er beurteilen kann, ob sich die Ware in der Güte und im Preis für seinen Zweck eignet. Über den Kaufabschluss wird vom Makler eine **Schlussnote** ausgefertigt, die alle wichtigen Vereinbarungen des Kaufvertrages enthält.

Folgende **Versteigerungsvarianten** sind üblich:

▶ **Aufschlagverfahren**

Dieses Verfahren wird u. a. angewandt bei der Versteigerung von Wolle, Häuten, Wein, Briefmarken. Das Auktionsgut wird nach seinen besonderen Merkmalen (Herkunft, Beschaffenheit, geschätzter Preis) in Partien (Kaveling, Los) eingeteilt und nummeriert. Der Versteigerer ruft die Nummern der Kavelings und Lose auf und nennt den erwarteten Preis. Die Käufer bieten und überbieten sich. Der Versteigerer erteilt den Zuschlag, wenn nach dreimaliger Wiederholung des Höchstgebots kein Übergebot abgegeben worden ist. »Erst mit dem dritten Hammerschlag kommt der Vertrag zustande«.

▶ **Veilingverfahren**

Bei dieser Art der Versteigerung, die bei Obst, Gemüse, Südfrüchten, Blumen üblich ist, zeigt eine im Versteigerungsraum sichtbare Uhr die Preise an. Sie läuft vom Höchstangebotspreis ausgehend rückwärts und kann mittels Tastendruck vom Platz des Interessenten aus angehalten werden. Der Käufer gibt zu dem angezeigten Preis sein Gebot ab. Damit ist der Kaufvertrag abgeschlossen.

9.5.2 Messe und Ausstellung

Eine **Messe** ist eine **zeitlich** und **örtlich festgelegte Veranstaltung,** bei der sich mehrere Anbieter eines oder mehrerer Wirtschaftszweige ihren Zielgruppen **präsentieren.**

Wesentliches Merkmal der Messe ist der Verkauf aufgrund von Mustern für den Wiederverkauf oder für eine gewerbliche Verwendung. Auf der Messe haben Aussteller und Kunden die Möglichkeit des Waren- und Preisvergleichs, der Information und der Kontaktaufnahme.

Anstatt einer Beteiligung an Großmessen veranstalten viele Unternehmen Hausmessen, wenn die Kosten-Nutzen-Analyse dadurch günstiger ausfällt. An Hausmessen beteiligen sich in aller Regel nur die Kunden, die ein gezieltes Interesse an den Leistungen des Unternehmens aufweisen.

Ausstellungen vermitteln ein anschauliches Bild von dem **Leistungsstand** eines **Wirtschaftsraumes** (Allgemeine Ausstellungen) oder einzelner **Wirtschaftszweige** (Fachausstellungen).

9.5.3 Börse

Die **Börse** ist ein **Markt,** an dem sich **zugelassene Kaufleute regelmäßig zu bestimmten Zeiten** treffen, um **Handelsgeschäfte** über abwesende, vertretbare (fungible) Güter nach besonderen Geschäftsregeln abzuschließen.

Bedeutung der Börse

Die Börse kann als der »Markt der Märkte« angesehen werden. Die großen Börsenplätze, auf denen sich das Angebot und die Nachfrage der Welthandelsgüter konzentrieren, bieten die Möglichkeit der Markttransparenz und des Meinungsaustausches. Der Börsenpreis als Ergebnis des freien Spiels von Angebot und Nachfrage ist richtungsweisend für die übrigen Märkte.

Börsenarten

▶ Warenbörse

Zum börsenmäßigen Handel eignen sich vertretbare Waren, deren Anwesenheit nicht erforderlich ist, weil die Qualität durch Standardmuster gekennzeichnet wird. Hierzu zählen u. a. Getreide, Sojabohnen, Zucker, Kaffee, Kakao, Baumwolle, Kautschuk und NE-Metalle (Kupfer, Aluminium, Zink).

Arten der Warenbörse:

a) **Allgemeine Börsen** (Produktenbörsen) für landwirtschaftliche Erzeugnisse: Frankfurter Getreide- und Produktenbörse; Südwestdeutsche Produktenbörse, Mannheim/Stuttgart

b) **Sonderbörsen für eine bestimmte Warenart:** Hamburg für Kaffee, Bremen für Baumwolle, Hamburg für Zucker, Chicago für Getreide, London für NE-Metalle

Die handelbare Mindestmenge (Kontrakteinheit, Schluss) ist an jeder Börse festgelegt. Eine größere Menge muss durch den Schluss ohne Rest teilbar sein.

▶ **Effektenbörse** (Kapitel 11.4.2)

▶ **Frachtenbörse**

Vereidigte Makler vermitteln den Abschluss von grenzüberschreitenden Frachtgeschäften im Binnenschiffsverkehr. Von entscheidender Bedeutung für den Preis des Frachtraumes sind die Wasserstandsverhältnisse, die Jahreszeit und der Bedarf der Wirtschaft (Kohlebedarf). Online-Frachtenbörsen vermitteln Frachtraum im Straßengüterverkehr.

▶ **Versicherungsbörse**

An der Versicherungsbörse werden von Maklern Versicherungsabschlüsse zwischen einem Versicherungsnehmer und einem oder mehreren Versicherern vermittelt. Börsen dieser Art gibt es in Hamburg, Bremen und Lübeck.

▶ Aufgaben und Probleme

1. Welche Güter werden auf folgenden Märkten »gehandelt«: Rohstoffmarkt, Halbwarenmarkt, Fertigwarenmarkt, Geld- und Kapitalmarkt, Arbeitsmarkt?
2. Unterscheiden Sie:
   a) Beschaffungsmarkt – Absatzmarkt,
   b) Importmarkt – Exportmarkt.
3. Erläutern Sie, wie eine Internetauktion abläuft.
4. Wann gibt der Interessent sein Gebot ab
   a) im Aufschlagverfahren,
   b) beim Veilingverfahren?
5. Warum nennt man die Börse den »Markt der Märkte«?

9.6 Außenhandel

Außenhandel ist der gewerbsmäßige **Güteraustausch mit anderen Volkswirtschaften.**

Europäischer Binnenhandel (Intrahandel). Bei Warenbewegungen mit Gemeinschaftswaren innerhalb der EU herrscht **Freizügigkeit.** Der innergemeinschaftliche Handel wird aber statistisch wie Außenhandel erfasst.

Ursachen des Außenhandels

a) **Ungleiche Verteilung der Rohstoffe auf der Erde.**

b) **Verschiedenheit der klimatischen Bedingungen.**

c) **Verschiedenheit der Wirtschaftsstruktur.** Industrieländer sind auf die Ausfuhr von Fertigwaren und die Einfuhr von Rohstoffen und Nahrungsmitteln angewiesen. Bei den Agrar- und Rohstoffländern ist es umgekehrt.

d) **Ungleicher Stand der Technik.**

e) **Unterschiedliche Kostenstruktur.** In mehreren Ländern können Güter trotz gleicher Qualität zu unterschiedlichen Kosten produziert werden. Dies hängt z. B. vom Lohnniveau, von der Ausbildung der Arbeitskräfte, von der Art der Produktion (Massenproduktion) und/oder von den öffentlichen Abgaben ab.

9.6.1 Einfuhr und Einfuhrverfahren

Einfuhr

Die Einfuhr von Drittlandswaren (Import) verlangt vom Importeur gründliche Warenkenntnisse, die Beobachtung der Märkte, den Vergleich der Weltmarktpreise sowie die richtige Wahl des Zeitpunktes für die Vertragsabschlüsse.

direkter Import	indirekter Import
Der inländische Verwender (Verarbeiter, Einzel- oder Großhändler, Verbraucher) kauft die Ware unmittelbar vom ausländischen Hersteller oder von einem Exporthändler im Ausland.	Der inländische Verwender kauft die Ware bei einem inländischen Importhändler, der seinerseits die Ware vom ausländischen Hersteller oder Exporthändler bezieht.

Einfuhrverfahren

Genehmigungsfreie Einfuhr. Der Abschluss von Einfuhrverträgen unterliegt keinen Beschränkungen. Der Importeur kann also ohne besonderen Antrag den Kaufvertrag (Kontrakt) mit dem ausländischen Lieferanten abschließen, die Waren in das Inland einführen und die Zahlung leisten.

Genehmigungsbedürftige Einfuhr. Die Genehmigungsbedürftigkeit ergibt sich aus der Einfuhrliste, in der rund 9.000 Warenpositionen angeführt sind. Für diese Waren ist beim Bundesamt für Wirtschaft und Ausfuhrkontrolle (BAFA) in Eschborn eine Einfuhrgenehmigung zu beantragen. Die Genehmigungsstelle gibt im Bundesanzeiger durch Ausschreibung bekannt, unter welchen Bedingungen und in welchem Umfang sie für bestimmte Waren Genehmigungen erteilt.

Zur Beschleunigung der Einfuhrverfahren und zur Senkung der Verfahrenskosten wird die Zollabwicklung papierlos durchgeführt. Mit dem von den Zollbehörden eingeführten **ATLAS-Verfahren** (**A**utomatisiertes **T**arif- und **L**okales Zoll-**A**brechnungs-**S**ystem) sollen sich alle Außenhandel treibenden Unternehmen koppeln.

9.6.2 Verzollung

Zölle sind **Abgaben,** die der Staat **beim Übergang von Waren über die Zollgrenze** aus finanz- und wirtschaftspolitischen Gründen erhebt.

Zollrechtliche Begriffe

Die **Zollgrenze** umschließt das **Zollgebiet.** Dieses umfasst das Gebiet der EU-Mitgliedsstaaten. Dazu gehören ferner die Zollanschlüsse, nicht aber die Zollausschlüsse und die Zollfreigebiete. Warenbewegungen innerhalb der EU-Mitgliedsstaaten gelten nicht als Einfuhrlieferungen; für sie werden weder Zölle noch Einfuhrumsatzsteuer erhoben.

Zollanschlüsse sind Teile ausländischer Hoheitsgebiete, die dem EU-Zollgebiet angeschlossen sind (Fürstentum Monaco).

Zollausschlüsse sind Teile des EU-Hoheitsgebietes, die einem ausländischen Zollgebiet angeschlossen sind (Exklave Büsingen an der schweizerischen Grenze).

Zollfreigebiete sind Schiffe und Luftfahrzeuge der EU in Gebieten, die zu keinem Zollgebiet gehören, die Insel Helgoland und die Freihäfen.

Freihäfen sind von dem übrigen Hafen durch einen Zollzaun abgetrennte Hafenanlagen, in denen ausländische Güter umgeschlagen, gelagert, bearbeitet und veredelt werden können, ohne dass eine Zollschuld entsteht.

Mit dem Überschreiten der Zollgrenze wird die Ware **Zollgut.** Dieses darf von der Zollgrenze bis zum Grenzzollamt nur auf besonderen Straßen, Eisenbahnlinien und Seehafeneinfahrten, die als **Zollstraßen** bestimmt sind, befördert werden. Das Zollgut muss innerhalb der Öffnungszeiten der **Zollstelle** gestellt (vorgeführt) werden. Dort findet zunächst eine Prüfung des Zollgutes statt, die man **Zollbeschau** nennt. Die Beurkundung der Zollbehandlung heißt Zollbefund; die Zollfestsetzung erfolgt in einem **Zollbescheid.**

Arten der Zölle

▶ Nach der Warenbewegung

a) **Einfuhrzölle** sind Abgaben, die beim Verbringen von Waren in das Zollgebiet erhoben werden.

b) **Ausfuhrzölle** sind Abgaben, die beim Verbringen von Waren aus dem Zollgebiet erhoben werden. Sie sind selten. An ihre Stelle treten meist Ausfuhrbeschränkungen (Kontingentierungen).

▶ Nach dem Zweck der Zollerhebung

a) **Finanzzölle** sind Abgaben, die lediglich die Staatseinnahmen erhöhen sollen. Sie werden von Gütern erhoben, die sehr begehrt sind und im Inland überhaupt nicht oder nur in geringen Mengen erzeugt werden. Mit einem besonders hohen Einfuhrzoll werden Kaffee, Tee, Tabak, Spirituosen und Kosmetikartikel belegt.

b) **Schutzzölle** sind Abgaben, die bestimmte Produktionszweige wie Landwirtschafts-, Gärtnerei- und Weinbaubetriebe gegen die ausländische Konkurrenz schützen. Durch den Zoll werden die Preise der ausländischen Erzeugnisse an das Preisniveau der entsprechenden inländischen Erzeugnisse angeglichen. Die Schutzzollpolitik hat u. a. folgende Sonderformen entwickelt:

   Kampfzölle sollen einen ausländischen Staat zwingen, handelsschädigende Maßnahmen gegenüber der einheimischen Wirtschaft aufzugeben.

   Präferenzzölle (Vorzugszölle) sollen einem Land Zollvorteile einräumen, um wirtschaftliche Nachteile auszugleichen.

▶ Nach der Bemessungsgrundlage

a) **Spezifische Zölle** werden ermittelt aufgrund des Zollgewichtes der Waren (Kaffee, Tabak), aufgrund der Länge in Metern (Spielfilme), aufgrund der Menge in Litern (Wein, Branntwein).

b) **Wertzölle** werden in Prozenten vom Zollwert der Ware berechnet. Als Zollwert wird der Transaktionswert angesehen, der für die eingeführte Ware unter den Bedingungen des freien Wettbewerbs zwischen einem unabhängigen Verkäufer und Käufer bei sofortiger Lieferung erzielt werden kann. Im Allgemeinen wird der Bezugspreis bis zur Einfuhrgrenze als Bemessungsgrundlage anerkannt.

c) **Mischzölle** werden bei Gütern erhoben, deren Preise starken Schwankungen unterliegen. Bei der Berechnung des Zolls wird in der Regel der Wert zugrunde gelegt. Sinken die Preise stark, so tritt an die Stelle des Wertzolls ein Mindestgewichtszoll.

Zollbehandlung

Der Zollbeteiligte (Einführer) beantragt die Abfertigung des gestellten Zollgutes und die Art der Zollbehandlung.

▶ Abfertigung zum freien Verkehr (Zollgut wird Freigut)

Dabei wird geprüft, ob das Zollgut zollfrei oder zollpflichtig ist.

a) **Zollfreistellung.** Ist kein Zoll zu erheben, so teilt die Zollstelle dies dem Zollbeteiligten mit und gibt das Zollgut frei. Zollfrei sind u. a. Mustersendungen und Reisebedarf aus Drittländern.

b) **Verzollung**. Nach der Gestellung bei der Zollstelle, Zollbeschau, Zollbescheid und Bezahlung der Zollschuld wird das Zollgut Freigut.

c) **Zollgutveredelung.** Waren, die aus Drittländern zur Veredelung eingeführt und nach der Be- und Verarbeitung wieder ausgeführt werden, sind zollfrei (aktiver Veredelungsverkehr). Lässt ein inländischer Unternehmer Waren in einem Drittland veredeln (passiver Veredelungsverkehr), dann bleibt bei der Wiedereinfuhr der veredelten Waren das Vorprodukt zollfrei, es muss der Wertzuwachs verzollt werden.

▶ Abfertigung zum besonderen Zollverkehr (Zollgut bleibt Zollgut)

a) **Zollgutversand.** Das **gemeinschaftliche Versandverfahren** wird angewandt, wenn das Zollgut von einer Zollstelle im Bereich des EU-Zollgebietes an eine andere überwiesen wird. Das Zollgut wird dem Zollbeteiligten zur Beförderung überlassen mit der Verpflichtung, es unverändert und fristgemäß bei der Empfangzollstelle zu gestellen.

b) **Zollgutlagerung.** Ihr Zweck ist die zoll- und abgabenfreie Lagerung von Zollgut, um die unnötige Verzollung von Waren zu vermeiden (bei der Wiederausfuhr) oder die Zollzahlung aufzuschieben.

c) **Zollgutverwendung.** Das abgefertigte Zollgut wird dem Empfänger zur endgültigen Verwertung zollbegünstigt (Heizöl) oder zur vorübergehenden Verwendung zollfrei (Messe- und Ausstellungsgüter) überlassen.

Festsetzung der Zollsätze

Grundsätzlich können die Zollsätze von einem Staat aufgrund seiner Zollhoheit einseitig in einem Zolltarif festgelegt werden **(Zollautonomie).** Im Interesse eines gesteigerten Güteraustausches wird jedoch häufig die Zollautonomie eingeschränkt.

▶ Einschränkung durch zweiseitige (bilaterale) Staatsverträge

Durch staatsrechtliche Verträge, Handels- und Zollabkommen genannt, können Zollbefreiungen und Vertragszollsätze für wichtige Austauschgüter, das Meistbegünstigungsrecht des Vertragspartners sowie Einfuhrhöchstmengen (Einfuhrkontingente) bestimmt werden.

Die **Meistbegünstigungsklausel** besagt, dass ein Land seinem Vertragspartner die gleichen Vergünstigungen gewährt, die es einem dritten Land jetzt oder später einräumt.

▶ Einschränkung durch mehrseitige (multilaterale) Staatsverträge

Das Streben nach größeren Wirtschaftsräumen führt zum Abschluss mehrseitiger Abkommen. Sie haben vor allem die Zollsenkung und die Aufhebung mengenmäßiger Einfuhrbeschränkungen **(Liberalisierung)** zum Ziel.

a) **Allgemeine Zoll- und Handelsabkommen** streben die Beseitigung von Handelshemmnissen und die Meistbegünstigung auf breiter überstaatlicher Ebene an.

   Die **WTO (= World Trade Organization),** der 161 Vertragsstaaten (Stand: November 2015) und die EU-Kommission angehören, verfolgt als wichtigste Ziele:

   - Abbau von Handelshemmnissen (Liberalisierung, Zollsenkung),
   - Abbau von Wettbewerbshemmnissen (Kartelle, Dumping),

- Angleichung der Sozialstandards (Mindestvorschriften zum Schutz der Arbeiter, Verbot von Kinderarbeit),
- umweltfreundliche Produktion.

b) **Zollunionen** sind vertragliche Vereinigungen von Staaten, welche die Binnenzölle zwischen den Vertragsländern abbauen und die Außenzölle gegenüber Drittländern vereinheitlichen (EU = Europäische Union).

c) **Freihandelszonen** sind vertragliche Vereinigungen von Staaten, die lediglich die Binnenzölle abbauen, aber unterschiedliche Außenzölle belassen (z.B. **EFTA** = **E**uropean **F**ree **T**rade **A**ssociation, **AFTA** = **A**SEAN **F**ree **T**rade **A**rea, **NAFTA** = **N**orth **A**merican **F**ree **T**rade **A**greement).

Die festgelegten Zollsätze finden ihren Niederschlag im **Deutschen Gebrauchszolltarif.** In ihm sind die zollpflichtigen Waren mit den dazugehörigen Zollsätzen aufgelistet.

9.6.3 Transithandel und Transitverkehr

Transithandel	»gebrochener Transithandel«
Ein inländischer Unternehmer kauft Waren im Ausland und veräußert wieder an einen Gebietsfremden, ohne dass die Ware einfuhrrechtlich abgefertigt worden ist. Die Durchfuhr durch das inländische Zollgebiet ist nicht erforderlich.	Ein gebietsansässiger Transithändler verkauft die im Ausland gekauften Waren an einen anderen gebietsansässigen Transithändler und dieser veräußert sie dann an einen Gebietsfremden.

9.6.4 Ausfuhr und Ausfuhrverfahren

Das Exportgeschäft verlangt vom Exporteur gesicherte Kenntnisse darüber, wo auf der Welt seine Ware benötigt wird, die Beobachtung der Entwicklung der Absatzmärkte und der Preise sowie die Wahl des richtigen Zeitpunkts für Vertragsabschlüsse.

Direkter und indirekter Export

direkter Export	indirekter Export
Der inländische Hersteller verkauft die Ware unmittelbar an den ausländischen Abnehmer (Verbraucher, Händler, Verarbeiter) oder Importhändler. **Exportmessen** bieten Gelegenheit, direkte Geschäftsverbindungen mit ausländischen Kunden anzuknüpfen. Bei der Einführung neuer Erzeugnisse wird öfter das **Konsignationsgeschäft** gewählt. Ein ausländisches Unternehmen (Konsignatar), nimmt die Exportware für fremde Rechnung und ohne Verkaufsrisiko auf Lager. **Exportgemeinschaften** sind Zusammenschlüsse von Unternehmen zur Verbesserung der Exportmöglichkeiten durch gemeinsame Maßnahmen (Werbung, Exportmusterlager).	Der inländische Hersteller liefert die Ware an einen inländischen Ausfuhrhändler, der seinerseits die Ware an den ausländischen Abnehmer verkauft. Die Vermittlung des Exporthändlers entlastet den Lieferanten von zeitraubender Arbeit und von dem mit dem Außenhandelsgeschäft verbundenen Risiko. Für den Lieferanten wird das Exportgeschäft über ein Exporthaus zu einem ausgesprochenen Binnengeschäft. Der Exporthändler kann fachorientiert sein; er handelt nur mit einer bestimmten Warengruppe, hat

Überseeische Verkaufs- und Fabrikniederlassungen werden eingerichtet, wenn es sich um technische Erzeugnisse handelt, die im Bestimmungsland einen ständigen Kundendienst durch Sachverständige verlangen (Autos). Die Fertigung kann auch einem ausländischen Unternehmer in **Lizenz** übertragen werden, wenn die Ausfuhr bestimmter Erzeugnisse wegen Einfuhrbeschränkungen schwierig ist.

dafür aber Beziehungen zu vielen Ländern. Der gebietsorientierte »Allround-Exporteur«, handelt mit verschiedenen Artikeln, spezialisiert sich dabei aber auf bestimmte Gebiete (Südamerika, Vorderer Orient).

Ausfuhrverfahren

▶ Genehmigungsfreie Ausfuhr

Die Warenausfuhr ist grundsätzlich frei. Sie unterliegt aber der Ausfuhrkontrolle durch die Zollbehörden. Hierzu müssen die Exportgüter der Ausfuhrzollstelle vorgeführt (gestellt) und angemeldet werden. Die Anmeldung erfolgt elektronisch unter Verwendung des elektronischen Ausfuhrverfahrens AES (Automated Export System), das EU-weit eingeführt ist.

In Deutschland wird dieses Ausfuhrverfahren unter der Bezeichnung ATLAS-Ausfuhr betrieben. Die elektronische Ausfuhranmeldung (AA) wird der zuständigen Ausfuhrzollstelle (= Binnenzollstelle des Ausführers) übermittelt. Nach spätestens 24 Stunden bekommt der Ausführer elektronisch das Ausfuhrbegleitdokument (ABD) mit der »Movement Reference Number« (MRN), die als Barcode auf dem ABD gedruckt ist. Damit ist die Ausfuhr der Waren erlaubt.

Das ABD begleitet die Ware zur Ausgangszollstelle (Grenzzollamt). Dort wird das ABD mit der übermittelten MRN verglichen. Gibt es keine Abweichungen, kann die Ware die Grenze passieren. Das Grenzzollamt informiert hierüber das Binnenzollamt; damit ist das Ausfuhrverfahren abgeschlossen.

Ausfuhrsendungen im Warenwert bis zu 1.000 EUR bedürfen keiner Ausfuhranmeldung, für Sendungen zwischen 1.000 EUR und 3.000 EUR ist keine Gestellung nötig, es sei denn, es handelt sich um die Ausfuhr genehmigungspflichtiger Waren.

▶ Genehmigungsbedürftige Ausfuhr

Genehmigungsbedürftig sind Waren, deren Ausfuhr nach dem Außenwirtschaftsgesetz (AWG) einer Kontrolle unterliegen. Sie sind in der Ausfuhrliste zusammengefasst.

Anträge auf eine Ausfuhrgenehmigung sind beim **Bundesamt für Wirtschaft und Ausfuhrkontrolle in Eschborn** zu stellen. Der Exporteur stellt zu diesem Zweck das entsprechende Antragsformular aus oder stellt den Antrag vollelektronisch mit ELAN K2.

9.6.5 Außenhandelsdokumente

Außenhandelsdokumente sind Urkunden, die im Zusammenhang mit dem Transport, der Versicherung und Verzollung der ein- und ausgeführten Ware ausgestellt werden müssen.

Transportpapiere (Kapitel 5.3)

Versicherungspapiere

Die Versicherungspolice ist eine vom Versicherer unterzeichnete Urkunde über den Abschluss eines Versicherungsvertrages. Sie enthält die Art und den Versicherungswert der Ware (CIF-Preis + 10 % imaginärer Gewinn), den gedeckten Reiseweg, die Art des Beförderungsmittels, den Namen des Versicherungsvertreters, dem etwaige Schäden zu melden sind, und die versicherten Risiken.

Zollpapiere

a) **Die Handelsrechnung (Handelsfaktura)** ist ein wichtiges Dokument im Zusammenhang mit den zoll- und devisenrechtlichen Bestimmungen des Einfuhrlandes. Sie muss mit dem Stempel und der Unterschrift des Exporteurs versehen sein.

b) **Die Konsulatsfaktura (Consular Invoice)** bildet die Grundlage für die Berechnung des Wertzolls. Das Konsulat des Bestimmungslandes bestätigt auf einem besonderen Konsulatsvordruck, dass der berechnete Wert mit dem tatsächlichen Wert übereinstimmt.

c) **Die Zollfaktura** ist eine vereinfachte Form der Konsulatsfaktura und gilt ebenfalls als Bemessungsgrundlage bei der Berechnung der Wertzölle in den Ländern des britischen Reiches (Commonwealth).

d) **Das Ursprungszeugnis (Certificate of Origin)** weist der Zollbehörde des Bestimmungslandes die tatsächliche Herkunft der Ware nach. Es wird von der zuständigen IHK ausgestellt.

e) **Die Warenverkehrsbescheinigung (Präferenzpapier)** wird vorgelegt, um den Nachweis zu führen, dass die Ware aus einem Land stammt, für dessen Güter bei der Einfuhr Präferenzzölle angewendet werden.

f) **Das Gesundheitszeugnis** ist bei der Einfuhr von Pflanzen und Tieren vorgeschrieben und soll verhindern, dass Seuchen und ansteckende Krankheiten eingeschleppt werden, z. B. Papageienkrankheit.

g) **Der Versandschein T2** ist der Nachweis für die Eigenschaft als EU-Ware.

h) **Das Carnet TIR (Transport International de Marchandises par la Route)** ist ein internationales Zollpapier, das die Beförderung von Zollgut auf Lastkraftwagen unter Zollverschluss über eine oder mehrere Grenzen erlaubt. Die Fahrzeuge sind mit einem TIR-Schild (blaues Feld mit weißer Schrift) gekennzeichnet.

i) **Das Rhein-Manifest** ist ein Zollpapier, das im Binnenschiffsverkehr auf dem Rhein für Einfuhr, Durchfuhr und Ausfuhr verwendet wird.

j) **Das Cargo-Manifest** ist das für den Luftverkehr erforderliche internationale Zollpapier.

9.6.6 Lieferungsbedingungen im Außenhandel

Die Frage, wer die **Kosten des** meist sehr langen **Transportweges** (Verpackungs-, Fracht-, Umschlag- und Wegekosten, Versicherungskosten, Zoll) und das **Transportrisiko** übernimmt, spielt im Überseegeschäft eine entscheidende Rolle. Im internationalen Handelsverkehr gelten die **In**ternational **Co**mmercial **Terms (»Incoterms«),** die bei der Internationalen Handelskammer in Paris hinterlegt sind. Zurzeit gelten die 11 Klauseln der »Incoterms® 2010«.

In den **Incoterms** wird u. a. festgelegt
- wer die **Fracht- und Versicherungskosten** sowie das Risiko trägt und
- wo die **Gefahr des zufälligen Untergangs der Ware** auf den Käufer übergeht.

Die gebräuchlichsten Lieferungsbedingungen sind:

Incoterms® 2010		
Gruppe	**Klausel**	**Bedeutung**
Gruppe E Abholklausel	**EXW** = **ex works**	**ab Werk.** Der Verkäufer hält die Ware zum vereinbarten Liefertermin am vereinbarten Ort (Werk, Lager) bereit. Die Kosten und das Risiko trägt der Käufer von dem Zeitpunkt an, ab dem die Ware abzunehmen ist.
Gruppe F Haupttransport vom Verkäufer nicht bezahlt	**FCA** = free **ca**rrier	**frei Frachtführer.** Der Verkäufer muss Waggon, Lkw, Container oder Binnenschiff auf seine Kosten beladen. Sobald die Ware vom Frachtführer übernommen ist, trägt der Käufer alle Kosten und das Risiko.
	FAS = free **a**long-side **s**hip	**frei Längsseite Schiff.** Der Verkäufer muss die Ware längs des Schiffes, d. h. bis an die Verladeeinrichtung des Schiffes im Verschiffungshafen, auf seine Kosten und Gefahr anliefern. Das Verladerisiko trägt der Käufer, der auch den Schiffsraum besorgen muss.
	FOB = free **o**n **b**oard	**frei an Bord.** Der Verkäufer trägt alle Kosten und Gefahren bis zum Zeitpunkt, an dem die Ware im Verschiffungshafen an Bord des Schiffes ist. Der Käufer muss den Schiffsraum besorgen.
Gruppe C Haupttransport vom Verkäufer bezahlt	**CFR** = **c**ost and **fr**eight	**Kosten und Fracht.** Verladegebühren und Frachtkosten bis zum Bestimmungshafen trägt der Verkäufer. Das Transportrisiko trägt der Käufer ab dem Zeitpunkt, an dem die Ware im Verschiffungshafen an Bord des Schiffes ist. Der Verkäufer muss den Schiffsraum besorgen.
	CIF = **c**ost, **i**nsurance and **f**reight	**Kosten, Versicherung und Fracht** bis zum Bestimmungshafen trägt der Verkäufer, der auch den Schiffsraum zu besorgen hat. Das Transportrisiko trägt der Käufer ab dem Zeitpunkt, an dem die Ware im Verschiffungshafen an Bord des Schiffes ist.
	CIP = **c**arriage and **i**nsurance **p**aid	**frachtfrei versichert.** Der Verkäufer trägt die Fracht und Versicherung bis zum Bestimmungsort. Er besorgt auch den Laderaum. Der Käufer trägt das Transportrisiko, sobald die Ware vom Frachtführer übernommen wurde.
Gruppe D Ankunfts-klauseln	**DAP** = **d**elivered **a**t **p**lace	**geliefert benannter Bestimmungsort.** Der Verkäufer trägt alle Kosten und das Transportrisiko bis zum angegebenen Bestimmungsort.
	DDP = **d**elivered **d**uty **p**aid	**geliefert verzollt.** Der Verkäufer trägt alle Transportkosten und das Transportrisiko bis zum Bestimmungsort, sowie die Zölle und sonstige Einfuhrabgaben.

9.6.7 Verpackungen im Außenhandel

Bei der Wahl des Verpackungsmaterials müssen die Dauer und die Art des Transports sowie die Vorschriften des Bestimmungslandes berücksichtigt werden. Die Verpackung muss vor allem transportsicher, kosten- und raumsparend sein. Rost- und wasserempfindliche

Güter erhalten einen Schutz durch Rostschutzfarbe, Plastikhaut oder Ölpapier. Holzkisten werden durch Bandeisen und Klammern gesichert. Daneben verwendet man leichte, nassfest imprägnierte Panzerkartons. Im Überseeverkehr ist der Container (Großraumbehälter) das übliche Verpackungsmittel.

9.6.8 Zahlungsbedingungen im Außenhandel

Die große Entfernung zwischen den Handelspartnern, die Unsicherheiten in der Politik, Wirtschaft und Währung, sowie die Verschiedenheit der Rechtsordnungen verlangen besondere Maßnahmen zur Sicherung des Geldeingangs. Im Überseegeschäft wird allgemein nach dem Grundsatz verfahren, dass keine Ware den Verschiffungshafen verlässt, ohne dass eine entsprechende Gegenleistung seitens des ausländischen Importeurs erfolgt. Im Europageschäft wird häufig auch ein offenes Ziel eingeräumt.

Zahlungsvereinbarungen im Außenhandel	
Vorauszahlung	Wird von unsicheren Kunden verlangt, über die keine zuverlässige Auskunft eingeholt werden konnte, oder von solchen, die ihre Handelsniederlassungen in Ländern mit unsicheren Währungs- und Wirtschaftsverhältnissen haben.
Anzahlung	Ist üblich bei Großaufträgen von Investitionsgütern, deren Fertigung längere Zeit beansprucht (Lokomotiven, Schiffe, Brauereianlagen, Turbinen). Der Lieferant hat in diesem Falle eine gewisse Garantie, dass der Käufer nicht ohne Weiteres vom Kaufvertrag zurücktreten kann.
Zahlung gegen Dokumentenakkreditiv (Letter of Credit = L/C)	Der Rechnungsbetrag wird durch den Käufer bei einer Bank bereitgestellt. Die Auszahlung des Betrages erfolgt gegen Vorlage der im Akkreditiv (Kreditbrief) genannten Dokumente. Die Bank übernimmt in diesem Falle die Rolle eines Treuhänders zwischen Käufer und Verkäufer. Der Lieferant hat die unbedingte Sicherheit für den Zahlungseingang.
Dokumente gegen Bankakzept (Documents against Acceptance = D/A)	Der Exporteur erhält statt der Zahlung einen von einer Bank unterschriebenen Schuldschein (Bankakzept) des Importeurs, den er durch Diskontierung bei seiner Bank verwerten kann.
Dokumente gegen Kasse (Documents against Payment = D/P)	Der Exporteur reicht unmittelbar nach der Verladung die Dokumente bei seiner Bank mit einem Inkassoauftrag ein. Sie reisen mit Luftpost (2 Ausfertigungen im Abstand von 2 Tagen) an die vom Importeur benannte Bank, die diese gegen Zahlung des Rechnungsbetrages an den Käufer aushändigt. Der Exporteur hat das Risiko, dass der Importeur die Annahme verweigert und die Dokumente nicht abnimmt.
Zahlung bei Lieferung (Cash on Delivery = COD)	Die Zahlung »Zug um Zug« wird im Auslandsgeschäft vor allem bei den KEP-Diensten verwendet.
Zahlung gegen Rechnung	Die Zahlung erfolgt erst nach der Lieferung der Ware und Rechnungsstellung.
offenes Zahlungsziel	Nach der Lieferung wird dem Importeur ein offenes Zahlungsziel (z. B. von drei Monaten) eingeräumt.

Zur **gegenseitigen Absicherung** eventueller Risiken eignen sich insbesondere das **Dokumenteninkasso** oder das **Dokumentenakkreditiv.**

Dokumenteninkasso

Beim **Dokumenteninkasso** übernehmen die **Kreditinstitute** die Zahlungsabwicklung. Es handelt sich um ein »Zug-um-Zug-Geschäft«, d.h., die **Dokumente** erhält der Importeur nur **gegen Leistung.** Der Zahlungs- und Erfüllungsort ist im Bestimmungsland der Ware.

Für Inkassoaufträge wurden die **»Einheitlichen Richtlinien für Inkassi« (ERI 522)** von der Internationalen Handelskammer (ICC) herausgegeben.

Bei der Einreicherbank erfolgt keine Prüfung auf die Richtigkeit der Dokumente. Es wird lediglich die Vollständigkeit der Dokumente überprüft.

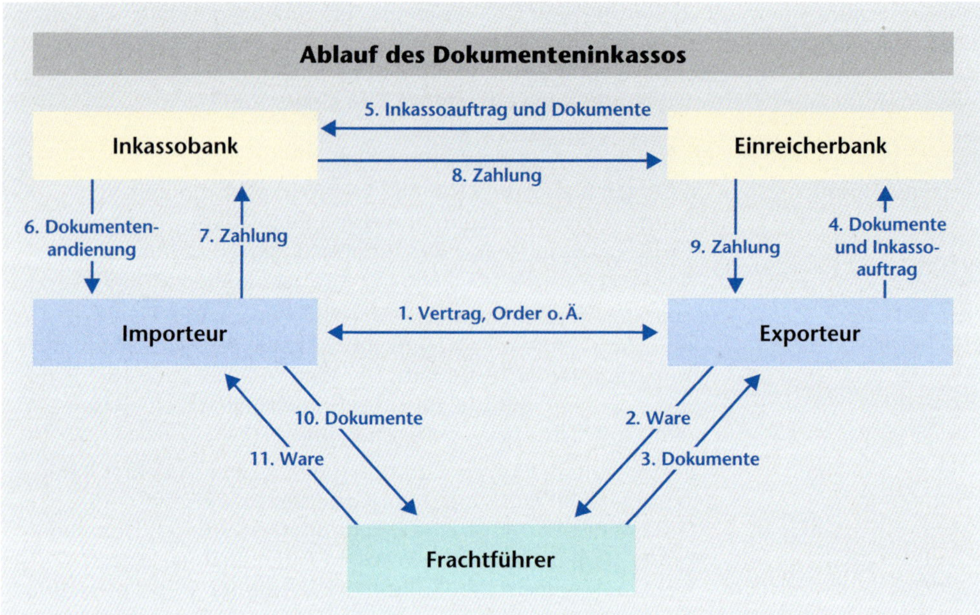

Vorteile	Nachteile
– kostengünstige Abwicklung – I.d.R. wird die Zahlung schneller durchgeführt als bei offener Rechnung. – Es besteht die Möglichkeit, die Dokumente und damit die Ware an den Importeur Zug um Zug gegen Bezahlung auszuhändigen. – Die ERI 522 sind international anerkannte Vertragsgrundlagen.	– Keine Zahlungssicherheit, da das Transferrisiko, die politischen Risiken sowie das Risiko der Zahlungsunfähigkeit nicht gedeckt sind. – Der Zahlungstermin ist unsicher. – Es besteht ein Verlustrisiko, falls der Importeur sich weigert, die Dokumente anzunehmen. – Rückführung der Ware bei Annahmeverweigerung.

Dokumentenakkreditiv

Unter einem **Dokumentenakkreditiv** versteht man die **Bereitstellung eines Betrages** bei der Bank des Auftraggebers (Akkreditivbank) oder durch die Vermittlung bei einer anderen Bank (Avisbank) **zur Auszahlung an den Begünstigten** (Akkreditierten) **gegen Einhaltung bestimmter Bedingungen.**

Die **ERA 600** der internationalen Handelskammer (ICC) sind einheitliche Richtlinien und Gebräuche für Dokumentenakkreditive.

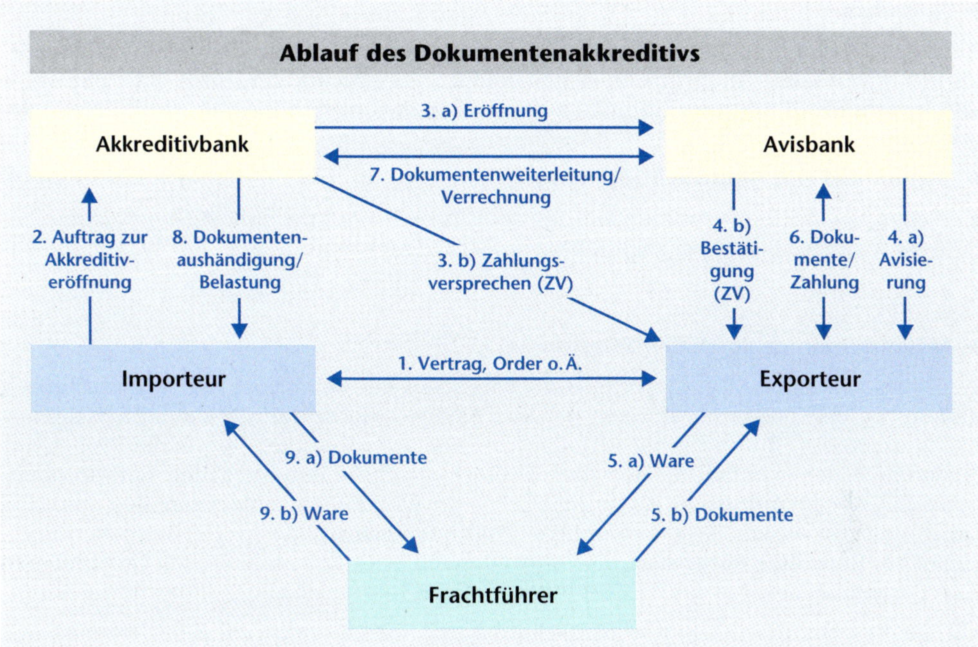

Für die beteiligten Partner ergeben sich zwei wesentliche **Vorteile:** Der Exporteur versendet die Ware erst, nachdem das Akkreditiv eröffnet worden ist und er damit ein selbstständiges Zahlungsversprechen einer bonitätsmäßig guten Bank vorliegen hat. Den Akkreditivbetrag erhält er sofort nach dem Versand der Ware und der Vorlage akkreditivkonformer Dokumente. Der Importeur dagegen kann sicher sein, dass die Zahlung nur erfolgt, wenn der Exporteur die Erfüllung aller Akkreditivbedingungen anhand von Dokumenten nachgewiesen hat.

9.6.9 Förderung des Außenhandels

■ Staatliche Maßnahmen

▶ Handelsverträge

In einem Handelsvertrag werden die Wirtschaftsbeziehungen zwischen den Vertragsländern umfassend geregelt. Es können vereinbart werden: Art und Menge der Austauschgüter (Warenliste), Zollvergünstigungen (Meistbegünstigung), Art der Verrechnung, Konvertibilität der Währung, Angleichung von Rechtsvorschriften, Errichtung von Zweigniederlassungen, gewerblicher Rechtsschutz (Patente, Muster- und Markenzeichenschutz).

Man unterscheidet:

a) zweiseitige (bilaterale) Verträge. Darunter versteht man Verträge, die zwischen zwei Staaten abgeschlossen werden (z. B. Vertrag zwischen Deutschland und einem Entwicklungsland).

b) mehrseitige (multilaterale) Verträge. Sie bezwecken die vertragliche Regelung der wirtschaftlichen Beziehungen mehrerer Länder (z. B. EU).

▶ Handels- und Verrechnungsabkommen

Es handelt sich um Vereinbarungen über Fragen des Warenaustausches (Warenkontingent) und der Abwicklung des Zahlungsverkehrs.

▶ Konsulate

Konsulate geben regelmäßig über die Wirtschaftslage in den fremden Ländern Berichte, die von der Gesellschaft für Außenwirtschaft und Standortmarketing mbH – German Trade and Invest (GTAI) ausgewertet und an die Interessenvertretungen der Wirtschaft weitergegeben werden.

▶ Steuer- und zollpolitische Maßnahmen

Sie sollen die Wettbewerbsfähigkeit des deutschen Exporteurs dem Ausland gegenüber fördern. Ausfuhrlieferungen sind daher von der Umsatzsteuer befreit. Für Waren, die aus dem Ausland zur Veredelung (aktiver Veredelungsverkehr) eingeführt werden, wird kein Zoll erhoben.

▶ Risikoübernahme durch den Staat

Sie erfolgt auf Antrag des Exporteurs für einen Teil der politischen und wirtschaftlichen Risiken. Zu den politischen Risiken gehören Kriegs-, Moratoriums-(Zahlungsaufschubs-), Zahlungsverbots-, Konvertierungs-(Umtausch-) und Transferrisiken, ferner die Risiken aus Forderungen gegen fremde Staaten oder öffentlich-rechtliche Körperschaften. Ein wirtschaftliches Risiko liegt vor, wenn ein ausländischer privater Kunde zahlungsunfähig wird. Bei Lieferungen an ausländische Regierungen und öffentlich-rechtliche Körperschaften übernimmt der Bund eine **Bürgschaft,** bei Geschäften mit privaten ausländischen Unternehmen eine **Garantie.** Einen Teil des Ausfalls muss der Exporteur selbst tragen (Selbstbeteiligung).

Mit der Bearbeitung der Bundesbürgschaften und -garantien ist die Euler Hermes AG, Hamburg, in Zusammenarbeit mit der PricewaterhouseCoopers AG, Frankfurt (Main), beauftragt.

■ Private Maßnahmen

Neben den Industrie- und Handelskammern, die ihre Mitglieder laufend über Exportmöglichkeiten, Ein- und Ausfuhrvorschriften informieren, kommt den Auslandshandelskammern eine besondere Bedeutung zu. Auslandshandelskammern sind freie Vereinigungen von Kaufleuten zweier Länder (z. B. Deutsch-Niederländische Handelskammer).

Kreditinstitute stehen ihren Kunden mit ihrer Finanzierungshilfe und ihrem Auskunfts- und Beratungsdienst zur Verfügung. Die Finanzierung mittel- und langfristiger Ausfuhrgeschäfte übernimmt vor allem die Ausfuhrkredit-Gesellschaft mbH (AKA), Frankfurt (Main).

Weitere Möglichkeiten, den Absatz von Exporteuren zu verbessern, bieten das **Factoring** (Kapitel 10.2.7), die **Forfaitierung** (Kapitel 10.2.7) und das **Franchising** (Kapitel 7.7.1).

■ Exportkreditversicherung

Ein Kaufmann, der Waren auf Ziel verkauft, läuft Gefahr, dass er durch Zahlungsunfähigkeit seines Schuldners (wirtschaftliches Risiko) oder bei Auslandsgeschäften auch durch politische Ereignisse (politisches Risiko) Verluste erleidet. Durch eine private Exportkreditversicherung kann das wirtschaftliche Risiko abgedeckt werden. Das politische Risiko einer Auslandslieferung wird zusammen mit dem wirtschaftlichen auf Antrag durch die Bundesrepublik Deutschland übernommen.

In jedem Falle hat der Lieferant aber einen Teil des Verlustes selbst zu tragen (Selbstbeteiligung). Dadurch soll der Lieferant gezwungen werden, die Kreditwürdigkeit seines Kunden sorgfältig zu prüfen.

Man unterscheidet folgende Arten:

▶ Die Warenkreditversicherung

Sie wird auch **Delkredereversicherung** genannt. Sie übernimmt Verluste, die durch Zahlungsunfähigkeit eines inländischen oder westeuropäischen Kunden entstehen. Die Selbstbeteiligung beträgt in der Regel 30 %. Anbieter dieser Kreditversicherungen sind u.a. Atradius N. Y., Coface S. A., Euler Hermes AG.

▶ Die Exportkreditversicherung

Sie deckt Schäden, die einem Exporteur durch **Ausfälle bei ausländischen Forderungen** erwachsen. Politische Risiken sind jedoch ausgeschlossen. Das wirtschaftliche Risiko besteht vor der Versendung in einem Produktionsrisiko, weil der Kunde noch vor Fertigstellung der Ware zahlungsunfähig werden und der Verkauf im Inland nicht mehr oder nur zu geringerem Preis möglich sein könnte. Nach der Versendung spricht man vom eigentlichen **Ausfuhrrisiko.** Die Selbstbeteiligung des Exporteurs am Forderungsausfall richtet sich nach der Kreditwürdigkeit des Kunden und der wirtschaftlichen Lage im Schuldnerland und beträgt 10 % bis 15 %.

▶ Die Exportvorfinanzierungs-Versicherung

Sie wird vom Exporteur abgeschlossen und deckt Ausfälle, die seinem Kreditinstitut bei der Finanzierung von Ausfuhrgeschäften dadurch entstehen können, dass **der Exporteur selbst zahlungsunfähig wird.** Mit dem Abschluss einer Exportvorfinanzierungs-Versicherung beschafft sich der Exporteur ein Sicherungsmittel, das er seiner Bank anbieten kann.

Zusammenfassende Übersicht zu Kapitel 9.6: Außenhandel

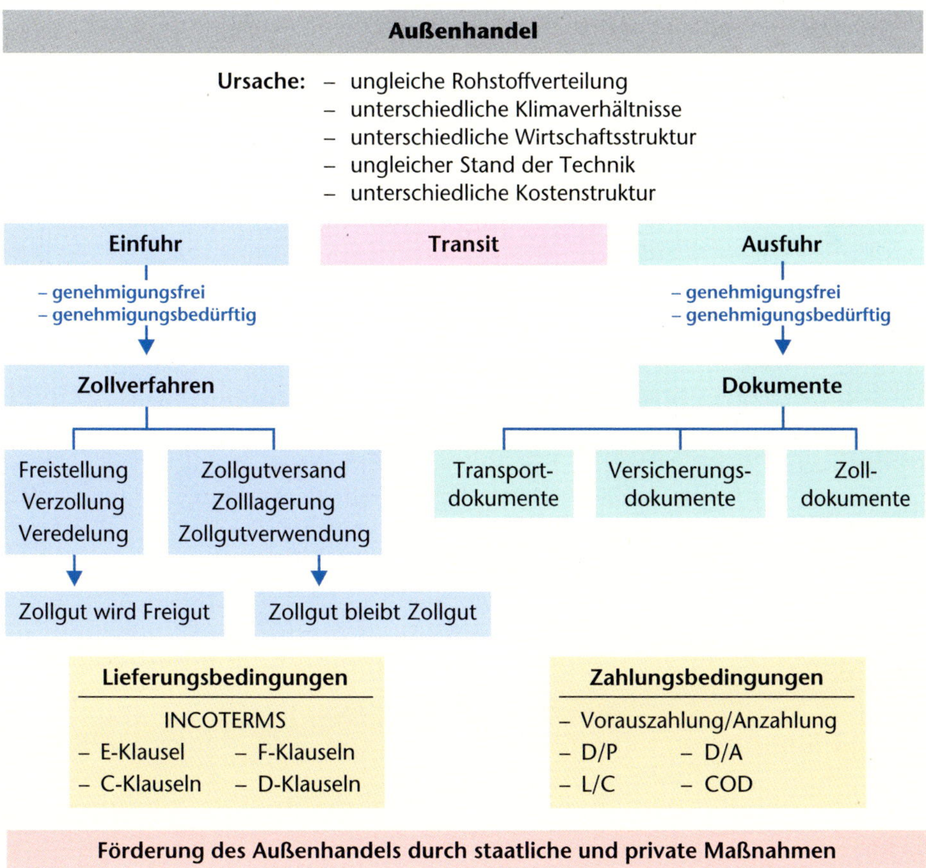

▶ Aufgaben und Probleme

1. Die Impex GmbH, Mannheim, ist Ausrüster von Projekten für Unternehmen in aller Welt. Zurzeit steht sie in Verhandlungen mit einem chinesischen Importeur aus Shanghai über die Lieferung von Präzisionswerkzeugmaschinen im Gesamtwert von 250.000 EUR.
   a) Nach den Vorschriften der Ausfuhrliste ist für diese Güter eine Ausfuhrgenehmigung notwendig. An welche Behörde ist der Antrag auf Ausfuhrgenehmigung zu richten?
   b) Langwierige Verhandlungen mussten bei den Lieferungsbedingungen geführt werden. Nach dem Willen des chinesischen Kunden sollte »CIF Shanghai« vereinbart werden; der deutsche Exporteur konnte jedoch seine Vorstellung (»FOB Bremerhaven«) durchsetzen. Erläutern Sie die beiden Klauseln jeweils vom Standpunkt des Exporteurs und Importeurs aus.
   c) Im Verlauf der zähen Verhandlungen einigte man sich auf die Zahlung gegen Dokumentenakkreditiv. Skizzieren Sie die Abwicklung dieser Zahlungsbedingung.
   d) Zählen Sie die Dokumente auf, mit denen das Akkreditiv eingelöst werden könnte.
2. Die Food-Import GmbH, Bielefeld, importiert von der SIAM-Export Ltd. Thailand 20 t Reis. Die Sendung wird in einem Container auf dem Seeweg nach Hamburg transportiert und von dort per Bahn nach Bielefeld weitergeleitet. Die Zollabfertigung wird in Bielefeld vorgenommen.
   a) Schildern Sie die zollamtliche Abwicklung dieses Importvorgangs, bis die Food-Import GmbH über die Ware verfügen kann.
   b) Nennen Sie die Unterlagen, die dem Zollamt vorgelegt werden müssen.
   c) Mit welchen Eingangsabgaben muss die Food-Import GmbH rechnen?
3. Beschreiben Sie die Schritte bei der Abwicklung des Dokumentenakkreditivs (vgl. Bild S. 341).

10 Finanzierung und Investition

Als **Finanzierung** bezeichnet man die **Beschaffung und Bereitstellung von Geld- und Sachmitteln** in einem Unternehmen.

Die Finanzierungsmittel (Eigenkapital oder Fremdkapital) werden auf der Passivseite der Bilanz ausgewiesen. Die Finanzierung gibt also Auskunft über die **Mittelherkunft.**

Als **Investition** bezeichnet man die **Bindung bereitgestellter Geld- und Sachmittel** im Vermögen des Unternehmens.

Die Vermögenswerte (Anlagevermögen oder Umlaufvermögen) eines Unternehmens werden auf der Aktivseite der Bilanz ausgewiesen. Die Investition gibt also Auskunft über die **Mittelverwendung.** Sie kann ausgelöst werden durch eine **Ersatzinvestition (Reinvestition)** und/oder durch eine **Erweiterungsinvestition (Nettoinvestition).**

Vermögen (Aktiva) **Bilanz** (Passiva) **Kapital**

Mittelverwendung ≙ **Investition**	Mittelherkunft ≙ **Finanzierung**
Beispiele: 1. Mit den vom Unternehmer eingebrachten Mitteln werden Maschinen gekauft. 2. Mit dem bereitgestellten Kredit wird ein Grundstück bezahlt.	**Beispiele:** 1. Der Unternehmer stellt dem Unternehmen aus einer Erbschaft Mittel in Form von Geld zur Verfügung. 2. Die Bank gewährt dem Unternehmen einen Kredit zum Kauf eines Grundstücks.

10.1 Kapitalbedarfsrechnung und Finanzplanung

10.1.1 Kapitalbedarfsrechnung

Kapitalbedarfsrechnung für die Gründung und Errichtung des Unternehmens

Kapital wird für folgende Zwecke benötigt:

a) **Vorbereitung** der betrieblichen Leistungserstellung wie Gründungsplanung, Marktanalyse, Einführungswerbung, Gerichts- und Notarkosten, Maklergebühren

b) **Vermögensaufbau** je nach

1. dem **Geschäftszweig** und der **Vermögensstruktur**
2. der **beabsichtigten Betriebskapazität**
3. dem **vorgesehenen Warenangebot** und deren **Mindestbeständen**

c) **Aufbau der Organisation** mit Datenverarbeitungsanlagen

Kapitalbedarf für die laufende Betriebstätigkeit

Der Kapitalbedarf fällt im Augenblick der Geldausgabe an und dauert so lange, bis eine Geldeinnahme erfolgt. Ausgelöst werden Geldausgaben u. a. im Waren- oder Personalbereich.

10.1.2 Finanzplanung

Finanzpläne sind kurzfristige Vorschaurechnungen für den Geldbedarf im normalen Geschäftsablauf (z. B. Quartalsplan).

Die Finanzplanung hat die Aufgabe, Kapitalquellen zu ermitteln, Kapital zu beschaffen, Finanzierungsvorgänge zu steuern und die **Zahlungsbereitschaft (Liquidität) zu gewährleisten.**

Beispiel eines Finanzplanes:

In einem Unternehmen soll der Finanzplan für das kommende Quartal aufgestellt werden. Alle Zahlungsvorgänge werden über ein Bankkonto abgewickelt. Für Finanzierungslücken steht ein Kreditlimit von 15.000 EUR zur Verfügung. Der Finanzplan weist zum 30.09. folgende Planzahlen aus:

Bankschuld 30.09.: 3.000 EUR

	Oktober	November	Dezember
fällige Forderungen	90.000 EUR	61.000 EUR	75.000 EUR
fällige Verbindlichkeiten	70.000 EUR	35.000 EUR	45.000 EUR
sonstige Erträge			11.500 EUR
Personalkosten	20.000 EUR	20.000 EUR	20.000 EUR
Zinsbelastung	1.200 EUR		1.200 EUR
Versicherungen			2.000 EUR
sonstige Aufwendungen	4.000 EUR	4.000 EUR	4.000 EUR

	Oktober	November	Dezember
Kontostand Monatsanfang	–3.000 EUR	–8.200 EUR	–6.200 EUR
Einnahmen			
Forderungen	90.000 EUR	61.000 EUR	75.000 EUR
sonstige Erträge			11.700 EUR
	90.000 EUR	61.000 EUR	86.700 EUR
Ausgaben			
Verbindlichkeiten	70.000 EUR	35.000 EUR	45.000 EUR
Personalkosten	20.000 EUR	20.000 EUR	20.000 EUR
Zinsbelastung	1.200 EUR		1.200 EUR
Versicherungen			2.000 EUR
sonstige Aufwendungen	4.000 EUR	4.000 EUR	4.000 EUR
	95.200 EUR	59.000 EUR	72.200 EUR
Überschuss		2.000 EUR	14.500 EUR
Fehlbetrag	–5.200 EUR		
Saldo	–8.200 EUR	–6.200 EUR	8.300 EUR

Zusammenfassende Übersicht zu Kapitel 10.1: Kapitalbedarfsrechnung und Finanzplanung

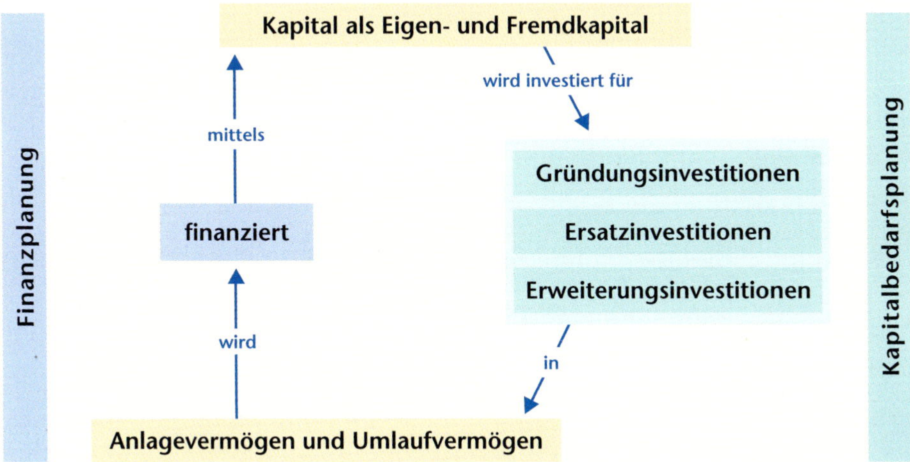

▶ Aufgaben und Probleme

1. Worin unterscheiden sich Investition und Finanzierung?
2. Ordnen Sie die folgenden Begriffe der Aktiv- oder Passivseite der Bilanz zu: Mittelverwendung, Finanzierung, Investition, Mittelherkunft, Vermögen.
3. Führen Sie das Beispiel der Finanzplanung (Seite 346) für die Monate Januar und Februar mithilfe einer Tabellenkalkulation weiter:

   Januar – Zahlungseingänge von Kunden 85.000 EUR, sonstige Erträge aus dem Verkauf von Wertpapieren 15.000 EUR, Ausgaben für Waren 50.000 EUR für die Lieferung des Vormonats. Eine Warenlieferung wird vorzeitig mit 20.000 EUR bezahlt. Personalkosten und sonstige Kosten wie im Vormonat.

   Februar – Zahlungseingänge von Kunden 80.000 EUR, Ausgaben für Waren 50.000 EUR, Personalkosten und sonstige Kosten wie im Vormonat.

   a) Welchen Stand hat das Bankkonto Ende Februar?
   b) Wie hoch ist der Kontostand Ende Januar tatsächlich, wenn eine erwartete Kundenforderung von 35.000 EUR nicht beglichen wird?
   c) Mit welchen Forderungen könnte die Bank aufgrund des Kontostandes Ende Januar an das Unternehmen herantreten?
   d) Ende Februar sind die 35.000 EUR immer noch nicht eingegangen. Begründen Sie, ob sich das Unternehmen noch im Rahmen seiner Finanzplanung bewegt.

10.2 Finanzierungsarten

Vor jeder Finanzierungsmaßnahme muss sich der Kaufmann entscheiden, ob er die benötigten Geld- oder Sachmittel von außerhalb des Unternehmens beschaffen muss oder dem Unternehmen selbst entnehmen kann.

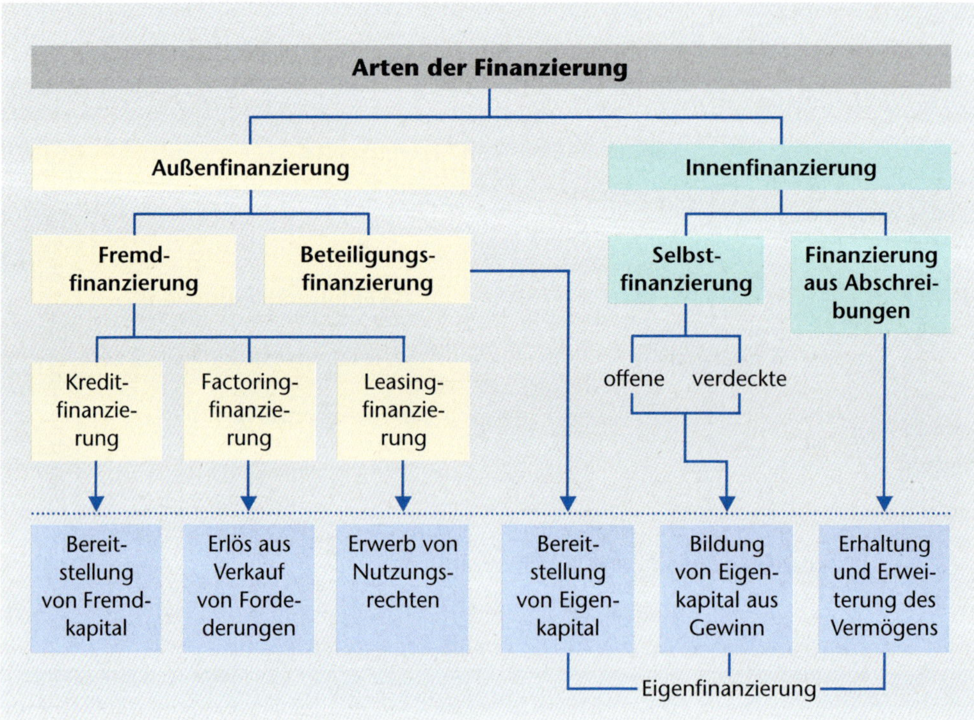

10.2.1 Beteiligungsfinanzierung

Beteiligungsfinanzierung ist die **Bereitstellung von Eigenkapital durch den oder die Eigentümer** des Unternehmens. Sie ist **Außenfinanzierung** und eine **Form der Eigenfinanzierung.**

Die Eigentümer sind mit ihren Kapitaleinlagen am Unternehmen beteiligt und tragen das Kapitalrisiko.

Beteiligungsfinanzierung bei Einzelunternehmen und Personengesellschaften

Einzelunternehmen	Offene Handelsgesellschaft	Kommanditgesellschaft
Das gesamte Eigenkapital wird von einem Unternehmer aufgebracht.	Das Eigenkapital wird von mehreren Gesellschaftern aufgebracht.	Neben den Komplementären bringen auch Kommanditisten das Eigenkapital auf.
	Eine Eigenkapitalerhöhung ist durch weitere Kapitaleinlagen, aber auch durch Aufnahme neuer Gesellschafter möglich.	

Beteiligungsfinanzierung bei den Kapitalgesellschaften

▶ Gesellschaft mit beschränkter Haftung

Bei der **GmbH** wird das **Stammkapital** von einem Gesellschafter oder mehreren Gesellschaftern aufgebracht (Kapitel 3.6.3).

▶ **Aktiengesellschaft**

Bei der **AG** wird das **Eigenkapital** durch die Ausgabe von Aktien aufgebracht (Kapitel 3.6.1).

Beispiel: Das Grundkapital einer AG wird durch die Ausgabe junger Aktien um 2 Mio. EUR auf 10 Mio. EUR erhöht. Die jungen Aktien haben einen Nennbetrag von 5 EUR und werden zu 20 EUR verkauft.

	vor der Erhöhung	Zugang	nach der Erhöhung
Anzahl der Aktien	1.600.000 Stück	400.000 Stück	2.000.000 Stück
Gezeichnetes Kapital	8.000.000 EUR	2.000.000 EUR	10.000.000 EUR
Kapitalrücklage	1.000.000 EUR	6.000.000 EUR	7.000.000 EUR
ausgewiesenes Eigenkapital	9.000.000 EUR	8.000.000 EUR	17.000.000 EUR

10.2.2 Fremdfinanzierung

Fremdfinanzierung ist die **Bereitstellung von Fremdkapital durch fremde Personen (Gläubiger).**

Bei der Fremdfinanzierung entsteht ein **Kreditverhältnis.** Fremdfinanzierung verursacht Ausgaben durch Zinsen und Tilgung, die zu Liquiditätsschwierigkeiten führen können.

langfristiges Fremdkapital	kurzfristiges Fremdkapital
Langfristiges Fremdkapital dient der Finanzierung des Anlagevermögens und der Schuldenkonsolidierung, d. h. der Umwandlung kurzfristiger in langfristige Kredite. Ab einer Laufzeit von vier Jahren spricht man von langfristig.	Kurzfristiges Fremdkapital dient der Finanzierung von Umlaufvermögen, vor allem des Warenbestandes und der Forderungen. Bis zu einer Laufzeit von einem Jahr spricht man von kurzfristig.
Beispiele: Darlehen, Unternehmensanleihen	**Beispiele:** Kontokorrentkredit, Lieferantenkredit

Beschaffung von langfristigem Fremdkapital

▶ **Darlehen**

Als Darlehen bezeichnet man langfristige Kredite, die in Form eines Geldbetrages in vereinbarter Höhe zur Verfügung gestellt werden. *BGB § 488*

Das besondere Merkmal des Darlehens besteht darin, dass der Schuldner sich festlegen muss, in welcher Höhe und in welcher Zeit er tilgen will und dass er über getilgte Beträge nicht mehr verfügen kann.

Als Finanzierungskosten fallen Zinsen an und eventuell Disagio, Bereitstellungsprovision und Bearbeitungsgebühren. **Disagio** bedeutet, dass der beantragte Kredit nicht zu 100 % ausbezahlt wird, sondern z. B. nur zu 98 %. Getilgt werden müssen aber 100 %, sodass das Disagio die angegebene Nominalverzinsung erhöht. Die Effektivverzinsung ist damit höher als die Nominalverzinsung.

Beispiel: 10.000 EUR Kredit für ein Jahr, bei 3 % Disagio und 7 % Nominalzinssatz

Kredit	Disagio	Auszahlung	Nominalverzinsung	Gesamtbelastung	Effektivverzinsung*
10.000 EUR	3 % ≙ 300 EUR	9.700 EUR	7 % ≙ 700 EUR	1.000 EUR	10,3 %

* Formel: $p = \frac{\text{Gesamtbelastung}}{\text{Auszahlung}} \cdot 100 = \frac{1.000\ \text{EUR}}{9.700\ \text{EUR}} \cdot 100 = 10{,}3\ \%$

a) **Festdarlehen.** Die Darlehenssumme ist erst am Ende der Laufzeit fällig. Der Kreditnehmer muss während der Laufzeit lediglich regelmäßig die gleichbleibenden Zinsen aufbringen.

b) **Ratendarlehen.** Der Schuldner zahlt gleichbleibende Tilgungsraten pro Jahr. Aufgrund der jährlichen Tilgung sinkt die Zinsbelastung entsprechend. Die Gesamtbelastung nimmt von Jahr zu Jahr ab.

c) **Annuitätendarlehen.** Dieses Darlehen ist durch einen jährlich steigenden Tilgungs- und einen jährlich fallenden Zinsanteil gekennzeichnet. Addiert man beide Größen, ergibt sich die Gesamtbelastung pro Jahr (Annuität), die über die Laufzeit gleich bleibt.

▶ Unternehmensanleihen

Das Unternehmen nimmt durch den Verkauf einer Anleihe langfristig Geld am Kapitalmarkt auf. Kapitalgeber sind **Kapitalsammelstellen** wie Banken, Versicherungen, Pensionskassen. Die **Rückzahlung** der Anleihe beginnt in aller Regel erst nach Ablauf einiger tilgungsfreier Jahre. Das Unternehmen kann je nach Investitionsvorhaben eine feste Laufzeit, die vorzeitige Rückzahlung in vollem Umfang oder in Teilbeträgen vereinbaren.

Beschaffung von kurzfristigem Fremdkapital

▶ Kontokorrentkredit

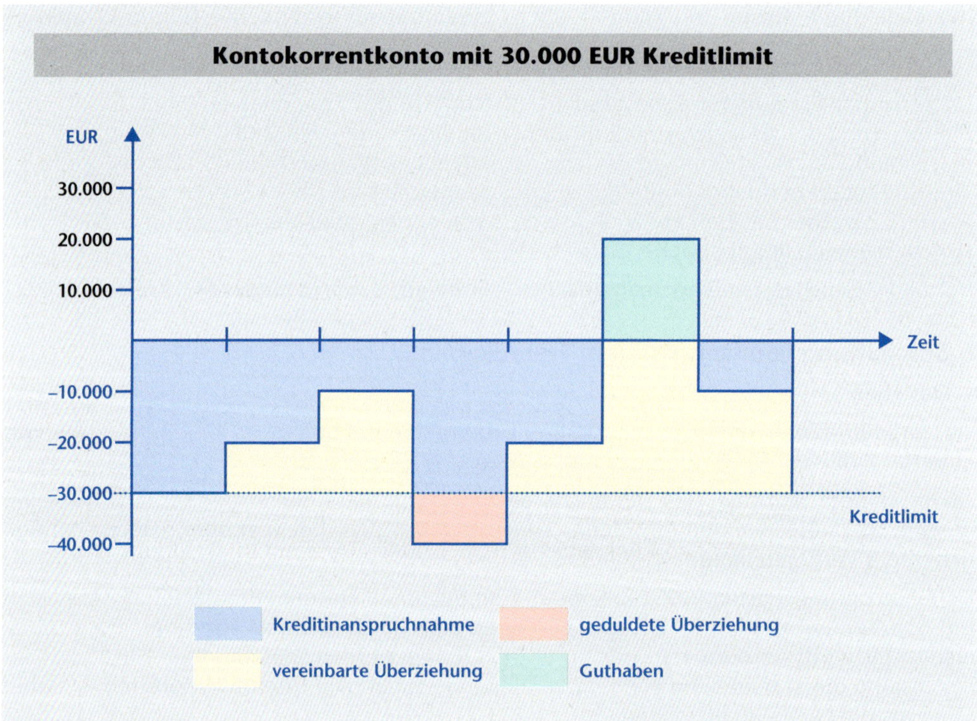

Das Unternehmen erhält auf Antrag bei seiner Bank eine **Kreditgrenze (Kreditlimit)** eingeräumt, bis zu der es jederzeit sein laufendes Konto (Kontokorrent) in Anspruch nehmen darf. Die Inanspruchnahme des Kredites ist also ganz in sein Belieben gestellt: Das Unternehmen kann sein Limit voll ausschöpfen **(vereinbarte Überziehung)** oder teilweise in Anspruch nehmen. Die Zinsen werden stets vom jeweiligen Saldo errechnet. Wenn das vereinbarte Limit überschritten wird **(geduldete Überziehung)**, fallen für diese Beträge Überziehungszinsen an.

▶ **Lieferantenkredit**

Lieferanten räumen häufig ein Zahlungsziel von bis zu zwei Monaten ein. Bietet der Lieferant Skonto an, sollte dies genutzt werden. Da Skonto in den Preis einkalkuliert wird, ist der Lieferantenkredit nicht zinslos.

Beispiel: Die Zahlungsbedingung eines Lieferanten lautet: »10 Tage 2 % Skonto oder 30 Tage netto Kasse«. Für die Zeit vom 11. bis zum 30. Tag, d. h., für 20 Tage vorzeitiges Bezahlen erhält der Kunde 2 % Skonto.

Das entspricht einem Jahreszinssatz von $\frac{2\,\% \cdot 360 \text{ Tage} \cdot 100\,\%}{20 \text{ Tage} \cdot 98\,\%} = 36{,}7\,\%$.

▶ **Anzahlungen von Kunden**

Sie kommen besonders im Bereich des Anlagenbaus vor (Schiffe, Großturbinen). Die Kosten der Entwicklung und der Materialbeschaffung für diese Aufträge werden dadurch häufig von den Kunden vorfinanziert. Darüber hinaus bieten sie dem Hersteller eine teilweise Sicherung gegen Forderungsausfälle.

▶ **Bankkredite** (Kapitel 11.3)

10.2.3 Vergleich zwischen Beteiligungs- und Fremdfinanzierung

	Beteiligungsfinanzierung	Fremdfinanzierung
Merkmale für den Kapitalgeber	– Teilhaberverhältnis – Geschäftsführungsrecht bei Personenunternehmen – häufig keine Kündigung – Gewinnbeteiligung – trägt Verlust – Anteil am wirklichen Vermögen – Haftung für Schulden	– Gläubigerverhältnis – kein Geschäftsführungsrecht – vereinbarte Rückzahlung – Zinsertrag – trägt keinen Verlust – meist nominelle Rückzahlung – keine Haftung
Merkmale für das Unternehmen	– hohes Risiko bei Insolvenz – kein Zinsaufwand – Mittelzufluss ohne Abzug – Gewinnausschüttung ist steuerlich keine Betriebsausgabe – Mittelzufluss ohne Rückzahlungsverpflichtung	– beschränktes Risiko bei Insolvenz – Zinsaufwand – verminderter Mittelzufluss durch Disagio – Zinszahlung ist steuerlich eine Betriebsausgabe – Mittelzufluss mit Rückzahlungsverpflichtung

10.2.4 Selbstfinanzierung

Selbstfinanzierung ist die **Bereitstellung von Mitteln aus dem Gewinn** des Unternehmens.

Werden Teile des Gewinnes nicht ausgeschüttet, so bleiben dem Unternehmen flüssige Mittel erhalten, die für Investitionen verwendet werden können.

Offene Selbstfinanzierung

Der **nicht entnommene Bilanzgewinn** erhöht das Eigenkapital.

Personenunternehmen	Bei Kapitalgesellschaften
Der Gewinn wird den Kapitalkonten zugeschrieben.	Aus dem Jahresüberschuss werden Gewinnrücklagen gebildet aufgrund – gesetzlicher Vorschriften, – satzungsmäßiger Bestimmungen, – Entscheidung von Vorstand und Aufsichtsrat, – Beschluss der Gesellschafterversammlung.
Die offene Selbstfinanzierung kann bei Personengesellschaften nur im Eigenkapitalkonto dargestellt werden, da in der Bilanz keine Gewinnrücklagen ausgewiesen werden.	Die offene Selbstfinanzierung kann bei Kapitalgesellschaften nur in der Bilanz dargestellt werden, da dort die Position Gewinnrücklagen gesetzlich vorgeschrieben ist.

Verdeckte Selbstfinanzierung

Sie entsteht durch **Unterbewertung des Vermögens** (überhöhte, aber steuerlich zulässige Abschreibungen) oder durch **Überbewertung der Schulden** (steuerlich zulässige Rückstellungen). Dieser überhöht ausgewiesene Aufwand (Abschreibungen, Steuerrückstellungen) verdeckt den tatsächlich erzielten Gewinn und bewahrt ihn somit vor der Versteuerung und der Ausschüttung. Man spricht auch von stillen Rücklagen.

Vorteile der Selbstfinanzierung	Nachteile der Selbstfinanzierung
– Die Sicherheit und Kreditwürdigkeit des Unternehmens wird erhöht. – Die Eigenkapitalbildung erfolgt progressiv. – keine Finanzierungskosten – Die Notwendigkeit zur Aufnahme kostspieligen Fremdkapitals vermindert sich. – Die Rückzahlung von Fremdkapital ist möglich. – Der Zinsaufwand wird gemindert. – Das Unternehmen wird unabhängiger. – Der Entschluss zu Investitionen wird erleichtert. – Der Substanzwert des Unternehmens steigt.	– Hohe liquide Mittel verführen leicht zu Kapitalfehlleitungen. – Berechnungen des echten Kapitalbedarfs werden vernachlässigt. – Die Nichtausschüttung von Gewinn führt bei der AG zu unliebsamen Auseinandersetzungen mit den Aktionären wegen deren Dividendenerwartung. – Die verdeckte Selbstfinanzierung verschleiert häufig die tatsächliche Rentabilität. – Die Berechnung falscher Rentabilitätssätze kann zu Kapitalfehlleitungen führen.

10.2.5 Finanzierung aus Abschreibungen

Abschreibungsfinanzierung ist die **Bereitstellung von Mitteln aus der Steuerersparnis** durch **die bilanzielle Abschreibung** und aus den in den Verkaufserlösen zurückfließenden **kalkulierten Abschreibungen.**

Bilanzielle Abschreibung

Die Wertminderungen durch Abnutzung oder technische Weiterentwicklung bei bestimmten Vermögenswerten verursachen jährliche Wertverluste. Diese werden am Ende eines

Geschäftsjahres als Aufwand für Abschreibungen gebucht. Dieser Aufwand mindert den Gewinn. Dadurch fallen die Steuerzahlungen an das Finanzamt geringer aus. Das gesparte Geld kann zur Finanzierung von Investitionen genutzt werden. Man spricht von der Finanzierung durch bilanzielle Abschreibung.

Beispiel: Wertentwicklung und Steuerersparnis

Fuhrpark	Wertverlust	Restwert	Abschreibungsaufwand	Steuersatz	Steuerersparnis
1. Jahr 40.000 EUR	10.000 EUR	30.000 EUR	10.000 EUR	25 %	2.500 EUR
2. Jahr 30.000 EUR	10.000 EUR	20.000 EUR	10.000 EUR	33 %	3.300 EUR

Kalkulatorische Abschreibung

Wird der Abschreibungsaufwand in die Verkaufspreise einkalkuliert, setzt sich der Preis am Markt durch und fließt über die Umsatzerlöse Geld zurück in das Unternehmen, spricht man von der Finanzierung durch kalkulatorische Abschreibung.

Beispiel: Einpreisung des Wertverlustes obigen Beispiels in den Verkaufspreis einer Ware

Verkaufspreis vorher	Verkaufspreis nachher	verkaufte Stücke	Mehreinnahme aufgrund kalkulierter Abschreibung
9,97 EUR	9,99 EUR	500.000 Stück	10.000 EUR

10.2.6 Leasing

Beim **Leasing** werden **langfristige Nutzungsrechte an beweglichen und unbeweglichen Wirtschaftsgütern durch Mietverträge** erworben.

Der Leasingvertrag ist ein Mietvertrag besonderer Art: Im Unterschied zur Miete trägt der Leasingnehmer die Sachgefahr für das Leasingobjekt, d.h., er wird auch für den unverschuldeten Untergang der Sache zur Rechenschaft gezogen.

Arten des Leasings

<table>
<tr><th></th><th>operate-Leasing</th><th>finance-Leasing</th></tr>
<tr><td>direktes Leasing
Der Hersteller selbst ist Leasinggeber. Er überlässt dem Leasingnehmer das Nutzungsrecht.</td><td rowspan="2">Die Vertragspartner vereinbaren eine kurze und teilweise kündbare Mietdauer. Der Leasinggeber trägt das Investitionsrisiko und ist für Wartung und Reparaturen zuständig. Die Leasingraten sind so kalkuliert, dass der Leasinggeber erst nach mehrmaliger Vermietung des Leasingobjektes die vollen Objektkosten und einen angemessenen Gewinn vergütet erhält.</td><td rowspan="2">Die Vertragspartner vereinbaren eine längere und unkündbare Mietdauer. Der Leasingnehmer trägt während der Grundmietzeit das Investitionsrisiko. Er ist auch für Wartung und Reparaturen zuständig. Nach Vertragsablauf besteht für den Leasingnehmer (oft) eine Kaufoption zum Restwert.</td></tr>
<tr><td>indirektes Leasing
Leasinggeber ist nicht der Hersteller, sondern eine selbstständige Leasinggesellschaft. Sie finanziert das Leasingobjekt.</td></tr>
</table>

Vertragsdauer und Kosten

Die Vertragsdauer beträgt im Allgemeinen für Pkw drei und für Maschinen vier bis fünf Jahre, mindestens jedoch 40 % der betriebsgewöhnlichen Nutzungsdauer. Die Pachtdauer für Gebäude beträgt in der Regel 18 Jahre.

Der Mietsatz richtet sich nach der Vertragsdauer. Je kürzer die Vertragsdauer, desto höher der Mietsatz. Die übliche monatliche Leasingrate beträgt bei einer Vertragsdauer von drei Jahren etwa 3 %, bei fünf Jahren etwa 2 %, jeweils vom Kaufpreis.

Die Leasingrate ist also so bemessen, dass in dem jeweiligen Zeitraum das vom Leasinggeber eingesetzte Kapital getilgt und verzinst wird.

Vorteile und Nachteile des Leasings

Vorteile	Nachteile
– Kreditwürdige Unternehmen können ohne Inanspruchnahme von Barmitteln einen Betrieb aufbauen, erweitern und rationalisieren. – Die Liquidität wird günstig beeinflusst, da die durch Leasing überlassenen Anlagen nicht gekauft werden müssen. – Die Anlagen können zu einem frühen Zeitpunkt der Nutzungsphase ausgetauscht und dadurch dem neuesten Stand der Technik und der sich rasch wandelnden Wirtschaftslage angepasst werden.	– Die Miet- und Pachtkosten für die Anlagen sind hoch, weil das eingesetzte Kapital in kurzer Zeit amortisiert werden muss, der Vermieter eine Risikoprämie einkalkuliert und einen angemessenen Gewinn erzielen will. – Das Unternehmen kann durch die monatlich wiederkehrenden Mietzahlungen in Liquiditätsschwierigkeiten kommen, wenn die Mietausgaben in den Umsatzerlösen nicht rechtzeitig zurückfließen.

10.2.7 Factoring und Forfaitierung

Factoring

Factoring ist der **Ankauf von Forderungen** aus Lieferungen und Leistungen **durch ein Factoringinstitut.**

Dabei nennt man den **Verkäufer der Forderung Factoringnehmer,** das ankaufende Institut **Factor (Factoringgeber).**

▶ Funktionen des Factorings

Finanzierungsfunktion	Kreditversicherungsfunktion (Delkrederefunktion)	Dienstleistungsfunktion
Sie umfasst den Ankauf der Forderung unter Abzug von Zinsen und Gebühren sowie der sofortigen Gutschrift zugunsten des Factoringnehmers.	Sie umfasst die Übernahme des Risikos von Forderungsausfällen, d. h., der Factor übernimmt die Gefahr für die Nichtbezahlung der Forderung vonseiten des Debitors.	Sie umfasst die Übernahme der Debitorenbuchhaltung und evtl. die Eintreibung der Forderungen durch den Factor.

▶ **Vorteile und Nachteile des Factorings**

Vorteile	Nachteile
– Das Unternehmen erhält sofort Liquidität. – Die neue Liquidität kann zum Schuldenabbau oder zu Investitionen dienen. – Der Schuldenabbau erhöht die Eigenkapitalquote und die Kreditwürdigkeit. – Das Risiko des Forderungsausfalls ist abwälzbar. – Die Auslagerung der Debitorenbuchhaltung erspart Verwaltungskosten.	– Es entstehen Kosten durch den Anfall von Zinsen. – Je nach Vertrag fallen Gebühren an. – Die Eintreibung der Forderung durch den Factor kann die Debitoren verärgern. – Der Factoringnehmer kann in Abhängigkeit zum Factor geraten.

Forfaitierung

Bei der **Forfaitierung** werden **nur ausländische Forderungen** angekauft und eine **Rückbelastung** des Verkäufers ist **ausgeschlossen.** Sonst besteht kein Unterschied zum Factoring.

10.2.8 Finanzierungsgrundsätze

Stabilität

- **Langfristig gebundene Vermögensteile** sollten grundsätzlich durch Eigenkapital und langfristiges Fremdkapital gedeckt sein (»**Goldene Bilanzregel**«).
- **Übereinstimmende Fristen** bezüglich der Mittelherkunft und Mittelverwendung festigen die Stabilität (»**Goldene Finanzierungsregel**«).

Liquidität

- **Unterfinanzierung** bedeutet zu wenig liquide Mittel. Dies ist zu vermeiden, denn die Folge sind Liquiditätsengpässe und hohe Zinsbelastungen.
- **Überfinanzierung** bedeutet ein Zuviel an liquiden Mitteln. Auf den ersten Blick erscheint das gut. Die Folge könnten leichtsinnig getätigte Investitionen sein. Außerdem bringt Bargeld keine Zinsen.

Rentabilität

Unter **Rentabilität** versteht man das Verhältnis des Gewinnes zum Kapitaleinsatz.

- Die **Eigenkapitalrentabilität** setzt den Gewinn in das Verhältnis zum Eigenkapital.
- Die **Gesamtkapitalrentabilität** setzt den Gewinn und den Zinsaufwand für das Fremdkapital in das Verhältnis zum Gesamtkapital.

  Im Gesamtkapital steckt auch Fremdkapital, das je nach Schuldenstand Zinsaufwendungen verursacht. Diese unterschiedlichen Aufwendungen verhindern einen internen und externen Rentabilitätsvergleich. Um Gesamtkapitalrentabilitäten vergleichen zu können, unterstellt man, dass das gesamte Kapital Eigenkapital ist und gar kein Zinsaufwand vorliegt. Deshalb wird der Zinsaufwand für das Fremdkapital zum Gewinn addiert.

Zusammenfassende Übersicht zu Kapitel 10.2: Finanzierungsarten

Außenfinanzierung

als

- **Fremdfinanzierung**
  mittels
  - **Darlehen**
    - Festdarlehen
    - Ratendarlehen
    - Annuitätendarlehen
  - **Unternehmensanleihen**
- **Beteiligungsfinanzierung**
  bei
  - **Personengesellschaften**
    mittels Eigenkapitalzufuhr durch die Unternehmer
  - **Kapitalgesellschaften**
    mittels Grundkapitalerhöhung durch die HV und Kapitalzufuhr durch Aktionäre bzw. neue GmbH-Gesellschafter

Innenfinanzierung

als

- **Selbstfinanzierung**
  - **offene**
    Nichtausschüttung realisierter Gewinne
  - **verdeckte**
    - Unterbewertung des Vermögens
    - Überbewertung der Schulden
- **Finanzierung aus Abschreibungen**
  - **kalkulatorische**
    Einkalkulieren der jährlichen Abschreibung in die Verkaufspreise
  - **bilanzielle**
    Verringerung des Gewinns und somit Steuerersparnis

Sonderformen der Finanzierung

- **Leasing**
  - direktes
  - indirektes
  - operate-Leasing
  - finance-Leasing

  Rückgabe- oder Kaufoption
- **Factoring** – Verkauf von Forderungen – **inländische**
- **Forfaitierung** – Verkauf von Forderungen – **ausländische**

Finanzierungsgrundsätze

- **Stabilität**
- **Liquidität**
- **Rentabilität**

▶ Aufgaben und Probleme

1. Nennen Sie Vor- und Nachteile der Beteiligungsfinanzierung.
2. Welche Vor- und Nachteile bringt die Fremdfinanzierung mit sich?
3. Durch Änderung des Gesellschaftsvertrages wird ein bisheriger Darlehensgeber zum Teilhaber. Welche Auswirkung hat dieser Vorgang auf die Freisetzung liquider Mittel und auf die Bilanz?
4. Welche besonderen Merkmale bestehen beim Darlehen?
5. Wodurch unterscheiden sich Raten- und Annuitätendarlehen?
6. Was kann einen Kaufmann veranlassen, ein hohes Disagio zu vereinbaren?
7. Nach der Art der Rückzahlung unterscheidet man zwei Darlehensformen.

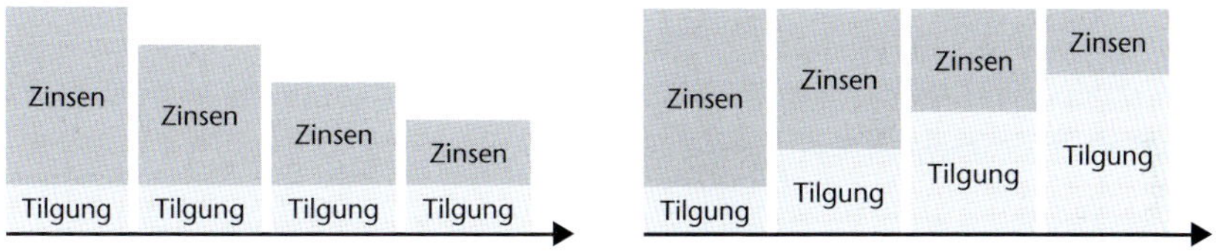

   a) Ordnen Sie den Darlehensformen die Grafiken zu.

   b) Begründen Sie die Zuordnung.

8. Errechnen Sie den Zinsaufwand des 1. und 2. Jahres für ein Annuitätendarlehen mit folgenden Konditionen: Darlehenssumme: 140.000 EUR, Auszahlung: 100 %, Zinssatz p. a.: 6 %, Annuität: 11.940 EUR.
9. Erstellen Sie einen Raten- und Annuitätentilgungsplan der ersten vier Jahre bei 100.000 EUR Kapital, einem Zinssatz von 8 % und 12 % Tilgung; Annuität 20.000 EUR
10. Das Bankhaus Ackermann verlangt für einen Kontokorrentkredit 8 % Sollzinsen und 3 % Bereitstellungsprovision von dem zugesagten Kredit von 30.000 EUR für 180 Tage. Eine Volksbank berechnet 11 % Sollzinsen und 3 % Bereitstellungsprovision für diejenigen Beträge, die in den 180 Tagen nicht in Anspruch genommen wurden.

    a) Vergleichen Sie die beiden Angebote für den Fall, dass

    - der Kreditnehmer den Kredit in den 180 Tagen nicht in Anspruch nahm,
    - der Kreditnehmer die gesamten 180 Tage mit 30.000 EUR im Soll stand.

    b) Begründen Sie, warum das eine Kreditangebot günstiger erscheint.

11. Welche Unterschiede bestehen zwischen einem Kontokorrentkredit und einem Darlehen hinsichtlich Bereitstellung, Rückzahlung und Laufzeit?
12. Warum ist ein Kontokorrentkredit grundsätzlich teurer als ein Darlehen?
13. Erstellen Sie eine Tabelle zur Ratentilgung für ein mit 9 % verzinsliches Darlehen von 30.000 EUR bei acht Jahren Laufzeit.
14. Die Gesellschafter einer GmbH erörtern die Frage, ob eine Investition in Höhe von 20 Mio. EUR mittels Erhöhung des Stammkapitals oder Aufnahme eines Darlehens finanziert werden soll. Erklären Sie Vor- und Nachteile beider Finanzierungsmöglichkeiten.
15. Ein Ehepaar will für 360.000 EUR eine Eigentumswohnung kaufen. Es verfügt über 40.000 EUR Festgeld und einen sofort einsetzbaren Bausparvertrag (Bausparvertragssumme 120.000 EUR, davon angespart 50 %). Errechnen Sie das insgesamt vorhandene Eigenkapital und das insgesamt erforderliche Fremdkapital.

16. a) Die Hausbank bietet ein fünfjähriges Darlehen zu einem Zinssatz von 4,5 % nominal und einer Auszahlung von 98 % an. Berechnen Sie die Effektivverzinsung.

    b) Prüfen Sie, ob das Konkurrenzangebot einer anderen Bank günstiger wäre: Nominalzinssatz 4 %, Auszahlung 96 %, Laufzeit 5 Jahre.

17. Welche Vor- und Nachteile bringt die Selbstfinanzierung mit sich?

18. a) Worin unterscheiden sich Beteiligungsfinanzierung und Selbstfinanzierung?

    b) Was haben sie gemeinsam?

19. Gegeben sind als Ausgangssituation zwei Posten auf der Passivseite der Bilanz einer GmbH (= Jahr 1), anschließend die veränderten Positionen in den Jahren 2 und 3, jeweils in Mio. EUR:

	Jahr 1	Jahr 2	Jahr 3
Stammkapital	100	115	115
Gewinnrücklage laut Satzung	14	14	17

    Welche Finanzierungsart erkennen Sie und in welcher Höhe liegt diese vor

    a) im Jahr 2 im Vergleich zu Jahr 1, b) im Jahr 3 im Vergleich zu Jahr 2?

20. Ein Unternehmer ist nicht bereit, zur Bezahlung von Lieferantenrechnungen Fremdkapital aufzunehmen. Klären Sie, ob er sich im folgenden Fall in einem Zielkonflikt zwischen Rentabilität und Liquidität befindet: 100.000 EUR, zahlbar innerhalb von zehn Tagen mit 3 % Skonto oder 90 Tage netto; Kreditzinssatz 13,5 %.

21. Einem Unternehmen liegen zur Finanzierung von Produktionsanlagen im Wert von 117.600 EUR und einer Nutzungsdauer von acht Jahren zwei Angebote vor:

Kreditangebot der Hausbank		Angebot einer Leasinggesellschaft	
Zinssatz	10 %	Leasingrate pro Monat	2.550 EUR
Disagio	2 %	Mietdauer	5 Jahre
Laufzeit	5 Jahre	Eine angebotene Kaufoption in Höhe von 3 % der Anschaffungskosten wird am Ende des 5. Jahres ausgeübt.	
Tilgung in fünf gleichen Jahresraten, jeweils am Jahresende			

    Beurteilen Sie die beiden Angebote pro Jahr und in der Summe nach fünf Jahren bezüglich ihrer Auswirkung auf die Liquidität des Unternehmens nach folgendem Schema:

Jahr	**Kreditkauf**				**Leasing**
	Darlehen EUR	Tilgung EUR	Zinsen EUR	Summe EUR	Leasingrate EUR

22. Vergleichen Sie die Kreditfinanzierung und Leasing im Hinblick auf

    a) den Kapitalbedarf,

    b) die Bindung an das Wirtschaftsgut,

    c) die laufende Liquiditätsbelastung.

23. Was versteht man unter der

    a) »Goldenen Bilanzregel«, b) »Goldenen Finanzierungsregel«?

24. Beschreiben Sie die Gefahren einer

    a) Überfinanzierung, b) Unterfinanzierung.

25. Berechnen Sie die Rentabilität des Eigenkapitals und des Gesamtkapitals bei folgenden Angaben:

    Eigenkapital 100.000 EUR, Fremdkapital 400.000 EUR, Fremdkapitalzinssatz 5 %, Jahresgewinn 10.000 EUR.

11 Finanzdienstleistungen der Geldinstitute

11.1 Zahlungsgeschäfte im europäischen Zahlungsverkehrsraum SEPA

Für die Abwicklung von Zahlungsgeschäften stehen dem Schuldner mehrere Möglichkeiten zur Verfügung.

Zahlungsarten

Zahlungsarten

Barzahlung	halbbare Zahlung	bargeldlose Zahlung
direkte oder indirekte Bargeldzahlung	Bareinzahlung auf ein Konto bzw. Barauszahlung von einem Konto	Belastung und Gutschrift auf dem Konto eines Geldinstituts

Zur Abwicklung des Zahlungsverkehrs bieten die Geldinstitute ihre zahlreichen Zahlungsinstrumente. Andere Zahlungsdienstleister wie PayPal oder Giropay können zwischengeschaltet werden. Sie ersetzen aber nicht das kontoführende Geldinstitut. Voraussetzung für die Abwicklung des Zahlungsverkehrs sind funktionierende **Gironetze.** In Deutschland gibt es fünf Gironetze, die untereinander in Verbindung stehen: Gironetz der Sparkassen, der Kreditgenossenschaften, der Postbank, der Großbanken, der Bundesbank.

Jedes Geldinstitut hat eine **BIC** (**B**ank **I**dentifier **C**ode). Sie ist eine von der SWIFT festgelegte international gültige Bankleitzahl. **SWIFT** (SWIFT = **S**ociety for **W**orld Wide **I**nterbank **F**inancial **T**elecommunication) ist eine gemeinsame Computerzentrale in Brüssel, an die Banken der ganzen Welt angeschlossen sind.

SEPA

Die europäische Union richtete einen gemeinsamen europäischen Markt im unbaren Zahlungsverkehr ein (**S**ingle **E**uro **P**ayments **A**rea: **SEPA).** In diesem Markt soll mehr Wettbewerb und Effizienz erreicht werden. Deshalb gelten einheitliche Verfahren und Standards für die Abwicklung von Euro-Zahlungen.

Neben den EU-Mitgliedsstaaten gehören auch die EWR-Staaten (z. B. Norwegen) und einige weitere Staaten (z. B. Schweiz) zu den SEPA-Ländern.

11.1.1 SEPA-Überweisung und SEPA-Dauerauftrag

SEPA-Überweisung

Bei der **SEPA-Überweisung beauftragt der Schuldner sein Geldinstitut, sein Konto zu belasten** und den **Betrag einem anderen Konto gutzuschreiben.**

BGB §§ 676a, f

Voraussetzung für die Abwicklung eines Überweisungsauftrages ist das Bestehen eines Girovertrages zwischen Geldinstitut und Kunde. Bei der Ausführung einer Überweisung muss das Geldinstitut den Kunden darüber informieren, an welchem Tag die Kontobelastung (Belastungswertstellung) bzw. die Kontogutschrift (Gutschriftwertstellung) erfolgt. Das Wertstellungsdatum ist die Grundlage für die Zinsberechnung.

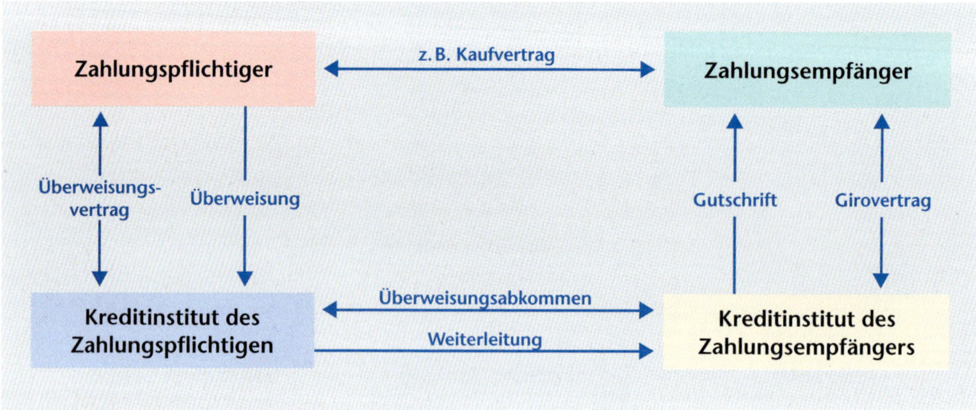

ZAG

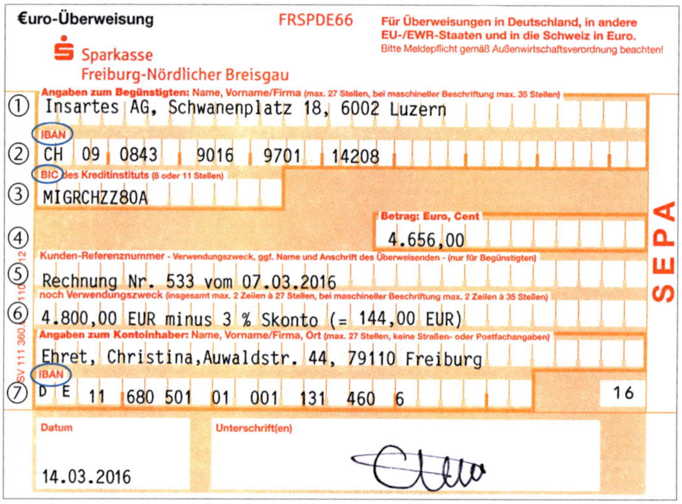

€uro-Überweisung
FRSPDE66
Für Überweisungen in Deutschland, in andere EU-/EWR-Staaten und in die Schweiz in Euro.
Bitte Meldepflicht gemäß Außenwirtschaftsverordnung beachten!
Sparkasse Freiburg-Nördlicher Breisgau
Angaben zum Begünstigten: Name, Vorname/Firma (max. 27 Stellen, bei maschineller Beschriftung max. 35 Stellen)
① Insartes AG, Schwanenplatz 18, 6002 Luzern
IBAN
② CH 09 0843 9016 9701 14208
BIC des Kreditinstituts (8 oder 11 Stellen)
③ MIGRCHZZ80A
Betrag: Euro, Cent
④ 4.656,00
Kunden-Referenznummer - Verwendungszweck, ggf. Name und Anschrift des Überweisenden - (nur für Begünstigten)
⑤ Rechnung Nr. 533 vom 07.03.2016
noch Verwendungszweck (insgesamt max. 2 Zeilen à 27 Stellen, bei maschineller Beschriftung max. 2 Zeilen à 35 Stellen)
⑥ 4.800,00 EUR minus 3 % Skonto (= 144,00 EUR)
Angaben zum Kontoinhaber: Name, Vorname/Firma, Ort (max. 27 Stellen, keine Straßen- oder Postfachangaben)
Ehret, Christina,Auwaldstr. 44, 79110 Freiburg
IBAN
⑦ DE 11 680 501 01 001 131 460 6
16
SEPA
Datum
14.03.2016
Unterschrift(en)

Eine korrekte SEPA-Überweisung benötigt folgende Angaben:

① Empfängername

② IBAN des Empfängers

③ BIC der Bank des Empfängers

④ Betrag in Euro

⑤ Referenznummer bzw. Verwendungszweck

⑥ Name und Ort des Auftraggebers der Zahlung

⑦ IBAN des Auftraggebers

Die **IBAN** (**I**nternational **B**ank **A**ccount **N**umber, internationale Bankkontonummer) ist je nach Land unterschiedlich lang (in Deutschland hat sie immer 22 Stellen), grundsätzlich aber immer gleich aufgebaut: Sie besteht aus einem internationalen Teil, der sich aus einem Länderkennzeichen und einer Prüfziffer zusammensetzt, und einem nationalen Teil, der individuelle Kontodetails enthält. In Deutschland sind das die Bankleitzahl und die Kontonummer.

SEPA-Dauerauftrag

Bei einem **SEPA-Dauerauftrag** beauftragt der Schuldner sein Geldinstitut, **regelmäßig wiederkehrende, gleichbleibende Beträge** an denselben Empfänger zu überweisen (z. B. Miete). Der Schuldner erspart sich dadurch die Terminüberwachung und die wiederkehrende Auftragserteilung an das Geldinstitut.

11.1.2 SEPA-Lastschrift

Bei der **SEPA-Lastschrift beauftragt der Gläubiger das Geldinstitut,** ihm einen **Betrag gutzuschreiben** und danach das **Konto des Schuldners zu belasten.**

Der Datenfluss ist also genau umgekehrt wie bei der Überweisung. Für die SEPA-Lastschrift gibt es zwei Verfahren: die **SEPA-Basislastschrift** (SEPA Core Direct Debit) sowie die **SEPA-Firmenlastschrift** (SEPA Business to Business Direct Debit), die ausschließlich für den Verkehr mit Geschäftskunden vorgesehen ist.

Die fälligen Beträge können vom Inlandszahlungskonto als SEPA-Lastschrift abgebucht werden. Ebenso wie bei SEPA-Überweisungen werden für SEPA-Lastschriften grundsätzlich IBAN und BIC benötigt.

Für den Einzug von SEPA-Lastschriften ist das **Mandat** eine rechtliche Voraussetzung. Das Mandat ist die Zustimmung des Zahlers gegenüber dem Zahlungsempfänger zum Einzug fälliger Forderungen mittels Lastschrift und die Weisung an seinen Zahlungsdienstleister (Zahlstelle) zur Einlösung durch Belastung seines Zahlungskontos.

Arten der SEPA-Lastschrift

Basislastschrift	Firmenlastschrift
– Sie steht Verbrauchern und Unternehmen offen.	– Sie ist ausschließlich für den Verkehr mit Unternehmen (Nicht-Verbraucher) vorgesehen.
– Die Einreichung muss 5–2 Tage vor dem Zahlungstermin erfolgen.	– Der Gläubiger kann die Lastschrift einen Tag vor Verfall einreichen.
– Die Mandatsvorlage entfällt.	– Der Schuldner muss das Mandat seiner Bank vorlegen.
– Die Prüfung des Mandats entfällt.	– Die Bank prüft vor der Einlösung einer Lastschrift das Mandat.
– Der Schuldner kann die Lastschrift bis acht Wochen nach Fälligkeit zurückgeben.	– Der Schuldner hat keine Möglichkeit, die Lastschrift zurückzugeben.
– Wird der Zahlungspflichtige zu Unrecht belastet, kann er binnen acht Wochen nach Rechnungsabschluss bei seinem Geldinstitut widersprechen. Ohne gültiges SEPA-Mandat verlängert sich die Frist auf 13 Monate.	– Belastungen kann nicht widersprochen werden.

11.1.3 Scheck

Der **Scheck** ist eine **Urkunde,** in welcher der **Aussteller** des Schecks sein **Geldinstitut anweist, aus seinem Guthaben einen bestimmten Geldbetrag zu zahlen.**

Geldinstitute händigen nur dem Kontoinhaber oder dessen Bevollmächtigten Scheckformulare aus. Der Scheck ist ein **Geldersatzmittel,** d. h., der Scheckaussteller hat im rechtlichen Sinne erst dann bezahlt, wenn der Gläubiger das Geld empfangen hat und das Konto des Ausstellers belastet wurde.

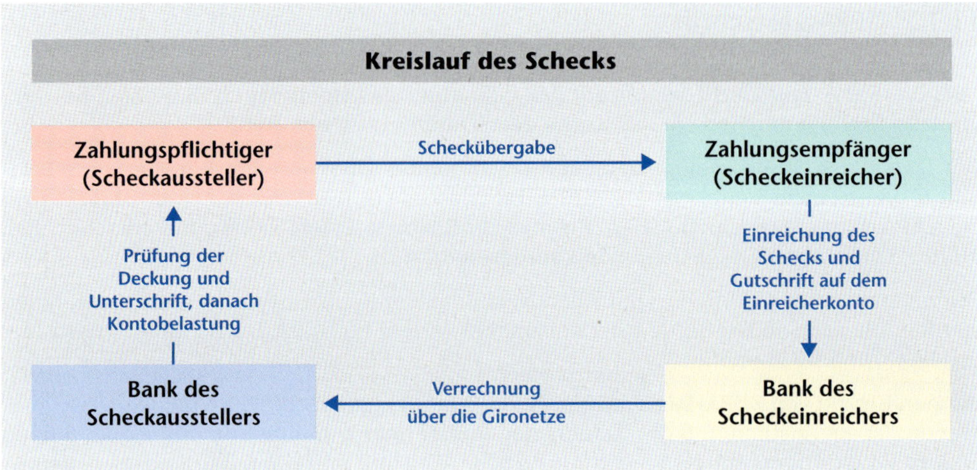

11.1.4 Wechsel

Der **Wechsel** ist eine **Urkunde,** in welcher der **Gläubiger (Aussteller**) den **Schuldner (Bezogener) auffordert,** eine **bestimmte Geldsumme an eine bestimmte Person** (Wechselnehmer) **zu bezahlen.**

Funktionen des Wechsels

Funktion	Erklärung	Beispiel
Kreditmittel	Durch die Unterschrift auf einem Wechsel verpflichtet sich der Schuldner, seine Geldschuld später zu begleichen. Der Wechsel ist ein besonderer Schuldschein.	Die Wagner KG schuldet der Kaiser GmbH Geld. Die Wagner KG verfügt aber zurzeit über keine flüssigen Mittel und bittet um Zahlungsaufschub. Daraufhin stellt die Kaiser GmbH auf die Wagner KG einen Wechsel aus, fällig in drei Monaten. Er wird von Wagner akzeptiert und der Kaiser GmbH übergeben.
Zahlungs-mittel	Der Wechselinhaber kann mit dem Wechsel eigene Verbindlichkeiten bezahlen.	Die Kaiser GmbH hat bei der Winter OHG Schulden und gibt den Wechsel als Zahlungsmittel weiter an die Winter OHG.
WG Art. 17 **Sicherungs-mittel**	Wer auf einem Wechsel unterschreibt, gibt ein abstraktes, d.h. vom Grundgeschäft losgelöstes Schuldversprechen ab. Er haftet in jedem Falle für die Zahlung des Wechselbetrages.	Am Verfalltag kann die Wagner KG gegenüber dem Wechselvorleger nicht einwenden, die Ware oder Dienstleistung hätte erhebliche Mängel aufgewiesen und deswegen werde man 10 % weniger bezahlen. Eine solche Einrede der Minderung ist nicht statthaft. Im Ernstfalle würde die Wagner KG im Wechselprozess (Urkundenprozess) verurteilt. In einem Zivilprozess könnte sie aber ihre Rechte geltend machen.

Einlösung

Art. 38 Der Wechsel wird am Verfallstag oder an den beiden folgenden Werktagen dem Bezogenen direkt oder der Zahlstelle (Hausbank des Bezogenen) zur **Einlösung** vorgelegt. Nach

Prüfung der Ordnungsmäßigkeit des Wechsels wird er eingelöst. Der Bezogene erhält den Wechsel als Quittung.

11.1.5 Elektronischer Zahlungsverkehr

Wer elektronische Zahlungssysteme nutzen will, muss über eine **Bankkarte** oder eine **Kreditkarte** verfügen. Die **Geldkarte** ist als aufladbarer Chip in der Bankkarte integriert. Außerdem sind **Online-Zahlungen** möglich.

Bankkarte

Bietet der Verkäufer ein kartentaugliches Kassenterminal an, kann der Käufer mit einer **Bankkarte** und seiner persönlichen Identifikationsnummer **(PIN)** am Ort des Verkaufsgeschehens **(Point of Sale = POS)** bezahlen. Man spricht auch von **Electronic Cash.**

Eine Variante von POS ist die Bezahlung mit der Bankkarte ohne PIN. In diesem Fall verzichten die Händler auf die absolute Zahlungssicherheit, indem sie nur eine Lastschrifteinzugsermächtigung unterschreiben lassen (Kapitel 11.1.2). Die Zahlung erfolgt damit ohne Zahlungsgarantie. Bei diesem **Elektronischen Lastschriftverfahren (ELV)** hat die Bankkarte also keine Garantie-, sondern lediglich Legitimationsfunktion.

Mit der Bankkarte lässt sich auch Bargeld vom Geldautomaten abheben. Der tägliche Verfügungsrahmen wird mit der Bank vereinbart.

Geldkarte

KWG § 1 (14)

Die **Geldkarte** ist als Mikrochip in der Bankkarte integriert. Sie ist eine **prepaid card,** d.h., um damit bezahlen zu können, muss sie zunächst am Geldautomaten mittels PIN zulasten des eigenen Kontos aufgeladen werden. Aus Buchgeld wird **elektronisches Geld.** Der Höchstbetrag liegt bei 200 EUR. Eine Entladung auf das Bankkonto ist möglich. Der **Vorteil** der Geldkarte liegt in der schnellen Zahlungsabwicklung. Der **Nachteil** besteht darin, dass der Verlust der Geldkarte Bargeldverlust bedeutet.

Kreditkarte

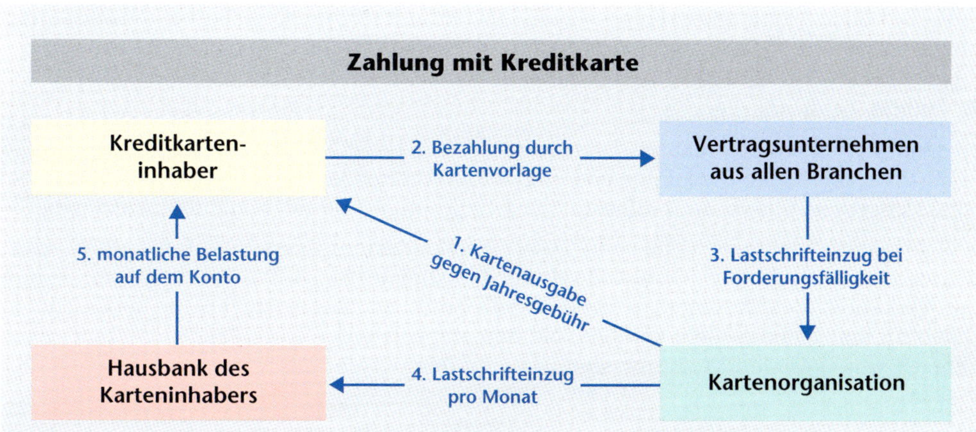

Privat- und Geschäftskunden mit einwandfreier Bonität erhalten von ihren Hausbanken das Angebot, Kreditkarten als Zahlungsmittel zu verwenden. Die Karten werden von Kreditkartenorganisationen (Mastercard, VISA) herausgegeben. Gegen Vorlage der Kreditkarte kann der Karteninhaber bei allen der Kartenorganisation angeschlossenen Vertragsunternehmen (Händler, Hotels, Restaurants) bargeldlos bezahlen. Die Karte ermöglicht auch das (teure) Abheben von Bargeld bis zu festgelegten Höchstgrenzen.

Die Kreditkartenorganisation hat vor der Ausgabe der Karte die Bonität des Antragstellers durch dessen Hausbank prüfen lassen. Deswegen bedeutet die Vorlage der Karte für den Gläubiger **absolute Zahlungssicherheit.** D.h., er erhält per Lastschrifteinzug immer sein Geld von der Kartenorganisation.

Diese Risikoübernahme kostet den Gläubiger je nach Branche und Geltungsbereich (weltweit) allerdings 3–10 % Gebühren jedes Lastschriftbetrages. Gegenüber dem Kartenbenutzer rechnet die Organisation monatlich ab, sodass der Kunde eine Art zinslosen Kredit erhält. Demgegenüber steht eine Jahresgebühr von beispielsweise 20 EUR. Bei Kartenverlust liegt die Haftungsgrenze des Kunden bei höchstens 150 EUR.

Die **Gefahren bzw. Nachteile** jeder **Bank- oder Kreditkartennutzung** liegen in unüberlegten Spontankäufen, zunehmender Verschuldung, manipulierten Lesegeräten oder Internetseiten bis hin zum fehlenden Strom. Jeder Karte ist auch nur ein bestimmtes Konto zugeordnet.

Onlinebanking

Beim Onlinebanking hat der Bankkunde direkten Zugriff auf den Rechner der Bank. Er kann seine Bankgeschäfte rund um die Uhr, an den Wochenenden und Feiertagen abwickeln. Die Vornahme von Überweisungen, das Einrichten und Löschen von Daueraufträgen und das Kaufen oder Verkaufen von Wertpapieren erfolgen computerunterstützt.

Darüber hinaus kann der Bankkunde seinen Kontostand und Bankkonditionen (Zinssätze, Börsenkurse) abfragen. Die Absicherung vor unberechtigtem Zugriff erfolgt über eine **PIN.** Für jede Verfügung benötigt man eine **TAN** (Transaktionsnummer). Die Banken unterstützen unterschiedliche PIN-TAN-Systeme:

- **iTAN:** Die TAN oder iTAN (indiziert = angezeigt) wird nur einmal verwendet und entspricht einer elektronischen Unterschrift.
- **chipTAN:** Ein TAN-Generator errechnet in Verbindung mit der Bankkarte die TAN.
- **smsTAN:** Die TAN wird per SMS auf die hinterlegte Mobilnummer des Nutzers gesandt.

Ein weiteres Verfahren zur Absicherung ist **HBCI: H**ome **B**anking **C**omputer **I**nterface. HBCI verwendet eine elektronische Signatur, die mit der persönlichen Unterschrift vergleichbar ist.

Online-Zahlungsdienste

Wer im Internet online einkauft, kann auch im Netz bezahlen (B2C-Geschäfte): Entweder durch Preisgabe seiner Bankdaten oder seiner Kreditkartendaten gegenüber dem Verkäufer. Dieser lässt dann über sein Geldinstitut per Einzugsermächtigung den Betrag einziehen.

Will der Käufer nicht jedes Mal seine Daten (Name, Kartennummer, Verfallsdatum) preisgeben, kann er sich eines **Online-Zahlungsdienstleisters** (z.B. PayPal) bedienen, sofern der Verkäufer dies anbietet. In diesem Fall kennt nur der Dienstleister die sensiblen Daten. Er holt sich das Geld von dem bei ihm eingerichteten Kundenaccount, leitet es in Echtzeit weiter an den Verkäufer und bestätigt dem Käufer die Zahlungsausführung per E-Mail.

Andere Onlineshop-Verkäufer bieten einen für sie garantierten Überweisungsvorgang an (z.B. Giropay). Voraussetzung ist ein für das Onlinebanking freigeschaltetes Girokonto. Durch Eingabe seiner Bankleitzahl wird der Käufer zu seiner Bank geführt. Dort wird ihm eine bereits vollständig ausgefüllte und nicht mehr veränderbare Überweisung angeboten. Durch Eingabe der TAN wird die Überweisung autorisiert und gleichzeitig erhält der Verkäufer die Zahlungsgarantie des Geldinstituts.

11.1.6 Zahlungsverkehr mit dem Nicht-SEPA-Ausland

Internationale Zahlungsmittel

Banken in der ganzen Welt sind an die gemeinsame Computerzentrale SWIFT in Brüssel angeschlossen. Alle Kontoübertragungen erfolgen vollautomatisiert und belegfrei binnen weniger Minuten. Die Banken tauschen aus Exportgeschäften hereinkommende fremde Währungen (CHF, USD) in EUR um. Umgekehrt beschaffen sie fremde Währungen zur Bezahlung von Importen. Fremde Währungen gibt es in Form von Sorten und Devisen.

a) **Sorten** sind Münzen und Banknoten in ausländischer Währung.

b) **Devisen** sind alle Buchgelder in ausländischer Währung. Dazu zählen Guthaben und Schulden in ausländischer Währung.

Internationale Zahlungsinstrumente

a) **Überweisungen.** Sitzt der Empfänger im »Euro-Raum«, wünscht aber eine andere Währung als EUR (z. B. CHF), benötigt der Schuldner einen »Zahlungsauftrag im Außenwirtschaftsverkehr«. Dieses auch »Z1« genannte Formular wird außerdem für jede Währung außerhalb des »Euro-Raumes« verwandt.

b) **Scheck.** Der deutsche Importeur stellt den Scheck in ausländischer Währung aus und übersendet ihn dem Lieferanten. Bei Vorlage des Schecks beim Geldinstitut des Importeurs wird der Währungsbetrag zum Briefkurs in EUR umgerechnet und dem Importeur belastet. Der deutsche Exporteur reicht einen Scheck in ausländischer Währung ein. Der Betrag wird zum Geldkurs in EUR umgerechnet und dem Exporteur gutgeschrieben.

c) **Wechsel.** Sie können je nach Vereinbarung zwischen den Beteiligten in jeder Währung ausgestellt werden (Seite 362).

Zusammenfassende Übersicht zu Kapitel 11.1: Zahlungsgeschäfte im europäischen Zahlungsverkehrsraum SEPA

Angebote im Zahlungsverkehr

	SEPA-Überweisung	SEPA-Dauerauftrag	SEPA-Lastschrift	Basislastschrift	Firmenlastschrift	Scheck	Bankkarte	Geldkarte	Kreditkarte
beleghafte Zahlung	●	●		●	●	●			
Kartenzahlung							●	●	●
Onlinebanking	●	●	●	●	●				
Onlinezahlung (Internet)	●		●	●	●		●		●

▶ Aufgaben und Probleme

1. An der Kasse eines Modehauses werden die Laufkunden gefragt: »Zahlen Sie bar oder mit Karte?« Das gleiche Modehaus schickt einem Stammkunden eine Rechnung mit dem Text: »Bei Zahlung netto Kasse innerhalb von acht Tagen 2 % Skonto oder 30 Tage netto«.
   a) Erklären Sie den Begriff Barzahlung.
   b) Berechnen Sie den Jahreszinssatz dieses Skontoangebotes.
2. Ein Mieter überlegt, ob er sich im Mietvertrag bezüglich der Bezahlung der monatlichen Miete für einen SEPA-Dauerauftrag oder eine Basislastschrift entscheiden soll. Beraten Sie ihn.
3. Ein Kaufmann hat monatlich folgende Zahlungsvorgänge zu erledigen: Leasingraten, Umsatzsteuer, Postwertzeichen, Gehälter, Telefonrechnungen, Lieferantenrechnungen. Stellen Sie in einer Matrix dar, welche Zahlungsmöglichkeiten für ihn im jeweiligen Fall sinnvoll sind.
4. Ein Jugendlicher behauptet, die Geldkarte sei unnütz, denn sie würde ja nur zum Geldausgeben verführen. Nehmen Sie dazu Stellung.
5. In den letzten Jahren wurde das Angebot im elektronischen Zahlungsverkehr erheblich ausgebaut.
   a) Wie stehen Sie als Verbraucher zu dieser Zahlungsmöglichkeit?
   b) Warum haben Geldinstitute sowie Handels- und Dienstleistungsunternehmen ein Interesse an der Nutzung dieser Zahlungsmöglichkeit?
6. Welche Vor- bzw. Nachteile hat das Onlinebanking für ein Unternehmen?

11.2 Einlagengeschäfte

AO § 154

Kreditinstitute nehmen Gelder an als Sicht-, Termin- und Spareinlagen. Zur Eröffnung eines Einlagenkontos muss sich der Kontoinhaber laut Abgabenordnung legitimieren, da niemand auf einen falschen oder fiktiven Namen ein Konto eröffnen darf.

11.2.1 Sichteinlagen

Sichteinlagen sind Geldanlagen, die **jederzeit verfügbar** sind.

Der Bankkunde nutzt sein Sichteinlagenkonto zur Abwicklung seines Zahlungsverkehrs. Sichteinlagen werden auf Giro- und Kontokorrentkonten gebucht. Sie dienen nicht der Vermögensanlage.

Girokonten sind grundsätzlich Guthabenkonten; sie werden niedrig oder gar nicht verzinst. In der Praxis dürfen aber z. B. Girogehaltskonten bei guter Kontoführung überzogen werden **(Dispositionskredit).**

Kontokorrentkonten sind Konten mit wechselndem Rechnungsverhältnis, d. h., sie können Guthaben- oder Schuldsalden ausweisen. Im Unterschied zum Girokonto wird mit der Bank ein Kreditvertrag ausgehandelt (Kapitel 10.2.2).

11.2.2 Termineinlagen

Termineinlagen sind **Geldanlagen,** die zu einem **bestimmten Termin** fällig sind.

Für den Anleger sind die Sicherheit und die Verzinsung seines Geldes wesentlich. Die Termineinlagen sind grundsätzlich kurzfristig und werden als Festgeld angelegt.

Unter **Festgeld** versteht man Beträge, die auf bestimmte Zeit angelegt sind, d. h., an einem schon bei der Anlage vereinbarten Tag fällig werden. Die Anlagedauer beträgt mindestens 30 Tage. Wird am Fälligkeitstag nicht verfügt, so wird das Festgeld verlängert oder als täglich fälliges Geld behandelt. Der Zinssatz steigt mit der Anlagedauer.

11.2.3 Spareinlagen

Spareinlagen dienen der **Anlage** oder **Ansammlung von Vermögen.**

Sie dienen nicht dem Zahlungsverkehr. Die wichtigsten **Merkmale der Spareinlagen** sind:

- Über Spareinlagen wird eine Sparurkunde (Sparbuch) ausgestellt.
- Nur unter Vorlage der Urkunde kann man Geld abheben.
- Spareinlagen müssen dem Kreditinstitut auf unbestimmte Dauer zur Verfügung stehen.
- Spareinlagen dürfen nicht dem Zahlungsverkehr dienen.
- Spareinlagen sollen einer Kündigungsfrist von drei Monaten unterliegen.
- Der Kündigungsfreibetrag bei Spareinlagen mit dreimonatiger Kündigung beträgt 2.000 EUR pro Kalendermonat. Der Sparer kann somit binnen zwei Tagen (z. B. 30. Juni/ 1. Juli) über 4.000 EUR verfügen.
- Wird die Betragsgrenze überschritten, können Vorschusszinsen anfallen.

Von **Geldmarktkonten** (Geldmarkteinlagen) spricht man, wenn das Kreditinstitut ein Sparkonto anbietet, dessen Verzinsung vom **EURIBOR-Satz** (**Eur**opean-**I**nter-**B**ank-**O**ffered-**R**ate) des Geldmarktes in Frankfurt abhängt. Die Zinsanpassung ist dann flexibel und erfolgt beispielsweise monatlich (15. des Monats) oder vierteljährlich (15. Febr./15. Mai/ 15. Aug./15. Nov.).

Zusammenfassende Übersicht zu Kapitel 11.2: Einlagengeschäfte

Einlagen			
Formen →	**Sichteinlagen**	**Termineinlagen**	**Spareinlagen**
Zweck →	Zahlungsverkehr	kurzfristige Anlage	langfristige Anlage
Fälligkeit →	täglich fällige Gelder	Festgelder, Kündigungsgelder laut Vertrag	nach vertraglicher Kündigung
Verfügung →	jederzeit durch Barabhebung, Überweisung	nach Fristablauf, durch Überweisung	Barabhebung gegen Vorlage der Sparurkunde
Verzinsung →	je nach Marktlage und Strategie der Bank		

▶ Aufgaben und Probleme

1. Worin unterscheiden sich Sichteinlagen von Termineinlagen?
2. Aus welchen Gründen kann sich ein Sparer für eine Termineinlage und nicht für eine Spareinlage entscheiden?
3. Welche volkswirtschaftlichen Voraussetzungen müssen gegeben sein, um den Sparwillen und die Sparfähigkeit der Bürger zu erhalten?

11.3 Kreditgeschäfte

Unter **Kreditgeschäft** versteht man die **Bereitstellung von Geld im Vertrauen** darauf, dass es später **zurückbezahlt wird.**

Die am Kreditgeschäft beteiligten Personen heißen:

Kreditgeber = Kreditinstitut = Kreditor = Gläubiger.

Kreditnehmer = Bankkunde = Debitor = Schuldner.

Kreditvertrag

Ein **Kreditvertrag** kommt zustande durch den **Antrag** des Kreditnehmers, die **Überprüfung** seiner **Bonität** (Kreditwürdigkeit) und die **Zusage** des Kreditinstituts. Er wird stets schriftlich abgeschlossen.

Der **Inhalt des Kreditvertrages** erstreckt sich auf folgende Gesichtspunkte:

- Bereitstellung als Darlehen oder als Kontokorrentkredit,
- Höhe des Kredites sowie der Verwendungszweck,
- Zinssatz, evtl. Provision, Höhe der Auszahlung (Kreditsumme minus Disagio),
- Fristen für die Bereitstellung, Rückzahlung und Kündigung des Kredits,
- Kreditsicherung.

Bonitätsprüfung

Vor der Gewährung eines Kredits wird der Kreditgeber die Bonität des Kreditnehmers prüfen.

Unter der **Bonität** versteht man die **Fähigkeit,** die vertraglich vereinbarte **Kreditverpflichtung zu erfüllen.**

Die **Bonität** bezieht sich auf

a) personelle Merkmale: Charakter, Fleiß, Zuverlässigkeit, guter Ruf des Kreditnehmers,

b) materielle Merkmale: angebotene Sicherheiten und die Fähigkeit, die Rückzahlungsverpflichtungen (Kapitaldienst) erwirtschaften zu können.

Wird die Bonität nur vergangenheitsorientiert geprüft, so spricht man vom **Kreditscoring** (scoring = engl.: Punkte erzielen). Dies ist üblich bei Krediten an Privatpersonen.

Scoring-Bogen

Bankhaus Ackermann

Name des Antragstellers: **Kontonummer:** **Datum:**

Bei folgenden Tatbeständen ist eine Kreditgewährung ausgeschlossen:

- Alter unter 18 Jahren
- Zwangsvollstreckung, Kreditkündigung, Lohnpfändung
- grundsätzlich, wenn Gesamtpunktzahl unter 40 Punkten liegt

Bei folgenden Tatbeständen muss der nächst höhere Kompetenzträger gefragt werden:

- Kapitaldienstfähigkeit liegt unter der zu zahlenden Monatsrate (Unterdeckung)
- Antragsteller ist arbeitslos/hat kein eigenes Einkommen
- Gesamtpunktzahl aus diesem Bogen liegt bei 40 bis 46 Punkten

	Score	
1. Kapitaldienstfähigkeit		
– Unterdeckung	0	
– Überdeckung bis 50 EUR	10	
– Überdeckung bis 100 EUR	20	
– Überdeckung bis 250 EUR	30	
– Überdeckung bis 500 EUR	50	____
2. Alter des Kreditnehmers		
– unter 20 Jahre	0	
– unter 25 Jahre	2	
– unter 40 Jahre	4	
– unter 65 Jahre	6	
– ab 65 Jahre	2	____
3. Familienstand		
– ledig/verwitwet	4	
– verheiratet	6	
– geschieden/getrennt lebend	2	____
4. Beruf		
– Beamter/Rentner/Pensionär	10	
– Angestellter/Selbstständiger	8	
– Auszubildender/Student	2	
– arbeitslos/ohne Einkommen	0	____

	Score	
5. Beschäftigungsdauer beim derzeitigen Arbeitgeber		
– bis 4 Jahre	3	
– über 4 Jahre	6	____
6. Bisherige Geschäftsverbindung		
– ohne Beanstandung/positiv	10	
– Neukunde	5	____
– Negativmerkmale in den letzten drei Jahren (z. B. Rückschecks, Überziehungen, Rücklastschriften)	0	____
7. Art des Wohnsitzes		
– Eigentum	6	
– Miete	0	____
8. Freies Vermögen		
– doppelter Kreditbetrag und mehr	6	
– entspricht dem Kreditbetrag	3	
– unter dem Kreditbetrag	0	____
Gesamtpunktzahl		____

Bei Kreditanfragen von Unternehmen wird auch zukunftsorientiert geprüft; man spricht dann von **Kreditrating.** Von Interesse sind dann die Zukunftsaussichten des Unternehmens, die Auftragslage in der Branche und im Unternehmen selbst. Informativ ist ein **Businessplan.** Er gibt Auskunft über geplante Investitionen, Expansionen, Kooperationen, Kapitalerhöhungen, Personaleinstellungen bis hin zur Nachfolgeregelung.

Kreditarten

Kreditart		Bedeutung	Beispiele
nach dem Verwendungszweck	**Produktivkredit**	Steigerung der Gütererzeugung	Finanzierung des Anlage- und Umlaufvermögens
	– Investitionskredit	– Errichtung und Erweiterung von Anlagen	– Finanzierung von Gebäuden, Maschinen, Büroausstattung
	– Betriebsmittelkredit	– Verstärkung des Umlaufvermögens	– Finanzierung der laufenden Ausgaben für Materialkäufe, Gehälter, Steuern
	– Saisonkredit	– Überbrückung des gesteigerten Geldbedarfs vor oder während der Saison	– Finanzierung von Hopfenkäufen der Brauereien, Gemüsekäufen der Konservenfabriken
	Konsumkredit	Hebung des privaten Lebensstandards	Finanzierung von Wohnungseinrichtungen, Urlaubsreisen, Autos
nach der Laufzeit	kurzfristig	Laufzeit bis 6 Monate	Unternehmer skontiert Rechnungen mittels Kreditaufnahme.
	mittelfristig	Laufzeit ab 6 Monate	Unternehmer finanziert den Geschäftswagen.
	langfristig	Laufzeit ab 4 Jahre	Unternehmer finanziert seine Gebäudeerweiterung durch ein zehnjähriges Grundschulddarlehen.
nach der Verfügbarkeit	**Kontokorrentkredit**	Verfügbarkeit innerhalb einer bestimmten Höchstsumme und Zeit	Abwicklung des laufenden Zahlungsverkehrs für Materialeinkäufe, Gehälter, Steuern; Begleichung von Verbindlichkeiten
	Darlehen	einmalige Auszahlung in bestimmter Höhe und für festgelegte Zeit	Finanzierung eines Grundstückkaufs
nach der Sicherheit	siehe Kapitel Kreditsicherungen, unten		

Kreditsicherungen

Die **Kreditsicherung** hängt vom Ergebnis der Bonitätsprüfung ab. Je nach Ergebnis verlangt die Bank die Mithaftung von weiteren Personen, Sachwerten oder Rechten.

Kreditsicherung	Bedeutung	Beispiele
Personalkredit, Blankokredit	Sicherheit liegt allein in der Person des Kreditnehmers.	Gehaltsempfänger darf sein Konto bis zum Zweifachen seines Gehaltes überziehen (Dispositionskredit).

Kreditsicherung	Bedeutung	Beispiele
verstärkter Personalkredit	Sicherheit wird verstärkt durch die Haftung weiterer Personen.	
– Wechseldiskontkredit	– Haftung der Wechselverpflichteten	– Kaufmann verkauft einen Wechsel vor Fälligkeit an die Bank.
– Bürgschaftskredit	– Haftung des Bürgen	– Kaufmann verbürgt sich für seinen Sohn bei dessen Existenzgründung.
– Zessionskredit	– Haftung des Drittschuldners	– Kaufmann bietet Forderungen als Sicherheit und erhält daraufhin einen Kredit in Höhe von 80 % dieser Forderung.
Realkredit (Mobilien)	Sicherheit besteht im Recht an einer beweglichen Sache.	
– Lombardkredit	– Pfandrecht an einer beweglichen Sache	– Kaufmann verpfändet seine bei der Bank deponierten Aktien und erhält 60 % des Aktienwertes als Kredit.
– Sicherungsübereignungskredit	– pfandrechtähnliches Recht; Kreditgeber wird bedingter Eigentümer	– Kaufmann bietet seinen Pkw als Sicherheit und erhält einen Kredit über 50 % des Pkw-Wertes. Er darf das Fahrzeug weiterhin nutzen.
Realkredit (Immobilien)	Sicherheit besteht im Recht an einer unbeweglichen Sache.	
Grundschuldkredit	– Pfandrecht an einer unbeweglichen Sache	Bank beleiht ein Haus, das der Kreditnehmer weiterhin benutzt, bis zu 80 %.

11.3.1 Personalkredit (Blankokredit)

Der **Personalkredit** ist ein Kredit, der lediglich **aufgrund der Bonität des Kreditnehmers** gegeben wird.

Es wird keine weitere Sicherheit verlangt **(Dispokredit).** Der Personalkredit ist meist ein kurzfristiger Kredit; zu Investitionszwecken eignet er sich nicht. Selbstverständlich müssen die wirtschaftlichen Verhältnisse offenliegen. Der Personalkredit wird in der Regel als Kontokorrentkredit, seltener als Darlehen gewährt.

11.3.2 Wechseldiskontkredit

Der Wechseldiskontkredit ist ein Kredit durch **Ankauf von Wechseln unter Abzug von Diskont** vom Ankaufstag bis zum Verfallstag.

Das Kreditinstitut diskontiert den eingereichten Wechsel, d.h., es stellt dem Kreditnehmer den Barwert später fälliger Wechsel zur Verfügung. Die Zinstage werden tagegenau gerechnet.

Beispiel:

Wechselsumme	Einreichungstag	Verfalltag	Zinstage	Zinssatz	Zinsen	Barwert
10.000 EUR	17.07.20..	15.10.20..	90	6 %	150 EUR	9.850 EUR

Das Kreditinstitut erhält am Zahlungstag vom Bezogenen die Wechselsumme zurück. Dem Kreditinstitut haften mindestens zwei Wechselbeteiligte: der Bezogene und der Einreicher, z. B. der Aussteller.

11.3.3 Bürgschaftskredit

Der **Bürgschaftskredit** ist ein **Personalkredit,** der zusätzlich **durch eine Bürgschaft einer dritten Person** gesichert ist.

Entstehung

BGB §§ 765 ff. Die Bürgschaft ist ein Vertrag zwischen dem Kreditinstitut (Gläubiger) und dem Bürgen, wonach der Bürge für den Schuldner haftet. Der Bürgschaftsvertrag kommt durch die schriftliche Bürgschaftserklärung des Bürgen und deren Entgegennahme durch das *HGB § 350* Kreditinstitut zustande. Kaufleute können sich im Rahmen ihres Geschäftsbetriebs auch mündlich verbürgen.

Arten der Bürgschaft

Nach der **Haftung des Bürgen** unterscheidet man die selbstschuldnerische Bürgschaft, die gewöhnliche Bürgschaft und die Ausfallbürgschaft.

- *BGB § 773* Eine **selbstschuldnerische Bürgschaft** liegt vor, wenn der Bürge auf das Recht der Einrede der Vorausklage verzichtet hat, d.h., wenn er vom Gläubiger nicht den Nachweis erfolgloser gerichtlicher Schritte gegenüber dem Hauptschuldner verlangen kann. Verweigert der Schuldner die Zahlung, so muss der Bürge auf Verlangen des Gläubigers sofort zahlen. Kreditinstitute verlangen stets diese Art der Bürgschaft, um den zeit- und kostenintensiven Klageweg gegenüber dem Hauptschuldner zu vermeiden. Der Kredit- *HGB § 349* geber kann sowohl vom Hauptschuldner als auch vom Bürgen sofort die volle Forderung verlangen. Die Bürgschaft von Kaufleuten ist stets selbstschuldnerisch.
- *BGB §§ 771 ff.* Bei der **gewöhnlichen Bürgschaft** hat der Bürge das »**Recht der Einrede der Vorausklage**«. Er kann also verlangen, dass der Gläubiger zunächst die Zwangsvollstreckung in das Vermögen des Schuldners betreibt, um von diesem sein Geld zu erhalten.
- Bei der **Ausfallbürgschaft** muss der Ausfall durch Zwangsvollstreckung in das gesamte Vermögen des Schuldners nachgewiesen werden.

§ 769 Die genannten Bürgschaften können auch als **gesamtschuldnerische Bürgschaft** eingegangen werden. Dann haften mehrere Personen als Gesamtschuldner. Der Kreditgeber kann von irgendeinem der Bürgen die volle Forderung verlangen.

Erlöschen der Bürgschaft

§ 774 Eine Bürgschaft erlischt

- mit der Tilgung der Schuld durch den Hauptschuldner oder den Bürgen. Soweit der Bürge einen Gläubiger befriedigt, geht die Forderung des Gläubigers auf ihn über.

- durch Verzicht des Gläubigers auf die Forderung oder die Bürgschaft.
- mit Ablauf der vereinbarten Zeit.

11.3.4 Zessionskredit

Der **Zessionskredit** ist ein **Personalkredit,** der zusätzlich **durch Abtretung (Zession) einer oder mehrerer Forderungen** des Schuldners gegen Dritte **gesichert** ist.

Entstehung

Die Zession ist ein Vertrag zwischen dem alten und dem neuen Gläubiger. Durch ihn geht die Forderung des alten Gläubigers (Zedent) gegen seinen Schuldner **(Drittschuldner)** auf den neuen Gläubiger (Zessionar, Kreditinstitut) über. *BGB § 398*

Grundsätzlich können alle bestehenden und zukünftigen Forderungen einzeln **(Einzelzession)** oder global **(Globalzession)** abgetreten werden. Einwandfreie Forderungen werden dem Kreditnehmer bis zu 80 % beliehen.

Beispiele:

1. Der Kreditnehmer erhält für eine abgetretene Einzelforderung über 100.000 EUR eine Gutschrift über 80.000 EUR.
2. Der Kreditnehmer erhält für global abgetretene Forderungen gegenüber seinen Schuldnern mit den Anfangsbuchstaben A–K von insgesamt 400.000 EUR eine Gutschrift über 320.000 EUR.

Werden abgetretene Forderungen vom Drittschuldner beglichen, muss der alte Gläubiger für neu entstandene Forderungen sorgen, damit der Kreditgeber abgesichert ist.

Beispiel: Werden bei der Globalzession von 400.000 EUR (siehe Beispiel 2., oben) von den Drittschuldnern 200.000 EUR beglichen, hätte der Kreditnehmer immer noch einen Kredit von 320.000 EUR, obwohl die ursprünglich angebotene Sicherheit von 400.000 EUR auf 200.000 EUR gesunken ist.

Arten der Zession

▶ Nach Kenntnis des Drittschuldners

a) Stille Zession. Bei der stillen Zession weiß der Drittschuldner von der Abtretung nichts. Er wird also an den bisherigen Gläubiger zahlen. *§ 407*

b) Offene Zession. Bei der offenen Zession weiß der Drittschuldner von dem Forderungsübergang. Gleichgültig ist, auf welche Weise er davon Kenntnis erlangt hat. Er kann dann »mit befreiender Wirkung« nur an den neuen Gläubiger zahlen. *§ 407*

▶ Nach Entstehung

a) Globalzession. Die Abtretung wird meist als Globalzession vorgenommen, d.h., nicht einzelne Forderungen, sondern eine Gesamtsumme wird abgetreten, z.B. die Forderungen gegen alle Schuldner mit den Anfangsbuchstaben A bis K (Debitorenliste A–K). Damit gehen alle bestehenden und künftigen Forderungen bereits mit ihrer Entstehung auf den Zessionar über. Aus diesen Gründen bevorzugen Kreditinstitute die Globalzession.

b) Mantelzession. Diese Form der Abtretung ist äußerst selten, denn erst mit der Genehmigung der Debitorenliste oder einzelner Forderungen aus dieser Liste vonseiten des Kreditinstituts wird die Abtretung wirksam. Die Globalzession ist die bessere Variante.

11.3.5 Lombardkredit (Faustpfandkredit)

Der Lombardkredit ist ein **Realkredit,** der **durch ein Pfandrecht an einer beweglichen Sache** oder einem **verbrieften Recht gesichert** ist.

Entstehung

BGB §§ 1204 ff. Die Verpfändung erfolgt durch **Einigung** der beiden Parteien, dass ein Pfandrecht bestehen soll, und **Übergabe** des zu verpfändenden Gegenstandes **(Faustpfand).** Durch die Übergabe wird der Pfandgläubiger **Besitzer,** aber nicht Eigentümer der verpfändeten Sache.

§ 1280 Soll ein **Recht** verpfändet werden, so muss der Kreditnehmer (Verpfänder) seinem Schuldner die Verpfändung mitteilen. Kreditinstitute beleihen vor allem Wertpapiere, Lebensversicherungs- und Bausparguthaben.

Wirkung der Pfandbeleihung

Der Kreditnehmer erhält als Kredit nicht den vollen Tageswert des Pfandes, sondern aus Gründen der Risikoabsicherung einen niedrigeren Prozentsatz, den **Beleihungssatz.** Dieser richtet sich nach den Wertschwankungen und der Verwertbarkeit des Pfandes. Die Kreditobergrenze heißt **Beleihungsgrenze.**

Beispiele: Beleihungssätze

Bundesanleihen	marktgängige Waren	Aktien
bis zu 85 %	bis zu 70 %	bis zu 60 %

Verändert sich die Beleihungsgrenze zuungunsten des Kreditinstituts, verlangt es entweder weitere Sicherheiten oder die teilweise Rückzahlung des Kredites.

Beispiel: Veränderung der Beleihungsgrenze

Aktienwert (alt)	Beleihungsgrenze (alt)	Aktienwert (neu)	Beleihungsgrenze (neu)
100.000 EUR	60.000 EUR	90.000 EUR	54.000 EUR

11.3.6 Sicherungsübereignungskredit

Der **Sicherungsübereignungskredit** ist ein **Realkredit,** bei dem der Kreditgeber das **bedingte Eigentum** an einer beweglichen Sache **zur Sicherung erwirbt,** der **Schuldner** aber **Besitzer** bleibt.

Die Sicherungsübereignung ist nicht gesetzlich geregelt, aber durch die Rechtsprechung anerkannt worden. Übereignet werden meist Maschinen, Kraftfahrzeuge und Warenlager.

Entstehung

Kreditgeber und Kreditnehmer schließen neben dem Kreditvertrag einen **Sicherungsübereignungsvertrag.** Dieser enthält

§ 929 – die **Einigung,** dass der Kreditgeber Eigentümer einer Sache werden soll, und

§ 930 – die **Vereinbarung,** dass der Kreditnehmer Besitzer bleibt. Diese Vereinbarung **(Besitzkonstitut)** ersetzt die Übergabe.

Wirkung der Sicherungsübereignung

Der Kreditnehmer bleibt Besitzer und kann mit der übereigneten Sache weiterarbeiten (Maschine, Pkw). Die Übereignung an den Gläubiger hat nicht den Sinn, ihm das unbedingte Eigentumsrecht zu übertragen wie beim Kauf oder bei der Schenkung, sondern sie geschieht nur sicherheitshalber. Der Kreditgeber kann nicht frei über den übereigneten Gegenstand verfügen, denn das Eigentum daran soll mit der Rückzahlung des Kredites von selbst wieder auf den Kreditnehmer übergehen.

Der neue Eigentümer kann **Dritten gegenüber** seine Rechte uneingeschränkt geltend machen, insbesondere einer Pfändung der übereigneten Sache durch andere Gläubiger des Kreditnehmers mit Erfolg widersprechen. Gegenüber dem **Kreditnehmer** sind jedoch seine Rechte aus dem Eigentum beschränkt. Im Insolvenzverfahren des Kreditnehmers ist der Kreditgeber nicht aussonderungs-, sondern nur absonderungsberechtigt wie ein Pfandgläubiger. Die Sicherungsübereignung hat also einen pfandrechtähnlichen Charakter (Kapitel 3.8.4).

Vorteile und Nachteile der Sicherungsübereignung

	Vorteile	Nachteile
Kreditnehmer	– Er kann mit den übereigneten Gegenständen trotz Sicherungsübereignung arbeiten. – Die Übereignung ist nach außen nicht erkennbar.	– Er darf über die Gegenstände nicht mehr frei verfügen. – Er muss sie gegen alle Gefahren versichern und die Kosten dafür tragen.
Kreditgeber	– Er kann als Eigentümer bei Gefahr die Herausgabe der Gegenstände fordern. – Bei einer Verwertung der Gegenstände gelten die Bestimmungen wie bei verpfändeten Gegenständen.	– Die Gegenstände sind bereits übereignet. – Ein Eigentumsvorbehalt geht vor. – Die Gegenstände können verkauft, verpfändet oder vernichtet werden. – Sie können wesentlicher Bestandteil eines Gebäudes sein und unter ein Grundpfandrecht fallen. – Es kann ein Vermieterpfandrecht vorgehen.

Rechtlicher Unterschied zwischen Sicherungsübereignung und Verpfändung

Unterschiede		Sicherungsübereignung	Verpfändung
Gegenstände werden		übereignet (vertraglich)	übergeben (körperlich)
Rechtsstellung des	– **Gläubigers**	Eigentümer	Besitzer
	– **Schuldners**	Besitzer	Eigentümer

11.3.7 Grundschuldkredit

BGB §§ 1191 ff.

Der **Grundschuldkredit** ist ein **durch ein Pfandrecht an einem Grundstück gesicherter Kredit.** Dadurch wird der Berechtigte ermächtigt, sich aus dem Grundstück **in Höhe einer Geldsumme zu befriedigen.**

Grundschuldkredite sind ausgesprochen langfristig und bedürfen deshalb einer Sicherung, die möglichst unabhängig von den persönlichen Verhältnissen des Kreditnehmers ist. Unter Grundstücken versteht man Grund und Boden ohne Haus oder mit Haus.

Entstehung der Grundschuld

BGB § 873

Da die Übergabe eines Grundstückes nicht möglich ist, wird sie durch **Eintragung in ein öffentliches Register, das Grundbuch,** ersetzt. Der Eintragung vorausgehen muss eine sogenannte **Bestellung einer Grundschuld.** Ohne diese Bestellung und Eintragung im Grundbuch entsteht und erlischt kein Recht an einem Grundstück (Grundpfandrecht). Wie bei allen Grundstücksangelegenheiten muss auch bei der Verpfändung eines Grundstückes ein Notar eingeschaltet werden.

Wirkung

Die **Grundschuld** stellt laut BGB ein abstraktes, vom Grundgeschäft losgelöstes Recht dar. D. h., der Kreditnehmer haftet nur mit seinem Grundstück (dingliche Sicherung) und nicht persönlich. Deshalb schließen die Kreditinstitute mit dem Kreditnehmer einen zusätzlichen Vertrag ab. Darin unterwirft er sich der **persönlichen und gesamtschuldnerischen Haftung sowie der sofortigen Zwangsvollstreckung.**

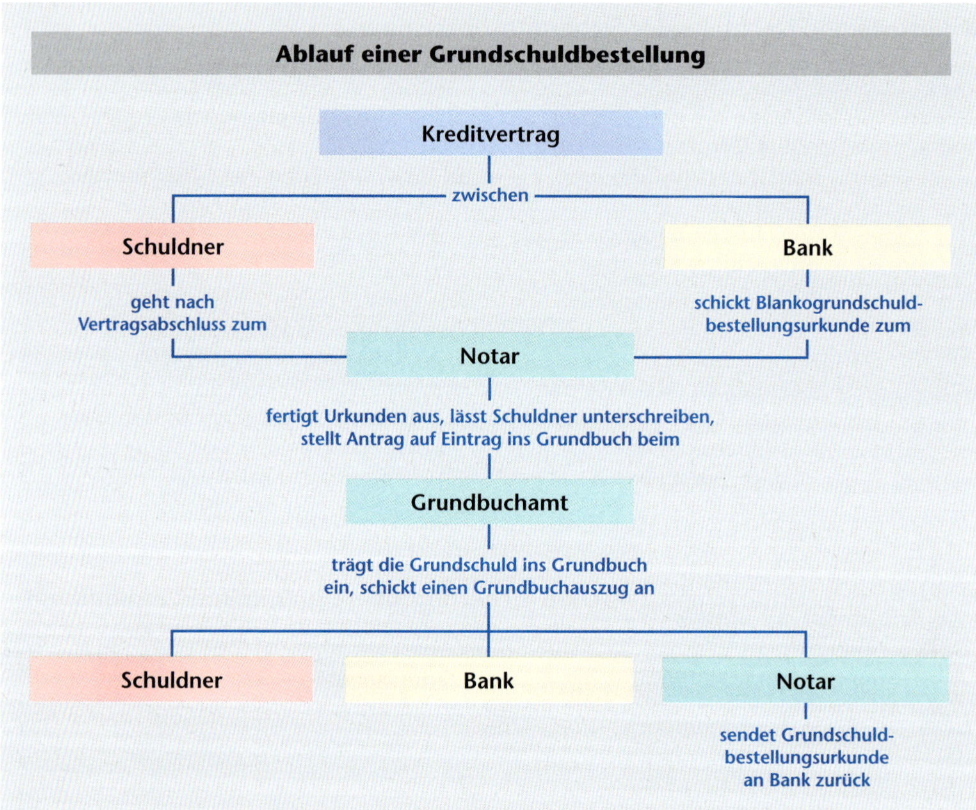

Grundbuch

Eigentümer sowie Personen, die ein Recht am Grundstück haben oder es kaufen wollen, dürfen Einsicht in das Grundbuch nehmen.

▶ Inhalt

Im Grundbuch finden sich Angaben über

- den Gemeindebezirk,
- die Lage, Art, und Größe des Grundstückes (Bestandsverzeichnis),

- die Eigentumsverhältnisse (Abteilung I, z. B. natürliche oder juristische Personen),
- die Lasten und Beschränkungen (Abteilung II, z. B. Wegerecht, Vorkaufsrecht, Wohnrecht eines anderen),
- die Grundpfandrechte (Abteilung III, z. B. Grundschuld).

▶ Eintragungen

Sie erfolgen nur auf **Antrag** eines Berechtigten. Antragsberechtigt ist jeder, der ein Recht an einem Grundstück hat, das von der Eintragung betroffen wird, z. B. der Eigentümer, wenn er das Grundstück verkaufen oder verpfänden will. Jeder aber, dessen Recht durch eine Eintragung betroffen würde, muss seine notariell beglaubigte **Bewilligung** dazu erteilen, z. B. der Grundschuldgläubiger, dessen Grundschuld gelöscht werden soll. *GBO §§ 13, 19*

Das Grundbuch genießt **öffentlichen Glauben,** d. h., jedermann kann grundsätzlich darauf vertrauen, dass die Eintragungen darin richtig sind. Nicht geschützt sind Eintragungen, die sich auf die Größe, Benutzungsart und Beschaffenheit über das Grundstück beziehen. *BGB § 892*

Arten der Grundschuld

▶ Nach der Form der Bestellung

a) **Buchgrundschuld.** Sie entsteht durch Einigung und Eintragung ins Grundbuch. *§ 1195*

b) **Briefgrundschuld.** Sie entsteht durch Einigung und Eintragung. Zusätzlich wird aber ein Grundschuldbrief ausgestellt. Diese Urkunde enthält den Namen des Gläubigers, den Betrag, die Nummer des Grundbuchblattes und die Nummer im Bestandsverzeichnis.

▶ Nach dem Berechtigten

a) **Fremdgrundschuld.** Berechtigter ist nicht der Eigentümer des Grundstückes, sondern eine andere Person, z. B. ein Kreditinstitut. Die Fremdgrundschuld dient zur Absicherung von Krediten.

b) **Eigentümergrundschuld.** Bei ihr stehen die Rechte aus der Grundschuld dem Grundstückseigentümer zu, da er die Grundschuld für sich selbst bestellt hat. Der Eigentümer kann dadurch eine bevorzugte Rangstelle im Grundbuch belegen (1. Rang). Besteht die Grundschuld als Briefgrundschuld, kann er sich bei Bedarf später durch Zession einfach und schnell Geld beschaffen.

Übertragung der Grundschuld

Buchgrundschuld	Briefgrundschuld
Der Grundschuldgläubiger muss seine Abtretungserklärung notariell beglaubigen und im Grundbuch umschreiben lassen.	Für den Grundschuldgläubiger genügt es, den Grundschuldbrief mit einer schriftlichen Abtretungserklärung dem neuen Gläubiger zu übergeben. Die Übertragung kann, muss aber nicht im Grundbuch eingetragen werden.

§§ 1154, 1192

Erlöschen der Grundschuld

Hat der Schuldner seine Schulden getilgt, so fordert er vom Gläubiger eine Löschungsbewilligung, legt diese dem Grundbuchamt vor und lässt die Grundschuld löschen. Will er sie in eine Eigentümergrundschuld umschreiben lassen, benötigt er vom Gläubiger eine löschungsfähige Quittung. *§ 1177*

Einem nachrangigen Gläubiger steht ein **gesetzlicher Löschungsanspruch** zu. Dadurch erreicht er, dass sein Recht an dem belasteten Grundstück auf den nächst besseren Rang vorrückt. *§ 1179a (1)*

Zusammenfassende Übersicht zu Kapitel 11.3: Kreditgeschäfte

Kreditgeschäfte

beruhen auf

- **Bonität des Schuldners**
- **Verwendungszweck des Geldes**
  - **Investitionskredit**
  - **Konsumkredit**
- **Sicherheitsleistung des Schuldners**
- **Verfügbarkeit des Geldes**
  - **Darlehen**
  - **Kontokorrent**
- **Vertragsdauer**

Sicherheitsleistung des Schuldners durch

Personen: abhängig von der Bonität der Personen

- Blankokredit: keine Sicherheit durch weitere Personen
- verstärkter Personalkredit: Sicherheit durch weitere Personen
- Wechselbeteiligte bei Wechselkredit
- Bürgen bei der selbstschuldnerischen bzw. gewöhnlichen Bürgschaft
- Drittschuldner bei der stillen bzw. offenen Zession

Sachen: abhängig vom Beleihungswert und von der Beleihungsgrenze

- Lombardkredit: Besitzerwechsel durch Verpfändung beweglicher Gegenstände bzw. Übertragung eines Rechtes
- Sicherungsübereignung: Eigentümerwechsel zugunsten der kreditgebenden Bank
- Grundschuld: notariell beglaubigter Grundbucheintrag als Buchgrundschuld oder Briefgrundschuld

▶ Aufgaben und Probleme

1. Ermitteln Sie die Gesamtpunktzahl des Scoring-Bogens (Seite 369), indem Sie von Ihrer eigenen privaten Situation ausgehen.
2. Um welche Kreditart handelt es sich, wenn nach dem Verwendungszweck unterschieden wird?
   a) Die Privatbrauerei Ganter GmbH & Co. KG, Freiburg, erhält im Spätsommer einen Kredit über 500.000 EUR zum Ankauf von Hopfen.
   b) Das Gesundheitszentrum Reinartz GmbH, Köln, vereinbart ein Millionendarlehen zur Gründung eines weiteren Zentrums in Berlin.
   c) Einem Universitätsprofessor wird ein Dispokredit über 10.000 EUR eingeräumt.
3. a) Kaufmann Hans Dietenmeier nimmt bei seiner Bank einen Kredit auf. Sein Geschäftsfreund Sven Winkler bürgt für ihn. Wer schließt mit wem welchen Vertrag ab?
   b) Warum verlangt die Bank von Herrn Winkler den Verzicht auf die Einrede der Vorausklage?

c) Wenige Tage nach Fälligkeit der Schuld verlangt die Bank von Herrn Winkler die Zahlung der Schuld. Dieser zahlt nicht mit der Begründung, Herr Dietenmeier habe noch Vermögen in der Schweiz. Wie verhält sich die Bank?

4. Ein Unternehmer benötigt 160.000 EUR und will jeweils die Hälfte über eine Bürgschaft bzw. Zession absichern.
   a) In welcher Höhe muss er seiner Bank Forderungen anbieten, wenn sie zu 75 % beliehen werden?
   b) Warum wird der Bürgschaftsbetrag zu 110 % der Kreditsumme angesetzt?
5. Worin unterscheidet sich die selbstschuldnerische von der gewöhnlichen Bürgschaft?
6. Wodurch unterscheiden sich stille und offene Zession?
7. Nennen Sie Vor- und Nachteile der offenen Zession.
8. Nennen und begründen Sie drei Gefahren für die Bank, die sich aus der Sicherungsübereignung ergeben.
9. In der Geschäftswelt gilt die Immobilie als die beste aller Kreditsicherheiten. Begründen Sie, warum das so ist und welche Risiken dennoch bleiben.
10. Ein Bekannter von Ihnen will eine Immobilie kaufen und möchte wissen, welche rechtliche Wirkung folgende Vorgänge haben:
    a) Abschluss eines Grundstückkaufvertrages in Schriftform im Beisein eines Rechtsanwaltes.
    b) Abschluss eines Grundstückkaufvertrages vor einem Notar.
    c) Eintragung des Grundstückkaufs in das Grundbuch.
    d) Eintragung einer Grundschuld in das Grundbuch.
    e) Tilgung der letzten Rate dieser Grundschuld.
11. a) Welche Möglichkeiten der Kreditsicherungen gibt es aufgrund der nachstehenden Bilanz?

Aktiva	Bilanz (in EUR)		Passiva
Grundstücke	165.000	Eigenkapital	428.000
Fuhrpark	25.000	Grundschulddarlehen	90.000
Maschinen	100.000	Verbindlichkeiten a. LL.	112.000
Rohstoffe	170.000		
Forderungen a. LL.	80.000		
Wertpapiere	40.000		
Zahlungsmittel	50.000		
	630.000		630.000

    b) Errechnen Sie den möglichen Mittelzufluss bei folgenden Beleihungssätzen: Anlagevermögen zu 75 %, Umlaufvermögen zu 50 %. Die Maschinen sind bereits zu 40 % sicherungsübereignet.
12. Wodurch unterscheiden sich Fremdgrundschuld und Eigentümergrundschuld?
13. Welchen Sinn hat eine Eigentümergrundschuld?
14. Einem Kapitalanleger wird ein Mietobjekt angeboten, das nach Abzug aller Kosten im Jahr 180.000 EUR Mietertrag abwirft. Der Verkäufer spricht von einer Verzinsung des eingesetzten Kapitals von 6 %. Errechnen Sie den (Ertrags-)Wert des Mehrfamilienhauses.

11.4 Wertpapiergeschäfte

Wertpapiere sind Urkunden, die Vermögensrechte verbriefen. Die Wahrnehmung **des Rechts ist an den Besitz des Papiers gebunden.** »Das Recht aus dem Papier folgt dem Recht am Papier«.

Bei Wertpapiergeschäften handelt es sich grundsätzlich um den Handel mit Kapitalwertpapieren.

Kapitalwertpapiere können börsenfähig sein. Man unterscheidet

a) **vertretbare Kapitalwertpapiere** (Aktie, Anleihe, Obligation, Pfandbrief). Innerhalb ihrer Gattung sind die Papiere einander vollständig gleich, also austauschbar (fungibel). Die Eigenschaft der Vertretbarkeit macht sie börsenfähig. Werden die Papiere an der Börse gehandelt, nennt man sie Effekten.

b) **nicht vertretbare Kapitalwertpapiere.** Sie sind mit dem Namen des Käufers versehen. Ihre Börsenfähigkeit ist dadurch eingeschränkt (Namensaktie) oder nicht gegeben (Sparbrief).

11.4.1 Arten von Kapitalwertpapieren

Gläubigerpapiere

▶ Merkmale der Gläubigerpapiere

Die Gläubigerpapiere verbriefen dem Gläubiger das Recht auf **Verzinsung, Rückzahlung und Anteil an der Insolvenzmasse** des Schuldners. Sie werden unter verschiedenen Namen angeboten: Anleihe, Obligation, Schuldverschreibung.

Die **Verzinsung** kann in verschiedenen Variationen (fest, variabel) angeboten werden (Kapitel 10.2.2).

Die **Rückzahlung** der Schuld erfolgt bei Fälligkeitsanleihen am Ende der Laufzeit im Ganzen. Bei Tilgungsanleihen erfolgt die Rückzahlung durch Auslosung in jährlichen Raten. Gelost werden die Seriennummern einer Schuld vor einem Notar.

Beispiel: Ein Gläubiger kann sein Geld einer zehnjährigen Anleihe bereits bei der 1. Auslosung nach einem Jahr, einer der folgenden Auslosungen oder nach 10 Jahren zurückerhalten.

▶ Arten von Gläubigerpapieren

a) **Öffentliche Anleihen.** Sie sind Wertpapiere über Forderungsrechte gegenüber dem Bund, den Ländern, den Städten und sonstigen öffentlich-rechtlichen Körperschaften. Die Anleihen sind durch die Steuerkraft und das Vermögen dieser Schuldner indirekt gesichert. Durch den Verkauf dieser Papiere können Mittel für große Aufgaben (Straßenbau, Wohnungsbau) aufgebracht werden.

Wertpapiere des Bundes und ihre Merkmale				
	Bundesanleihen	**Bundesschatzbriefe**	**Bundesobligationen**	**Finanzierungsschätze**
Laufzeit	10 oder 30 Jahre	6 und 7 Jahre	5 Jahre	2 Jahre
Zinszahlung	jährlich	6 Jahre = jährlich 7 Jahre = Laufzeitende	jährlich	abgezinst = Nennwert – Zinsen = Kaufpreis
Mindestauftrag	100 EUR	50 EUR	100 EUR	500 EUR

Wertpapiere des Bundes und ihre Merkmale				
	Bundes-anleihen	**Bundes-schatzbriefe**	**Bundes-obligationen**	**Finanzierungs-schätze**
Nennwert	bei allen Bundespapieren ab 0,01 EUR			
Zinsberechnung	bei allen Bundespapieren actual/actual = 365/365 bzw. 366/366			

b) Bankschuldverschreibungen. Sie sind Wertpapiere über Forderungen gegen öffentliche Kreditanstalten, private Hypothekenbanken und andere Kreditinstitute.

- **Öffentliche Kreditanstalten** emittieren Öffentliche Pfandbriefe. Der Erlös aus ihrem Verkauf fließt Gemeinden oder Gemeindeverbänden für Zwecke des außerordentlichen Haushalts zu. Sie sind durch die Steuerkraft dieser Gemeinden, durch Staatsbürgschaften oder Grundschulden indirekt gesichert. *PfandBG § 1 (2)*
- **Private Hypothekenbanken** verkaufen Pfandbriefe. Der Erlös aus ihrem Verkauf wird nach bestimmten gesetzlichen Vorschriften an Eigentümer erstklassiger Grundstücke (meist Wohnhäuser) ausgeliehen. Die Sicherung dieser Kredite geschieht durch Grundschulden. *§ 1 (1)*
- **Andere Kreditinstitute** kommen mit sonstigen Schuldverschreibungen auf den Markt. Mit dem Erlös aus ihren Papieren finanzieren sie durch Kreditvergabe die gewerbliche Wirtschaft. Gesichert sind die Papiere durch Grundschulden. *BGB § 793*

c) Unternehmensanleihen. Sie sind Anleihen von Großunternehmen, die zur Finanzierung eigener Investitionen Geld am Kapitalmarkt aufnehmen (Kapitel 10.2.2). Gesichert sind die Anleihen durch eine Grundschuld.

Teilhaberpapiere

Zu den Teilhaberpapieren gehören neben GmbH-Anteilen vor allem die Aktien (Kapitel 3.6).

Wertpapier-Sonderformen

▶ Investmentfondsanteil

Er ist ein Wertpapier über die **Beteiligung an einem Sonderfonds** einer Kapitalverwaltungsgesellschaft. Die Gesellschaft verkauft Anteile des Sonderfonds, um mit dem Geld, je nach Fondsziel, Wertpapiere oder Immobilien zu erwerben. Man spricht deswegen von **Wertpapierfonds** bzw. **Immobilienfonds.** *KAGB § 95*

Nach der Zusammensetzung des Wertpapierfonds unterscheidet man **Aktienfonds, Rentenfonds, gemischte Fonds.** Aktienfonds setzen sich aus einer oder verschiedenen Branchen zusammen und können länder- und erdteilbezogen sein. Fondsanteile werden nicht an der Börse gehandelt. Sie haben keinen Nennwert. Die einzelnen Stücke lauten auf 1, 2, 5, 10 oder 100 Anteile. Der Wert des Anteils wird von der Kapitalverwaltungsgesellschaft täglich neu errechnet. Grundlage sind die Börsenkurse der im Fonds befindlichen Papiere. Der Ausgabepreis setzt sich aus dem Anteilswert und einem Ausgabeaufschlag zusammen. *§ 71*

KAGB § 71

$$\text{Ausgabepreis} = \frac{\text{Tageswert des Fondsvermögens + Ausgabeaufschlag}}{\text{Zahl der umlaufenden Anteile}}$$

Die Rücknahme erfolgt zum Anteilswert des Rücknahmetages. Der auszuschüttende Ertrag wird aus den angesammelten Dividenden, Zinserträgen und realisierten Kursgewinnen des Fondsvermögens abzüglich der Verwaltungskosten der Investmentgesellschaft errechnet.

$$\text{Ertrag des Anteils} = \frac{\text{Erträge des Fondsvermögens – Verwaltungskosten}}{\text{Zahl der umlaufenden Anteile}}$$

Vorteile von Fondsanteilen	Nachteile von Fondsanteilen
– Das Kursrisiko wird durch breite Streuung der gekauften Wertpapiere gemildert. – Geringere Erträge gekaufter Wertpapiere werden durch höhere Erträge anderer Papiere ausgeglichen. – Die kleine Stückelung ermöglicht jedem den Kauf. – Geschultes Management übernimmt die Auswahl der Aktien, Rentenpapiere und Immobilien. – Fondsanteile müssen jederzeit zurückgenommen werden.	– Der Ausgabekostenaufschlag verteuert den Kauf. – Der Fondsanteil verbrieft kein Stimmrecht. – Der Erfolg der Kapitalanlage ist von den Handlungen des Managements abhängig. – Der Rücknahmepreis ist niedriger als der Ausgabepreis.

▶ **Wandelanleihe und Optionsanleihe**

AktG § 221

Eine **Wandelanleihe** ist die Schuldverschreibung einer Aktiengesellschaft, die den Inhabern das Recht einräumt, nach einer gewissen Zeit Aktionär zu werden. Die Inhaber können statt der Rückzahlung der Schuldverschreibung deren **Umtausch in Aktien** verlangen (Kapitel 3.6.1).

Eine **Optionsanleihe** verbrieft das Bezugs- oder Optionsrecht auf den **Erwerb von Aktien zusätzlich zur Anleihe.** Die Ausstattung der Anleihe ist die gleiche wie bei der Wandelanleihe mit der Ausnahme, dass der Kaufpreis für die junge Aktie festgelegt werden muss (Kapitel 3.6.1). Bezüglich des Finanzierungsvorganges unterscheidet sich die Optionsanleihe von der Wandelanleihe dadurch, dass die Anleihe erhalten bleibt und planmäßig getilgt wird.

▶ **Gewinnschuldverschreibung und Genussschein**

§ 221

Sie verbriefen einen Anspruch auf Gewinnbeteiligung oder einen Anteil am Liquidationserlös einer AG, aber ohne Stimmrecht und sonstige Teilhaberrechte. Ihre Ausgabe bedarf der Dreiviertelmehrheit in der Hauptversammlung der AG.

11.4.2 Wertpapierhandel

Zulassung der Wertpapiere

BörsG §§ 36 f.

An der Wertpapierbörse werden nur solche Wertpapiere amtlich gehandelt, die von ihr ausdrücklich zugelassen sind. Der Antrag auf Zulassung muss alles enthalten, was zur Beurteilung der Zukunftsaussichten des Emittenten notwendig ist. Dazu gehören insbesondere die Höhe des Grundkapitals, die Höhe und der Verwendungszweck der Emission sowie die letzte Bilanz mit Gewinn- und Verlustrechnung.

Effektenbörsen befinden sich in Frankfurt (Main), Düsseldorf, Hamburg, Hannover, München, Stuttgart und Berlin.

Ausgabe und Übernahme der Wertpapiere

Durch die **Ausgabe (Emission)** von Wertpapieren beschaffen sich Unternehmen Geld am Kapitalmarkt. Dies erfolgt durch den Verkauf von Unternehmensanleihen oder von Aktien. Bei Aktienemissionen übernehmen Banken vom ersten Gedanken des Unternehmens an einen Börsengang bis zur Erstnotiz der Aktien an der Börse alle Aufgaben. Dieser Ablauf wird **Going Public (Börsengang)** oder **Initial Public Offering (Neuemission)** genannt.

Die **Übernahme** der Wertpapiere erfolgt durch die Banken. Bei größeren Emissionen bildet sich ein Bankenkonsortium (Kapitel 3.6.1) und die Emission wird in »Quoten« aufgeteilt. Die Bank mit der größten Quote wird Konsortialführerin. Die Konsortialbanken können zu einem festen Kurs die ganze Emission übernehmen **(volles Risiko).** Sie können einen Teil übernehmen **(eingeschränktes Risiko)** oder nur kommissionsweise abrechnen (kein Risiko).

Platzierung der Wertpapiere

Wenn die Übernahme der Wertpapiere geklärt ist, müssen die Banken die Vorgehensweise bei der Platzierung, d.h. der Unterbringung der Papiere am Markt, entscheiden.

▶ Freihändiger Verkauf

Banken bieten die Wertpapiere am Kapitalmarkt so lange an, bis alle Papiere untergebracht sind. Der angebotene Preis ist freibleibend und täglich können die Papiere zugeteilt und abgerechnet werden.

▶ Auflegung zur Zeichnung

Sie erfolgt in drei Schritten:

1. In einem Zeichnungsprospekt bietet das Konsortium dem Publikum das Wertpapier an.
2. Der Käufer bestellt die gewünschte Stückzahl bei seiner Bank zum festgelegten Preis.
3. Am Ende der Zeichnungsfrist werden die Bestellungen gesammelt und die Wertpapiere zugeteilt und bezahlt.

Kursfeststellung beim Wertpapierhandel

Im Börsenhandel nennt man den Preis eines Wertpapiers **Börsenkurs.** Man unterscheidet:

- **Prozentkurs.** Der Kurs gilt für 100 EUR Nennwert bei festverzinslichen Wertpapieren.
- **Stückkurs.** Der Kurs gilt für das kleinste Stück bei Aktien. Ihr Mindestnennbetrag muss auf 1 EUR lauten, kann aber auch höher liegen. Ist dies der Fall, lassen sich die Börsenkurse bei unterschiedlichen Mindestnennbeträgen nicht miteinander vergleichen.

Liegen dem Börsenmakler für Aktien Kauf- und Verkaufsaufträge vor, muss er bei der **Kursfeststellung** versuchen, den höchsten Umsatz (höchster Absatz in Stücken) in einem Papier zu ermöglichen.

11.4.3 Kriterien für Kapitalanlageentscheidungen

Der Kapitalanleger kann bei seiner Entscheidung für eine Kapitalanlage verschiedene Kriterien heranziehen. Sie beziehen sich auf das Unternehmen direkt, den Wirtschaftszweig, die gesamtwirtschaftliche nationale oder internationale Lage sowie deren jeweilige Entwicklung. Die Schwankungen der Kurse lassen sich meist nicht eindeutig auf die eine oder andere Ursache zurückführen. Fallen die Kurse längere Zeit stark, spricht man von einer **Baisse,** steigen sie längere Zeit stark an, von einer **Hausse.**

Kriterien für die Kursentwicklung bei Teilhaberpapieren

Bilanzkurs und Börsenkurs

Stehen die Zahlen des gesamten bilanzierten Eigenkapitals zur Verfügung, kann man den Bilanzkurs errechnen. Im Vergleich zum Börsenkurs können dann entsprechende Schlüsse gezogen werden.

$$\textbf{Bilanzkurs} = \frac{\textbf{ausgewiesenes Eigenkapital}}{\textbf{Grundkapital}} \cdot \textbf{100}$$

Beispiel:

Grundkapital: 10.000.000 EUR
ausgewiesenes Eigenkapital: 18.000.000 EUR

$$\rightarrow \frac{18.000.000 \text{ EUR}}{10.000.000 \text{ EUR}} \cdot 100 = 180\ \%$$

Bilanzkurs:	bei einer 100-EUR-Nennbetragsaktie:	180 EUR	
	bei einer 50-EUR-Nennbetragsaktie:	90 EUR	
Börsenkurs:	bei dieser 50-EUR-Nennbetragsaktie:	110 EUR	lt. Tagespresse

Ergebnis: Die Aktie wird um 20 EUR über dem Bilanzkurs gehandelt und damit höher bewertet, als die Bilanzzahlen es rechtfertigen. Die Gründe dafür können in vermuteten stillen Reserven liegen, in guten Marktchancen, hoher Dividendenrendite usw. Würde der Börsenkurs unter dem Bilanzkurs von 90 EUR liegen, wäre die Aktie unterbewertet. Dies könnte man sowohl als Kaufanreiz als auch aus unterschiedlichen Gründen als Verkaufsargument interpretieren.

Ertragskurs

Er hängt von den Dividenden ab, die die Aktie schon gebracht hat und in Zukunft vermutlich bringen wird. Um den Ertragskurs zu ermitteln, unterstelle man eine Durchschnittsdividende und rechnet nach folgender Formel:

$$\textbf{Ertragskurs} = \frac{\textbf{Durchschnittsdividende}}{\textbf{Kapitalisierungszinssatz}} \cdot \textbf{100}$$

Der Kapitalisierungszinssatz richtet sich nach dem »landesüblichen Zinssatz«. Dieser ergibt sich aus der durchschnittlichen Effektivverzinsung langfristiger Staatsanleihen.

Der Bilanzkurs und der Ertragskurs einer Aktie stehen in keinem Zusammenhang und können stark voneinander abweichen. Keiner kann als der wirklich zutreffende Wert bezeichnet werden.

Beispiel:

Kapitalisierungszinssatz: 4 %

Durchschnittsdividende für eine 100-EUR-Aktie: 3 EUR

$$\text{Ertragskurs} = \frac{3 \text{ EUR}}{4 \text{ EUR}} \cdot 100 = 75\ \% \text{ bzw. } 75 \text{ EUR}$$

Ergebnis: Der Ertragskurs der AG liegt weit unter ihrem Bilanzkurs (90 EUR). Liegt auch noch der Börsenkurs höher, ist die Aussagekraft von 75 EUR wertlos. Würde der Ertragskurs weit über Bilanz- und Börsenkurs liegen, wäre dies ein Signal, Aktien der AG zu kaufen.

Dividendenrendite

Sie gibt die Verzinsung des eingesetzten Kapitals an und errechnet sich nach der Formel:

$$\textbf{Dividendenrendite} = \frac{\textbf{erhaltene Dividende}}{\textbf{bezahlter Aktienkurs}} \cdot 100$$

Dabei unterscheidet man nach der **Rendite vor Steuern** und der **Rendite nach Steuern.**

Beispiel: Der Aktionär einer AG erhält pro Aktie 3 EUR Dividende. Seine Dividendenrendite vor Steuern beträgt bei einem bezahlten Aktienkurs von 110 EUR (3 · 100) : 110 = 2,73 %; die Rendite nach Steuern beträgt (3,00 EUR – 0,84 EUR) · 100 : 110 = 1,96 %.

Ergebnis: Die Rendite liegt unter dem Kapitalisierungszinssatz von 4 % und ist damit nicht attraktiv.

▶ Kurs-Gewinn-Verhältnis

Das Kurs-Gewinn-Verhältnis (KGV) gibt Auskunft über die Ertragskraft einer AG. Es sagt aus, wie viele Jahre es dauert, bis der Kaufpreis der Aktie durch Dividendeneinnahmen erwirtschaftet wird.

$$\textbf{KGV} = \frac{\textbf{aktueller Kurs der Aktie}}{\textbf{geschätzter Jahresgewinn der AG: Anzahl der Aktien}}$$

Beispiel:

Tageskurs der Aktie der Energie AG: 110 EUR

Geschätzter Jahresgewinn: 4 Mio. EUR

Anzahl der Aktien: 400.000 Stück

KGV = 110 : (4.000.000 : 400.000) = 11 Jahre

Ergebnis: Je höher die Kennzahl ist, desto uninteressanter erscheint ein Kauf dieses Papiers. Gleichzeitig dient das KGV dazu, Aktien der gleichen Branche miteinander zu vergleichen.

▶ Spekulative Erwägungen

Eine große Rolle spielen Interessenkäufe und spekulative Erwägungen. Sie stützen sich auf bedeutsam erscheinende Forschungs- und Entwicklungsergebnisse oder Umstände, welche eine günstige Entwicklung einer AG versprechen. Spekulanten hoffen auf Änderungen von Angebot und Nachfrage, um diese zur Gewinnerzielung auszunutzen. Auch die Diskussionen um feindliche Übernahmen zählen dazu.

■ Gründe für die Kursentwicklung bei Gläubigerpapieren

▶ Nominalverzinsung

Festverzinsliche Papiere verbriefen eine Verzinsung des Nennbetrages (Kapitel 10.2.2), unabhängig von der Ertragslage des Schuldners. Ein kapitalmarktgerechter Zinssatz kann somit Anreiz schaffen, ein solches Papier zu kaufen.

▶ Effektivverzinsung

Liegt der Emissionskurs aufgrund eines Disagios oder der aktuelle Börsenkurs unter dem Rückzahlungskurs, kann der Käufer diese Differenz verdienen, wenn er das Papier bis zum Fälligkeitstag behält. Dadurch erhöht er seine Nominalverzinsung um diesen Kursgewinn, d. h., seine effektive Verzinsung übersteigt die Nominalverzinsung.

Beispiel: Eine Anleihe von 2 Mio. EUR wird zu 98 % begeben. Der Zinssatz ist 9 %. Für die Rückzahlung ist ein Kurs von 101 % vereinbart. Die Anleihe wird nach fünf tilgungsfreien Jahren in zehn gleichen Jahresraten, die durch Auslosung bestimmt werden, jeweils am Jahresende (postnumerando) getilgt.

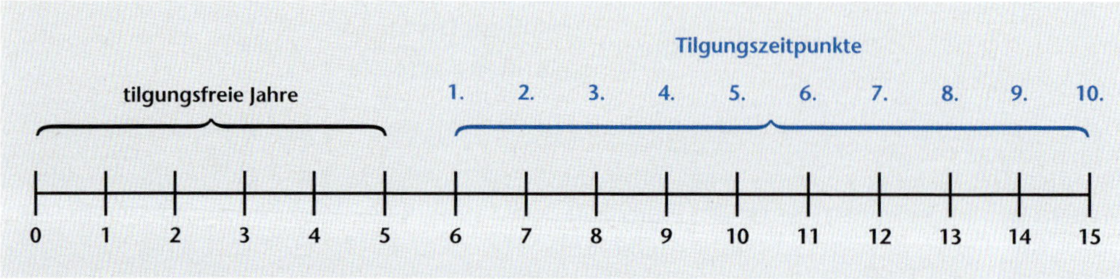

Werden 98,00 EUR einbezahlt, erbringen diese 6,00 EUR Zinsen. Dazu erbringt das fiktive Aktivum, verteilt auf 10,5 Jahre, jährlich 3/10,5 = 0,29 EUR (6 Jahre ohne Tilgung plus 9/2 Jahre mit Tilgung/Auslosung).

Daraus ergibt sich eine Emissionsrendite von $\frac{6{,}29 \text{ EUR}}{98{,}00 \text{ EUR}} \cdot 100 = 6{,}42\ \%$ vor Steuern.

▶ Realverzinsung

Wird das Geld durch dauerhafte Preissteigerungen immer weniger wert, **leiden vor allem die Gläubiger:** Mit den jährlich ausbezahlten Zinsen können sie sich nicht mehr die gleiche Gütermenge kaufen wie in den Jahren zuvor. Ihre Realverzinsung ist gesunken.

Beispiel:	Nominalverzinsung einer Kapitalanlage	6 %
	Preissteigerungsrate (Inflation)	2 %
	→ Realverzinsung	4 %

▶ Chancen und Risiken der Kursschwankungen

Eine 100-EUR-Aktie kann durchaus auf ein Kursniveau von 400 EUR steigen. Eine 100-EUR-Anleihe kann sich aufgrund ihrer Abhängigkeit vom Kapitalmarktzinssatz niemals um das 4-Fache erhöhen. Umgekehrt kann die Anleihe auf 0 EUR fallen, der Aktienkurs von 400 EUR aber ebenfalls. Das Risiko, aber auch die Chance hoher Kursschwankungen ist bei Aktien wesentlich höher als bei Anleihen.

▶ Aufgaben und Probleme

1. Welche Rechte verbrieft das festverzinsliche Wertpapier dem Inhaber?
2. Weshalb werden festverzinsliche Wertpapiere mit unterschiedlichen Laufzeiten angeboten?
3. Ein Kapitalanleger will wissen, ob sich eine 9 %ige Anleihe zum Preis von 102 EUR besser verzinst als eine Anleihe zu 5 % und einem Kurs von 98 EUR. Beide Papiere haben eine Restlaufzeit von einem Jahr.
4. Welche Rechte verbrieft eine a) Stammaktie und b) eine Vorzugsaktie?
5. Es gibt unterschiedliche Aktien bezüglich ihrer Übertragbarkeit.

   Erklären Sie die drei Möglichkeiten.
6. Vergleichen Sie die Vorteile einer Beteiligung an einer AG durch den Kauf von Aktien mit dem Kauf von Anteilen eines Aktienfonds.
7. Warum hat der Gesetzgeber dem Börsenhandel mit Wertpapieren eine Zulassungsstelle vorgeschaltet?
8. Errechnen Sie den Bilanzkurs: Grundkapital 15 Mio. EUR, gesetzliche Rücklage 2 Mio. EUR, andere Rücklagen 3 Mio. EUR, Gewinn 1 Mio. EUR.
9. Errechnen Sie den Ertragskurs bei einer Durchschnittsdividende von 12 EUR je 100-EUR-Aktie; Zinssatz 8 %.

10. Errechnen Sie für eine Kapitalanlage in Aktien in Höhe von 20.000 EUR und einer Bankgutschrift für Dividenden in Höhe von insgesamt 1.500 EUR die Dividendenrendite vor Steuern.
11. Eine Aktiengesellschaft hat einen Jahresgewinn von 2 Mio. EUR und ein Gezeichnetes Kapital von 10 Mio. EUR zu einem Nennbetrag von je 5 EUR je Aktie. Der aktuelle Börsenkurs steht bei 15 EUR.
    a) Erklären Sie das KGV.
    b) Errechnen Sie das KGV.
12. Ein Kapitalanleger besitzt festverzinsliche Wertpapiere zu 6 %.
    Berechnen Sie die Effektivverzinsung bei einer
    a) Restlaufzeit von zwei Jahren und einem Börsenkurs von 98 EUR.
    b) Restlaufzeit von einem Jahr und einem Börsenkurs von 100 EUR.

Zusammenfassende Übersicht zu Kapitel 11.4: Wertpapiergeschäfte

Kapitalwertpapiere

Arten →	**Gläubigerpapiere**	**Teilhaberpapiere**	**Investmentpapiere**
Merkmale →	– Verzinsung – Rückzahlung	– Dividende – Stimmrecht – Bezugsrecht	– Ertragsausschüttung – Rücknahmepflicht
Varianten →	– Staatsanleihen – Unternehmensanleihen – Wandelanleihen – Optionsanleihen – Genussscheine	– Stammaktie – Vorzugsaktie – Inhaberaktie – Namensaktie – vinkulierte Namensaktie	– Aktienfonds – Rentenfonds – gemischte Fonds – Immobilienfonds
Marktzugang →	Zulassung ↳ Emission (Going Public) ↳ Übernahme ↳ Platzierung		
Kaufkriterien →	– Nominalzinssatz – Effektivzinssatz – Inflation – Realzinssatz – Laufzeit	– Bilanzkurs – Ertragskurs – Dividendenrendite – KGV – feindliche Übernahme	– Fondszusammensetzung – Publikumsfonds – Spezialfonds – Rendite – Rücknahmegarantie
	Börsenkursniveau → Konjunktur → Währungspolitik		

Stichwortverzeichnis

F

G

H

I

J

K